編輯代表 郭 潤 直

民法注解

第XII卷

債 權 (5)

第527條~第535條

博 英 社

머 리 말

「民法注解」는 民法 전체를 그의 條文順序에 따라 敍述하는 이른바 「코멘타르」(Kommentar)이다. 「코멘타르」에는 그 內容과 目的에 따라 여러 種類의 것이 있다. 이 注解書는 각 條文마다 관련되는 중요한 判決들을 引用해가면서 確定된 判例理論을 밝혀주고, 한편으로는 理論 내지 學說을 모두 그 出典을 正確하게 표시하고, 또한 論據를 客觀的으로 敍述하여 民法 각 條項의 具體的 內容을 밝히려는 것이므로, 獨逸學者들이 말하는 이른바 wissenschaftlicher Großkommentar라고 말할 수 있다. 그 目的하는 바는, 위와 같은 敍述을 통해서 우리의 民法學의 現在水準을 浮刻시키고, 아울러 우리 民法 아래에서 생기는 法的 紛爭에 대한 올바른 解答을 찾을 수 있게 하려는 데 있다.

위와 같은 內容과 目的을 가진 「民法注解」가 우리의 法學發展을 위하여 필요하다는 確信에서 그 刊行을 企劃하게 되었는데, 그 理由는 다음과 같다. 우리의 民法學이 獨自의 길을 걷기 시작한 지 近 50年이 되어간다. 또한 現行 民法이 制定·公布된 때로부터 따진다면 30餘年이 된다. 이 期間 동안에 民法을 硏究하는 데 가장 基本的인 道具의 역할을 하는 法律文獻으로서 民法의 각 分野에 관한 體系的 解說書 내지 一般硏究者를 위한 이른바 敎科書(Lehrbuch)가 相當數 나와 있고, 또한 個別的 問題에 관한 論文도 적지 않게 發表되어 있다. 그러나 一般硏究者를 위한 敎科書라는 것은 著者의 主觀이 크게 作用하여, 著者에 따라 敍述에 起伏이 심하고 不充分한 점이 많다. 한편, 論文에서 표시되는 見解가 반드시 確實한 것은 아니다. 確實한 見解가 담겨진 論文이란 매우 적다고 하여도 過言이 아닐 것이다. 一般硏究用 敎科書나 論文이 상당히 있다 하여도 여전히 있게 마련인 空白이나 不充分한 점을 硏究者 個個人이 그때 그때 自力으로 채워나간다는 것은 보통 어려운 일이 아니며, 또한 많은 時間과 精力을 쏟아야 하는 힘든 일이다. 만일에 學說·判例를 網羅的·客觀的으로 敍述하고 있어서 모든 硏究者가 마음놓고 信賴할 수 있는 것이 하나 있다면, 各自 그것을 바탕으로 해서 獨自의 理論이나 見解를 펴나가는 데 集中할 수 있을 것이다. 그런데 그러한 學界 共有의 資産이라고 할 수 있는 것을 우리는 아직 가지고 있지 않다. 바로 그러한 구실을 할 수 있는 것 하나를 마련해 보겠다는 생각에서 이「民法注解」의 刊行을 꾀하게 된 것이다.

民法은 매우 큰 法律이어서, 그 전체에 관한 大「코멘타르」를 어느 特定人이 單獨으로 지어낸다는 것은 발달된 現代 民法體系 아래에서는 期待하기 어렵다. 多數의 硏究者가 共同으로 協力해서 마련하는 것이 가장 적절한 방법이다.「民法注解」도 그런 방법으로 만들기로 하였다. 그 筆陣을 정하는 것은 매우 어려운 일이었으나, 여러 사정을 고려하여 앞으로 우리의 民法學을 이끌어 갈 비교적 젊은 硏究者들을 많이 포함시켜서 筆陣을 구성하였다.

「民法注解」의 刊行은 우리의 法學史上 劃期的인 事業이라고 自負하고 있다. 그러나 처음으로 試圖하는 일인데다가, 또한 多數의 執筆者를 動員하여야 했기 때문에 均衡 있는 敍述을 期待할 수 없었다. 時間이 흐르면 法令은 變動되고 새로운 理論과 判例가 出現하게 됨은 필연이다. 그러한 變化는「民法注解」의 改訂을 불가피하게 할 것이다. 여러 가지 不充分한 점이나 흠은 改訂版을 낼 때에 是正·補充할 豫定으로 있다. 그러한 改訂을 거듭하면서「民法注解」는 더 滿足스러운 것으로, 또한 우리 나라에서 매우 값진 法律文獻의 하나로 發展할 것이다.

全部 15卷 정도로 豫定하고 있는 이 尨大한 出版을 快히 맡아 준 博英社에 대하여 깊은 謝意를 表示한다.

1992年 2月 20日

編輯代表

郭 潤 直

債權編(契約) 執筆者

高永鋿(대법원 재판연구관)

權五坤(서울지방법원 동부지원 부장판사)

金建植(서울대학교 법과대학 부교수)

金龍潭(서울고등법원 부장판사)

金龍德(청주지방법원 부장판사)

金載亨(서울대학교 법과대학 전임강사)

金滉植(대법원 선임재판연구관)

南孝淳(서울대학교 법과대학 조교수)

閔日榮(사법연수원 교수)

朴一煥(서울지방법원 부장판사)

朴海成(수원지방법원 부장판사)

徐　敏(충남대학교 법과대학 교수)

孫智烈(서울지방법원 형사수석부장판사)

宋德洙(이화여자대학교 법과대학 부교수)

宋興燮(서울지방법원 북부지원 부장판사)

沈在暾(서울지방법원 부장판사)

梁彰洙(서울대학교 법과대학 교수)

吳宗根(한림대학교 사회과학대학 부교수)

柳元奎(사법연수원 교수)

李在洪(법원행정처 인사관리심의관)

李宙興(법원행정처 송무국장)

全孝淑(서울지방법원 부장판사)

池元林(아주대학교 사회과학대학 부교수)

崔秉祚(서울대학교 법과대학 교수)

崔興燮(인하대학교 법정대학 부교수)

韓相鎬(서울지방법원 의정부지원장)

胡文赫(서울대학교 법과대학 부교수)

(가나다順. 現職은 1997년 6월 1일 기준)

債權編(契約) 執筆 內容

契約 前論 I	李宙興
契約 前論 Ⅱ	孫智烈
契約의 成立 前論	池元林
第527條 ~ 第534條	池元林
第535條	崔興燮
約款의 規制에 관한 法律	孫智烈
第536條	柳元奎
第537條 ~ 第538條	崔秉祚
第539條 ~ 第542條	宋德洙
第543條 ~ 第553條	金龍德
前論 [無償契約 總論]	高永鋽
第554條 ~ 第562條	高永鋽
賣買 前論	朴海成
第563條	朴海成
第564條 ~ 第567條	沈在暾
第568條 ~ 第589條	南孝淳
第590條 ~ 第595條	宋興燮
後論 [特別法上의 還買]	宋興燮
第596條 ~ 第597條	高永鋽
第598條 ~ 第617條	金滉植
第618條 ~ 第654條	閔日榮
保證金	閔日榮
權利金	閔日榮
住宅賃貸借保護法	閔日榮
第655條 ~ 第663條	南孝淳
第664條 ~ 第674條	金龍潭
第675條 ~ 第679條	吳宗根

凡　　例

1. 條　　文

民 §49 Ⅱ iii ← 民法 第49條 第2項 第3號

民 §312-2 ← 民法 第312條의 2

民 附則 §10 ← 民法 附則 第10條

2. 判　　例

(1) 一　　般

大判 80.7.8, 79다1928(集 28-2, 101) ← 大法院 1980年 7月 8日 宣告 79다1928判決(대법원판결집 제28권 2집 민사편 101면)

大決 76.11.24, 76마275(公 551, 9634) ← 大法院 1976年 11月 24日 告知 76마275決定(법원공보 551호 9634면)

大判 80.9.24, 80다1220(要集 民 Ⅰ-1, 161) ← 大法院 1980年 9月 24日 宣告 80다1220判決(大法院判決要旨集 民事·商事編 Ⅰ-1卷 161면)

서울高判 71.12.29, 71나1733(高集 71, 612) ← 서울高等法院 1971年 12月 29日 宣告 71나1733判決(고등법원판례집 1971년 민사편 612면)

大邱地判 88.2.10, 87나485(下集 88-1, 226) ← 大邱地方法院 1988年 2月 10日 宣告 87나485判決(하급심판결집 1988년 제1권 민사편 226면)

(2) 기타의 裁判法院 및 裁判種類의 表示

大判(全) ← 大法院全員合議體判決

大邱高判 ← 大邱高等法院判決

서울民地判 ← 서울民事地方法院判決

密陽支院判 ← 馬山地方法院密陽支院判決

(3) 判例의 出典

集 ←「大法院判決集」(또는「大法院判例集」)

全集 ←「大法院全員合議體判決集」

公 ←「法院公報」

高集 ←「高等法院判決集」

下集 ←「下級審判決集」

月報 ←「判例月報」

新聞 ←「法律新聞」

總覽 ←「判例總覽」

要集 ←「大法院判決要旨集」

3. 法令略語

(1) 法 律

假登記擔保等에 關한 法律	假擔
家事審判法(폐)	家審
家事審判規則(폐)	家審規
家事訴訟法	家訴
가사소송규칙	가소규
建設機械管理法	建管
建設機械抵當法	建抵
建築法	建築
競賣法(폐)	競
古物營業法(폐)	古物
公益法人의 設立·運營에 關한 法律	公益法人
工場抵當法	工抵
公證人法	公證
供託法	供
供託事務處理規則	供規
鑛業法	鑛業
鑛業財團抵當法	鑛抵
國家賠償法	國賠
國稅基本法	稅基
國稅徵收法	稅徵
國有財産法	國財
國籍法	國籍
國土利用管理法	國土管
歸屬財産管理法	歸財
勤勞基準法	勤基
勞動組合法	勞組
農地改革法(폐)	農改
農地法	農地
農地賃貸借管理法(폐)	農賃
道路法	道
都市計劃法	都計
都市再開發法	都再
獨占規制 및 公正去來에 關한 法律	獨占
民法	民
民事訴訟法	民訴
민사소송규칙	민소규
民事調停法	民調

訪問販賣 등에 관한 法律	訪販
法人稅法	法人
法院組織法	法組
辯護士法	辯
不動產登記法	不登
不動產登記特別措置法	不登特措
不動產仲介業法	不仲
不在宣告等에 關한 特別措置法	不在特措
不正競爭防止法	不正競
佛敎財產管理法(폐)	佛財
非訟事件節次法	非訟
私立學校法	私學
商法	商
相互信用金庫法	信金
船舶法	船舶
涉外私法	涉私
所得稅法	所稅
消費者保護法	消保
訴訟促進 等에 關한 特例法	訴促
水難救護法	水救
水產業法	水產
手票法	手票
身元保證法	身保
信託法	信託
約款의 規制에 關한 法律	約款
어음法	어음
溫泉法	溫泉

原子力損害賠償法	原賠
外國人의 土地取得 및 管理에 關한 法律	外土
外國換管理法	外換
遺失物法	遺失
利子制限法	利制
人事訴訟法(폐)	人訴
立木에 關한 法律	立木
自動車管理法	自管
自動車抵當法	自抵
自動車損害賠償保障法	自賠
傳統寺刹保存法	寺保
著作權法	著作
住民登錄法	住登
住宅建設促進法	住促
住宅賃貸借保護法	住賃
證券去來法	證去
集合建物의 所有 및 管理에 關한 法律	集建
土地區劃整理事業法	區整
土地收用法	土收
特許法	特許
破產法	破
河川法	河川
割賦去來에 관한 法律	割賦
航空法	航空
行政訴訟法	行訴
行政審判法	行審
憲法	憲
憲法裁判所法	憲裁

刑法	刑	環境政策基本法	環基
刑事訴訟法	刑訴	會社整理法	會整
戶籍法	戶籍		

(2) 法律의 施行令 또는 施行規則은 法律略語에 「令」 또는 「規」를 붙인다.

(3) 外國法律

獨民 ← 獨逸民法

佛民 ← 프랑스民法

瑞民 ← 스위스民法

瑞債 ← 스위스債務法

日民 ← 日本民法

墺民 ← 오스트리아民法

伊民 ← 伊太利民法

希民 ← 그리스民法

4. 文獻略語

(1) 教科書：著者名만으로 인용한다.

郭潤直, 債權各論, 再全訂版(1990), 新訂版(1995)

金基善, 韓國債權法各論(1982)

金錫宇, 債權法各論(1978)

金疇洙, 債權各論(1992)

金曾漢, 債權各論(1988)

金曾漢·安二濬 編著, 新債權各論(上)(1961)

__________________, 新債權各論(下)(1965)

金顯泰, 新稿 債權各論(1969)

金亨培, 債權各論(上)(1995)

李銀榮, 債權各論(1992)

李太載, 債權各論新講(1967)

張庚鶴, 新稿 債權各論(1962)

鄭範錫, 新債權法各論(1963)

朱宰璜, 債權各論講義(1950)

崔　栻, 新債權法各論(1961)

黃迪仁, 現代民法論 Ⅳ(1987)

(2) 定期刊行物

法學 ←「서울大學校 法學」

民判硏 ←「民事判例硏究」

諸問題 ←「民事裁判의 諸問題」

新聞 ←「法律新聞」

司論 ←「司法論集」

司行 ←「司法行政」

月報 ←「判例月報」

(3) 기　타

註釋債總 ← 金曾漢 編輯代表, 註釋 債權總則

5. 外國文獻(기타는 그 각 本國에서 통용되는 方式에 의함)

(1) 獨　逸

Staudinger ← Staudingers Kommentar zum BGB, 12. Aufl.

MünchKomm. ← Münchener Kommentar zum BGB, 2. Aufl.

Soergal ← Kommentar zum BGB, begründet von Hs. Th. Soergel, 12. Aufl.

(2) 日　本

日注民 ← 有斐閣 刊行, 注釋民法

차 례

第 2 章 契 約

第 1 節 總 則

第 1 款 契約의 成立

第2章 契　　約

前　　論 I

차 례

Ⅰ. 契約의 意義와 作用, 種類, 成立과 效力發生

1. 序

生來的으로 自由로운 人間이 社會生活을 營爲하기 위하여서는 個人과의 去來가 必須的이고 이러한 去來는 거의 모두가 契約이라는 形式으로 하여진다. 따라서 契約은 自己 책임하에 生活關係를 自治的으로 形成하는 가장 重要한 形式이자 手段이고,[1] 가장 널리 그리고 密接하게 人間의 社會的인 生活을 法律에 連結시켜 주고 있는 法的 形象이라 할 수 있다.[2]

1) Palandt, Einf. v. § 145 1) a).
2) Karl Larenz, Richtiges Recht, S. 57–8; Andreas von Tuhr, "Allgemeiner Teil des

또한 契約은 두 사람 以上의 當事者의 對立을 豫想하고 있는 法律行爲의 모델이라 할 수 있는바,[3] 法的 關係가 參加者의 공동 決定에 따라 創造될 수 있고, 內容的으로 變更될 수 있으며,[4] 讓渡 終了될 수 있다. 契約을 通하여서 人間은 서로간의 關係를 決定할 수 있고, 그로써 상대방을 人格으로서 尊重할 수 있는 것이다. 自身의 他人에 대한 法的인 關係를 權力이나 强制力의 使用에 의해서가 아니라, 契約을 通하여서 規律하여야 할 必然性은 이러한 相互尊重의 原理(Prinzip des Achtens)로부터 發生한다.[5]

現代에 이르러서는 人間의 生活이 여러 가지로 細分化하여짐에 따라 契約 또한 그 內容이 複雜하게 되고 그 樣相도 多岐하게 되었다. 이에 따라 契約法이 變遷·發展되면서, 從來 民法典이 豫想하지 못한 各種 新種契約과 經濟法, 社會法 등 各種 特別法이 登場하게 되었다.

2. 契約에 관한 民法典의 態度

債權發生의 原因은 크게 法律行爲와 法律의 規定으로 나눌 수 있는바, 「契約」은 바로 法律行爲에 의한 債權發生原因이고, 事務管理·不當利得·不法行爲는 法律의 規定에 의한 債權發生原因이다.

우리 民法典은 第3編 債權編을 總則·契約·事務管理·不當利得·不法行爲의 5章으로 나누어, 契約이 債權編에만 位置하고 있고, 이는 現行 獨逸民法이 契約을 總則의 制度(§145 이하)[6]로 規律하는 바와 다르다 하겠으나, 獨逸普通法의 文獻에서나 다른 유럽國家에서는 契約은 대체로 債權法에서 規律되고 있다(佛民 §1101 이하; 瑞債 §1 이하; 墺民 §861 이하). 그러나 契約이 債權法에 規律되어 있다 하더라도, 이것이 契約을 債權法을 떠난 一般的 法形態로 파악하는 것을 排除하지 않는다. 契約은 債權法上 契約規定에 相關 없이 債權法上 契約에 限定되는 法形態가 아니라 一般的인 法形態를 前提로 하는 것이다.[7]

---

schweizerischen Obligationsrechts", §20 S. 143; 末川博, 契約法 上(總論), 2.

3) Ernst Wolf, Allgemeiner Teil des bürgerlichen Rechts(3. Aufl.), S. 370; von Tuhr(前註); 末川博(前註), 3.

4) Soergel-Wolf, §305 Rdnr. 37, S. 1007. 債權關係 內容의 變更은 法律에서 달리 法律한 바 없는 이상 契約을 必要로 한다. 法的 債權關係의 變更에 있어서도 强行規定에 반하지 않는 한 契約法理가 適用된다.

5) Wolf(註 3), S. 370.

6) 여기서는 契約의 체결에 관하여서만 規律한다. 契約체결에 따르는 契約關係의 規律은 特히 債權法에서 나타난다.

7) Werner Flume, "Allgemeiner Teil des Bürgerlichen Rechts Zweiter Band," Das Rechtsgeschaft(3. Aufl.), §33 1. S. 599f.

3. 契約의 意義

Savigny는 "法律關係는 意思合致로 確定되어지는바, 契約은 바로 이 意思合致에 到達하기 위한 多數者의 結合"이라고 하였다. 이와 같이 契約은 둘 以上의 當事者가 바라는 바에 따라서 그 사이의 法律關係를 規律하려고 하는 私的 自治의 手段으로 생각하여야 하기 때문에 그것이 成立하려면 반드시 意思合致, 즉 合意(consensus, agreement, Übereinstimmung, Einigung, Convention, Contract)가 있어야 한다. 따라서 契約은 상대방과 合意를 通하여 이루어지는 法律關係의 法律行爲的 規律이라고 말할 수 있다. 契約과 區別되는 것으로 法律行爲의 一方에 여러 사람이 參加하고 이 一方當事者만이 共同的인 規律을 받는 境遇가 있다. 예컨대 수인의 賃貸人이 共同으로 한 解止의 意思表示나 統合的인 意思形成이 이루어지는 결의(Beschlüsse)는 契約에 속하지 않는다. 결의에는 一般的으로 모든 參加者의 意思合致의 原則이 適用되지 않고 多數決原則이 適用된다. 한편 團體協約에 있어서는 個別的 勤勞者 自身이 協約當事者가 아니지만, 規範的 規定 특히 賃金이나 個別勤勞關係는 協約當事者 아닌 個別勤勞者에 대하여 適用된다.[8)]

契約은 原則的으로 拘束力을 가지는바(pacta servanda sunt, Verträge sind einzuhalten), 이러한 契約에의 拘束은 自身의 고유한 意思에, 즉 自身의 自己決定(Selbstbestimmung)에 그 根據를 둔다.[9)] 이 점에서 契約, 즉 法律行爲的合意(rechtsgeschäftliche Einigung)는 非法律行爲的 合意(nichtrechtsgeschäftliche Einverständnis), 즉 法的 義務負擔意思(Verpflichtungswille), 拘束意思(Bindingswille) 혹은 法律效果意思(Rechtsfolgewille)를 수반하지 않아 法的 level에까지 이르지 않는 日常生活上 約束 혹은 社交儀禮上·道德上 約束,[10)] 紳士協定(gentlemen's agreement)[11)]과는 區別된다.[12)] 그리고 個別的인 境遇 單純한 好意와 法

---

8) Flume(前註), § 332, S. 601ff.

9) Larenz(註 2), S. 57.

10) 그 例로서 親子間의 사소한 貸借約束, 戀人間의 散步約束, 친구 사이의 結婚피로연에서의 테이블서비스約束 등을 든다. 廣中俊雄, "道義上の契約," 契約法の理論と解釋, 67.

11) 紳士協定의 例로서 市場에 있어서의 競爭을 制限하는 企業間 口頭約束, 生產販賣면에서 協力關係를 具體化한 業務提供協定등을 든다. 石外克喜編, 契約法, 現代民法講義 5, 45.

12) Wolf(註 3), S. 367; Ernst A. Kramer, "Obligationsrecht Allgemeine Bestimmung" Berner Komm. Allgeimeine Bd Ⅵ(이하 Kramer로 略함). Eileitung in das schweizerisch OR Rdnr. 62ff., 36ff.; Staudinger-Dilcher vor zu §§ 145ff. Rdnr. 16, S. 518; Soergel-Lange-Hefermehl, Vorbem zu § 145 Rdnr. 59, 62ff., S. 775f; Palandt(註 1); Soergel-Wolf, § 305 Rdnr. 4.

的 기속력의 領域 사이의 區分은 그리 쉽지 않다.[13] 當事者의 義務負擔行動으로부터 法的 拘束意思를 探求하여야 하는데, 決定的인 것은 그 行動이 客觀的 觀察者에게 어떻게 보이는가이다(BGHZ 21, 102, 106f). 여기서 法的 拘束意思는 好意의 方法, 基礎, 目的 특히 수령상대방에 대한 經濟的 法律的 意味, 수혜자의 認識可能한 保護利益, 其他諸般상황으로부터 추출될 수 있다.[14] 日最判 昭 34(1959). 2. 26은 日常生活에 있어서 하는 友好的인 가벼운 約束은 當事者가 이것에 拘束되는 意思가 있다고는 해할 수 없기 때문에 法律上 保護에 부칠 만하지 않다고 하였음에 반하여, 日最判 昭 42(1967). 12. 12(判時 511-37)은 電力會社와 地域住民과의 사이에 成立된 書面에 의한 合意에 대하여 그 書面에 있어서의 보상에 관한 記載는 具體性을 결하고, 基本方針을 나타낸 것이기 때문에 單純한 紳士協定에 지나지 않는다고 한 원심판결을 파기환송하면서, 위 合意에 法的 拘束力이 있다고 하였다.[15]

한편 이른바 好意關係(Gefälligkeitsverh ältnis)에 있어서는 이러한 法的 義務 負擔에 관한 意思가 缺如되어 있어 債權關係가 成立되지 않는다. 그래서 法的義務負擔意思는 바로 債權債務關係를 成立시키는 契約上 意思表示에 있어서의 決定的인 要素라 할 수 있다.[16] 好意關係에는 이러한 法的 拘束力의 缺如로 指向하는 意思表示가 客觀的 觀察者의 觀點에서 認識될 수 있어야 한다.[17] 無償契約이라는 法律行爲도 道義的 規範에 基礎하기 때문에 그 法的 特質에 있어서는 好意給付的 性格 즉 非契約性을 어느 程度 지니고 있고 好意給付的 性格이 한층 짙어져 無償給付의 契約性이 박탈된 것이 바로 「好意關係」라 할 수 있으나, 이러한 無償的 好意契約(Gefalligkeitsverträgen)은 單純한 好意關係와 嚴格히 區分되지 않으면 안 된다.[18] 無償契約의 代表的 典型인 贈與의 約束은 書面化되지 않는 한 언제든지 解除할 수 있고 따라서 그 法的 拘束力은 그만큼 박약하다 하겠다.[19] 無利子消費貸借나 使用貸借도 目的物의 引渡前에는 그리고 委任契約은 언제든지 契約을 解除할 수 있다. 한편 好意關係는 人

13) Kramer, Eil. Rdnr. 64, S. 36.
14) Soergel-Lange-Hefermehl(註 12), vor § 145 Rdnr. 63, S. 776.
15) 石外克喜 編(註 11), 45.
16) Soergel-Wolf, § 305 Rdnr. 4; Kramer, Eil. Rdnr. 63. S. 36.
17) Staudinger-Dilcher vor zu §§ 145ff. Rdnr. 10. S. 517; Soergel-Lange-Hefermehl(註 12), vor zu § 145 Rdnr. 65ff., S. 777.
18) Kramer, Eil. Rdnr. 63, S. 36.
19) 岡本詔治, "無償契約と…意義があるか", 契約の一般的課題 5, 34.

的 運送에서 責任制限問題로 자주 登場하고,[20] 그 외에도 모든 生活影響에 好意關係가 存在한다. 好意關係가 契約上 主給付義務를 發生한 바 없다 하더라도 이것으로부터 法的 기속력 있는 保護義務가 發生될 수 있다. 그 根據는 그러한 부수의무의 發生에로 指向된 意思에서 찾아질 수 있다.[21]

(1) 廣義의 契約

契約은 廣義로는 私法上 效果의 發生을 目的으로 하는 合意의 總稱이다. 그것은 모든 類型의 法的 關係에 있어서의 效果에 關係할 수 있다. 따라서 債權의 發生을 目的으로 하는 合意(債權契約)뿐만 아니라, 物權의 變動을 目的으로 하는 合意(物權契約),[22] 債權의 讓渡를 目的으로 하는 合意(準物權契約), 其他 家族法上의 法律關係의 변동을 目的으로 하는 合意(婚姻·入養·離婚·相續財産 分割協議 등), 公法上契約,[23] 訴訟法的 合意 등도 包含한다.[24]

民法은 廣義의 契約에 관한 통칙을 두지 않고, 債權編에서 狹義의 契約, 즉 債權契約에 관한 통칙만을 規定할 뿐이다. 그러므로 民法 債權編의 債權契約에 관한 통칙적 規定은 그것이 債權契約에만 特殊한 것이 아닌 한, 이것을 廣義의 契約에도 準用하여야 할 것이다.[25]

獨逸民法은 "Vertrag"를 이 廣義의 契約槪念으로 쓰고, 그 통칙을 總則編속에 規定한다(§145 以下). 獨逸에서의 債務法으로부터의 契約槪念의 除去는 특히 Savigny로 거슬러 올라간다. Savigny에 의하면 契約槪念下에 物權的 契約과 債權的 契約뿐만 아니라 親族契約(Familienvertrag), 즉 結婚·入養 등이 統合된다.[26] 그런데 獨逸民法 總則編 §145 이하의 契約에 대하여 設定된 規範은 §157의 解釋規定의 例外를 除外하고는 契約締結(Vertragsschluß)에만 關係한다. 契約은 法律行爲一般槪念의 下位槪念이기 때문에, 法律行爲에 대한 規範은 契約에서의 意思表示에 適用된다. 그 反面에 契約의 法的 效果에 關係하는 것은 個別的인 契約類型(賣買·賃貸借 등 債權契約)에 대한 特別規範을 通하여 規律된다. 債權法

20) 獨逸에서의 好意同乘에서의 責任制限根據로 契約上 책임포기와 같이 보았으나, 새로운 判例는 獨民 §254와 關聯된 自身의 危險에 기한 行動(Handeln auf eigene Gefahr)의 觀點을 끌어들이고 있다(BGHZ 34, 355, 364; 43, 72, 77). Staudinger-Dilcher, Vorbem zu §145ff. Rdnr. 13ff., S. 518.

21) Staudinger-Dilcher, Vorbem zu §§ 145ff., Rdnr. 1044., S. 517.

22) 獨逸民法에서는 物權的 契約이라는 dinglicher Vertrag이라는 槪念 대신에 合意 Einigung라는 槪念을 使用하였다(§§ 873, 929).

23) 公法上 契約에서는 民法規定의 準用與否가 問題되고 있다.

24) 郭潤直, 11; Wolf(註 3), S. 369; von Tuhr(註 2), §20, S. 147f.

25) 郭潤直, 11; 谷口知平 編, 注釋民法(13), 13-14.

26) Flume(註 7), §33 1, S. 600.

的 契約이 다른 類型의 契約보다 法的 問題로 훨씬 많이 登場하고 一般的으로 契約에 發生하는 問題는 특히 債權契約의 領域에서 활발하게 論議되므로, 契約法이 債權法의 자리에 있다는 것은 債權法的 契約이 法的 規律에 있어 가장 重要한 契約이라는 점에서 正當化된다.

(2) **狹義의 契約**

狹義의 契約은 債權債務의 發生을 目的으로 하는 合意, 즉 債權契約을 말한다.[27] 權利를 중심으로 한 편찬방식인 판덱텐方式을 採用한 日本에서는 契約의 一般的 成立要件은 法律行爲의 有效要件과 關聯하여 제 1 편 總則「法律行爲」중에서 說明한다.[28]

㈎ 複數의 當事者의 意思表示 契約이 成立하려면 우선 적어도 二人의 當事者가 있지 않으면 아니 된다.[29] 契約의 效果인 債權關係는 단지 債權者·債務者 兩關係當事者 사이의 양극관계를 말하나(債權關係의 相對性原理), 반드시 그 當事者間에 있어서만 생긴다고 할 수는 없고, 이른바 第三者를 위한 契約(§537 以下) 내지 團體協約과 같은 規範契約에 있어서와 같이 當事者以外의 者에 대하여 생기는 수도 있다. 그러나 第三者에게 負擔을 지우는 契約(Verträge zu Lasten Dritter)은 있을 수 없다. 왜냐하면 第三者의 同意 없이 第三者에게 法律行爲的으로 負擔을 지우는 것이 可能하지 않기 때문이다.[30] 意思表示는 그 內容으로부터 意圖된 法律行爲가 發生하기 때문에 法律行爲의 核心이라 할 수 있다.[31]

契約에 있어 自己決定의 行爲로 되기 위한 前提條件은 각 契約當事者가 直接的인 強制를 받지 않고 또 契約相對方의 強迫이나 詐欺에 影響을 받음이 없이 決定을 내릴 수 있어야 하며, 또 意思表示가 그 內容이 되는 法律效果를 發生시키려는 그의 意思를 錯誤 없이 表現하여야 한다. 墺民(ABGB) §869는 명문으로「契約에 있어서의 意思는 自由롭고 진지하며 確實하게, 그리고 理解可能하도록 表示되어야 한다」고 하였다.[32]

契約을 成立케 하는 意思表示는 通常 時間的인 關係에서 順次的(sukzessiv)이다. 內容的으로도 앞의 意思表示는 뒤의 意思表示를 誘導하는 因果的인 意味를 가지므로 先行하는 意思表示는 請約이라 稱하고 이에 대하여 後에 된

27) 郭潤直, 12; 注釋民法(13), 債權(4) 契約總則, 14.
28) 三和一博／平井一雄 編, 債權各論要說, 5.
29) Wolf(註 3), S. 366; von Tuhr(註 2), §20, S. 148.
30) Wolf(前註), S. 368; von Tuhr(前註), §20, S. 149; Kramer, Eil. Rdnr. 44ff., 24ff.
31) von Tuhr(註 2), §20, S. 150.
32) Larenz(註 2), S. 58-9.

意思表示는 승낙이라 稱한다. 合意는 兩當事者가 놓여진 契約文脈(Vertragstext)에 관한 同意를 表示하는 方法으로 發生할 수도 있다.[33] 現代去來 모습에 있어서는 이러한 意思表示論이 後退를 나타내는 部分이 늘어나는바, 그 典型的 例가 이른바 事實的 契約關係이다.

(나) 合 意 契約의 根據로 삼을 合意(Einigung)는 여러 意思表示의 內容的 同一性에서 成立된다.[34] 外部에 나타난 表示行爲에서 推斷되는 이른바 表示上의 效果意思가 그 內容에 있어 客觀的으로 서로 一致하고, 서로 一致하는 바에 따라서 그에 相應하는 統一的인 法律效果의 發生을 갖는다고 보여질 境遇에 契約이 成立되었다고 말할 수 있다. 그래서 契約이 成立되었는지 與否는 當事者의 主觀的인 立場을 떠나서 客觀的인 行爲의 表示에 의하여 決定하여야 한다. 大判 92. 6. 23, 92다4130(公 926-2252)에 의하면 合意가 成立하기 위하여는 雙方當事者의 表示行爲에 나타난 意思의 內容이 客觀的으로 一致하여야 된다고 하였다. 內容에 관하여 一致하지 않으면 예컨대 當事者가 合致한다고 생각하더라도 契約은 成立되지 않는다. 內面的인 合致(innere Einverständlichkeit)는 契約에 있어서 槪念的으로 必須的인 것은 아니다. 따라서 契約체결자의 內面的 統合(innere Einheit)이나 統合的인 契約目的(Vertrags zweck)은 必要하지 않다. 目的은 必然的으로 主觀的이고 客觀的인 目的이란 存在하지 않는 것이다. 契約效果는 目的이 아닌 合致된 意思表示의 結果인 것이다.[35] 前述한 法的 義務負擔意思는 特定된 目的設定(Zwecksetzung)과 結付되고, 이러한 目的設定은 로마법상 Causa(原因)와 連結 表現되며, 이 Causa는 當事者가 契約체결로 나아간 合理的인 根據로서, 債權契約에서는 原則的으로 Causa를 지니고 있어 要因契約(Kausale Vertrag)이라 일컬어지나, 이 Causa는 契約의 效力發生要件이 아니고 Causa가 없는 無因契約(abstrakte Vertrag)이 있을 수 있다.[36]

한편 合意가 되지 않았다고 하는 것, 즉 不合意(Dissens)와 錯誤는 區別되지 않으면 안 된다. 대개 錯誤는 하나의 意思表示가 成立하는 過程에서 意思와 表示와의 사이에 無意識的으로 不一致가 생기는 것을 말하는 것이므로 表

33) Staudinger-Dilcher vor zu §§ 145ff., Rdnr. 8, S. 516; 末川博(註 2), 6.
34) Staudinger-Dilcher vor zu §§ 145ff., Rdnr. 5, S. 516.
35) Wolf(註 3), S. 366f.; Karl Larenz, "Allgemeiner Teil des deutschen bürgerlichen Recht"(7. Aufl.) § 27, S. 526f.
36) Soergel-Wolf, § 305 Rdnr. 5.

意者의 主觀的인 立場에서만 생각할 수 있다.[37]

이러한 合意가 있다고 하기 위해서는 우선 表示上의 效果意思가 그 內容에 있어서 어떠한 점까지 一致하여야 하는지가 問題된다. 이러한 合致는 全體的인 法律效果를 완결할 必要까지는 없으나, 契約의 本質的 內容(Wesentliche Inhalt)이 確定되어야 함은 必須的인 事項이다. 그러나 후술하는 바와 같이(Ⅵ. 1. 참조) 契約체결 당시 그 기준만 設定하고 重要한 점에 대하여 후의 合意에 유보할 수 있다. 計劃된 契約類型에 대하여 本質的으로 重要한 모든 요점에(Hauptpunkt) 대하여 一致하지 않는 한 契約은 체결된 것으로 보지 않지만, 當事者가 부대사항(Nebenpunkt)에 對하여서까지 전부 一致할 것을 要求하지 않는다. 요컨대 部分的 不合意(Partialdissens)에 있어서는 그 不合意가 去來核心, 즉 契約의 客觀的 요점에 關聯되는 한 契約이 成立되지 아니한 것이다.[38] 本質的 要素가 아닌 契約흠결에 있어서는 法律規定(任意規定)과 사실인 관습(§§ 105, 106) 등 補充的 契約解釋原則이 適用된다.[39]

또한 契約이 成立되려면 각 當事者의 意思表示는 內容的으로 一致하여야 할 뿐만 아니라 그 一致하는 바에 따라 상대방의 意思와 結合해서 統一的인 法律效果를 發生시키려는 意義를 가져야 한다.[40] 多數의 서로 獨立的인 法律效果(Rechtswirkung)가 合意의 目的이라면 여기서는 여러 契約이 存在하는 것이다. 여러 法律效果가 統合的 法律效果로 連結되어 하나의 要約된 法律效果가 되면 이는 후술하는 바와 같이 混合契約(gemischte Vertrag)으로 表現된다.[41]

合意된 法的 效果 發生의 根據는 契約체결자가 合意에 기한 意思表示를 통하여 共同으로 決定하였다는 것이다.[42] 이러한 共同決定(gemeinsame Entscheidung)은 契約에 있어 必須的이다. 왜냐하면 누구든지 自身과 關聯된 法的 效果에 대하여만 決定할 수 있고, 한편 契約的 效果에 대하여는 모든 參加者와 關聯되는 것이기 때문이다. 法的 效果는 이러한 共同決定의 內容에 상응하기 때문에 共同決定이 法的 效果의 유일한 根據이고, 그 외 다른 根據는 存在할 수 없다.[43] 이 점에서 契約을 成立시키는 意思表示는 單獨行爲를 成立시키는

37) 注釋民法(13), 14.
38) Kramer, Art 1. Rdnr. 152, S. 164; Larenz(註 35), § 28, S. 528.
39) Palandt(註 1).
40) 郭潤直, 12-3.
41) Wolf(註 3), S. 368f.
42) 前註, S. 370.
43) 前註.

意思表示와는 本質的으로 다르다고 할 수 있다.[44]

㈐ 意思表示의 對立과 交換　　契約에 있어서 合致되어야 할 二個以上의 意思表示는 그 向하는 方向에 있어서 對立하고 따라서 當事者 사이에 있어서 交換的으로 이루어지는 것을 要한다. 원래 契約에서의 表意者는 前述한 바와 같이 그 意思表示에 의하여 獨自的으로 效果를 發生케 하려고 하는 것은 아니고 반드시 自己를 向하여 이루어지는 他人의 意思表示와 더불어 效果를 發生케 하려고 하고 있는 것이므로 그 意思表示는 서로 對立하는 方向에서 나타난다 할 것이다.[45] 이 점에서 意思表示가 平行的으로 병행·集中하는 合同行爲(Gesamtakt)와 區分된다.[46]

統合的 意思形成의 內部的 補助手段으로서의 결의(Beschluß)는 內部的으로 異見, 利益對立을 克服하고 意思形成의 기술적 사다리로 指向되는 法律行爲로서 前述한 바와 같이 契約이 아니나, 契約의 特殊形態로서의 組織契約(Organisationsvertrag)은 定款을 創出하는 契約이고, 社團에 가입하는 法律行爲 역시 契約으로 理解될 수 있다.[47]

㈑ 債權發生의 法律要件　　契約은 實際 債權關係의 法律行爲的 根據의 중심을 차지하면서, 法律行爲의 주된 出現形態라 할 수 있다.[48] 契約은 複數의 意思表示에 의해 成立되지만 그것은 全一體로서 統一的인 效果가 생기는 원인이므로 法律要件(juristischer Tatbestand)이고, 그 構成要素인 法律事實(juristische Tatsache)로서의 개개의 意思表示와 同一次元上에 서는 것은 아니다.[49] 즉 請約이나 승낙은 意思表示이나, 完全한 法律行爲는 아니다.[50]

法律效果는 合意만으로 혹은 또 다른 構成要件要素(예컨대 官廳의 認可)가 있거나 혹은 排除事由(Ausschlußgrund)가 없을 때 發生한다. 合意의 內容에 상응하게 法律效果를 發生케 하는 要素는 契約의 構成要件에 속하지 않고 契約槪念의 徵表(Merkmal)도 아니다. 여기에는 다만 有效한 契約과 無效의 契約이 存在하는 것이다.[51]

---

44) 末川博(註 2), 6-7.
45) von Tuhr(註 2), § 20, S. 144f., 149; 前註, 8-9.
46) 郭潤直, 13.
47) MünchKomm-Kramer, § 145 Rdnr. 26; von Tuhr(註 2), § 20 S. 144f.; Soergel-Lange-Hefermehl(註 12), vor § 145 Rdnr. 8, S. 762.
48) Palandt(註 1); Kramer, Eil. Rdnr. 124, S. 66.
49) 郭潤直, 13; 末川博(註 2), 10; Wolf(註 3), S. 364.
50) Palandt(註 1), § 305 3).
51) Wolf(註 3), S. 370.

4. 契約制度의 發展과 社會的 意義·作用

(1) 契約制度의 發展

(가) 中世의 封建契約 　契約이라는 觀念은 近代社會에서 처음으로 나타난 것은 아니며, 近代 以前의 社會에서도 볼 수 있으나 兩者 사이에는 큰 差異가 있었다.[52] 中世 領主와 農奴의 關係는 物的 支配와 人的 支配가 未分離된 채 結合된 支配關係이고, 契約關係의 全過程에 있어서 自由意思를 媒介로 하는 債權者, 債務者 사이의 關係가 아니다. 여기서는 契約의 自由가 構造的으로 否定된다.[53] 個人 사이의 關係는 原則的으로는 法律行爲로 媒介되지 않고, 개개인이 屬해 있는 身分 혹은 團體에 適用된 秩序로 定하여졌다. 이러한 形態는 近代社會의 成立으로 根本的 變革을 겪게 되었다.[54]

(나) 近代市民法上 契約 　近代社會에 있어서 私的 自治를 實現하기 爲한 前提는「身分으로부터 契約에로의」社會變化였다.[55] 近代市民法上 契約이 中世 封建契約이나 社會主義社會의 計劃契約과 區別되는 것은 理念的으로는 生產 流動 등 社會의 全構造가 市民法的 契約關係, 즉 商品交換的 契約에 의하여 媒介된다는 점이다.[56]

近代市民社會에서의 自由主義思想은「私的 自治」를 認定하였고, 特히 契約은 이 私的 自治의 原則的 手段으로 되어 債權發生原因으로서 中心的 地位를 차지하게 되었다. 近代的 契約은 個人의 創意를 最大限 發揮하여 資本主義發達의 原動力이 되었다.[57] 18세기 佛蘭西의 Pothier와 19세기 獨逸의 Savigny는 各各 루소의 社會契約論的 思潮 혹은 Kant의 自由思想에 立脚한 道德的 이데올로기가 支配하는 時代的 潮流下에 契約을 중심으로 하여 사법상 義務의 法的 拘束力의 根據를 意思에 구하는 意思理論을 創出하였고 이는 佛蘭西 民法典 및 獨逸 民法典에 각각 影響을 주었다.[58]

이 時代의 契約의 秩序機能은 當事者가 自由롭게 決定한 主觀的 均衡性이 客觀的 正義에 合致하는 것까지 要求하는 것은 아니고,「意圖하는 바는 옳은

52) 郭潤直, 14; 金曾漢, 4.
53) 白羽祐三, "契約の自由," 契約法大系 Ⅰ, 5.
54) 木下毅, 英美契約法の理論, 23-4.
55) 三和一博／平井一雄 編(註 28), 3-5.
56) 白羽祐三, "契約法の現代的發展," 現代契約法大系 제 1 권, 1.
57) 郭潤直, 14-5.
58) 木下毅(註 54), 4-5, 9.

것으로 본다」고 하는 것이 契約的 正義의 本質이었다.[59] 그러나 近代市民社會는 自然으로부터 設定된 不平等한 것이고, 이는 除去되지 않을 뿐만 아니라 숙련, 財產 그리고 知的·道德的 敎養의 不平等으로 고양되었다. 國家規制로부터 自由로와진 私人들간의 交換去來의 國家支配로부터의 自由 代身에 市民들 사이의 契約自由의 形態로부터 發生된 또 다른 勢力關係(Gewaltverhältnisse)가 새롭게 形成되게 된 것이다.

(다) 現代市民法上 契約　　그래서 近代의 支配이데올로기인 自由放任思想은 現代에 들어와 修正資本主義理論이 登場하면서 그 종언이 確認되었다. 修正資本主義하에서는 모든 人間의 人間다운 生活을 保障하는 福祉國家의 建設을 理念으로 하고 實質的 社會正義 實現을 目的으로 한다.[60] 從來 個人主義的·自由主義的 法思想이 經濟的·社會的 民主主義의 法思想으로 修正되면서, 現代法治國家에서의 契約의 理念은 社會正義의 實現을 目的으로 全體社會의 共同利益과 幸福追求라는 共同善으로 指向하게 되었다. 自然히 契約의 社會的 意味가 强調되게 되었다.

한편 契約內容形成自由와 形式의 自由로부터 現代產業社會는 傳統的 契約의 틀을 뛰어넘는 各種 新種의 契約形式과 精緻한 契約기술을 탄생시켰고 從前에 알려지지 않았던 혹은 禁止된 契約形式 등이 出現하여 急速하게 전파되었다.[61] 후술하는(V. 2 참조) 非典型契約 혹은 混合契約이 바로 이에 該當한다.

(2) 契約의 社會的 意義·作用

(가) 契約의 社會的 意義　　債權契約은 原則的으로 任意法的으로 當事者 사이만을 拘束하는 效果밖에 保有하지 않는다. 그렇지만 契約 當事者 사이에 있어서는 그 內容이 强行法規에 違反하지 않는 法規와 同一하여 當事者 사이에는 紛爭解決의 基準으로서 作用하고 그 內容實現에 있어서 國家가 强制力을 行使한다. 契約은 當事者 사이에 있어서의 유일한 法規이고 사법질서의 基本이다. 따라서 國家는 當事者 一方의 要請에 의하여 契約內容의 實現에 조력하게 된다.

(나) 契約의 社會的 作用　　前述한 바와 같이 우리의 生活은 契約을

59) Walo Bauer, "Der Schutz vor unbilligen Allgemeinen Geschäftsbedingungen im schweizerischen Recht"(3. Aufl., 1981), S. 24f.; 大村須賀男, "契約自由の原則の再構成について(一)," 民商 88권 2호, 162면 이하; 末川博, "法と契約," 157-60.
60) 郭潤直, 民法總則(民法講義 I), 67, 70.
61) 山口俊夫, フランス債權法, 9.

通하여 營爲되고 있다고 말하여도 좋을 만큼, 契約은 오늘날 우리 生活의 모든 方面에 걸쳐서 끊임없이 행하여지고 있다. 그래서 契約은 民法의 중추적 제도라 할 수 있다.[62] 契約이야말로 近代社會發展의 原動力이고 近代社會는 契約의 社會라고도 말할 수 있다. 近代的 契約은 후에 상술하는 바와 같이 여러 方面에서 統制를 받게 되나, 契約은 오늘날에도 如前히 社會生活關係에 있어서 重要한 作用을 하고 있음을 부인할 수 없다.[63]

한편 오늘날에는 人間關係의 社會的 秩序(soziale Ordnung)로서의 契約의 社會的 意味(soziale Bedeufung des Vertrags) 혹은 社會的 行爲(Sozialakt)로서의 契約의 客觀的 意味를 強調한다. 특히 Schmidt-Rimpler가 말하는 秩序適合的으로 成立하는 契約에 놓여 있는 正當性保障(Richtigkeitsgewähr)을 強調한다. 그러나 여기서 말하는 契約의 正當性(Rechtfertigung)은 무엇보다도 契約當事者가 自身의 個人的인 要求와 手段을 가장 잘 알 수 있고 個別的 契約을 通하여 이것이 가장 잘 解決될 수 있다는 事實을 強調한 것이다.[64]

5. 契約의 種類

(1) 典型契約(有名契約)·非典型契約(無名契約)

(가) 典型契約과 非典型契約의 區分 日常生活에서 가장 자주 反復되는 契約의 型(Vertragstypen)을 選擇하여 民法에서 特別한 規定을 設定하고 있는 契約(贈與·賣買·交換·消費貸借·使用貸借·賃貸借·雇傭·都給·縣賞廣告·委任·任置·終身定期金·和解)을 典型契約(typische Verträge Nominatverträgen)이라고 한다. 法律上 各各 特別한 名稱이 붙여졌다고 하는 意味로서 有名契約(benannte Verträge)이라고도 한다.[65]

民法上[66] 14種類의 典型契約은 이것을 몇 개의 群으로 나눌 수 있다.[67]

第1은 移轉讓渡型의 契約이며, 財貨 내지 價値를 終局的으로 상대방에게 移轉하는 契約이다. 贈與·賣買·交換이 이에 屬한다.

---

62) 郭潤直, 13; 注釋民法(13), 7.

63) 金曾漢, 56.

64) Soergel-Lange-Hefermehl(註 12), vor § 145 Rdnr. 20, S. 765.

65) Kramer, Eil. Rdnr. 154, S. 79; 末川博(註 2), 11.

66) 民法外에도 商法, 割賦去來에 관한 法律 등에서도 契約類型이 規律되어 있다.

67) 注釋民法(14), 2. 이러한 區別의 實益은 유사한 典型契約 사이의 諸規定의 類推適用을 通하게 하는 것과 거꾸로 差異가 있는 契約 사이에서의 類推를 排除하는 것이라 한다. 또한 日本의 最近 教科書에는 非典型契約도 包含하여 去來形態 혹은 機能的 觀點으로부터 「財産讓渡, 供給契約」·「財産利用賃貸借契約」·「勞務, 서비스提供契約」·「組織形成契約」·「給付方法指定契約」·「紛爭解決契約」·「附合契約」 등으로 分類하고 있다고 한다. 石外克喜 編(註 11), 322.

第2는 賃借型의 契約이며, 財貨 내지 價値를 限定된 期間 동안 상대방에게 移轉하여 利用시키는 契約이다. 消費貸借·使用貸借·賃貸借가 이에 屬한다.

第3은 勞務供給型의 契約이며, 他人의 勞務 내지 勞動力을 利用하는 契約이다. 雇傭·都給·懸賞廣告·委任·任置가 이에 屬한다.

그런데 이러한 契約典型은 가장 많은 需要를 차지하는 것을 그 모델로 삼은 것이 있으나, 社會가 進步되고 去來關係가 複雜해지면서 從來 經驗을 基礎로 한 典型契約이 반드시 適合한 것이 아니고, 또한 日常生活에서는 典型契約의 內容에 적확히 들어맞는 內容을 갖는 契約만이 이루어질 수 없다는 데에서 個別的으로는 當事者가 法的 典型에 따르면서도 그 法律上 規制로부터 벗어나는 約定을 할 수 있으며, 아예 民法上 典型契約의 內容과 맞지 않는 채권법상 契約을 찾을 수도 있다.[68] 여기서 契約內容形成自由 특히 契約典型自由(Typenfreiheit)가 債權法規定을 伸縮性 있게 만들어, 債權法이 變更되거나 補完됨이 없더라도 예컨대 리스나 팩터링같은 새로운 契約類型이 急速한 擴張을 보게 되는 것이다.[69] 이와 같이 法律에서 豫定된 契約類型에서 벗어나거나, 이를 補完하는 約定은 法律에서 規律되지 않는, 전적으로 새로운 契約類型을 탄생케 할 수 있는바, 이를 非典型契約(atypische Vertrüge)이라 부르고 또한 法律上 特別한 名稱이 없다는 意味에서 無名契約(nichtbenannte Verträge, Innominatverträg)이라고도 한다. 이러한 契約의 類型은 內容的 形成自由의 原理의 結果로서 原則的으로 無制限이다.[70]

(나) 非典型契約의 例　　非典型的 契約으로 自動販賣機設置契約(Automatenaufstellungsvertrag)·에너지供給契約·팩터링契約·프랜차이즈契約·損害擔保契約·컴퓨터프로그램讓渡契約·필름貸與契約·廣告契約·定期刊行物講讀契約·리스契約 등을 列擧할 수 있다.[71] 日本判例에 나타난 無名契約으로 藝妓營業契約(大審 明治 37(1904).5.5)·自動車月賦販賣契約(大審 昭 9(1934).7.19)·國有財産使用貸付契約(京都地判 昭 34(1959).5.6)·警備契約(名古屋地判 昭 50(1975).4.22)·크레디트카드利用契約(東京地判 昭 63(1988).8.29) 등을 들 수

68) Soergel-Wolf, § 305 Rdnr. 6. 24f., S. 998. 1002f; MünchKomm/Söllner, § 305 Rdnr. 3.

69) Staudinger-Dilcher vor zu §§ 145ff., S. 529; Soergel-Wolf, § 305 Rdnr. 24, S. 1002; H. Becker Berner Komm. Ⅵ. 1. Abteilung(以下 Becker로 略함), Art 19. N. 3, S. 85.

70) Soergel-Wolf, § 305 Rdnr. 24f., S. 1002; Kramer, Eil. Rdnr. 154, S. 79; 末川博(註 2), 11.

71) 旅行契約·出演專屬契約·리스契約·許可權讓渡契約·變則的 權利讓渡契約 등 現在 우리 나라에서 관행되는 몇 가지 非典型契約에 관하여 民事判例研究, Ⅺ, 附錄 469 以下. 그 외에도 廣告放送契約·旅館숙박契約·預金契約등이 있을 수 있다. Soergel-Wolf, § 305 Rdnr. 25, S. 1003; MünchKomm/Söllner, § 305 Rdnr. 36ff.; 末川博(註 2), 11; 注釋民法(13), 15-17.

있다.[72)]

(다) 混合契約의 意味 그리고 非典型契約中에는 典型契約의 構成分子에 屬하는 事項과 다른 典型契約의 構成分子에 屬하는 사항과를 混合시킨 것을 그 內容으로 하는 것도 있으며 또는 典型契約의 構成分子에 屬하는 事項과 어느 典型契約의 構成分子에도 속하지 않는 事項을 混合시켜 그 內容으로 하고 있는 것도 있다. 이들 契約을 特別히 混合契約(Mischvertrag, gemischte Verträge)이라고 한다. 混合契約은 여러 法的 契約類型이 새로운 形態의 하나의 契約으로 結合된 것 혹은 여러 法律效果가 統合的 法律效果로 連結되어 하나의 要約된 法律效果가 될 것을 表現한다고 할 수 있다.[73)] 非典型契約과 混合契約은 實際上 嚴密하게 區分하기 困難할 뿐만 아니라 槪念的 區別의 實益이 없다 하겠다.[74)]

(라) 混合契約의 例 混合契約으로 賃貸借(방), 고용(서비스), 도급(食事)의 要素가 混合된 숙박契約(Beherbergungs vertrag), 住居賃貸借와 고용계약요소가 混合된 養老院契約(Altenheimvertrag), 醫師치료要素 외에 방실賃借要素가 가미된 病院入院契約(Krankenhausaufnahmevertrag) 등을 들 수 있다.[75)] 우리 나라와 日本 判決例로서는 후술하는 製作物供給契約을 들 수 있다(前橋地高崎支判 昭 47(1972). 5. 2(判時 687-88)).[76)]

(마) 非典型契約과 混合契約의 法的 處理

(a) 非典型契約 非典型契約도 本質的으로 典型契約과 마찬가지로 法律行爲, 契約解釋의 一般理論에 따라 特約이 있으면 최우선적으로 特約에 의한다(리스契約에 관한 大判 90. 5. 11, 89다카17065(公 875, 1254)). 그리고 權利와 義務가 거래관행(Verkehrssitte)과 信義則(Treu und Glauben)에 의하여 補充·確定될 수 있다. 非典型契約은 去來社會의 관행과 契約意思를 探求調査하여 當事者意思와 經驗則에 따라 解釋되어져야 한다. 그러한 것이 確定될 수 없다면 契約目的의 考慮 아래 權利와 義務가 補充的 解釋方法으로 確定되어야 한다. 여기서 먼저 典型契約이 前提로 하는 事實關係와 當該契約이 前提로 하는 事實關係가 一致하는가, 當該契約이 達成하려는 目的에 비추어 그 合意內容이 典型契約을 規律하는 民法

72) 新判例體系 民法 第3編, 3846-9.
73) Wolf(註 3), S. 368f.; Soergel-Wolf, § 305 Rdnr. 27, S. 1004.
74) 石外克喜 編(註 11), 325.
75) 郭潤直, 40; MünchKomm./Söllner, § 305 Rdnr. 38ff.; Kramer, Eil. Rdnr. 154, S. 79; von Tuhr(註 2), § 31 S. 249; Becker, Art 19. N. 4, S. 85.
76) 林良平 編, 安永正昭, "注解判例民法 債權法 I", 373.

諸規定을 適用함에 適當한가를 음미해 보아야 한다.[77] 法律行爲나 의사해석으로 問題를 解決할 수 없는 境遇 그 法的 處理를 어떻게 할 것인가 하는 問題는 實務上 어려운 課題로 登場한다.[78]

非典型契約은 法律에서 規律하는 契約類型과 個別的으로 유사성을 갖는 것과 그렇지 않은 것으로 區分할 수 있는바, 法律에서 規律하는 契約類型과 個別的 유사성이 成立되는 境遇에는 法律上 契約類型에 관한 規定을 補充的으로 適用할 수 있다.[79] 그래서 非典型契約은 典型契約의 어느 것에 가장 유사한가를 檢討하여 그 典型契約에 관한 規定을 類推適用 내지 準用하는 것을 原則으로 한다.[80] 債權總則規定은 原則的으로 非典型契約에도 適用될 수 있고, 非典型契約이 繼續的 債權關係로서 分類될 수 있는 한 繼續的 債權關係에 一般的으로 適用되는 規定 特히 特別解止에 관한 規定이 적용된다.[81] 그러나 그렇다고 하여 問題가 되고 있는 當該 契約關係이 特性을 간과할 수 없다. 그 契約이 典型契約에 유사하다는 理由만으로 무리하게 어떤 典型契約에 밀어넣을 수는 없는 것이다.[82]

(b) 混合契約

(i) 混合契約의 類型

(ㄱ) 契約連結(Vertragsverbinding)——複數契約의 結合　混合契約을 다시 주요 그룹으로 나누면 다음과 같다. 먼저 이른바 契約連結(Vertragsverbindung)에 있어서는 각자 獨立된 여러 契約들이 단지 外形的으로 하나의 文書에 혹은 時間的으로 全體協定(Gesamtabsprache) 속에 包含되어 있는 것이다. 그 協定은 經濟的으로 同一한 目的에 쓰여질 수 있고 더 나아가 條件 내지 交換關係에 설 수 있다. 또한 한 契約이 다른 契約을 補完할 수 있다. 하나의 統合된 契約인지, 여러 개의 獨立된 契約인지는 契約解釋方法에 따라 當事者의 意思解釋을 통하여 決定된다 하겠다. 이런 合意가 分離된 文書에 놓여 있으면 當事者는 여러 契約을 獨立的으로 체결하려는 것으로 事實上 推定할 수 있다.[83]

---

77) Soergel-Wolf, § 305 Rdnr. 26, S. 1003.

78) 湯淺道男, "混合契約および非典型契約にあたつこは, どういう点に留意すべきか," 現代契約と現代債權の展望(契約の一般的課題 5), 7-9.

79) Soergel-Wolf, § 305 Rdnr. 26, S. 1003f.

80) MünchKomm/Söllner, § 305 Rdnr. 36.

81) Soergel-Wolf, § 305 Rdnr. 26, S. 1004.

82) 湯淺道男(註 78), 6.

83) MünchKomm/Söllner, § 305 Rdnr. 41, S. 824.

(ㄴ) 一方的 典型 중첩(einseitige Typenkumulation) 이에 반하여 混合된 契約은 여러 典型을 使用하여 統合된 契約으로 理解된다.[84] 여기서 먼저 一方的 典型 중첩형 混合契約으로 다른 부수급부를 지닌 典型的 契約을 들 수 있다(예컨대 서비스를 包含한 방실임차). 여기서는 契約의 本質的 部分은 支配的인 法律典型(예컨대 賃貸借)에 속하고 다만 부수급부(예컨대 서비스)에 대하여는 主給付를 規律하는 規定과 合致하는 한 補充的으로 이에 수반된 給付關係規律(예컨대 고용법)이 適用 내지 類推適用된다. 吸收理論에 따르면 契約의 性質에 의하여 契約上 주된 給付가 確定되고, 이러한 주된 給付의 契約典型規定이 전적으로 混合契約에 適用되며, 契約에 包含된 다른 契約典型의 그렇지 않은 要素는 주된 契約典型에 吸水되게 된다. 그래서 서비스부 방임차에 있어서 解止規定은 전적으로 物件賃貸借에 관한 規定에 따른다. 그러나 袋(혹은 병) 貸借附物件賣買에 있어서는 賃借法의 解止規定이 適用되지 않는다. 주된 構成要素部分에 있어서 強行法規違反이 있는 境遇 그 無效는 契約全體에 擴張된다.[85]

(ㄷ) 均衡的 典型 중첩(gleichgewichtige Typenkumulation)——병렬적 결합 한편 다른 給付도 동시에 주된 義務(Hauptpflicht)의 性格을 지닐 때에는(예컨대 기사가 딸린 自動車賃借, 下宿契約) 이를 統合契約(Kombinationsvertrag)이라고 부르고 두 가지 契約典型의 法則이 同等하게 동시에 適用된다. 이렇게 여러 契約典型的 給付의 누적(kumulation)에 있어서는 각 給付에 대하여 原則的으로 그 典型에 適用되는 契約規定을 適用하도록 하는 統合理論(Kombinationsprinzip)에 따라 問題를 解決한다. 統合理論은 각 個別的 境遇에 여러 契約典型에 속한 法律規定을 分解, 統合하여 混合契約에 適用하여야 한다. 그러나 典型契約의 規定의 一部씩을 機械的으로 적용함과 같은 態度는 警戒하지 않으면 안 된다. 여기서도 個別的 契約의 意味와 目的을 探求함으로써 解決의 실마리를 찾아가야 할 것이다.[86]

(ㄹ) 接續契約(gekoppelte Vertrag) 여러 다른 契約典型의 給付가 어느 한 當事者로부터 중첩적으로(kumulativ) 約束되지 않고 서로 交換的인 境遇 이를 接續契約(gekoppelte Vertrag)이라 하는데, 接續의 意味는 대체로 순수한 契約典型에 있어 典型的인 金錢要素(Geldfaktor)를 排除하는 것이다

84) Esser-Schmitt, "Schuldrecht Allg. Teil"(6. Aufl.), § 12 Ⅱ. 1, S. 183.

85) Becker, Art 19. N. 14, S. 86; Soergel-Wolf, § 305 Rdnr. 28, S. 1004f.; MünchKomm/Söllner, § 305. Rdnr. 43, S. 824.

86) Esser-Schmitt(註 84), § 12 Ⅱ. 2. a), S. 184; Becker, Art 19. S. 88; Soergel-Wolf, § 305 Rdnr. 29, 31, S. 1005f.

(예컨대 住宅管理契約(Hausmeistervertrag) 에서의 管理·수선給付에 대한 주택공여). 前述한 統合理論에 따르면 이러한 住宅管理契約에서는 管理人으로서의 管理·수선에 관한 勞務給付는 고용규정 중 勞務給付에 관한 規定이, 주택공여에 따른 使用收益의 점에 대하여는 賃貸借 중 不動産의 利用에 관한 規定이 각각 結合하여 위 契約에 適用되게 된다. 여기서는 賃借人 保護의 社會的 保護規定이 考慮된다.[87]

(ㅁ) 典型融合契約(Typenverschmelzungsvertrag)　이른바 典型融合契約((Typenverschmelzungsvertrag); 예컨대 混合贈與(gemischte schenking 贈與의 目的으로 價格을 낮추어 販賣하는 것))에 있어서는 다른 契約典型의 여러 給付要素가 너무 密接하게 서로 結合되어 單純히 몇 가지 要素를 추출·分離한다는 것은 자의적인 것이 된다. 이러한 密接한 結合에 있어서는 個別義務의 違反이 따로 分離하여 취급될 수 없고 全體義務不履行措置(Gesamtsanktion)에 따라 債務不履行의 問題를 解決할 것이 要請된다.

(ii) 混合契約의 法的 處理　獨逸에서의 通說은 위에서 본 吸收理論·統合理論 등 어느 하나를 고집하지 않고, 이를 넘어서 具體的 境遇 이익상황에 따라 決定되어야 한다는 것이며 이를 利益適合的 法適用論(Theorie der Interessengerechten Rechtsanwendung)이라 부른다.[88]

日本에서의 通說은 各種 典型契約에 관한 規定이 當事者가 當該契約에 의하여 達成하려는 目的, 의사와 社會의 需要에 適合하면 그 類推適用을 許容하는 類推適用論이라 한다.[89]

結局 契約이 規律하고자 하는 目的, 意味, 생활현상 그리고 適用할 規範의 目的·效果, 機能을 신중히 考慮하여 그 適用與否를 決定하여야 할 것이고, 前述한 非典型契約에서의 이에 관한 論議가 여기서도 그대로 適用된다고 보여진다.

(iii) 리스契約　리스契約은 賃貸借와 같이 目的物의 使用收益을 目的으로 하는 이른바 運用리스(operating lease)와 目的物의 조달자금의 融通을 目的으로 하는 이른바 金融리스(financing)로 區分되고 통상 리스라 할 때에는 後者의 金融리스를 말하며 여기에는 리스會社, 利用者, 供給者의 三當事者가 關與하게 되어 民法上의 典型契約에 들어맞지 않는 새로운 去來類型이라 할 수 있다.[90] 大判 86. 8. 19, 84다카503, 504(集民 34-2, 88)도 施設貸與리스는 形式에

87) Esser-Schmitt(前註); Soergel-Wolf, § 305 Rdnr. 34, S. 1007; MünchKomm/Söllner, § 305 Rdnr. 42, S. 824.

88) Esser-Schmitt(前註), § 12 Ⅱ. 2. c) S. 185; Soergel-Wolf, § 305 Rdnr. 27, S. 1004.

89) 石外克喜 編(註 11), 331.

90) 大判 92. 7. 14, 91다25598(公 927-2378); 大判 90. 5. 11, 89다카17065(公 875-1254); 鄭東潤, "새로운 類型의 商行爲", 商事法의 諸問題, 92-3; 金建植, "리스契約의 運用實態", 民判硏 Ⅺ, 582.

서는 賃貸借契約과 유사하나 그 實質은 物的 金融이고 賃貸借契約과는 여러 가지 다른 特質이 있기 때문에 이에 대하여는 民法의 賃貸借에 관한 規定이 바로 適用되지는 아니한다고 하였다. 金融리스(Finanzierungsleasing)에서는 리스會社와 賣渡人 사이의 賣買契約과 리스會社와 리스이용자 사이의 리스契約이 結合되어 있어, 다른 當事者가 參加하는 契約의 結合을 包含하고 있다. 그 結合은 特히 賣買契約이 리스契約의 基礎(Geschäftsgrundlage)가 되는 점에서 나타난다. 이에 반하여 一方的 典型 중첩(einseitigen Typenkumulation)에 속한다고 볼 수 있는 運用리스契約에서는[91] 賃貸借契約的 要素가 전면에 서고, 거기에 包含되어 있는 賃貸借契約的 基本要素 때문에 當該 리스契約의 特殊한 利益상황으로부터 離脫이 發生하지 않는 한, 主契約典型(Hauptvertragstypus)의 法인 賃貸借契約法이 補充的으로 適用된다.[92]

(iv) 製作物供給契約 製作物供給契約은 當事者의 一方이 상대방의 주문에 따라서 全的으로 또는 주로 自己의 所有에 屬하는 材料를 使用해서 만든 物件을 供給할 것을 約定하고 이에 대하여 상대방이 보수를 支給할 것을 約定하는 契約이다. 이 製作物供給契約의 法的 性質에 대하여는 크게 ① 賣買·都給二分說과, ② 混合契約說로 나누어지고, 세부적으로 각 설의 內容에 대한 說明도 多樣하다. 요컨대 混合契約說에 의하여도 結局은 賣買와 도급의 規定中 어느 것을 適用·準用하여 法的 處理가 決定되지 않으면 안 되므로, 兩說의 對立은 實際的으로는 별다른 意味가 없고 結局 當該契約을 規律하는 問題마다 그 法的 處理를 檢討할 것이 要請된다 하겠다.[93] 獨民 § 651은 代替物인 境遇에는 賣買에 관한 規定을, 非代替物인 境遇에는 原則的으로 도급에 관한 規定을 補充的으로 賣買에 관한 規定을 각 適用한다고 명시하고 있다.

大判 87. 7. 21, 86다카2446(公 808-1380)(同旨 大判 90. 3. 9, 88다카31866(公 871-859))은 製作物供給契約은 대체로 賣買와 都給의 性質을 함께 가지고 있는 것으로서 그 適用法律은 契約에 의하여 製作供給하여야 할 物件이 代替物인 境遇에는 賣買로 보아서 賣買에 관한 規定이 適用된다고 할 것이나, 物件이 特定 注文者의 需要를 滿足시키기 위한 不代替物인 境遇에는 당해 物件의 供給과 함께 그 製作이 契約의 主目的이 되어 都給의 性質을 強하게 띠고 있다 할 것이므로 이 境遇에는 賣買에 관한 規定이 當然히 適用된다고 할 수 없고 따라서 製作物供給契約이 單

91) Soergel-Wolf, § 305 Rdnr. 27ff., S. 1004f.

92) BGHZ 54, 338; Soergel-Wolf, § 305 Rdnr. 26, S. 1003, Rdnr. 28, S. 1005.

93) 松山恒昭, "製作物供給契約", 民事裁判の課題, 518.

純히 賣買인가 도급인가라는 問題로서 그 어느 規定을 機械的으로 適用하여 問題를 處理하여서는 안 되며 當該 契約에 의하여 達成하려는 目的에 對應하여 이들 賣買 및 도급의 각 規定의 類推適用의 範圍를 明確하게 하여 問題를 解決하는 것이 要求된다고 하였다. 日東地判 昭 33(1958). 8. 1 등은 製作物供給契約이 製作에 關한 면에는 도급적 性質을 갖는 동시에 製作物供給의 면에 있어서는 賣買의 性質을 갖기 때문에 도급과 賣買의 混合契約으로 보고, 東地判 昭 56(1981). 10. 27(判時 1035-87)은 製作物供給契約이 賣買인가, 도급인가의 判斷基準을 대체물인가 혹은 不代替物인가에 구하고 있다.[94]

(v) 浴場經營에 의한 營業利益分配契約　　日本最高裁는 浴場用建物 및 이것에 부속한 物件의 賃貸借契約과 浴場經營에 의한 營業利益의 分配契約이 不可分的으로 混合된 契約에 대하여 그 契約 중에 包含된 典型契約에 관한 規定을 適用함에 있어서는 특단의 事情이 없는 한 그 典型契約에 관한 規定 全部를 適用하는 것이고 그 規定 一部의 適用을 認定하고 다른 一部의 適用을 否定하는 것에는 이를 수긍하기에 足한 合理的 根據를 明確하게 하지 않으면 안 된다고 하였다(最判 昭 31(1966). 5. 15(民集 10-5-496)).[95] 이 判決로 日本 判例가 混合契約의 法的 취급에 있어 吸收主義를 취하고 있는 것으로 보는 것에 대하여[96] 먼저 이 契約을 混合契約으로 보는 것은 適當하지 않고, 이는 하나의 典型契約인 賃貸借이며 다만 그 임료액의 決定이 利益分配의 要素를 加味하여 每年 이것을 改訂하는 것에 지나지 않고, 가사 이것을 混合契約으로 보더라도 그 契約중에 包含된 典型契約에 관한 規定을 適用함에 있어서는 原則的으로 이 契約에 關한 規定全部를 一律的으로 適用하는 것은 妥當하지 않고 어느 쪽의 規定을 適用하는가는 契約關係의 特性에 비추어 合目的的으로 決定할 것이라는 批判이 있다.[97]

(2) **雙務契約·片務契約**(gegenseitige, zweiseitig und einseitig verpflichtende Verträge)

(가) 意　義　　契約의 각 當事者가 서로 對價的인 意義를 가질 뿐만 아니라 原則的으 相換으로(Zug um Zug) 履行되어야 할 性質을 가진 債務를 負擔하는 契約이 雙務契約이고, 當事者 一方만이 債務를 負擔하거나 兩債務

94) 淡路剛久, "製作物供給契約", 現代契約法大系 7권, 332-8.
95) 林良平 編(註 76).
96) 石外克喜 編(註 11), 329-30.
97) 注釋民法(14), 5.

사이에 對價性·對立性이 없는 契約이 片務契約이다. 民 §§536 내지 538에서 「雙務契約」이라는 用語가 쓰여지고 있으나, 佛民 §1104와 달리 民法典에 雙務契約에 관한 法的 定義는 없다.[98] 典型契約 중 賣買·交換·이자부消費貸借[99]·賃貸借·雇傭·都給·有償委任[100]·有償任置·和解 그리고 保險契約[101]은 雙務契約이고, 贈與·使用貸借·縣償廣告·無償任置 그리고 保證契約은 片務契約이며, 終身定期金은 그것과 結合하는 關係에 따라서 어느 쪽으로도 된다. 無名契約·混合契約 예컨대 獨占販賣契約·에너지供給契約·金融리스契約·팩터링契約·特許契約·下宿契約·숙박契約 등도 雙務的일 수도 있다.[102] 組合關係는 給付의 同時性이 本質的인 것이 아니고 交換關係(Austauschverhältnis)가 缺如되어 있기 때문에 雙務契約이 아니다.[103] 雙務契約은 原則的으로 有償契約이다.[104] 그러나 片務契約은 항상 無償契約이라고 말할 수 없다. 有償의 境遇도 있을 수 있다. 有償的 片務契約의 代表的 例가 현상광고이다.[105] 實際 雙務性과 有償性이 概念的으로 분리하기 어려울 程度로 結合되어 있고, 雙務契約의 상환성은 有償契約의 대가성을 前提로 하고 있어 우리 契約法에서의 雙務契約性과 有償契約性의 분리는 現實去來와 맞지 않다고 하면서 雙務契約의 法規範原理가 有償契約의 法理로서 理解된다는 見解도 있다.[106] 그러나 雙務契約과 有償契約은 모두 對價的 意義를 가진 債務 또는 給付가 對立하는 것이지만, 兩者는 결국 牽連關係가 있느냐에 의하여 區別된다. 雙務契約에 의하여 發生하는 雙方의 債務 사이에는 成立(genetisches Synallagma)·履行(funktionelles Synallagma)·存續(konditionelles Synallagma)에 대해 牽連關係가 認定되고 있다.[107] 雙務契約이 아닌 有償契約에는 이러한 牽連關係가 없다.[108] 消費貸借에 있어서 貸主의 貸與債務와 返還債務 사이에는 對價的 關係가 存在하지 아니하고,

---

98) Rolf H. Weber, "Das obligationsrecht", BernerKomm. Bd Ⅵ/1(以下 Weber로 略함) Eil. & vor zu Art 82. N. 42, S. 278. N. 135, S. 295; Esser-Schmitt(註 84), §12 Ⅲ. 1, S. 187f.; 金曾漢, "雙務契約에 관한 一考察", 民法論集, 326.

99) Weber Art 82. N. 59, S. 282.

100) Weber Art 82. N. 60, S. 282.

101) Weber Art 82. N. 70ff., S. 284.

102) Soergel-Wolf, §305 Rdnr. 17, S. 1001; Staudinger-Dilcher vor zu §§145ff., S. 53; Weber Art §82. N. 57, S. 281; 김증한(註 98), 340-1.

103) Weber Art 82. N. 74ff., S. 284f.

104) Soergel-Wolf, §305 Rdnr. 17, S. 1001.

105) 金曾漢(註 98), 335.

106) 李銀榮, "契約拘束力의 根據", 435-6; 山中康雄, "雙務契約, 片務契約と有償契約, 無償契約", 契約法大系 Ⅰ, 72-3.

107) Weber Art 82. N. 49ff., S. 280f.; Esser-Schmitt(註 84), §12 Ⅲ. 1, S. 187.

108) 金曾漢(註 98), 335.

賃貸借에 있어서의 貸主의 貸與債務와 借主의 返還債務도 마찬가지이나, 貸主의 貸與債務(一定期間 利用시킬 借主에게 債務)와 借主의 借賃支給債務는 對價關係에 선다.[109] 使用貸借에서는 貸主는 借主에게 目的物의 使用을 許容해야 할 債務를 負擔하고 借主는 目的物을 返還하여야 할 債務를 지게 되지만 兩者의 債務는 상호 對立하여 對價的 義務를 갖는 일이 없는바, 이를 상호依存的 交換關係에 있는 雙務契約(gegenseitige Vertrag)과 區分하여 不完全雙務契約(unvollkommen zweiseitig verpflichtende Vertrag)이라 한다. 즉 完全雙務契約(vollkommen zweiseitig verfplichtende verträge, synallagmatische Verträge)에서는 雙方債務가 必須的인 데 대하여, 不完全雙務契約에서는 한쪽 債務는 必須的이나 다른 한쪽은 境遇에 따라 可能할 수 있으며 한편, 無償委任에서 契約成立 후 特別한 事情으로 委任人이 費用償還의 債務를 負擔하게 되더라도(§650) 그 債務는 受任人이 委任事務를 處理한 일에 대하여 對價的인 意味가 있는 것은 아니므로 이런 契約 역시 不完全雙務契約일 뿐 完全한 雙務契約이라고는 할 수 없다.[110] 完全雙務契約에서는 각 契約체결자가 반드시 債權者와 債務者가 되고, 그 關係의 目的은 給付交換이며, 때문에 적어도 두 給付가 給付-反對給付의 關係에 서야 한다. 反面에 不完全雙務契約에서는 通常 債權者, 債務者의 地位가 法律行爲의 進展에 따라(대체로 契約關係가 終了할 때 예컨대 給付의 原狀回復에 있어, 혹시 費用상환시) 바뀌어진다. 完全雙務契約인지 不完全雙務契約인지 與否는 法的으로 歸屬되는 契約類型에 따라서만 判斷하는 것이 아니고 특히 具體的인 法律內容에 따라 判斷되어져야 한다.[111] 이러한 區分은 모든 債務法上의 關係가 保護義務(Schutzpflichten)로 덮어진 以來로 그 重要性을 잃게 되었다고 한다.[112]

(a) 對價性의 原則　　雙務契約에서 상호간의 債務가 對價的인 意味를 갖는다고 하는 것은 그 債務의 履行이 客觀的으로 서로 같은 價値를 갖는 것을 指摘하는 것이 아니고 상호 履行하여야 할 것이 依存關係를 가지며 債務負擔이 交換的인 原因關係에 있는 것을 말한다. 對價的인 意義가 있느냐 없느냐는 客觀的으로 定하여지는 것은 아니고, 主觀的으로 定하여진다.[113]

109) 前註. 反對 有償片務契約으로 봄. 주석민법(13), 228.
110) Soergel-Wolf, §305 Ⅲ. 3. Rdnr. 17, S. 1001; Kramer, Eil. Rdnr. 155, S. 80; von Tuhr (註 2), §20 S. 149; MünchKomm/Söllner, §305 Rdnr. 12, S. 814.
111) 郭潤直, 43; Soergel-Lange-Hefermehl(註 12), vor §145 Rdnr. 6, S. 761; Staudinger-Dilcher vor zu §§145ff Rdnr. 53, S. 529; Weber Art 82. Rdnr. 35, 39, S. 277f.; Esser-Schmitt(註 84), §12 Ⅲ. 2, S. 188.
112) Soergel-Lange-Hefermehl(註 12), vor §145.
113) 郭潤直, 42-3; 金曾漢(註 98), 328-9; 末川博(註 2), 13; 大坪稔, 契約法論(一), 42.

(b) 相換性의 原則　　또 對立하는 두 개의 反對給付는 原則的으로 相換으로 履行되어야 할 關係에 있어야 한다.[114] 相換性은 雙務性의 가장 核心的 部分을 이룬다.[115]

(나) 適用法規　　雙務契約과 片務契約을 區別하는 理由는 雙務契約은 成立, 履行, 存續上 雙方債務의 견련성에 의하여 特殊한 效力이 承認되어 있고, 그래서 雙務契約과 片務契約과는 適用法規에 差異가 있다. 즉 履行上 牽連關係에 관한 同時履行의 抗辯權(民 §536) 및 存續上의 牽連關係에 관한 危險負擔(民 §§537, 538)은 雙務契約에 特有한 것이다.[116] 大判 92.10.9, 92다25656(公 933-3116)은 원래 雙務契約에서 認定되는 동시이행의 抗辯權을 非雙務契約에 擴張함에 있어서는 兩債務가 동일한 法律要件으로부터 생겨서 公平의 觀點에서 보아 견련적으로 履行시킴이 마땅한 境遇라야 한다고 하였다(同旨 大判 92.8.18, 91다30927(公 930-2737)).[117] 破産法에도 特別한 規定이 있다(破 §50).

(3) 有償契約·無償契約(entgeltliche und unentgeltliche Vertrag)

(가) 意　義　　契約의 當事者가 서로 對價的인 出捐을 하는 契約이 有償契約이고, 그렇지 않은 契約이 無償契約이다. 즉 이 區別은 雙務契約과 片務契約의 區別과 같이 契約의 效果로서 發生하는 債務關係만을 觀察하는 것이 아니고 널리 契約의 成立에서부터 그 效果로서 생기는 債權關係의 內容의 實現에 이르기까지의 全過程을 觀察하여 그 사이에 當事者間의 財産上의 變動을 標準으로 하여 행해지는 것이다.[118] 民 §567가 「有償契約」이라는 용어를 쓰고 있다. 賣買·交換·賃貸借·雇傭·都給·組合·和解는 有償契約에 屬하고, 贈與·使用貸借는 無償契約에 屬한다. 그리고 消費貸借·任置는 當事者의 意思에 따라서 有償이 되기도 하고 無償이 되기도 하므로 性質上 一定하지 않다.[119]

有償契約과 無償契約 사이에는 前述한 바와 같이 法的 保護의 面에서 强

114) 金曾漢, 25; 金曾漢(前註), 330; 末川博(註 2), 14.
115) 金曾漢(註 98), 335.
116) 郭潤直, 43.
117) 우리 나라와 日本 判例·學說은 契約의 解除, 契約의 無效, 取消의 境遇에도 동시이행 관계를 認定하고 있다. 最近 大判 93.5.4, 92다45025(公 948-1698); 最判 昭 47(1972), 9.7(民集 26-1327); 石外克喜 編(註 11), 86.
118) 郭潤直, 43-4; Soergel-Wolf, §305 Rdnr. 18, S.1001; MünchKomm/Söllner, §305 Rdnr. 9, S.814; 末川博(註 2), 14; 於保不二雄, "無償契約の特質", 契約法 大系 I, 75-6, 雙務契約과 片務契約·有償契約과 無償契約의 分類基準이 구구하다. 雙務契約·片務契約을 債務의 상호성에 依하여 有償契約·無償契約을 當事者가 追求하는 目的에 의하여 각 區分하는 것으로 注釋民法(13), 228, 230.
119) MünchKomm/Söllner, §305 Rdnr. 10, S.814.

弱의 差異가 있다. 먼저 書面에 의하지 아니한 贈與契約, 目的物의 引渡가 없는 無利子消費貸借, 使用貸借, 委任은 自由로이 解除할 수 있기 때문에 그 約束의 法的 拘束力은 매우 박약하다. 그리고 注意義務의 存否, 程度 그리고 하자담보책임에 있어서도 有償契約과 區別된다. 委任에서의 注意義務는 當事者간의 特殊한 信賴關係에 基礎하기 때문에 無償이면서도 선관주의의무를 負擔한다.[120] 負擔附贈與에 있어서는 贈與者도 受贈者도 共히 履行을 하여야 하지만 그 履行의 사이에는 對價的 意味를 갖는 依存關係는 認定할 수 없으므로 負擔附贈與는 本質上 有償契約에 屬한다고 할 수 없다.[121]

有償契約의 特殊한 것으로서, 利得分配契約(예컨대 資本을 提供하여 收益을 一定率로 分配하는 契約)이 있다. 또한 耕作地의 賃貸借에서 收穫의 比率에 따라 借賃의 額을 定하고 고용에서 一營業年度의 純益의 比率에 따라 報酬를 定하는 것(예컨대 보합재)도 있다. 이러한 契約에 있어서는 一方의 給與에 대하여 행하여야 할 타방의 給與의 額은 當初부터 確定되어 있는 것은 아니지만 有償契約이라 보아야 할 것이다.[122]

한편 射倖契約(Glücksvertrag, contrats aléatoires)(예컨대 賭博·福券·保險)은 當事者의 一方 또는 雙方이 하는 給付와 給付의 範圍가 契約成立後의 不確定한 偶然의 事情에 의하여 決定되는 契約인데 이는 當事者가 과연 現實로 履行을 받을 수 있느냐 없느냐는 不確定하지만 履行을 받을 수 있는 機會가 있다는 것을 期待하고 상호 債務를 負擔할 것을 約定하는 것이므로 有償契約에 屬한다고 할 수 있다. 사행계약에 대하여 普通契約, 즉 當事者가 履行을 하여야 할 것과 그 범주가 契約當時에 確定되어 있는 契約을 實定契約(contrats commutatifs)이라 한다.[123]

(나) 適用法規　　有償契約에는 賣買의 規定이 準用된다(民 § 567 참조). 破産法의 否認權行使(破 § 64 V) 등에 관하여도 特別 취급을 받는다.[124] 無償契約의 典型은 贈與인데, 그 諸規定에 나타난 特性이 無償契約에 一般的으로 認定된다고 하겠다(§ 555의 書面에 의하지 아니한 贈與의 解除, § 559의 擔保責任의 輕減, § 695의 無償수치인의 注意義務).[125]

(4) 諾成契約·要物契約(Konsensual-und Realverträge)

合意만으로 成立하는 契約이 諾成契約이고, 合意 以外에 一方當事者가 物

120) Soergel-Wolf, § 305 Rdnr. 18, S. 1001; 於保不二雄(註 118), 76-85; 岡本詔治(註 19), 現代契約と現代責任の展望, 32.
121) 金曾漢(註 98), 335; 末川博(註 2), 15.
122) 郭潤直, 45; 注釋民法(13), 20; 末川博(註 2), 16.
123) 郭潤直, 44-5; 金曾漢, 26; 注釋民法(13), 20; 末川博(註 2), 15-6; 石外克喜 編(註 11), 58-9.
124) 郭潤直, 45; 末川博(註 2), 15.
125) 注釋民法(13), 231.

件의 引渡 其他의 給付를 하는 것을 成立要件으로 하는 契約이 要物契約(Realkontrakte)이다. 兩者 사이에는 契約의 成立時期에 差異가 있다.

民法上의 典型契約은 大部分 諾成契約에 屬한다. 大判 92.10.13, 92다29696(公 933-3137)은 交換契約이 諾成契約임을 밝히고 있다(同旨 消費貸借에 관한 大判 91.4.9, 90다14652(公 897-1343), 리스契約에 관한 大判 91.12.10, 90다19114(公 913-464)). 그런데 이러한 諾成契約은 대체로 文書의 作成이 必要하지 않는 不要式契約과 連結되어 있다(交換契約에 관한 大判 92.10.13, 92다29696(公 933-3137)). 典型契約 중에서는 行爲者가 指定行爲를 完了함으로써 成立하는 縣償廣告만이 要物契約이고[126] 舊民法上 使用貸借도 要物性을 지녔다(大判 61.11.16, 4293民上522(요민 I 983(1))).

연혁에 기한 로마법상 使用貸借, 消費貸借에서의 이러한 區別은 오늘날 그 必要가 없어졌다. 더욱이 理論的으로 要物契約을 認定할 理由가 없다. 왜냐하면 債權關係의 成立을 爲하여는 契約上의 義務負擔意思만으로 充分하고 그래서 實際 行動 없이도 消費貸借나 使用貸借는 債權關係로 有效할 수 있기 때문이다.[127] 그리고 現行法上 要物契約으로 되어 있는 것에 관하여 諾成契約으로 하는 것은 契約自由의 原則上 有效하다.[128] 瑞西鐵道運送法 §14에 따르면 鐵道運送契約이 要物契約인바, 運送契約은 발송역이 運送을 위하여 운송장과 함께 貨物을 수령함으로써 체결된다고 하였다.[129]

(5) 本契約·豫約(Hauptvertrag, Vorvertrag)

㈎ 豫約의 意義　장래 一定한 契約을 締結할 것을 미리 約定하는 契約을 「豫約」(Vorvertrag)이라고 하고, 이 豫約을 기초로 하여 締結되는 契約을 「本契約」(Hauptvertrag)이라고 한다. 豫約에 대하여는 民法에서 一般的 規定은 두지 않고 다만 賣買의 豫約(民 §564)에 관한 規定을 두고 있다. 民法에서 定하고 있는 이러한 「賣買의 一方 豫約」 이외에 「再賣買의 豫約」·「代物辨濟豫約」 등이 종종 債權擔保의 機能으로 使用되고 있고 獨逸法에서는 不動產賣買契約 외에도 組合契約·賃貸借契約·消費貸借契約·出版契約의 領域에서도 重要性을 지니고 있다고 한다.[130] 獨逸法에서는 한때 豫約의 承認에 대한 論爭이 치열하였으나 오늘날 一般的 契約自由의 表現으로서의 豫約에 대하여 더 이상의 憂慮는 없게 되었다고 한다.[131] 이러한 豫約은 將來 어쩌면 체결할는

126) 金曾漢(註 98), 338.
127) Soergel-Wolf, §305 Rdnr. 8, S. 999; MünchKomm/Söllner, §305 Rdnr. 13, S. 814f.
128) 郭潤直, 46; 末川博(註 2), 16-7; 石外克喜 編(註 11), 54.
129) von Tuhr(註 2), §20 S. 151.
130) Soergel-Lange-Hefermehl(註 12), vor §145 Rdnr. 42, S. 772.
131) Staudinger-Dilcher Vorbem zu §145ff. Rdnr. 40, S. 525; Soergel-Lange-Hefermehl(註

지도 알 수 없는 契約을 위하여 미리 상대방을 拘束하여 둘 必要가 있을 때에 하는 것으로서 이로 인하여 本契約을 체결하여야 할 債務(Abschlußpflicht)를 상대방에게 負擔시킨다. 이 점에서 當事者 사이에 契約체결이 強制되는 境遇와 同一한 機能을 수행한다.[132)]

(나) 豫約의 種類　　그리고 豫約을 하는 境遇 當事者 雙方이(beiderseitig) 本契約 체결의 債務를 負擔하는 수도 있고(雙務豫約·雙方豫約) 또는 當事者의 一方만이(einseitig) 이와 같은 債務를 負擔하는 수도 있다(片務豫約·一方豫約).[133)] 한편 豫約을 性質에 의하여 區別할 때 片務豫約, 雙務契約과 같이 本契約의 請約이 있으면 승낙의무를 負擔하는 債權的 豫約과 一方豫約, 雙務豫約과 같이 豫約완결의 一方的 意思表示에 의하여 승낙 없이도 當然히, 形成的으로 本契約이 成立되는 형성권적 豫約으로 區分하며 豫約의 태양으로서는 一般的으로 형성권적 豫約쪽이 優勢하다고 한다.[134)]

(다) 豫約完結權制度　　權利者는 本契約을 체결하도록 義務者의 意思表示를 갈음할 判決을 구할 수 있고, 豫約債務不履行을 理由로 損害배상을 請求하거나 豫約을 解約할 수 있다.[135)] 우리 民法은 當事者 사이에 賣買의 豫約이 있는 때에는 상대방의 承諾을 強要할 必要가 없는 것으로 하여, 本契約을 成立시키려고 하는 意思를 表示한 때에는 상대방의 承諾을 기다릴 必要 없이 本契約이 成立하는 豫約完結權制度를 採擇하고 있고(民 § 564) 이것은 다른 有償契約 一般에 準用되므로(民 § 567), 當事者의 意思가 분명치 않을 때에는 一方豫約으로 推定된다.[136)] 이와 같이 豫約은 賣買의 境遇는 물론 다른 契約에 있어서도 형성권적 豫約으로서 취급되나 豫約時 이와 다른 特約을 할 수 있음은 물론이다.[137)] 日本의 通說은 賣買의 一方豫約의 法律的 性質은 완결의 意思表示를 停止條件으로 하는 賣買라고 한다. 즉 賣買의 一方豫約이라는 것도 진정한 意味의 豫約은 아니고 豫約완결권의 行使를 停止條件으로 하는 賣買契約이나 아직 그 效力을 發生하지 않고 契約完結權의 行使에 의하여 條件이 成就되어 비

12), vor § 145 Rdnr. 42, S. 772.

132) 倉田彣士, "豫約", 現代契約法大系 제 1 권, 252.

133) 郭潤直, 50; 金曾漢, 27-8; Soergel-Lange-Hefermehl(註 12), vor § 145 Rdnr. 41, S. 772; 末川博(註 2), 17; 石外克喜 編(註 11), 151.

134) MünchKomm/Kramer, vor § 145 Rdnr. 35, S. 1106; 倉田彣士(註 132), 253.

135) 郭潤直, 51; 金曾漢, 29; MünchKomm/Kramer, vor § 145 Rdnr. 40, S. 1109; 末川博(註 2), 18; 李銀榮, 債權各論, 113-14.

136) 郭潤直, 50; 金曾漢, 28.

137) 倉田彣士(註 132), 254.

로소 賣買는 完全하게 效力을 發生한다는 것이다.[138] 豫約完結權이라 함은 一方의 豫約에 기하여 本契約을 成立시키거나, 本契約의 效力을 발생시키는 權利이고, 그 法律的 性質은 形成權이다. 예약완결권은 그 자체 獨立한 一種의 財産權으로서 讓渡性을 가지며 讓渡에 있어 豫約義務者의 승낙은 必要하지 않으나 그 對抗要件으로 債權讓渡에 관한 豫約義務者의 通知 또는 승낙이 필요하다는 것이 日本의 通說이다.[139]

㈑ 豫約의 契約性과 本契約의 內容 豫約은 一定한 契約을 締結할 債務, 즉 本契約의 成立에 必要한 意思表示를 할 債務를 發生케 하는 契約이므로 언제나 債權契約이다. 순수한 契約으로서 契約法의 규율하에 있고, 原則的으로 本契約의 체결에만 關係할 뿐 直接的으로 給付(Leistung)에 關係하지는 않는다.[140] 그러나 이 豫約을 기초로 하여 將來 締結되는 本契約은 債權契約뿐만 아니라, 質權·抵當權의 設定과 같은 物權契約일 수도 있고, 婚姻·入養과 같은 親族法上의 契約일 수도 있다.[141]

㈒ 豫約의 成立要件과 本契約과의 區分 豫約이 有效하게 成立하기 위하여는 契約의 成立에 대하여 必要한 要件을 具備하는 것이 必要하다. 豫約의 準備的 存在性으로부터 通常 內容이 本契約보다 덜 確定되어 있다. 그러나 적어도 確定될 수 있어야 한다. 豫約은 本契約에 先行하는 것이기 때문에 그 段階에서 將來 체결될 本契約의 內容이 確定되거나 確定될 수 있어야 한다.[142] 大判 93. 5. 27, 93다4908(公 949-1877)(同旨 大判 88. 2. 23, 86다카2768(公 822-569))도 一方豫約이 成立하려면 그 豫約이 터잡아 맺어진 本契約의 要素가 되는 賣買目的物, 移轉方法, 賣買價額 및 支給方法 등의 內容이 確定되어 있거나 적어도 確定될 수 있어야 한다고 하였다. 어떠한 本契約을 체결할 것인가가 充分하게 定하여져 있지 않거나 豫約의 解釋上 確定될 수 없는 境遇에는 豫約은 無效이다. 예컨대 賣買의 경우 將來 移轉對象이 되는 目的物의 確定性을 결하면 그 豫約은 無效로 된다.[143] 어느 정도 確定되면 좋은가는 當事者의 利益을 형량하여 具體的 事

138) 小川幸士, "豫約…問題とすべきか", 契約の一般的課題 5, 81; 前註, 255; 石外克喜 編(註 11), 151.
139) 倉田彭士(註 132), 257.
140) Soergel-Lange-Hefermehl(註 12), vor § 145 Rdnr. 39, S. 771.
141) 金曾漢, 債權各論(民法講義 Ⅳ), 28; 郭潤直, 51; Soergel-Lange-Hefermehl(註 12), vor § 145 Rdnr. 39, S. 771.
142) Soergel-Lange-Hefermehl(註 12), vor § 145 Rdnr. 44, S. 772; MünchKomm/Kramer, vor § 145 Rdnr. 37, S. 1107; 倉田彭士(註 132), 256.
143) 倉田彭士(前註).

情에 따라 決定할 수밖에 없다.[144] 이런 意味에서 豫約은 本契約의 內容을 決定한다. 그러나 豫約은 本契約과 다른 契約狀態(Vertragsgegenstand)를 가져야만 한다. 때문에 이미 모든 契約條件이 確定되어 있는 곳에는 비록 約定이 豫約으로 表現되었다 하더라도 豫約이 存在하는 것은 아니다(BGH NJW 1962, 1812). 獨逸判例는 本契約이 있는지 與否에 대하여 신중히 檢討할 것을 要求하고 있다(BGH WM 1969, 686).[145] 또한 實際去來에서는 假契約이라는 用語가 使用되고 있으나, 이 境遇 本契約이 체결되었는지, 單純한 豫約인지 不分明한 境遇가 많다. 大判 78. 6. 27, 78다 551, 552(集 26-2, 171)에 의하면 賣買代金의 額數를 一定期間이 지난 後日의 시가에 의하여 定하기로 하였다 하여 그와 같은 事由만을 두어 賣買契約이 아닌 賣買豫約이라고 속단할 수 없다고 하였다. 豫約은 本契約의 윤곽을 정하여야 하고, 訴訟에서는 法院이 豫約체결 이래의 事實上 關係의 變化도 推定的 契約意思에 따라 考慮하여야 한다(BGH NJW 1962, 1812).[146] 豫約인지 本契約인지가 疑心스러우면 豫約이 例外로서 취급되어져야 한다. 豫約을 받아들이는 데에는 特別한 根據가 있어야 하고, 疑心스러운 境遇에는 條件附 本契約이 놓여 있는 것이다.[147]

(바) 豫約의 效力發生要件　　한편 本契約이 不能·不法 등의 理由로 無效인 때에는 豫約도 無效이다.[148] 婚姻 등 身分行爲는 自由롭게 하지 않으면 안되기 때문에 本契約의 強制執行이 不能이라도 그 豫約은 不履行의 境遇에 있어서의 배상의무의 根據가 되기 때문에 有效하다고 解釋된다.[149]

(사) 豫約의 形式　　豫約의 形式은 本契約의 形式規定의 目的에 따라 定하여진다. 豫約은 原則的으로 아무런 方式을 要하지 않는다. 그런데 本契約이 方式을 要하는 것인 境遇에 豫約도 方式을 要하는가? 本契約을 要式契約으로 하는 취지가 當事者에게 신중한 考慮를 促求하려는 것인 境遇(Warnungsform) 豫約도 本契約과 같은 方式에 따라야 하지만 方式이 證據方法에 지나지 않는 境遇(Beweisform) 豫約은 方式을 必要로 하지 않는다. 本契約이 要式行爲로 되는 理由가 單純히 去來關係의 明確을 기하는 데에 있는 境遇에는 豫約에 關해서도 마찬가지의 方式을 要求할 理由가 없기 때문이다(예컨대 어음行爲는 要式行爲이지만, 어음行爲의 豫約은

144) Staudinger-Dilcher Vorbem zu § 145ff. Rdnr. 40, S. 526; Soergel-Lange-Hefermehl(註 12), vor § 145 Rdnr. 42, S. 772.
145) MünchKomm/Kramer, vor § 145 Rdnr. 37, S. 1107.
146) Soergel-Lange-Hefermehl(註 12), vor § 145 Rdnr. 44, S. 772.
147) Staudinger-Dilcher Vorbem zu § 145ff. Rdnr. 40, S. 526; MünchKomm/Kramer, vor § 145 Rdnr. 35, S. 1106.
148) Soergel-Lange-Hefermehl(註 12), vor § 145 Rdnr. 43, S. 772.
149) 金曾漢, 28; 注釋民法(13), 18.

이러한 形式을 要하지 않는다).[150] 여기서 豫約에 의하여 本契約의 方式을 要請하는 立法이 탈법되지 않도록 注意를 要한다.[151]

(아) 豫約과 認可　　豫約에도 認可가 必要한지 與否는 本契約의 認可必要性의 目的에 따라 決定된다. 認可必要性이 參加當事者의 保護를 目的으로 한다면 豫約에 대한 認可가 必要하다. 왜냐하면 그렇지 않으면 保護必要者가 認可 없이도 本契約의 체결을 強制당할 수 있기 때문이다. 그 反面에 本契約이 公的 統制하에 놓여 있다면 本契約에 대한 認可로 充分하다.[152] 國土利用管理法 § 21 의 3은 規制地域 내의 土地에 대한 豫約에 대하여도 許可를 要한다고 되어 있다.

(자) 基本契約과 豫約과의 區分　　新種契約기술 내지 形式으로서의 基本契約(Rahmenvertrag, Mantelvertrag, Richtlinienvertrag, master contract)(예컨대 預金契約·證券委託賣買契約·代理店契約·프랜차이즈契約)은 후술하는 바와 같이 미리 個別契約의 체결을 豫定하고 있어 豫約과 유사하다. 그러나 반드시 本契約을 체결하여야 할 義務가 생기는 것은 아니므로 豫約이 아니다.[153]

(6) 有因契約·無因契約(Abstrakte und Kausale Verträge)

契約으로 말미암아 成立하는 債務가, 그것을 成立시키는 原因(causa)으로 된 事實과 結付되어, 그 事實이 없으면 債務도 成立하지 않는다고 하는 關係에서는 契約이 有因契約이고, 특히 法律에 의하여 去來安全을 위하여 이 關係가 切斷되어 그 事實이 없더라도 債務만은 成立하는 것으로 되는 契約이 無因契約이다.[154] 民法이 規定하는 典型契約은 어느 것이나 有因契約이다. 이 區別은 契約法에 관한 한 별 意義가 없다. 現行法上 無因的 典型契約은 認定되지 않기 때문이다. 그러나 契約自由의 原則上 無因契約을 체결할 수 있다.[155] 有因·無因은 債權의 發生을 目的으로 하는 契約에 관하여 問題가 될 뿐만 아니라, 物權의 變動을 目的으로 하는 合意 其他의 處分行爲(物權行爲·債權讓渡行爲)에 관하여 특히 問題가 된다.

---

150) Soergel-Lange-Hefermehl(註 12), vor § 145 Rdnr. 45, S. 772f.; MünchKomm/Kramer, vor § 145 Rdnr. 38, S. 1108; 末川博(註 2), 18.

151) 郭潤直, 51; Staudinger-Dilcher Vorbem zu § 145ff. Rdnr. 43, S. 526. 그래서 獨逸法에서는 不動産賣買豫約도 要式契約이다. 末川博(註 2), 18; 注釋民法(13), 19.

152) Soergel-Lange-Hefermehl(註 12), vor § 145 Rdnr. 48, S. 773.

153) Staudinger-Dilcher vor zu §§ 145ff. Rdnr. 50, S. 528.

154) Soergel-Wolf, § 305 Rdnr. 16, S. 1000; 金曾漢, 29; 注釋民法(13), 19.

155) 郭潤直, 51-2.

(7) 繼續的 契約·一時的 契約(einmalige und wiederkehrende Leistung)

㈎ 意　義　　債權關係는 繼續的 債權關係(Dauerschuldverhältnis)와 一時的 債權關係(einfache Schuldverhältnis)로 나눌 수 있는바, 繼續的 債權關係를 發生시키는 契約을 繼續的 契約(Dauervertrag), 一時的 債權關係를 發生시키는 契約을 一時的 契約(einfache Vertrag)이라고 부른다. 民法의 規定은 이를 특별히 區別하고 있지 않다. 一般債權法의 規定은 주로 一時的 契約에 向하여져 있고, 繼續的 契約에 關하여는 特別히 統合的인 원리를 規律한 바 없으며, 다만 賃貸借나 고용과 같이 개개契約의 特質을 考慮하여 個別的으로 規定을 두고 있음에 지나지 않다.[156] 그럼에도 不拘하고 많은 去來關係에 있어서 繼續性을 豫定한 契約關係가 행하여지고 오늘날 庶民의 生活關係에 있어서는 勞務提供·貸借關係 등의 繼續的 生活關係가 重要한 地位를 차지하여, 이제는 그 經濟的 效用을 무시할 수 없는 상황에 이르렀다. 特히 特約店契約·代理店契約과 같은 繼續的 賣買契約의 法理도 簡單하지 않다.[157]

㈏ 繼續的 契約의 成立　　給付의 實現이 「어느 時點」(in einem Zeitpunkt)에서 행하여지면 一時的 債權關係이고, 確定的이든 不確定的이든 「어느 期間 동안」(während eines Zeitraumes auf Dauer) 繼續해서 행하여지면 繼續的 債權關係이다.[158] 繼續的 債權關係에서는 債務者에 의한 全體給付의 範圍가 時間의 길이에 의하여 決定的으로 左右된다는 意味에서 時間要素에 本質的인 重要性을 둔다.[159] 一時的 契約에 있어서는 履行에 의하여 契約關係가 終了되나, 繼續的 契約上의 債務는 단지 1회 내지 수회의 履行行爲가 있어도 그것에 의하여 消滅하는 것은 아니고, 契約의 存續期間의 전과정을 통하여 履行되어 存續期間의 終了에 의하여 비로소 消滅되는 것이기 때문에, 履行行爲보다도 오히려 存續期間의 經過가 債務의 消滅原因이 된다. 이와 같이 繼續的 契約關係의 特殊性은 時間의 繼續性에 있다 하겠고,[160] 契約체결에 이르게 된 경위,

---

156) Soergel-Wolf, § 305 Rdnr. 19, S. 1001; MünchKomm/Söllner, § 305 Rdnr. 14, S. 815; 森島昭夫, "繼續的契約の解除", 法學敎室 No. 153(93-6), 90.

157) 星野雅紀, "繼續的契約關係の特質", 民事裁判の問題 ④, 484.

158) Kramer, Eil. Rdnr. 156ff., S. 80.

159) Kramer, Eil. Rdnr. 159, S. 80f.

160) 飯島紀昭, "繼續的供給契約にわいこ一年間の期間の定めかあ たとしても, 石期間滿了によて當然に契約關係が終了するわけではない", 判例時報, 1279호, 210; 森島昭夫(註 156), 90-1. 이러한 時間의 繼續性에 의한 一時的 契約과 繼續的 契約과의 區別에 대하여는 (i) 一時的인가 繼續的인가 하는 것도 그 區別은 相對的인 것이고 確定的 경계선을 그을 수 없고, (ii) 繼續的 契約중에도 內容이나 性質上 동일시할 수 없는 것들도 包含되어 있어 繼續的 契約關係라는 統一的 概念에 끌어넣는 것은 實質的 意味가 없다는 批判도 있다.

事情, 當事者의 意思, 契約의 目的, 內容, 性質, 給付의 性質, 履行의 形態, 方法 등을 總體的으로 考慮하여 當該 契約의 履行이 一時的·회귀적 給付를 內容으로 하는 것인가, 繼續的인 給付를 目的으로 하는 것인가를 檢討하여 어디에 該當하는지를 決定하여야 할 것이다.[161)]

㈐ 繼續的 契約에 該當하는 境遇　　契約의 內容의 實現에 時間的 繼續을 必要로 하는 繼續的 契約으로 賃貸借·使用貸借·消費貸借·雇傭·組合 및 任置 등이 있다. 賣買, 交換, 贈與契約과 같은 契約은 一時的 契約으로 불리어진다.[162)] 割賦約款附賣買는 1개의 賣買契約으로 代金의 변제방법이 分割拂일 뿐이기 때문에, 一時的 契約이다. 위에서 본, 法에서 明示的으로 規律된 繼續的 債權關係 외에도 특히 規範化하지 않은 無名繼續的 債權關係가 있는바 여기에는 크레디트 利用契約·授業契約(Unterrichtsvertrag)·下宿契約(Pensionsvertrag)·警備管理用役契約(Hauswartsvertrag) 등이 속한다.[163)] 繼續的 供給契約에 대하여는 후술하는 바와 같이 繼續的 契約이냐 一時的 契約이냐가 다투어지고 있다.

㈑ 繼續的 債權關係의 特質

(a) 基本債權과 個別債權의 存在　　繼續的 債權關係에 있어서는 反復的·定期的으로 派生하는 個別債權(個別請求權, Einzelanspruch)과 이것을 派生시키는 기초인 基本債權(全體請求權, Gesamtanspruch)을 觀念的으로 分離할 수 있다. 個別債權은 一時的 履行에 의하여 消滅하는 데 반해서, 基本債權은 契約存續의 全期間에 걸쳐 部分的으로 消滅하는 일은 없다.[164)]

(b) 牽連關係──同時履行의 抗辯　　雙務契約에서는 각 給付 사이에 同時履行抗辯이 認定되나, 繼續的 契約關係에서는 이에 대한 特殊한 構成을 必要로 한다. 繼續的 契約關係에 있어서도 동시이행항변권이 原則的으로 認定되나, 繼續的 契約에 있어서는 前述한 바와 같이 單一의 基本契約과 어떤 時期에 있어서의 部分給付로 區分되어 部分給付의 履行이 없는 것으로 基本契約全體의 履行을 拒絶할 수 있는가가 問題된다. 이는 基本契約과 部分給付와

161) 星野雅紀(註 157), 488.

162) Soergel-Wolf, § 305 Rdnr. 20, S. 1001; MünchKomm/Söllner, § 305 Rdnr. 14, S. 815; 郭潤直, 47; 金曾漢, 債權各論(民法講義 Ⅳ), 30; 注釋民法(13), 20; 田中整爾, "繼續的法律關係とその特性", 契約法大系 第1卷, 178; 森孝三, "一時的債權契約と繼續的債權契約", 契約法大系 Ⅰ, 89, 90.

163) BernerKomm, Bd Ⅵ. 1. 1. Rdnr. 161, S. 81f.

164) Weber Art. 68-96. N. 59, S. 17; 郭潤直, 48; 金曾漢, 債權各論(民法講義 Ⅳ), 30; 田中整爾(註 162), 179; 森孝三(註 162), 90.

의 견련관계를 어떻게 보느냐의 問題로 契約의 目的 혹은 취지에 비추어 單一의 基本的 債權關係로부터 派生하는 每期의 給付가 獨立的이라고 생각되는 境遇에는 이 抗辯權은 그 時期의 給付에 對하여만 원용할 수 있고, 이러한 취지를 確定할 수 없는 境遇 繼續的 債權關係에서는 繼續하여 供給하는 給付가 합쳐서 全體로서 一方當事者의 債務를 構成하기 때문에 상대방의 給付가 全體로서의 債務와 對價的 存立關係에 있는 以上 어떤 時期이 給付가 없는 것을 理由로 다음 時期의 反對給付를 拒絶할 수 있다고 解釋된다(日最判 昭 42(1967). 6. 29(判時 494-41); 日大判 昭 12(1937). 2. 9(民集 16-1, 33)).[165] 따라서 前期分의 代金이 미불된 경우 次期 또는 今期의 反對給付를 拒絶할 수 있는 抗辯權이 認定된다. 이러한 給付拒絶權은 賣渡人에게 선이행의무가 있더라도 肯定된다.[166]

日本에서는 解釋論으로 이른바 不安의 抗辯權이라 하여 상대방의 財産狀態의 惡化가 特히 深하고 先履行을 強制하는 것이 信義則에 반하는 境遇에는 상대방이 擔保를 提供하거나, 그의 履行이 確實히 행하여지는 것에 대하여 어떠한 保證을 부여하지 아니하는 한 先履行義務者는 自身의 履行을 拒絶할 수 있다고 해한다. 이러한 不安의 抗辯은 信義則에 由來하는 것이고 繼續的 契約의 特質의 하나라고 한다. 東京地判 58. 3. 3(判時 1087-101)도 製品의 繼續的 去來에 있어서 買受人의 支拂不能을 理由로 한 賣渡人의 商品의 납입정지에 대하여 債務不履行責任을 부정하여 公平의 原則에 의한 不安의 抗辯權을 承認하였다(同旨 東京高判 昭 62(1987). 3. 30(判時 1236-75), 東京地判 昭 54(1979). 2. 20(判タ 389-117))은 賃貸借契約은 이른바 繼續的 契約이고 임료는 半月分의 使用收益의 대가로서 月末에 支拂되기 때문에 民法上 同時履行抗辯權이 嚴格히 適用되는 境遇라고는 할 수 없으나, 공평의 觀念으로부터 그 취지를 確定하여 現在 통행방해 등 부수의무의 不履行이 繼續되는 期間중에는 到來한 支拂期日에 있어서 半月分賃料의 支拂拒絶이 可能하다고 하였다.[167] 反面에 東京地判 昭 47(1972). 5. 30(判タ 283-274)는 買受人에게 부수적 의무불이행이라는 가벼운 債務不履行밖에 없는 境遇 賣渡人이 동시이행항변권을 行使하여 그 후 商品의 出荷를 정지하는 것은 상당하지 않고, 違反의 程度에 상응하는 限度에서 將來履行을 拒絶할 수 있다고 하였다.[168]

165) 星野雅紀(註 157), 488-9.
166) Weber Art. 82. N. 85, S. 287; 橋本恭宏, "繼續的契約…必要か", 契約の一般的課題 5, 64; 吉田光碩, "繼續的供給契約の更新拒絶と契約を繼續し難い重大な事由の要否", 法律時報, 60-7, 90.
167) 星野雅紀(註 157), 489.
168) 前註, 490.

(c) 契約의 終了

(i) 契約期間의 終了　　繼續的 債權關係의 特殊性은 특히 그 終了에서 나타난다. 繼續的 債權關係의 時間的인 制限은 먼저 期間設定으로 일어날 수 있는바, 約定期限이 經過하면 繼續的 債權關係는 終了된다. 그러나 約定期間이 있는 境遇라도 期間終了만으로 當然히 契約이 解消되지 않고 特別한 解止要件이 있어야 한다는 解釋論이 있다. 즉 日本下級審判例는 期間의 約定이 있는 契約의 境遇에도 重大한 信賴破壞事由가 없는 한 更新拒絶을 할 수 없고 期間이 滿了되더라도 當然 更新된다고 하였는바,[169] 札幌高決 昭 62(1987). 9. 30(判時 1258-76)은 獨占的 販賣總代理店契約에 있어서 1년간 有效期間의 定함이 있는 境遇라도 이것에 의하여 期間滿了에 따라 當然 契約이 終了된다고 해하는 것은 販賣에 막대한 努力, 投資를 한 販賣店에게 損害를 입히고 供給者에게 아무런 희생 없이 販賣權益을 얻을 수 있게 하여 상당하지 않고, 期間滿了에 따라 契約이 終了하는가 어떤가는 契約체결의 경위, 그 性質, 終了에 의하여 받게 되는 當事者의 利害得失을 따져 보고, 事業의 特質에 따라 考察되지 않으면 안 된다고 하였다.[170] 이 決定은 特約店과 供給者가 緊密한 信賴關係를 가질 뿐만 아니라, 前者는 後者에 依存하지 않으면 안 된다는 상황을 考慮하여[171] 契約內容을 문언에 반하여 修正한 것으로서 어떠한 條件이 있는 境遇에 有效期間條項이 修正 내지 制限되는가를 보여 주고 있다. 日本下級審判例는 具體的으로 顯著한 不信行爲, 信用不安, 成績不良, 去來條件改正에 관한 合意의 不成立 등이 解約을 認定하는 根據가 된다고 한다.[172]

(ii) 解止의 意義와 解除와의 區分　　繼續的 債權關係에서 一方的 形成行爲를 通하여 繼續的 債權關係를 解消할 수 있는 可能性을 열어 놓았는바, 그것이 바로 解止(Kündigung)이다.[173] 解止는 繼續的 債權關係의 特徵을 이루는 標識이라고 할 수 있는바,[174] 解除는 契約의 效力을 소급적으로 消滅케 하는 데 반하여(民 § 548 I), 解止는 繼續的 債權關係를 장래에 향하여 消滅케 할 뿐이다(民 § 550). 繼續的 債權關係에서 解除(Rücktritt)는 原則的으로 排除되고

169) 吉田光碩(註 166), 92.
170) 前註, 93. 이에 대한 평석으로 笠井修, "繼續的商品供給契約における有效期間條項の解釋", ジュリスト, No. 916(88-9), 105-8; 高畑順子, "繼續的商品供給契約にわける期間の定め," 法律時報 60권 8호, 67-70.
171) 笠井修(前註), 106.
172) 前註, 108.
173) Weber Art. 68-96. N. 61, S. 17.
174) 郭潤直, 48; 注釋民法(13), 20; 田中整爾(註 162), 180; 森孝三(註 162), 94.

그 대신 解止로 繼續的 債權關係가 終了된다.[175] 繼續的 去來關係에서 一方의 契約違反이 있음에도 去來를 繼續한 事實이 있다고 하여도 이와 같은 事實만 가지고 상대방이 契約解止에 관한 權利를 포기한 것으로 볼 것은 아니다(大判 9.10.10, 88다카25601(公 861-1658)).

(iii) 解止의 分類　　繼續的 債權關係에서는 債權關係의 存續期間이 미리 定하여져 있지 않으면서, 解約告知期間(Kündigungsfrist)과 連結되어 있는 通常解止(ordentliche Kündigung)와 一定한 事情의 發生에 의하여(예컨대 死亡·倒産 등 支拂不能) 繼續的 法律關係의 期間滿了前에도 債權關係를 해소하는 것이 正當化되는 特別解止(außerordentliche Kündigung)가 區分되어 있다.[176]

(iv) 特別解止 ── 中途解約　　繼續的 法律關係에서는 繼續的인 契約拘束에 限界를 設定하는 契約自己規制의 原則이 있고, 이것은 契約終了의 自由를 말하는바 이러한 契約終了의 自由를 保障하는 制度가 바로 特別解止라 하겠다.[177] 따라서 賃貸借·고용·委任·組合에 있어서의 重要한 理由 내지 根據에 기한(aus wichtigem Grund) 特別解止(獨民 §§ 542, 544 553-554, 626, 671, 723)는 항상 可能하다. 繼續的 債權關係는 典型的으로 契約 當事者 사이에 高度의 信賴關係로 維持되고 있으므로 繼續的 債權關係의 繼續이 信義則에 의하여 더 이상 期待할 수 없다면(특히 信賴基礎가 사라져 버렸기 때문에) 約定期間의 終了나 解約告知期間의 經過를 기다릴 필요 없이 즉시 法律을 終了시킬 수 있는 可能性이 주어지는 것이다.[178]

(v) 通常解止　　日本의 종래의 通說은 繼續的 去來契約에 있어서 期間의 定함이 없는 때에는 當事者 一方이 언제라도 解約申請을 할 수 있고 다만 契約의 種類·性質에 따라 상당한 豫告期間을 設定하거나 또는 상대방에게 不利하지 않는 時期에 행하여야 한다고 해하였으나, 無條件 언제든지 契約解止를 肯定하는 것은 繼續的으로 安定된 供給이 約束되고 상당기간 契約을 解約함이 없이 一定期間이 維持된다고 하는 當事者의 意思에 合致하는 것이 아닐 뿐 아니라, 契約의 性質上 상당한 장기간에 걸쳐 經濟的으로 다액의 人的·物的 投資를 하는 것이 豫測되기 때문에, 最近 日本下級審判例는 一定한 內部的 制約을 設定하여 期間의 定함이 없는 契約에 대하여도 특단의 事情이 없으면 解約申請을 할 수 없는 것으로 하였다. 즉 東京地判 昭 36(1961).12.

175) 金曾漢, 30; Soergel-Wolf, § 305 Ⅲ. 5. a. Rdnr. 20, S. 1001; 森島昭夫(註 156), 92.
176) Kramer, Eil. Rdnr. 163, S. 82.
177) 田中整爾(註 162), 187-88.
178) Kramer, Eil. Rdnr. 163, S. 83.

13은 繼續的 去來契約에 있어서는 契約의 存續을 顯著하게 困難케 하는 不信行爲가 없는 한 一方的 解除는 할 수 없다고 하였다(同旨 名古屋高判 昭 46(1971).3.9).[179]

獨逸의 解釋論으로도 勤勞者나 賃借人과 같은 社會的으로 依存的인 契約當事者(sozial abhangige Vertragspartner)에 대하여는 法律이 그 成立保護(Bestandsschutz)를 豫定하여 通常的인 解止도 原則的으로 特定된 解止原因이 놓여진 境遇에만 행사할 수 있다고 하였다. 다만 다른 境遇에는 通常解止는 特別한 根據가 없더라도 許容된다.[180]

(d) 상호신뢰성　　繼續的 債權關係에 있어서는, 一時的 債權關係와 달라서 當事者의 상호신뢰성이 특히 強하게 要求된다. 따라서 繼續的 契約의 當事者가 누구이냐는 重要한 問題이며, 當事者(특히 賃借人·勤勞者)의 錯誤는 法律行爲의 重要部分의 錯誤로서 이를 取消할 수 있다.[181] 判例에 의하면 이력서의 虛僞記載는 해고사유가 되는바, 이는 勤勞關係에서 勞使간의 信賴形成이 重要하므로 이력서事項 중 경력의 虛僞記載는 이 信賴關係를 깨뜨린다고 본 것이다(大判 90.12.7, 90다카23912(公 889, 437) 등). 마찬가지로 서울高判 92.2.12, 91나12198도 勤勞契約關係는 사람의 勞動力의 利用을 目的으로 하는 사람과 사람의 人的 結合關係가 상당기간 持續하는 繼續的 契約關係이므로 상호간에 人的인 信賴關係를 前提로 하는 것이고 그러한 關係가 깨어지는 때에는 그 契約關係의 基盤이 喪失되게 되며, 이러한 信賴關係의 破壞는 勤勞契約의 存續을 維持시킬 수 없다고 하였다. 日本最高裁(昭 27(1962).4.25 (民集 6-4, 451))는 「繼續的 契約」이라는 表現을 써서 「賃貸借는 當事者 상호의 信賴關係를 基礎로 하는 繼續的 契約이기 때문에 상대방은 民法 제541조로 所定의 최고를 要하지 않고 賃貸借를 將來에 向하여 解除할 수 있다」고 판시하고 있다.

또한 契約存續중에 契約上의 債權債務가 第三者에게 讓渡되는 때에는 상대방當事者의 승낙이 必要하다. 그래서 賃借權의 讓渡·轉貸에는 賃貸人의 同意를 要하며(民 § 629 I), 使用者의 權利의 讓渡 및 第三者에 依한 勞務提供은 制限을 받고(民 § 657), 當事者의 一方의 死亡은 委任의 終了原因이 되며(民 § 690), 組合員의 死亡이 脫退事由가 되는 것(民 § 717)도 모두 繼續的 債權關係의 이러한 特質에서 나오는 것이다.[182]

---

179) 吉田光碩(註 166), 91; 笠井修(註 170), 107.

180) Soergel-Wolf, § 305 Ⅲ. Rdnr. 20, S. 1001f.; Kramer, Eil. Rdnr. 163, S. 82; MünchKomm/Söllner, § 305 Rdnr. 14, S. 815.

181) 森島昭夫(註 156), 91.

182) 郭潤直, 48; 金曾漢, 31.

후술하는 바와 같이 繼續的 供給契約에 있어서도 供給者와 販賣店과의 密接한 關係, 상호신뢰에 기한 安定性이 그 特質로 指摘되고 있다.[183)]

(e) 事情變更의 原則　　繼續的 債權關係는 상당히 長期間 繼續하는 것이므로 契約期間중 經濟事情의 變動이 일어나기 쉽고, 當初의 內容 그대로 履行케 하는 것이 不當한 境遇가 있게 된다. 따라서 事情變更의 原則의 適用이 考慮되게 된다. 民法은 借賃增減請求權에 관하여 明文을 두고 있다(民 § 628; 住宅賃貸借保護法 § 7).[184)]

(f) 契約期間의 問題　　繼續的 契約은 그 存續期間이 問題가 되고(民 § 657; 勤基 § 21), 期間을 約定하지 않은 境遇에는 前述한 바와 같이 解止의 自由와 그 制限이 問題된다(民 §§ 603 Ⅱ, 613, 635, 660, 699; 住宅賃貸借保護法 §§ 4, 5). 또 그 繼續的 性質로부터 保證이나 擔保의 問題(身元保證, 保證金 등), 계속중의 第三者介入問題(民 § 638), 附屬物買受請求(民 §§ 646, 647 참조), 退職金支給(勤基 § 28) 등의 여러 가지 問題가 생긴다.[185)] 大判 94. 6. 28, 93다49208(公 973-2087)은 대리점계약과 같은 상품에 대한 繼續的 供給販賣契約을 체결한 경우 그 계약서상 채권자와 주채무자 사이의 계약기간이 자동갱신되는 것으로 약정되어 있고 連帶保證人이 이에 대하여 이의나 유보 없이 동일 계약서에 서명날인하여 連帶保證契約을 체결하였다면 특별한 사정이 없는 한 그 保證契約에는 계약이 존속되는 기간 동안 발생한 채무에 대하여 책임을 부담하기로 하는 의사표시가 포함되어 있거나 계약기간의 연장에 관한 동의나 묵시적 승낙이 있었다고 보아야 할 것이나, 채권자와 주채무자 사이의 대리점계약기간이 계약서에는 쌍방의 解約意思表示가 없는 한 자동연장되는 것으로 되어 있다고 할지라도, 실제로는 자동갱신된 것이 아니라 매년 대리점계약이 갱신체결되었고 連帶保證契約도 매년 갱신체결되는 등의 특별한 사정이 있는 경우에도 위와 같이 볼 수 있는 것은 아니라고 하였다.

(g) 支配關係의 設定　　繼續的 契約은 當事者 사이의 經濟的 힘의 差等으로 命令·服從의 支配關係가 形成되기 쉽다. 通常 債權의 기능은 財貨交換의 手段이나, 이는 一時的 賣買나 交換의 境遇에 適合한 것이고, 繼續的 債權債務에 있어서는 生活에 持續的인 支配關係를 發生시키는 독특한 기능이 있다.[186)] 따라서 이 特質에 대한 規制가 要請되어 住宅賃貸借保護法 그리고 勤

183) 笠井修(註 170), 105.
184) 郭潤直, 48; 金曾漢, 31.
185) 郭潤直, 48; 金曾漢(前註).
186) 橋本恭宏(註 166), 58-9; 森孝三(註 162), 91.

勞基準法과 같은 特別法의 制定을 보게 된다.[187)]

㈎ 割賦 또는 分割供給契約, 繼續的 供給契約 割賦 혹은 分割供給契約(Raten-oder Teilieferungsverträge)는 繼續的 債權關係가 아니다. 또한 部分的으로 分割供給契約은 繼續的 供給契約(Sukzessivlieferungsvertrag)으로 表現되기도 하나, 給付範圍의 公開性을 통하여 繼續的 供給契約과 區分될 수 있다.[188)] 이 契約은 給付對象이 미리 確定되어 있고 다만 그 給付가 한 번이 아닌 여러 번 分割 供給될 뿐이다. 이러한 契約은 原則的으로 일회적 給付交換을 갖는 法律行爲에 關한 規定이 適用되고, 만기에 대하여만 特別規律이 適用된다.[189)]

한편 繼續的 供給契約은 種類物賣買의 特殊形態로서 미리 範圍를 정함이 없이 特定 혹은 不特定期間 내에 繼續되는 給付를 가져온다.[190)] 電氣, 가스[191)]·수도 등 供給契約은 一定時期에 反復的으로 행하여지는 給付, 즉 回歸的 給付를 內容으로 하는 債權關係를 發生시키는 契約으로서, 個別的 給付마다 別個의 契約이 체결되는 것은 아니며, 不斷하게 供給義務를 負擔하게 하는 것으로 광의의 繼續的 供給契約에 포함시킬 수 있는 것이다.[192)] 그러나 繼續的 供給契約 역시 契約의 實質은 賣買이고 論理的·觀念的으로는 1회적 契約으로 그 給付가 特定期間 내에 항상 一定하게 繼續的일 必要는 없고, 여러 期間 지난 후에 한번의 分割給付만으로도 給付履行을 할 수 있는 점에서 嚴密한 意味에서는 繼續的 債權關係가 아니다. 그렇지만 繼續的 供給契約이라고 하는 方式을 採用하는 것에 의하여 契約은「繼續的」性質을 띠게 되므로, 이 역시 統合的 法律關係에 관한 것으로 보아, 每回 給付를 따로따로 考察하지는 않고, 全體와 關聯하여 살펴보아야 한다.[193)] 그래서 고용·賃貸借와 같은 本來의 繼續的 契約은 아니나, 이와 유사하다는 理由로 그 취급에 있어서 繼續的 契約과 同一하다 하겠다.[194)]

繼續的 供給契約 解止의 問題는 弱者保護이 觀點과 自由競爭的 理念의 두 가지 指導理念하에서 생각할 수 있다. 예컨대 代理店·特約店·販賣店契約이

---

187) 郭潤直, 48-9; 金曾漢, 31.
188) Kramer, Eil. Rdnr. 161, S. 82.
189) Soergel-Wolf, § 305 Rdnr. 21, S. 1002; MünchKomm/Söllner, § 305 Rndr. 15, S. 815.
190) Soergel-Wolf, § 305 Rdnr. 22, S. 1002; MünchKomm/Söllner, § 305 Rndr. 15, S. 815.
191) 電氣나 에너지는 物이 아니기 때문에, 賣買契約規定이 直接 適用되는 것은 困難하고, 類推處理하는 것이 妥當하다. 三島宗彦, "繼續的供給契約", 契約法大系 Ⅱ, 277.
192) 前註, 274-5.
193) Weber Art § 82. N. 85, S. 287.
194) 金曾漢, 31; 郭潤直, 49; 三島宗彦(註 191), 286; 飯島紀昭(註 160), 210.

체결되어 이것에 기하여 販賣業者가 資本과 努力을 투하하여 事業을 한 이상 契約關係의 終了를 容易하게 認定하는 것은 그 자에 대하여 損害를 미치게 되고 따라서 弱者保護의 觀點으로부터 契約關係의 解消를 가급적 피하지 않으면 안 되나, 거꾸로 自由競爭理念으로부터는 自由經濟社會에 있어서 일단 契約을 체결한 이상 半永久的으로 그것으로부터 離脫할 수 없다고 하면 이는 一種의 身分制度의 創出로 連結되어 社會의 進步를 否定하게 되는 것이다. 供給者측에서는 보다 販賣能力 있는 販賣店과 새로운 契約을 체결하여 現在의 契約關係로부터의 離脫의 可能性을 구함에 대하여, 販賣店측에서는 契約의 繼續을 위한 努力, 投資를 행하는 것에 의하여 去來繼續에 대한 一定한 期待를 갖는 것이다.[195] 따라서 繼續的 供給契約은 繼續的 債權關係에서처럼 重要한 根據에 기하여 解止할 수 있다.[196]

(8) **公法上 契約과 私法上 契約**

公法領域에서는 法律關係는 법규정이 이에 배치되지 아니하는 한 創設·變更·終了되는 것이 契約, 즉 公法上契約을 통하여 이루어질 수 있다.[197] 公法上 契約은 대체로 행정법상 契約으로, 行政處分의 대안이며, 行政處分과는 當事者의 合意有無에서 區分된다.

그런데 이러한 公法上 契約과 私法上 契約과의 區分의 問題는 어렵고 이에 대한 다툼이 많으나, 그 限界는 대체로 法律 目的이 公法 혹은 私法에 속하느냐에 있다. 즉 公法上 契約은 私法上 契約과 契約 當事者가 아닌, 그 內容에 따라 區分되는바, 契約의 目的(Gegenstand)이 공권력주체에게만 歸屬될 수 있는 權能에 關係하는지 與否에 左右된다. 決定的인 것은 공권력주체의 認識可能한 意思이다. 그 區分은 權利구제수단에 있어서 중요할 뿐만 아니라 形成自由의 範圍와 規制의 許容性에 있어서도 중요하다.[198] 契約이 直接的으로 公法의 대상에 關聯되면 公法上 契約이고, 私法的으로는 國家 財政的 國庫領域에서의 契約이라 할 수 있다(BVerwG NJW 1966, 219).[199] 公法上 契約으로는 土地收用에 있

195) 橋本恭宏, "繼續的契約關係にわける基本契約と個別契約", ジュリスト No. 894(87-10), 128; 吉田光碩(註 166), 90; 笠井修(註 170), 105.

196) 郭潤直, 49; Soergel, § 305. Rdnr. 22, S. 1002; 森孝三(註 162), 90; 飯島紀昭(註 160), 210.

197) MünchKomm/Söllner, § 305 Rdnr. 17, S. 816.

198) Soergel-Wolf, § 305 Rdnr. 3ff., S. 992; Staudinger-Dilcher vor zu §§ 145ff. Rdnr. 60ff.; MünchKomm/Kramer, vor § 145. Rdnr. 30, S. 1104; BVerWGE 22, 138(140); BGHZ 32, 214; 56, 365.

199) Soergel-Lange-Hefermehl(註 12), vor § 145 Rdnr. 33, S. 769.

어서의 사업인정 후의 協議를 들 수 있다. 그러나 供給용지의 取得 및 損失補償에 관한 特例法상의 協議는 原則的으로 사업인정 전의 協議로서 私法上 契約을 目的으로 하는 行爲이다.[200] 民法은 一般的 法思想의 表現으로 公法上 契約에도 適用될 수 있다.[201]

(9) 現代的 契約의 特殊類型

(가) 基本契約과 個別契約 오늘날 企業의 去來活動은 一定한 計劃에 기하여 去來의 繼續性·反復性을 基本特徵으로 하여 內容의 정형화를 가져온다. 그러한 去來에 있어서는 매 去來마다 하나의 契約이 成立되나, 많은 경우 去來의 圓滑化를 위하여 特定 상대방과의 사이에 있어서 개개 去來에 앞서서 基本되는 契約을 체결한다. 이러한 基本契約(Rahmenvertrag, Mantelvertrag, Richtlinienvertrags, master contract)(예컨대 預金契約·證券委託賣買契約·代理店契約·프랜차이즈契約)은 거래의 當事者가 當事者 사이에 反復 繼續하여 행하는 去來에 대하여 基本事項을 定하여 개개 去來를 이에 따라 處理하기 위한 契約이다. 基本契約을 체결하는 취지는 그 契約을 체결하는 것에 의하여 개개 거래시 契約을 簡便·신속·正確하게 하고자 하는 점에 있다.[202] 特約代理店契約에 있어서는 自己계열하에서 一種의 支配 從屬關係에 두어 自己商品을 排他的으로 供給販賣하게 하는 支配契約的 機能도 갖는다.[203]

이러한 基本契約은 當事者 사이에 將來 個別契約에 관한 한 秩序機能(Ordnungsfunktion)을 가지며, 個別契約을 체결한 것인지는 特別한 約定이 없는 한 自由이다.[204] 그러나 日本大阪地判 昭 47(1972). 12. 8(判タ 298, 395)는 基本契約은 單純한 紳士協定이 아니고 當事者 雙方에 대하여 상당한 理由가 없으면 個別的 賣買契約의 請約 및 승낙을 義務지운다고 하여 包括的 豫約으로 理解하고 있다.[205] 여기서는 特定된 個別事項은 將來 契約으로 確定되나, 基本契約에서 정한 契約基準事項은 그 아래에서 체결되는 개개契約에 대하여 拘束力을 갖고 이 條件을 一方的으로 벗어나는 것에는 解約이 承認된다.[206]

200) 김오수, "행정특별법에 의한 登記", 登記에 관한 諸問題(下), 裁判資料 제44집, 519.
201) Soergel-Lange-Hefermehl(註 12), vor § 145 Rdnr. 38, S. 770; MünchKomm/Kramer, vor § 145. Rdnr. 32, S. 1105.
202) 橋本恭宏(註 195), 128.
203) 前註, 129.
204) MünchKomm/Kramer, Vor § 145 Rdnr. 25; 李銀榮, 115; 注釋民法(13), 19; 橋本恭宏(註 166), 67-70.
205) 橋本恭宏(註 195), 130.
206) 李銀榮, 115; 注釋民法(13), 19.

우리 實務에서도 基本契約과 個別契約을 區別하고 있고 契約書類로서의 總括契約書라는 用語가 쓰여지고 있다. 즉 大判 92.10.13, 92다25427(公 933, 3132)은 聯立住宅 14世代 全部와 그 부지를 一括하여 賣渡하는 不動産總括賣買契約書를 作成하면서 個別契約이 이루어지면 위 總括契約은 無效로 하기로 特約하였다고 하였으며, 大判 92.11.27, 92다14892(公 936, 246)도 一方 當事者가 금형제작비를 출연하고 상대방이 製品을 開發하여 출연자에게 供給하기로 하는 경우 繼續的 契約으로서의 基本契約이 成立하고, 다만 具體的인 供給物量은 別個의 個別契約에 의하여 確定하기로 한 것으로 보았다.

基本契約의 代表格인 代理店契約은 一般的으로 特定商品供給者와 繼續的으로 그 企業組織에 편입되어 그 商品을 자기이름으로 自己計算으로 매수하여 이것을 一定地域에 再販賣하기로 하는 契約이다. 代理店契約은 어떤 期間 繼續하는 性質을 갖고 있기 때문에 그 사이에 個別的 去來가 수없이 행하여질 것이 豫定되어 있고, 供給契約의 品種·數量·價格 등 具體的 內容은 具體的·個別的 去來에 따라 달라지는 것이 적지 않다. 따라서 代理店契約은 이들 個別契約과 別途로 행하여지는 것을 前提로 하여 각 個別的 契約 전반을 包括하는 內容을 規定하고 있는 것이다. 代理店契約에는 包括的 條項이 있지만, 契約으로서의 拘束力이 있다.[207] 프랜차이즈契約도 同一한 形態라 하겠다.[208]

前述한 바와 같이 基本契約은 個別契約의 豫約이 아니다. 本來 豫約은 그 履行으로서의 本契約의 체결에 의하여 消滅하는 것에 대하여, 이 基本契約은 個別契約의 체결로 消滅하지 않고 새로운 個別契約의 基礎가 되는 점에서 豫約과 다르다.[209] 個別契約의 債務不履行에 대하여 當該 個別契約을 解除할 수 있는 것은 當然하나, 基本契約 그것을 解除할 수 있는가가 문제된다. 兩者의 信賴關係를 破壞하는 것으로 볼 수 있는 境遇, 예컨대 궁극적 形態로서의 倒産 또는 信用不安에 대하여 擔保請求에 따르지 않는 境遇에는 基本契約 그것을 解除할 수 있다고 해한다.[210]

㈏ 集團的 契約(collective bargaining)·規範契約(Normenvertrag)

勤勞者는 자신의 利益을 지키기 위하여 集團的인 討議 내지 鬪爭을 거쳐 集團

207) 滝井朋子, "代理店契約", 現代契約法 大系 제 8 권, 349-50.
208) 橋本恭宏(註 166), 67-70.
209) 橋本恭宏(註 195), 129.
210) 前註, 131.

意思를 形成하고, 이에 따라 集團的 契約이 체결된다.[211] 즉 個別的이 아닌 集團的 내지 連帶的 性格을 띤 勞務契約에 의하여 勤勞契約의 內容에 대하여 拘束力을 갖는 團體協約(Tarifvertrag, Gesamtarbeitsvertrag)에의 길이 열려진 것이다.[212]

團體協約에 있어서는 個別的 勤勞者 자신이 協約當事者가 아니지만 勤勞者의 契約相對方에 대한 規律 특히 賃金 등 個別勤勞關係에 관한 規定을 包含하여 債務法上 義務와 連結된다.[213] 한편 이러한 團體構成員의 集團意思를 基礎로 하는 集團的 契約에서는 共同의 利益을 갖는 다른 一團의 者를 위하여도 契約條項이 強制力을 갖는바, 이는 原則的으로 民法에서는 찾아볼 수 없는, 契約의 相對的 效力의 例外라 할 수 있다.[214] 원래 契約에 의하여 設定된 規範은 原則的으로 契約當事者에 대하여만 適用되고, 一般法規範처럼 不特定多數人에게 適用되는 것은 아니나, 團體協約에서는 위와 같이 第三者에게도 規範的 效力이 놓여져 있다는 점에서 다른 債權法上의 契約과 區分하여 이를 規範契約(Normenverträg)이라 한다. 이 規範契約은 다른 어느 分野보다도 여기서 말하는 集團的 勞務法에서 그 重點이 놓여 있다.[215] 規範契約에서는 채권법상 個別契約에 適合한 基本的 標準이 되는 契約內容이 이미 定하여져 있고 具體的·個別的 契約은 그 基本이 되는 契約內容에 따라 決定되는 것이나, 一般去來約款은 그 자체가 편입에 의하여 契約內容이 되는 점에서 規範契約과 區分된다.[216]

(다) 大量契約(Massenvertrag)——附合契約·定型契約·書式契約 19세기 이래 급속한 科學技術의 進步와 大規模 資本主義 經濟의 發展 및 그것에 수반된 社會關係의 變容은 運送契約, 電氣·가스供給契約, 保險契約 등 一連의 主要한 契約을 附合契約化 하였다.[217] 즉 이러한 大量契約의 체결에 있어서 經濟的으로 弱한 當事者는 強者인 企業이 提示하는, 書式化된 標準契約內容인

211) 廣中俊雄, "契約の自由とその制限", 契約法の硏究, 240; 白羽祐三(註 53), 6-8, 10-12; 大坪稔(註 113), 27, 32-3.
212) 林信雄, "雇傭契約と勞動契約", 契約法大系 Ⅳ, 6-7.
213) Flume(註 7), § 33 2, S. 601ff.
214) 金亨培, "英國과 西獨의 團體協約의 規範的 部分에 관한 比較考察", 勞動法硏究, 330; 山口俊夫(註 61), 72-3.
215) Soergel-Lange-Hefermehl(註 12), Vorbem zu § 145ff. Rdnr. 40, S. 778f.; MünchKomm/Söllner vor § 305 Rdnr. 16. MünchKomm/Kramer, vor § 145. Rdnr. 25; Larenz (註 35), S. 515.
216) Wolfgang Fikentscher, Schuldrecht(6. Aufl.), § 21 Ⅲ. 2, S. 72; Staudinger(Hermann Dilcher) Kommentar zum Bürgerlichen Gesetzbuch, Vorbem Zu § 145ff. Rdnr. 55f.
217) 山口俊夫(註 61), 15.

一般去來約款을 全面的으로 그대로 認容하지 않을 수 없다는 부종성을 그 特質로 나타낸다.[218] 원래 附合契約의 觀念은 獨占의 自由를 法的으로 表現한 것이고,[219] 이런 契約에서는 一方當事者에 의하여 처음부터 決定된 特定契約約款에 의하여 機械的·一律的으로 處理된다.[220] 個別的 契約과의 한계점으로서 決定的으로 重要한 것은 個別的 事例에서는 契約當事者 사이에 特定合意가 행하여진다는 것이다. 그러나 消費者가 附合契約의 체결을 強要당하는 境遇 當事者 사이에 진정한 意思表示의 合致가 있다고 할 수 있는지 의구심이 든다. 이 점이 고유 의미의 個別契約의 체결과 區別되는 점이다.

附合契約은 대체로 不特定多數의 契約에 대하여 미리 印刷된 혹은 타이프된 書式에 의하여 準備된 契約이라는 意味에서 定型契約·書式契約이라 할 수 있다.[221]

이러한 一般去來約款附 契約과 傳統的 意味의 契約 사이에는 顧客保護의 次元에서 다른 特殊法理가 어떻게 適用되어야 할 것인가가 約款法硏究의 課題라 하겠다.[222] 이에 대하여는 뒤에 따로 보기로 한다.

6. 契約의 成立과 效力發生

(1) 契約成立의 問題

(가) 合意(Konsens) 契約이 成立하려면 前述한 바와 같이(3. (2)·(4) 참조) 當事者 사이에 「合意」를 必要로 하며 合意는 契約에 있어서 核心이라 할 수 있다.[223]

契約成立의 要件으로서의 合意가 되었다고 하는 境遇에 內容의 客觀的 合致는 어떤 점에 관하여 存在하여야 할 것인가? 一般的으로 말해서 當事者의 意思表示에 나타나 있는 事項에 관하여는 모두 合致되어야 契約이 成立할 것이지만 普通 合意는 契約의 客觀的 要素, 즉 一定한 契約의 性質上 客觀的으로 必要한 要件, 예컨대 賣買契約에 있어서 代金과 目的物에 대하여 반드시 存在할 것을 必要로 한다. 그러나 賣買契約에 있어 賣買目的物과 代金은 반드

218) Staudinger-Dilcher vor zu §§ 145ff. Rdnr. 57, S. 530; 郭潤直, 34.
219) 白羽祐三(註 56), 11.
220) 白羽祐三(註 53), 14.
221) Staudinger-Dilcher vor zu §§ 145ff. Rdnr. 59, S. 531.
222) 孫智烈, "包括根抵當約款의 解釋", 民判硏 VI, 72; Staudinger-Dilcher vor zu §§ 145ff. Rdnr. 58, S. 530.
223) 末川博(註 2), 20-1.

시 그 契約체결 當時에 具體的으로 特定되어 있을 必要는 없고 事後라도 이를 具體的으로 特定할 수 있는 方法과 基準이 定하여져 있으면 足하다(大判 93.6.8, 92다49447(公 950, 1999); 大判 86.2.11, 84다카2454(集 34-1, 34)). 賣買契約目的物이 特定을 할 수 있는 狀態에 있고 價格을 定할 수 있는 基準이 定하여져 있는 한 그 賣買契約은 完全히 成立된 것이다(大判 60.7.7, 4292民上819(要民 I 145 (3))). 典型契約에 있어서는 契約類型이 法律的으로 規律되어 있어 이로써 契約類型에서의 客觀的 要素를 알 수 있지만, 非典型契約에서의 契約要點의 客觀的 本質性은 去來觀念, 특히 상관습에 의하여 決定되어야 한다.[224)]

契約의 要素인 점에 대해 合致를 缺하면 契約은 成立되지 아니한 것이다(大審 昭19(1945).6.28). 구체적으로 契約이 成立되었느냐 그렇지 않으면 아직까지도 契約체결을 위한 交涉準備段階에 머물러 있는지 與否를 決定하는 것이 어려운 境遇가 있을 수 있다. 契約이 成立되었느냐 아니하였느냐는 결국 그 契約種類에 따른 거래관행, 契約의 重要性 程度, 契約書의 作成與否, 契約金의 授受與否 등 모든 事情을 考慮하여 決定하여야 한다. 契約書의 作成, 契約金의 수수는 事前交涉을 거쳐 이루어진 當事者간 合意의 集大成이고 여기에 當事者 雙方의 契約意思가 凝縮되어 있다 하겠다. 이와 같이 契約書나 契約金이라는 形式은 合意와는 別途의 要件이 아니나 合意에의 最終도달점이라는 점에서 重要한 意味를 가지고 있다.[225)] 대체로 重要한 高額의 契約, 國際間 契約, 大企業간의 契約에 있어서는 契約書의 作成에 이르기까지에는 아직 當事者 雙方의 合意가 成熟되지 않았다고 評價될 餘地가 있는 것이다. 大判 75.12.23, 74다1761(要民 I 857 (76))도 不動產賣買契約의 成立에 관한 우리의 去來實情은 交涉의 過程을 거쳐 約定內容을 確定하고 契約金을 건냈어야 비로소 契約이 成立되므로 契約金도 안 냈는데 契約成立으로 認定하려면 그럴싸한 理由가 있음을 설시하여야 한다고 하였다. 日本下級審判例도 賣買契約은 當事者雙方이 賣買를 成立시킨다고 하는 最終的이고도 確定的인 意思表示를 하고 이것이 合致되는 것에 의하여 成立하는바, 代金額이 어느 程度 高額인 境遇 交涉過程에 있어서 雙方이 그 때까지 合致된 事項을 書面에 記載하여 조인하더라도 다시 交涉의 繼續이 豫定되고 最終的인 意思表示가 유보되어 있다면 아직 賣買契約은 成立되지 않았다고 하였다(東京地判 昭57(1982).2.17). 또한 銀行支店에 대하여 融資申請을 한 境遇에 있어서 本部決濟가 내려지지 않고 融資契約書도 作成되지 아니하는 등의 事情이 있는 境

224) Kramer, Eil. Art. 1. Rdnr. 154, S. 164.
225) 郭潤直, 53-4; 末川博(註 2), 23.

遇에는 銀行은 融資申請을 승낙한 것으로 認定할 수 없다. 大判 92. 10. 13, 92다29696(公 933, 3137)도 請約意思表示는 그 內容이 이에 대한 승낙만 있으면 곧 契約이 成立될 수 있을 程度로 具體的이어야 하고 승낙은 이와 같은 具體的 請約에 대한 것이어야 한다고 하였다. 契約成立前에 契約을 체결시키기 위한 절충, 相談이 開始된 境遇에는 상호간에 信頼關係가 있기 때문에 그 사이에 自己의 過失에 의하여 상대방에게 損害를 준 境遇에는 상대방의 損害를 배상할 責任이 있다.[226)]

近代契約法은 原則으로 當事者의 合意만을 契約正當化의 유일한 根據로 하였으나, 오늘날 多樣한 契約類型의 發生과 더불어 意思理論을 縮小시키는 分野가 發生하게 된다. 특히 生存配慮의 思想은 締約強制論과 事實的 契約關係理論으로 具體化되었다.

㈏ 不合意(Dissens)　　契約의 成立에는 合意가 必要하므로 만일 2개 이상의 意思表示가 그 內容에 있어서 一致하지 않을 때에는 契約은 成立되지 않는다. 前述한 바와 같이 合意와 不合意는 意思表示行爲에만 關聯이 있을 뿐 當事者의 內面的 意思와는 關係가 없다. 不合意에는 全體契約에 關係하는 全體不合意와 個別的 契約條項에 關係하는 部分不合意(Total-und Partial Dissens)가 있고, 또한 獨民 § 154에서 規律하는 이른바 意識的 不合意(offene Dissens)와 § 155에서 規律하고 있는 無意識的 不合意(versteckte Dissens)로 區分될 수 있다.[227)]

意識的 不合意 또는 공공연한 不合意(offener Dissens)는 양 當事者가 모든 契約要點에 관하여 合致가 이루어진 것이 아니라는 것을 意識하고 있을 때를 말하는데, 오히려 一方 當事者가 意識的으로 不一致를 招來하는 境遇라 할 수 있으며, 예컨대 어떤 請約에 대하여 바로 拒絶을 하지 않고 條件을 붙이거나 또는 變更을 加하여 承諾을 하는 境遇이다.

이에 대하여 無意識的 不合意 또는 「숨겨진 不合意」(versteckte, latente Dissens)는 當事者가 合意의 完成을 믿고 있음에도 不拘하고 事實上 어떤 점에서 不合意가 있을 境遇에 認定되는 것이므로 그 不合意는 自覺되지 않는 潛在的인 것인데 請約을 받은 者가 請約의 意味를 誤解하여 그 請約과 一致하지

226) 購入豫定者의 賣却豫定者에 대한 契約準備段階에 있어서의 信義則上 注意義務違背로 손해배상책임을 認定한 예로 日最判 昭 59(1984). 9. 18(判時 1137, 51). 石外克喜 編(註 11), 66.

227) Kramer, Eil. Art. 1. Rdnr. 137, S. 158.

않는 承諾을 하였다든가 또는 애매한 뜻을 가지는 점에 관하여 當事者가 그 뜻을 明白히 함이 없이 意思表示를 하였기 때문에 그 사이에 틈이 생겨 어긋나는 경우가 이에 해당한다.[228]

無意識的 不合意는 事實上 意思表示가 合致되지 아니하였음에도 契約이 成立된 것으로 믿는 境遇이므로, 契約이 成立되었지만 取消할 수 있는 法律上 錯誤와 嚴格하게 區分된다.[229]

(다) 契約書의 作成과 契約의 成立 契約을 締結함에 있어서는 契約書를 作成하는 境遇가 많게 되는데 原則으로 契約書의 作成은 契約成立의 要件은 아니며 다만 契約의 成立을 證明하는 證據가 될 뿐이다. 오늘날 대체로 形式은 法律에 의하여 要求되는 意思表示의 보다 詳細한 方法일 뿐, 法律效果의 根據는 아니다.[230] 例外的으로 法律行爲의 效力이 法律的으로 特定形式의 遵守에 左右되게 되어 있다.

무릇 契約自由는 債權法上 去來를 單純化하고, 이를 促進하는데 寄與할 수 있으며 여기에 形式의 自由(Formfreiheit)도 包含되는바, 만일 契約체결에 있어 文書의 公證까지를 반드시 要求한다면 通常 當事者는 契約締結을 일단 망설이게 될 것이다. 民法에서의 形式自由의 原則은 法律去來를 容易하게 하고 近代社會의 大量去來의 發展을 可能하게 했다. 그러나 그 反面에 形式이 없는 契約의 許容은 當然히 커다란 危險을 가져온다. 즉 경솔의 危險뿐만 아니라 立證困難의 危險을 招來하게 되는 것이다. 따라서 信賴할 수 없는 當事者 사이의 重要한 去來, 高額의 去來에 있어서는 法的 明確性을 기하여 紛爭을 防止하기 위하여 書面形式으로 契約을 締結하는 것이 要請되고, 더 나아가 상거래에서는 公證이 立證確保에 이바지한다 하겠다.

實際 訴訟에 있어서 契約書가 存在하지 않는 경우 契約의 存在를 立證하기에 어려움을 겪는 수가 많다. 더욱이 保險·運送·임치·銀行預置·證券委託 등 商事去來에 있어서는 그 契約內容이 標準的 保險約款으로 정형화되어 있을 뿐만 아니라, 請約·승낙도 정형적으로 이루어져 예컨대 保險契約에 있어서는 保險契約의 請約은 通常 保險會社 소정의 請約書에 必要한 事項을 記載하여

228) 郭潤直, 54-5; Kramer, Eil. Art. 1. Rdnr. 141, S. 159.
229) Larenz(註 35), § 27, S. 527.
230) Dieter Medicus, "Schuldrecht Ⅰ Allgemeiner Teil"(5. Aufl., 1990) § 10, S. 35; Münch-Komm, § 125 Ⅰ. 1. Rdnr. 1; Karl Larenz, "Lehrbuch des Schuldrechts", Allgemeiner Teil(14. Aufl.) § 5, S. 67f.

提出함으로써 이루어지고, 이에 대한 保險者의 승낙도 保險料를 수령하면서 保險約款이 記載된 승낙서를 交付하거나 이에 갈음하여 保險證券을 交付하는 方式으로 이루어지는 것이 實務上 관행이다. 이와 같이 貿易·保險 등 重要高額契約에 있어서는 契約書의 作成은 事實上 契約成立與否를 판가름하는 重要한 증표가 되고 있다. 處分文書인 契約書는 證據法上 그 內容에 대하여도 상당한 證明力이 부여되므로, 書面契約의 보편화 추세는 확장일로에 있을 것 같다. 그러나 契約內容은 반드시 이러한 證券 내지 證書에 의하여만 左右되는 것은 아니다. 그런데 大判 92.10.27, 92다32825(公 934, 3293)는 保險契約은 意思合致에 의하여 諾成契約이고 保險證券은 하나의 證據證券에 불과하다고 하면서 保險契約의 內容은 반드시 위 證據證券만에 의하여 決定되는 것이 아니라, 保險契約체결에 있어서의 當事者의 意思, 契約체결 전후 경위를 綜合하여 그 內容을 認定할 수 있다고 하였다. 오늘날 契約의 諾成主義의 原則에 相關 없이 要式主義의 再生(renaissance du formalisme)이라는 현상을 보게 되었다.[231)]

一定한 內容의 合意를 하고 그 후 契約書를 作成하는 境遇에 契約成立時期가 언제인가 하는 것은 意思表示의 解釋問題이다. 一般的으로 말하여 그 書面이 作成되기까지는 法律上의 效力을 생기지 않게 하려는 意思가 있었다고 解釋되는 境遇에는 契約은 아직 成立하지 아니한 것이며, 書面作成은 단지 契約을 確認하고 그 記錄을 남기려는 意思라고 解釋되는 境遇에는 契約은 合意時에 이미 成立하였다 할 것이다.[232)]

한편 無償契約과 有償契約 사이에는 前述한 바와 같이 法的 保護의 面에서 強弱의 差異가 있는바, 여기서 經濟的 危險性 때문에 書面에 의하지 아니한 口頭 贈與約束은 當事者가 언제든지 解除할 수 있다. 그래서 不動產 등 重要財產의 贈與契約에서는 書面方式이 要請된다.[233)]

(2) 契約의 不成立과 無效

契約은 서로 對立하는 意思表示의 合致에 의하여 成立하는바, 契約이 成立된 境遇에 비로소 契約의 有效·無效의 問題가 생긴다. 契約의 不成立과 無效는 그 區別이 반드시 明確하지 아니하며 그 效力이 생기지 않는 점에서는 兩者가 同一하지만 無效인 경우에는 追認에 의하여 새로운 法律行爲로 볼 수

231) 山口俊夫(註 61), 17.
232) 注釋民法(13), 112.
233) 獨逸에서 形式이 要請되는 가장 重要한 契約이 不動產讓渡契約이다. Larenz(註 230), § 5, S. 68.

있는 데 반하여, 不成立의 경우에는 追認의 餘地가 없는 점이 다르다.[234]

(3) 契約의 成立과 效力發生

(가) 區分의 問題　　契約의 成立과 效力發生은 法律行爲의 成立要件과 效力要件에서와 같이 區別하여 생각하지 않으면 안 된다. 契約의 有效·無效라고 하는 것은 契約이 成立되어 있는 것을 前提로 하여 그 契約이 目的 그대로 效果를 發生할 수 있는지의 與否에 대하여 論議되는 것이므로 契約이 成立되지 않으면 有效·無效의 問題는 생길 여지가 없다.[235]

契約成立의 特別成立要件으로 一定한 方式, 要物契約에서의 目的物의 引渡 기타 給付 등을 들 수 있다. 그러나 이와 같은 것은 契約이 形式上 成立한다는 데에 그치고 그것이 實質的으로 效果를 發生하려면 다시 여러 가지 要件이 具備되지 않으면 안 된다. 民法總則上 權利能力·意思能力·行爲能力 외에 總則規定과의 關係에서 有效要件으로 要求되는 것은 契約內容이 實現可能性을 充足하고 公序良俗·強行規定에 違反하지 않는 것이 要求된다. 契約의 成立要件을 充足한 契約이 成立하더라도 위와 같은 有效要件을 充足하지 않는 境遇 無效이다. 또 總則規定은 하자 있는 意思表示를 하여 그 意思表示가 取消된 境遇 그것을 法律要件으로 成立된 契約은 成立時點까지 소급하여 無效가 된다.

이들 要件이 完備되어 있다면 契約은 成立과 동시에 效力을 發生하는 것이 原則이다. 그러나 위에서 본 一般的 效力要件 외에 停止條件이나 始期와 같이 特別히 效力의 發生을 저지할 事由가 있을 경우에는 契約의 成立時期와 效力發生의 時期가 다를 수 있음은 물론이다.[236] 그 외 特別效力要件으로서는 代理行爲에서의 代理權存在, 各種 土地去來에 있어서의 證明·許可 등을 들 수 있다.

契約은 契約이 成立할 때부터 取消할 때까지 그 效力을 가지나, 그 대부분은 債權總論에서 취급되고 있다. 즉 債權의 目的·效力·多數當事者의 債權關係·債權讓渡·債權의 消滅 등이 契約에 의하여 發生한 「債權」의 效力으로서 規定하고 있다. 그래서 契約總論에서 「契約의 效力」으로서 취급하고 있는 것은 그것을 除外한 것에 限定한다. 즉 雙務契約으로부터 發生하는 債權상호의 關係인 同時履行抗辯權·危險負擔 및 第三者를 위한 契約 등이 그것이다.[237]

234) 注釋民法(13), 114.
235) 郭潤直, 90.
236) 前註; 末川博(註 2), 59-60.
237) 三和一博／平井一雄 編(註 28), 28.

(나) 契約의 效力發生要件 契約이 그 內容에 적응할 만한 效果를 發生하기 위해서는 內容에 대하여 다음과 같은 制約을 받지 않을 수 없다.

(a) 可 能 性 內容은 實現可能할 것을 요한다. 그 時期 그 場所에 있어서의 社會的 經驗法則에 따라 實現이 不可能한 給付를 目的으로 하고 있으면 그 契約은 效力을 發生할 수 없다.

不能이란 말은 다른 많은 法律上의 槪念과 같이 社會生活에 있어서의 經驗法則, 즉 이른바 去來上 通念에 따라 決定할 것이며 自然科學的인(특히 物理學的인) 意味로서 말하는 것은 아니다.[238]

(b) 適法性과 社會的 妥當性 內容은 合法的인 것을 요한다. 法律은 그 자체의 社會的 機能과 서로 容納되지 않는 法律關係의 發生을 是認할 리는 없기 때문에 契約의 內容은 언제나 法律上으로 容認될 수 있는 合法的인 것이 아니면 안 된다. 그래서 強行法規에 反하는 內容을 지닌 契約은 適法性의 次元에서 問題가 된다. 개개 強行法規에 違法하지 않더라도 善良한 風俗 기타 社會秩序에 違反하는 事項을 內容으로 하는 契約은 目的의 社會的 妥當性의 次元에서 無效이다(§§ 90, 91). 이 점에서 目的이 適法性과 社會的 妥當性을 分離하여 각각 別個의 要件으로 취급하는 것이 多數說이다.[239]

Ⅱ. 契約自由와 그 限界

1. 序

契約自由 내지 私的 自治가 私法의 基本原理임은 周知하는 바이고[240] 大法院도 여러 곳에서 宣言的으로 이를 確認하고 있다. 즉 大判 91.3.27, 90다14478(公 896, 1265)은 契約自由의 原則은 私的 所有權 絶對의 原則 및 過失責任의 原則과 더불어 近代私法의 基礎를 이루고 있다고 하였고 大判 91.7.12, 90다8343(公 903, 2134)은 契約에 있어서 合意에 의하여 解除할 수 있음을 契約自由의 原則上 當然하다고 하였으며, 또한 大判 92.7.14, 91다45950(公 927, 2388)도 주류제조면허의 讓渡契約은 私的 自治의 原則에 따라 有效하다고 하였다.

契約自由는 原則的으로 私的 約定을 國家의 干涉으로부터 自由롭게 그리

238) 郭潤直, 92.
239) 郭潤直, 朴英植, 民法注解(Ⅱ), 256.
240) Palandt, Einf. v. § 145 3) a).

고 有效하게 맺을 수 있는 權利主體의 權能을 意味하고, 대체로 私法 全體를 對象으로 하는 私的 自治의 가장 重要한 構成部分 혹은 그 下位原則(Unterprinzip) 내지 契約法的 表現으로 일컬어진다.[241)]

2. 契約自由의 理念의 變遷

(1) 近代初期資本主義와 個人主義的 自由主義에서의 契約自由

私的 自治와 契約自由는 物件去來와 生產이 中世 拘束으로부터 解放된 後에야 비로소 發展할 수 있었다. 國家的 側面으로부터 促進된 重商主義와 이와 結付된 資本主義的 生產方式은 社會關係를 점점 交換關係에 依據하도록 하여 廣範圍한 市場이 形成될 수 있었다. 그럼에도 不拘하고 私的 關係는 여전히 國家機關의 干涉을 통하여 規制되었는바, 여기서 Adam Smith, David Ricardo 등은 이러한 市場去來가 國家의 干涉으로부터 解放되어 私的 自治的으로 행하여질 수 있다는 理論에 대한 Model을 提示하였다.[242)] 즉 主觀的으로 無政府的인 經濟主體간의 自律的 製品去來는 市場에서의 自由로운 競爭을 통하여 客觀的으로 調和로운 秩序를 가져온다는 것이었다. Bentham 역시 自由放任主義를 표창하였으나, Adam Smith의 invisible hand에 의한 제 이익의 自然的 調和를 拒否하고, 제 이익의 調整은 方法에 의한 法改革에 의하여 인위적으로 하여야 하는 점에서 契約에 대한 政府의 關與를 용인하였다.[243)] 그러나 自由放任思想에 의하면 國家가 社會를 代表하여 公益的 觀點으로부터 契約條項에 간섭한다는 思考方向은 契約自由와 相容되지 않는 것이고, 法的 拘束力을 갖는 契約을 체결하는 權限과 責任은 오로지 兩當事者에게 있을 뿐 法院은 兩當事者가 合意한 이상으로 별다른 意味를 갖도록 契約을 修正 解釋할 權限을 갖지 않으며, invisible hand에 의한 調和로운 秩序를 세우기 위하여 國家干涉으로부터의 絶對的인 自由 특히 契約自由, 職業의 自由, 所有의 自由가 必須的이라고 하였고 이러한 前提가 充足되어야 全體福祉를 위한 體制가 調節될 수 있다고 하였으며, 當事者는 必要에 따라 가장 合理的인 經濟活動을 하여, 經濟는

241) Dieter Medicus, "Schuldrecht I Allgemeiner Teil"(5. Aufl., 1990), § 10, S. 33; Karl Larenz, "Lehrbuch des Schuldrecht"(14. Aufl., 1987), § 4 S. 40f.; Walo Bauer, "Der Schutz vor unbilligen Allgemeinen Geschäftsbedingungen im schweizerischen Recht"(3. Aufl., 1981), S. 19f.; Soergel, (1986) Vor § 305 Rdnr. 10, S. 993.

242) Falk Roscher, "Vertragsfreiheit als Verfassungsproblem", Schriften zur Rechts theorie Heft 34, S. 7.

243) 木下毅, 英美契約法の理論, 52-3.

invisible hand에 이끌려서 需要와 供給은 自然히 調節되어 合理的인 經濟秩序가 이룩될 수 있는 것으로 생각되었다.[244]

佛蘭西民法草案 當時 Rousseau의 社會契約說(doctrine du contrat social)과 Kant의 意思主義理論(Willenstheorie)의 影響을 받아 意思自治論이 確立되고, 사람이 사람에 대하여 義務를 지게 되는 것은 「그가 원하였기 때문이고」(parce qu'ils l'ont voulu),[245] 「내가 원하기 때문에 내가 拘束되는 것이라고 하면서」(Je veut, donc je m'oblige), 契約의 自由야말로 社會全體의 繁榮에 이바지하는 것이라고 보았다.[246] 當初 스위스債務法의 立法者에 있어서도 契約自由의 基礎는 私的 自治의 原理하에 놓여 있었고, 그것은 自由思想에 따라 무엇보다도 國家的 干涉에 對抗한 自由領域으로 간주되었는바, 個人에게는 全的으로 競爭을 통하여 經濟的 社會를 創出하는 것을, 國家에게는 가능한 한 私人의 經濟活動 領域에 介入하지 않는 것을 意味하였다. 따라서 民法立法者는 交換契約에 對하여 價値獨立的(Wertungsfreie), 中立的 立場을 취하였다.[247] 近代初期 영미에 있어서도 資本主義의 政策的 主張인 契約自由의 側面이 強調되어 F. Maitland의 表現대로 契約은 「法的 카테고리 중 가장 탐욕적인」(the greediest of legal categories) 것이 되었다.[248]

이와 같이 契約自由의 原則은 近代市民階級의 要請으로서의 自由主義 이데올로기와 自由競爭을 바탕으로 하는 自由資本主義 經濟體制의 法的 表現이라고 할 수 있는바, 自由主義經濟秩序는 市場메커니즘을 經濟的 基盤으로 하고 契約自由의 原則을 法律的 支柱로 하여 成立한다고 할 수 있다.[249] 契約의 秩序機能은 當事者가 自由롭게 決定한 主觀的 均衡性이 客觀的 正義에 合致하는 것까지를 要求하는 것은 아니었다. 「意圖하는 바는 옳은 것으로 본다」고 하는 것이 契約的 正義의 本質인바, 契約當事者는 自身의 利益과 상황을 가장 잘 꿰뚫어 볼 수 있기 때문에 契約的 妥協은 一般的으로 理性的인 것이며 이 契約메커니즘은 스스로 正當性 保障을 갖는 것이라고 생각한 것이다. 따라서 각 給付간의 平等性은 評價的인 것에 지나지 않고 內容的 平等性까지 요구하는 것은 아니었다. 가능한 한 國家가 干涉을 적게 하는 야경

244) Roscher(註 242), S. 7f.; Walo Bauer(註 241), S. 22f.
245) 星野英一, "現代における契約", 民法論集 第三卷, 10.
246) 山口俊夫, フランス債權法, 13-4.
247) Walo Bauer(註 241), S. 23.
248) 木下毅(註 243), 57; Printing Co. v Sampson, 19 Eq. Cas. L. R. 462, 265(1875).
249) 大村須賀男, "契約自由の原則の再構成について(一)", 民商 88권 2호, 160.

국가적 背景 아래에서 契約法은 經濟的 弱者를 위한 어떠한 保護規定을 設定할 必要가 없었고 國家에 대하여는 內容的 正當性에 대한 審査義務가 免除되어 있었다. 단지 一般條項으로 극심한 경우에 대한 調整方法만을 對備할 뿐이다.

(2) **契約自由의 실상**——그 폐해의 노정

그러나 契約의 自由는 平等을 前提로 하는데, 「法 앞의 平等」의 背後에는 契約當事者 사이에 심한 經濟的 不平等이 潛伏해 있었다. 契約秩序가 豫定한 平等이란 機會的 平等에 관한 法律的 平等이고 經濟的 平等은 考慮 밖이었다. 契約自由의 原則이 當事者간의 經濟的 隔差에 수반되어 實質的 不平等을 招來하게 되는 것은 配分的 正義의 要求에 모순되는 것인바, 여기서 自由와 平等의 調和가 問題로 대두되었다.[250] Hegel이 말한 바와 같이 市民社會는 自然으로부터 設定된 不平等한 것이고, 이는 除去되지 않을 뿐만 아니라 오히려 숙련, 財産 그리고 知的·道德的 敎養의 不平等으로 고양되었다. 資本의 再投資를 통하여 資本家의 富의 蓄積이 擴大되면서 契約自由는 財貨所有者나 敎養있는 市民階級의 少數에 限定되게 되었고, 그 反面 生産作業과 連結된 階級들의 從屬性은 더욱 深化되었다. 한편, 經驗主義가 浸透하여 契約自由原則이 現實的으로 최대한의 社會的 利益을 가져오지 않는다는 것이 實證되었으며, 오히려 經濟的·社會的으로 有害한 結果를 招來하고, 이러한 有害한 結果는 이 原理가 社會的·經濟的 實態와 모순된다는 것으로부터 派生된다고 하였다.[251] 支配로부터의 自由領域으로서의 契約自由는 國家에 대한 個人關係에서뿐만 아니라 契約當事者 상호간에도 重要한 것임에도 不拘하고 國家權力의 支配로부터의 自由 대신에 契約自由의 形態로부터 發生된, 市民들 사이의 또 다른 勢力關係(Gewaltverhältnisse)가 새롭게 形成되게 된 것이다.[252] 이에 따라 契約自由는 처음부터 숫자상 壓倒的인 經濟的·社會的 弱者, 즉 財産·知識 등을 통하여 獨立되지 아니한 契約當事者의 契約自由를 排除하기 위한 支配手段으로 악용되었으며, 契約自由는 強者의 自由이고 이를 통하여 強者의 弱者에 대한 支配의 道具가 된 것이다. 事實上 각 當事者가 原則的으로 契約締結시 私的 自治하에 놓여 있다는 것, 契約條件에 대한 全的인 締結, 形成의 自由 속에서 交涉을 하여 去來가 이루어진다는 것은 하나의 유토피아이고 現實이 아니

250) Bauer(註 241), S. 24f.; 前註, 162 以下; 末川博, "法と契約", 157-60.
251) 木下毅(註 243), 59-61.
252) Bauer(註 241), S. 24.

었다.[253] 여기서 少數에 의한 自治의 強奪은 오히려 社會的인 統合(Integration)을 방해하고 이것이 社會的인 不公正으로 이끈다는 思想이 차츰 前面으로 登場하면서, 그러한 廣範圍한 民衆階層 利益의 永遠한 無視는 社會的 不安으로 이끌고 나아가 形式的인 契約自由만의 強調는 資本主義社會 자체를 붕괴시킬 危險을 內包하므로 이제 더 이상 法秩序로부터 許容될 수 없다는 認識이 擴散되게 되었다. 여기서 契約自由에 있어서의 自由의 진정한 意味를 재음미하게 되었다.[254]

한편, 自由放任은 獨占을 이끌면서 이것이 市場經濟秩序를 마비시키는 원흉이 되었는바, 獨占競爭時代에 있어서는 經濟의 自律的 活動이 困難하고, 不完全競爭하에서는 invisible hand에 의한 自淨作用으로서의 市場메커니즘은 그 機能을 喪失하게 되는 것이고, 여기서 經濟秩序를 維持하기 위하여 國家權力이 直接的으로 經濟秩序에 향하여져 契約關係에의 國家的 干涉이 이루어지는 것이다.

(3) 社會的 法治國家의 登場과 契約自由의 修正

그래서 經濟的으로 自由放任思想은 修正資本主義理論이 登場하면서 그 종언이 確認되었다. Keynes의 修正資本主義는 完全고용을 確保하기 위하여 필요한 中央統制는 물론, 政府의 傳統的 機能의 顯著한 擴大를 수반하는 것을 認定한다.[255] 이는 全的인 自由經濟도, 中央統制的 計劃經濟도 아닌 점에서 混合經濟이며,[256] 또한 自由權의 社會的 기속성에 對稱하여 社會的 市場經濟로 불리어지며 이는 自由市場經濟의 진정한 發展的 形態라 하겠다. 階級 사이의 모순을 克服하여 社會的 統合에 이르는 것을 目標로 하면서도, 相對的 平等保障을 통하여 社會의 漸進的 改革을 試圖하는 점에서 社會革命을 통한 社會主義와 구분된다. 修正資本主義하에서는 모든 人間의 最大限度의 人間다운 生活을 保障하는 福祉國家의 建設을 理念으로 하고 實質的 社會正義 實現을 目的으로 한다. 그리하여 單純히 個人의 幸福이나 利益의 追求가 아니라 公共이라는 社會的인 共同의 幸福과 利益을 追求하는 이른바 「公共福利」가 現代私法의 根本理念으로 登場하게 되었다.[257] 從來 個人主義的·自由主義的 法思想이 위와 같이 經濟的·社會的 民主主義 法思想으로 修正되면서, 이러한 理念의 變遷

253) 郭潤直, 16-8; MünchKomm/Kramer, vor § 145 Rdnr 5, S. 1093.
254) Roscher(註 242), S. 10.
255) 大村須賀男, "契約自由の原則の再構成について(三)", 民商 88권 4호, 449.
256) Wolfgang Fikentscher, Schuldrecht(6. Aufl.), § 21 I, S. 69. 그렇다고 經濟秩序가 包含되지 않는 經濟政策上 中立은 아니다.
257) 郭潤直, 總則, 67, 70.

에 상응하여 契約自由라는 民法原則도 修正을 보게 된다. 形式的 自由와 平等이 아닌, 正義에 立脚한 實質的 自由와 平等思想이 強調되고, 社會的 生存權 내지 生活配慮義務가 認定되며, 公正한 利益調節을 위하여 國家의 後見的 配慮와 統制·干涉이 要請되었다. 契約自由의 保障으로 自動的으로 調和로운 秩序가 到來한다는 19세기의 豫定調和論的 思考는 이제 더 이상 維持되지 않고, 國家的 規制, 支配로부터의 自由뿐만 아니라, 私的 力關係로부터의 自由가 秩序와 意味深長하게 結付되게 되었다. 契約自由는 이제 支配의 道具가 아닌 同等化(Koordination)의 道具로서 그 機能變化가 要請되었고[258] 社會法·經濟法 등 規制立法과 連結된 이른바 新自由主義가 登場하게 되었다. 그리고 武器 對等의 理念은 勞動法上 團體協約에서 集團的 自由主義로 發展되었다.[259] 自由와 社會國家原理는 이 意味에서는 상호간에 原則과 例外로 作用하는 것이 아니라, 변증법적 意味에서 命題와 反命題의 關係에 선다.[260] 실로 私的 自治는 社會自治(Sozialautonomie)로 轉換되고[261] 「契約自由」 대신 「契約公正」 내지 「契約正義」가 強調되면서 힘의 均衡이라는 평형추原理는 全體社會의 共同利益과 幸福追求라는 共同善으로 指向하게 되고 自由主義私法의 社會化라는 現象으로 나아가게 되었다.

그래서 衡平, 信義誠實이나 去來安全配慮도 個人의 意思와 함께 契約分野에서 作用하게 되었고, 約定의 法的 價値는 法律에 由來하고, 法律에 의한 國家의 強制手段에 의하여 擔保되어야만 비로소 의사자치론이 存立한다는 점을 認識하게 되었다.[262] 契約自由는 애초부터 絶對的인 것이 아니고 法秩序가 承認하는 範圍 내에서 有效하다는 생각 아래 社會的 正義의 實現이라는 契約自由의 基本理念을 實現하기 위하여 契約의 체결면에서는 契約의 締約義務가, 契約內容決定의 면에서 內容統制가 認定되기에 이르렀다.

그런데 古典的 契約自由의 原理에 가하여지고 있는 이러한 制約은 아래에서 보는 바와 같이 매우 廣範圍한 範圍에 걸쳐 있어, 「契約의 危機」 또는 「契約의 쇠퇴」라는 表現이 나오게 되기에 이르렀다. 그러나 一般的으로 批判되고

258) MünchKomm/Kramer(註 253), Rdnr. 3, 6, S. 1091, 1093.

259) 前註, Rdnr. 7, S. 1094.

260) Hans Huber, "Die Verfassungsrechtliche Bedeutung der Vertragsfreiheit", Schriftenreihe der Juristischen Gesellschaft e. V. Berlin Heft 24(1966), S. 17; Josef Esser/Eike Schmidt, "Schuldrecht Allgemeiner Teil", § 8 I, S. 84f.

261) Dieter Reuter, "Die ethischen Grundlagen des Privatrechts-formale Freiheit sethik oder materiale Verantwortungsethik" AcP 189(1989) Heft 3, S. 205ff.

262) 山口俊夫(註 246), 14-5.

規制되기에 이른 것은 契約概念 그것이 아니고 契約自由의 남용이다. 古典的 契約自由의 制約에 關係 없이, 現代法에 있어서의 契約制度의 重要性은 오히려 增大하고 있다고 하는 指摘도 있는바, 事實 現代産業의 發展은 傳統的 契約骨格을 넘어 複合的인 新種契約形式을 가져왔다. 이들 新種契約의 重要性은 生産設備의 大規模와 商品流通方式의 多樣化 등에 의하여 차츰 增大하여 契約領域의 擴大와 더불어 契約기술의 精密化를 가져왔다.[263]

3. 契約自由와 制限의 憲法上 保障

1919년 獨逸 Weimar共和國 憲法 §152 I은「經濟上 去來에 있어서는 法律이 定하는 바에 따라 契約自由의 原則을 適用한다」고 하여 明示的으로 契約自由 原則을 宣言하였으나, 우리 나라 憲法이나 1949년 獨逸基本法은 契約自由를 明示的으로 保障하고 있지는 않다. 그러나 獨逸에서의 支配的인 見解와 聯邦憲法裁判所와 聯邦行政裁判所의 判例(BVerfGE 8, 328, 12, 347; BVerwGE 1, 321, 4, 24(31))에 의하면 契約自由는 人格의 自由로운 發現 속에 含有되어 있고, 그래서 獨逸基本法 §2 I 속에 숨어 있다고 하여, 사법의 根本이 되는 原則이 憲法의 基本權으로 되거나, 그러한 것의 流出物 혹은 一部로서 宣言되어 있다고 한다.[264] 美國法에서는 契約自由의 根據를 修正憲法 §14의 due process의 原理에 두고 있다.[265]

무릇 契約自由는 私人간의 法領域에서 生活形成의 手段이 되면서, 人格의 自由로운 發現을 위한 前提條件이 되어 있다. 人格의 自由로운 發現으로서의 一般的 行動自由는 모든 生活領域에서의 行動自由로서 理解될 수 있고, 이러한 一般的 行動自由로부터 經濟的 去來의 自由와 契約自由가 分離될 수 없다.[266] 憲法裁判所 91. 6. 3, 89헌마204決定도 契約自由의 原則은 憲法上의 幸福追求權 속에 含蓄된 一般的 行動自由權으로부터 派生되는 것이라고 하였다.

憲法은 여러 場所에서 사법의 接點과 連結되어 있는바, 契約自由는 이러한 憲法과 私法 사이의 重要한 接點에 관한 것이라 하겠다.[267]

한편, 契約自由에 따라 成立된 契約上 請求權도 財産權을 形成하므로 經濟自由의 制限은 바로 財産權處分의 制限이 되는바, 그렇다면 財産權保障과

263) 前註, 18-9.
264) Huber(註 260), S. 4f.
265) 木下毅(註 243), 47.
266) Huber(註 260), S. 5.
267) 前註, S. 3.

契約自由는 相關概念이자 連結制度라 할 수 있다. 이와 같이 契約自由는 憲法的으로 人間의 尊嚴과 價値에 連結되는 一般的 行動自由權과 憲法과 私法 사이의 重複關節에 該當하는 財産權保障 그리고 基本權의 私法에의 直接適用與否와 關聯하여 論議된다.

한편 憲法 § 119 Ⅱ에서는「國家는 均衡 있는 國民經濟의 成長 및 安定과 適正한 所得의 分配를 維持하고, 市場의 支配와 經濟力의 남용을 防止하며, 經濟主體간의 調和를 통한 經濟의 民主化를 위하여 經濟에 관한 規制와 調整을 할 수 있다」라고 明示하고 있는데 이는 憲法이 이미 많은 問題點과 모순을 노정한 自由放任的 市場經濟를 指向하지 않고 國民 모두가 互惠共榮하는 實質的인 社會正義가 保障되는 民主福祉國家의 理想을 追求하고 있음을 意味하는 것이다.[268] 이에 따라 契約自由의 原則은 經濟的 自由主義를 그 基礎로 하고 있으면서, 여러 方面에서 變容과 修正을 보아, 勤勞者·賃借人 등 社會的·經濟的 弱者의 保護를 위한 各種 特別法의 制定을 보게 되었다.

4. 契約自由에 대한 憲法과 民法의 連結

(1) 自己決定의 原理와 人格尊重

個人主義的 自由主義國家에서는 個人의 人格이 法秩序의 最高의 價値임은 주지하는 바이다. 契約自由가 私法的 契約關係의 自由로운 形成에 의한 自己決定을 가능하게 하므로 民法的 債權契約의 自由로운 許容은 個人人格의 伸張에 이바지한다고 하겠다. 契約自由가 없다면 責任的 決定 위에서 세워진다는 意味에서의 自由로운 國家의 存在란 成立되지 않는다.[269] 自己決定은 人格으로서의 人間(Menschen als Person)의 基本能力이다. 契約을 체결할 수 있는 可能性, 그로서 他人과의 法的 關係를 그 他人과 협력하여 規律할 수 있는 可能性은 이 能力實現의 重要한 方法이다. 그러므로 契約自由는 正當한 法의 原理이다.[270] 각 個人이 契約체결에 있어서 自身의 利益을 지키느냐 與否와 어떻게 이를 지키느냐는「各自 알아서 할 일」(seine Sache)이다.[271] 法秩序를 통한

268) 우리 憲法의 社會國家的 原理에 關하여 金哲洙, "民主的 基本秩序", 서울大 法學 20-1, 112; 김문현, "社會國家에 있어서 財産權", 公法硏究 16, 71-94; 허경, "經濟活動의 規制와 조성에 關한 憲法原理", 公法硏究 16, 40; 박용상, "韓國憲法의 基本秩序", 저스티스 16-1, 137-8.

269) Fikentscher(註 256), § 21 Ⅲ. 1, S. 71; Joachim Schmidt-Salzer, "Vertragsfreiheit und Verfassungsrecht" NJW 1970 Heft 1/2, S. 9.

270) Karl Larenz, Richtiges Recht, S. 63.

271) 前註, S. 67.

民法上 債權契約의 許容은 個別的 權利主體에게 私人간 去來의 領域에서 法律關係의 自己具現(形成)의 權能이 주어진다는 것을 意味하는 것이다.[272] 國家는 法律行爲的 去來行爲의 自發的 形成을 기도하는 個人의 自由領域을 最大限 尊重하여야 한다.[273] 이 自主性이야말로 契約의 拘束力, 有效性의 根據이다.

(2) **民法에의 組織委任**

憲 §10의 人間의 尊嚴과 價値에 관한 基本決斷은 默示的으로 主體간 債權契約的 去來의 許容에 대한 基本決斷을 包含하나, 그 形成에 대하여는 아무것도 말한 바 없다. 이것은 憲法의 本質과 關聯된다. 憲法은 오로지 國家形成的 基本決斷만을 包含하고 그 實行은 憲法 부차적인 것이며, 그 內容이 民法·刑法·行政法 등 下位法律의 壓縮된 것일 수는 없다. 따라서 憲法은 民法 形成的 效果를 直接的으로 갖지는 않는다. 그 組織은 民法 立法者의 獨立된 課題이자 責務이다.[274] 그러나 이러한 解決이 民法立法者가 債權契約法을 制定함에 있어 全的으로 自由라는 것을 意味하는 것은 아니다. 民法의 立法은 憲 §40에 의하여 國會의 立法事項에 속하고, 모든 國家權力은 人間의 尊嚴과 價値를 尊重하여야 할 責務가 있다(憲 §10 후단). 따라서 民法立法者는 무엇보다도 人格의 自由로운 發現權으로부터 導出되는 主體간 法律行爲的 去來의 許容에 대한 憲法의 基本決斷을 尊重하여야 한다. 그래서 主體간 債權契約關係의 고유한 이니시어티브에 관한 自由와 自己責任的 形成에 관한 自由는 法律制度(Rechtsinstitut)로서 혹은 國家形成的 秩序原則(staatsgestaltendes Ordnungsprinzip)으로서 保障되어야 한다.[275] 民法立法者는 民法上 債權契約法을 制定하면서 이 問題를 자신의 책임하에서 해결하여야 한다. 組織委任은 자신의 고유한 責任하에서 法形成的 行動을 하는 넓은 재량의 시인이라는 意味에서 規制權能의 授與를 包含한다.[276]

(3) **民法에의 規制委任**——正義決斷의 保障

個人主義的 自由主義 法秩序하에서의 經濟的 힘의 남용의 回避는 憲法의 關心事에 속하지 않고 따라서 民法의 規制委任에 속하지 아니하였다. 그러나 現代社會國家의 法秩序에서는 契約은 人間關係의 公正한 秩序를 가져오기 위

272) Schmidt-Salzer(註 269), S. 9.
273) 前註, S. 15.
274) 前註, S. 10.
275) 前註, S. 15.
276) 前註, S. 11.

한 手段이다. 契約自由의 남용으로 契約이 經濟的 強者의 經濟的 弱者에 대한 支配의 道具가 되는 것을 許容하지 않는다. 따라서 民法立法者는 단지 形式的인 契約法만으로 滿足하여서는 아니되고, 양쪽의 利益이 충분히 고려·反影된 實體的 正當性이 保障된 契約公正(Vertragsgerechtigkeit)을 念頭에 두고, 契約메커니즘(Vertragsmechanismus) 속에서 契約이 支配手段으로 變質되는 것을 防止하도록 努力하여야 한다. 여기서 組織委任과 結付된 規制權能은 規制委任으로 되면서, 民法立法者의 自由裁量은 制限되게 되고, 規制委任의 領域에서 憲法의 價値決定을 民法의 本案決定으로 傳達하는 것에 關한 民法立法者의 고유責任性(Eigenverantwortlichkeit)이 成立된다.277) 憲法的인 價値決定이 變化되면 組職委任은 새로운 內容을 얻고, 새로운 상황에 規範과 制度를 適合시키는 것에 관한 民法立法者의 義務가 成立하는 것이다. 現代 福祉國家에서 民法이 새로운 憲法을 通하여 수여된 組織委任(Organisationsauftrag)을 履行하려면 契約메커니즘의 교정方法이 위에서 말한 機能變化 내지 改革에 適應하여야만 한다. 바꾸어 말하면 個人의 自由保障과 社會國家 사이의 변증법적 關係의 새로운 헌법상황에 適合한 解決이 民法에서 展開되어야만 한다.278) 民法은 憲法의 上位性 때문에 當時 通用되는 憲法理念에 상응하여야 하고 民法의 指導原理는 憲法秩序의 變化에 따르게 된다. 따라서 오늘날 民法의 法理論 내지 指導原理를 個人의 自由와 平等으로 說明할 때 이는 社會正義에 立脚한 實質的 自由와 平等이어야 한다.279) 社會的 正義의 思想은 社會利益의 達成方法으로 主觀的·交換的 正義로서의 契約正義가 客觀的·配分的 正義로 修正된 것이라 하겠다. 社會的 統合이라는 共同體思想하에서 契約自由의 基本權은 법에 의하여 비로소 創出되어 法秩序의 目的의 테두리 안에서 법에 依하여 그 效力이 認定되고 強制手段의 實現이 保障되는 것이다. 契約法은 現在의 實定法上으로는 自己決定과 自己拘束의 原理에 의해서만 전적으로 規律되지는 않으며, 그 原理와 함께 正義原理(Gerechtigkeitsprinzip), 즉 調和로운 關係와 그 限에서 「客觀的 等價」(Aquivalanz)의 原理에 의하여 規律된다.280) 社會共同體의 利益優先으로 民法秩序는 합헌적 秩序의 等級으로 昇格된다고 말할 수 있다.

---

277) 前註, S. 11; Esser/Schmidt(註 260), S. 84.
278) Esser/Schmidt(前註), 11f.
279) 金曾漢, 11. 正義와 社會的意味에 關하여 심헌섭, "正義에 關한 硏究", 서울大 法學 29-2, 96-100; 金哲洙, 法과 社會正義, 大學敎養총서 15, 106-8.
280) Larenz(註 270), S. 70.

(4) **契約法에 대한 憲法의 意味**——憲法의 內容形成的 機能

現代福祉國家 憲法은 自由保障機能 외에 法共同體를 위하여 適合한 價値의 確定이라는 意味에서 기속적 價値決斷을 設定하고 있다. 國家와 個人關係에서 憲法에 提示된 課業과는 別途로 憲法에 表現된 價値體系는 法의 모든 영역 위에 投影되어야만 한다(BVerfGE 7, 198, 205; 6, 55, 72; 9, 237, 248). 그래서 憲法의 價値判斷은 수직적인 규범관통의 方法으로 一般法에 影響을 미친다. 그것은 무엇보다도 一般條項이나 不確定法律概念의 適用에서 나타난다. 어떤 行動이 良俗에 反하는지 與否의 問題를 決定함에 있어서 共同體의 價値設定(Wertvorstellungen der Gemeinschaft)이 考慮되어야만 한다. 그러나 이러한 價値設定은 憲法을 通하여 形成되기 때문에 一般條項이나 不確定法律概念의 適用은 憲法에 包含된 價値體系로 指向되어야 한다. 基本權의 直接的 民法適用을 承認하든 拒絶하든 相關 없이 항상 一般條項과 不確定法律概念의 方法을 통하여 民法의 憲法에서 包含된 價値判斷에 適合하여야 한다는 것이 導出된다. 이와 같이 憲法은 개개 상황의 評價를 위하여 一般條項과 不確定法律概念에 대하여 內容形成的 效力을 行使한다. 이 效力은 基本權의 民法適用에 기하는 것이 아니고, 거꾸로 民法의 憲法指向(Verfassungsorientierung)에 기하는 것이며, 民法의 組織課題(Organisationsaufgabe)는 憲法的 價値判斷을 통하여 成就된다 하겠다. 一般條項과 不確定法律概念의 使用은 規範設定技術上(normsetzungstechnisch) 백지의 價値充足 必要的인 構成要件徵表를 民法規範에 끌어들여, 그로써 最大限 憲法指向에의 開通可能性을 의미하는 것이다. 憲法의 一般條項 내지 不確定法律概念에 대한 內容形成的 영향은 憲法의 民法에의 侵入이 아니라 民法을 當時 憲法의 價値判斷에 맞추는 것을 目標로 한 特別한 立法技術이라 하겠다.[281)]

5. 契約自由의 機能

(1) **單純化**(Vereinfachung)

먼저 契約自由는 債權法上 去來를 單純化하고 促進하는 데 寄與할 수 있다. 특히 形式의 自由가 여기에 適用된다. 만일 契約締結에 있어서 반드시 官廳의 認可나 公證이 必要하다면, 契約締結을 망설이게 될 可能性이 있다. 반면에 形式이 없는 契約의 許容은 當然히 危險을 가져올 수 있다. 즉 경솔의 危險뿐만 아니라 立證困難의 危險을 招來하게 되는 것이다. 信賴할 수 없는 當

281) Schmidt-Salzer(註 269), S. 12.

事者 사이의 重要한 去來를 위하여는 최소한도 書面形式으로 契約을 締結하는 것이, 더 나아가 상거래에서는 立證確保를 위하여 公證이 이루어지는 것이 期待된다 하겠다.[282]

(2) 伸縮性(Elastizität)

契約自由는 具體的인 境遇 個別的인 要請을 考慮하는 데 이바지한다. 특히 典型自由(Typenfreiheit)와 任意性(Nachgiebigkeit)은 債權法을 伸縮性 있게 만든다. 그래서 債權法이 變更되거나 補完됨이 없더라도 예컨대 리스나 팩터링같은 새로운 契約類型이 急速한 擴張을 보게 되는 것이다. 또한 同一한 方法으로 當事者는 法的인 債權·債務關係의 成立과 內容에 대하여도 約定할 수 있다. 예컨대 不法行爲責任에서의 責任輕減과 免除에 관한 約定이 그 예이다. 그리고 保管된 物件의 멸실손상에 대하여 民 §750에 반하여 고의 또는 重過失에 대하여만 不法行爲責任을 진다고 約定할 수 있다. 債權法은 前述한 바와 같이 強行法規範을 除外하고 原則的으로 當事者의 處分에 맡겨져 있는 것이다.[283] 그리고 公法人은 공법으로 實現될 수 없는 目的을 私法上 契約을 通하여 到達할 수 있다. 반면에 이러한 任意性은 危險을 수반하는바, 不平等한 상황하에서는 強者가 優位를 남용한다. 이러한 反社會的 效果를 감쇄시키기 爲하여 社會國家的 目的이 強調되고, 이것이 債權法에서의 強行規範의 漸進的인 擴張을 가져오게 된다.[284]

6. 契約自由의 民法上 根據와 그 內容

(1) 民法上 根據

佛蘭西 1804년 民法典은 意思의 自治를 民法의 基本原理로 設定하였다. 즉 §1134는 適法하게 形成된 約定은 그것을 한 자에 대하여 法律에 대신한다고 되어 있다. 契約當事者의 意思가 契約關係의 本質的 要素이고 契約上 義務는 當事者의 意思에 由來한다는 原理이다.[285] 獨民 §305는「法律行爲에 의하여 債務關係를 設定하거나 또는 債務關係의 內容을 變更하기 위하여는 法律上 다르게 規定하고 있지 아니하는 한 當事者간의 契約을 必要로 한다」고 되어 있는바, 獨逸에서는 이 條文이 債權契約에 있어서의 契約自由의 原則을 천명

282) Dieter Medicus(註 241), §10 Ⅱ. 1, S. 35.
283) 前註, §10 3, 4, S. 34.
284) 前註, §10 Ⅱ. 1, S. 35.
285) 山口俊夫(註 246), 12.

한 것으로 보고 있다.[286] 瑞西債務法은 계약자유를 明示的으로 소개하고 있는 바, § 19 Ⅱ은 契約의 內容은 法律의 범위 내에서 自由로이 定할 수 있다고 規定하고 있다.[287]

우리 民法에는 契約自由는 명시한 바 없으나 契約內容에 관하여는 任意法規에 관한 民 § 105가 이를 前提로 하고 있다고 한다.[288] 즉 契約에 관한 상당수의 規定은 任意規定이고, 따라서 먼저 當事者가 定하는 바에 따르며 民法의 諸規定은 補充的으로 適用되는 것에 지나지 않는바, 그 前提로서 契約은 그 체결, 상대방 선택, 內容決定 및 方式에 관하여 當事者간의 自由로운 合意에 의하는 것이 承認되어 있다는 것이다. 任意規定에 대하여는 위와 같이 契約이 優先하나, 이에 반하여 法規가 優先하여 契約의 效力이 認定되지 않는 强行法規가 있다.[289]

(2) **契約自由의 內容**

契約自由는 주로 契約成立과 契約內容의 兩面에 있어서 關係하여 크게 締結自由(Abschluß freiheit)와 內容自由(Inhalts freiheit)로,[290] 보다 세분하면 ① 締結自由,[291] ② 상대방 選擇의 自由(Partnerfreiheit),[292] ③ 契約內容形成의 自由 그리고 ④ 變更 終了의 自由 특히 포기의 自由, ⑤ 方式의 自由로 나누어진다.[293]

먼저 누구와 契約을 締結할 것인지에 대하여 自由롭게 決定할 수 있다는 意味에서 締結自由가 있다. 여기에는 契約相對方 선택의 自由(Freiheit der Partnerwahl)가 包含된다. 누구든지 契約을 締結하려는 자신의 상대방을 찾도록 許容된다. 契約이 상대방에 대한 信賴를 基礎로 한 法律關係이기 때문에 信賴할 수 있는 相對方과 契約하는 것이 自身의 權利實現에 있어 重要한 意味를 갖는다. 그래서 예컨대 家屋所有者는 그 住宅을 가장 緊急하게 必要로 하는 자라도 그 자에게 임차하여야만 하는 것은 아니다.

그 다음 內容形成의 自由는 契約自由의 各種 出現 類型中 가장 重要한 것

286) Soergel(註 241), § 305 1 Rdnr. 3, S. 997.
287) BernerKomm. Bauer(註 2), S. 20f.
288) 郭潤直, 15-6; 金曾漢, 9.
289) 星野英一(註 245), 25.
290) Fikentscher(註 256), 7. Aufl.(1985), § 21 Ⅳ.
291) 체약의 自由라 하여 請約 승낙의 自由와 상대방 選擇의 自由를 包含하여 說明하기도 한다. 그 分類方法이 統一되어 있지 않다.
292) 그 예로 勤勞基準法 §§ 50, 51; 勞動組合法 § 39 ii.
293) 郭潤直, 16.

으로 여겨진다. 그래서 좁은 意味에서의 契約의 自由로 파악된다.[294] 締約의 自由, 相對方 選擇의 自由 그리고 方式의 自由는 債權契約뿐 아니라 物權契約, 가족법상의 契約에서도 一般的으로 認定된다. 그에 비하여 內容決定의 自由는 債權契約에서 넓게 認定되지만, 그 밖의 契約에서는 좁은 範圍에서만 認定될 뿐이다.[295] 大判 87. 1. 20, 85므70(公 795, 308)은 인지 請求權을 포기하기로 하는 裁判上 和解는 그 效力이 없다고 하였다.

그런데 이러한 說明은 契約에 대하여 拘束이나 制約이 없다고 하는 自由의 소극면이고, 그 적극면으로서 국가는 當事者의 契約內容을 그대로 法院을 通하여 強制的으로 實現한다는 것이다.[296]

7. 契約自由의 制限과 限界

(1) 契約自由와 契約自由制限의 關係

法이 契約을 許容하는 것은 그것이 個人的 利益뿐만 아니라 社會的 利益을 위한다는 判斷에 서기 때문이다. 契約의 自由는 法秩序의 目的에 合致하는 限度 내에서만 許容될 뿐이다. 契約自由의 制限은 契約自由의 回復이라는 共同體思想에 依據한다. 個人과 共同體는 辨證法的 關係(dialektischen Verhältnis)의 命題와 反命題의 關係에 서면서, 不可分的인 內的 關聯性을 갖는다. 따라서 契約自由와 그 制限은 일견 原則과 例外의 關係로 보이나 그러하지 아니하다.[297] 主體간 債權契約의 許容과 結付된 個人의 權能은 特別關係의 自己形成(Selbstgestalten)을 위하여 法秩序에 의하여 적절히 表現된 秩序政策的 決斷에 기한 것이므로 契約自由는 法秩序에 기하여 設定된 制限과 同一한 適用基礎(Geltungsgrundlage)를 갖는 것이다.[298] 契約自由制限에 대한 正當性은 契約自由自體의 意味와 目的으로부터 발생한다. 契約自由의 意味와 目的에 관하여 여러 說明方法이 있으나 前述한 바와 같이 그 핵심은 自己責任과 自己決定에 놓여 있다 하겠다.[299] 따라서 契約自由에 있어서는 이미 주어진 自由領域의 後發的 制限에 관한 것이 아니고 最初부터 制限된 許容에 關係한다. 契約自由의 制限은

294) Huber(註 21), S. 11f.; Fikentscher(註 17), § 21 II, S. 72ff.
295) 郭潤直, 宋德洙, 民法注解(II), 106.
296) 星野英一(註 245), 24.
297) Bauer(註 241), S. 21.
298) Schmidt-Salzer(註 269), S. 14.
299) Dagmar Coester-Waltjen, "Die Inhaltskontrolle von Vertragen außerhalb der AGBG," AcP 190. Heft 1-2, S. 14.

契約自由原理의 一部分이며 契約自由의 有效範圍를 決定한다. 그래서 立法者에 의하여 設定된 法的 制限은 法秩序의 正常存立에 포함되는 것이다.[300]

契約自由는 합헌적 秩序의 유보 아래 設定되고 契約自由의 제한의 問題는 民法秩序가 합헌적 秩序의 等級으로 昇格하는 것에 의하여 해결된다.[301] 民法立法者에게는 契約自由를 憲法에서 豫定된 程度를 넘어 擴張하거나 憲法에 對抗하여 좁게 制限하거나 할 權限이 없는 것이다. 單純한 一般法律의 立法者로서의 民法立法者가 契約自由를 制限한다면 그것은 立法者로서 行動한 것이 아니고, 憲法上 契約自由의 解釋者로서 行動한 것이고 여기서 解釋의 憲法合致性에 대한 推定이 成立된다(法律의 合憲推定).[302] 그러나 契約自由를 制限하는 個別的 法律規定의 違憲與否를 判斷함에 있어 무엇이 憲法合致的 秩序로 理解될 수 있는가는 어려운 問題가 아닐 수 없다.[303]

(2) **人間의 尊嚴과 價値의 制限과 그 限界**

人間의 尊嚴과 價値라는 自由를 위하여 契約自由를 制限한 셈이 되지만, 여기에는 憲 §37 Ⅱ 후단에 의하여 本質的 內容으로서 侵害될 수 없는 自由의 마지막 領域이 規定되어 있다.[304] 一般法律을 통한 制限 可能性의 廣範圍性 때문에 絶對的인 干涉限界를 確定하기 위하여 最後의 侵害될 수 없는 契約自由의 領域이 確保되어야만 한다.[305] 本質的 內容侵害不許가 契約自由를 憲法的으로 保障한 意味라 하겠다.

本質的 內容의 保障에는 比例의 原則(Prinzip der Verhältnismäßigkeit)과 過剩侵害禁止의 原則(Überma ßverbot)이 包含되어 있다. 國家는 보다 上位의 또는 적어도 同等한 利益을 保護하기 위하여 必須的인 限度를 넘어서 市民의 自由를 侵害해서는 안 되는 것이다. 本質的 內容의 概念은 時·所에 따라 變遷할 수 있는 不確定 概念인바, 그 概念構成은 結局 憲法判例에 의해서 決定될 수 밖에 없다. 위 憲法裁判所 91. 6. 3, 89헌마204決定은 火災保險契約締結의 強制가 基本權 侵害의 요소가 없지 않은 制度라면, 이는 어디까지나 例外的인 것이어야 하며 嚴格한 要件 아래서만 認定되어야 할 것인즉, 目的達成을 위하여 最小限의 範圍로 국한시켜야 하며 다른 合法的인 代替手段이 없는 필요부득이

300) Bauer(註 241), S. 21.
301) Huber(註 260), S. 18f.
302) 前註, S. 8.
303) 前註, S. 8.
304) 前註, S. 11.
305) Roscher(註 242), S. 51ff.

한 制限이어야 하는데, 火災로 인한 災害補償과 保險加入에 관한 法律 §§ 5, 2에 따른 保險加入 强制는 個人의 經濟上의 自由와 創意의 尊重을 基本으로 하는 經濟秩序와 過剩禁止의 原則에 合致되지 아니하여 憲法에 違反된다고 한 반면, 憲法裁判所 89. 12. 22, 88헌가13(憲法裁判所判例集 1권 357면) 決定은 國土利用管理法上 土地去來許可와 關聯하여 私的 自治의 尊重이 自由民主主義國家에서 극히 존중되어야 할 原則이나 이것은 어디까지나 他 個人이나 社會共同體와 調和와 均衡을 維持하면서 共存共榮하는 데 있어서 그것이 有益하거나 적어도 有害하지 않는 範圍 내에서 容認되므로 土地投機와 같이 외견상 社會共同體에 有害한 경우 私的 自治가 認定될 수 없다고 하였다.

結局 契約自由의 制限에 있어서는 契約自由에 대한 法律유보만으로는 充分하지 않고 前述한 바와 같이 立法者의 憲法羈束義務에 따라 人間의 尊嚴과 價値라는 憲法의 精神이 投影되어야 하고 아울러 그 法律에는 憲法原理 특히 社會國家原理, 財産權의 社會的 기속 등이 반영되어야 하는 것이다. 그래야 합헌적 秩序가 維持되는 것이다.[306] 그리고 憲 § 37 Ⅱ에서의 公共福利라는 막연한 추상적 槪念은 基本權制限 立法의 합헌성의 根據는 될지언정 그 基準은 될 수 없다. 그러므로 私法審査에 있어서 합헌성을 檢討함에 있어서는 그 合理的 理由가 個別的·具體的으로 提示되지 않으면 안 된다.[307]

8. 契約自由의 制限

契約自由制限의 理由, 必要性, 限度 등 本質的 內容은 最近 大法院判決에서 簡明하게 表現되어 있다. 즉 大判 91. 3. 27, 90다14478(公 896, 1265)은 契約自由의 無制限한 許容은 經濟的 弱者의 地位에 있는 契約當事者를 不當하게 壓迫하여 가혹한 結果를 招來할 수 있으므로 國家는 當事者 사이의 實質的 不平等을 除去하고 公正性을 保障하기 위하여 契約의 체결 또는 그 內容에 干涉할 必要가 생긴다고 하면서, 契約自由의 原則의 制限은 民法의 支配原理인 信義誠實의 原則의 바탕 위에서 公正性 保障을 위하여 必要한 限度 내에서 이루어져야 하며 이러한 限度를 외면한 恣意的인 制限은 契約自由의 本質을 侵害하는 것이어서 許容될 수 없다 하였다.

契約自由는 다른 여느 人間의 自由와 마찬가지로 방해(Störung)를 통하여

---

306) Larenz(註 241), § 4 Ⅳ, S. 60.
307) 한상범, "憲法解釋의 諸問題", 法曹 16-12, 17-1(合併號), 11.

侵害, 排除될 수 있다. 그러한 경우가 國家의 立法權行使인 法律的 規律에서 마주치고 그러한 法律的 規律은 다른 法律規律과 마찬가지로 構成要件과 法的 效果에 관하여 正確히 確定되어야 한다. 방해규율의 存在와 可能性은 契約自由가 一般的으로 排除될 수 있거나 制限할 수 있다는 것을 의미하지는 않는다. 그러한 法的 規律이 없이 契約의 法的 效果를 否定하거나, 契約自由 혹은 行動自由의 保障에 關聯되지 않는 法的 規律로 契約自由를 制限하는 것이 法的으로 가능하지 않다는 것이다.[308)]

契約自由의 制限도 광의의 모든 契約에 관하여 論議되어야 하나 특히 문제되는 것은 債權契約인데, 이러한 債權契約에의 介入方法이 多樣한 바, 앞서 본 契約의 展開過程, 즉 契約 상대방의 選擇과 체결, 內容, 方式에 따라 그 制限 내지 規制를 說明하는 것이 보편적이다.

한편 契約에 介入하는 國家權力의 類型에 따라 그 制限이 說明될 수도 있는바, 이러한 國家의 契約에 대한 介入은 먼저 法院에 의한 개개 契約에의 介入을 들 수 있다. 즉 法院은 解釋을 통하여 不合理한 契約의 內容을 修正하거나 더 나아가 그 效力을 否定한다. 이러한 것은 社會의 契約관행에도 影響을 미친다. 그 다음으로는 立法에 의한 介入이다. 여기에는 公法上 規制와 私法上 規制로 나누어진다. 私法的 規制는 強行規定을 制定하는 것이고, 公法的 規制는 契約의 效力發生에 行政官廳의 許可·認可를 要件으로 하여, 認可·許可 없이 一定한 契約을 체결하는 것을 禁止하고 이를 違反하면 벌을 가하는 方法이다. 不動產去來에 있어 認可·許可·證明 없이 契約을 체결한 경우 그 契約이 無效가 되는가, 無效인 경우 債權契約만 無效인지 物權契約까지 無效인지는 解釋上 다툼이 있다. 最近에는 行政廳에 의한 行政指導라는 形態로 事前規制가 행하여지고 있다. 즉 物價安定을 위하여 생활필수품에 대한 價格統制가 廣範圍하게 이루어지고, 또한 行政廳이 約款內容에 대한 審査를 하여 時代에 따른 行政目的을 敏感하게 반영할 수 있다.[309)] 이러한 國家權力의 介入은 대체로 契約內容에 대한 것으로 契約內容形成自由의 制限에서 다시 詳述한다. 契約自由의 許容範圍는 國家에 따라 廣狹이 있을 수 있으므로 결국 이것은 각국의 經濟政策·社會政策에 따른다고 할 수 있다.[310)]

---

308) Ernst Wolf, Allgemeiner Teil des bürgerlichen Rechts(3. Aufl.), S. 372.
309) 星野英一(註 245), 38-41.
310) 前註, 50.

(1) 契約締結自由의 制限

契約은 請約과 승낙을 構成要素로 하기 때문에 契約체결자유의 制限은 請約의 自由와 승낙의 自由에 대한 것으로 나눌 수 있다. 契約請約의 自由에 대한 制限은 請約을 強制하는 方法과 거꾸로 請約을 禁止하는 方法이 있고, 契約승낙의 自由에 대한 制限은 請約에 대한 승낙을 強制하는 方法으로 주로 승낙의무가 문제된다. 그 중에서도 승낙의무규정에 따른 체약강제가 가장 중요하다.

契約自由의 가장 強한 侵害는 누구에게 契約체결을 強制하는 것이다. 왜냐하면 이러한 強制는 계약체결에만 限定되지는 않고, 締約強制를 通하여 通常 契約內容에 關한 合意의 自由까지도 排除하기 때문이다. 이와 같이 締約強制의 古典的 定義는 締約自由와 內容自由 兩者와 關聯을 가진다.[311] 正當한 理由 없이 契約締結을 拒絶하는 경우 良俗違反으로 不法行爲가 되거나 刑事上 제재가 따른다.[312] 獨逸法上 締約禁止에 違反한 法律行爲가 無效인지 혹은 流動的 無效인지 與否는 獨民 § 134와 당해 禁止規定의 意味에 따라 決定된다고 한다.[313]

㈎ 公法上의 締約強制(compulsory contract, Kontrahierungszwang)

現代社會에 있어서는 市民生活에 있어서의 어떤 種類의 生活必需品, 서비스의 供給을 確保하기 위하여 供給者에게 契約을 체결하여야 할 義務를 부여할 必要性이 社會的으로 認識되게 되었다. 이러한 契約체결에 관한 義務는 모든 國民에게 人間다운 生活을 實現케 할 것을 目的으로 生存配慮領域에서 認定되어 있고, 直接的으로 法律 혹은 공권력(Hoheitsakt)에 근거한다. 締結自由는 民法上의 禁止構成要件(Verbotstatbestande)과 특히 公法的 經濟規範(Wirtschaftsnormen)에 의하여 制限되므로, 契約締結義務가 法律行爲的으로 根據지워지면, 이는 締約強制가 아닌 것이다.

이러한 체약의무는 法律에 명문의 規定이 있는 경우에 限하는가, 그러한 명문의 規定이 없는 경우에도 認定되는가 하는 것이 이른바 間接的 체결강제(mittelbarer Abschlußzwang)의 問題로서 論議되고 있다. 체약강제는 原則的으로 이에 관한 法律上 規定이 있지 않으면 안 된다. 直接的으로 명시적인 規定

311) Wolf(註 308), § 11 Ⅰ, S. 39f.

312) Esser/Schmidt(註 260), § 8 Ⅱ. 3. 1, S. 89; Fikentscher(註 256), § 21 Ⅱ, S. 73; Larenz(註 241), § 4 Ⅰ a) S. 43ff; MünchKomm/Kramer(註 253), Rdnr 9ff., S. 1094ff.

313) Soergel(註 241), (1986) Vor § 305 Rdnr. 12, S. 994.

이 없다 하더라도, 간접적으로라도 法規에 터잡지 않으면 안 된다. 獨逸에서의 從前 通說은 間接的 체약강제를 認定하기 위한 條件으로서 供給企業이 法律上 또는 事實上 獨占的 地位에 있을 것을 요구하였으나, 最近에는 消費者保護에 기초하여 消費者를 위하여 생활필수품과 提供者의 獨占的 地位라는 構成要件이 없더라도 締約强制가 成立된다는 緩和된 理論이 出現하였다(예컨대 셀프서비스점에서의 一般的 去來를 위한 營業開放). 오늘날 消費者에 대한 差別禁止(Diskriminierungsverbot)는 提供企業이 獨占的 地位에 있지 않더라도 시장세력(Marktstrake)이 있으면 된다는 것이다. 附加的으로 公衆의 利益이 개개인에게 關聯財貨나 用役을 供給할 것을 要求하는 데에도 이러한 財貨나 用役이 不當하게 提供되지 않아야 한다.[314] 이러한 체약강제는 그 자체 하나의 統一的인 法制度인 것은 아니고 개개 법규에 의하여 直接·間接으로 認定되고 있는 것을 總合하여 概念化한 것이다.[315] 締約强制에 기하여 締結된 이른바 强制된 契約(erzwungene Vertrag)도 사법적 性質을 갖는다. 따라서 여기에도 請約과 승낙을 필요로 한다.

한편 締約强制와 區分되는 것으로 사법형성적 행정작용에 의하면서, 부적절하게 契約으로 表現되는, 후술하는 「規制된 契約」이 있다. 체약강제에 있어서는 대부분 本質的인 條件도 確定되어 있고, 다만 契約의 체결이 공권력에 의하여 强制되어 있다. 이에 반하여 規制된 契約에서는 체약자유는 保障되어 있으나, 그 內容이 規制된다.[316]

(a) 生存配慮事業 내지 獨占事業(Monopolinhaber)의 締約義務　먼저 公法上 締約强制가 法律上 명문으로 規定되어 있는 경우로는 公的인 生存配慮事業, 예컨대 郵便·電氣通信·電氣·水道·가스·運送事業을 營爲하는 者(öffentliche Versorgungsträger)에 대한 것이다(電氣事業法 §14; 水道法 §18; 鐵道法 §10; 郵便法 §50; 電氣通信基本法 §10 I; 都市가스事業法 §19; 自動車運輸事業法 §12; 糧穀管理法 §4; 肥料管理法 §5).[317] Haupt는 生存配慮領域에서의 獨占地位者에 대한 締約强制의 理論的 基礎를 事實的 契約(faktische Vertrag)理論으로부터 끌어 내려고 하였다.[318] 오늘날 이러한 公益事業에 부과된 締約義務에 대하여 이는 契約的인 것이 아니고 오히려 身分的인 것이라고 역설적으로 表現되고

314) MünchKomm/Kramer(註 253), Vor § 145 3 a) ee) Rdnr. 13.
315) 前註, Rdnr. 1096; 權五乘, "西獨의 締約强制論", 契約法의 特殊問題, 37, 39.
316) Soergel(註 241), Vor § 145 Rdnr. 84, S. 781.
317) 郭潤直, 20; Medicus(註 241), § 11 Ⅱ. 2, S. 40; Fikentscher(註 256), § 21. V, S. 76; Staudinger-Dilcher, Vor Zu § 145ff. Rdnr. 25, S. 520; MünchKomm/Kramer(註 253), Vor § 145 3 a) bb) Rdnr. 10.
318) Staudinger-Dilcher(前註), Vorbem Zu § 145ff. Rdnr. 26, S. 521.

있다. 즉 經濟的·社會的 弱者의 保護가 急務가 되면서 Maine의 表現과는 거꾸로 다시 「契約으로부터 身分에로의」(from contract to status) 發展이 이루어지고 있다는 것이다.[319] 契約締結義務의 核心은 市場接近에의 自由(Freiheit der Marktzugang)에 있다 하겠다. 그래서 締約強制는 第三者가 集團的 혹은 個別的 獨占에 의하여 市場에의 接近이 봉쇄되는 때에 쉽게 생각할 수 있다. 契約相對方이 市場을 獨占하고 있는 경우에는 그 商品을 必要로 하는 자에 있어서는 상대방을 選擇할 餘地가 없게 된다.[320] 獨占事業으로 가스供給, 시립병원 등 의료事業뿐만 아니라 劇場·博物館·圖書館·스포츠施設·新聞 등 文化事業에 대하여도 認定될 여지가 있다.[321] 한편 社會立法의 發展에 따라 外國에서와 같이 보험체약의무가 間接的으로 強制된다.[322] 우리 나라에서는 강제책임보험으로 산업재해보상보험·자동차손해배상책임보험·신체손해배상특약부화재보험(화재로 인한 재해보상과 보험가입에 관한 법률)·원자력손해배상책임보험(원자력손해배상법) 등이 운영되고 있다.

그런데 이러한 締約強制가 있는데도 供給者가 이를 拒絶하는 境遇 그 效果에 대하여는 理論上 다툼이 있다. 日本裁判例는 가스공급에 대하여(長岡簡判 昭 42(1967). 5.17(判時 489, 71)) 그리고 水道供給에 대하여(東京地八王子支決 昭 50 (1975).12.8(判時 803, 18)) 승낙의무위반행위가 違法한 것으로 보면서 契約의 成立까지 承認하고 있다.[323] 우리 나라에서도 直接的 締約強制에 있어서는 當事者로부터 契約을 체결할 것인가의 與否를 決定할 수 있는 權限을 박탈하여, 일정한 境遇 當事者가 스스로 契約을 締結한 것과 같은 直接的인 締約의 法的 效果를 發生시킨다는 見解가 있다.[324] 그러나 우리 나라의 經濟體制는 自由經濟를 原則으로 하고 있으므로 締約拒絶이 있는데도 이를 무시하고 直接 契約關係를 成立시키는 것은 原則的으로 許容되지 않는다.[325] 결국 締約強制는 直接的 締約強制라 하더라도 행정벌, 民法上 不法行爲責任 등의 間接的인 方法만이 認定된다고 하겠다.

法律에서 締約強制는 直接的으로 規定한 바 없더라도 業務의 性質上 또는

319) MünchKomm/Kramer(註 253), Vor § 145 2 Rdnr. 4; 山下 丈, "契約の締結強制", 現代契約法大系, 第1卷, 237.

320) Soergel(註 241), Vor § 145 Rdnr. 78, S. 779.

321) Palandt(註 240), Einf. v § 145 3) b) bb); MünchKomm/Kramer(註 253), Vor § 145 3 a) ee) Rdnr. 13, S. 1097.

322) 木下毅(註 243), 70-1.

323) 林良平 編, 安永正昭, 注解判例民法 債權法 I, 375.

324) 金曾漢, 12.

325) MünchKomm/Kramer(註 253), Vor § 145 Rdnr. 12, S. 1095. 同旨 日本大審院 昭 15 (1940).8.30 判決. 山下 丈(註 319), 243.

地域의 關係上 市場支配的 獨占的 經濟力을 갖는 자가 正當한 理由 없이 獨占地位를 남용하여 契約締結을 拒否하는 경우 公序良俗에 反하여 違法한 結果不法行爲가 될 수 있다. 이 境遇 契約自由의 原則에 대한 例外를 認定하면서까지 契約을 成立시키지 않으면 正義의 理念에 反한다고 하는 事情이 있어야 한다. 自由競爭을 基盤으로 하는 經濟體制 아래서 締約強制는 어디까지나 例外的으로 그리고 嚴格한 要件 아래에서만 認定되어야 할 것이다(위 헌재 91. 6. 3, 89헌마204 決定).[326] 이러한 意味에서 締約強制가 認定되기 위하여는 前述한 바와 같이 直接的이든, 間接的이든 法規에 의한 根據가 필요하다. 즉 契約의 締約強制는 契約締結自由에 대한 法規上의 制限이라 할 수 있다.[327] 나아가 信義則에 기하여 合理的인 企業의 經濟的 利益을 考慮하여 締約을 거절할 만한 正當한 理由가 있으면 締約拒絶이 承認될 수 있다.[328] 締約拒絶의 違法性 判斷은 獨占的 地位의 남용 여부, 當事者間의 이익형량, 企業의 經濟的 合理性을 考慮하고 나아가서 信義誠實의 原則에 비추어 내려져야 할 것이다.[329]

締約強制의 경우에는 前述한 바와 같이 締結되어야 할 契約內容의 確定이 問題된다. 締約強制만으로는 契約內容의 自由로운 形成에 의하여, 그것을 無意味하게 만드는 것이 가능하기 때문에 공정하고도 平等 適切한 條件(angemessene Bedingungen)으로 給付를 提供하여야 하는 義務도 동시에 과하지 않으면 안 된다.[330] 즉 事業者가 締約強制로 마지 못해 契約을 체결하면서 恣意的인 契約條件을 부과하여 결국 그가 원치 않는 契約相對方과의 去來를 排除할 수 있는 것이다. 따라서 締約強制는 內容構成의 平等性에까지 擴張되어야 한다.[331] 그래서 法에서 事業者의 供給條件에 관하여 供給規定을 정하여 관할관청의 認可를 받도록 하고 있다(電氣事業法 § 15; 水道法 § 17; 鐵道法 § 6 ii).

(b) 公共的·公益的 職務擔當者의 締約義務　　또 다른 締約強制가 認定되는 경우로 公證人·執行官과 같이 公共的 職務(公證人的 § 4; 執行官法 § 11)와 醫師·藥師 등과 같이 公益的 職務(醫療法 § 16; 藥事法 § 22)에 從事하고 있는 경우를 들 수 있다. 이러한 체약強制도 法律에 명문의 規定이 있는 境遇에 限하지 않고 福祉國家理念에

326) 위 결정은 특수건물소유자의 특약부화재보험계약체결강제를 규정한 화재로 인한 재해보상과 보험가입에 관한 법률 제5조 제1항의 위헌 여부에 대한 것이다.
327) 山下 丈(註 319), 236.
328) 前註.
329) 金曾漢, 15.
330) MünchKomm/Kramer(註 253), Vor § 145 3 a) aa) Rdnr. 9, S. 1095.
331) 權五乘(註 315), 35; 山下 丈(註 319), 235.

비추어 社會秩序나 公共福利를 위하여 必要한 경우 認定될 수 있다.[332] 公共公益的 事業을 營爲하는 자에게 상대방이 契約關係에 들어오는 것을 拒否할 수 있는 自由를 認定하게 되면, 이는 公共公益的 事業의 目的에 反하게 된다. 公的 供給者의 締約義務는 社會的 法治國家의 具體化로서 합헌적 秩序로 파악된다.[333] 여기에서도 前述한 바와 같이 締約強制는 契約이 締結된 것과 같은 效果를 發生하지 못하고, 締約義務者가 契約締結을 拒絶하면 이는 憲法上 平等條項으로 禁止되고 있는 差別에 해당하고, 그래서 良俗違反이 될 수 있으며,[334] 違法한 行爲로서 不法行爲에 기한 손해배상 등 制裁를 받게 된다.

(c) 命令된 契約(diktierter Vertrag) 締約強制와 「命令된 契約」 역시 區分되어야 한다. 「命令된 契約」은 國家 또는 國家機關의 공권력에 기하여(auf Grund höheitlichen Aktes) 마치 契約이 締結된 것과 같은 效力(Vertragswirkung)을 가져올 때에 當事者 사이에 成立하는 契約을 말한다.[335] 成立構成要件은 當事者의 意思表示가 아니고 請約과 승낙을 대체하는 公法上의 形成作用(Gestaltungsakt)이다. 이것은 經濟政策的 目標設定을 위하여 이루어지며 이에는 特히 價格凍結, 物品配當 등이 속한다. 이러한 조치는 주로 臨時的인 非常狀態 또는 결핍狀態에 봉착하거나, 市場이 均衡을 喪失하였을 때에 取해진다. 이것은 주로 計劃經濟의 形成手段이기 때문에 오늘날 特別한 戰後條件 상황의 克服에서만 發見된다. 獨逸에서는 從前에 W BewG §16에 의한 強制賃借契約(Zwangsmietvertrag)이 가장 重要한 예이다.[336]

우리 나라의 經濟秩序는 市場經濟를 基本으로 하고 있기 때문에, 締約自由를 制限하는 經濟統制法을 별로 볼 수 없으나, 物價安定에 관한 法律(§6)·糧穀管理法(§§4, 15의2)·肥料管理法(§§5, 6, 9)·農業倉庫業法(§14) 등은 그러한 要素를 포함하고 있다.[337]

---

332) Staudinger-Dilcher, Vorbem Zu §145ff. Rdnr. 24, 28, S. 520f.; Soergel(註 241), Vor §145 Rdnr. 82, S. 780f.; 金曾漢, 12.

333) Larenz(註 241), §4 Ⅳ, S. 60; 黃迪仁, 現代民法論 Ⅳ, 13-5; 金相容, "契約自由의 原則과 그 制限", 私法硏究 1 契約法의 特殊問題, 18. 制限의 正當性은 憲法上 人間다운 生活을 할 權利의 保障에서 그 根據를 찾는다.

334) Larenz(註 241), §4 Ⅳ, S. 65; 金相容(前註), 19. 獨逸에서는 競爭制限禁止法 제26조 2항 差別禁止條項의 結果로 締約強制가 따른다. Fikentscher(註 256), §21 Ⅱ, S. 73.

335) 郭潤直, 21.

336) Staudinger-Dilcher, Vorbem Zu §145 Ⅱ. 2 Rdnr. 19; MünchKomm/Kramer(註 253), Vor §145 3 a) cc) Rdnr. 11; Larenz(註 241), §4 Ⅰ b), S. 50; Palandt(註 240), Einf. v. §145 3) b) ee).

337) 郭潤直, 21.

(나) 私法上의 締約强制　　위에서 본 바가 대체로 契約체결에 관한 公法的 規制라 한다면, 계약체결에 관하여 直接的으로 私法的 制限을 하는 수도 있다. 이는 주로 土地利用法에서 찾을 수 있는바, 地上權設定者가 地上物의 買受를 請求한 때(§285 Ⅱ)·傳貰權設定者가 附屬物의 買受를 請求한 때(§316)·賃借人과 轉借人이 附屬物의 買受를 請求한 때(§§646, 647)에는 相對方의 승낙이 있었던 것이 되어 地上物 또는 附屬物에 관한 賣買 유사의 法律關係가 成立한 것으로 다루어진다(大判 91. 4. 9, 91다3260).[338] 國土利用管理法에서도 不許可處分을 받은 土地所有者의 매수請求權이 認定되고 있다(§21의 15). 賃貸借契約시 묵시의 更新, 更新請求, 更新拒絶의 制限 등도 一種의 승낙자유의 制限으로 설명되고 있다.

한편 契約체결에 있어 一定한 資格을 갖는 것을 前提로 하여 資格具備의 有無에 대하여 證明을 必要로 하는 것이 있다. 예컨대 農地改革法에서는 農地는 所在地官署의 證明을 얻어 賣買할 수 있도록 하여 居住地의 農民이 아닌 자의 농지매수를 制限하고 있다. 또한 國土利用管理法에서는 一定土地의 利用을 規制하고 規制에 따른 利用目的使用者以外의 權利移轉을 制限하고 있다.

또 勞動法典의 諸規定에 의하여 企業主에 대하여 勞動契約의 체결에 있어 身體障害者 등 特定의 者의 優先고용을 義務化하거나 혹은 危險有害業務에의 미성년자나 女性勤勞者 등의 고용을 禁止하고 있다.

(2) 契約內容 決定自由의 制限

(가) 國家權力行使의 方法에 따른 契約內容決定自由의 制限──行政, 立法, 司法的 規制　　國家權力이 契約內容 決定自由를 制限하는 方法 내지 形式은 前述한 바와 같이 國家權力의 3權인 行政·立法·司法을 통한 것이라 하겠다.

먼저 行政權에 의하여는 行政指導와 企業의 정형적 約款에 대한 審査를 통하여 內容決定自由에 대한 事前的 制限이 이루어지고 있다. 行政指導에 의한 內容決定自由의 制限은 行政官廳이 권고, 요망 등에 의하여 商品의 價格決定·配給方法 등에 介入하는 것에 의하여 本來는 當事者가 自由롭게 定할 수 있는 商品의 價格이나 配給方法이 一定한 秩序維持를 위하여 統制에 服從하는 境遇에 發生한다. 또한 당해 業種의 標準 model契約書를 作成하여 業界에 그 使用을 권고하기도 한다.[339] 그리고 企業의 定型的 約款에 대한 審査에 기한

338) 前註, 21-2.
339) 安永正昭, "消費者保護からみた約款", 現代契約法大系, 第4卷, 90.

內容決定自由의 制限은 定型化된 附合契約에서 企業이 多數人을 相對로 大量的 去來를 함에 있어 企業에 有利한 條件을 붙이려는 것에 대하여 國家가 積極的으로 介入하여 各種 約款의 作成, 그 認·許可를 義務化하여 當事者의 合理的 意思와 妥當性의 確保를 도모하기 위한 것으로 電氣·가스供給契約, 運送契約, 임치契約, 保險契約 등에서 볼 수 있다.[340)]

그러나 이러한 行政權에 의한 契約內容決定의 自由에 대한 制限보다는 立法權과 司法權에 의한 契約內容決定自由의 規制가 훨씬 중요하다 하겠고, 통상 契約內容의 規制는 立法에 의한 強行規定의 制定과 法官의 內容統制를 말한다. 憲法上 社會國家條項(Sozialstaatsklausel)은 立法者와 法官에 대하여 契約自由의 남용을 저지할 義務를 지우고 있다. 契約에서 정형적으로 주어지는 正當性保障(Richtigkeitgewähr)은 한쪽 當事者가 經濟的이든 지적이든 優位를 점하는 경우 위협을 받는바, 여기서 立法者와 法官은 社會國家條項에 根據하여 이러한 위협을 저지하고, 契約平等이 방해받는 데에서도 契約正義를 지켜야 할 責務가 있다.

먼저 이러한 立法者의 責務는 前述한 바와 같이 強行規定의 制定으로 實現되는데, 私法의 모든 領域에서 實質的 平等과 實質的 正義의 實現을 위하여 強行規範(zwingend Recht)이 점차 늘어가고 有效한 約定의 活動領域(Spielraum wirksamer Vereinbarung)이 점점 좁아진다는 점은 주목할 만하다. 民法領域에서는 특히 賃貸借와 고용계약에 있어 弱者의 生存保障의 次元에서 契約內容에 대하여 立法的으로 介入하여 強行規定이 設定되어 있고, 그 외에도 個別 強行規範은 特別法에 廣範圍하게 산재해 있다.

그리고 契約의 最終的인 效力判斷은 法院에 맡겨져 있는바, 前述한 바와 같이 法院은 不合理한 契約內容을 實質的으로 修正하거나 그 效力을 否定한다. 특히 契約條項의 合理的 解釋을 通하여 一方 當事者가 생각한 不合理한 內容을 배척하기도 한다. 이러한 契約內容에 대한 사법적인 衡平統制(Billigkeitskontrolle)는 契約自由의 承認과는 兩立하지 않으나, 社會國家法秩序는 經濟的·社會的 優位를 利用하여 一方的으로 契約內容을 形成함으로써, 契約自由가 社會的 權力行使의 道具가 되는 현상을 容納하지 않는다.

한편 오늘날에는 約款統制에 있어 消費者保護思想이 立法者와 法院의 重要한 目標가 되고 있다. 여기서 立法者와 法官은 社會的 正義를 保障하기 위

340) 大坪稔, 契約法論(一), 30-3.

하여 合理的 契約內容의 決定에 관한 基準과 節次를 보다 發展시키지 않으면 안 된다.[341)]

(나) 公序良俗違反 등 強行法規에 의한 制限

(a) 公序良俗　公序良俗이 契約內容을 形成 決定함에 있어 가장 基本的이고도 重要한 指針임은 大法院이 여러 곳에서 천명하고 있는 바이다. 즉 大判 92.11.24, 91다29026(公 936, 212)은 法人의 定款 規定은 特別한 事情이 없는 한 그것이 善良한 風俗 其他 社會秩序에 違反되는 등 社會觀念上 顯著히 妥當性을 잃은 것이거나 決定節次가 顯著히 正義에 어긋난 것으로 認定되는 경우 등을 除外하고는 이를 有效한 것으로 是認하여야 한다고 하였다. 大判 91.8.9, 91다1158(公 905, 2314)은 商 §679는 同條에 違反한 法律行爲를 公序良俗에 反한 法律行爲로서 無效로 보아야 할 것으로 解釋되지 아니하므로 當事者간의 契約에 의하여 그 適用을 排除할 수 있다고 하였다. 日本大審院도 契約은 公序良俗에 반하지 않는 한 當事者가 自由롭게 그 內容을 定할 수 있다고 하였다(大正 6(1917). 11.15).[342)] 이와 같이 債權契約에서 民法이 規定하는 바와 다르게 債權關係를 形成할 수 있는 自由는 우선 公序良俗에서 그 限界를 發見할 수 있다. 즉 善良한 風俗이나 社會秩序에 違反하는 法律行爲를 無效로 하는 民 §§103, 104의 強行規定은 契約自由內容決定에 대한 一般的 制限이라 할 수 있다. 契約의 目的이 개개의 強行法規에 直接 違反하지는 않더라도 善良한 風俗 其他 社會秩序에 違反한 때에는 社會的으로 妥當性을 缺如하여 無效이다. 社會國家秩序에서 弱者保護를 위하여 公序良俗을 適用하기 위하여는 契約當事者가 契約正義의 基本的 要請과 明白하게 배치되는 契約內容을 確定하기 위하여 經濟的·知的 優位를 남용하여야 하는바,[343)] 「善良한 風俗」, 「社會秩序」와 같은 一般條項 내지 不確定法律概念은 前述한 바와 같이 規範설정기술상 백지의 價値充足 必要的 構成要件徵表를 끌어들인 것으로 이것에 의하여 當時의 헌법상황 내지 價値判斷에 맞추려는 것이다. 그래서 善良한 風俗 내지 社會秩序는 그 시대상황에 따라 개개 사건에서 法官에 의하여 具體化되어지므로 法官은 무엇이 그 時代의 客觀的인 道德이고 正義인지를 健全한 社會觀念과 常識하에서 끊임없이 探求하지 않으면 안 된다. 法官이 자칫 自身의 主觀的 價値判斷에 의하여 이 一般條項을 運用할 경우 법적 안정성을 해하여, 사법에 의한 진정

341) Palandt(註 240), Einf. v. §145 3) a).
342) 判例體系, 債權法 I(總則·契約).
343) Palandt(註 240), Einf. v. §145 3) c) dd.

한 正義實現의 걸림돌이 될 憂慮가 있다. 이와 같이 良俗法은 契約自由의 가장 重要한 統制規範(Kontrollnorm)이라 할 수 있는바,[344] 社會를 健全하게 維持發展시키는 것이 法의 根本理念인 만큼 法의 理念에 부합하는 限度 내에서 契約의 實現에 법이 조력하는 것이고, 契約이 國民의 正義로운 道德觀念에 어긋나는 경우까지 法秩序가 이에 조력할 수는 없다 하겠다.[345]

(b) 信 義 則 그리고 債務者는 거래관행을 고려하여, 信義에 좇아 誠實하게 債務를 履行하여야 한다는 民 §2의 信義則條項도 契約自由의 誤用을 저지하기 위한 方案이다. 約款 §6에서는 信義則에 반하는 不公正約款을 無效로 하는 一般原則을 명문화하고 있다. 이와 같이 契約自由는 契約메커니즘을 통하여 通常 주어지는 正當性 保障이 缺如되는 경우 信義則의 尺度에 의하여 制限되는 것인데,[346] 이러한 信義則에 기한 一般的인 內容統制는 當事者에 의하여 選擇된 契約構造에 너무 強하게 浸透하여, 특히 契約內容의 形成에 있어서의 當事者의 自己決定 특히 自己責任을 輕視하게 된다는 批判도 있다.[347] 社會正義가 必要로 하는 한 信義則과 같은 一般條項의 消極的인 도피가 아니라 그 積極的인 構成, 活用으로 契約關係에 形成的으로 關與함으로써 現代 契約法이 不斷하게 進化되어야 할 것이다.[348] 이러한 公序良俗, 信義則과 같은 소위 否定的 clearing-Test는 私的 自治를 限界지우는 基準 역할을 하고 契約이 이에 違反하면 法院은 그 法的 承認과 實現을 拒否한다.[349]

(c) 個別的 強行規定 直接 私法上의 法律關係를 規律하는 法律規定 중 善良한 風俗 其他 社會秩序에 關係 있는 規定은 當事者의 意思에 의하여서 그 規定의 適用을 排除할 수 없는, 즉 強行性을 지닌 強行規定이다. 이러한 強行法規範圍 외에서는 契約當事者가 自由롭게 法律關係를 形成할 수 있다는 積極的 保障이 私的 自治의 핵심이다.[350] 嚴格한 內容統制에 대한 尺度로서 기능하는 強行規範은 前述한 바와 같이 이미 民法規定 외에서도 市民法

344) Esser/Schmidt(註 260), §8 Ⅱ, S. 86f.; Fikentscher(註 256), §21 Ⅲ. 2, S. 71; Andreasvon Tuhr/Hans Peter, "Allgemeiner Teil der Schweizerischen Obligationsrecht", 1 Bd §31, S. 251ff., 255ff.

345) 郭潤直, 宋德洙(註 295), 115.

346) Coester-Waltjen(註 299), S. 33.

347) Soergel(註 241), (1986) Vor §305 Rdnr. 13, S. 994f.

348) 林健默, "法律의 動向과 民法指導原理의 變遷", 淸州大學論文集 9, 303.

349) Zentaro Kitagawa, "Standard als Weg zur 「besseren Privatautonomie」", Festschrift für Karl Larenz(1983), S. 329.

350) 前註.

的 부속법률에 산재해 있고 특히 최근 制定된 約款規制法의 機能이 자못 期待된다 하겠다.

近代에 있어서는 時代的 상황에 따라 契約自由를 制限하는 公序良俗의 範圍가 좁았었다. 즉 近代에는 大部分의 規定이 任意規定으로 解釋規定 내지 補充規定의 役割을 수행하고 經濟的 去來에서 例外的으로 暴利行爲만을 規制하였을 뿐이나, 現代에 들어오면서 契約의 實體가 變貌되어, 電氣·가스·수도 등 供給契約의 料金, 鐵道 등 運送契約의 運賃, 住居用 住宅 방실 賃借契約의 借賃, 勤勞契約에서의 勤勞時間, 勞賃 등 勤勞條件, 土地去來에서의 去來價格 등에 대하여는 國家가 介入하여 그 契約內容을 決定함에 있어 統制를 加하게 되었고 특히 大規模 企業의 登場에 따라 經濟的 優位가 確固한 企業家의 一方的 決定에 대항하여 勞動組合이 탄생되고, 또 大企業의 獨占에 따른 生産物資, 서비스의 一方的 內容決定에 대하여는 消費者保護의 次元에서 獨占과 一般去來約款의 規制가 이루어지면서 이른바 社會法 혹은 經濟法의 법체계가 따로 形成될 만큼 強行法規가 크게 늘어났다.

그런데 이러한 強行規定과 當事者가 그 適用을 排除할 수 있는 任意規定과의 區別의 標準 내지 基準에 관하여는 一般的 原則은 없다 하겠고, 具體的으로 각 規定의 취지와 種類·性質·立法目的을 고려하여 判斷決定하는 수밖에 없다.[351] 契約自由의 原則은 當事者 사이에만 妥當한 것이고, 第三者의 利害를 좌우할 수 없기 때문에, 第三者에 관한 法律關係를 規律하는 法規는 대체로 強行法規이다. 즉 契約當事者는 契約內容을 마음대로 定하고 새로운 契約類型을 발전시킬 수 있으나, 이러한 典型自由는 債權法에서 가장 廣範圍하게 實現될 뿐, 物權法이나 親族相續法에서는 그러하지 아니하다(Typenzwang).[352] 物權의 種類와 內容은 法律에 의하여 強行的으로 정하여지기 때문에(物權法定主義) 物權法上 合意의 內容은 法秩序에 의하여 確定된다.[353] 親族法上의 法律行爲에 대하여도 그리고 民事訴訟에 있어서도 契約自由의 原則이 適用되지 않는다. 다음으로 契約自由原則은 自由로운 意思決定과 充分한 判斷能力을 前提로 하고 있어 이것이 缺如되면 拘束力이 發生되지 않는다. 따라서 意思能力이나 行爲能力, 詐欺, 強迫에 관한 法規가 強行規定이며, 流質契約의 금지를 정한 民

351) 郭潤直, 民法總則, 新訂版, 360.
352) 黃迪仁(註 333), 17; MünchKomm/Kramer(註 253), Rdnr. 18, S. 1098; Fikentscher (註 256), § 21. VI, S. 78; Soergel(註 241), Vor § 305 Rdnr. 6, S. 998.
353) 郭潤直, 宋德洙(註 295), 106-7.

§339와 같이 一般的으로 自由로운 意思決定을 저해하는 상황에 대처하는 法規도 強行法規이다. 自由로운 自己決定을 할 수 없는 상황이나 地位에 있음에 착안하여 賃貸借, 고용에서는 強行規定을 두어 賃借人, 勤勞者의 自由로운 意思를 確認하기 위한 조치를 하고 있다. 經濟的·社會的 弱者를 保護하기 위한 民事特別法의 制定根據도 바로 이러한 觀點에서 설명될 수 있다.[354] 여기서 住宅賃貸借에 관한 住宅賃貸借保護法, 勤勞關係에 관한 勤勞基準法 등 勞動法, 經濟的 궁박에 처한 借主를 保護하는 利子制限法, 假登記擔保 등에 관한 法律이 制定되고, 內容自由의 擴大된 制限은 約款規制에 관한 法律의 制定을 가져왔으며 一般去來約款에 있어서는 다시 割賦去來에 관한 法律, 訪問販賣 등에 관한 法律, 카드信用法 등에서 그리고 保險約款에 대하여는 保險法에서, 海上運送人의 運送約款에 대하여는 해상법에서 각각 強行的 規制가 이루어지고 있다.

한편 이러한 法律規定의 任意性·強行性과는 별도로 私法上 法律關係에 대하여 行政主體에 의한 行政法規上 制限 또는 規制가 있는바, 여기서는 私人의 去來行爲에 대하여 單純히 行爲를 禁하거나 혹은 認可·許可 등을 요하는 것으로 規定하거나, 그 違反行爲에 대한 罰則을 規定함에 그쳐 그 行政法規의 違反行爲가 과연 어떠한 法的 效果를 가지는가가 문제되며 이에 따라 效力法規와 團束法規가 나누어진다.[355] 前者는 違反行爲에 대하여 사법상의 效力이 否定되는 것이고, 後者는 違反行爲에 대하여 罰則의 適用, 손해배상의 問題만 있을 뿐 行爲 자체의 사법상 效果에는 影響이 없다. 效力規定은 公序良俗의 秩序에 관한 것으로서 바로 強行法規라 할 수 있다.[356] 그런데 사법상의 效果에 관하여 따로 規定을 두고 있다면 모르되 그렇지 않은 경우 效力規定과 團束規定을 區別하는 것은 쉬운 것이 아니다. 一般的으로 禁止規定(Verbotsgesetze) 違反의 效果를 判斷함에 있어서는 禁止規範의 法文語句의 表現方法(Diktion)이 決定的인 것은 아니고, 오히려 그 法의 意味와 目的(Sinn und Zweck)이 決定的인 것이다.[357] 禁止가 雙方에 대하여 향하여져 있으면 그 契約은 禁止規範의 目的에 따라 通常 無效이다(BGH 37, 365; 78, 271). 雙方當事者의 行動에 대하여 罰則의 危險이 있는 경우에는 특히 그러하다(BGH 37, 376; 53, 157). 그러나 例外的으로 單純한 團

354) 石田喜久夫, "契約の拘束力", 現代契約法 大系, 제 1 권, 97-8.
355) 前註, 99.
356) 磯村保, "取締規定に違反する 私法上の契約の效力", 民商 제93권, 臨時增刊號(1), 16-8.
357) BGH 71 361; 78, 265; Palandt(註 240), Einf. v. § 134 2) a).

束規定(Ordnungsvorschriften)의 違反은 그것이 雙方을 향하여 있더라도 法律行爲의 效力을 좌우하지는 않는다(BGH 53, 157). 이러한 意味에서의 團束規定은 대체로 契約의 內容이 아닌, 그 實行의 外形的 상황, 方法을 非難하는 營業警察(gewerbepolizeiliche)과 建築警察(baupolizeiliche) 禁止에 있다 하겠다(BGH 75, 386). 契約이 一方當事者에 대하여만 禁止되어 있으면, 禁止違反의 行爲는 通常 有效하다(BGH 46, 20; 78, 265, 271). 그러나 여기서도 禁止의 目的으로부터 契約의 無效가 導出될 수도 있다.[358] 결국 實質的인 要素를 綜合的으로 살펴보아야 하는바 여기에는 具體的으로 그 法律行爲를 有效·無效로 함으로써 생기는 社會經濟的 影響, 違反行爲에 대한 倫理的 非難 程度, 強行性 程度, 去來安全, 當事者 사이의 信義 등을 고려하면서 개개法規의 立法취지가 무엇인가에 따라서 결정할 수밖에 없다.[359]

(다) 規制된 契約　　統制經濟體制下에서는, 一定한 境遇에 締約을 強制할 뿐만 아니라, 경우에 따라서는 契約을 特定의 內容에 따라 締結할 것을 要求하여 契約의 內容을 法律로 規制하는 일이 많다.[360] 이와 같이 當事者가 契約을 맺으려면 반드시 그 法規가 定하는 內容의 契約을 맺어야만 할 때에 成立하는 契約이 이른바「規制된 契約」(normierter Vertrag)이다.[361] 예컨대 어떤 物件에 관하여 法令으로 公定價格을 定하고 있다면, 締結의 自由와 相對方選擇의 自由는 있어도 賣買契約의 主要內容인 價格에 관하여는 반드시 그 公定價格으로 締結하여야 한다. 이러한「規制된 契約」이 契約內容決定의 自由에 대한 重大한 制限이고, 이는 대체로 物價의 安定과 國民經濟의 正常的 發展이라는 公共福祉의 次元에서 規律되고 있어, 物價安定 및 公正去來에 關한 法律 §2; 糧穀管理法 §§13, 15의 2, 17; 石油事業法 §§15, 13 등에서 이를 찾아볼 수 있다. 團體協約과 같은 規範契約(Normenvertrag)은 여기서 말하는「規制된 契約」은 아니다.

(라) 公法上 契約　　公法上 契約에서는 內容形成自由가 行政의 法律適合性原則(Prinzip der Gesetzmäßigkeit der Verwaltung)을 통하여 強하게 制限된다. 私法上 契約과 公法上 契約의 區分은 前述한 바와 같이(I. 5. (8)) 規制되는 對象, 目的이 公法 혹은 私法에 속하는지 與否에 달려 있는데, 이는 內容形成

358) Palandt(前註), Einf. v. §134 2) b) c) d).
359) 磯村保(註 356), 10; 郭潤直(註 351), 362; 郭潤直, 朴英植, 民法注解(II), 261.
360) Esser/Schmidt(註 260), §8 I, S. 90; 郭潤直, 23; 黃迪仁(註 333), 18.
361) Fikentscher(註 256), §21. VI. d), S. 79; 郭潤直, 23.

自由의 範圍決定에 있어 重要하다.[362]

(3) **契約方式自由**(Formfreiheit)**의 制限**

契約을 어떠한 方式으로 締結하느냐는 原則的으로 自由이다. 원래 方式의 自由는 經濟의 自己法則의 관철에 대하여 障害가 될 것을 除去하는 것에 주요한 意味가 있다. 채권법상 契約은 달리 정함이 없는 한 아무런 形式을 必要로 하지 않는다. 그러나 經濟의 自律活動이 스스로 필요하여 요구하는 方式을 排除하지는 않는다. 즉 去來關係에 있어서 必要로 하는 株券, 어음과 같은 方式은 바로 經濟의 自律活動이 스스로 要求하는 바라 하겠다. 社會關係 複雜化의 一般的 傾向에 수반하여 商事去來에 있어서는 一般民事契約과 달리 폭넓게 契約書의 作成이 관행으로 이루어지고 있다.[363] 한편 例外的으로 法律의 規定에 의하여 一定한 方式이 요구되는 수가 있고 거기에는 두 가지 根據가 있는바, 하나는 立證擔保이고 다른 하나는 意思表示者로 하여금 愼重을 기하게 하자는 데 있다.[364] 獨逸民法은 不動產賣買契約(§ 313)·贈與契約(§ 518) 등을 公正證書로 作成하여야 한다고 規定하고 있고,[365] 佛蘭西民法도 契約의 目的物이 一定額 이상의 價値 있는 境遇에는 證書의 作成을 要求하고 있으나(§ 1341), 우리 現行民法에서는 贈與에 관한 § 555의 特別規定이 하나 있을 뿐이다. 그 밖에 特別法에 의하여 方式이 要求되는 境遇가 있다. 脫法行爲를 통한 不動產投機가 盛行하자, 不動產登記特別措置法(90. 8. 1. 法律 제4244호)이 制定되어 契約을 登記原因으로 하여 所有權移轉登記를 申請한 때에는 契約의 일자 및 種類를 不問하고 檢印을 받은 契約書의 原本을 登記原因證書로 提出하도록 하였다(§ 3). 그 밖에 特別法에 의하여 書面에 의한 契約締結이 要求되는 境遇는 建設業法上의 建設都給契約과 豫算會計法上 政府가 체결하는 契約을 들 수 있다.[366]

(4) **終了自由의 制限**(Endingungsfreiheit)

체결자유의 對稱은 終了自由이다. 계약체결자는 破棄契約(Aufhebungsvertrag)에 의하여 契約關係를 終了시킬 수 있다. 繼續的 債權關係에 있어서는 解止를 통한 一方的 破棄도 있다. 勤勞者와 賃借人을 위하여 特別한 解止保護規定이 있다.

362) Soergel(註 241), Vor § 305 Rdnr. 4. f, S. 992.
363) 山口俊夫(註 246), 17.
364) 郭潤直, 23-4.
365) Medicus(註 241), § 10. 5, S. 35; 大坪稔(註 340), 45-6.
366) 郭潤直, 24.

(5) 個別的 考察

㈎ 一般去來約款

(a) 約款規制의 必要性　　契約自由의 原則은 契約當事者의 交涉力의 相異, 契約의 大量化에 수반되어 修正을 보게 되었는바, 그 중 가장 顯著한 것이 一般去來約款에 대한 것이다. 約款은 현대경제현상의 法的 構成에 있어 매우 重大한 意味를 가진다. 大量去來에 있어서 매 去來契約마다 內容에 대하여 협의를 하고 合意에 이르는 節次를 밟는 것은 신속과 效率을 追求하는 去來의 實體에 合致하지 않는다. 그래서 現代 經濟界의 要請에 따라 대량의 契約締結을 合理的으로 간이하게 수행할 수 있도록 이러한 去來에 있어서는 사업자가 용의주도하게 미리 부동문자로 書式化한, 정형적인 標準契約約款을 提示하고 不特定多數의 一般市民이 그 內容을 승낙하여 契約을 체결하게 되는데, 여기서는 事實上 個別交涉 自體가 困難하여 契約內容의 自由로운 決定은 根本的으로 制限을 받게 되며, 顧客에게 있어서는 그러한 內容의 契約에 따르지 않을 自由만이 남게 된다. 企業主는 一方的 事前作成可能性을 악용하여 自己의 法的 地位를 向上시키는 데에만 注力함으로써, 社會的 弱者는 契約內容을 一括 承認하여, 契約할 것인가 아닌가(take it or leave it), 즉 Yes or No의 답변만 할 수 있게 하였다. 이로써 契約內容決定의 自由를 實質的으로 否定하는 結果를 招來하였다. 특히 상대방이 獨占的 事業者의 경우는 물론 同一業種에서 同一內容의 約款을 使用하는 境遇에는 消費者가 그 給付를 必要로 하는 한 消費者에게는 全面的인 契約自由의 박탈을 가져온다.[367] 이러한 一般去來約款은 점점 증가추세에 있고, 특히 企業家의 責任減免을 目的으로 하는 免責約款이 많아 經營이 合理化되고 料金이 저렴해져서 大衆의 利益이 되는 面도 있으나, 이의 남용에 따른 폐해 역시 심각해져, 이러한 免責約款의 不當한 擴張에 대하여 그 免責約款의 效力을 一定한 範圍 내에서 制限할 必要性이 절감되었다.[368]

(b) 約款의 一方性과 不公正性　　前述한 바와 같이 契約自由는 一般去來約款의 分野에서는 하나의 fiction으로 되었다.[369] 즉 古典的·自由的 思考에 의하면 개개인의 에고이즘의 調整만이 적절한 秩序로 이끈다는 것인바, 一般去來約款에서는 一方契約當事者가 다른 當事者의 思想에 影響을 미치

367) 安永正昭(註 339), 84.
368) 金曾漢, 16; 三和一博/平正一雄 編, 債權各論要說, 8.
369) Bauer(註 241), S. 27f.

지 않고 自己 생각을 實現할 수 있기 때문에 그러한 調整에 대한 基本前提가 缺如되어 있다 하겠다. 여기서 一般去來約款의 一方性(Einseitigkeit)과 不公正性(Ungerechtigkeit) 사이의 關係가 전면에 登場한다.[370)]

먼저 一方性의 問題에 있어서 獨逸帝國大法院(RGZ 11, 100 (103-106, 110))은 最初 一方性을 法的 考慮의 出發點으로 삼지 않고 一般去來約款도 契約自由와 合致한다는 fiktion을 固執했다. 그 후 設定者가 獨占的 地位를 가지는 때에는 一方的 設定의 一般去來約款이 法的으로 문제시되었다. 그러나 聯邦法院(BGHZ 51, 55; 33, 216, 218)은 위 帝國法院判例를 따르지 않고, 一般去來約款의 判例에 있어서 企業의 獨占에 관한 문제는 더 이상 前提條件으로 認定되지 않고, 設定의 一方性 때문만으로도 法的 監督調節의 緊急性이 받아들여졌다.[371)] 設定의 一方性은 知的·經濟的 힘과 結合되어 企業이 自己에게는 有利하게, 상대방에게는 특히 不利한 條項을 約款에 정하여 經濟的 優位의 維持 強化를 도모하므로, 이러한 條項은 자연히 不合理·不公正으로 連結된다는 것이다.[372)]

當事者 對等취급의 基礎하에서 自由롭게 交涉 체결된 契約만이 法秩序에 依하여 承認될 수 있는바,[373)] 一方當事者가 相對方에 대한 關係에 있어서의 特殊한 地位로 인하여 制限된 範圍로 自己決定力을 行使할 수 있었기 때문에 경우에 따라 그의 自己決定에 問題가 있을 때에는 契約의 성립 여부와 그 內容이 審査되지 않으면 안 된다.[374)]

(c) 約款에 대한 行政的 規制　　먼저 保險約款·運送約款·供給約款 등에 대하여는 行政廳의 約款認可를 통한 行政的 規制가 있다(保險業法 §5 Ⅲ; 電氣事業法 §15; 道路運送法·自動車運輸事業法 §9, §50의 6; 自動車停留場法 §11; 航空法 §85; 海上運送事業法 §9; 港灣運送事業法 §12; 창고업법 §7). 이러한 行政官廳에 의한 約款의 事前審査는 具體的인 約款을 대상으로 하기 때문에 一般豫防的 機能을 갖는 동시에 約款의 多樣性과 變更性에 대응 가능하다는 이점이 있다.[375)] 이렇게 認可된 約款은 일응 合理的인 內容을 가지는 것으로 짐작되나, 이러한 約款의 認可는 사업자에 대한 行政官廳의 行政規制에 불과하고, 사업자와 顧客간의 사법상의 法律關係에 直接 影響을 미치는 것은 아니다. 主務官廳의 認

370) Roscher(註 242), S. 17f.
371) 前註, S. 29.
372) 前註, S. 18f.
373) Schmidt-Salzer(註 269); 前註, S. 20.
374) Larenz(註 270), S. 79.
375) 石原全, "普通取引約款の內容統制", 法學敎室, 1990. 2. No. 113, 47.

可 없는 約款도 사법상으로 強行法規에 반하지 않는 한 그 效力이 있다.[376] 이러한 規制는 當該 約款이 約款으로서 去來에 使用되기 이전의 段階에서 행하여진다. 그외 行政的 規制로 行政指導에 의한 標準契約約款의 提示 등을 들 수 있다.[377]

(d) 約款에 대한 立法的 統制　그러나 위와 같은 約款에 대한 行政的 規制만으로는 그 實效를 보기가 어려워, 被害者의 救濟를 充分하게 實現하도록 하는 立法的 配慮가 있는바, 그 중 가장 重要한 것이 約款의 規制에 관한 一般法에 該當하는 約款規制에 關한 法律의 制定이다. 여기서는 契約自由의 限界로서의 公序良俗이라고 하는 通常의 個別的 契約에서의 效力判斷 基準보다도 한층 엄한 無效基準을 設定하고 있다.[378] 즉 이 法 §6 I 은 信義誠實의 原則에 反하여 公正을 잃은 約款條項은 無效라고 規定하고, II 은 顧客에게 不當하게 不利한 條項, 顧客이 契約의 去來形態 등 諸般事情에 비추어 예상하기 어려운 條項 및 契約의 目的을 達成할 수 없을 程度로 契約에 따르는 本質的 權利를 侵害하는 條項은 公正을 잃은 것으로 推定한다고 規定하고 있으며, 또 §7 ii·iii는 免責條項에 관하여 상당한 理由 없이 事業者와 손해배상범위를 制限하거나 사업자가 負擔하여야 할 危險을 顧客에게 移轉시키는 條項, 상당한 理由 없이 사업자의 擔保責任을 排除 또는 制限하거나 그 擔保責任에 따르는 顧客의 權利行使의 要件을 加重하는 條項은 無效로 한다고 規定하고 있다. 이 特別法은 私的 自治, 契約自由라고 하는 民法의 基本理念에 되돌아가 當事者 사이의 適切한 利益調整이라고 하는 契約 本來의 機能을 回復시켜 주기 위한 것으로 法 §§1, 2에서 그 目的이 一方當事者가 미리 마련한 約款의 不公正性을 規制하여 健全한 去來秩序를 確立하기 위한 것임을 明白히 하였다. 이 法律은 一般的인 制限에 該當하고, 個別契約類型에 따라 후술하는 바와 같이 또 다른 個別的 規制(割賦訪問販賣法·保險法 등)가 행하여진다.

(e) 約款에 대한 사법적 統制　이 統制手段은 위 두 가지 規制手段과 比較하여 個別的 偶發的인 동시에 紛爭發生後의 事後的 規制이다.[379] 이 規制는 消費者에 의한 소제기에 기하여 비로소 發動되고, 예컨대 消費者가 勝訴하더라도 당해 約款의 使用이 장차 禁止되는 것이 아니고 당해 個別事件에

376) 孫珠瓚, "普通去來約款의 現實的 問題", 법과 약관, 64; 前註.
377) 安永正昭(註 339), 89.
378) 前註, 97.
379) 石原全(註 375), 48.

대하여 당해 當事者간에는 기판력이 미치는 것으로 그 規制機能에는 限界가 있으나,[380] 法院判例에 의하여 無效가 된 契約條項은 裁判에 이르지 아니한 關係者에 대하여도 契約內容決定에 있어서 事實上 크게 影響을 미치는 점에서 法院의 約款審査 기능은 그 意味가 자못 크다고 하겠다.[381]

約款에 대한 統制에는 編入統制·解釋統制·不相當性統制가 있는바,[382] 먼저 約款이 個別契約에 편입되었느냐 與否의 觀點에서 不公正한 約款에 대한 統制를 시작한다. 論理的 體系的 根據에서 이러한 編入統制는 후술하는 內容統制에 優先한다.[383]

(i) 個別契約에의 編入問題── 이른바 編入統制 契約체결면에서의 統制로는 먼저 約款을 基礎로 한 契約에 있어서 約款의 附合契約性 내지 約款에 대한 顧客의 內容부지의 점으로부터 全體 約款의 契約에의 編入이 問題된다. 즉 約款內容에 대하여 企業側만이 認識을 갖고 상대방은 認識하지 않거나 附合狀態에 있는 것에 對應하여 約款自體의 契約에의 編入이 否定되는가 어떤가 하는 問題가 提起된다. 企業은 免責條項을 巧妙하게 設定하고, 아울러 約款內容의 明示·說明義務의 履行을 소홀히 하여 그 不徹底에 대한 不利益을 顧客에게 전가하려고 하나, 이는 意思의 合致라고 하는 契約의 基本理論을 무시한 것이다. 그래서 自己決定에 基礎하지 않는 契約條件에는 拘束力이 發生하지 않는다. 위 法 §3에서는 約款의 使用者가 그 約款의 內容에 대한 明示 또는 重要한 內容에 대한 說明義務를 履行하지 아니하고 契約을 체결한 境遇에는 그 義務가 免除되지 아니한 이상(§3 I 但書·II 但書), 그 約款은 契約의 內容으로 될 수 없다고 하였다(§3 III).

判例는 이러한 一般去來約款은 法規가 아니라 契約의 問題이며, 그 拘束力의 根據는 約款을 契約의 內容으로 편입하기로 하는 契約當事者 사이의 合意 즉 法律行爲에 있다고 한다(大判 85.11.26, 84다카2543[384]; 大判 86.10.14, 84다카122; 大判 89.3.28, 88다카4645; 大判 89.11.14, 88다카29177; 大判 90.4.27, 89다카24070; 大判 92.7.28, 91다5624). 그런데 保險約款에 대하여는 保險契約의 團體的 構造에서 비록 保險契約者가 約款을 保險契約의 構成要素로 할 것에 同意하지 아니하였다 하더라도 일단 保險契約이 成立한 이상 그 保險約款의 拘束力을 認定하는 것이

380) 安永正昭(註 339), 91.

381) Palandt(註 240).

382) 장경환, "約款規制法 一般條項에 관한 硏究", 서울大博士學位論文(1990), 27.

383) Ulmer, Peter/Brandner, Hans Erich/Hensen, Horst Diether, "AGB-Gesetz", § 9. A. V. 1. a. Rdnr. 25, S. 292.

384) 이 判決에 대한 평석으로 梁承圭, "普通保險約款의 拘束力", 民判硏 IX, 203-18.

필요하다는 見解가 있으나[385] 約款規制의 重要한 規制對象인 普通保險約款이 特別히 달리 취급되어야 할 根據는 없다고 생각된다.[386] 다만 改正保險法은 普通保險約款의 拘束力에 대하여 따로 特別規定을 新設하고 있다. 즉 商 §638의 3은 保險者가 保險約款의 交付와 重要內容에 대한 告知義務를 違反한 때 保險契約者는 契約成立日로부터 1개월 내에 한해서 取消할 수 있다고 되어 있어, 顧客의 立場에서는 約款規制法보다 훨씬 不利한 立場에 있다고 보여진다.

한편 위와 같은 約款편입의 合意는 約款全體를 一括하여 그 對象으로 하고 約款의 個別條項을 對象으로 하는 것이 아니므로, 일단 約款편입의 合意가 있은 이상 契約當事者가 具體的으로 約款의 個別條項의 內容을 알지 못하는 경우에도 拘束力이 發生하는 것이 原則이다(大判 91.9.10, 91다20432; 大判 89.11.14, 88다카29177; 大判 90.4.24, 89다카24070). 그래서 大判 89.11.14, 88다카29177은 一般的으로 保險契約者가 普通保險約款을 契約內容에 포함시킨 保險契約書를 스스로 작성한 이상 保險契約書가 위 約款內容을 자세히 살펴보지 아니하거나 保險業者의 說明을 듣지 아니하여 알지 못한다는 理由로 約款의 拘束力에서 벗어날 수 없다고 하였다.

한편 個別合意와 約款이 모순되는 경우에는 約款條項의 效力이 否定되는 것이 個別合意 優先의 原則으로 추상적 規定인 約款에 대하여 契約自由의 발현인 具體的 規定, 즉 個別合意의 優先이라 할 수 있다. 위 法 §4는 명문으로 「約款에서 定하고 있는 事項에 관하여 事業者와 顧客이 約款의 內容과 다르게 合意한 事項이 있을 때에는 당해 合意事項은 約款에 優先한다」고 規定하고 있다. 個別合意의 優先은 배치되는 約款規定이 有效하다는 것을 前提로 한다. 그 限度內에서 內容統制가 觀念上 法 §4의 適用에 優先한다.[387] 實務에서는 종종 銀行의 包括根抵當權設定約款이나 普通保險約款과 關聯하여 約款을 例文이라 하여 個別約定을 우선시키는 解釋原則이 처분문서의 證明力과의 關係에서 問題된다. 大判 90.7.10, 89다카12152(公 879, 1684)는 根抵當權設定契約書는 處分文書이므로 特別한 事情이 없는 한 그 契約문언대로 解釋하여야 함이 原則이긴 하나(同旨 大判 91.7.12, 91다8418(公 903-2152)), 당해 貸出金債務와 旣存實務의 각 成立 경위 및 각 債

385) 梁承圭, "保險約款과 約款規制法上의 問題", 現代商事法의 諸問題(이윤영先生停年紀念), 471; 前註, 213.

386) 孫智烈, "保險外販員의 잘못된 說明과 個別約定의 成立", 民判硏 XII, 243, 248-9. 普通保險約款은 一般去來約款의 典型的 例(Paradebeispiel)이라 한다. Brandner, Hans Erich, "Schranken der InhaltsKontrolle," Festschrift für Fritz Hauß. zum 70 Geburtstag, S. 1.

387) Ulmer/Brandner/Hensen(註 383), Rdnr. 27, S. 293.

務額과 그 根抵當權의 債權最高額과의 關係 등 기타 여러 事情에 비추어 契約書의 被擔保債務에 관한 包括的 記載는 不動文字로 印刷된 一般去來約款의 例文에 불과한 것으로 보아 그 拘束力을 排除하는 것이 妥當하다고 하였다(同旨 大判 92. 11. 27, 92다40785; 大判 91. 7. 23, 91다12776; 大判 84. 6. 12, 83다카2159; 大判 90. 6. 26, 89다카26915; 大判 91. 9. 10, 91다20432). 이에 반하여 大判 90. 11. 27, 90다카10077은 銀行이 內部的 經營指針으로서 擔保比率을 維持하고 있었다거나 問題가 된 貸出金債務가 發生한 去來의 태양이 다르다고 하는 事情만으로는 當事者 사이에 根抵當權設定契約書上의 被擔保債務의 範圍에 관한 記載 중 「現在 또는 將來에 負擔하는 모든 債務」라는 문언의 拘束力을 排除하고 그 被擔保債務를 特定 일자의 支給保證約定에 기하여 發生하는 債務로 限定하기로 하는 個別約定이 있었다고 단정할 수는 없다고 하였다(同旨 大判 82. 12. 14, 82다카413[388]; 大判 91. 4. 23, 90다19657).

그 다음 特定條項의 拘束力의 問題되는 경우로 이른바 奇襲條項(意外條項)(überraschende Klausel)을 들 수 있다.[389] 獨逸에서는 企業의 一方的인 利益이 남용되어 있는 결과 그러한 種類의 通常去來界에서의 利益衡量時 正當性에 어긋나는 異常內容의 不當한 奇襲條項(überraschende Klauseln)에 對하여는 當事者의 服從意思(Unterwerfungswille)가 없는 것으로 推定된다.[390] 위 法 §6 Ⅱ는 「顧客이 契約의 去來形態 등 諸般事情에 비추어 豫想하기 어려운 條項」을 不公正條項으로 推定하고 있어 約款의 有無效에 關係하는 直接的 內容統制의 形式을 취하고 있으나, 이는 여기서 말하는 編入統制의 問題로서 오히려 法 §3에서 배치되어야 할 것이다. 다만 동시에 內容的 불상당성으로 無效로 處理될 수도 있다.[391]

이러한 契約條項은 당해 條項이 契約중에 들어가는가 아닌가의 問題에 關한 것으로 이미 契約중에 들어 있는 約款條項의 內容을 確定하기 위한 解釋問題나, 內容이 確定된 條項에 대한 法院의 介入 즉 內容統制의 問題가 아니다.[392]

한편 保險去來 등에서 約款이 變更된 경우 新·舊約款 중 어느 約款을 適用할 것인지가 문제로 된다. 繼續的 去來關係에 있어서 一般的으로 要請되는 信義誠實의 原則上 保險業者나 銀行은 加入者에게 約款이 變更되었음을 명시적으로 告知한다거나 적어도 變更된 約款內容이 具體的으로 明確히 記載된 보

388) 이 判決의 평석으로 孫智烈, "包括根抵當約款의 解釋", 民判研 Ⅵ, 70-90.
389) 石原全(註 375), 48.
390) Roscher(註 242), S. 31f.
391) Ulmer/Brandner/Hensen(註 383), Rdnr. 26, S. 292.
392) 장경환(註 382), 207.

험청약서를 提供하여 그와 같은 內容의 請約書를 交付받는 등 改正約款을 契約의 內容으로 한다는 묵시적 또는 明示的 合意가 이루어졌다고 認定되는 경우에 한하여 비로소 變更된 約款內容에 따른 契約이 체결된 것으로 보아야 할 것이다.

(ii) 約款內容統制

㈀ 序　　法院에 의한 內容간섭의 形態로서 大判 91. 12. 24, 90다카23899(全員合議體, 公 914, 652)은 當事者의 意思가 明確히 表示되지 아니한 경우에 法院이 補充的인 解釋基準에 의하여 그 內容을 解釋하는 法律行爲에 대한 間接的인 內容統制(숨은 內容統制)와, 當事者의 意思가 明確히 表示된 경우에 그 明示的 內容이 社會秩序 其他 強行法規나 信義則에 違反됨을 理由로 그 效力의 全部 또는 一部를 否認하는 直接的인 內容統制(公開된 內容統制)로 區分하였다.

㈁ 숨은 內容統制·間接統制――解釋統制　　約款에 대한 內容統制는 約款이 個別契約에 편입된 후 約款內容을 確定하기 위한 解釋作業에서 비로소 시작된다.[393] 解釋面에서의 統制로서 가장 많이 使用되는 것이 바로 制限的 解釋과 불명료의 原則이다.

먼저 制限的 解釋原則(Restriktionprinzip)은 주로 事業者의 利益을 위한 免責約款을 嚴格하고 制限的으로 解釋하여, 約款規定을 그것이 規定하고 있는 適用範圍를 넘어서 擴大適用하는 것에 反對하는 解釋을 마한다. 이는 客觀的으로 一義的으로 明確한 條項內容을 顧客의 不利益으로 類推·擴張解釋을 許容하지 않는다는 消極的 機能에 그치지 않고 顧客의 지위를 不利益하게 變更하는 條項은 가능한 한 限定的으로 解釋한다고 하는 積極的 意味를 지니고 있다. 더 나아가서 후술하는 바와 같이 約款으로 任意規定보다 不利한 位置에 있는 顧客의 位置를 任意法까지 올리도록 할 수 있도록 解釋할 수 있다.[394] 그런데 이에 대하여는 顧客의 平均的 合理的 이해로부터 一義的으로 생각되는 條項도 免責條項이라 하여 顧客의 利益을 保護하기 위하여 보다 嚴格하게 解釋하여 客觀的 解釋에 의하여 얻을 수 있는 것과는 別途의 效果를 끌어낸다면 그것은 解釋이 아니고 解釋이라는 이름을 빌린 約款條項의 實質的 修正이라고 하면서, 法律이 制定된 오늘날에는 法律에 根據하지 않는 內容統制는 더 이상 정당화될 수 없다는 觀點이 있다.[395] 이러한 制限解釋原則은 直接的 內容統制와

393) 이호정, "普通契約約款의 內容統制", 저스티스, 11-1, 4.
394) Schlosser, Peter, "AGB-Gesetz", § 5. Rdnr. 15, S. 102.
395) 前註, Rdnr. 8, S. 99; 河上正二, "約款規制の法理," 264, 285.

매우 接近한 任置에 있는바, 특히 任意法으로부터의 約款의 일탈을 위와 같이 嚴格하게 취급하는 解釋實務와 후술하는 바와 같이 이를 信規則에 기하여 直接的으로 內容統制를 加하는 것과의 사이에 그 區分이 애매하여 實質的 內容修正이 과연 解釋으로 가능한지, 그렇지 않으면 解釋의 남용위험 때문에 直接的 規制가 보다 適合한 것인지 애매하다.[396] 그러나 約款內容을 確定하기 위한 解釋作業이 節次的으로 內容統制에 優先하는 것과 制限的 解釋原則이 直接的 內容統制 외에 追加的으로 內容統制의 手段으로 連結될 수 있는가 하는 문제는 區分되어야 하고 이러한 解釋조치도 內容統制의 要素를 포함함은 否認할 수 없다 하겠다.[397] 다만 約款規制法에서 正式으로 直接內容統制의 無效條項을 명문화한 이상 間接的 內容統制는 되도록 直接的 內容統制에 讓步하여야 할 것으로 생각된다.[398]

自動車綜合保險約款의 責任保險條項인 「無免許運轉免責約款」에 대한 위 1991년도 全員合議體判決이나 人保險에 있어서의 無免許運轉免責約款에 관한 大判 90. 5. 25, 89다카17591(公 876, 1364)는 制限的 解釋原則에 서 있다 하겠다. 그 중 위 전원합의체판결에서는 수정해석이라는 표현을 사용하고 있다. 일반거래약관은 특히 기업이 일방적으로 작성한 것이기 때문에 법관에 의한 수정이 승인된다. 이러한 법관에 의한 계약내용의 수정이 이른바 수정적 해석이라 한다. 수정해석의 원칙은 어떤 조항이 좁게는 법이 허용하는 의미로, 넓게는 무효의 의미로 두 가지로 해석할 수 있다면 좁게 해석하여 그 조항을 유효하도록 살리는 것이다. 당해 조항을 문언대로 적용하면 부당한 결과가 발생하는 경우 제한적 해석을 가하여 되도록이면 그 합리성·적법성을 유지시키자는 것이다. 제한적 축소해석은 수정해석을 포함하는 개념이라 할 수 있다. 제한해석은 유·무효가 문제되는 조항에서뿐만 아니라, 때로는 효력과는 상관없이 단지 그 적용범위 내지 대상만을 한정하는 경우에도 적용된다. 만일 無免許運轉의 경우 因果關係를 要件으로 하지 않았음을 理由로 正面으로 이를 無效로 宣言하였다면 이는 間接的 內容統制가 아닌 直接的 內容統制가 될 것이다.[399] 또한 共濟

396) 河上正二(前註), 288-89.
397) Ulmer/Brandner/Hensen(註 383), Rdnr. 28, S. 293f.
398) 장경환(註 382), 28.
399) 梁承圭, "상해보험의 無免許運轉免責約款의 效力", 法新, 1946호(90. 6. 15), 15. 그러나 이 判例에 대하여는 無免許運轉이라는 犯罪行爲를 선행행위로 한 結果를 保險으로 保護한다는 것이 保險制度의 目的과 부합되지 아니하므로 보험자가 無免許運轉의 사실만 立證하면 免責이 되어야 한다는 立場이 있다.

組合員 내지 保險契約者의 故意로 인한 損害에 대한 免責條項에 있어서의 故意의 解釋에 있어서도 大判 91. 3. 8, 90다16771(公 895, 1157)은 共濟約款上의 故意에 未必的 故意가 포함된다고 보나, 이와 달리 嚴格制限的 解釋原則의 立場에서 確定的 故意에 한할 뿐 未必的 故意까지 包含되는 것이 아니라는 日本下級審判例(東京地判 昭 60(1985). 10. 25(시보 1168, 14))도 있다. 한편 大判 83. 3. 22, 82다카1533은 선하증권의 免責約款은 특단의 事情이 없는 한 故意 또는 重大한 過失로 인한 不法行爲責任에는 適用되지 않는다고 보아야 하여 免責條項의 適用範圍를 限定하였다.

여기서 故意 또는 重過失免責條項을 無效로 하는 위 법 §7 i 와 關聯하여 개괄적인 故意·過失免責約款이 있다면 그 全部를 無效로 하는 것인가 혹은 故意·重過失·免責規律 부분만 無效로 하고, 그 나머지 部分인, 상당성이 維持되는 輕過失 部分은 有效로 할 것인가가 問題로 될 것이나, 法文에 따라 한 單位로서의 約款規定 全部를 無效로 보는 것이 보다 明確하다 하겠다. 그리고 日本最判 昭 62(1987). 2. 10(民集 41-1, 159)은 事故發生後 60일 이내 事故通知가 없는 경우의 保險會社의 損害不塡補條項에 대하여 일견 明確한 基準을 定한 위 條項의 適用을 實質的으로 制限하여「保險契約에 있어서의 信義誠實의 原則上 許容될 수 없는 目的으로 事故通知를 하지 않는 境遇」및 그 이외의 경우로「事故通知를 받지 않는 것에 의하여 損害를 입은 때에 있어서 이것에 의하여 取得한 損害賠償請求權의 限度에 있어서」만 保險金支給義務를 免한다고 해하였는바, 이러한 形態로의 介入修正은 解釋의 이름으로 當事者의 權利義務를 日商 §658 및 債務不履行의 一般原則에 의하여 認定된 法的 地位로 끌어올리는 方向으로 作用하였다고 한다.[400]

다음 不明瞭條項解釋原則(Unklarheitenregel)은 疑心스러울 때에는 作成者에게 不利하게(in dubio contra proferentem) 解釋하는 것이다. 위 法 §5 Ⅱ은 約款의 作成에 있어 事業者가 아닌 顧客이 影響力을 갖고 있지 않는 것과 企業側이 約款作成時 明確하고 一義的인 表現에 노력하여야 한다고 하는 豫防的 效果를 考慮하여 이를 명문화하였다(佛民 §1162; 獨逸 約款規制法 §5).[401] 따라서 契約條項의 명료성에 똑같이 責任을 져야 하는 一般契約에서는 解釋原則이 될 수 없다. 日本下級審判例(札幌高決 昭 45(1970). 4. 20)는 生命保險契約上의 관할 規定은 疑心이 있는 경우에는 一般契約者의 利益으로 이른바 부가적 합의관할로 해한다. 위 決定에 대

400) 河上正二(註 395), 276.
401) 林泓根, 商行爲法.

하여는 법정관할의 하나가 특히 指定되어 있으면 이는 전속적 관할의 合意로 보는 것이 一般的인 것으로 과연 平均的 顧客의 이해를 基準으로 客觀的 解釋을 試圖한 境遇에 여기에 不明確이 存在하는가 하는 疑問이 表示되고 있다.[402] 이 原則은 둘 또는 그 이상의 解釋이 可能할 것을 要하고, 그 각각이 契約문언과 一致하게 合理的이고 다른 結果를 가져올 때에만 肯定된다. 즉 그 條項의 解釋이 客觀的으로 多義的(mehrdeutig)이고 다른 解釋原則으로 그 애매함을 除去할 수 없는 경우에 最終的으로 補助的으로 適用된다 하겠다.[403]

위와 같은 解釋原則은 顧客保護의 觀點에서 解釋에 의한 約款內容의 是正이라 할 수 있는바, 法官은 그 契約이 協同體의 要求에 의하여 內容的으로 限界를 지우는 範圍를 일탈하고 契約自由를 남용하는 경우에는 國家的 保護를 받을 價値가 없는 것으로서 그러한 契約의 內容을 改訂한다는 것이다. 約款의 修正的 解釋은 不公正約款의 是正問題로서 그 修正基準에는 強行法規範뿐만 아니라, 任意的 法規範·條理·判例 등도 指標가 된다.[404]

(ㄷ) 公開된 內容統制·直接統制 앞서 말한 解釋을 통한 숨은 內容統制만으로 여러 가지 形態의 不當約款條項을 對處하기에 不足할 때 公開的으로 內容統制를 하게 된다. 진정한 意味의 內容統制는 바로 內容이 解釋으로 確定된 條項에 대한 이러한 法院의 介入을 말한다. 約款規制法에는 無效가 되는 約款條項을 명문화하여 열거하고 있다(제2장). 즉 約款規制法은 i) 一般原則(§6), ii) 免責條項의 禁止(§7), iii) 損害賠償額의 豫定(§8), iv) 契約의 解除·解止(§9), v) 債務의 履行(§10), vi) 顧客의 權益保護(§11), vii) 意思表示의 擬制(§12), viii) 代理人의 責任加重(§13), ix) 訴提起의 禁止 등(§14) 등으로 類型化하여 約款條項이 無效로 되는 境遇를 具體的으로 規定하고 있다. 여기서는 當事者 雙方의 利益이 公正하게 均衡을 이루고 있는지 與否에 따라 約款의 有·無效를 判斷하여야 한다. 그 중 公開된 內容統制의 根本취지가 가장 드러나 있는 §6는 債權法의 基本原則인 信義誠實原則을 具體化한 것으로 法制定 이전 直接的 內容統制의 根據가 되었던 것이며, 約款規制法의 核心部分이라 할 수 있다. 제8조와 관련하여 大判 94.5.10, 93다30082는 「한국토지개발공사가 공급하는 분양용지의 당첨자가 계약을 체결하지 않은 경우 분양용지의 공급가액의 10%에

402) 河上正二(註 395), 276-77, 291.
403) 河上正二(註 375), 262-64; 石原全(註 375), 49, 51; 原島重義, "約款と契約の自由", 現代契約法大系 第1卷, 39.
404) 河上正二, "約款(附合契約)論", 民法講座 5, 契約, 31-2.

상당하는 분양신청금을 한국토지개발공사에 귀속시키는 약관조항이 고객인 당첨자에 대하여 부당하게 과중한 손해배상의무를 부담시키는 것으로서 무효」라고 하였고, 제14조와 관련하여 大判 94. 12. 9, 93다43873은 「고객에 대하여 일방적으로 합리적인 근거 없이 그 거래로 인한 분쟁과 관련하여 소제기를 금지시키는 취지의 약관조항은 고객에게 부당하게 불리하여 공정을 잃은 것으로 추정되고 이러한 약관의 작성은 신의성실의 원칙에 반하여 무효」라고 보았다.

① 公序良俗, 信義則에 기한 內容統制　一般去來約款에 대하여는 約款規制法이 制定되기 전에도 通常의 契約과 마찬가지로 判例에 의하여 公序良俗 내지 信義則에 기한 內容統制가 이루어졌음은 물론이다. 즉 大決 77. 11. 9, 77마284(集 25-3, 277)은 大韓住宅公社의 아파트分讓契約書 중 「本契約에 관한 訴訟은 住宅公社가 指定하는 法院을 管轄法院으로 한다」는 管轄에 관한 合意는 被訴者의 權利를 不當하게 侵害하고 公平原則에 어긋나는 結果가 되어 無效」라고 하였다.

앞서 말한 바와 같이 법 §6 I은 信義誠實의 原則에 반하여 公正을 잃은 約款條項은 無效라고 規定하여 信義則이 約款의 檢討基準이 됨을 명문화하여, 事業者가 去來慣行上 顧客의 利益도 충분히 고려하여야 한다는 信義則의 要請에 어긋나 顧客에게 不當하게 損害를 줄 境遇에 그 約款條項을 無效로 하고 있다.[405] 獨逸一般거래약법(AGB-Gesetz)에서도 約款의 內容形成的自由는 제9조 一般條項에 依한 信義誠實의 要請에 그 限界를 發見한다. 文獻에서는 個別約定에 대하여도 미리 定型化되어 있는 한 信義則에 關한 民法 §242의 基準에 따른 內容統制를 확장하려는 傾向이 있다.[406]

大判 91. 12. 24, 90다카23899(公 914, 652)은 保險約款과 關聯하여 約款의 內容統制原理로 作用하는 信義誠實의 原則은 保險契約을 체결하게 되는 契約成立의 過程에 비추어, 約款作成者는 契約相對方의 正當한 利益과 合理的인 期待에 반하지 않고 衡平에 맞게끔 約款條項을 作成하여야 한다는 行爲原則을 가리키는 것이며, 一般去來約款의 作成이 아무리 私的 自治의 領域에 屬하는 것이라고 하여도 위와 같은 行爲原則에 反하는 約款條項은 法院에 의한 內容統制의 對象이 된다고 하였다. 日本下級審判例(大阪地判 昭 42(1967). 6. 12; 東京高判 平 1(1989). 5. 9)는 國內航空運送約款에 있어서의 乘客의 死傷事故에 의한 運送人의 손해배상책임액을 100만엔

405) Ulmer/Brandner/Hensen(註 383), §9. B. Ⅳ. 1. Rdnr. 66, S. 310.
406) Soergel(註 241), (1986) Vor §305 Rdnr. 13, S. 994.

을 限定하는 條項에 대하여 結果的으로 企業者가 經濟的 優位에 있는 것을 利用하여 事實上 이에 對抗하는 手段을 갖고 있지 않는 乘客에 대하여 不當한 不利益을 과하는 것을 承認한 것이 되고, 實質的 平等, 衡平의 觀念에 반하는 것이므로 이러한 低額條項의 適用을 強制하는 것은 公序良俗에 반하여 許容되지 않는다고 하였다.[407)]

더 나아가 위 법은 §6 Ⅱ에서는「公正을 잃은 約款條項」으로서 推定되는 경우를 規定하고 있다. 즉 i) 顧客에 대하여 不當하게 不利한 條項, ii) 顧客이 契約의 去來形態 등 諸般事情에 비추어 豫想하기 어려운 條項, iii) 契約의 目的을 達成할 수 없을 程度로 契約에 따르는 本質的 權利를 制限하는 條項이 그것이다.

② 信義則에 기한 行使統制 內容統制의 方法에서 有效한 約款으로 통과한 것이라 하더라도, 그 約款의 實現이 信義則에 반하여 권리남용에 해당하는 경우에는 約款에 기한 權利行使는 利益형량 내지 衡平의 觀點에서 許容될 수 없다 할 것이다. 法院은 一般的 統制方法으로서의 內容統制와 個別的 統制方法으로서의 行使統制를 區別하여 內容統制에 이어 事業者의 權利行使가 民§2 Ⅱ의 권리남용이 되는가를 審査하는 行使統制를 행하여야 한다.[408)]

企業은 위와 같이 信義則上 約款設定에 있어 장래 상대방의 利益을 타당하게 고려할 義務를 負擔하는바, 이것이 행하여졌는가 하는 하나의 基準으로서는 任意法을 내세울 수 있다.[409)] 約款에 대하여는 強行法規範에 의하여 直接的으로 內容統制가 이루어지고 있음은 두말할 나위가 없고 아울러 이러한 任意法도 約款의 不相當性이 의한 無效判定의 基準이 되고 있어, 최근 이러한 任意法의 再評價가 注目받고 있다.[410)]

③ 任意法規 排除條項에 대한 內容統制 約款條項의 公正性을 問題삼기 위한 基準으로서 任意法規의 根本취지로부터의 離脫與否를 들 수 있는바, 約款設定時點에 信義則에 의하여 通常 發生하는 契約當事者의 利益을 고려하여야 要請으로부터 一方的으로, 客觀的으로 正當하다고 認定되지 않는 優越로 상대방에게 감내하기 어려운 不公正이 있는 경우에는 信義則에

407) 石原全(註 375), 49.
408) MünchKomm/Kramer(註 253), vor §242 Rdnr 279, 296, 443ff.; Ulmer/Brandner/Hensen(註 383), §9. A. V. 6. Rdnr. 42, S. 300.
409) 石原全(註 375), 50.
410) 前註, 49.

의하여 有效性이 否定되며, 그 判斷基準은 約款에 의한 任意法(dispositive Recht) 修正에 있어 正當事由가 있는가 與否에 구하는 것이다.[411] 원래 契約에 의하여 自由롭게 排除할 수 있는 것이 任意法規이나, 當事者의 自由로운 동의 없이는 任意法規로부터 離脫할 수 없다는 것이 이 原則이다.[412] 이 原則은 오늘날 任意法機能의 새로운 評價에 의한 規制로서 任意法은 約款에 부합하는 자에 대하여도 原則的으로 期待되는 事物의 本性으로부터 發生하는 兩者의 妥當한 利益調整이라는 正當性을 그 內容으로 포함하고 있다는 데에서 出發한다.[413] 이와 같이 契約自由에 대한 社會的 機能이라는 시각 아래 契約自由를 調整하려는 試圖의 過程에서 任意法의 機能도 새롭게 탄생되었는바, 이에 따르면 任意法은 通常 排除할 수 있는(abdingbar) 것이 아니고, 오히려 相對的인 形成效果와 規範的 構成力(normative Bestandskraft)를 가지는 것이다.[414] 즉 계약체결자 사이의 經濟的인 힘의 均衡 혹은 不均衡에 따라 同等한 힘을 가진 當事者 사이에는 廢棄可能한 規範이라도 힘이 強한 자에 대하여는 최소한도 지켜야 할 規範으로 된다는 것이다. 위 법 §6 Ⅱ iii에서는「契約의 目的을 達成할 수 없을 程度로 契約에 따르는 本質的 權利를 制限하는 條項을 不公正條項으로 推定하고 있는바, 바로 이 條項이 이러한 解釋論의 法的 根據가 될 수 있다」하겠다.[415] 契約目的을 達成할 수 없게 된다는 것은 계약상대방의 權利나 約款使用者의 義務의 空洞化로 인하여 契約目的의 達成이 수포로 돌아가게 될 것을 말한다.[416] 保險法은 從來 보험편 중 제1장 통칙규정만을 特約으로 保險契約者 등의 不利益으로 變更하지 못하도록 하였으나, 改正商法에서는 不利益變更禁止의 範圍를 保險編의 모든 規定에 미치도록 하여 保險約款이 商法에 의한 保護를 벗어날 수 없도록 하여 從來 任意規定이 大幅 強行規定化하였다.

獨逸에서도 約款規制法 制定 이전에 계약상대방의 適切한 保護를 도모하기 위하여 任意法規를 排除하는 條項을 無效라 하여 內容統制(Inhaltskontrolle)를 행하는 判例가 確立되어 있다가 이것이 約款 §9 Ⅱ i로 連結되었으며,[417]

---

411) 河上正二(註 404), 43.
412) 原島重義(註 403), 46.
413) 石原全(註 375), 50.
414) Ulmer/Brandner/Hensen(註 383), §9. A. V. 6. Rdnr. 42, S. 300.
415) 장경환(註 382), 206.
416) 前註, 114, 116.
417) MünchKomm/Kramer(註 253), Vor §145 3 c) bb) Rdnr. 19f.; Ulmer/Brandner/Hensen(註 383), §9. A. V. 6. a. Rdnr. 42, S. 300.

같은 항 ii에 의하여 契約上 本質的 主要義務의 공동화(Aushöhlung)를 가져오는 約款條項의 禁止 역시 判例(BGHZ 50, 200, 206; 72, 206, 208; BGH NJW 73, 1878; 78, 1314 등)에서 여러 차례 確認된 바 있다.[418] 즉 任意法規라는 型의 本質的인 根本취지로부터의 離脫은 通常 約款使用者의 契約相對方의 不當한 不利益으로 推定되며, 이것은 그 約款規定의 無效를 가져온다.

日本에서도 이른바 「意思主義의 復權」이라 하여 「意思」를 매우 중시하여 自由로운 意思의 存在를 말할 수 없는 境遇에 있어서의 任意規定을 排除하는 不公正한 內容의 契約條項에는 當事者가 拘束되지 않고, 이 境遇 不合理한 內容의 當事者의 特約條項은 排除되고 補充解釋에 의하여 特約條項에 의하여 排除된 任意規定으로 契約內容이 修正된다는 이른바 「任意規定의 強行法規化」論이 대두되고 있다.[419] 日本下級審判例는 상대방의 派生的·부수적 義務의 不履行을 포착하여 一擧에 契約의 실효를 가져와 보험회사의 전보책임은 全面的으로 免하는 約款이 「심히 不均衡」한 것으로 判斷하였다.[420] 즉 이러한 실권의 效果를 是認하는 것은 심히 衡平의 觀念에 反한다는 것이다. 이와 같이 日本에서는 約款의 內容的 限界의 根據도 私的 自治의 限界에 있는 것으로, 私的 自治의 違法한 일탈의 有無를 決定하는 基準은 결국 私法 體系에 있어서의 任意法規의 일탈의 有無에 있다 하여 任意法規가 갖는 秩序機能이라는 積極的 側面이 強調되게 되었다.[421]

그러나 約款使用者도 經濟的 社會的 정황의 새로운 變化에 對應하여 任意法規로부터 離脫할 必要性이 있다. 이 境遇에는 이러한 必要性과 利益을 立證하고 상대방에게 不當한 不利益을 부여하지 않는다는 것을 立證하지 않으면 안 된다.[422] 이러한 內容統制는 特別한 境遇에 한하여 例外的으로 행해지는 것이고 이는 契約상대방이 個別的 具體的으로 主張·立證하지 않으면 안 되나[423] 이미 任意法規의 適用을 排除하는 約款條項에 대하여는 不當性이 推定되어 事業者가 特別한 立證事由를 提示하여야 한다.

㈃ 內容統制에 대한 批判 獨逸에서는 이러한 法官에 의한

418) Ulmer/Brandner/Hensen(註 383), § 9. B. V. 3. a. Rdnr. 102, S. 327.
419) 湯淺道男, "混合契約および非典型契約にあたつては, どういう点に留意すべきか", 現代契約と現代債權の展望(契約の一般的課題 5), 25-6.
420) 東京地判 昭 47(1972). 6. 30, 判時 678-26.
421) 河上正二(註 404), 20.
422) 原島重義(註 403), 46; 石原全(註 375), 50.
423) 原島重義(前註), 42.

內容統制에 대하여는 批判的 見解가 있고 그 代表的인 것이 Wolf의 見解이다. 이에 따르면 契約의 체결이나 內容形成이 全的으로 個別的存在로서의 契約체결 當事者에 關係하는 것이 아니고, 全體로서의 法疾序(Rechtsordnung als Ganzes)에 關係하고 그의 承認에 의존하게 되면 契約체결자의 契約의 存在와 內容에 관한 決定이 除去되고 이 모든 것이 法院을 통하여 행사되는 國家權力下에 놓여진다는 것이다. 法院의 判決에 있어서는 契約의 存在와 그 內容이 問題가 되지 않고 사안에 따라(Der sache nach) 契約은 否定되고 공권적 處分으로 대체되며 그것은 法的·法治國家的 事由 없이 內容統制 혹은 衡平統制(Billigkeitskontrolle)로 불리어지면서 그 名目上 要求는 契約이 內容的으로 正當하여야(gerecht)하고, 契約正義(Vertragsgerechtigkeit)가 契約체결자 사이에 保障된다는 것에 根據를 두고 있으나, 客觀的인 法의 徵表는 主張되거나 생각할 수 없으므로, 결국 法認識(Rechtserkenntnis)은 法官의 자의(richterliche Willkür), 國家權力을 通한 法·憲法違反的 사법국가(Justizstaat) 혹은 法官國家(Richterstaat)를 통한 法治國家로 대체된다는 것이다. 이렇게 되면 결국 契約自由와 契約은 포기된다는 것이다.[424] 그래서 法官은 契約의 強制力에 拘束되어, 原則的으로 契約을 當事者가 合意하는 바에 따라 適用하여야 할 義務를 지고, 約定條項이 衡平에 反하는 것을 理由로 適用을 拒否하거나 혹은 條項에 變更을 加할 수는 없으며 契約이 公序에 反하는 경우에는 이를 無效로 할 수 있으나 公序違反을 理由로 變更할 수는 없다고 한다.

(ㅁ) 結　論　約款의 內容的 合理性을 判斷하기 위하여는 去來全體를 總體的으로 조망하여 問題의 約款이 당해 去來에 있어서 갖는 意味를 正確히 파악함이 필요하다. 아울러 積極的으로 公正한 約款內容을 탐구하여 이를 基準으로 提示하는 것도 重要한 問題이다. 不當하다고 생각되는 約款의 拘束力이 發生하지 않는 것은 바로 自己決定의 흠결에 있는 것인바 이는 契約自由의 制限·例外라기보다는 바로 진정한 契約自由의 意味 그 자체인 것이다.[425] 契約自由가 社會的 必要에 기하여 認定되기 때문에 社會的 必要에 반하여 그 認定하는 바 目的에 반하는 契約條項은 契約自由의 남용으로서 禁止된다는 것이다. 契約自由의 내재적 限界가 바로 約款規制의 根據가 된다. 이 남용을 判斷하는 基準이 強行法規뿐만 아니라 任意法規이다. 任意法規에는 契

424) Wolf(註 308), S. 373ff.
425) 河上正二(註 404), 70, 72.

約法 秩序의 背後에서 補充的 效力밖에 부여되지 않으나, 그것은 任意의 秩序라는 것은 아니고 對立當事者 利益뿐만 아니라 共同體 利益이 適正하게 調整된 全體法共同體에 의한 法理念의 客觀化라는 特別한 意味에서의 法인 것이다.[426)]

㈏ 違約金의 約定　公正性과 信義則에 기한 契約內容의 修正은 위와 같은 一般去來約款에서뿐만 아니라 손해배상의 豫定에서도 나타난다. 大判 91. 3. 27, 90다14478(公 896, 1265)은 民 § 398 Ⅱ이 規定하고 있는 손해배상예정액의 감액도 契約自由의 原則에 대한 制限의 한 가지 形態에 다름 아니라고 하였다. 이 法理의 취지는 沿革的으로 영미법상 非良心的 去來의 禁止, 즉 經濟的 優位를 틈타서 행하여지는 債務者에 대한 壓迫·착취의 防止에 있다.[427)] 損害賠償額의 豫定에 관한 民 § 398 Ⅱ은 法院에 대하여 社會的으로 심히 不合理한 境遇 契約內容을 是正할 수 있는 權限을 賦與하고 있고, 金錢消費貸借에 수반된 高利의 約款遲延損害金(연체 利子)에 대하여는 따로 利子制限法에서 배상액의 상한을 規律하고 있으며, 建築工事도급契約에서는 通常 날수의 지체에 따라 損害의 增加가 當然히 豫想되므로, 이런 경우에는 日數單位로 一定한 比率을 合意한 段階的 손해배상예정인 지체상금이 約定되어 있으나, 時間的으로 최대한도가 정하여져 있지 않는 無制限的인 위약금합의는 一定한 限度로 制限함이 상당하다. 한편 約款 § 8와 關聯하여 過度한 遲延損害金 約定은 위 條文에 기하여 감수할 수 있는 程度의 額數로 減縮될 수는 없고 이는 전부 無效이나, 民 § 393에 의하여 顧客은 原則的으로 通常의 損害를 배상하여야 한다. 이 規定은 손해배상액의 豫定에 관한 것이므로 위약벌에는 適用되지 않는다(大判 68. 6. 4, 68다491). 위약벌은 公序良俗 등의 理由로 無效가 되기도 하고(大判 93. 3. 23, 92다46905(公 944, 1273)), 따로 勞使關係에 있어서는 勤基 § 24에서 위약약정을 금지한다. 구체적으로 손해배상액의 豫定인지 위약벌인지 그 區分이 어려운 때가 있다. 원래 沿革的으로 위약금은 通常損害와 特別損害의 區分에 따른 被害者의 損害發生의 豫見可能性의 立證困難을 防止하여 미리 將來에 發生할 可能性이 있는 現實의 損害全部를 約定한 것이므로 約定金이 實際 損害額을 훨씬 상회하는 境遇에는 現實의 損害에 맞추어 상당한 金額으로 調整하는 것이 본조의 취지라고 생각되어진다. 따라서 實務上 가능한 한 불상당하게 顯著하게 均衡을 잃은 過大한 위약

426) 河上正二(註 395), 307.
427) 早川武夫, “損害賠償額の豫定”, 現代契約法 大系 第9卷, 110.

금을 위약벌로 보아 이를 公序良俗違反의 次元에서 無效로 하고 實際損害를 立證시키기보다는 손해배상의 豫定으로 보아 상당한 金額을 調整함이 나을 것 같다.

여기서 民 § 398 Ⅱ에 의하여 法院이 豫定額을 감액할 수 있는「부당히 過多한 境遇」라 함은 損害가 없다든가 損害額이 豫定額보다 적다는 것만으로는 부족하고, 契約者의 經濟的 地位, 契約의 目的, 손해배상액 豫定의 경우 및 거래관행 기타 諸般事情을 고려하여 一般社會觀念에 비추어 그와 같은 豫定額의 支給이 經濟的 弱者의 地位에 있는 債務者에게 부당한 壓迫을 가하여 公正性을 잃은 結果를 招來한다고 認定되는 경우를 뜻하는 것으로 보아야 할 것이다(大判 88. 1. 12, 87다카2291; 大判 88. 4. 12, 87다카685; 大判 88. 12. 6, 87다카2739, 2740; 大判 87. 5. 12, 86다카2070; 大判 89. 12. 12, 89다카10811; 大判 91. 3. 27, 90다14478). 損害賠償의 豫定額은 가정상의 損害이고, 現實로 發生한 損害는 아니나, 法院은 계약체결시 알려지거나 알 수 있었던 諸般事情을 考慮하여 계약체결시에 合理的으로 推算한 將來 損害와 現實的으로 發生한 損害 사이에 合理的 均衡을 維持할 수 있도록 努力하여야 할 것이다.[428] 그렇게 하려면 우선 이 豫定額이 契約上 諸般要素를 考慮한 豫定損害에 대한 진정한 合理的인 事前 概算인지 아니면 契約의 履行을 確保할 目的으로 契約不履行시 豫見되는 損害와 無關한 額數인지를 살펴보아야 한다. 法官은 事物의 本性에 따라 당해 種類의 契約에 대한 雙方의 權利와 義務를 어떻게 分配하는 것이 正當한지를 檢討하여야 할 것이다.

大判 90. 11. 27, 90다카27068(公 888, 221)은 손해배상의 豫定額이 不當히 過多하다고 보아 이를 賣買代金의 1할로 감액하였고, 위 大判 91. 3. 27, 90다14478(公 896, 1265)은 契約金이 高額(賣買代金 983,000,000원에 대하여 契約金 90,000,000원)이고 違反시까지 기일이 짧다는 理由만으로 위약금을 감액(원심에서 45,000,000원으로 감정)할 수 없다고 하면서, 원심判決은 破棄하였다. 그러나 그 감액의 程度가 지나쳐 合理性을 인정키 어려운 경우 예컨대 손해배상액을 全面 否認하는 것이 되면 이 역시 不當하다(大判 90. 11. 9, 90다카7262(公 887, 39)). 또한 大判 92. 11. 24, 92다22350(公 936, 227)은 契約者의 經濟的 地位, 契約의 目的과 內容, 손해배상액을 豫定한 動機, 債務額에 대한 豫定額의 比率, 契約 當時의 經濟狀態 등 모든 事情을 참작하여 볼 때, 차임지급을 지체할 境遇 배상하기로 豫定한 월 4푼의 比率에 의한 遲延損害金은 不當하게 過多하다고 보았다. 한편 大判 86. 8. 19, 86다카70(公 785, 1217)은 손해배상의 豫定으로 約定된 辯護士 보수가 상당한 範圍內의 것이냐 與否는 辯護士報酬 중 訴訟費用算入에 관

428) 前註, 112-14.

한 規則에 의한 報酬基準, 소속 辯護士會의 規約, 訴訟物價額, 物件의 難易度, 訴訟進行過程, 判決結果 등 여러 가지 事情을 참작하여 合理的으로 判斷되어야 한다고 하였다(大判 92.3.31, 91다29804; 大判 68.7.31, 68다1050; 大判 67.9.5, 67다1322; 大判 72.2.29, 71다2722 등 참조). 그런데 具體的 適用에 있어 大判 91.12.13, 91다8722, 8739는 約定報酬金 5,000만원이 辯護士報酬規則의 料率表에 의하여 算定하는 限度額보다 1,500여만 超過되는 셈이지만 訴訟으로 얻은 經濟的 價額의 6퍼센트 남짓에 불과하고, 앞서 본 契約체결경위, 原告의 經濟的 利益 등을 考慮하여 볼 때 不當하게 過多하여 감액할 程度라고 보기 어렵다고 하여, 감액한 원심을 破棄하였다. 이와 같이 有·無效의 한계점, 기준점이 明確하지 않으나, 具體的 사안별로 이를 類型化하여 그 기준점을 찾아야 할 것이다. 法院이 손해배상의 豫定額이 不當하게 過多하다고 하여 감액을 한 경우 손해배상액의 豫定에 관한 約定 중 감액部分에 該當하는 部分은 처음부터 無效라고 할 것이다(大判 91.7.9, 91다11490(公 903, 2124)).

佛蘭西에서도 法官은 當事者 사이에 있어서 約定한 過怠約款(clause pénale)이 明白하게 過度하거나 과소한 境遇에는 위약금의 액을 變更할 수 있는 것으로 하고 있다(民法 §1152 Ⅱ, 1975.7.9 1985.10.11 法改正). 이 規定은 원래 없었으나 새로운 契約기술의 發展에 수반한 過怠約款의 남용에 對處할 必要로부터 1975.7.9 法은 §1152에 새로운 Ⅱ을 添加하여 法官에게 위약금變更의 權限을 認定하였다.[429] 獨民 §343나 瑞債 §1163도 過多한 賠償豫定額의 輕減을 規定하고 있다.

(다) 雇傭契約

(a) 勤勞條件과 勤勞基準法上 保護 個別勞動契約에 있어서도 內容統制에 관한 特殊要求는 使用者와 勤勞者 사이에 廣範圍한 不平等한 交涉상황 때문에 發生한다.[430] 勤基 §3에 의하면 勤勞條件은 勤勞者와 使用者가 同等한 地位에서 自由意思에 의하여 決定하도록 되어 있으나, 勤勞者는 經濟的으로 劣勢에 놓여 있어, 契約內容은 對等한 當事者 사이의 交涉에 의하여 形成되지 않고 一方 當事者에 의하여 미리 마련되어 자연 均衡을 잃게 되고, 勤勞者는 그 內容을 考慮함이 없이 綜合的인 條件에만 따르거나 그렇지 않으면 給付全體를 포기하여야만 한다.[431]

429) 山口俊夫(註 246), 18, 63-4, 225-26.

430) Soergel(註 241), (1986) Vor §305 Rdnr. 15, S. 995.

431) Gamillscheg, Franz, "Zivilrechtlich Denkformen und die Entwicklung des Individualarbeitsrecht", Acp. 176, S. 205, 208; Zöllner, Wolfgang, "Privatautonomie und Arbeitverhältnis", Acp. 176, 239; MünchKomm/Kramer(註 253), §611 Rdnr. 121.

高度로 發達된 資本主義體制下에서의 고용계약은 위와 같이 契約自由가 왜곡 適用된 結果 개개 勤勞者와 사용자와의 사이에 支配關係로서의 從屬的 關係를 發生시키는 부종계약으로서 展開될 危險이 있다.[432] 그런데 一體의 勤勞條件이 使用者의 一方的 意思로 決定되게 되면 勞使關係의 安定化를 기할 수 없을 뿐만 아니라 社會的 總勞動力의 保全과 배양에 지장을 招來한다. 그래서 不平等한 當事者 사이의 關係를 社會的 秩序에 상응시키기 위하여 契約 대신에 다른 調整裝置(Regelungsmechanismus)가 들어서든지, 法院에 대하여 契約關係에 修正的으로 介入하는 것을 許容하여야 한다. 여기서 個別的 雇傭契約에서는 可能했을 內容이 國家的 그리고 團體的 최소한도規範(staatliche und kollektive Mindestnormen)을 통하여 排除된다 하겠다.[433]

使用者에 의한 契約自由의 甘言(Übervorteilung)과 남용으로부터 被用者를 保護하기 위하여 여러 가지 方法이 있는바, 우선 고용계약에 있어서는 經濟的으로 弱한 被用者를 특별히 保護하기 위하여 債權法 規定이 대부분 強行規定化하는 것이 불가피하다. 아울러 勞動保護法으로서의 勤勞基準法에 의한 規制가 있다. 여기서는 시민법상의 原理가 顯著하게 修正된다. 또한 勞動法의 많은 規定들은 正義 혹은 社會法治國家의 根本要請에 기하여 합헌적 秩序로서 正當化될 수 있다 할 것이다. 고용계약에 관한 勤勞基準法의 規定은 團束法規가 아니고 效力規定이고 이에 違反한 契約은 無效이다. 大判 78. 2. 28, 77다2479(公 583, 10709)는 손해배상豫定禁止에 관한 勤基 §24가, 大判 69. 3. 31, 69다135(集民 17-1, 406)는 해고제한에 관한 勤基 §27가 각각 強行規定임을 밝히고 있다. 勤勞基準法은 違反部分을 當然히 法定最低基準에 두고 餘他 契約部分을 有效로 한다(勤基 §20). 이로써 勞使合意에도 不拘하고 法律에 의하여 勞使契約의 內容이 개정되는 것이다.[434] 勤勞基準法에서의 勤勞者保護를 위한 個別規定을 살펴보면 우선 고용계약의 체결에 있어서 勤勞者保護를 위하여 i) 賃金等 使用者가 계약체결시 勤勞者에 대하여 明示한 勤勞條件을 保障하고, ii) 勤勞契約期間의 制限을 두고 있으며, iii) 위약금 및 손해배상豫定額을 禁止하고, iv) 前借金과 賃金과의 상계 그리고 強制貯金을 禁止한다. 大判 93. 5. 11, 93다4816(公 948, 1688)은 性質上 通常賃金에 산입될 수당을 通常賃金에서 除外하기로 한 合意는 §20 I 소정의 基準에 未達하는 勤勞條件을 정한 契約으로서 無效라고 하였다. 大判 92. 2. 25, 91다

432) 林信雄, "雇傭契約と勤勞契約", 契約法大系 Ⅳ, 6-7.
433) Gamillscheg, Franz(註 431), S. 206.
434) 林信雄(註 432), 8-12.

26232(公 918, 1128)는 企業體에서 費用을 負擔하여 職員을 海外에 派遣하여 委託教育訓練을 시키고 一定한 義務在職期間 以上 勤務하지 아니한 때에는 그 負擔한 教育費用의 全部 또는 一部를 상환하도록 하는 企業體의 규정 등은 契約期間에 관한 §21나 위약예정의 禁止에 관한 §24에 違背되지 아니할 뿐만 아니라, 勤勞者의 自由意思에 반하는 勤勞를 強要하는 것이거나 前借金 기타 勤勞할 것을 條件으로 하는 前貸債權과 賃金을 상계하기로 하는 內容에 해당하지 않는다고 하였다. 또한 보수에 關한 強行規定이 보수대가의 正確한 支給을 保障한다. 瑞債 §340에서도 給料債權을 反對債權으로 상계하는 것을 強行的으로 制限하고, §335는 使用者에게 疾病·軍服務期間에도 給料를 支拂할 것을 保障한다. 이와 같이 一定範圍의 고용계약에 관하여 勤勞基準法에서 勤勞條件의 最低限을 規定하고 免責될 수 없는 強行的 保護規範을 設定하는 것이다.

더 나아가 勤勞契約의 終了에 있어서도 繼續的 契約關係에 着眼하여 勞動者保護를 기한다. 여기서는 使用者에 의한 해고를 制限하고, 解雇豫告制度를 두고 있다. 항상적 실업자가 存在하는 한 解約의 自由도 勤勞者의 退職自由로서는 機能하지 않고 사용자의 해고 自由로서 機能한다.[435] 특히 團結權·團體交涉權·團體行動權 등 勞動基本權을 侵害하는 한, 해고의 自由는 制限된다(예컨대 不當勞動行爲). 이 역시 市民法的 自由에 대한 社會法的 수정이라 하겠다. 瑞債 §347는 고용계약에서 使用者를 위해서라기보다는 被用者를 위한 보다 長期의 해고期間을 두고 있을 뿐만 아니라, §101 Ⅲ에서는 被用者責任이 契約上 債務履行에 있어 容認된 營業으로부터 發生된 責任에 관한 한 輕過失에서는 免除된다. 고용계약에 관한 獨民 §§617, 618도 社會國家思想에 기한 것으로 합헌적이라 한다.[436]

(b) 就業規則　　그 다음 勤勞基準法에 나타난 勤勞契約에 있어서의 勤勞條件保護를 위한 措置로서 就業規則에 違反한 勤勞契約을 無效로 하는 점을 들 수 있다. 就業規則은 使用者가 企業經營權에 기하여 事業場에 있어서의 勤勞者의 服務規律이나 勤勞條件의 基準을 劃一的·統一的으로 정립하기 위하여 一方的으로 作成하는 것으로써 勞使關係에 있어서 事實的 規制力을 갖고 있다. 원래 使用者는 自由意思를 媒介로 하는 契約을 통하지 않고 就業規

435) 白羽祐三, "契約の自由", 契約法 大系 Ⅰ, 13.

436) Fikentscher(註 256), §21 Ⅲ, S. 72. 基本法 §2 Ⅰ에서의 합헌적 秩序로 본다. 후술하는 바와 같이 이 概念에 대해 다툼이 있다.

則으로서 契約의 實質的 內容을 直接 調整하려고 한다. 그래서 近代的 勞動關係에 있어서 勤勞契約의 內容은 勤勞者와 使用者 사이의 具體的 合意에 의하여 決定되는 경우가 점차 줄어들고 勤勞條件은 就業規則에 의하여 自動的으로 決定되었다. 就業規則이야말로 使用者가 自身의 私的 意思를 直接 관철하는 領域이라 하겠다.[437] 특히 아직 勞動組合이 組織되지 않는 사업장도 상당수이고 勞動組合의 힘이 본 軌道에 오르지 않는 우리 나라에서는 지금도 個別的 勤勞條件의 內容形成에 있어서 就業規則이 큰 影響을 미치고 오히려 團體協約보다도 就業規則이 勤勞條件의 중심을 차지하고 있다. 그래서 就業規則에 대하여 勤勞基準法이 從屬的 勞動關係의 現實에 입각하여 實質的으로 不平等한 勤勞者의 立場을 保護·強化하고 그들의 基本的 生活을 保護向上시키려는 目的의 일환으로 그 作成을 強制하고 있다(大判 77. 7. 26, 77다355). 이로써 勤勞條件이 勤勞基準法의 最低基準으로 下落하는 것을 防止할 수 있다. 勤基 § 94에 의하여 使用者는 一定事項에 관하여 就業規則을 作成 申告하여야 하고, § 98에서는 就業規則에서 정한 基準에 未達하는 勤勞條件을 정한 勤勞契約에 대하여는 그 未達되는 部分에 한하여 無效로 하고 있으며, 法令에 저촉되는 就業規則에 관하여는 勞動部長官이 그 變更을 命할 수 있다(§ 97 II).

한편 위 大判 77. 7. 26, 77다355(公 568, 10242)에 의하면 既存勤勞條件을 使用者가 一方的으로 變更하는 것은 勤勞基準法의 保護法으로서의 精神과 기득권보호의 原則 및 勤勞條件은 勤勞者와 使用者가 同等한 地位에서 自由意思에 의하여 決定되어야 한다는 勤基 § 3의 規定上 許容될 수 없고 就業規則의 變更에 의하여 既存 勤勞條件의 內容을 不利益하게 變更하려면 勤勞者集團의 集團的 意思決定方法에 의한 同意를 요한다 하여 衡平統制를 가하고 있다. 이는 團體協約이 아닌 就業規則에 대하여도 사용자의 一方的 意思만으로 拘束力을 가지는 것을 排除하는 것이라 하겠다.

그러나 團體協約이 就業規則보다 上位에 놓여 있는 이상 組合活動이 활발한 企業에서는 就業規則보다 團體協約이 큰 役割을 하고 있다.

(c) 團體協約　　마지막으로 勞動組合과 使用者 사이에 集團的·連帶的으로 행하여진 賃金·勤務時間·休暇·停年·해고 그 밖의 勤勞條件에 관한 私的 自治 즉 團體協約의 承認을 통하여서 勤勞者가 保護되고 있는바,[438]

437) 白羽祐三(註 435), 12.
438) Eike von Hippel, Der Schutz des Schwächeren, 7-8.

團體交涉權과 爭議權을 基礎로 한 團體協約이야말로 就業規則에 優先하여 雇傭契約의 實質的 內容을 決定한다. 就業規則으로부터 團體協約으로 移讓됨으로써 비로소 資本家의 私的 意思가 直接 契約의 領域에 侵入하는 것이 排除되었다.[439] 前述한 바와 같이 勤勞者는 「恒常的 失業者의 存在」라는 외재적 要因으로부터 發生된 不均衡을 勞動運動을 통하여 克服하려고 하여 이 運動의 結晶으로서 集團的 社會法的 契約인 團體協約이 登場하였다.[440] 그리고 合理的인 團體協約을 作成하기 위하여 勞動組合과 爭議行爲가 認定되어 經濟的 弱者를 위한 武器를 對等하게 부여하고 있다. 勞使의 不均衡은 이러한 勤勞者의 集團的 意思와 行動을 통하여 비로소 均衡을 維持하게 된다.[441] 市民法領域에서는 고용契約이 個人 對 個人의 關係이나, 勞動基本權이 承認되는 데 있어서의 勞使의 契約關係는 集團契約關係이고, 이 점에서 團體協約은 市民法的 契約인 고용계약과는 異質的인 契約類型이다.[442]

前述한 바와 같이(I·5·(9)·(나)) 團體協約은 國家에 의하여 社會的 當事者를 保護하는 自治領域에서의 가장 중요한 規範契約(Normenvertrag)이다. 團體協約이 個別的 勤勞契約關係를 規律하고 그것에 대하여는 優越的 效力을 갖는 規範的 效力이 承認되기에 이르렀으나, 團體協約 역시 公序良俗이나 強行法規에 반하면 그 效力이 없다. 大判 93. 4. 9, 92누15765(公 945, 1406)은 男女를 差別하여 停年을 規定한 團體協約書의 條項은 勤基 §5와 男女雇傭平等法 §8 I에 違背되어 無效라고 보았다(그 밖에 結婚出産停年制, 女性인 것을 理由로 한 賃金, 昇進差別 등).

(라) 住宅賃貸借　　契約當事者의 열후된 社會的 힘 때문에 정의가 깨어질 수 있는 또 다른 契約類型으로 住宅賃貸借契約을 빼놓을 수는 없다. 現代社會는 人口의 增加와 都市集中 등으로 住宅의 供給이 불충분하여 상당수가 他人의 住宅을 使用하지 않으면 안 되는 어려운 實情에 있어서, 具體的인 賃貸借契約內容은 契約當事者 사이의 經濟的 力關係의 影響을 받아 經濟的 弱者인 賃借人에게 항상 不利하게 決定되기 마련이다. 특히 住宅不足의 深化에 따라 賃貸人의 解止自由權 남용과 賃貸料 引上에 관한 約定이 문제된다. 그러나 住居의 安定은 生存의 必須條件이다. 그래서 一方的, 불상당한 契約條項을 통

439) 白羽祐三(註 435), 12.
440) 廣中俊雄, "契約の自由とその制限", 契約法の硏究, 240; 白羽祐三(註 435), 6-8, 10-2; 大坪稔(註 340), 27, 32-3.
441) 白羽祐三(註 435), 8-9.
442) 前註, 13.

한 契約自由의 남용으로부터, 자의적인 解約과 正當하지 못한 賃金引上으로부터 住居賃借人을 保護하기 위하여 特別規律이 要請된다.[443] 여기서 民法規律만으로 불충분함을 認識하고 賃借人의 健全한 自由意思決定을 擔保하기 위하여 制定된 特別法이 바로 住宅賃貸借保護法이다. 이 법이 目的으로 하는 國民의 住居生活安定의 保障은 바로 憲 §23 I 의「人間다운 生活을 할 權利」의 社會立法的 實現이라고 할 수 있다.[444] 여기서는 住居用 建物에 있어서 契約의 自由가 賃借人의 住居의 不安定을 招來하고 이에 따라 資本主義의 圓滑한 進行을 저해하거나 一般的 社會不安을 야기시킨다는 認識하에서 賃借人의 社會的 苦痛과 가혹성을 豫防하고 덜어주기 위하여 그 社會的 條項은 대체로 차임, 解止權制限, 法定更新, 住宅賃借權의 승계 등으로 指向되어 있으며 그 한에는 항상 賃貸人의 財產權保障과 맞물려 있다.[445] 大判 92. 11. 24, 92다31163, 31170(公 936, 238)은 賃貸借契約 체결시에 賃貸人이 一方的으로 차임을 引上할 수 있다고 한 約定은 強行規定인 民 §628에 違反하는 約定으로서 效力이 없다고 보았다(大判 69. 6. 10, 68다1343 (集 17-2, 民 169) 참조). 또한 大判 93. 6. 22, 93다16130(公 951, 2096)은 建物의 所有를 目的으로 한 土地의 임차인이 賃貸借契約을 체결하거나 임차인으로서의 地位를 승계할 당시 賃貸人과의 사이에 建物 기타 地上施設 一體를 포기하기로 한 約定은 賃貸借契約의 條件이나 契約이 체결된 경위 등 諸般事情을 綜合的으로 고려하여 實質的으로 임차인에게 不利하다고 볼 수 없는 特別한 事情이 認定되지 아니하는 한 임차인에게 不利한 것으로서 民 §652에 의하여 效力이 없다고 하였다. 賃貸借存續保護의 側面에서 改正된 住賃 §4 I 은 期限을 정하지 않거나 期間을 2년 미만으로 정한 境遇 賃借期間을 최소한 2년으로 의제하고 있는바, 이 역시 契約內容에 대한 커다란 制約으로 볼 수 있다. 따라서 法律에 의한 正當한 事由가 없는데도 賃貸人이 一方的으로 契約을 終了시킬 수 있도록 解約事由를 정한 合意는 無效이다.

(마) 競爭制限 獨占禁止　　市場을 獨占한 大企業은 資本利潤을 最大限 追求하기 위하여, 그가 提供하는 商品의 價格을 一方的으로 決定하여 이것을 消費者에게 強制한다. 消費者는 생필품 이외는 매수 안할 自由가 있으나, 食糧·電氣·가스 등 生活을 維持함에 不可缺한 商品에 대하여는 매수하지 않

443) MünchKomm/Kramer(註 253), Einl. Zu § 535-597 Rdnr. 4.
444) 趙種炫, "住宅임차권의 住居保護", 449; 曹日煥, "賃貸借保護法과 住居權承繼에 관한 硏究", 466-67.
445) 白羽祐三(註 435), 8; 廣中俊雄(註 440), 241.

을 自由를 갖고 있지 않다. 그래서 自由競爭의 回復을 위하여 獨占禁止法[446]·競爭制限禁止法 등이 出現하였다.[447] 契約自由가 第三者에 대한 契約條件을 자유롭게 交涉할 수 있는 契約當事者의 可能性으로 남용되어서는 안 된다는 의미에서 競爭制限禁止法은 原則的으로 합헌적이라 하겠다.[448]

(바) 金錢消費貸借 한편 歷史的으로 19세기 契約公正의 문제는 고율의 利子約定의 制限 즉 暴利行爲의 規制에서 出發하였다.[449] 우리 법에서도 金錢消費貸借에 관하여 民 §§607, 608의 代物返還約定의 規律 외에도 利子制限法·假登記擔保 등에 관한 法律의 制限이 있다.

오늘날 金融資本主義經濟에서 重要한 作用을 하는 消費貸借는 대물변제의 豫約과 結合하여 經濟的 弱者인 借主保護의 問題가 등장한다. 契約自由의 原則하에서는 代物返還豫約의 체결의 自由, 內容決定의 自由, 方式의 自由 등이 모두 保障되어야 할 것이지만, 契約自由의 美名 아래 債權者가 經濟的 優越性을 악용하여 債務者에게 不當한 不利益을 가하는 것을 放任할 수 없다는 점에 대물변제예약에 관한 民 §§607, 608 역시 契約自由原則의 修正이라 하겠다. 위의 兩條文은 經濟的 弱者인 借主의 利益을 保護하기 위하여 契約自由의 原則 중 특히 內容決定의 自由를 強行法的으로 制限한 것이다.[450]

또한 假登記擔保, 讓渡擔保에 있어 被擔保債權額에 비하여 擔保物件價額에 비하여 顯著하게 高額인 境遇에 있어서 高利貸金業者의 過剩利益을 막고 庶民 大衆의 利益을 保護하기 위하여 假登記擔保 등에 관한 法律의 制定을 보게 되었다.[451] 종래 民 §607 등의 規定은 立法 당시 대물변제의 豫約만을 規制할 目的을 가지고 있었으나, 假登記擔保法에서는 이를 變則擔保 一般에 適用한다. 이 법에 의하면 讓渡擔保에 있어서 清算節次를 거치지 않고 歸屬精算의 合意를 하더라도 債務者에게 不利하면 無效이다. 또한 擔保權實行의 目的에서 假登記에 기하여 本登記를 하는 合意도 清算節次가 없으면 無效이다(法 §§3, 4).

(사) 割賦去來, 訪問販賣에 관한 法律 아직 實務에서 잘 活用되고

446) 獨占規制 및 公正去來에 關한 法律 §3는 市場支配的 事業者의 남용行爲를 禁止하고 있다.
447) 廣中俊雄(註 440), 242 이하; 大坪稔(註 340), 32-3.
448) Larenz(註 2), §4 IV, S. 61.
449) Klaus Luig, "Vertragsfreiheit und Äquivalenzprinzip im gemeinen Recht und im BGB", Festgabe für Helmut Coing(1982), S. 175ff.
450) 林正平, "民法 §607 및 §608의 立法論的 문제점 및 適用範圍에 관한 考察", 494-95.
451) 梁彰洙, "假登記擔保 등에 관한 法律의 現況과 문제점", 民法硏究, 284-85, 311-12; 김정현, "民法 제607조, 제608조의 출발점에 대한 根本的인 反省과 再構成", 民事法學, 150-1.

있지 않으나 契約自由를 制限하는 또 다른 重要한 强行規範으로 現實社會에서 매우 흔하게 이루어지는 割賦販賣와 訪問販賣에 관한 法律을 들 수 있다. 割賦賣買도 賣買의 一種이고, 現在 성행하고 있는 訪問販賣割賦去來는 一般去來約款의 形式으로 행하여지는 것이 보통이다.

約款의 重要한 內容으로서 ① 割賦金이 완제될 때까지는 販賣者가 如前히 目的物의 所有權을 가진다는 所有權留保條項, ② 販賣者가 購入者의 債務不履行을 理由로 契約을 解除하는 경우에는 購入者가 지금까지 支給한 割賦金을 返還하지 않아도 된다는 內容의 約定, ③ 購入者가 割賦金의 支給을 지체한 경우에 대한 違約金條項, ④ 1회라도 購入者가 割賦金의 支給期日을 도과한 경우에는 나머지 割賦金 全部에 대하여 期限의 利益을 喪失한다는 期限利益喪失條項 등 顧客에게 매우 不利한 條項이 設置되어 있으나, 從前에는 이를 따로 規制할 立法措置가 되어 있지 않았고 다만 消費者保護法(§§ 1, 3)과 都·小賣業振興法(§§ 36, 37, 39, 57) 그리고 約款의 規制에 관한 法律(§§ 3, 6, 7, 8)이 있기는 하였으나, 이러한 法律的 規制로는 割賦販賣 訪問販賣의 個別的 特殊性이 제대로 반영되지 않아 이러한 미흡함을 補完하기 위하여 制定된 것이 割賦去來에 관한 法律과 訪問販賣에 관한 法律이다. 割賦去來에 관한 法律에서는 契約意思의 合理的 形成을 保障하고, 그 契約에 관한 重要事項의 告知가 強制되며(§ 3), 또한 契約의 체결에 一定한 內容을 기재한 書面의 作成을 要求하고, 또 그 書面을 購入者에게 交付하도록 하고 있다(§ 4). 나아가 期限利益의 喪失에 관한 合意(§ 10)나 供給者에게 一方的으로 有利한 裁判管轄의 合意(§ 16)나 契約解除의 경우에 目的物의 回收 등 私的 執行을 認定하는 合意(§ 8) 등의 效力을 規制한다. 또한 目的物의 所有權이 賣渡人에게 유보되어 있는 경우에도, 賣渡人은 割賦契約을 解除하지 않고는 그 目的物의 返還을 請求할 수 없도록 規定하고 있다(§ 8 Ⅲ). 특히 § 5는 이미 成立한 契約을 解消하는 이른바 cooling off에 關한 買受人의 撤回權을 認定하고 있는바(除外되는 경우: 同條 I 但書, § 4) 이는 買受人의 自律的 意思決定을 確保하기 위한 것이라고 한다.[452] 訪問販賣 등에 관한 法律에서도 §§ 7(請約의 撤回), 8(購買者 등의 撤回權行使의 效果), 9(訪問販賣者의 損害賠償請求金額의 制限)의 規定에 違反한 契約으로서 購買者 등 또는 多段階販賣의 相對方에게 不利한 것은 無效로 하고 있다(§ 20).

(아) 保 險 法 改正商法 § 663 本文에서는「이 編의 規定은 當事者間의 特約으로 保險契約者 또는 被保險者나 保險收益者의 不利益으로 變更하

452) 石田喜久夫(註 354), 98-9.

지 못한다」고 하여 不利益變更禁止 規定의 適用範圍를 擴張하고 있는바, 從來에는 保險編 중 제 1 장 「통칙」規定을 特約으로 變更하지 못하도록 規定하였으나, 改正商法은 一般契約者의 保護를 위하여 原則的으로 그 效力範圍를 擴大하여 商法 保險編의 모든 規定에 미치도록 하였다. 따라서 改正商法하에서는 保險約款에 의하여 保護가 排除되어 있다 하더라도 商法에 의하여 保護될 수 있는지를 다시 檢討하여야 한다. 이 改正은 이번 改正 保險法 중에서 保險加入者 保護를 위하여 改正된 規定 중 가장 代表的인 것이라 하겠다. 한편 改正商法은 단서를 新設하여 「再保險 및 海上保險 기타 이와 유사한 保險」의 경우에는 例外로 하고 있다. 이들 保險의 境遇는 契約의 체결에 있어서 當事者 사이에 交涉力이 對等하거나 國際性이 強하므로 當事者間의 合意에 맡기더라도 무방하기 때문이다.[453] 前述한 人保險과 責任保險에 있어서의 無免許運轉免責條項·故意免責條項 외에 判例에 나타난 重要免責約款의 效力을 簡略히 살펴보면 다음과 같다.

먼저 自動車綜合保險約款은 自動車를 賣買한 경우 賣渡人의 保險契約이 買受人에게 승계되기 위하여는 保險會社의 承認을 받아야 되도록 되어 있는바, 이와 關聯하여 大判 91. 8. 9, 91다1158은 自動車綜合保險普通約款上 自動車讓渡時 保險者承諾條項이 商 § 663에 違背되어 無效라고 할 수는 없다고 하였다. 改正商法 § 726의 4는 이를 명문화하였다. 한편 飮酒運轉免責約款에 대하여 서울民地判 89. 4. 6, 88가합50122는 被保險者가 飮酒運轉을 하면서 다소 過速으로 自動車를 進行하다가 反對方向에서 오던 트럭이 中央線을 넘어들어와 衝突 死亡한 경우 이는 故意에 의한 傷害라고 할 수 없으므로 保險者는 免責이 되지 않는다고 하였다. 같은 취지에서 飮酒運轉事實만으로 運轉者의 故意나 重大한 過失이 認定되기는 어렵다고 생각되므로 飮酒運轉의 境遇 保險金支給義務를 免하게 하는 本 約款規定은 商 § 659 Ⅱ에 違背되어 無效라고 보아야 한다는 見解가 있다.[454] 한편 商 § 650와 關聯하여 保險契約체결시에 保險料의 납입에 관하여 상당한 유예기간(대체로 30일)을 두면서 이 期間이 徒過하도록 그 납입이 없는 때에는 별도의 解止意思表示 없이 契約은 失效된다고 하는 실효약관의 效力이 문제된다. 大判 92. 11. 24, 92다23629(公 936, 229)는 分納保險料가 소정의 時期에 납입되지 아니하였음을 理由로 商 § 650 소정의 催告 및 解止

453) 崔基元, 保險法, 158-59.
454) 박동섭, "自動車保險約款에 대한 小考──飮酒運轉의 境遇를 중심으로".

節次를 거치지 아니하고 막바로 保險契約이 解止되거나 失效되어 保險者의 保險金支給責任을 免하도록 規定한 保險約款은 無效라고 하였다. 반면에 大判 87. 6. 23, 86다카2995(公 806, 1231)는 保險料의 支給을 2月納으로 하고 유예기간을 14일로 한 自動車保險料 分割納入特別約款上의 失效約款의 效力을 認定하였다.[455] 改正商法 §650 Ⅱ과 新設된 §650의 2는 이를 立法으로 解決하고 있다. 그리고 大判 91. 5. 14, 90다카25314(公 899, 1620)은 해상보험증권상 英國法 準據約款은 公益規定이라 公序約束에 반하는 것이라 볼 수 없다고 하였으며 大判 90. 4. 24, 89다카24070(公 874, 1141)은 대인배상에 관한 保險會社의 免責事由의 하나로 被害者가 배상책임 있는 被保險者의 被用者로서 勤勞基準法에 의한 災害補償을 받을 수 있는 사람인 境遇를 들고 있는 免責約款도 商 §§659, 663에 違反된다고 볼 수 없다고 하였다(同旨 大判 89. 11. 14, 88다카29177(公 863, 29)). 이에 대하여는 이 約款을 全面的으로 無效라고까지 할 必要는 없고 被害者가 受領 또는 受領可能한 產災給與의 範圍內에서만 自動車保險이 免責되고 이 範圍를 넘는 部分에 관하여는 이 免責約款은 無效라고 解釋하는 立場이 있다.[456]

한편 大判 84. 1. 17, 83다카1940(公 724, 361)은 「被保險者에게 保險金을 받도록 하기 위하여 被保險者와 世帶를 같이하는 親族 또는 雇傭人이 故意로 일으킨 損害에 대하여는 保險者가 補償하지 아니한다」고 規定한 火災保險約款條項은 被保險者가 保險事故 發生에 自身의 故意 또는 重大한 過失이 介在되지 아니하였음을 立證하여 위 推定을 번복한 때에는 위 免責條項의 適用은 當然히 排除될 것이므로 商 §663의 強行規定에 저촉된다고 볼 수 없다고 판시하였다. 이에 대하여는 約款條項의 문언으로 보아 直接 免責을 規定한 것이 分明한 데도 그 취지를 推定規定으로 본 判旨 자체가 의문스러울 뿐만 아니라 가령 그 條項을 免責事由에 대한 推定規定이라고 보더라도 그것만으로 이미 商 §663에 비하여 被保險者에게 不利한 것임이 明白하여 無效라는 見解가 있다.[457]

또한 被保險者 또는 被保險者自動車에 關係되는 被用者의 故意로 인한 損害에 대하여는 補償하지 아니한다는 責任保險約款條項에 대하여 下級審判決(서울民地判 92. 6. 26, 92가합16527. 이에 대한 서울高判 92. 12. 11, 92나47603)은 見解가 서로 엇갈리나, 保險契約者(被保險者)에게 歸

455) 張敬煥, "保險約款上 실효약관의 效力", 司法行政(91. 10), 23.
456) 權誠, "產災保險給與對象者에 대한 自動車綜合保險免責約款의 有效與否", 民判硏 XIII, 185.
457) 孫智烈, "自動車保險約款上의 諸問題", 裁判資料 20, 316-17.

責事由가 없는 한 바로 保險者의 免責事由로 되지 아니하고 따라서 被保險者의 家族이나 被用者의 單純한 故意·重過失로 인한 保險事故를 保險者의 免責事由로 하는 保險約款은 無效라고 보아야 할 것이다.[458)]

(자) 船荷證券上 免責約款 海上運送人 責任에 있어서도 法律의 規定에 의하기보다는 오히려 각종 約款 특히 船荷證券上 免責約款에 의하여 規律되고 있다. 個品運送의 境遇 送荷人은 通常 運送人에 비하여 經濟的으로 弱者의 地位에 있기 때문에 運送人이 提示한 約款의 內容을 拒否할 수 없는 不利한 地位에 있다. 그러나 免責約款이 增大되면 船荷證券所持人·銀行業者·保險業者는 船荷證券에 의하여 去來를 할 수 없고 그것은 船荷證券의 圓滑한 流通을 저해하게 된다. 그래서 우리 법은 堪航能力注意義務(商 §787), 運送物에 관한 注意義務(商 §788), 法定免責事由(商 §789)의 規定에 반하여 運送人의 義務와 責任을 輕減하는 當事者간의 特約의 效力이 없다고 되어 있다. 改正商法은 이외에도 新設되는 責任의 限度(商 §789의 2), 非契約的 請求에 대한 適用(商 §789의 3)에 관한 規定에 反하여 運送人의 義務 또는 責任을 輕減 또는 免除하는 當事者간의 特約과 運送物에 관한 保險의 利益을 運送人에게 讓渡하는 約定 또는 이와 유사한 約定은 效力이 없다는 점을 추가하고 있다.

改正前 商法은 1924년 헤이그規則을 도입하면서 單位包裝當 責任制限規定을 빠뜨렸기 때문에 그러한 취지의 特約이 商 §790 片益的 強行規定에 違反되어 有無效인지를 둘러싸고 많은 論難이 있었다. 船荷證券上 賠償額制限約款의 效力에 대한 大法院의 立場은 대체로 運賃保險과 責任과의 關聯性에서 賠償額制限約款을 商 §790에 저촉되지 않는다고 하고(大判 83. 3. 22, 82다카1533(全員合議體)(公 704, 735) 1포당 最高額 100파운드約款) 다만 例外的으로 賠償額制限約款을 商 §790에 비추어 無效라고 하는 것은 賠償額制限約款이 賠償責任을 免除하는 것과 다름없다고 할 程度로 적은 名目上의 金額에 불과한 額數를 責任限度額으로 정하여 實質的으로 責任除外約款과 다를 바 없는 경우(大判 88. 9. 27, 86다카2377(公 835, 1322) 1포당 100파운드約款 有效)와 信義誠實의 原則에 반하고 公序良俗에 반하는 程度의 소액인 경우(大判 87. 10. 13, 83다카1046(公 813, 1690) 이른바 重量方式에 의한 1Kg당 美貨 2불限度額約款 有效)라 하겠다. 改正商法은 가장 最近의 1979년 헤이그規則 의정서를 도입하면서도 同條約上 最高額인 666單位가 너무 많다고 보고 이를 500單位로 감액하였다(商 §789의 2).[459)]

458) 尹勝鎭, "保險者의 免責事由에 대한 考察", 裁判資料 53, 339.
459) 선하증권상 배상액제한약관에 대하여는 李宙興, 海上運送法, 314-60.

從前에는 이러한 片益的 強行規定이 當事者 사이의 協商力이 비슷한 용선계약에까지 一般的으로 적용되도록 하였으나, 改正商法은 용선계약에 대하여는 감항능력주의의무를 除外하고는 商 §790 片益的 強行規定이 適用되지 않도록 하고 있고, 또 甲板積貨物과 산 動物의 運送에 관하여도 이 片益的 強行規定이 適用되지 않도록 하고 있다(改正商法 §790).460)

위에서 본 배상액제한약관 외에 判例에 나타난 重要免責約款의 效力을 簡略히 살펴보면 다음과 같다. 通常 히말라야約款이라는 것은 運送人이 누리는 法定, 約定 責任免除, 制限의 利益을 運送人의 被用者 내지 代理人도 같이 향수할 수 있음을 契約當事者 사이에 約定한 것을 말하는데, 이에 대하여는 대체적으로 그 有效性이 認定되고 있다(서울高判 89. 5. 15, 88나44126(確定); 서울民地判 89. 12. 21, 88가합23894). 그러나 서울民地判 90. 1. 24, 88가합23887은 運送人의 使用人 또는 代理人 등에 대하여 어떠한 경우에도 그 責任을 묻지 아니한다는 內容의 約款(소위 히말라야約款)을 두는 것은 아직 國內의 거래관행으로 定着되었다고 볼 수 없을 뿐 아니라 이러한 內容의 約款은 運送人의 使用人 또는 代理人들의 업무소홀과 怠慢을 야기시킴으로써 實質的으로는 不法行爲를 유발·조장하는 不公正한 結果에 이르게 되는 것으로서 그 效力을 認定하기 어렵다고 하였다. 運送人이 負擔하는 義務의 存續期間에 대하여 大判 81. 12. 22, 81다카665(요민 II 586(10))는 그 責任의 始期와 終期를 當事者간에 任意로 約定할 수 있다는 취지로 解釋한다. 서울民地判 89. 12. 26, 86가합506도 「해상운송거래상 관행되고 있는 F.I.O. 特約은 商法 제790조의 規定에 實質的으로 違反되지 아니하여 有效하다」라고 하였다. 保管期間의 始作과 終了는 運送人責任의 始作과 終了에 대하여 決定的인 것이라 하겠으나 그 保管期間은 原則的으로 自由로운, 즉 商 §790에 의하여 無效로 되지 않는 當事者의 約定하에 놓여 있다고 볼 수 있다.

한편 서울高判 89. 5. 15, 88나44126도 運送法의 準據法인 싱가포르국법에 의하면 提訴期間延長合意는 有效하다고 解釋된다고 하였으나, 大判 87. 6. 23, 86다카2107(公 806, 1216)은 「提訴期間의 約定과 그 期間延長에 관하여 상관습법이 確立되었다고 認定되지 아니하는 한 그러한 約定과 合意에 의하여 消滅時效에 관한 商法이나 民法規定의 適用을 排除할 수 없다」고 보았다. 그리고 전속적 합의관할에 대하여 서울高判 89. 2. 15, 87나3420은 裁判의 신속이나 能率, 訴訟經濟 등의 여러 가지 側面에서 현저히 不合理함을 免하기 어려운 경우

460) 선하증권상 면책약관의 效力에 대한 詳細는 前註, 102-25, 159-60, 287-313.

에는 信義則에 반하여 그 效力이 없다고 하였다. 서울民地判 90.1.24, 88가합23887도 契約當事者 사이의 관할합의가 裁判의 適正, 公平, 신속이라는 民事訴訟의 基本理念에 비추어 顯著히 不合理한 境遇에는 이를 無效라고 보고 있다.

부지약관에 대하여는 大判 87.6.23, 85다카2666(公 806, 1203)은 船荷證券을 發行할 當時 송하인이 通告한 貨物의 記號, 數量, 용적, 重量 등의 正確性을 疑心할 만한 正當한 理由가 있거나 이를 검사할 合理的인 手段이 없는 境遇 등 特別한 事情이 立證되면 有效하다고 하였다. 한편 헤이그規則에 의하면 貨物의 狀態에 관한 外觀上 良好한 狀態(apparent good order)라는 文句와 마찬가지로 이른바 said to contain(S.T.C.) 혹은 said to be, weight, quantity unknown, declare etre, que dit etre 등 文句가 船荷證券上 完全한 範圍에서의 引受에 관한 일응의 推定的證據로서의 效力을 제거하려고 한다. 이러한 S.T.C.約款의 結果는 立證責任의 轉換(Beweislastumkehr)인 것이다. 改正된 商 §814의 2에 의하면 함부르크規則과 마찬가지로 本文上의 推定規定에 비하여 但書規定은 運送人이 善意의 第三者에 대하여 反證을 들지 못하도록 絶對的인 證據力(absolute and conclusive evidence)을 부여하고 있다.

(차) 銀行去來와 契約自由　　銀行에서 돈을 빌릴 때 借主 및 借主를 위한 保證人·擔保提供者 등은 그들에게 不利한 銀行의 貸出去來約款 등의 內容을 檢討할 餘裕도 없이 서명날인하지 않을 수 없는 것이 現實이다. 그래서 大判 92.7.28, 91다5624은 銀行去來約款도 一般去來約款과 마찬가지로 그 本質은 契約의 草案 즉 例文에 不過하다고 하였다.

銀行과의 去來에서 주로 問題되는 것은 어음去來約定書上의 約款과 根抵當權設定契約書上의 約款이다. 前述한 바와 같이 銀行의 각종 貸出去來時 擔保取得의 方法으로 作成되는 根抵當權設定契約書에는 통상 被擔保債務는 債務者가 銀行에 대하여 現在 負擔하거나 將來 負擔하게 될 모든 債務에 미친다는 條項이 記載되어 있는데, 이와 같은 條項은 約款에 있어서 個別約定優先의 原則이나 處分文書의 證明力과 관련하여 문제가 된다.

(카) 消費者保護法　　消費者는 賃借人·勤勞者와 마찬가지로 經濟的·社會的 弱者이다. 契約自由에 立脚한 民法이 사업자와의 關係에서 대체로 附合的, 不平等 상황에 있는 消費者의 利益을 充分히 保護할 수 있는 構造를 가질 수는 없다. 그래서 最近에는 消費者契約을 規制하는 強行法規가 消費者契

約의 領域에서 激增하고 있다.[461)]

㈐ 信用카드業法　　大判 86.10.28, 85다카739은 카드의 盜難·紛失로 인한 不正使用의 경우에 會員의 全責任을 진다는 會員規約上의 約款은 會員의 去來上 注意義務 등을 考慮할 때 信義則이나 公序良俗에 비추어 無效의 것이라 할 수 없다고 하였다(同旨 大判 86.3.11, 85다카1490). 한편 大判 86.1.28, 85다카1626은 信用카드連帶保證人의 保證責任範圍에 관하여 카드規約上 保證人의 責任範圍가 被保證人의 信用去來限度額과 無關함을 明示하는 規定은 信義則에 비추어 그 效力이 否定된다고 하였다. 또한 保證期間에 관하여 특별히 정하지 않은 경우에는 카드의 有效期間을 保證期間으로 解釋되는바, 다만 카드갱신으로 保證期間도 自動的으로 更新된다거나, 期間滿了時 保證人이 通知하지 않는 한 自動으로 更新된다는 約款을 두고 있는 境遇에는 信義則上 그 效力이 否認되어야 할 것이다(서울民地判 87.10.16, 87가단4078; 서울民地判 87.11.19, 87가합3296).[462)]

㈑ 土地去來　　土地去來에서와 같이 國家의 社會福祉的 機能의 增大에 따라 一定한 契約을 체결함에 있어 미리 行政機關의 許可 내지 認可를 要件으로 하고 이에 違反하는 者를 處罰하는 公法的 規制方法이 契約自由의 公法上 制限으로 점점 重要性을 띠고 있는바, 이러한 土地去來自由의 制限은 土地의 公共的 性格이 强調되면서 經濟領域에 큰 영향을 미치고 있고, 아울러 이는 財産權處分의 保障에 대한 制限의 모습을 띤다. 國土利用管理法上 土地去來許可制는 當事者 雙方의 合意에 의하여 去來價格을 마음대로 정할 수 있는 결과의 自由를 制限한 것으로 이는 契約內容上의 制限인 동시에 締結上의 制限이다.[463)] 憲法裁判所는 國土利用管理法上 土地去來許可制가 私的 自治의 原則에 違背된다고 할 수 없다고 하면서,[464)] 憲法은 결코 土地去來에 대하여 다른 財産權의 객체와 마찬가지로 無制限한 去來自由 즉 契約自由를 認定한 바는 없고, 土地는 어느 다른 財貨보다도 公共福利를 앞세워야 할 要請이 있

461) 長尾治助, "消費者私法の原理－民法と消費者契約", 4-10.
462) 李信燮, "크레디트카드에 관한 法律的 問題", 法曹, 88-5, 26-7.
463) Fikentscher(註 256), Ⅵ. 2. d) S. 74.
464) 憲法裁判所 89.12.22, 88헌가13. 그외 土地去來契約을 함에 있어 許可를 要하거나 혹은 土地를 取得함에 있어 許可를 證明이나 許可를 要하는 特別法上 規制로서 農地改革法 §19 Ⅱ, 山林法 §111의 證明, 外國人土地法 §3 Ⅰ, 私立學校法 §28 Ⅰ, 住宅所有상한에 關한 法律 §10, 傳統寺刹保存法 §6 Ⅰ, 鄕校財産法 §11 Ⅰ의 許可, 土地去來許可를 받지 아니한 土地賣買契約의 效力에 關하여 李宙興, 法曹 90-6, 34-59; 法曹 90-7, 50-68 참조. 獨逸聯邦憲法裁判所도 土地去來不許可事由에 關한 土地去來法(GrdstVG) §9 Ⅰ의 합헌성을 認定하였다. BVerfGE 21, 73ff.; 26, 215ff.; Larenz(註 241), §4 Ⅲ, S. 57ff. Ⅳ, S. 60.

다고 하였다.[465]

한편 不動産去來에서의 名義信託制度와 관련하여 相續稅法 § 32의 2의 贈與擬制나 不動産登記特別措置法 § 7 名義信託禁止와, § 9 이에 대한 罰則規定 등이 契約自由制限의 問題로 대두될 수는 있다 하겠다. 土地去來에서 農地賣買證明이나 土地去來許可 등과 關聯된 사법적 法律關係는 따로 뒤에서 살펴보기로 한다.

Ⅲ. 土地去來에 대한 契約自由의 制限——各種 行政規制를 중심으로

1. 序

우리 나라 憲法이 指向하고 있는 自由市場經濟秩序는 土地에 대한 任意的인 私的 處分을 許容하는 등 經濟活動의 領域에서 經濟上의 自由를 尊重하고 있다(憲 § 119 Ⅰ). 이러한 經濟領域에서의 行動의 自由는 自身의 人格을 自由로이 발현할 수 있게 하는 것으로 憲 § 10 전단의 人間의 尊嚴과 價値 그리고 같은 條 후단의 幸福追求에 관한 規定에 기한다고 볼 수 있다. 그러나 이러한 經濟活動의 自由는 絶對的일 수 없고, 一定한 規制하에 놓을 수 있다.[466] 憲 §§ 120 Ⅱ, 122는 國土의 效率的이고도 均衡 있는 開發과 利用 그리고 保全을 위하여 國家는 必要한 計劃을 樹立하고, 法律이 정하는 바에 의하여 그에 관한 必要한 制限과 義務를 과할 수 있도록 規定하고 있다. 아울러 土地所有權도 憲法上 保障된 財産權에 포함되는 이상 財産權의 행사는 공공복리에 適合하도록 하여야 한다(憲 § 23 Ⅱ). 원래 土地가 私人의 누구에게 속하는 것인가 하는 그 자체는 公共的 利益과 無關하겠으나, 예컨대 國民의 生活에 直接的·基本的으로 重要性을 갖는 食糧供給의 면에서 農地를 確保하고 農業的 利用 이외의 利用方法을 禁止하기 위하여 農地의 權利移轉을 規制하는 立法이 合理性·합헌성을 지님은 의문이 없다. 土地라고 하는 財産의 特殊性으로부터 다른 財産

465) 經濟立法限界上의 原理로 利益형량의 原則과 必要最小限의 原則을 든다. 經濟活動自由를 規制하지 않으면 規制目的을 達成할 수 없는 부득이한 境遇 補充性이 認定된다고 한다. 이종상, 고평석, "우리나라 經濟立法에 關한 研究", 財産法研究 5-1, 641-2.

466) 許慶, "經濟活動의 規制와 助成에 關한 憲法原理", 公法研究 第16輯(1988) 42. 契約自由의 制限에 對한 憲法的 許容性에 關하여 獨逸聯邦行政裁判所의 BVerWGE 1, 323(人格의 自由로운 발현권) 獨逸聯邦憲法裁判所의 BVerfGE 12, 347(一般的 行動自由와 經濟去來에서의 自由); BVerfGE 31, 229.

權보다 강한 社會的 拘束을 받는 것은 當然하다 하겠다. 특히 國土가 좁은 우리 나라에서의 土地는 人間의 生存에 필수적인 資源임에도 그 供給이 限定되어 있는 점에서 財産權의 公共的 性格이 強調되어, 投機와 去來秩序문란, 土地所有의 편중을 防止하기 위하여 혹은 土地의 利用方法을 規制하기 위하여[467] 土地去來에 관하여 法律에 의하여 行政官廳의 認可·許可·證明·申告 등을 必要로 하도록 하여 그 流通을 制限하고 있다. 이러한 土地去來에 관한 各種 規制 내지 制限으로서는 농지법 § 8 I (종래 농지개혁법 § 19 II은 농지매매시 농지매매증명을 요구하였으나, 농지법이 1994. 12. 22. 법률 제4817호로 제정되면서(1996. 1. 1. 부터 시행) 농지개혁법은 농지법 부칙 § 2에 의하여 1996. 1. 1.로 폐지되고, 농지법 § 8 I 에 의하여 농지매매증명 대신 농지취득자격증명으로 명칭을 변경하여 증여나 교환 등에도 적용되게 하였다), 山林法 § 111의 證明을 비롯하여, 民 §§ 42, 43 45에서의 財團法人 基本財産 讓渡에 대한 許可, 國土管 § 21의 3에서의 土地去來許可, § 21의 7에서의 土地去來申告, 宅地所有上限에 關한 法律 § 10(택지소유상한제의 위헌 여부에 관하여 大決 94. 4. 22, 93마719 참조), 외국인의 토지취득 및 관리에 관한 법률 §§ 6 I, 8(舊외국인토지법 §§ 5 I, 5의 3), 私學 § 28 I, 傳統寺刹保存法 § 6 I, 鄕校財産法 § 11 I, 火田整理에 관한 法律 § 17, 公益法人의 設立 運營에 관한 法律 § 11 III의 許可 등이 있다. 아울러 不動産 投機를 抑制하고 健全한 不動産去來秩序를 確立하기 위해서 不動産登記特別措置法이 制定되었다(1990. 8. 1. 制定). 그 법률 중 명의신탁금지에 관한 부분(§§ 7, 8 III, 9)은 삭제되고 새로 부동산 실권리자명의등기에 관한 법률이 제정되어 명의신탁약정을 무효로 하고 있다(§ 4 I). 이러한 規制는 대체로 土地의 利用方法과 賣買價格에 집중되어 있다.

그런데 위 각 特別法의 條文內容이 반드시 同一한 것은 아닌바, 國土利用管理法에서는 「土地에 관한 去來契約을 체결할 때」, 외국인의 토지취득 및 관리에 관한 법률에서는 「토지에 관한 권리를 취득하는 계약을 체결하고자 하는 경우」, 舊外國人土地法에서는 「土地에 關한 權利를 取得하는 境遇」, 私立學校法에서는 「賣渡, 贈與, 賃貸, 交換하고자 할 때」, 傳統寺刹保存法에서는 「貸與讓渡 또는 擔保의 提供을 하고자 할 때」, 聯邦財産法에서는 「處分 또는 擔保에 提供하고자 할 때」 許可를 얻어야 하고, 舊農地改革法에서는 「證明을 얻어 賣買할 수 있다」고 되어 있다. 國土利用管理法을 포함한 이러한 特別法들의 條文內容의 相異가 立法시 그 差異를 念頭에 두지 않고 별다른 생각 없이 偶然히 이루어진 것인지 혹은 立法目的 때문에 特別히 그 內容을 달리하고자 한

467) 農地改革法·林野法·國土利用管理法 등을 통하여 土地의 私的 去來에 介入하는 公法的 規制는 바로 이러한 土地利用目的과 結付되어 있는바, 이 境遇 土地利用을 넘어 土地의 所有自體를 許容하지 않는 強力한 規制에 대하여는 보다 合理的인 理由가 있어야 할 것이다.

것인지 알 수 없다. 이러한 特別法들은 그 規定의 意味나 形式이 일견 유사하나, 뒤에서 보는 바와 같이 그 立法目的이나 단속 내지 禁止의 強度에서 반드시 同一하다고 보기 어렵다.

그런데 이러한 許可 證明을 要하는 契約이 있어서 許可 또는 證明이 없다 하여 契約自體가 成立되지 아니한 것인가에 대하여 大判 91.12.24, 90다12243(全員合議體)(公 914, 642)은 뒤에서 보는 바와 같이 土地去來許可를 받지 아니하는 賣買契約의 效力에 대하여 이른바 流動的 無效論의 立場에 서면서, 許可申請前에 이미 當事者 사이에 去來內容인 대상토지와 去來價額에 관한 意思合致가 있을 것을 前提로 許可前의 去來契約체결을 認定하고, 이 境遇 許可後에 새로이 去來契約을 체결할 必要가 없다고 하였다. 이 判決은 繼續하여 絶對的 無效說을 취하여 賣買意思合致를 계약체결을 위한 準備段階에서의 事前協議에 不過하다고 보게 되면, 當事者 一方이 許可後 계약체결을 拒絶하더라도 當初의 合意의 履行을 구할 길이 없어 去來秩序와 信賴關係를 저해하는 역기능을 가져올 수 있다는 점을 무시할 수 없다는 점을 指摘하고 있다. 外國人土地取得과 關聯하여 大判 66.11.29, 66다1798(集民 14-3, 270)도 許可가 外國人이 當事者로 된 土地賣買契約이 成立要件이 아니라고 하였다. 日本最 昭 49(1974).9.26(民集 28, 6, 1213)도 農地賣買許可 이전에도 契約으로서는 成立하고 있기 때문에 사기를 이유로 이를 取消할 수 있다고 하였다.[468] 여기서 土地去來許可地域內의 土地去來에 있어서 兩當事者가 契約豫定金額을 記載하여 許可申請을 한 것을 가지고(國土管施行令 §24) 바로 契約 自體를 成立시키는 뜻의 合意가 있다고 認定하는 것은 適當하지 않다.[469]

2. 土地去來를 規制하는 方法

土地去來를 規制하는 立法的 方法으로는 첫째, 소정의 節次를 마치지 않더라도 去來行爲自體의 私法的 效力을 박탈하지 않고 다만 刑罰로 임하는 데 그치는 團束法規上의 제재가 있고, 둘째, 違反行爲에 대하여 罰則을 둘뿐만 아니라 違反行爲의 法的 效果까지 박탈하는 效力規定에 기한 제재가 있다. 나아가 禁止規定을 通하여 債務負擔行爲(Verflichtungsgeschäft)의 內容을 否認할 뿐만 아니라, 그 위에 財貨의 移動까지도 禁止하는 경우가 있는바, 그 境遇에

468) 嚴井俊, "農地の賣買", 現代民事判例の課題, 571.
469) 河野正三, 國土利用計劃法 特別法 コソメソタール, 124.

는 債務負擔行爲 외에도 處分行爲(Verfügungsgeschäft)까지 無效로 한다 하겠다.[470] 그런데 어떤 強行規定이 있을 때에 그것이 團束規定이냐 效力規定이냐를 判別하는 것은 그렇게 쉽지 않다.[471] 또한 어떠한 法律上 禁止가 문언에 따르면 債務法上契約 예컨대 賣買·交換 등 契約의 체결에 향하여져 있다 하더라도, 그것이 履行을 위하여 實現되는 物權的 行爲에까지도 關聯되는지 與否에 관하여는 見解가 對立될 수 있다. 禁止가, 債務法上 行爲를 통하여서는 단지 準備될 뿐이고 物權的行爲를 통하여서 비로소 實現될 수 있는 財貨의 移轉 그 자체를 방해할려고 한다면 그것은 肯定되어야 할 것이다.[472]

大法院에 의하여 團束法規로 분류된 特別法을 살펴보면 우선 大判 75.4.22, 72다2161(全員合議體)((公 514, 8431). 同旨 大判 87.2.10, 86다카1288(公 797, 418))에 의하면 外國換管理法의 制限規定은 效力規定이 아니고 團束規定이라고 解釋함이 妥當하다고 하였고, 大判 92.2.25, 91다44544((公 918, 1147). 同旨 大判 93.1.26, 92다39112(公 940, 858); 大判 92.7.28, 92다11329(公 929, 2642))는 住宅建設促進法上 轉賣禁止規定은 團束規定이므로 전매금지규정을 違反한 賣買契約이 無效로 되는 것이 아니라고 하였다. 또한 大判 92.9.22, 92다24769(公 932, 2980)은 漁業權의 移轉·分割·變更을 禁止한 舊水産業法 §29 I의 規定은 團束規定에 不過할 뿐 그 違反行爲이 私法上의 效力까지를 否認하는 效力規定은 아니라고 하였다. 大判 89.9.12, 88다카2233, 2240(公 858, 1396)는 保險業法 §19 등에 違反한 行爲 자체가 그 사법상 效力까지 否認하지 아니하면 안 될 程度로 顯著히 反社會性 反道德性을 지닌 것이라고 할 수 없을 뿐 아니라 그 行爲의 사법상의 效力을 否認하여야만 비로소 保險業法의 目的을 이룰 수 있다고 볼 수 없으므로 위 規定들은 強行法規가 아닌 團束法規에 지나지 아니한다고 하였다. 이에 반하여 效力規定으로 본 것으로는 大判 85.11.26, 85다카122(公 768, 110)이 상호신용금고법 §17의 借入制限規定을 效力規定으로 보아 이에 違反한 債務負擔行爲를 無效로 보고 있고, 大判 93.6.8, 92다49447(公 950, 1999)은 地方自治團體가 私經濟의 주체로서 私人과 私法上 契約을 체결함에 있어서는 地方財政法에 의하여 준용되는 豫算會計法令에 따른 契約書를 따로 作成하는 등 그 要件과 節次를 履行하여야 할 것이고, 위 法令上의 要件과 節次를 거치지 아니한 契約 또는 豫約은 그 效力이 없다고 하였다(同旨 大判 93.11.9, 93다18990(公 959, 71)).

---

470) Hans Brox, "Allgemeiner Teil des Bürgerlichen Gesetzbuch" (6th ed.), Rdnr. 281.

471) 郭潤直, 民法總則(民法講義 I)(再全訂版 1986), 348; 我妻榮, 民法總則(民法講義 I)(1985), 263-4; Brox(前註), Rdnr. 277ff., S. 132.

472) Karl Larenz, AT(3th ed., 1975), §22 II, S. 368f.

日本에서는 法文에서 禁止規定違反契約을 無效로 한다고 規定하고 있더라도 이로써 一律的으로 契約이 無效가 되는 것이 아니고, 去來의 內容 違反의 程度, 違法性의 強弱에 따라 個別的 事情을 고려하여 有·無效를 判斷하여야 한다는 見解가 있다.[473)]

이러한 土地去來自由에 대한 規制는 財産權的 側面에서는 바로 그 處分에 관한 公法的 制限에 해당한다 하겠다. 公法上의 處分制限은 該當官廳의 許可 내지 證明으로 비로소 除去되는 것이다.

3. 許可, 證明 없는 土地去來契約의 效力

(1) 所在地官署의 證明 없는 農地·林野賣買의 效力

農地·林野에 대한 無制限的인 讓渡의 自由는 農村 經濟領域에서 非經濟的인 土地分割을 이루게 할 뿐만 아니라 非農耕人의 손에 의하여 農地 林野의 用途轉換을 이루게 함으로써 農村經濟의 生産力을 侵害한다. 그래서 農地·林野의 去來는 國家的인 調整하에 놓여져 있고 農地改革法·林野法·國土利用管理法이 그 法的 基礎가 되고 있다.

憲 §121 Ⅰ은 國家는 耕者有田의 原則이 達成될 수 있도록 노력하여야 하며, 農地의 小作制度는 禁止된다고 되어 있다. 이러한 耕者有田의 原則을 實現하기 위하여 農地의 去來를 制限하기 위한 規制法으로서 가장 중요한 農改 §19 Ⅱ은 「本法에 의하여 分配받지 않은 農地 及 償還을 完了한 農地는 所在地官署의 證明을 얻어 當事者가 直接 賣買할 수 있다」고 規定함으로써,[474)] 일정한 農地의 去來에 關한 契約에는 所有地官署의 證明을 必要로 하는 것으로 하고 있다(農賃 §19 參照). 農地賣買證明制度는 ① 買受人이 自耕農家인가, ② 農地所有의 上限(3 정보)를 超過하지 않는가를 審査하여 그 適格 및 適正與否를 確認하는 制度인데, 農地改革法은 賣買에만 證明을 要하도록 規定하고 있으나 判例는 交換·贈與·대물변제(大判 65.6.29, 65다507(요특 Ⅰ 646(55)). 競賣(大決 66.3.8, 66사2(全員合議體)(요민 Ⅲ 311(43)); 大決 85.10.28, 85마291(公 769, 230))에도 필요하다고 보았다.[475)] 그러나 이러한 賣買證明의 要否는 그 土地의 客觀的 현상에 따라 決定되는 것이지 지목 등 形式에 의하여 左右되는 것은 아니다

473) 金澤良雄, "統制法規違反の法律行爲", 別册ジュリスト 行政判例百選 Ⅰ, 42-3.
474) 日本農地法 §3 Ⅰ도 農地에 대하여 所有權을 移轉하는 境遇 原則的으로 農地委員會의 許可를 얻도록 하였는바, 그 立法취지는 農地改革에 의하여 創設된 自作農을 維持 育成하기 위하여 이에 反하는 農地의 權利移轉을 制限하는 것이라 한다. 嚴井俊(註 3), 560.
475) 郭潤直, 26; 巖井俊(前註), 561-63.

(客觀主義, 현황주의).[476] 大判 93. 4. 13, 93다1411(公 945, 1396)도 公簿상 지목이 전 또는 답으로서 事實上 垈地化되어 있는 土地에 대하여 賣渡人의 관할관청으로부터 農地의 保全 및 利用에 관한 法律에 따른 원상回復命令을 받았다 하더라도 이미 垈地化되어 있는 土地의 賣買에 관하여는 所在地관서의 證明이 要求되는 것이 아니라고 하였다(大判 91. 12. 13, 91다 34219(公 913, 511)).

한편 改正山林法(1990. 1. 13 公布 法律 제4206호)은 山林利用度의 제고와 投機의 抑制를 圖謀하기 위하여 林野를 賣買할 경우 매수자는 市長·郡守의 林野賣買證明을 發給받도록 하고 林野賣買證明은 매수자가 實需要者인 경우에 한하여 發給하도록 하였다(§ 111).

여기서 이러한 賣買證明이 없는 境遇 農地·林野賣買의 效力이 어떻게 되는가가 問題되는데 判例나 理論은 주로 農地賣買와 關聯하여 그 見解가 對立되고 있어, 아래에서는 이에 따라 農地賣買에 관하여 살펴보겠으나, 이는 林野賣買에서의 論議에도 그대로 適用된다고 보여진다.

(가) 債權契約無效論　　初期大法院의 判例는 證明을 賣買의 效力發生要件으로 보고, 證明 없는 農地賣買는 그 效力을 發生할 수 없다고 판시하였다. 즉 大判 58. 5. 8, 4290民上540, 541; 大判 62. 2. 15, 4294民上829; 大判 62. 4. 18, 4294民上1603; 大判 63. 7. 25, 63다314 등은 農地賣買證明을 債權契約의 效力發生要件으로 보고 있다. 最近 大判 84. 11. 13, 84다75(公 743, 18)은 「所在地관서의 證明은 農地賣買契約의 有效要件이고 이 規定은 소위 公益에 關한 것으로 當事者의 意思나 態度에 의하여 그 規定의 適用을 排除할 수 없다 할 것인바 그렇다면 이와 같은 證明이 없는 한 農地의 賣買契約의 效力을 發生할 수 없다」고 하면서 參照判例로 債權契約有效論에 서고 있는 위 1964년도 全員合議體判決이 아닌 賣買證明을 債權行爲의 效力發生要件으로 본 위 1963년 判決을 들고 있다.

債權契約無效論의 논거는 첫째, 農改 § 19 Ⅱ의 「賣買」를 債權契約이 아닌 物權契約으로 보는 解釋은 同條項의 字句와 너무나 距離가 먼 解釋이라는 것이다. 둘째로, 債權契約을 有效하다고 解釋하면 이는 農地改革法의 精神에 어긋난다는 것이다. 만일 證明이 없더라도 當事者 사이의 賣買契約은 有效하고 다만 所有權移轉登記를 할 수 없을 뿐이라면, 이는 非農家에 의한 農地의 買受와 그에 의해 占有·收益을 可能하게 하고, 나아가서는 禁止된 小作制度를

476) 巖井俊(前註), 557-60.

事實上 盛行케 하는 要因이 된다고 한다. 결국 債權行爲를 따로 有效로 하는 것은 農地改革法의 精神이나 입법취지가 몰각되어 公益的 強行法規에 反하는 結果가 된다는 것이다.[477]

(나) 債權契約有效論 그러나 大法院의 主流的 立場은 農改 § 19 Ⅱ의 賣買는 「物權的 賣買」를 意味하는 것이고 「債權的 賣買」를 말하는 것이 아니라 하여, 所有地官署의 證明이 없더라도 賣買 자체의 效力에는 영향이 없는 것으로 본다. 즉 大判 64. 9. 15, 64다617(集民 12-2, 106)이 「法 제19조 제2항이 所有地官署의 證明을 얻어 當事者가 직접 할 수 있다고 規定한 農地의 賣買는 登記에 의하여 直接 그 所有權을 移轉하는 이른바 物權的인 賣買(從來의 當院判決例에서 위 證明을 效力發生要件 또는 登記取得要件이라고 판시한 賣買는 모두 이러한 物權的 賣買를 이르는 것이었다)를 말할 뿐으로, 當事者간에 農地所有權의 移轉을 目的으로 한 債權的인 賣買까지를 이르는 것이 아니다」라고 판시함으로써 從前의 위 判例들과 相反된 見解를 보이다가 大判 64. 10. 1, 64다563(全員合議體)(集民 12-2, 136)는 所有地官署의 農地賣買證明이 없는 경우에는 賣買에 의한 物權變動의 效果, 즉 所有權移轉의 效果를 發生할 수 없다는 취지에 지나지 않으며 農地賣買當事者 사이의 債權契約인 農地賣買契約 자체까지 效力이 發生하지 못한다는 취지가 아니며, 農地賣買에 있어 所有地官署의 農地證明이 없을지라도 農地賣買當事者 사이에 債權契約으로서의 賣買契約이 有效히 成立될 수 있다고 하였다.

또한 大判 67. 6. 27, 66다2616(集民 15-2, 112)에서도 農地賣買證明이 없더라도 賣渡人의 農地引渡義務를 肯定하고 있어, 이 역시 債權契約의 效力을 認定하고 있는 것으로 보인다. 最近 大判 87. 4. 28, 85다카971(公 802, 865)에서도 계약체결 당시 農地賣買證明이 없다 하여 債權契約인 賣買가 無效로 돌아가는 것은 아니라고 하였고(同旨 大判 92. 5. 12, 91다33872(公 923, 1837); 大判 91. 8. 13, 91다10992(公 905, 2341)) 大法院이 農改 § 19 違反의 경우 債權契約의 效力을 認定한 것은 그뒤에도 繼續된다(大判 92. 10. 27, 92다28921(公 923, 3287)). 한편 大判 89. 5. 23, 88다카5331(公 852, 976)은 舊農地改革法(1960. 10. 13. 法律 第561號로 단서규정이 新設되기 전의 것) § 16에 의하여 分配받은 農地에 대하여는 상환完了시까지 賣買가 禁止되었으므로 상환완료 전의 分配農地에 대한 賣買는 無效이며 다만 例外的으로 상환완료를 停止條件으로 하여 買受人에게 상환完了시까지 農地를 現實的으로 認定하지 아

477) 郭潤直, 26-9; 尹鎬一, "農地改革法의 解釋(4)", 法曹 16卷 7號, 31; 卞東杰, "所在地官署의 證明이 없는 農地賣買契約의 效力", 司法行政, 86. 10, 23-4. 外國人土地取得許可를 받지 아니한 境遇의 效果와 關聯하여 朴英植, "外國人土地法上의 許可主義", 宇玄 金辰博士華甲紀念論文集, 63.

니한 경우나 農地改革法의 適用을 받지 않는 非農地化를 停止條件으로 하여 그 條件이 短時日 내에 成就된 境遇에만 有效한 賣買로 認定할 수 있다고 하였다. 이와 같은 判例에 의한다면, 所在地官署의 證明은 農地賣買를 原因으로 하는 農地所有權移轉登記에 特別히 要求되는 한 書類로서의 意義를 가질 뿐이라는 結果가 된다.[478] 日本最高裁 昭 40(1965). 4. 16 判決의 「農地法 제 5 조의 規定에 기한 知事의 許可는 所有權의 移轉 또는 地上權 賃借權 등의 設定을 許可하는 公法行爲이고 원래 個別的인 賣買, 賃貸借 등의 私法上 契約을 許可하는 것이 아니다」라고 하는 立場도 이러한 債權契約有效論과 맥을 같이 한다고 보여진다.[479] 다만 農地賣買許可 前에는 所有權移轉登記와 農地引渡를 구할 수 없는 部分的 有效論에서 있다고 한다. 즉 契約은 基本的으로는 有效하나 그 效果가 農地法의 취지에 反하는 境遇 許可가 있을 때까지 그 效力이 發生하지 않는다고 해한다.[480] 우리 大法院도 證明없는 農地賣買에 있어서 다른 債權的效力은 이를 認定하면서, 所有權移轉만은 이를 許容하지 않아 엄밀하게는 이러한 部分的有效論의 立場에 있다 하겠다. 한편, 이러한 債權契約의 有效는 農地賣買證明을 밟을 수 있는 實質的 要件을 具備한 境遇에 限하는 것이고, 證明의 實質的 要件을 갖추지 못한 경우까지 그 債權行爲를 有效하다고 하는 것은 強行規定에 反한다는 立場이 있다.[481]

㈐ 流動的 無效論　　農地賣買證明은 賣買의 效力發生要件이므로 그 證明을 얻지 못한 賣買契約은 原則的으로 無效이나, 그렇다고 하여 그 賣買契約이 完全히 效力을 잃는 것으로 볼 것은 아니고, 農地賣買證明은 契約체결 當時에 있어야만 하는 것은 아니고 事後에 얻을 수도 있으며, 契約체결 當時에 그 證明을 얻지 못한 境遇에는 賣買契約은 관할관서가 證明의 附與 또는 拒否를 決定할 때까지 「流動的으로 效力이 없고」(schwebend unwirksam), 그 證明이 最終的으로 拒否된 때에 그 賣買契約은 確定的으로 無效(nichtig)로 된다는 立場이 있다.[482] 契約이 流動的 無效인 狀態에 있는 동안에도, 解除權을 유보하지 않는 한 一方的으로 契約을 解除할 수 없으며, 雙方當事者는 農地賣買證明을 얻는 데 모든 效力을 하여야 하고 그 證明을 방해하여서는 아니될

478) 郭潤直, 27.
479) 山田幸男／東平好史, "農地法第 5 條規定に基づく知事の許可は當該農地についての私法上の行爲の取消または解除によつてその效力を失うか", 民商 53-6, 117.
480) 川口富男, "農地の賣買", 現代契約法大系 第 3 卷, 319.
481) 尹鎬一(註 476), 31-2.
482) 郭潤直, 28.

信義則上의 義務를 負擔하며 방해에 歸責事由가 있을 때에는 손해배상의 義務를 負擔한다고 한다.[483]

이 流動的 無效論도 결국 債權契約無效論을 토대로 한 特殊理論이라 할 수 있으며, 이러한 理論은 후술하는 國土利用管理法上 許可를 받지 않는 去來契約의 效力에서도 同一하게 展開될 수 있다.

判例(大判 77.5.24, 75다1394)는 物權行爲는 獨自性과 無因性을 認定하지 않는다고 하였고, 去來實情上 通常의 境遇 物權的 合意와 그 原因行爲가 함께 행하여지는 점 등을 고려할 때 農地賣買證明은 物權行爲뿐만 아니라, 그 基礎가 되는 債權契約까지의 效力發生要件이 된다고 解釋할 餘地가 있으며, 證明 없는 境遇 債權契約까지 無效로 보아야, 所有權移轉請求에 그 協力을 拒絶하는 大法院의 立場이 法律行爲에 기한 所有權移轉登記請求權이 債權契約에 기하여 發生한다는 立場과 상충됨이 없을 것이다.

한편, 土地去來許可에서와 같이 當初부터 賣買證明을 잠탈하거나 排除하는 경우, 그리고 農地賣買證明을 얻을 수 있는 實質的 要件을 갖추지 못한 境遇에는 契約當時부터 確定的으로 無效로 볼 것이고 다만 農地賣買證明을 얻을 수 있는 가능성이 있는 경우 그 證明時까지 流動的 無效狀態에 있다고 보아야 할 것이다.

(2) **관할관청의 許可를 받지 아니한 去來契約의 效力**

國土利用管理法은 投機抑制의 目的으로 土地去來契約許可制를 두고 있는바, 建設交通部長官은 基準地價를 告示한 地域 내에서(§29 참조) 投機的인 土地去來가 盛行하거나 盛行할 憂慮가 있고, 地價가 急激히 上昇하거나 上昇할 憂慮가 있는 地域을 5년 이내의 期間을 정해서 「規制地域」으로 指定할 수 있는데(§21의 2), 위 規制地域 내에 있는 土地의 去來契約을 체결하려는 當事者는 그 계약체결을 許可해 줄 것을 管轄官廳에 共同으로 申請하여야 한다(§21의 3). 規制地域 내에 있는 土地에 관한 賣買契約 체결일이 規制地域으로 指定告示되기 이전인 때에는 그 賣買契約에 관하여는 관할관청의 許可를 받을 必要가 없고, 買受人 名義로의 所有權移轉登記節次를 위 規制地域 指定告示 이후에 경료하게 되었다 하여 위 原因行爲에 대하여 許可를 받아야 하는 것은 아니다(大判 93.4.13, 93다1411(公 945, 1396); 大判 92.5.12, 91다33872(公 923, 1837) 등). 土地去來許可基準은 去來價格과 당해 土地의 利用目的 그리고

---

483) 金能煥, "所在地官署의 證明 없는 農地賣買契約의 效力", 金詳源, 尹一泳화갑기념 民事裁判의 諸問題, 559.

土地面積이다. 許可基準으로서 去來豫定價格은 標準地價에 100분의 120을 곱한 金額에 당해 土地의 取得管理에 必要한 費用額의 元利金을 合算한 金額을 넘어서는 아니되며, 去來豫定金額이 이러한 許可基準金額을 超過하면 不許可處分을 받게 된다. 土地去來許可制의 주요 심사사항은 바로 이 去來價格이고, 土地去來許可制가 土地의 去來價格을 許可基準價格의 범위 내를 抑制하는 것을 主目的으로 하고 있기 때문에 뒤에서 보는 바와 같이 허위의 低價申告가 盛行될 憂慮가 있다.

同一當事者 사이에 國土利用管理法上의 規制區域 내에 있는 수필지의 土地에 관하여 賣買契約을 체결하고자 하는 境遇에 있어서 그 賣買가 같은 법상의 土地去來許可對象인가 아니면 單純히 申告對象인가를 구별하는 去來單位面積은 각 필지별 面積에 따라 地理的 近接性 및 이용상황, 당해 去來의 經濟的 目的, 代金의 決定方法 등 제반상황을 綜合的으로 考慮하여 수필지 土地 全體가 하나의 賣買契約 目的物이라고 보여지는 境遇에는 수필지 土地全體의 面積을 基準으로 정하여야 할 것이고, 또한 買受人 또는 賣渡人이 여러 사람이라고 하더라도 위 去來單位面積은 당해 土地面積 자체를 基準으로 決定할 것이지 賣買當事者 1인별 面積을 基準으로 決定할 것은 아니다(大判 93. 9. 14. 91다41316(公 955, 2740)). 大判 91. 11. 26, 90누5150(公 912, 3309)은 國土利用管理法은 § 21의 3에서 土地 등 去來契約에 대한 許可制 등을 規定하면서 § 21의 4에서 그 許可基準으로서 不許可事由를 列擧하고 있는바, 이러한 土地 등 去來許可制는 國民의 基本權에 대한 重大한 制約으로서 法律에 의하여서만 制限할 수 있는 점에 비추어 볼 때, 土地 등 去來契約에 대한 許可處分 또는 不許可處分을 할 것인가의 與否에 관하여는 處分廳의 재량이 排除되고 법정 不許可事由가 없는 許可申請에 대하여는 반드시 許可를 할 것이라고 하였다. 한편 大決 90. 11. 6, 90마769(公 887, 34)는 競賣의 境遇에는 土地去來許可를 받지 않아도 된다고 하였다(§ 21의 9 Ⅱ; 施 § 30 ii). 그리고 大判 91. 10. 25, 91다29378(公 910, 2827)은 規制地域 내에 있는 土地라 하더라도 대가관계 없이 신탁자의 一方的인 意思表示에 의하여 이루어지는 名義信託 解止는 위의 「土地 등의 거래계약」에 해당하지 아니한다고 하였다.

㈎ 許可 排除 내지 잠탈契約의 效力　　規制地域에 대하여 土地去來許可를 받지 않는 契約의 效力에 있어서 먼저 許可를 排除하거나 잠탈하는 內容의 契約은 범법행위로서, 이는 처음부터 絶對的·確定的 無效이다. 大判 92. 3. 31, 91도3223(公 920, 1481)은 土地를 買受할 때부터 國土利用管理法上의 許可를 받은 일

이 없고, 買受 후 賣買代金을 完決하지도 않은 狀態에서 다시 他人에게 轉賣하여 그 賣買代金 중 一部를 수령한 境遇, 後者의 賣買契約은 위와 같은 賣買의 經緯에 비추어 처음부터 國土利用管理法上의 許可를 排除한 去來契約으로서 許可받을 것을 前提로 한 契約이라고 볼 수 없고, 또한 법 §31의 2에 의하여 詐僞 其他 부정한 方法으로 土地 등의 去來契約許可를 얻을려는 것은 犯罪行爲이므로 이 역시 效力이 없다고 하였다. 大判 90.12.11, 90다8121(公889, 462)도 土地去來許可 對象地域內의 土地의 賣買契約에 있어서 管轄官廳의 土地去來許可를 얻는 데 必要한 모든 書類를 賣渡人이 責任지고 買受人에게 마련하여 주기로 하고, 賣渡人에 대한 協力義務의 內容은 土地去來許可申請書의 買收金額欄을 實際 去來價格보다 훨씬 적은 許可條件價額으로 虛僞記載하여 賣渡人이 날인하기로 한 境遇 위 賣買契約은 國土管 §21의 3 I의 規定에 違反하여 許可 없이 체결된 것이며, 또한 不正한 方法으로 위 賣買契約의 許可를 받기로 約定된 것이므로 이는 위 法 §31의 2에 違背된 犯法行爲이어서 無效라고 하였다. 그러나 大判 92.7.28. 91다33612(公928, 2544)는 賣買契約을 체결한 때에는 土地去來許可를 받지 아니하였지만 그 후 許可를 받은 이상 有效한 契約이 되며 許可申請書에 記載된 去來價格이 實去來價格보다 낮다 하더라도 이것만으로 許可 自體를 當然無效라고 볼 수는 없다고 하였다.

이와 같이 범법행위를 目的으로 하여 土地去來許可를 받지 않는 土地去來의 效力에 대하여는 별다른 疑問이 없으나, 論難이 되고 있는 것은 바로 許可받을 것을 前提로 한 賣買契約에 있어서 許可를 받지 아니하고 있는 동안의 賣買契約의 效力이다. 이에 대하여는 1991년 全員合議體判決로 大法院의 立場이 整理되었다고 볼 수 있으나, 이로서 이와 關聯된 問題들이 모두 解決된 것은 아니고 이 立場에서 派生되는 여러 복잡한 法律的 問題의 解決이 뒤에서 보는 바와 같이 쉽지 않다.

㈏ 許可를 前提로 한 契約의 效力

(a) 債權契約有效論 먼저 物權行爲의 독자성을 肯定하는 立場으로부터 債權契約으로서의 賣買契約은 許可를 받지 않더라도 效力을 發生한다고 하는 見解가 있을 수 있다. 賣買當事者간의 關係는 私法關係이기 때문에 그 사이의 利害의 調整은 가능한 한 私的 自治에 맡기는 것이 當事者 사이의 公平과 具體的 妥當性을 기할 수 있고 그리고 許可의 有無를 묻지 않고 債權行爲를 有效하게 함으로써 買受人을 保護할 수 있다는 것이다. 實質的으로 投

機抑制機能을 하는 許可證은 物權的 合意나 그 效果로서의 物權變動 過程에서 要求되는 것이며 굳이 債權的 契約까지 無效化시켜 契約自由의 原則을 本質的으로 侵害할 理由가 없다는 것이다. 水原地判 89. 12. 21, 88가합9411은 「所有權移轉登記를 하지 않으면 所有權移轉의 效力이 생기지 않는 우리 民法下에서는 所有權移轉登記를 防止하는 선에서 契約의 效力을 制限하면 國土利用管理法이 目的하는 바는 達成되고, 契約체결만으로써 所有權移轉의 效力이 생기는 法에서처럼 契約체결 自體를 禁하거나 當事者가 체결한 契約 自體의 效力을 否認할 必要는 없다 할 것이며, 만일 土地去來許可에 關한 法規定을 文理的으로만 解釋 適用한다면 不動產 賣買契約을 먼저 체결하고 土地去來許可를 받는 一般去來관행은 全面 否認되고, 不動產賣買契約은 賣買를 위한 事前協議 程度의 意味를 가질 수밖에 없으며 許可의 內容에 따라 契約을 다시 체결하지 않으면 아니될 것이고, 賣買契約 當事者는 許可取得 以前이나 以後를 不問하고 어느 때라도 既存의 契約을 否認할 수 있게 되어 法律行爲의 安定性을 크게 해치게 된다」고 판시하였다.

(b) 部分的 有效論　　債權契約은 有效하나 具體的인 경우 國土利用管理法의 立法취지에 反하는 境遇 그 效力이 부정된다는 見解가 있을 수 있다.[484] 私的 自治의 原則과 國土利用管理法의 立法취지와의 調整을 꾀하자는 것이다. 이 理論에 따르면 許可를 받기 이전에라도, 當事者간에 成立된 契約이 전혀 無效인 것은 아니고, 다만 所有權移轉 등 法規定의 근본취지에 反하는 事項에 대하여만 그 效力이 發生하지 않으며, 위 法의 취지에 반하지 않는 다른 事項에 대하여는 債權的 效力을 갖는다고 解釋한다. 有效로 하는 部分이 무엇인가는 애매하나 賣買契約은 基本的으로 有效하고 어떤 效果가 國土利用管理法의 취지에 反하는 境遇에는 許可가 있을 때까지 그 效力이 發生하지 않는다고 생각할 수 있다. 日本最高裁判所는 獨禁法違反契約의 私法上 效力에 관하여 同一한 취지로 판시하고 있다. 즉 「禁止規定에 違反한 私法上契約의 效力에 대하여는 一律的으로 有效, 無效를 論하는 것은 妥當하지 않고 각 具體的인 경우에 따라 自由로운 競爭의 促進과 去來의 安全確保라는 兩極端의 利益較量 위에 서서 當該 境遇에 어느 것을 優先시키는 것이 가장 正義衡平의 觀念에 合致하는가에 依하여 有效, 無效를 決定한다」고 하였다.[485] 이 理論을

484) 谷田貝三郎, "いわゆる法定條件と民法第一二八條の類推適用", 民商 52-6, 95.
485) 村上政博, "獨禁法の違反契約の私法上の效力 ── 排他的特約店條項と獨禁法 ──", ジュリスト, No. 644, 142.

그대로 土地去來許可制度에 導入한다면 土地去來許可를 받기 전에 土地引渡를 구하는 경우 國土利用管理法의 立法취지를 몰각할 수 있다 하여 이를 拒否할 수 있다는 見解가 가능할 것이다. 이 部分的 有效論 역시 基本骨格은 債權契約有效論의 立場에 서 있다고 할 수 있다.

(c) 債權契約無效論 許可는 債權契約과 物權契約이 結合된 契約에 대한 것이고, 許可가 없는 경우 債權行爲만을 有效로 하는 것은 土地投機抑制라는 立法目的이나 취지에 反할 뿐만 아니라 탈법수법을 許容하게 되고, 土地去來許可制의 實效를 거둘 수 없게 하며 犯罪行爲를 助長하는 結果가 될 것이므로 債權契約이든 物權契約이든 許可가 없으면 契約이 無效라는 것이다. 憲法裁判所의 決定理由 중 土地去來許可를 받지 아니한 去來契約의 사법상 效力에 관한 部分이 이 立場에 서 있다고 보여진다. 즉 憲法裁判所(89. 12. 22, 88헌가13)는 「國土利用管理法이 제21조의 3 제7항에서 許可 없는 去來契約에 대하여 債權的 效力까지 否認하면서 다시 제31조의 2에서 許可 없이 土地 등의 去來契約을 체결한 者에게 罰則規定을 두고 있는 것은 農地改革法 제19조 제2항의 規定에 따른 農地賣買에 있어서 農地所有地官署의 賣買證明 없이도 去來契約의 債權的 效力을 認定하고 罰則도 없었던 關係로 事實上 賣買가 盛行하여 耕者有田의 立法目的을 達成할 수 없었던 經驗에 비추어 投機抑制, 地價폭등의 진정 등 立法目的達成을 위하여서는 事實上 賣買去來의 원천봉쇄가 不可避했던 것이고 國土利用管理法 제31조의 2 소정의 處罰規定은 그 制定經緯와 背景을 살펴보건대, 當局의 許可 없이는 土地去來의 本契約은 물론 豫約도 체결할 수 없게 한 것은 當事者간에 債權的 效力이 남는 去來行爲 내지 事實上의 履行行爲조차도 이를 바람직하지 않다고 보겠다는 意志의 表現이라고 解釋할 수 있을 뿐만 아니라, 國土利用管理法에서 無效化하는 效力規定을 둔 이상 團束規定으로 解釋할 餘地를 없앴으며, 效力規定을 두고 있지 않는 農地改革法이나 外國人土地法·鄕校財産法의 規定의 解釋에 관한 判例에서 보이듯이 어겼을 때 物權行爲로서는 無效이고 債權行爲로서는 有效하다는 解釋의 입지를 弱化시켰고, 物權行爲는 물론 債權行爲로서도 無效라는 解釋의 有利한 根據가 마련된 셈이다」라고 판시하였다. 日本에서는 國土利用計劃法의 解釋論으로 農地法의 失敗를 거울삼아 契約의 成立前 段階에서 許可를 요하고, 許可가 없으면 契約을 체결하여도 無效이며 裁判上 契約의 履行을 請求할 수 없도록 하였고, 또한 許可를 停止條件으로 한 契約을 체결하거나, 不許可를 解除條件으로 하

는 契約을 체결하여도 農地法과 달리 國土利用計劃法規定 全體의 취지가 當該 去來에 관하여 그 適否를 判斷하기 이전에 當事者 사이에 拘束力을 갖는 關係가 形成되는 것을 防止하는 것에 있다고 하는 점에 비추어 보면 이러한 停止條件附 또는 解除條件附契約의 체결도 當然 否定된다고 한다.[486]

後述할 1991년 全員合議體判決 以前의 大判 91. 6. 14, 91다7620(公 901, 1922)은 管轄 道知事의 許可를 받기 전의 賣買契約은 위 法 제31조의 2에 違背된 범법행위로서 그 效力이 없다고 보는 것이 상당하므로 土地去來許可地域 안에 있는 垈地에 대하여 賣買契約을 체결함에 있어 契約當事者 사이에 垈地에 대한 土地去來許可를 받지 못할 경우 賣買契約을 無效로 하기로 하는 約定을 하였다면 이는 土地去來 不許可를 解除條件으로 하는 賣買契約으로서 위 法 §21의 3 Ⅶ 또는 같은 법 §31의 2에 違背되어 無效라고 판시하였는바, 이는 債權契約無效論에 선 것으로 보인다.

(d) 流動的 無效論　　土地去來許可에 관한 大判 91. 12. 24, 90다12243(全員合議體)(公 914, 642)의 多數意見(同旨 大判 92. 9. 8, 92다19989(公 931, 2846); 大判 92. 10. 13, 92다16836(公 933, 3126); 大判 93. 1. 12, 92다36830(公 939, 691))은 國土利用管理法의 規定은 私立學校法·農地改革法 또는 外國人土地法 등 다른 土地去來規制法들이 特定한 目的의 土地保全을 위하여 그 權利의 移轉을 規制함에 그치는 것과는 달리 投機의 目的으로 하는 土地 등의 去來契約 자체를 規制하기 위하여 規制地域 내에서의 個人간 土地去來에 관할관청이 直接 介入하여 그 去來內容이 위 법의 投機去來防止目的에 저촉되는지의 與否를 檢討한 후 許可를 하게 함으로써 이러한 許可 없이는 當事者를 拘束하는 契約의 效力이 發生하는 것을 禁止하려는 데에 그 立法취지가 있다고 解釋되고, 위와 같은 각 規定의 內容과 그 입법취지에 비추어 볼 때, 土地의 所有權 등 權利를 移轉 또는 設定하는 內容의 去來契約은 관할 官廳의 許可를 받아야만 그 效力이 發生하고 許可를 받기 전에는 物權的 效力은 물론 債權的 效力도 發生하지 아니하여 無效라고 보아야 할 것이나, 許可받을 것을 前提로 한 去來契約일 경우에는 許可를 받을 때까지는 法律上 未完成의 法律行爲로서 所有權 등 權利의 移轉 또는 設定에 관한 去來의 效力이 전혀 發生하지 않음은 確定的 無效의 境遇와 다를 바 없지만, 일단 許可를 받으면 그 契約은 소급하여 有效한 契約이 되고 이와 달리 不許可가 된 때는 無效로 確定되므로 許可를 받기까지는 流動的 無效의 狀態에 있다고 보는 것이 妥當하다고 하였다. 나아가 國土

486) 河野正三(註 469), 125, 131.

利用管理法上 土地去來許可制度의 입법취지를 土地의 投機的 去來를 防止하여 正常的 去來를 조장하려는 데에 있으므로, 投機的 去來의 防止에 必要한 範圍내에서 規定의 效力을 認定하면 足할 것이고 그 範圍를 넘어서까지 自由財產權의 保障과 私的 自治의 原則에 대한 制限의 폭을 넓혀 나가는 것은 오히려 그 입법취지에 반한다고 하였다. 그리고 規制地域 내에서도 土地去來의 自由가 認定되나 다만 위 許可를 許可 전의 流動的 無效狀態에 있는 法律行爲의 效力을 完成시켜 주는 認可的 性質을 띤 것이라고 보는 것이 妥當하다고 하였다. 그 뒤에 나온 大判 92. 7. 28, 91다33612(公 928, 2544)도 賣買契約을 체결하였을 때에는 土地去來許可를 받지 아니하였지만 위 許可를 前提로 하여 契約이 체결되고 그 후 許可를 받은 이상 有效한 契約이 된다고 하였다.

土地去來法 §2에 관한 獨逸法의 立場도 바로 이에 該當한다.[487] 즉 土地去來認可가 있기까지에는 讓渡는 유동적으로 效力이 없다(schwebend unwirksam).[488] 원래 流動的 狀態는 有效要件의 充足與否가 不確實한 境遇에만 流動的 狀態라 할 수 있고(예컨대 무권대리에서의 本人의 추인에 의하여 좌우되는 경우) 따라서 當初부터 不許可될 것이 明白하거나 혹은 認可될 것이 確定的인 境遇에는 嚴密한 意味에서는 流動的 狀態에 있다고 할 수 없다. 流動的 狀態는 그 效力의 發生與否가 時間的으로 연기되어 있고, 外部的인 充足與否가 現在 不確實한 狀態에 있는 境遇를 말한다.[489] 따라서 이 段階에서는 給付(Leistung)를 請求할 수 없다. 그렇지만 契約當事者는 유동적 狀態를 고려하여 認可 전에도 最終的인 不動產 讓渡나 賣買代金支給義務가 먼저 行하여지지 않는 한 給付義務의 根據가 되는 約定을 有效하게 할 수 있다.[490] 獨逸聯邦法院은「土地去來法 제2조에 따라 認可義務를 負擔하는 當事者가 認可前에도 賣買代金을 公證人에게 寄託할 수 있다는 것을 約定할 수 있고, 土地去來法의 意味와 目的은 단지 契約의 流動的 無效

---

487) Friedrich Lent/Karl Heinz Schwab, "Sachenrecht"(19. Aufl., 1983), S. 114; Walter Bielenberg/Michael Krautzberger/Wilhelm Söfker, "Baugesetzbuch Leitfaden"(1987), Rdnr. 352ff. 同法 §144 Abs. 2. Ziff. 1.

488) 獨逸法상 유동적으로 無效인 法律行爲로서 第三者의 同意 追認을 有效要件으로 한 것은 獨逸民法 §§108, 177, 185. 후견인의 認可를 有效要件으로 한 것은 民法 §1829 I; Manfred Löwisch "Das Rechtsgeschäft"(3. Aufl., 1977), §8, 9, S. 41ff.; Karl Larenz, "Allgemeiner Teil des deutschen Bürgerlichen Rechts"(7th. 1989), §23 Ⅵ, S. 482f. 自己代理禁止違反行爲에 있어서도 事後 本人의 追認을 有效要件으로 본다. BGH, Jus 1976. 4, S. 259(Volker Eemmerich의 解說); Hans-Jochim Musielak, "Grundkurs BGB"(1986), S. 108f.; Christoph Hirsh, "Das Allgemeine Teil des BGB"(1986), S. 125ff.

489) Musielak(前註), S. 119.

490) Karle Haegele/Harmut Schöner/Kurt Stöber, "Grundbuchrecht", Rdnr. 2066, S. 1087.

期間 동안 賣買契約의 주된 義務의 終局的인 履行이 앞당겨지도록 하는 約定을 禁止할 뿐이다」라고 하였다.[491] 認可가 拒絶되면 契約은 소급하여(extune rückwirkent) 無效로 된다.[492] 그리고 한 번 有效하게 宣言된 認可拒絶은 撤回될 수 없다. 다만 請求權의 새로운 根據로서 法律行爲가 새롭게 이루어질 수 있고 그로서 새로운 認可를 要한다.[493] 유동적인 狀態(Schwebezustand) 동안에도 當事者는 체결된 約定에 拘束된다. 一方的인 契約의 解消(예컨대 表示의 意思 撤回)는 許容되지 않는다. 當事者는 認可를 取得하기까지 必要한 모든 行動을 하여야 하고 信義誠實(Treu und Glauben)에 따라 認可가 拒否될 수 있는 모든 行動을 中止하여야 한다.[494] 당해 관청에 의하여 認可를 받지 않은 不動產所有權者의 處分은 그 法律行爲가 法的禁止에 반하기 때문에 無效이다(民 §134). 우회적인 法律行爲도 마찬가지이다. 認可는 법에 列擧한 認可拒絶事由가 있으면 拒否될 수 있다. 이러한 認可의 拒絶根據는 農業構造(不健全한 土地配分)나 農村經濟經營을 考慮한 成果(非經濟的인 營業 혹은 不動產 分割) 혹은 契約內容(不動產 價格과 約定代金 사이의 심한 不均衡) 등이다.[495] 事後認可를 얻게 되면 유동적 상태는 終結되고 소급적으로 契約이 有效해진다.[496] 서울民事地判 89. 8. 29, 89가합18738의 判旨 중에는 이러한 獨逸法的 立場을 따른 表現이 보인다. 즉 동 判決은 「許可 없는 賣買契約은 債權的 效力도 없는 無效의 法律行爲이지만 管轄官廳의 許可 또는 不許可處分이 있기까지 그 無效인 狀態는 流動的이어서 不許可處分이 내려지면 그 契約은 無效로 確定되나 許可處分이 있으면 그 契約은 체결시점으로 소급하여 有效하게 된다고 봄이 妥當하다 할 것이다」라고 하였다. 土地去來法 §2에서는 公衆의 重大한 利益을 위하여 行爲的 讓渡뿐만 아니라 그 基礎가 되는 債權契約까지도 認可를 받도록 하였는 바, 賣買契約이 認可되면 物權的 合意(Auflassung)는 함께 認可된 것으로 본다. 私法上 意味에 있어서의 農地나 林野 移轉에는 그 移轉이 어떠한 根據에 기하든지 相關 없이 認可가 要求된다.[497] 登記簿의 등재는 앞서 말한 바

491) BGH 1978. 10. 6字 V ZR 211/77. Horst Hagen, "Aktuelle Probleme aus der höchstrichterlichen Rechtsprechung zum Grundstückskaufvertrag"(2. Aufl.), S. 92.

492) Fritz Baur, "Lehrbuch des Sachenrechts"(12. Aufl., 1983), S. 265f.; Haegele/Schöner/Stöber(註 24), Rdnr. 2065, S. 1087.

493) Hans-Armin Weirich, Grundstücksrecht, BGH NJW 1954, 1155.

494) Larenz(註 472), §23 Ⅵ, S. 413.

495) Baur(註 492), S. 265f.; Heinrich Balser/Ingo Rühlicke, "Handbuch des Grundstücksverkehrs" Rdnr. 2063ff.

496) 獨民 §§108 Ⅰ, 182 Ⅰ 參照.

497) Haegele/Schöner/Stöber(註 490), Rdnr. 2229ff., 2235ff.

와 같이 認可가 確定的으로 通知되어야 비로소 許容된다. 그리고 登記節次履行請求(eine Klage auf Auflassung)은 通常 認可後 비로소 고려된다.[498]

㈐ 結 論 國土利用管理法은 土地의 權利 取得에 許可를 必要로 하는 것이 아니고 그 取得의 原因이 되는 賣買契約에 許可를 要하고 있고, 그 許可를 받지 않으면 그 契約의 效力이 없다고 하여 法文上 債權契約無效論 쪽의 解釋論에 기울어져 있지 않나 생각된다. 規制地域에 관한 위 規定은 違反시 法的 效果에 대한 박탈뿐만 아니라 징역형이라는 強한 罰則까지 두고 있어 이는 單純한 團束法規에 그치는 것이 아니라 效力規定에 관한 것이라 할 수 있다. 이 境遇 債權契約이 無效이면 物權的合意도 無效로 보아야 할 것이다. 각 特別法이 「土地의 所有權의 移轉」에 관한 許可와 「그 原因되는 私法上契約」에 對한 許可를 달리 規律하고 있는 점에 그 意味를 賦與하여야 할 것이다. 우리 나라 國土利用管理法은 모든 土地를 대상으로 하여 去來許可地域에 對한 賣買契約의 許可를 要하고 있고, 그 외에도 農地와 林野에 대하여는 따로 農地改革法이나 山林法에서 賣買證明을 要하고 있는바, 말하자면 農地와 林野에 대하여는 二重的인 行政規制가 놓여 있다. 그렇다면 賣買證明을 요하는 경우 그 證明을 받지 않더라도 賣買契約을 有效로 본다 할 수 있을지언정, 許可를 받지 않는 境遇에도 마찬가지로 賣買契約은 有效로 본다고 하기는 어려울 것이다. 만일 이런 許可를 받지 않는 境遇에도 債權契約이 有效하다면 이러한 二重規制의 目的이나 實益이 없다 할 것이다. 立法者의 意思는 國土利用管理法에서는 農地改革法과 山林法에서와 달리 아예 許可를 받지 않은 土地賣買契約의 效力조차도 認定하지 않으려는 것으로 理解하여야 하지 않을까 생각된다. 許可는 債權契約이나 物權的 合意의 양쪽에 향하여져 있는 것이고, 이러한 許可가 없거나 不許可處分이 내려지면 物權契約은 물론 債權契約까지 無效로 보아야 할 것이다. 不動產登記特別措置法에 따르면 契約을 原因으로 所有權의 移轉登記를 申請할 때에는 契約書에 市長·郡守 檢印을 받아야 하는바, 그렇다면 通常의 경우 物權的 合意와 그 原因行爲가 함께 행하여진다고 보는 것이 妥當하고[499] 이러한 去來의 現實을 고려하더라도 國土管理利用法에서의 許可는 物權行爲뿐만 아니라 그 基礎가 되는 債權契約까지 그 效力發生의 要

498) Brune Bergefurth/Lutz Menard, "Das Kaufrecht", S. 317ff.

499) 이에 反하여 檢認契約書의 使用으로 原因行爲가 登記原因으로 되었다고 하더라도 物權行爲의 獨自性이나 무인성의 問題는 그대로 남아 있는 것이라는 見解가 있다. 丁玉泰, "檢認契約書에 關한 諸問題", 司法行政 89. 6, 15.

件이 되어야 하며 土地去來許可가 있게 되면 物權契約뿐만 아니라 賣買契約까지도 함께 許可한 것이 되고 이 때 비로소 登記簿에의 등재가 許容되며 不許可處分이 있게 되면 物權行爲는 물론 그 基礎가 되는 原因行爲인 賣買契約까지도 效力이 없게 된다고 할 것이다. 다만 許可處分 혹은 不許可處分이 내려지기까지 잠정적 기간 동안은 流動的 狀態에서 效力이 없다고 보고 事後許可를 얻게 되면 소급적으로 契約이 有效해지고 不許可處分이 確定되면 賣買契約까지 無效로 보아야 할 것이다. 不許可處分이 確定된 뒤에도 債權契約을 有效한 것으로 남겨두어 假登記請求나 垈地引渡請求를 容認하게 되면, 處罰規定까지 두어 投機를 抑制하려는 法律취지나 目的이 몰각될 것이고 兩當事者 사이의 法律關係가 여전히 不安定한 狀態로 長期間 持續될 念慮가 없지 않다. 그리고 國土管 §21의 15에서 不許可處分을 받은 土地所有者가 道知事에 대하여 當該土地 등에 관한 權利의 買收를 請求할 수 있도록 규정한 것은 不許可處分을 받은 土地賣買契約이 無效임을 念頭에 둔 것이 아닌가 생각된다.

(3) **土地去來申告를 거치지 아니한 賣買契約의 效力**

國土利用管理法은 상술한 許可制 외에 申告制도 아울러 規律하고 있다. 즉 建設交通部長官은 土地의 投機的 去來가 盛行할 憂慮가 있고, 地價가 급격히 上昇할 憂慮가 있는 區域을 5년 이내의 期間을 정해서 土地去來契約의 「申告區域」으로 指定할 수 있으며(§21의 7 V 참조), 申告區域으로 指定된 地域 안에 있는 土地에 관한 一定한 去來契約을 체결하려는 當事者는 그들이 맺고자 하는 契約의 一定內容과 그 土地의 利用目的·利用計劃 등을 管轄官廳에 申告하여야 한다(§21의 7 I-III).

申告區域 내에 있는 土地에 대하여 申告義務를 履行하지 아니하고 去來契約을 체결한 경우 법에서는 그 效力에 관한 아무런 規定을 두지 아니하고 다만 申告義務에 違反한 去來契約 當事者에 대한 罰則(§33 iv)를 두고 있다. 따라서 申告區域에 관한 위 規定은 團束法規에 속하고 申告義務에 違反한 去來契約의 私法的 效力까지 否認되는 것은 아니라고 풀이된다(大判 88.11.22, 87다카2777(公 839, 22)). 그 뒤 大判 92.7.28, 92다17990(公 929, 2649); 大判 92.2.14, 91다12349(公 917, 1012); 大判 91.2.12, 90다14218(公 893, 977)에서도 土地去來規制地域內 관할 官廳의 許可를 받지 않고 체결된 去來契約이 效力이 없는 것과 달리 去來申告區域 내의 土地에 대하여 申告를 하지 않고 契約을 체결하여도 去來契約의 效力 그 자체가 否認되는 것은 아니라고 하였다. 한편 大判 92.6.23, 92다13684(公 926, 2266)에 의하면 國土利

用管理法上의 申告區域 내의 土地에 대한 賣買契約에 따라 所有權移轉登記를 申請할 때에는 같은 법에 따라 관할구청장으로부터 交付받은 土地去來契約 申告畢證을 添附하여야 되는 것이지만, 買受人이 그와 같은 申告畢證을 交付받지 못하였다고 하여 위 賣買契約이 履行不能으로 되어 賣渡人이 위 賣買契約에 따른 所有權移轉登記節次履行義務를 免하게 되는 것은 아니라고 하였다.

(4) 外國人의 許可를 받지 아니한 土地取得의 效力

土地는 國家資源 중 가장 基本的인 것으로 國家産業上 중요할 뿐만 아니라, 一面으로 個人의 所有物임과 동시에 타면으로 그것이 國家領土의 一部라는 側面에서 國防上으로도 重要하다. 이에 各國에서는 外國人의 土地에 관한 權利의 禁止·制限을 널리 행하여 왔으나, 現在는 그것이 점차 解除되어 가는 傾向에 있다.[500]

우리 나라는 原則的으로 外國人에 대하여 土地에 관한 權利를 取得할 수 있게 하면서, 許可, 申告制를 취하고 있다. 종전에는 外國人土地法 §§5 Ⅰ, 5의 3에 의하면 外國人 또는 外國法人이 土地에 관한 權利를 取得하고자 할 境遇에는 內務部長官의 許可를 얻어야 하되, 위 허가를 받지 아니한 토지에 관한 권리취득은 효력이 발생하지 아니한다고 하였으며, 다만 大統領令이 정하는 地域 안에서는 1世代 1住宅에 한하여 自己住居用에 공하기 위하여 660m^2 (200평) 이하의 土地에 관한 權利의 取得은 事前申告만으로 할 수 있게 하였다(同法 §5 Ⅱ). 그러나 1994. 1. 7. 법률 제4726호로 외국인의 토지취득 및 관리에 관한 법률이 제정되고(공포 후 3월이 경과한 날로부터 시행), 그에 따라 외국토지법은 폐지되었는바, 외국인의 토지취득 및 관리에 관한 법률 §6 Ⅰ에 의하면, 외국인 또는 외국법인은 토지에 관한 권리(저당권 제외)를 취득하는 계약(예약 포함)을 체결하고자 하는 경우에는 건설교통부장관의 허가를 받아야 하고 위 허가를 받지 아니한 계약은 그 효력이 발생하지 아니한다고 규정하였다.

여기서 위 許可에 관한 規定이 團束規定이냐 效力規定이냐에 따라 許可를 받지 아니한 權利取得의 效力이 決定된다. 먼저 外國人土地取得에 관하여 구법시대하의 初期 判例인 舊外國人土地法下에서의 大判 48. 12. 12, 4280民上355(카 5395)는 外國人과의 사이에 官廳의 許可 없이 서울 市內의 土地에 관하여

500) 朴永植, "外國人土地法上의 許可主義", 宇玄金辰博士 華甲紀念論文集 60. 우리 나라에서의 外國人의 權利取得能力의 制限은 世界에 유례 없는 것이므로 國際化의 추세에 맞추어 앞으로 制限이 解除되기로 豫定되어 있다고 한다. 李時潤, "土地去來에 관한 規制를 어긴 境遇의 效力과 將來의 履行의 訴", 金詳源, 尹一泳화갑기념 民事裁判의 諸問題, 615.

체결한 賣買契約은 無效라고 하였다. 그 후 大判 66. 6. 21, 66다368(카 1263); 大判 73. 8. 21, 73다737(公 473, 7526)(同旨 大判 81. 5. 26, 80다2367(公 660, 13971))은 「外國人이 內務部長官의 許可를 얻지 않고 土地賣買契約을 하였다면 그것으로 所有權變動의 效果는 發生하지 않으나, 그 契約 자체를 當然無效라고 할 수는 없고 債權的 契約으로는 有效하게 存續한다 할 것이므로 후에 그 相續人이 內務部長官의 許可를 받은 境遇에는 買受人은 賣買目的物인 土地의 所有權을 適法하게 取得한다」고 하였다. 그러나 최근 大判 92. 6. 23, 91다18262(公 926, 2225)은 外國人土地法上 內務部長官의 許可를 요하는 경우 許可를 받지 않으면 그 去來契約의 效力이 否認되나 單純한 申告를 요하는 경우에는 效力이 否認되는 것이 아니라고 하였고(同旨 大判 77. 11. 8, 77다1162(公 576, 10489)), 나아가 外國人土地法에 의한 許可는 名義信託解止에 있어서도 필요하다고 하였다(同旨 大判 92. 12. 22, 91다32770(公 938, 543)). 새로 제정된 외국인의 토지취득 및 관리에 관한 법률 §8는 종전과 달리 허가를 받지 아니한 토지거래계약이 무효라고 하여, 토지거래허가를 받지 아니한 매매계약의 경우와 같이 유동적 무효로 해하여야 할 것이다.

(5) 財團法人, 學校法人의 基本財產과 사찰의 財產의 處分에 관한 許可를 받지 아니한 경우의 效力

財團法人의 定款에는 民 §§ 43, 40 iv에 의하여 財產에 관한 規定을 記載하여야 하고, 財團法人의 基本財產의 處分은 결국 財團法人의 定款의 變更을 招來하게 되므로, 定款의 變更에 主務官廳의 許可를 요하는 이상(民 §§ 45 Ⅱ, 42 Ⅱ) 그 基本財產의 處分에는 主務官廳의 許可를 요한다(大判 66. 11. 29, 66다1668(集 14-3, 民 251); 大判 74. 4. 23, 73다544(요민 I 60(18)))。 大判 74. 6. 11, 73다1975(公 494, 7946)[501]도 財團法人의 基本財產의 處分에 관하여 主務官廳의 許可가 없는 財團法人의 基本財產의 賣買契約이나 交換契約은 債權契約이나 物權契約임을 막론하고 그 效力이 發生할 여지가 없다고 하였다(最近同旨 大判 91. 5. 28, 90다8558(公 900, 1736)).

그리고 私學 § 28 I은 學校法人이 그 基本財產을 賣渡, 贈與, 賃貸, 交換 또는 用途變更하거나 擔保에 提供하고자 할 때 또는 義務의 負擔이나 權利의 포기를 하고자 할 때에는 監督官廳의 許可를 받도록 하였다. 마찬가지로 私立學校法의 위 許可規定에 違反한 契約은 債權契約으로서도 無效이다(大判 74. 6. 25, 74다235(集 22-2, 民 144); 大判 81. 9. 22, 80다1317(公 668, 14369) 등). 學校法人이 그 意思에 의하여 기본재산을 양도하는 경

501) "그러나 財團法人의 基本財產의 處分에 있어서 主務部長官의 許可를 반드시 事前에 받아야 하는 것은 아니고, 이를 處分할 때까지(所有權移轉登記를 請求하는 訴訟에서는 事實審辯論終結까지)받으면 足하다"(大判 74. 4. 23, 73다544).

우뿐만 아니라, 強制競賣節次에 의하여 양되되는 경우에도 감독청의 허가가 없으면 경락을 원인으로 하여 소유권이전등기가 경료되었다 하더라도 그 등기는 적법한 원인을 결여한 등기이다(大判 94. 1. 25, 93다42993).

한편 傳統寺刹의 住持가 動産 또는 不動産의 貸與, 讓渡 또는 擔保提供을 할 때에 文化部長官의 許可를 받아야 한다(寺保 §6 I ii). 여기서 大法院은 사찰의 目的實現을 위하여 所有하는 財産의 處分에 대하여도 管轄廳의 許可가 없으면 當然無效라 하였다(大判 76. 4. 13, 75다2234(公 536, 9103)).

公益法人의 設立·運營에 관한 法律에서도 이와 같은 취지의 規定을 두고 있다(大決 84. 12. 1, 84마591(公 748, 348) 참조).

(6) 火田整理에 관한 法律에서의 許可를 받지 아니한 경우의 效力

大判 92. 1. 17, 91다37331(公 916, 866)은 火田整理에 관한 法律의 입법취지는 國家가 이미 非合法的으로 이루어진 火田 耕作行爲를 追認하여 行政團束의 效率을 기하겠다는 것이라고 解釋되는 점과 위 法에서는 農地改革法과는 달리 賣買對象 耕作地의 代金償還完了前 賣買를 絶對的으로 禁止하고 있지는 아니한 점, 그리고 위 法 §17 Ⅱ에서 國稅廳長의 許可를 받도록 요구하고 있는 理由는 위 賣買 및 償還代金 收納業務의 소관청인 國稅廳長의 業務遂行上 便宜를 도모하는 데에 있다고 解釋되는 점들을 綜合해 볼 때 위 規定은 團束法規라고 解釋되고, 따라서 國稅廳長의 許可 없이 "整理된 農耕地"를 賣渡한 行爲는 無效가 아니라고 하였다.

(7) 不動産登記特別措置法과 不動産實權利者名義登記에 關한 法律上의 規制를 違反한 土地去來의 效力

不動産 취득자가 自己 앞으로 所有權移轉登記를 하지 않은 채, 第三者에게 賣渡하고 원래의 所有者로부터 直接 第三者에게 中間省略登記를 함으로써 각종 租稅를 면탈하고 短時日 내에 많은 利得을 얻을 수 있어 從來부터 去來界에서 이러한 未登記轉賣行爲가 不動産投機의 方法으로 많이 利用되어 왔으나 위 措置法이 이를 規制하고 있다.[502] 즉 不動産所有權의 移轉을 받을 것을 內容으로 하는 契約을 체결한 자가 서로 대가적 債務를 負擔하는 경우 反對給付履行이 完了되었거나, 一方만이 債務를 負擔하는 境遇 그 契約의 效力이 發生한 날로부터 60일 이내에 所有權移轉登記申請을 하여야 하는데(§2), 租稅賦課를 免하려 하거나, 다른 時點間의 價格變動에 따른 利得을 얻으려 하거나, 所

502) 高昌鉉, "現行法上의 農地去來規制와 改善方向", 사법연구 제1권, 237.

有權 등 權利變動을 規制하는 法令의 制限을 回避할 目的으로, 이에 違反하여 未登記轉賣를 하여 中間省略登記가 이루어진 경우, 이를 處罰하고 있다(§§8 i, 2 II, 3). 여기서 이러한 未登記轉賣行爲 禁止規定이 效力規定이냐, 또는 團束規定이냐가 問題되는데, 去來安全을 위해서 團束規定이라 보아, 일단 행해진 中間省略登記는 有效하다고 보아야 할 것이다. 大判 93. 1. 26, 92다39112도 不動産登記特別措置法상 租稅포탈과 不動産投機 등을 防止하기 위하여 위 法律 §2 II 및 §8 i 에서 登記하지 아니하고 第三者에게 轉賣하는 行爲를 一定 目的範圍내에서 刑事處罰하도록 되어 있으나 이로써 순차 賣渡한 當事者 사이의 中間省略登記合意에 관한 私法上 效力까지 無效로 한다는 취지는 아니라고 하였다(同旨 大判 93. 5. 25, 93다296(公 949, 1853)).

종전 부동산등기특별조치법에서는 아울러 租稅賦課를 免하려 하거나 다른 時點간의 價格變動에 따른 利得을 얻으려 하거나 所有權 등 權利變動을 規制하는 法令의 制限을 回避할 目的으로 他人 名義를 빌려 所有權移轉登記를 申請한 자를 處罰하도록 하고 있는바(§§7, 8 iii, 9) 이러한 名義信託行爲의 禁止規定에 違反하여 登記를 한 境遇에도, 登記의 效力이 問題되나, 이 역시 團束規定에 不過하다고 보아, 이 規定에 違反하여 登記가 행해진 境遇에도 그 登記는 有效하다고 볼 것이다(大判 93. 8. 13, 92다42651. 이와 달리 效力規定으로 理解한 下級審判決로 釜山地判 92. 4. 9, 92가단2901; 釜山地判 93. 5. 20, 93가단32282). 그러나 이제 위 법 §§7, 8 III, 9의 명의신탁금지규정은 부동산실권리자명의등기에 관한 법률의 공포·시행으로 삭제되었다(부칙 §5 II). 이제 부동산실권리자명의신탁에 관한 법률의 제정으로 1995. 7. 1. 이후 명의신탁약정은 무효로 하고(§4 I) 수탁자 명의의 등기를 금하여 실권리자명의로 등기하도록 하며(§3), 명의신탁약정에 의하여 직전등기명의자와 명의수탁자 사이에 행하여진 등기에 의하여서는 부동산에 관한 물권변동의 효력이 발생하지 아니하나, 부동산에 관한 물권을 취득하기 위한 계약에서 명의수탁자가 그 일방당사자가 되고 그 타방당사자는 명의신탁약정이 있다는 사실을 모르는 경우에는 그러하지 아니하다고 하였다(§4 II).

그리고 不動産所有權移轉登記를 內容으로 하는 契約을 체결한 자가 登記原因을 虛僞記載하여 登記를 申請하거나 假登記와 같이 所有權移轉登記 이외의 登記를 申請한 때에도 處罰하는바(§§6, 8 ii), 이 경우에도 이 規定은 團束法規로 보아 去來行爲의 效力에는 영향이 없다 하겠다.

한편 契約을 原因으로 所有權移轉登記를 申請할 때 契約書에 檢印을 받도록 되어 있는바(§§3, 4), 契約書에 檢印을 받지 아니하였다 하더라도 그 契約의

私法上의 效力에는 아무런 영향이 없다고 본다.

4. 債權契約 有·無效에 따른 法律關係

(1) 債權契約有效時 當事者 사이의 法律關係

㈎ 許可 내지 證明申請協力請求權 먼저 賣買契約의 債權的 效力의 內容이 되는 賣渡人의 義務는 所有權을 移轉시켜 줄 義務의 一環으로서 許可 내지 證明申請義務이고 이에 대응하는 買受人의 權利는 許可 내지 證明申請權이라 하겠다. 賣渡人의 許可證明申請義務는 不動產賣買契約에 있어서의 賣渡人의 登記申請義務와 같이 權利移轉의 效力을 完全하게 發生시키기 위한 賣渡人의 義務이기 때문에 그것은 賣買契約 그것으로부터 發生하는 效力인 것이다. 日本最高裁判決은 農地賃借權의 設定契約에 대하여 賃貸人의 許可證明申請義務를 認定하고 있다(昭 35(1960). 10. 11).[503] 國土管 §21의 3 Ⅰ은 許可證明申請에 當事者가 共同으로 할 것을 요구하고 있기 때문에 賣渡人은 買受人에 대하여 許可申請節次에 協力할 義務가 있다. 이 境遇 債權契約有效論에 따르면 賣渡人이 所管官廳에의 許可證明申請에 協力하지 않는 것은 當然 債務不履行이 되고 買受人은 이에 기한 損害賠償을 請求할 수 있으며, 土地去來許可對象土地의 賣買契約에 있어 許可申請에 協力할 義務는 賣渡人측에나 買受人측에나 賣買의 要素인 주된 債務는 아니나, 契約의 目的을 達成하기 위하여 必要不可缺한 것이고 따라서 賣渡人이 이 義務를 履行하기 위하여 債務의 本旨에 따라 변제의 準備行爲를 하였음에도 買受人이 자신의 義務를 履行하지 않는 때에는 賣渡人은 買受人의 許可申請節次 履行義務 해태에 의하여 契約을 한 目的을 達成할 수 없기 때문에 履行지체를 理由로 賣買契約을 解除할 수 있다(農地賣買에 관한 日本最高裁 昭 42(1967). 4. 6 判決도 同 취지).[504] 그러나 모든 義務의 不履行이 解除를 許容하는 것은 아니다. 문제는 具體的으로 어떠한 狀態에서의 債務의 不履行이 解除權을 發生하는가이다. 買受人의 農地轉用證明許可申請協力義務의 해태가 解除事由가 되는가에 대하여 日本最高裁 昭 51(1976). 12. 20 判決은「宅地에 전용하기 위한 農地의 賣買契約에 대하여 買受人이 農地法 제5조에 의한 許可證明申請節次에 協力하지 아니한 境遇에 있어서도 同人이 賣買代金의 支拂을 이미 完了한 때

503) 이 判例에 대한 評釋으로 金山正信, "農地の賃貸人と賃借權設定許可申請の協力義務", 民商 44-5, 76-80.

504) 鈴木重信, "農地の買主が知事に對する許可節次をしない場合と賣買契約の解除", 法曹時報 19-7, 1391; 戒能通厚, "農地の買主が知事の許可申請手續をしない賣買契約の解除", 法協 85-4, 593-94.

에는 특단의 事情이 없는 한 賣渡人은 買受人이 위 協力을 하지 않는 것을 理由로 賣買契約을 解除할 수 없다」고 하였다.[505]

우리 大法院은 農地賣買證明申請節次 履行請求에서 처음에는 單獨申請이 가능하다 하여 이를 拒絶하였으나(大判 64. 6. 30, 63다1187(요특 Ⅱ 191(84)); 大判 64. 8. 31, 63다883(集 12-2, 民 83)) 그 후 어느 한쪽이 하더라도 무방하지만, 특단의 事情이 없는 한 賣渡人은 위 證明에 協力할 義務가 있다고 하였다(大判 66. 7. 5, 65다1288(集 14-2, 民 124)). 大判 94. 7. 29, 94다9986도 농지매매증명을 발급받기 위하여는 매도인이 농지매매증명의 발급을 신청하는 의사표시를 할 것을 요한다고 볼 것인바, 농지를 매도한 자는 농지에 관한 소유권이전의 효과가 발생될 수 있도록 협력하여야 할 의무가 있음은 당연하므로 매수인은 농지매매증명의 발급신청절차에 협력하지 않는 매도인에 대하여 협력의무의 이행을 소송으로써 구할 수 있다고 하였다.

(나) 所有權移轉請求權과 代金支給義務

(a) 所有權移轉登記請求權　　農地賣買證明 없는 賣買에 있어서 債權契約을 有效한 것으로 보는 境遇 農地 買受人의 所有權移轉登記請求가 賣買證明이 없더라도 가능한가 하는 問題는 本質的으로 登記請求權의 發生原因 내지 根據와 關聯된다. 法律行爲에 의한 物權變動의 境遇 登記請求權의 性格이 物權的 性格을 갖느냐 債權的 性格을 갖느냐, 그 發生原因이 物權行爲이냐 債權行爲이냐에 대하여는 크게 다툼이 있다. 登記請求權의 問題는 사인 간의 실체법상 權利關係와 登記節次法의 兩者가 接觸하는 데에서 불가피하게 발생하는 問題라 하겠다.[506] 大判 62. 5. 10, 4294民上1232(集 10-2, 民 300. 同旨 大判 76. 11. 6, 76다148(全員合議體)(集 24-3, 民 277))에 의하면 賣買契約當事者간에 있어서는 物權을 移轉하라는 債權契約에 의하여 買受人은 賣渡人에게 所有權移轉登記를 請求할 수 있다고 하였는바, 事實 登記는 物權的 合意와 同一한 次元에서 物權變動을 위한 또 하나의 要件이므로 登記請求權은 債權契約에 기하여 發生하는 것이지 物權的 合意에 기한 것은 아니라 하겠다. 그러나 農地賣買에서 證明 없는 債權契約을 有效로 본 大法院은 위 판지와는 약간 상충되게 農地賣買證明을 받기 이전의 단계에서는 賣渡人에 대하여 所有權移轉登記節次의 履行을 소구할 수 없다고 하였다. 즉 大判 92. 5. 12, 91다3387(公 923, 1837)에서는 所在地관서의 證明을 얻지 아니한 채 체결된

505) 能見善久, "農地の買主が…解除ごない", 法協 95-7, 1251 以下; 山田二郎, "農地法上の許可と農地の賣買との關係", 別冊 ジュリスト 行政判例百選 Ⅰ, 55. 前述한 最高裁 昭42(1967). 4. 6 判決은 이 判決과는 거꾸로 買受人의 許可申請不協力을 理由로 解除를 認定하였는데 이는 代金이 全額 支拂되었던 이 事件과는 그 사안을 달리하고 있다고 한다.

506) 月岡利男, "登記請求權－その根據, 發生原因についこ", 民法講座 2 物權(1), 264.

農地의 賣買契約을 原因으로 하여 所有權移轉登記節次의 履行을 請求하는 境遇에는 적어도 사실심변론종결시까지 所在地관서의 證明을 얻지 않으면 안 된다고 하였다(同旨 大判 91. 8. 13, 91다10992(公 905, 2341)). 이 점에 대하여 一般的으로 農地의 賣買契約을 체결하는 當事者의 주된 目的은 所有權移轉에 있고 所有權移轉을 제쳐놓은 나머지 점에서만 賣買契約의 效力을 維持하려는 것은 아니라고 할 것인데 所有權의 移轉을 막으면서 債權契約으로서의 效力을 維持시킨 것 자체가 當事者로 하여금 그 意思와는 전혀 다른 法律狀態를 強要하는 結果로 될 수 있다는 指摘이 있다.[507] 여기서 農地賣買證明 없는 경우 所有權移轉登記節次履行에의 協力拒絶에 관하여는 그 法理構成이 問題되는바, 所在地관서의 證明이 없으면 아예 農地 買受人의 所有權移轉登記請求權이 發生하지 않는지 즉 所有權移轉登記請求를 구하는 原告가 請求權發生原因事實로서 所在地官署의 證明이 있다는 점을 主張하여야 하는지, 그렇지 않으면 所有權移轉登記請求權은 債權契約만으로 發生하므로 被告가 아직 農地賣買證明이 없다는 것을 抗辯으로 主張하여야 할 것인지 하는 문제가 提起되는 것이다.

한편, 원래 履行判決은 賣渡人의 登記移轉에 관한 意思表示에 갈음하는 것이므로 登記申請시에 農地賣買證明을 具備하면 足하므로 證明前이라도 履行判決의 認容이 可能하다는 見解가 있을 수 있다. 農地賣買證明은 法律의 規定에 의하여 登記申請에 要求되는 別個의 要件이라고 보는 것이다. 改正된 大法院 1991. 3. 7자 등기예규(제483호)에 의하면 農地에 관한 所有權移轉登記申請時 登記原因을 證明하는 書面이 執行力 있는 判決이고, 그 判決書에 農地賣買證明書 등 現存事實이 記載되어 있더라도 農地賣買證明을 提出하도록 되어 있다.

위에서 본 大法院의 農地賣買에서의 證明前 所有權移轉登記請求에의 協力拒絶態度는 內務部長官의 許可를 받지 아니한 外國人 土地賣買契約에서도 나타났다. 즉 원심인 大田地方法院 1973. 4. 6, 72나270 判決은 外國人이 土地賣買契約을 함에 있어 外國人土地法에 의하여 內務部長官의 土地取得許可를 받지 아니하였다고 하여 그 賣買契約 자체가 當然無效가 되는 것이 아니고 債權契約으로서 有效하게 存續한다 할 것이므로 契約에 기인하여 所有權移轉登記節次 履行을 구할 債權이 있다고 판시하였으나, 大判 73. 8. 21, 73다737(公 473, 7526)은 外國人土地法에 의하여 內務部長官의 土地取得許可를 받지 아니하였다고 하여 그 賣買契約 자체가 當然無效가 되는 것은 아니고 債權契約으로서 有效하게

507) 金能煥(註 483), 567-68.

存續한다고 하더라도, 外土 §5 I에 의한 內務部長官의 許可를 받기 전에는 契約에 의하여 所有權移轉登記節次의 履行을 구할 債權이 있는 것이라고는 말할 수 없으며[508] 賣買契約이 債權契約으로서 有效하다라는 問題와 위 賣買契約을 根據로 하여 所有權移轉登記節次의 履行을 請求하는 前提로서 우선 內務部長官의 許可를 얻어야 된다는 문제와는 구별하여 생각하여야 한다고 하여 원심판결을 破棄하였다.

결국 所在地官署의 證明이 없는 한 登記請求權의 發生原因을 債權契約에서 구하든, 物權的 合意에서 구하든 賣渡人의 所有權移轉登記義務는 發生하지 않는다. 다만 前述한 바와 같이 농지매매證明 없이 債權契約만으로는 所有權移轉登記를 할 수 없다는 위 判例의 立場은 買受人의 所有權移轉登記請求權을 賣買契約에 따른 債權的 請求權이라고 본 위 大法院判決과 어떻게 調和롭게 說明될 것인지가 問題로 남는다 하겠는바, 여기서 證明 없는 農地賣買契約을 無效라고 보아야 이러한 理論的인 혼돈이 정리될 것으로 보여진다. 한편 所在地官署의 證明을 얻지 아니한 채 체결된 農地의 賣買契約을 原因으로 하여 買受人이 賣渡人을 相對로 所有權移轉登記節次의 履行을 請求하는 경우에도 사실심의 辯論이 終結될 때까지 所在地官署의 證明을 얻으면 된다 하겠다(大判 92. 5. 12, 91다33872(公923, 1837)).

不登特措 §5 I은 「登記原因에 대하여 行政官廳의 許可, 同意 또는 승낙을 받을 것이 要求되는 때에는 不動産登記法 제49조 제3항의 規定에 不拘하고 所有權移轉登記를 申請할 때에 그 許可, 同意 또는 승낙을 證明하는 書面을 提出하여야 한다」라고 規定하고 있다. 따라서 登記公務員은 確定的인 許可書 내지 證明書가 提出되거나 혹은 이것이 必要 없다는 점에 관한 證明이 提出되면 그때서야 비로소 登記할 수 있다.[509] 大判 92. 12. 24, 92다36403(公 938, 603)은 農地에 관하여 買受人 名義로 所有權移轉登記가 경료된 境遇에 있어서는, 所在地官署의 證明을 받은 것으로 推定되고 나아가 農地所在證明을 구비한 자는 農地를 자경 또는 자영할 意思가 있다고 推定된다 하였다.

(b) 代金支給義務　　여기서 許可 내지 證明前 買受人의 代金支給義務는 어떻게 되는가? 不登 §40 I ⅳ에 의하여 所有權移轉登記의 申請에 있어서 必要한 書類로서 所管官廳의 許可書나 證明書가 包含되는 것이고 이러한

508) 이 判例에 의하면 所有權移轉登記節次履行請求權은 內務部長官의 許可가 있어야 存在하는 것으로 보여진다.

509) Heinrich Balser, Ingo Rühlicke, "Handbuch des Grundstücksverkehrs", 2. Aufl., Rdnr. 384ff., S. 165f.

의미에서 許可證明申請節次에 協力하지 않는 한 賣渡人의 適法한 履行提供이 있었다고 할 수는 없다. 그래서 當事者가 約定한 代金支拂期限이 到來하더라도 買受人은 代金支給義務를 拒絶할 수 있고, 買受人은 이행지체에 빠지지 않으며, 賣渡人은 代金支給期限徒過를 理由로 賣買契約을 解除할 수 없다.[510] 다만 許可證明 전에 있어서는 約定支拂期限까지 반드시 代金의 支拂을 하는 뜻의 明示的·默示的 特約이 있으면 所有權移轉登記節次履行 可能與否에 相關없이 期間徒過로 이행지체가 成立될 것이다. 所管官廳의 許可證明 전에 있어서는 賣渡人이 所有權移轉登記義務를 負擔하지 않더라도 賣渡人이 所有權移轉登記에 必要한 諸般書類를 提供하고 許可證明節次에 協助를 하는 등 適法한 履行提供이 있었다고 認定되면 買受人이 代金支給의 拒絶權을 잃게 되는 것은 同時履行抗辯權의 法理上 當然하다 하겠다.[511]

(c) 許可證明條件附 所有權移轉登記請求 다음 買受人이 許可證明을 얻는 것을 條件으로 하여 許可證明 전에 所有權移轉登記請求를 할 수 있는가가 문제된다. 訴로써 請求를 하는 경우 將來給付의 訴가 되는데, 大判 69. 12. 23, 67다1664[512]은 漁業權移轉登錄節次의 履行請求에 있어, 이는 漁業權移轉에 대하여 있을 行政官廳의 認可라는 公法上 條件이 붙은 將來의 履行을 請求하는 것으로서 위 認可가 現實化된 境遇 義務者에게 卽時 그 履行을 도저히 期待하기가 어렵다고 보아 미리 請求할 必要가 있다고 하였다. 농지매매에 있어서도 大判 94. 7. 29, 94다9986은 농지를 매수한 자는 매도인에 대하여, 그 필요가 있는 한 농지매매증명이 발급되는 것을 조건으로 미리 농지에 관한 소유권이전등기절차의 이행을 청구할 수 있다고 하였다.

日本下級審에서는 農地賣買에 있어서 知事의 許可를 條件으로 하는 農地所有權移轉登記節次請求의 可能與否에 관하여 이를 肯定하는 立場과 부정하는 立場이 激烈하게 對立되어 있다. 먼저 否定的 立場의 根據로서 知事의 許可 전에는 登記請求權이 發生하지 않는 점(仙台高判 昭 32(1957). 3. 20; 東京高判 昭 34(1959). 12. 16) 혹은 미리 그 請求를 할 必要가 없다는 점(고송高判 昭 32(1957). 3. 20; 東京高判 昭 30(1955). 9. 28) 이를 認定하면 知事의 判斷을 制約하기 때문에 3권분립의 基礎로부터 妥當하지 않다는 점(仙台高判 昭 32 (1957). 2. 12) 등을 든다.[513] 그러나 日本最高裁判所는 知事의 許可가 없으면 所有權移轉의 效果

510) 鈴木重信, 前揭論文, 1393.
511) 鈴木重信, 前揭論文, 1394; 戒能通厚, 前揭論文, 594-600.
512) 集 17-4, 民 197.
513) 宮崎俊行, "農地の賣買", 契約法大系 Ⅱ 贈與 賣買, 224-25.

가 發生하지 않는 것은 물론이나, 탈법행위를 目的으로 하는 특단의 事情이 認定되지 않는 한 위 許可를 停止條件으로 하는 贈與契約은 債權契約으로서 有效하게 成立할 수 있다는 것이 상당하다고 하였고(昭 32(1957). 5.21 判決),[514] 最判 昭 33. 6. 5도 知事의 許可를 停止條件으로 체결한 農地의 賣買契約은 無效가 아니라고 하였으며, 最高裁는 더 나아가 最終的으로 農地의 賣買契約에 있어 知事의 許可가 있게 되면 所有權移轉의 效力이 發生하고 賣渡人은 所有權移轉登記節次義務를 負擔하기 때문에 買受人이 許可가 될 境遇를 豫定하여 미리 그 登記를 請求할 필요가 있고 그 請求는 日本 民訴 §226(將來給付의 訴)에 의하여 許容된다고 하였다(昭 39(1964). 9.8 判決).[515] 그러나 日本法의 解釋으로는 이러한 條件附 所有權이 移轉하는 경우가 發生할 수 있으나 우리 법에서는 物權變動의 形式主義에 따라 登記가 마쳐지기 전에는 意思表示만으로는 所有權變動의 效果가 發生하지는 않는다. 다만 條件附 登記請求權이 發生한다고 보아 그것에 기하여 將來給付의 訴가 認定된다 하겠다. 그것은 아직 履行期가 到來하지 않으면서 그 給付義務를 確定하는 것이기 때문에 現在 給付의 訴와는 달리 특히 미리 그 請求를 할 必要가 있는 경우에 한하는 것이다.[516] 이러한 將來給付義務의 內容으로 將來의 履行義務가 期限附뿐만 아니라 條件附라도 무방하고, 또한 將來 發生할 請求權으로서도 그 基礎가 이미 成立되어 있어 그 發生이 一種의 法定條件에 걸려 있는 것도 相關없다고 하겠다.[517] 債權契約이 有效하게 成立된다면 그 契約의 履行을 위하여 將來 所有權移轉登記義務라는 給付義務는 存在하게 되는 것이고 다만 이 義務가 所管官廳의 許可나 證明이라는 法定條件에 걸려 있으나, 法定條件에 대하여는 條件에 관한 規律을 類推適用할 수 있으므로 결국 이러한 給付義務가 條件에 걸린 셈이 되고 賣渡人측에서 給付義務를 다투거나 他에 二重讓渡할 憂慮가 있는 경우에는 將來 이에 對備하여 미리 그 請求를 할 필요가 있다 할 것이다.[518]

---

514) ジュリスト No. 134, 116.

515) 川口富男(註 15), 322; 中尾英俊, "農地の賣買と知事の許可", 不動産法大系 I 賣買, 516; 宮崎俊行, 前揭論文, 224-25; 澤井種雄, "知事の許可を條件とする農地所有權移轉登記手續請求の適否", 民商 52-4, 595-602.

516) 李時潤, 民事訴訟法(全訂版, 1986), 302-4; Leo Rosenberg/Karl Heinz Schwab, "Zivilprozoßrecht"(14th ed., 1986) § 93 II, S. 544ff.; Volk Emmerich, "Unmöglichkeit der Leistung bei Fehlen einer behördlichen Genehmigung" Jus 1978. 5, S. 346f.; チ月章, 民事訴訟法(增補版), 72-3.

517) 兼子一 外 三人, 條解民事訴訟法, § 226-3(1), 819; 巖松三郎／兼子一 編, 法律實務講座 民事訴訟法 第2卷(1), 42-4.

518) 宮崎俊行, 前揭論文, 224-25.

이와 같은 將來給付履行請求의 訴는 農地賣買에서와 같이 證明 없이도 債權契約이 有效한 경우에 許容되는 것이고, 후술하는 바와 같이 土地去來許可를 받지 않아 債權契約이 無效로 되는 경우에는 달리 생각해 보아야 할 것이다.

㈐ 假登記節次履行請求權　判例는 農地賣買證明과 關聯하여 買受人이 스스로의 權利를 保全하기 위하여서는 農地賣買證明을 얻기 전에라도 所有權移轉의 假登記에 의하여 保全을 할 수 있다고 한다. 즉 大判 67.3.21, 64다255(요특 Ⅱ 198(151))은 農地賣買에 農地賣買證明이 필요하다 하더라도 이는 單純한 農地所有權移轉의 效力發生要件에 불과하고 그 證明 없는 賣買도 當然無效의 行爲라고 볼 수 없으니 그 賣買에 관한 所有權移轉登記請求權의 保全을 위한 假登記를 無效라 할 수 없다고 하였고, 또한 大判 62.1.31, 4292民上554은 農地賣買의 所在地관서의 證明이 없음으로 인하여 所有權移轉의 效力이 發生하지 못하고 단지 所有權移轉의 請求權 또는 所在地官署의 證明이라는 停止條件附의 請求權 또는 將來에 確定될 請求權만이 發生하여 그 請求權을 保全하기 위한 假登記였다 하더라도 그 假登記에 의한 本登記가 된 뒤에는 그 本登記의 順位를 決定하는 基準은 假登記가 있은 때로 보아야 할 것이다라고 판시하였다.

日本實務의 大勢는[519] 農地에 대한 知事의 許可 전의 法定條件附 權利에 대하여 民 § 129(條件附 權利의 效力)[520]의 類推適用이 가능하다고 한다. 즉 最高裁 昭 33(1958). 6. 5(民集 12, 9, 1359); 昭 35(1960). 10. 11(民集 14, 12, 2465); 昭 41(1966). 2. 24; 昭 43(1968). 4. 4; 昭 46(1971). 6. 11 각 判決은 農地賣買에 대한 許可 전이라도 買受人은 賣渡人에 대하여 條件附 權利를 取得하고 이 權利를 所有權移轉請求權保全의 假登記에 의하여 保全할 수 있다고 하였으며[521] 좌하地裁 昭 32(1957). 1. 11 判決(下民集 8, 1, 2)도 農地賣買에 있어 許可 전에도 買受人에게 자신의 權利를 지키기 爲한 假登記請求權을 認定하고 있다.[522]

㈑ 土地引渡請求權　賣買當事者간에 債權契約으로서의 效力이 있으면, 賣渡人은 買受人에게 위 契約에 따른 債務履行으로 대상토지를 引渡할 義務가 있다 할 것이다. 大判 67.6.27, 66다2616(集 15-2, 民 112)은 農地賣買證明이 없

---

519) 昭 37(1962). 1. 6. 民事 甲 第3289號. 民事局長 回答. 이를 否定하는 下級審判決은 千葉地決 昭 31(1956). 6. 5. 北村實, "農地の二重賣買と假登記", 法律時報 51-10, 156.

520) 우리 民 § 149와 同一하다. 즉 條件의 成否 未定인 사이에도 當事者의 權利義務는 一般規定에 따라 處分相續 保存擔保로 할 수 있다.

521) 星野英一, "民法九六條三項の第三者にあたるとされた事例 ── 農地法 … 附記登記がある者", 法協 93-5, 815.

522) 宮崎俊行, 前揭論文, 193.

는 農地賣買에 있어서 이런 취지로 판시하고 있다. 그리고 大判 71. 3. 23, 71 다290(集民 19-1, 261)은 賣買證明 없이 農地를 引渡받아 이를 使用收益한 境遇 債權的 效力마저 否認되는 것이 아니므로 權限 없는 것이 아니라고 하였다.

(2) **債權契約無效時 當事者 사이의 法律關係**

土地去來許可制에 있어서는 前述한 바와 같이 許可를 排除하거나 許可를 잠탈하는 內容의 契約은 當初부터 無效라 하겠고, 한편 許可를 前提로 한 流動的 無效狀態의 契約도 관할관청에 의한 不許可處分이 있는 때에는 確定的 無效狀態로 된다. 그뿐만 아니라 判例는 流動的 無效狀態하에서 當事者 一方이 許可申請協力義務의 履行拒絶意思를 明白히 表示한 境遇에는 許可前 去來契約關係 즉 契約의 流動的 無效狀態가 더 이상 持續한다고 볼 수는 없고 그 契約關係는 確定的으로 無效라고 認定되는 狀態에 이르렀다고 본다(大判 92. 6. 22, 91다21435(公 95, 2091); 大判 93. 9. 10, 93다 8412(신문 93. 10. 18자 2257, 8)). 그러나 通常의 境遇 賣渡人의 許可申請節次에 協力하지 않을 意思를 明白히 表示하였다 하더라도 許可申請節次에 協力하지 않는 賣渡人에 대하여 買受人은 協力義務의 履行을 訴訟으로써 구할 수 있고, 그 勝訴判決에 기하여 許可申請節次를 밟는 境遇 價格, 面積, 土地利用目的 등에서 法 所定의 許可基準에 適合하면 許可가 내려질 것이므로, 이러한 當事者 一方의 履行拒絶意思表示만으로 바로 確定的 無效로 돌리는 것은 困難하다 하겠고, 다만 이러한 賣渡人의 態度에 대하여 買受人 역시 契約의 履行을 더 이상 維持할 意思를 버리고 이미 支給한 契約金 등의 返還을 구하여 雙方 共히 去來契約을 有效化시키는 것을 포기한 境遇에 비로소 去來契約이 確定的 無效로 된다 할 것이다. 그 후에 나온 大判 93. 9. 14. 91다41316(公 955, 2740)은 當事者 雙方이 許可申請을 하지 않기로 意思表示를 明白히 한 境遇 確定的 無效가 된다고 하였다. 그 밖에도 當事者가 許可申請을 하지는 않았으나 當事者간에 체결된 契約이 許可基準에 어긋나 客觀的으로 許可가 날 수 없는 것으로 判明된 境遇나 當事者가 許可申請節次를 長期間 放置하여 더 이상 許可申請을 취하리라고 期待할 수 없는 境遇에도 確定的 無效로 되었다고 볼 수 있다 할 것이다.

한편 農地賣買에 있어서 賣買證明이 없는 경우 債權契約까지 無效로 보게 되면 買受人은 賣買契約에 기하여 土地의 引渡를 구할 수 없고 賣買豫約 또는 條件附 賣買契約에 기한 假登記도 할 수 없다고 보아야 할 것이다. 契約이 無效로 된 경우에는 買受人이 支給한 契約金·중도금은 契約無效를 理由로 不當利得에 기하여 그 返還을 請求할 수 있음은 두말할 나위가 없다. 수인의 賣渡人이

수인의 買受人에게 土地를 賣渡하기로 하는 契約을 체결한 境遇 賣買契約의 無效를 原因으로 不當利得으로서 契約金의 返還을 구하는 債權은 特別한 事情이 없으면 不可分債權債務關係가 될 수 없으므로 賣渡人 중의 1인이 買受人 중의 1인에게 契約金의 全額을 返還할 義務가 있는 것은 아니다(위 大判 93. 9. 14, 91다41316). 한편 契約當事者 사이에 土地去來契約을 체결하면서 따로 土地去來契約에 대하여 許可를 얻지 못한 境遇 買受人이 支給한 契約金의 返還을 구할 수 없다는 約定을 하였다면, 이 約定은 土地去來契約의 效力과는 別途로 當初부터 一種의 條件附契約으로 有效하다 할 것이고(賣買契約書라는 하나의 文書 안에 그 內容이 담겨져 있다 하여도 그 문서 안에 담긴 契約은 2個이고 別個이다), 따라서 不許可處分을 받을 것임이 確定的으로 判明된 境遇 買受人은 賣渡人에 대하여 契約金의 返還을 구할 수 없다.

한편 大判 93. 12. 24, 93다44319(公 962, 505)는 買受人들이 土地賣買 등 去來契約을 체결함에 있어서 國土利用管理法上의 規制地域에 속하는 土地를 買受하였음에도 管轄官廳으로부터 土地去來許可를 받은 바 없이 위 土地에 관하여 贈與를 原因으로 所有權移轉登記를 경료하였다면, 적어도 買受人들이 土地去來許可를 받지 아니하고 이를 잠탈하기 위하여 贈與를 原因으로 所有權移轉登記를 하기로 한 때로부터는 賣買契約은 確定的으로 無效로 되었고, 이에 터잡은 買受人들 名義의 所有權移轉登記 역시 原因이 없게 되어 無效라고 보아야 할 것이라고 하면서, 國土管 §21의 3 Ⅰ·Ⅶ을 違反하였을 境遇에 있어서 違反한 者 스스로가 無效를 主張함이 信義誠實의 原則에 違背되는 權利의 行使라는 理由로서 이를 배척한다면 國土利用管理法의 입법취지를 完全히 몰각시키는 結果가 되므로, 去來當事者 사이의 約定內容과 取得目的대로 管轄官廳에 土地去來許可申請을 하였을 境遇에 그 申請이 國土利用管理法 소정의 許可基準에 適合하여 許可를 받을 수 있었으나 다른 急迫한 事情으로 이러한 節次를 回避하였다고 볼 만한 特別한 事情이 보이지 아니하는 한, 그러한 主張이 信義의 原則에 反한다고는 할 수 없다고 하였다.

農地賣買에 관하여 部分的 有效論의 立場에 선 日本最高裁도 許可가 있기 전에 農地를 引渡받은 전매인에 대한 所有者의 土地引渡返還請求에 있어서 引渡를 받은 자는 賣渡人으로부터 返還請求가 있는 境遇에는 賣買契約에 의한 債務의 履行으로서 引渡를 받은 것을 理由로 農地의 返還을 拒否할 수 없다고 한다. 昭 37(1962). 5. 29 判決[523] 또한 日本最判 昭 46(1971). 11. 9(判時 661, 41)도 農

523) 이 判決에 대한 評釋으로 宮崎俊行, "知事の許可前の農地の引渡しと返還請求", 別冊

地를 轉用目的으로 賣渡하고 所有權移轉登記가 행하여질 때까지 買受人에게 使用을 許諾하여 引渡한 경우에 있어 使用貸借에 대하여 知事의 許可가 없는 것으로 返還請求를 할 수 있다 하면서, 다만 權利의 행사에 있어 信義則에 따르지 아니한 것으로서 이를 배척하고 있다.[524] 日本最判 昭 46(1971). 11. 9(判時 661, 41)도 農地賣買에 있어 許可前 代金이 완제된 境遇에는 賣渡人의 返還請求가 권리남용에 該當한다고 하였다.[525] 한편 日本最判 昭 59(1984). 5. 25(民集 38, 7, 764)는 農地賣買許可가 없는 때에는 農地賃借人이 所有者로부터 農地를 買受하는 契約을 하고 代金을 支拂한 뒤 이를 신 權源에 의하여 所有의 意思로서 農地를 점용하더라도 取得時效에 있어 無過失이라고 말할 수 없다고 하였다.[526]

(3) 流動的 無效狀態에서의 當事者間 法律關係

위 大判 91. 12. 24(全員合議體判決)은 土地去來許可를 받을 때까지는 去來契約은 法律上 未完成의 法律行爲로서 所有權 등 權利의 移轉 또는 設定에 관한 去來의 效力이 전혀 發生하지 않음은 確定的 無效와 다를 바 없지만, 일단 許可를 받으면 그 契約은 소급하여 有效한 契約이 되고 이와 달리 不許可가 된 때에는 無效로 確定되므로 許可를 받기까지는 流動的 無效의 狀態에 있다고 하였다.

土地去來許可를 받지 아니한 契約의 效力에 대하여 위와 같이 流動的 無效論을 취한다 하더라도 許可處分으로 賣買契約이 소급적으로 有效로 되기 전까지는 契約이 無效인 점에서는 確定的 無效와 差異가 없고, 이 점에서 契約이 有效하다가 取消를 통하여 비로소 그 效力이 消滅되는 것과는 區分된다. 아래에서 이러한 流動的 無效狀態下에서의 賣渡人·買受人의 權利義務가 어떻게 되는가를 살펴보기로 한다.

㈎ 土地去來許可申請節次履行請求　　流動的 無效의 狀態下에서 契約의 目的인 주된 義務의 履行을 구할 수 없다 하더라도 土地去來許可對象地域에 대한 去來契約이 체결된 事情이 있으면 國土管理利用法上 許可 與否를 決定할 必要가 있기 때문에 信義則에 기하여 賣渡人에게 許可申請協力義務를

ジュリスト 不動産取引判例百選(增補版), 192; 宮田信夫, "知事の許可のない賣買契約にもとづさ引き渡きれた農地の返還請求權の存否", 法曹時報 14-7, 1123-5; 中元紘一郎, "農地の賣買についこ知事の許可がなされる前に引き渡された農地の返還請求權──その引渡を受けた者は賣主がらの右農地の返還請求を拒むことがごきない", 法協 82-2, 304-8. 원심은 知事의 許可가 없는 農地의 賣買契約은 債權契約으로서 有效하게 成立하고 그 債務의 履行으로서 본건 農地를 原所有者로부터 買受人, 다시 轉買人에게 順次 引渡하여 占有를 移轉한 以上 轉買人의 占有는 正當한 根原에 기한 것이라고 판시하였던 것이다.

524) 巖井俊(註 468), 570-71.

525) 川口富男(註 480), 321.

526) 巖井俊(註 468), 572.

肯定하여야 할 것이다. 위 全員合議體判決이나 그 뒤 연이어 나온 大判 93. 3. 9, 92다56575(公 943, 1159); 大判 93. 1. 12, 92다36830(公 939, 691); 大判 92. 10. 27, 92다34414(公 934, 3295)은 規制地域 내의 土地에 대하여 去來契約을 체결한 當事者 사이에 있어서는 契約이 效力 있는 것으로 完成될 수 있도록 서로 協力할 義務가 있으므로 契約의 雙方當事者는 共同으로 관할관청의 許可를 申請할 義務가 있고 이러한 義務에 違背하여 許可申請節次에 協力하지 않는 當事者에 대하여 상대방은 協力義務의 履行을 訴訟으로써 구할 利益이 있다고 하였다. 그리고 大法院은 協力義務를 訴求당한 當事者가 係爭土地에 대하여 관할관청으로부터 去來許可를 받을 수 없을 것이라는 事由를 들어 그 協力義務 자체를 拒絶할 수는 없다고 하였다(위 大判 92. 10. 27, 92다34414). 前述한 서울民事地方法院判決은 契約의 成立, 許可, 登記 등의 段階的으로 發展하는 法律關係에 있어서 適法히 成立한 賣買契約은 법이 다른 目的을 위하여 그 債權的 效力까지 否認하고 있다 하더라도 契約成立 자체로부터 그 目的達成에 協力할 義務를 負擔한다고 함이 信義誠實의 原則上 當然한 歸結이라고 할 것이고, 특히 管轄官廳의 許可에는 當事者의 共同申請을 요한다고 한 위 法의 規定과 關聯하여 보면 契約當事者는 적어도 契約目的을 達成함에 法的인 條件으로 된 許可를 얻는 데 全力할 義務를 負擔하며, 賣渡人으로서는 許可處分이 내려지는 것을 방해하여서는 아니될 뿐 아니라 買受人에 대하여 許可申請節次에 協力할 信義則上 義務를 負擔한다고 하여야 할 것이다라고 판시하였다.[527] 이렇게 解釋하는 것이 土地去來許可制度를 악용하려는 當事者의 不誠實을 排除하고 土地去來許可申請의 履行을 권장하게 되므로 法의 立法취지에도 부합하게 될 것이다. 買受人이 賣渡人에 대하여 賣買契約에 관한 土地去來許可申請節次에 協力할 義務의 履行을 請求하는 境遇에 있어, 買受人이 賣買契約內容에 따른 賣買代金支給債務를 履行提供하여야 하거나 賣渡人이 그 代金支給債務의 辨濟時까지 위 協力義務의 履行을 拒絶할 수 있는 것은 아니다(大判 93. 8. 27, 93다15366(公 954, 2620)). 만일 一方當事者가 위와 같은 協力義務를 해태하고, 나아가 상대방의 歸責事由로 契約이 解除되었거나, 無效로 契約金이 몰취되었다는 등의 主張을 하는 境遇에는 土地去來許可申請에 協力할 意思가 없음이 明白해져 이로서 前述한 바와 같이 去來契約이 確定的으로 無效가 되는지가 문제된다. 이 請求權은 법이 賦課한 것으로서 消滅時效에 걸리지 않는다고 보아야 할 것이다.

527) RGZ 115, 38; 119, 334; 129, 376. 郭潤直, 28에서 再引用.

流動的 無效狀態에 있는 계약을 체결한 당사자는 쌍방이 그 계약이 효력이 있는 것으로 완성될 수 있도록 협력할 의무가 있으므로 당사자 사이에 당사자 일방이 토지거래허가를 받기 위한 협력 자체를 이행하지 아니하거나 허가신청에 이르기 전에 매매계약을 철회하는 경우 상대방에게 일정한 손해액을 배상하기로 하는 약정을 유효하게 할 수 있다(大判 94. 4. 15, 93다39782(公 969, 1436)).

(나) 損害賠償請求 위와 같이 當事者간에 信義則에 기한 協力義務가 發生하기 때문에 當事者 一方의 歸責事由로 許可處分을 받지 못하게 한 경우에는 상대방이 이로 인하여 입은 損害에 대하여 손해배상책임을 負擔하게 된다. 그러나 國土利用管理法上의 規則區域 내의 土地賣買契約은 許可를 받기 전에는 賣買契約의 債權的 效力도 전혀 發生하지 아니하므로 權利의 移轉 또는 設定에 관한 어떠한 內容의 履行請求를 할 수 없는 것이고, 따라서 債務不履行으로 인한 위약금 상당의 損害賠償請求나 代金 未支給을 理由로 한 契約解除와 이로 인한 損害賠償請求를 할 수 없다. 한편 土地와 그 地上의 建物은 法律的인 運命을 같이하는 것이 去來의 관행이고 當事者의 意思나 經濟의 觀念에도 合致되므로 特別한 事情이 認定되는 境遇를 除外하고는 土地에 대한 賣買去來許可를 받기 전의 狀態에서는 地上建物에 대하여도 債務不履行으로 인한 損害賠償請求를 할 수 없다(大判 94. 1. 11, 93다22043(公 963, 685)).

(다) 假登記節次履行請求 國土管 §21의 3은 權利移轉에 관한 豫約까지 許可를 받도록 하고 있으므로 許可를 받지 아니하거나 不許可處分을 받은 境遇 賣買豫約에 기한 假登記를 할 수 없다 할 것이다. 許可를 얻지 않은 土地에 대하여 條件附請求權의 假登記에 依한 保全이나 土地引渡에 따른 使用收益을 認定하는 것 역시 土地政策의 實行을 크게 저해하면서 現實的 폐해가 크다는 점을 고려하여야 한다.[528] 위 全員合議體判決도 國土利用管理法上 土地去來許可制度의 입법취지 속에는 投機的 去來를 防止하기 위하여 假登記設定 등을 통한 買受人의 債權的 地位의 讓渡를 할 수 없게 하는 점도 包含되어 있다고 하였다.

(라) 所有權移轉登記節次履行請求와 代金支給履行請求 그리고 許可가 있기까지 流動的 段階에서는 아무런 所有權移轉이나 代金支給 등에 관한 契約상의 效力이 發生하지 아니하므로 給付를 請求할 수 없고 따라서 買受人의 대금지급의무나 賣渡人의 所有權移轉登記義務가 없다(大判 92. 9. 8, 92다19989(公 931, 2846)).

528) 北村實, 前揭論文.

大判 92.10.13, 92다16836(公 933, 3126)은 國土利用管理法상의 規制區域 내의 土地와 建物을 一括하여 賣買한 境遇 一般的으로 土地와 그 地上의 建物은 法律的인 運命을 같이하는 것이 去來의 관행이고, 當事者의 意思나 經濟의 觀念에도 合致되는 것이므로, 土地에 관한 當局의 去來許可가 없으면 建物만이라도 賣渡하였을 것이라고 볼 수 있는 特別한 事情이 認定되는 境遇에 한하여 土地에 대한 賣買去來許可가 있기 전에 건물만의 所有權移轉登記를 命할 수 있다고 보아야 할 것이고, 그렇지 않은 境遇에는 土地에 대한 去來許可가 있어 그 賣買契約의 全部가 有效한 것으로 確定된 후에 土地와 함께 移轉登記를 命하는 것이 옳다고 하였다(위 大判 94.1.11, 93다22043 참조).

한편 買受人의 代金支給義務가 賣渡人의 所有權移轉登記義務에 先行하기로 約定되었어도 許可받기까지는 買受人에게 代金支給義務가 發生할 수 없다할 것이고 따라서 賣渡人은 代金不支給을 理由로 契約을 解除할 수 없다. 大判 92.7.28, 91다33612(公 928, 2544)에 의하면 土地去來許可를 前提로 하는 賣買契約의 境遇 許可가 있기 전에는 買受人에게 그 契約內容에 따른 代金의 支給義務가 없는 것이므로 설사 그전에 賣渡人이 所有權移轉登記 所要書類의 履行提供을 하였다 하더라도 買受人이 이행지체에 빠지는 것이 아니고 許可가 난 다음 그 履行提供을 하면서 代金支給을 최고하고 買受人이 이에 응하지 아니한 境遇에 비로소 이행지체에 빠져 賣渡人이 契約을 解除할 수 있다고 하였다(同旨 大判 94.8.26, 94다23319). 또한 위 大法院判決은 賣買契約을 체결한 때에는 土地去來許可를 받지 아니하였지만 그 후 許可를 받은 이상 有效한 契約이 되며 許可申請書에 記載된 去來價格이 實去來價格보다 낮다 하더라도 이것만으로 許可 자체를 當然無效라고 볼 수는 없다고 하였다. 한편 許可받기 전에 履行期를 約定한 경우에는 許可 받은 후, 즉 許可證이 買受人에게 到達한 다음날에 履行期가 到來하여 그때부터 이행지체에 빠진다고 본다.[529)]

(마) 許可條件附 所有權移轉登記義務

(a) 否 定 說 위 全員合議體判決은 許可가 있기까지는 債權契約의 效力이 發生하지 아니하므로 許可條件附 移轉登記義務도 發生하지 아니한다고 하였다. 즉 이 事件 土地의 賣買契約이 許可받을 것을 前提로 한 契約이라고 할지라도 許可받기 전의 狀態에서 아무런 效力이 없어 權利의 移轉 또는 設定에 관한 어떠한 履行請求도 할 수 없다고 하였다. 결국 大法院의 多數意

529) 金相容, "土地去來許可의 法理構成", 判例月報, 260호, 36.

見은 條件附請求도 現在 有效한 債權行爲를 토대로 하여서만 可能한 것으로 보는 것 같다. 위 全員合議體判決의 反對意見은 土地去來許可前의 土地去來契約은 絶對的으로 無效라는 前提에서 許可를 條件으로 한 所有權移轉登記請求權은 發生할 여지가 없다고 하였다. 日本國土利用計劃法의 解釋上 農地法과 대비하여 許可를 條件으로 한 계약체결을 당연 부정하는 見解가 있는바[530] 이에 따르면 日本國土利用計劃法上 許可에 대하여도 許可條件附 移轉登記請求가 許容되지 않을 것 같다.

(b) 肯 定 說　　이에 대하여 許可前의 現段階에서는 未完成의 法律行爲이며, 현상태로는 流動的 無效이나 許可를 얻으면 소급적 有效가 된다면, 許可라는 공법상의 條件이 붙은 條件附契約이 될 것이며, 여기서 관할관청의 許可處分이라는 條件이 成就되면 現實化될 所有權移轉登記請求權, 즉 條件附 請求權이 생길 수밖에 없을 것이고, 따라서 訴訟法上 條件附請求, 즉 將來의 履行의 訴의 基礎는 이루어졌다고 보아야 할 것인바, 이는 現在로는 契約이 有效하지 아니하여 아무런 請求權이 없어도 將來 條件이 成就되면 現實化될 請求權, 즉 條件附請求權이 現在에 생겨 있으면 條件이 成就되기 어려운 특단의 事情이 없는 한 將來履行의 訴(民訴 § 229)가 가능하기 때문이라는 見解가 있다. 위 全員合議體判決의 多數意見과 달리 現在로서 債權契約이 無效라서 請求權이 없더라도, 條件이 成就되면 앞으로 有效하게 될 法律行爲, 즉 條件附請求權에 基礎하여도 訴의 提起는 충분한 것으로 보는 것이다. 아울러 許可申請에 協力하지 않는 賣渡人에 대한 買受人의 許可申請節次의 協力義務履行의 請求는 許容하면서, 許可를 받을 것으로 條件으로 한 所有權移轉登記請求를 인용해 주지 않으면 결국 買受人으로서는 또 한 차례의 賣渡人 相對의 所有權移轉登記請求를 하여야 하는 번거로움과 불경제를 감수하여야 하므로 判例의 立場은 紛爭解決의 1회적 要請에도 反하는 實踐的인 問題가 있다고 본다. 그리고 이러한 條件에는 當事者간의 合意에 의한 條件이든 許可·認可와 같은 法定條件이든 가릴 필요가 없다고 한다.[531] 위 全員合議體判決에서의 反對意見도 만일 多數意見과 같이 許可前 土地 등의 去來契約의 成立은 認定하고 그에 違反되는 無效의 契約이 許可에 의하여 소급적으로 有效하게 되는 것이라면 將來 給付로서의 許可를 法定條件으로 하는 所有權移轉登記請求가 가능하

530) 河野正三(註 4), 125.
531) 李時潤(註 500), 623, 625. 같은 취지의 見解로 金相容(註 529), 28.

다고 보았다. 前述한 서울 民事地方法院判決은 土地去來許可前에는 物權契約은 물론 債權契約까지도 無效로 보면서 法定條件附 所有權移轉登記請求權을 認容하고 있다. 즉 原告들의 被告에 대한 이 事件 不動產에 관한 賣買契約을 原因으로 한 所有權移轉登記請求權은 管轄官廳의 土地去來許可處分이라는 公法上의 條件이 成就되면 現實化될 수 있음이 明白한 이상 미리 請求할 필요 역시 있다고 할 것이므로 그 將來의 履行을 구할 訴의 利益이 있다 할 것이니 서울特別市長의 土地去來許可處分을 條件으로 한 所有權移轉登記節次履行도 被告에게 구할 수 있다고 하였다.

(c) 結 論 이 問題는 債權契約無效下에서 許可라는 法定條件을 붙혀 將來履行의 給付義務의 存在를 認定할 것인가에 관한 것이라 할 수 있는데, 여기서 먼저 許可排除 내지 잠탈의 契約은 當初부터 確定的으로 無效이므로 이에 관한 한 許可條件附 所有權移轉登記請求를 認定할 수 없는 점에는 별다른 異見이 없을 것이다. 또한 賣買契約의 核心的 內容은 價格과 面積인데, 關係法令에 비추어 보면 許可·不許可處分이 있기 전에라도 그 許可與否를 알 수 있는 境遇가 많다. 여기서 去來價格이나 面積, 利用目的 등에 비추어 許可를 받지 못할 것이 明白한 境遇에도 이 問題에 관한 論議에서 除外하여도 무방할 것이다. 問題가 되는 것은 禁止法規에 違反하여 許可를 받지 아니하였으나 許可를 前提로 한 契約에서 許可를 얻을 수 있는 可能性이 있는 境遇라 할 것이다.

그런데 土地去來許可에 있어서는 債權契約이 無效이고, 賣買豫約·假登記까지 許容되지 않으며, 나아가 許可를 停止條件으로 하는 契約의 체결이 부정된다 할 것이므로 買受人에 대하여 許可를 받기 전에 어떠한 債權上의 地位를 認定할 수 없는 것이다. 여기서 將來履行請求의 訴는 期限 또는 條件이 걸린 將來給付請求權에 관한 것이라 할 때 許可를 받지 않은 去來契約에서는 아직 아무런 債權的 請求權이 存在하지 아니하므로 許可條件附 所有權移轉登記를 認定하는 것이 困難하지 않을까 생각된다.

獨逸判例는 認可條件附 履行請求를 인용하고 있지만, 原因行爲가 有效하나 다만 그 履行行爲에 許可 내지 認可를 요하는 境遇에 民訴 §229에 따라 이러한 許可 證明의 유보 아래 給付를 命할 수 있다고 하였으며,[532] 위 日本最高裁도 農地賣買에 있어 知事의 許可를 條件으로 하는 所有權移轉登記請求를 인용하고 있으나, 日本最高裁의 農地賣買許可에 있어서의 基本的인 立場은

532) 獨逸 BGH 77. 10. 7. Jus 78 Heft. 5, S. 5.

許可가 所有權移轉이나 權利設定에 대한 것이지, 私法上 契約에 대한 것이 아니라 하고, 또 知事의 許可를 停止條件으로 하여 체결한 農地의 賣買契約은 無效가 아니라 하여 債權契約有效論의 立場을 취하고 있어, 결국 許可條件附 履行請求의 인용은 原因行爲 내지 債權行爲의 有效를 前提로 하고 있는 것이 아닌지 생각된다.

그렇다면 우리 나라에서는 前述한 바와 같이 土地去來許可를 받지 아니한 境遇 債權契約까지 無效이므로 條件附 履行請求權이 發生할 수 없는 것이다. 이 점에서 債權契約을 有效로 보는 農地賣買에서 證明을 條件으로 한 所有權移轉登記請求를 許容한 것과 對比된다. 訴提起 當時에 어떠한 請求權이 成立되려면 債權行爲·原因行爲는 有效하여야 할 것이고, 將來履行請求는 이러한 有效한 債權行爲로부터 成立된 停止條件附請求權이 그 對象으로 된다 할 것이다.

한편, 條件은 私的 自治의 範圍 내에 속하는 것으로 當事者의 意思에 기하여 法律行爲의 發生消滅을 將來의 成否未定의 事實에 걸리게 하기 위한 目的을 가지고 그 法律行爲의 內容으로 한 것인데, 土地去來許可에 있어서는 當事者가 任意로 條件을 부가한 것이 아니어서 條件으로 볼 수 없고 다만 許可를 條件으로 하는 合意의 有無와 關係 없이 條件에서와 같은 流動的 狀態가 形成되어 條件에 유사한 外觀이 있는 것에 지나지 않는다. 따라서 장래 土地去來認可를 條件으로 하는 土地去來契約에 있어서는 當事者가 條件 約定을 하더라도 法律上 아무런 意味가 없다. 다만 前述한 바와 같이 當事者 사이에 許可에 의하여 賣買의 效力을 發生시킨다고 하는 流動的 無效狀態가 存在하는 점에서 停止條件附 契約과 유사한 法律狀態가 形成된다 하겠으나, 許可를 받지 아니한 土地去來契約이 停止條件附 契約과 다른 점은 停止條件附 契約에서는 條件의 成就에 따라 契約의 效力이 發生하지만, 現在 그 契約의 效力이 發生되어 있지 아니한 狀態로서 法律이 그 形態를 용인하고 있음에 반하여, 許可를 받지 아니한 契約은 履行行爲뿐만 아니라, 그 債權契約까지 無效로 하여 어떠한 履行請求도 막고 있는 禁止法規違反의 行爲로서 停止條件附 契約과는 그 適法性 내지 違法性의 強度에서 差異가 있고 더욱이 土地去來許可에서는 條件附 所有權移轉請求權保全을 위한 假登記·賣買豫約까지 禁止하고 있으므로, 國土利用管理法上 許可條件附 土地去來契約을 용인하기 困難하다 할 것이다.

(바) 不當利得返還請求　　許可받을 것을 前提로 한 去來契約은 許可받기 전의 狀態에서는 去來契約의 債權的 效力도 전혀 發生하지 아니하므로

權利의 移轉이나 設定에 관한 어떠한 內容의 履行請求를 할 수 없음은 異論의 餘地가 없다 하겠다. 그런데 現在 實務에서 종종 登場하는 問題는 土地去來許可를 받지 않고 契約을 체결한 후 賣渡人에게 契約金 나아가 중도금을 支給한 狀態에서 買受人이 許可를 받지 않아 契約이 無效라 하여 賣渡人에게 이미 支給한 契約金 등 賣買代金의 返還을 구할 수 있는가 하는 점이다. 이는 通常의 契約無效에 따른 典型的 不當利得의 類型과는 달리, 特異하게 契約이 아직 流動的 無效形態를 維持하고 있어, 잘못 履行되었으나 완전청산단계에 있지는 아니하다는 점에서 그 問題解決이 더욱 어렵다 하겠다. 이는 許可前에 이루어진 買受人의 契約金 혹은 중도금 支給이 期限前에 이루어진 有效한 변제인지 혹은 비채변제인지와 關聯하여 생각해 볼 수 있고, 買受人의 代金返還請求를 棄却하는 境遇에도 아예 賣渡人의 賣買代金保有가 公平의 觀念에 合致하여 法律上 原因 없는 것이 아니라 하여 不當利得返還請求權의 成立 자체를 부정할 것인지, 그 請求權의 存在는 認定하되 다만 그 請求權行使를 저지할 것인지, 原告의 請求를 저지하는 동일한 結果를 취하면서도 그 結論을 導出해 내는 理論構成에 있어서 對立이 있을 수 있다.

(a) 肯 定 說 먼저 效力規定을 違反한 契約이 체결되어 그 契約이 現在 無效인 境遇에는 후에 追認 등으로 有效로 轉換되는 일이 있다 하더라도 지금 당장은 履行에 따른 給付를 保有할 法律上 根據가 없는 것이고, 여기서 土地去來許可와 관련지어 볼 때 후에 土地去來許可를 取得하여 債權契約이 確定的으로 소급하여 有效化됨으로써 土地去來許可前 代金支給時에 代金支給義務가 있는 셈이 되어, 許可 前에 取得한 契約金·중도금의 受領이 소급적으로 法律上 原因 있는 것으로 된다 하더라도, 現在 아직 土地去來許可를 取得하지 아니한 이상 지금 당장은 債權契約이 無效인 점에서는 確定的 無效와 다름없으므로 賣渡人이 買受人에게 土地去來許可 申請節次履行을 구하여 去來契約을 有效化시키도록 하는 것은 별론으로 하고 現在 契約이 有效하지 않는 段階에서조차 契約金·중도금을 賣渡人에게 繼續 保有시키는 것에 대하여는 어떠한 法律上 原因을 가진다 할 수 없으며, 土地去來許可에 대하여는 農地賣買證明과 달리 許可前에 代金支拂이 이루어진 경우라도 國土利用管理法이 賣買契約을 有效한 것으로 믿고 이루어진 代金支拂의 狀態를 그대로 용인한다고 볼 수 없다는 立場이 있을 수 있다.[533] 買受人이 土地去來許可를 받지 않았다

533) 같은 취지로 金相容(註 62), 34.

하여 無效를 主張하고 不當利得返還請求利得返還을 구하는 경우라도 賣渡人으로서는 위 無效가 流動的 無效에 관한 한 그 無效를 確定的으로 有效로 돌리기 위하여 買受人에 대하여 土地去來許可申請節次履行을 구할 수 있다 할 것이고 買受人이 그 節次履行에 協力하지 않는 경우에는 賣渡人이 訴로써 그 履行을 구하여 그 勝訴確定判決로 許可를 얻을 수 있는 境遇에는 許可를 얻어 契約을 確定的으로 有效化시킬 수 있으므로, 買受人 스스로가 土地去來許可節次에 나아가지 않은 채 不當利得返還請求를 구한다 하여 그 請求權이 公平의 理念에 反한다 할 수 없으며, 通常의 境遇 國土利用管理法이 規制하려는 賣買價格·利用目的·去來面積 등에 어긋나지 않는 한 去來契約 許可申請이 받아들여지므로 이렇게 解釋한다고 하여 어느 一方當事者를 不當하게 취급하는 바 없는 것이다.

前述한 日本判例(昭 37(1962). 5.29)는 許可前에 農地의 引渡가 있더라도 賣買契約의 效力이 發生하지 않았기 때문에 위 引渡는 賣買契約에 의한 義務 없이 한 것이라 하였고, 獨逸判例[534]도 流動的 無效에 기한 給付는 流動的 狀態를 모르고 행하여진 경우에도 法律上 根據(rechtliche Grund) 없이 이루어진 것이라 하여 不當利得返還請求權의 成立을 肯定하고 있다.

(b) 否 定 說　　이에 대하여 최근 大法院判決은 이미 支給한 給付의 不當利得返還의 문제에 있어서 流動的 無效와 確定的 無效를 달리 보려고 한다. 즉 위 大判 93. 9. 14, 91다4136; 大判 93. 9. 10, 93다8412; 大判 93. 6. 22, 91다21435는 契約의 雙方當事者는 관할 官廳의 許可를 공동으로 申請할 義務가 있다고 할 것이므로 許可받기 전의 賣買契約이 流動的 無效라고 하여 賣買契約에 관한 契約金을 交付한 狀態에 있는 契約當事者 一方이 언제든지 契約의 無效를 主張하여 不當利得으로써 契約金의 返還을 구할 수는 없다고 하였다(同旨 大判 93.7. 27, 91다33766). 이 설에 따르면 前述한 바 流動的 無效가 確定的으로 無效로 되었을 때 비로소 支給한 代金을 不當利得으로 그 返還을 구할 수 있다 할 것이므로 不當利得返還請求의 問題에 있어서는 언제 流動的 無效가 確定的 無效로 되는지가 重要한 問題로 登場한다 하겠다. 여기서는 契約이 아직 청산단계에 이르지 않았으니까 賣渡人의 금원 保有가 公平의 觀念에 反하는 것으로 보지 않고, 事後的 利益調節을 위한 不當利得法은 契約이 確定的으로 無效로 判明되었을 때에야 비로소 그 기능을 수행하는 것으로 보는 것 같다.

534) BGH 75. 10. 8, Jus 76. Heft 4, S. 259.

그러나 現在는 許可가 없어 去來契約을 無效로 보는 마당에 賣渡人의 계약금·중도금 등 賣買代金의 보유가 어떠한 法律上 根據에 기하는지를 쉽게 알기가 어렵다. 可能한 理論構成으로는 여기서의 無效의 意味가 履行請求를 할 수 없다는 意味에서의 無效일 뿐, 禁止法規를 違反한 履行行爲가 이미 행하여진 境遇 契約의 無效를 主張하여 원상회복을 請求할 수 있다는 意味에서의 無效는 아니라 하여 事前的 判斷과 事後的 判斷으로 나누어 생각해 볼 수도 있으나, 買受人이 無效를 主張할 수 있는 것은 事前的 主張 즉 履行請求를 拒否한다는 抗辯權的 意味에서의 無效뿐만 아니라, 事後的 主張 즉 그 履行의 無效를 主張하여 原狀回復을 구하는 請求權的 意味에서의 無效를 포함하는 것이고, 다만 後者에 있어서는 그러한 請求가 信義則에 違反되는 結果로 되는 경우 信義則의 適用으로 不當함을 피할 수 있을 것이다. 이러한 立場에서는 결국 流動的 無效가 確定的 無效로 轉換되는 境遇 不當利得返還請求를 인용하게 되어 그러한 경우에 대한 判例의 定型化가 앞으로의 課題가 된다고 보여진다.

(c) 權利行使不可說　　여기서 契約의 無效에 기한 不當利得返還請求權의 成立 자체를 부정할 수는 없고, 不當利得返還請求權의 成立은 일단 認定하되 信義則上 土地去來를 有效하게 이루어지도록 協力하여야 할 任置에 있는 買受人이 代金支給을 상당한 程度로 履行한 후 거꾸로 契約의 效力을 부인하고 그 代金返還을 구하는 權利行使가 信義則에 反한다는 見解가 있을 수 있다. 強行法規違反行爲의 履行 후에 原狀回復請求의 形態로 無效를 主張하는 것이 信義則에 반하는 것이 아닌지 신중히 檢討할 必要가 있는바,[535] 買受人에게 土地去來를 有效하게 이루어지도록 協力할 義務가 있다는 것으로 買受人의 不當利得返還請求權 自體의 成立을 부정할 수는 없는 것이고, 다만 社會通念이나 법률감정에 비추어 볼 때 有效한 行爲가 되도록 協力할 責務가 있는 契約當事者가 스스로 無效의 行爲를 하였으면서 후에 經濟狀態의 變化 내지 不動産價格變動(低下)에 따라 土地를 取得하지 않는 것이 有利하다고 判斷한 나머지, 現在 賣買契約이 無效라는 점을 내세워 그 原狀回復을 구하는 것이 倫理的으로 許容되지 아니하는 경우가 있을 수 있고 이 때에는 法律的으로 信義則에 反한다고 보아, 그 權利行使를 拒否할 수 있다는 立場이 있을 수 있다.

(d) 結　論　　먼저 流動的 無效의 範圍를 嚴格하게 解釋하여 土地去來에 대한 不許可가 내려진 境遇는 물론, 아직 不許可處分이 確定되지 않

535) 郭潤直/박영식, 주해민법 Ⅱ, §105, 267.

더라도 關係法令에 비추어 불허가 될 것이 明白한 경우에는 따로 流動的 無效라는 段階를 設定할 必要 없이 契約當初부터, 그리고 雙方이 土地去來許可申請을 할 意思가 없음을 明白히 表出한 경우에는 그 무렵부터 去來契約을 確定的 無效로 보아 그 동안 履行된 給付에 대한 不當利得返還請求權의 成立을 肯定하는 데에는 理論이 없을 것으로 보인다. 한편 土地 등 去來契約에 대한 許可處分 또는 不許可處分을 할 것인가의 與否에 관하여는 價格·利用目的·去來面積의 면에서는 法的으로 許可·不許可事由가 명시되어 있어 처분청의 재량이 排除되고 法定不許可事由가 없는 許可申請에 대하여는 반드시 許可를 하여야 할 것이지만, 다만 土地利用目的의 면에서(投機與否) 土地去來許可 또는 不許可處分이 관할道知事 등의 재량에 맡겨져 있는 境遇에는 去來契約 체결 당시 그 許可與否가 불명하여, 許可節次에 나아가기 전에 이미 履行한 給付의 返還을 구하게 되면 그 不當利得의 成否가 問題된다 하겠다. 여기서 土地去來에서 許可를 必要로 하는 意味나 目的은 去來契約의 주된 의무의 終局的 履行이 앞당겨지는 것은 禁止하는 데 있고 이러한 주된 義務는 賣買契約의 核心要素인 所有權移轉과 代金支給에 관한 것이라 하겠다. 따라서 去來許可가 있기 전에는 어떠한 境遇라도 買受人은 代金支給을 구할 수 없다 할 것이며, 買受人이 代金支給義務가 있는 것으로 착각하고 代金支給이 이루어진 境遇에는 이를 期限前의 有效한 변제로 볼 수는 없으며 非債辨濟로 보아야 할 것이다. 결국 허가 不許可處分이 確定될 때까지는 禁止法規違反에 따른 違法한 狀態를 原狀態로 돌려두지 않으면 안 된다는 것이다.[536] 한편 東京高判 昭 28(1953). 11. 4은 農地의 賣渡人이 許可申請節次를 怠慢히 하더라도 許可의 흠결을 理由로 農地賣買의 無效를 主張하는 것에 지장을 주지 않으며 이것이 信義則에 反하는 것이 아니라고 하였다.[537]

獨逸에서는 無效를 確定的 無效인 Nichtigkeit와 流動的 無效인 schwebend Unwirkamkeit를 區分하고 있는바, Nichtigkeit는 처음부터 繼續的으로 當然히 그 法律效果의 發生이 부인됨에 반하여, Schwebend Unwirksamkeit는 外部的 要件의 缺如로 無效이나 사후 有效化될 수도 있는 流動的 狀態에 있음을 意味하고, 流動的 無效는 規範目的上 終局的 最終的 無效는 아니며, 取消할 수 있는 法律行爲에서 아직 取消나 追認 등 確定的 意思表示가 이루어지

536) 宮田信夫(註 56), 1124.
537) 前註, 1125.

지 않고 있는 동안의 流動的 狀態(Schwebendzustand)와 區分된다. 그러나, 流動的 無效인 法律行爲는 有效도 無效도 아닌 狀態에 있는 것은 아니며, 지금은 無效인데 장차 有效로 될 可能性이 있는 狀態에 있는 것에 不過하므로, 代金支給이라는 出捐은 아무런 債權債務가 存在하지 아니한 狀態에서 이루어진 것이고 따라서 債務가 存在하지 않는 바에야 有效한 변제가 될 수 없다. 여기서 買受人이 法律의 誤解로 債務不存在를 알지 못한 것에 過失이 있다 하더라도 不當利得返還請求權의 成立에 影響이 없다. 또한 위와 같은 代金支給이 道義觀念에 適合한 것이 아님도 두말할 나위가 없다. 履行行爲가 바람직하지 않다면 그 履行의 原狀回復이 바람직한 것이 아닌지? 土地去來許可에 있어서는 前述한 바와 같이 停止條件附 계약체결도 부정되어야 할 것인데, 停止條件附債務에 있어서도 條件附임은 알지 못하고서 변제한 때에도 條件 成否가 不確實한 동안에는 債務가 存在하지 아니하므로 給與의 返還을 請求할 수 있는 것이다. 한편 條件附 債務임을 알고서 금원교부가 이루어진 境遇 條件不成就로 確定되어야 비로소 目的到達不能으로 不當利得返還請求가 認定되는 것과는 그 모습을 달리한다 하겠다. 아직 賣買契約의 效力이 없는 바에야 賣渡人은 賣買契約에 기한 債務의 履行으로서 土地賣買代金을 수령한 것이 아니므로 現在 위 금원보유가 아무런 法的 根據를 가질 수 없음은 이를 부정할 수는 없다고 할 것이고, 다만 具體的인 경우 個別的인 事情에 따라 不當利得返還請求權의 行使가 信義則에 반하여 그 訴訟上 請求를 배척할 여지는 있다 할 것이다.

(e) 不法原因給與의 問題 앞서 말한 信義則의 抗辯 외에도 不法原因給與의 問題가 함께 提起되는데, 大法院은 民 §746가 規定하는 不法原因이라 함은 그 原因된 行爲가 善良한 風俗 기타 社會秩序에 違反하는 境遇를 말하는 것으로서 설사 法律의 禁止規定에 반하는 경우라 할지라도 그것이 善良한 風俗 기타 社會秩序에 違反하지 아니하는 경우에는 이에 해당하지 아니한다고 판시하고 있다(大判 91. 3. 12, 90다18524(公 895, 1175); 大判 83. 11. 22, 83다430(公 720, 95); 大判 81. 7. 28, 81다145 등). 日本最高裁는 不法原因給與에 該當하기 위하여는 強行法規에 違反하여 부적법할 뿐만 아니라 그 社會에 있어서 要求되는 倫理 道德을 무시한 추악한 것이어야 한다고 하였다(日最判 昭 37(1962). 3. 8(民集 16, 3, 500)). 그렇다면 여기서 許可를 받지 아니한 去來契約에 기한 代金支給은 不法原因給與에 該當하지 아니한다고 볼 것이다.

[李 宙 興]

前　論 Ⅱ

차 례

Ⅰ. 事實的 契約關係

1. 序　論

(1) 事實的 契約關係의 의의

전통적인 계약이론에 의하면, 계약은 請約과 承諾이라는 두 개의 의사표시의 합치로 성립한다. 따라서 의사표시의 합치가 없거나 의사표시의 합치가 있더라도 無能力, 意思와 表示의 不一致, 瑕疵 있는 意思表示 등의 사유로 無效이거나 取消되는 경우에는, 계약이 성립할 수 없다. 우리 民法上의 계약 성립에 관한 규정들은 이와 같은 전통적인 이론을 전제로 하고 있다.

그런데 일정한 경우에 의사표시의 합치가 없더라도, 그리고 의사표시가 無效 또는 取消되더라도, 일정한 事實上의 行爲 내지 容態가 있으면 그로써 계약관계가 성립하는 것으로 보아야 한다는 논의가 있다. 즉 당사자 사이의 의사의 합치에 의하지 아니하고 일정한 사실관계의 존재만으로 계약관계의 성립을 인정하는 것이다. 이와 같은 계약관계를 事實的 契約關係(faktische Vertragsverhältisse)라고 하고, 이를 인정하자는 논의를 事實的 契約關係論이라 한다.

(2) 事實的 契約關係論의 추이

事實的 契約關係論은 독일의 民法學者들과 判例에 의하여 형성된 이론이다. 독일에서 事實的 契約關係論을 가장 먼저 주장한 사람은 Günter Haupt이다. 그는 1941년에 발표한 논문[1]에서 후술하는 3가지 유형의 경우에 事實的

1) Haupt, Über faktische Vertragsverhältnisse, 1941.

契約關係를 인정하여야 한다고 주장하였다. 이 주장이 독일의 民法學界에 전례가 없을 정도의 격심한 찬반 논의를 불러일으켰다. 당초에는 찬성론이 우세하여 Simitis, Siebert, Esser 등이 이를 지지하였으며, Larenz는 위의 3가지 유형 중 1가지 유형에 관한 것이기는 하지만 그 이론을 정교하게 만들어 "社會定型的 行爲에 기한 債務關係"이론으로 발전시켰다.[2] 그리고 聯邦法院判例도 1956년에 정면으로 事實的 契約關係論을 인정하였다. 그러나 전통적인 법률행위 이론을 옹호하는 입장에서의 반대론도 만만하지 아니하여, Lehman, Flume, Nipperdey, Wolf, Medicus 등이 반대론을 폈다. 判例도 근래에 이르러서는 事實的 契約關係를 정면으로 인정하는 판시를 자제하는 듯하며, 학설상으로도 반대론이 우세해져 가는 것으로 보인다.[3]

우리 나라에서는 故 崔鍾吉 교수에 의하여 독일의 이론이 소개된 이래[4] 각 교과서에서 다루어지는 등 상당한 주목을 끌고 있다. 제한된 범위에서 그 도입을 주장하는 유력설이 있기는 하나,[5] 다수설은 그 도입을 불필요한 것으로 여기고 있다.[6] 判例 중에는 이 이론을 정면으로 인정한 것이 보이지 않는다.

(3) 事實的 契約關係論의 배경

우리의 債權法은 채권관계의 발생원인으로서 事務管理·不當利得·不法行爲와 함께 契約을 규정하고 있으며, 계약은 채권 발생원인중에서도 가장 일반적이고 가장 중요한 것임은 두말할 필요가 없다. 私的 自治를 실현하는 수단으로서의 계약은 당사자 상호간 자유로운 의사에 따라 합의한 내용에 대하여 법적 구속력을 부여하는 법적 제도이며, 따라서 自己決定의 능력을 갖춘 쌍방당사자가 대등한 입장에서 충분한 협상을 하여 각자에게 가장 유리한 결정을 한다는 것을 전제로 한다. 당사자간 의사의 합치는 계약의 본질을 이루는 것이며, 의사의 합치 없는 계약의 성립이라고 하는 것은 원칙적으로 있을 수 없다.

그런데 오늘날의 거래현실 특히 계약체결의 실상을 보면, 반드시 民法이 상정하는 것과 같은 모습으로 계약이 체결되는 것은 아니다. 계약에 임하는

2) Larenz, AT des deutschen Bürgerlichen Rechts, 4. Aufl., S. 471ff.
3) 독일 학설의 문헌에 관하여는, MünchKomm, Band 2, Vor §241 RdNr. 55 참조.
4) 崔鍾吉, "事實的 契約關係에 관한 若干의 考察", 法學 5-1, 2.
5) 郭潤直, 債各 81 이하. 崔鍾吉(前註)도 우리 民法學에 事實的 契約關係論을 도입할 것을 주장하고 있다.
6) 李英俊, 民總, 121 이하; 李銀榮, 債各, 97 이하; 黃迪仁, 現代民法論(4), 84 이하; 註釋債權各則(1), 96 이하; 李好珽, "社會定型的 行爲論의 硏究(2)", 서울상대경제논집, 13-2 등.

당사자들은 비록 법률적으로는 대등한 입장에 있으나 경제적·사회적으로는 더 이상 평등하지 않으며, 다수 당사자간의 大量去來가 보편화된 결과 구체적 거래당사자간에서 거래조건에 관한 협상이 이루어지기보다는 미리 정해진 규격화된 거래조건에 따라 계약을 체결하는 것이 오히려 원칙으로 되고 있다(約款에 의한 거래). 그리고 다양한 거래형식의 출현과 각종 기계의 발달로 인하여 당사자들이 대면하는 일조차 없이 계약이 체결되는 경우가 일상화되고 있다(교통기관에의 탑승, 無人販賣施設의 이용 등). 이리하여 많은 경우에 民法이 예정하는 계약체결 방식(請約의 의사표시와 이에 대응하는 承諾의 의사표시의 합치)의 외관을 갖추지 않은 채 계약이 성립하는 것을 보게 된다. 전통적인 이론을 따르는 입장에서는 이와 같은 경우도 계약이론의 테두리 안에서 계약의 성립을 이론구성하고 있지만, 계약의 성립과 효력에 관한 일반이론을 여기에 그대로 적용할 수는 없으며 어떤 형태로든 變容이 있을 수밖에 없다. 事實的 契約關係論은 이와 같은 경우에 현실외관을 중시하여 아예 계약의 체결을 부정하고 공급과 이용이라는 事實行爲의 존재만으로 계약관계의 성립을 인정하며, 나아가 계약의 부존재에 불구하고 계약적 효력이 인정되는 다른 경우까지를 포괄하여 사실에 기한 (즉 계약이 없는) 계약관계를 특수한 채권발생원인으로서 체계화하자는 것이다.

(4) 事實的 契約關係의 3가지 유형

事實的 契約關係가 인정된다고 하더라도 그와 같은 법률관계는 특별한 경우에 예외적으로 인정될 수밖에 없다. Haupt는 그의 논문에서 事實的 契約關係가 인정되어야 할 경우로서, 1) 社會的 接觸(sozialer Kontakt)에 의한 事實的 契約關係, 2) 共同體關係에의 加入(Einordnung in ein Gemeinschaftsverhältnis)에 의한 事實的 契約關係, 3) 社會的 給付義務(soziale Leistungsverpflichtung)에 의한 事實的 契約關係의 3가지를 들고 있다. 事實的 契約關係를 인정하는 다른 學者들도 표현상의 차이는 있으나 대체로 위의 3유형을 중심으로 事實的 契約關係를 논하고 있다. 그러나 Larenz는 위의 1), 2)의 경우는 전통적인 이론으로 해결하는 것이 바람직한 것으로 보고, 3)의 경우에 한하여 事實的 契約關係 이론을 발전시켜 社會定型的 行爲論(sozialtypisches Verhalten)으로 주장하고 있다.

이하에서는 위의 3가지 유형에 있어서 어떤 경우에 어떤 이유에서 事實的 契約關係가 주장되고 있는 것인지, 그리고 그와 같은 경우에 과연 事實的 契約關係로서의 이론구성이 필요한 것인지에 대하여 순차로 살펴보고자 한다.

2. 社會的 接觸에 의한 事實的 契約關係

(1) 의 의

당사자 사이에서 계약의 체결 또는 법률관계의 성립을 의욕한 일이 없음에도 불구하고 어떤 社會的 接觸이 있은 경우에 그 社會的 接觸이라는 사실만에 의하여 계약관계 유사의 법률관계를 인정한다는 것이다.

(2) 契約締結上의 過失

民 §535는 原始不能의 경우에 한하여 契約締結上의 過失에 기한 손해배상책임을 인정하고 있으나, 通說은 계약성립과정에서의 일반적인 過失 나아가 계약체결을 위한 준비과정에서의 過失에 대한 책임도 인정하고 있다. 그리고 이 책임은 일반적으로 不法行爲 책임이 아니라 계약책임인 것으로 설명되고 있다.[7] Haupt는 계약이 체결되지 않았음에도 불구하고 계약책임이 인정되는 이 경우를 事實的 契約關係의 일종으로 설명한다.

그러나 위와 같은 Haupt의 주장은 事實的 契約關係論者들에 의하여서도 더 이상 지지를 받지 못하였다. 契約締結上의 過失에 관하여는 계약당사자 사이에 계약체결을 위하여 긴밀한 접촉을 하는 단계에서 이미 상대방을 보호할 信義則上의 의무가 발생하는 것으로 보고 그 의무위반에 대하여 계약상의 책임을 지우는 것으로 보는 것이 일반적이다.[8] 계약법의 이념에 따라 계약 성립의 단계에까지 계약책임이 확장된 것으로 볼 것이며, 이를 사실에 기한 계약관계의 성립으로 볼 것은 아니다.

(3) 好意同乘

자동차의 운전자가 대가를 받음이 없이 好意로 다른 사람을 同乘시켜 운행하던 도중 교통사고를 발생시켜 同乘者에게 손해를 입힌 경우에 있어서, 종전의 독일 判例는 無償의 운송계약의 체결과 함께 同乘者는 손해배상청구권을 포기하는 默示的 특약을 한 것이라고 하여 운전자의 손해배상책임을 부정하였다. 여기에서 계약체결 및 책임면제의 특약이라고 하는 것은 擬制에 지나지 않으므로, 차라리 同乘이라고 하는 社會的 接觸의 行爲(事實)에 의하여 계약

---

7) 郭潤直, 債各, 89; 李銀榮, 債各, 106; 金曾漢, 債各, 49; 金顯泰, 債各, 14.

8) 주 7)의 문헌 참조. 다만 독일에서는 契約締結上의 過失을 순수한 계약책임으로 보는 것에 의문을 가지고 이를 不法行爲 책임과 계약책임의 중간영역으로서 법률의 규정에 의한 채권관계로 보는 견해가 유력하게 주장되고 있다. MünchKomm, Band 2, Vor §241, RdNr. 73.

유사의 법률관계가 성립하는 것으로 보고 다만 無賃乘車이므로 책임배제의 효과가 생긴다고 하는 견해가 있다.

그러나 오늘날 독일 判例는 더 이상 好意同乘의 경우에 손해배상청구권 포기의 특약을 인정하지 아니한다. 실제에 있어서 손해배상의무는 보험회사에 의하여 부담되는 것이어서 피해를 입은 同乘者에게 큰 불이익을 주면서까지 면책을 인정할 필요가 없다고 보는 것이다. 공평의 입장을 고려한 배상책임의 경감은 過失相計의 법리에 의하여서만 이루어진다.[9] 따라서 이 분야에서 事實的 契約關係를 논의할 필요성은 근원적으로 없어졌다 하겠다. 우리 나라의 判例도 운행자는 好意同乘者에 대하여 운행상 과실에 따른 배상책임을 지며 다만 가해자에게 전책임을 지우는 것이 信義則이나 형평의 원칙에 비추어 심히 불합리한 것으로 인정되는 경우에 한하여 過失相計에 준하여 배상액을 경감할 수 있다는 입장으로서 好意同乘者의 책임포기 특약을 인정하지 않는 취지이므로,[10] 사정은 독일에서와 같다고 할 것이다.

(4) **賃貸借의 默示의 更新**

Haupt는 賃貸借 기간이 종료한 후에 임대인 또는 임차인이 異議를 제기하지 아니한 결과 賃貸借가 默示的으로 更新되는 경우도 事實的 契約關係로 보았다. 그러나 이 견해는 독일에서도 오늘날 더 이상 지지를 받지 못하고 있을 뿐만 아니라, 우리 나라에서는 이 견해를 주장하는 學者가 없다.

3. 共同體關係에의 加入에 의한 事實的 契約關係

(1) 의　의

전통적인 이론에 의하면 당사자의 無能力, 意思와 表示의 不一致, 意思表示의 瑕疵 또는 善良한 風俗 違反이나 強行法規 違反 등의 사유로 계약이 無效이거나 取消되는 때에는, 그 계약은 遡及的으로 효력을 잃고, 그 계약관계는 不當利得의 법리에 따라 청산되게 된다. 그러나 그 계약이 1회의 이행으로 끝나는 것이 아니라 상당한 기간 존속하는 이른바 계속적 계약관계이고 그 계약관계 안에서 당사자들 사이에 여러 가지의 권리의무가 발생하고 있으며 또 그 계약관계를 기초로 하여 제3자와 사이에 새로운 법률관계가 형성되고 있는 경우에는, 그 계약관계를 遡及的으로 無로 돌리는 것은 부적당할 뿐만 아

9) MünchKomm, Band 2, Vor §241 RdNr. 38.
10) 大判 90. 4. 25, 90다카3062(集 38-1, 238); 大判 92. 6. 9, 92다10586(公 1992, 2128) 등.

니라 때로는 불가능하기까지도 하다. 이리하여 이런 경우 가운데 특히 組合이나 勤勞契約의 경우에는, 계약이 無效이거나 取消되더라도 그 無效 또는 取消는 장래에 향하여서만 효력을 발생하고 無效의 주장 또는 取消가 있기까지의 기왕의 법률관계는 유효하게 존속하는 것으로 함이 상당한 것으로 인정되고 있다. 이와 같이 계약의 失效에도 불구하고 유효하게 존속하는 事實上의 組合 또는 事實上의 勤勞關係를 事實的 契約關係의 이론으로 설명하는 견해가 있다.

(2) **事實上의 組合**

商法에 의하면 회사의 설립행위에 無效 또는 取消 사유가 있는 때에는 설립 후 2년의 기간 내에 일정한 提訴權者에 의하여 訴의 방법에 의하여서만 그 無效 또는 取消를 주장할 수 있도록 제한되어 있다(商 §§184, 328 I 등). 그리고 設立無效 또는 設立取消의 판결이 선고되는 경우에도 그 효력이 설립한 때로 遡及하는 것이 아니라 장래에 향하여 효력을 발생할 뿐이며, 解散에 준하는 청산절차를 밟도록 되어 있다(商 §§190, 193 II 등). 회사가 외관상 유효하게 성립하여 활동해 온 점을 감안하여 법률관계의 안정과 거래의 안전을 기하기 위함이다.

組合의 경우에도 성립상의 無效, 取消의 遡及效를 제한할 필요성은 회사와 마찬가지이다. 組合이 성립함에 따라 다수 조합원들의 이해관계가 복잡하게 얽히게 될 뿐만 아니라 그 組合이 거래주체로 되어 외부의 제3자와 거래를 맺게 됨이 회사와 다를 바 없기 때문이다. 이리하여 독일의 判例와 學說은 일찍부터 組合契約에 無效 또는 取消 사유가 있는 경우에도 遡及的 효력을 가지는 無效 주장 또는 取消는 할 수 없으며, 脫退 또는 解止 등의 방법으로 장래에 향하여 효력을 잃게 할 수 있을 뿐이라고 하고 있다.[11] 이와 같은 遡及效 제한은 외부관계에 있어서는 거의 절대적이어서 외부거래자의 善意·惡意를 묻지 아니하고 組合契約의 遡及的 無效를 주장하지 못한다. 한편 組合 내부관계에 있어서도 組合契約이 無效이거나 取消되는 경우에 不當利得의 법리를 따르는 것이 아니라 解散에 준하는 절차에 따라 처리하는 것이 원칙으로 되어 있다. 다만 組合契約의 외관 자체가 없거나 組合이 성립하였을 뿐 사실상의 영업활동을 하지 아니한 경우 및 組合契約을 無效로 하는 법적 목적이 조합원 보호의 필요성보다 더 중대한 경우(예컨대 중대한 社會秩序 違反, 중대한 強行法規 違反, 行爲能力의 欠缺 등)에는, 적어도 내부관계에 있어서는 일반법리에 따라 遡及效 있는 無效 또는 取消를 인

11) BGHZ 55, 5. 李英俊, 總則, 129에 판시내용이 소개되어 있다.

정할 것이라고 한다.[12)]

우리 나라에 있어서도 組合契約의 無效 또는 取消의 遡及效를 제한하여야 함에 異論이 없으며,[13)] 大法院 判例도, "원판결 이유에서 …원피고들은 조합계약을 한것으로 간주되는 것인데 그 조합체는 원고의 사기를 이유로 한 본건 계약의 취소 의사표시 전에 이미 본건 계약의 실행에 착수하여 많은 노무자를 고용하고 기구 등을 장만하여 배수작업 내지 채굴작업을 해 왔음은 기록상 분명하므로 조합이 사업을 개시하고 제3자와의 간에 거래관계가 이루어지고 난 다음에는 조합계약체결 당시의 그 의사표시의 하자를 이유로 취소하여 조합성립 전으로 환원시킬 수 없다고 판단하였는바 이는 정당하다 할 것"이라고 판시한 바 있다.[14)]

그런데 組合에 관하여는 無效, 取消의 遡及效 제한에 관한 실정법상의 근거규정이 없으므로 계약의 失效에도 불구하고 組合이 유효하게 존속하는 것으로 처리하는 근거를 어디에서 찾을 것인가가 문제로 된다. 事實的 契約關係論에서는 이와 같은 事實上의 組合關係를 계약에 의하지 아니하고 事實(즉 組合의 활동)에 의하여 성립하는 계약관계의 하나로 본다.[15)] 그러나 반드시 事實的 契約關係라는 독자적인 채권발생원인을 인정하지 않고서는 事實上의 組合을 설명할 수 없는 것이 아니다. 전통적인 이론을 그대로 유지하면서도 組合契約에 있어서는 無效, 取消의 遡及效가 제한된다고 하는 目的論的인 해석을 한다면, 事實上의 組合을 설명할 수 있다. 組合契約의 無效 또는 取消는 장래에 향하여서만 효력을 발생하는 것으로 해석한다면, 無效 주장 또는 取消가 있기까지의 組合은 유효한 계약관계에 근거한 완전한 組合이 되는 것이다. 이와 같은 제한적 해석의 근거는, 외부관계에 대하여는 私法을 관통하는 權利外觀責任의 원리에서 찾을 수 있을 것이고, 내부관계에 대하여는 어느 개인의 이익이 본질적으로 침해되지 않는 범위에서 다수 조합원의 단체적 이익을 보호한다고 하는 法經濟的 고려에서 찾을 수 있을 것이다.[16)]

(3) 事實的 勤勞關係

勤勞契約이 無效이거나 取消되는 경우에 그 계약에 기하여 이미 근로자가

12) MünchKomm, Band 2, Vor §241 RdNr. 61-65.
13) 郭潤直, 債各, 531; 李英俊, 總則, 134.
14) 大判 72. 4. 25, 71다1833(集 20-1, 217).
15) 郭潤直, 債各, 532.
16) MünchKomm, Band 2의 주 12 부분 참조. 李英俊, 總則, 134도 같은 취지.

취업하고 있는 때에는, 그 無效 또는 取消의 효력은 기왕에 遡及하지 않고 장래에 향하여만 발생한다는 것이 일반적으로 인정되고 있다.[17] 만일 無效, 取消의 결과 勤勞契約이 遡及的으로 효력을 잃는 것으로 해석하여야 한다면, 이미 행하여진 근로급부는 不當利得의 법리에 따라 청산되어야 할 것인데, 근로로 인하여 사용자가 얻은 이익은 반드시 賃金額과 일치하지는 않을 것이므로 근로자로서는 반환이득의 산정(실질적인 賃金請求)에 큰 곤란을 겪게 될 것이다. 뿐만 아니라 勤勞契約에 있어서 근로자의 보호를 위하여 설정되고 있는 각종 계약적·사회보호적인 혜택(예컨대 퇴직금 등)을 근로자가 누릴 수 없는 것으로 된다. 따라서 勤勞契約의 無效, 取消는 마치 계속적 계약에서의 解止와 마찬가지로 장래에 향하여 계약의 효력을 상실시킬 뿐이고, 無效 주장 또는 取消가 있기까지의 勤勞關係는 완전한 계약으로서의 효력을 유지하게 하여야 한다. 그러나 근로자가 사용자를 고의적으로 기망하여 勤勞契約을 체결한 경우나 勤勞契約의 체결이 처벌법규에 위반되거나 善良한 風俗, 社會秩序에 심히 위배되는 경우 등에는 계약을 無效로 하는 목적이 위에서 본 근로자 보호의 필요성을 능가하므로, 이와 같은 경우에는 勤勞契約이 遡及的으로 효력을 잃는 것으로 해석할 것이다. 근로자의 無能力으로 인하여 勤勞契約이 取消되는 경우에는, 근로자는 계약상의 賃金請求權 기타의 권리를 행사할 수 있으나, 사용자측에서 근로자에 대하여 근로급부를 요구하거나 계약불이행으로 인한 손해배상을 요구하는 것은 허용되지 않는 것으로 해석하는 것이 상당하다고 본다(片面的 遡及效). 한편 勤勞契約 당시 사용자가 無能力이었던 경우에는, 사용자는 取消로써 계약의 遡及的 失效를 주장할 수 없다.[18]

事實的 契約關係論에서는 勤勞契約의 無效, 取消에도 불구하고 유효하게 존속하는 기왕의 근로관계 또한 事實的 契約關係의 하나로 보고 있다.[19] 그러나 事實上의 組合에서와 마찬가지로 여기에서도 구태여 새로운 이론구성을 하여야만 이 법률관계를 설명할 수 있는 것은 아니다. 근로자의 이익 보호를 위하여 無效, 取消의 遡及的 효력이 目的論的으로 제한되는 것으로 이해하면 될 것이다. 民法이 원칙적으로 契約의 無效, 取消의 효력은 계약시에 遡及하는 것으로 규정하고 있지만 그 규정의 성질상 모든 경우에 반드시 遡及的 효력이 유지되어야 하는 것은 아니고, 다른 法政策的 필요가 있는 때에는 그 遡及效

17) 郭潤直, 債各, 419; 李英俊, 總則, 134; 李銀榮, 債各, 381; 金疇洙, 債各(上), 330.
18) MünchKomm, Band 2, Vor §241 RdNr. 66-69.
19) 郭潤直, 債各, 419.

를 제한할 수 있는 것이다. 근로의 실시라는 사실에 기하여 계약관계가 발생하는 것으로 보게 되면 계약이 성립한 후 근로자가 근로를 시작한 이상 계약의 無效, 取消의 遡及效는 전면적으로 배제되는 것으로 보아야 할 것인데, 위에서 본 것처럼 사유 여하에 따라서는 그 遡及效를 인정하여야 할 경우도 있는 것이므로, 이 점에서도 事實的 契約關係로 보는 견해는 적당하지 않다 할 것이다.[20]

그런데 大法院은 공무원으로 임용되어 근무하였으나 후에 임용결격사유가 발각되어 임용행위가 당연무효로 된 전직 공무원이 제기한 行政訴訟에서, "공무원연금법이나 근로기준법에 의한 퇴직금은 적법한 공무원으로서의 신분취득 또는 근로고용관계가 성립되어 근무하다가 퇴직하는 경우에 지급되는 것이고, 당연무효인 임용결격자에 대한 임용행위에 의하여는 공무원의 신분을 취득하거나 근로고용관계가 성립될 수 없는 것이므로 임용결격자가 공무원으로 임명되어 사실상 근무하여 왔다 하더라도 그러한 피임용자는 위 법률 소정의 퇴직금 청구를 할 수 없다"고 판시하였다.[21] 公法上의 공무원 임용처분에 관한 판결이기는 하나, 當然無效의 효력을 임용 당시로 遡及시키고 공무원으로서의 사실상 근무에 대하여 아무런 고려도 베풀지 않았다는 점에서, 비판의 여지가 있다 할 것이다.

4. 社會的 給付義務에 의한 事實的 契約關係(社會定型的 行爲論)

(1) 의　의

교통기관·통신시설의 이용이나, 전기·수도·가스 등의 공급, 텔레비젼·라디오의 시청, 주차장의 이용등과 같이 국민생활에 필수적인 이용관계 또는 공급관계에 있어서는, 국가가 生存配慮의 관점에서 스스로 공급하거나 엄격한 감독하에 사기업에 공급을 맡기되 이용 또는 공급을 원하는 국민에게는 일정한 조건하에 반드시 공급하도록 급부의무가 지워져 있으며, 한편 국민의 입장에서도 선택의 여지가 거의 없이 국가나 기업이 제공하는 급부를 그 제시하는 조건(約款·料金表 등)에 따라 수령할 수밖에 없다. 이와 같은 거래에서는 공급자와 수요자 사이에 請約과 承諾의 의사표시의 합치에 따른 계약체결이 없으므로, 공급자측의 급부의무와 수요자측의 이용이라는 事實行爲에 의하여 이용관계 또

20) MünchKomm, Band 2의 주 18 부분 참조. 李英俊, 總則, 134; 李銀榮, 債各, 381도 같은 취지.

21) 大判 87. 4. 14, 86누459(公 1987, 827).

는 공급관계가 형성된다고 보고, 이를 事實的 契約關係라고 설명하는 견해가 유력하게 주장되고 있다.[22] 事實的 契約關係로서 논하여지는 계약관계 중에서 가장 보편적이고 광범위하게 주장되는 것이 바로 이 유형의 것이다. Larenz는 이와 같은 법률관계에서 수요자가 급부를 이용하는 행위를 社會定型的 行爲라고 하여 承諾이나 意思實現과는 다른 또 하나의 계약성립요소로 보고, 다만 여기에서는 사실 그 자체가 아니라 그것의 社會定型的인 의미가 법률적 중요성을 가진다는 점에서 事實的 契約關係論과는 구별된다고 하고 있으나,[23] 그 견해 역시 事實的 契約關係論의 연장선상에 있는 것으로 보아야 할 것이다.

위와 같은 유형의 事實的 契約關係가 처음 논의되기 시작한 것은 이른바 국가의 生存配慮義務와 관련된 법률관계에 관련하여서이지만, 오늘날에 있어서는 그와 같은 公的 성격을 가진 분야 외의 거래분야에서도 위에서 본 거래와 유사한 거래현상이 많이 일어나고 있다. 約款이나 料金表를 이용한 大量去來는 개인기업에서도 많이 이용되고 있으며, 이들 거래에 있어서 비록 公的인 공급의무가 지워져 있는 것은 아니지만, 공급자는 이용 또는 구매를 원하는 사람 누구에게나 공시된 가격으로 일정한 조건에 따라 공급하고, 수요자는 별도의 계약체결 절차 없이 대가를 지급하고 이용을 개시하는 것만으로 계약관계를 성립시키는 점에서, 公的 급부제공의 법률관계와 다를 바 없다. 그리고 인건비 절약의 필요성이 날로 증대하는 한편 사람을 대신하는 각종 기계설비가 발달함에 따라 無人販賣나 無人 서비스제공이 일상화되고 있는데, 의사표시의 교환 없이 물품 또는 서비스의 제공과 수령만으로 계약관계가 성립한다는 점에서 이 역시 事實的 契約關係論의 대상이 될 여지가 있다 하겠다.

독일의 判例는 이 유형의 거래에 관하여 事實的 契約關係를 정면으로 인정하고 있다. 대표적인 것이 주차장 판결로서 유명한 BGHZ 21, 319 판결(1956. 7. 14)이다. 어떤 자동차 소유자가 유료주차장이라고 명시되어 있는 시청광장에 자기 차를 주차하면서, 그곳 감시원에게 자기 차를 감시할 필요가 없으며 주차료도 지급하지 않겠다는 의사를 사전에 명백히 밝혔다. 市가 원고로

22) 郭潤直, 債各, 87은, 본문과 같은 거래에 있어서 默示의 의사표시의 추정이 부자연스럽고 그렇다고 不當利得의 법리에 의한 처리도 적절하지 않은 때(바꾸어 말해서 계약내용과 같은 급부의무를 부담케 할 필요가 있는 때)에는 事實的 契約關係를 도입해서 문제의 처리를 시도하는 것도 하나의 방법일 것이라고 제안하면서도, 그러한 처리를 위한 法技術的 개념으로서 事實的 契約關係가 적절한지의 여부, 어디까지 이 개념을 사용할 것인지 등의 문제는 앞으로 私法學이 연구·검토할 과제라고 하고 있다.

23) Larenz, a.a.O., S. 474.

된 사건에서, 聯邦法院은 Haupt, Larenz 등의 이론을 인용하면서, 유료주차장에 주차하였다는 사실로부터 계약관계는 발생하였으며 따라서 주차요금을 지급하여야 한다고 판시하였다.[24)]

우리 나라의 大法院判例 가운데 전차 이용에 관한 운송계약의 성립시기에 관하여, "전차이용자가 매표소에서 보통승차권을 구입하는 소위는 전차에 승차키 위하여 피고 회사의 영업방침에 따라 전차운임의 유일한 지불방법인 동 승차권을 구득하는 방법의 일종에 불과한 것이며 각 정류소에서 발차준비를 마치고 승객의 승차를 기다리는 전차는 피고 회사가 전차이용자에 대하여 운송계약의 신입을 유인하는 것이고 승차권 소지자가 승무원의 승차거절을 당하지 않고 승차할 때에 승객의 운송계약의 신입과 피고 회사의 이에 대한 승낙으로써 운송계약이 성립되는 것이며 승객의 승무원에 대한 승차권의 교부는 위 운송계약상의 운임지불에 해당하는 것이다"라고 판시한 것이 있어 흥미를 끄는바,[25)] 그 판시는 전차 이용의 계약을 통상의 계약관계와 같이 보는 입장을 전제로 하는 것이다.

(2) **事實的 契約關係論의 논거**

위에서 본 바와 같은 社會的 給付義務에 관한 契約關係는 전통적인 계약이론으로서는 설명할 수가 없고 事實的 契約關係라는 별도의 법률이론을 도입하지 않을 수 없다고 하는 견해의 논거는 대체로 다음과 같다.

㈎ 우선 전통적인 이론에 의하면 수요자의 이용행위를 默示的인 承諾의 의사표시 또는 民 §532의 意思實現으로 보아 계약의 성립을 인정하여야 할 것인데, 이것은 아무래도 擬制라는 것이다. 즉 承諾의 의사표시는 물론 意思實現도 請約의 인식과 請約을 받아들일 의사의 존재를 전제로 하는 것인데, 위와 같은 법률관계에서의 수요자 중에는 請約의 존재 자체를 모르거나 請約을 받아들여 계약을 성립시키고자 하는 의사 내지 의욕이 전혀 없는 자도 적지않다.

㈏ 다음으로 수요자의 이용행위를 默示的 承諾 또는 意思實現으로 보

24) 본문의 판결에 이어 聯邦法院은 BGHZ 23, 175(전기의 사용); BGH NJW 1965, 387(버스회사에 의한 버스정류장의 사용) 등에서 事實的 契約關係를 인정하였고, BGHZ 23, 249 판결에서는 大量去來가 아닌 農場 引渡 및 相續契約에 대하여도 事實的 行爲에 의한 계약의 성립을 인정한 바 있으나, 그 후 BGHZ 55, 128 판결은 승객이 몰래 항공기에 숨어들어 無賃飛行한 사건에 관하여 승객의 항공운송계약에 기한 운임지급의무를 부정하고 不當利得 반환의무만을 인정하여 종전의 입장에서 후퇴하였다. 그 판결 이후로는 事實的 契約關係의 성립을 인정하는 聯邦法院判例는 보이지 않는다.

25) 大判 60. 2. 18, 4291民上9069(要集 민상 Ⅱ, 416).

아 계약의 성립을 인정한다고 하는 입장에 설 때, 수요자가 이용에 즈음하여 계약체결을 明示的으로 반대하거나 공급자가 제시한 조건과 다른 조건을 내세우는 경우에는 계약의 성립을 부정할 수밖에 없다는 결론에 이르게 된다(위의 주차장 판결의 예). 그런데 이와 같은 경우에 계약의 성립이 부정되고 不當利得이나 不法行爲에 의하여 해결되어야 한다면, 공급자로서는 대단히 불편한 입장에 놓이게 되고 결과적으로 원활한 거래를 저해하게 된다. 大量去來의 원활한 진행을 위하여는 개개인의 의사는 무시될 수밖에 없으므로, 이와 같은 경우에 의사표시의 일치가 이루어지지 않더라도 급부와 이용이라는 사실에 의하여 계약관계의 성립을 인정하여야 하는 것이다.

㈐ 또 전통적인 이론에 의거할 때에는 수요자가 이용행위의 의미에 관하여 錯誤를 일으킨 경우 또는 意思와 表示에 不一致가 있는 경우에 民 §§107 내지 110가 적용되며 당사자의 無能力도 계약의 효력에 영향을 미치게 되는데, 이와 같은 결과도 大量去來의 원활한 진행을 위하여 바람직하지 않다. 공급자로서는 수요자가 社會定型的으로 계약을 受容하는 행위를 한 이상 계약이 성립된 것으로 신뢰할 수 있어야 한다. 事實的 契約關係論에서는 급부 이용행위를 의사표시가 아닌 단순한 사실로 보고 의사표시가 아니라 사실에 기한 계약관계 성립을 인정하는 것이므로, 수요자의 이용행위에 의사표시에 관한 규정이 적용되는 것을 배제할 수 있다.

(3) 反對論

여기에서 문제로 되고 있는 계약유형을 事實的 契約關係 또는 社會定型的 行爲로 보고 일반계약과 다른 법률관계로 다루는 것은 이론상으로는 물론 실제상으로도 불필요하며 또 부적절하다. 이유는 다음과 같다.

㈎ 먼저 이론상의 문제로서 이와 같은 계약 유형에서의 수요자의 이용행위를 默示的인 承諾의 의사표시 또는 意思實現으로 보지 못할 이유가 없다. 의사표시는 문서나 언어 등에 의하여 明示的으로 행해질 뿐만 아니라 행동이나 태도 등에 의하여 默示的으로 행해질 수도 있는 것이다. 때로는 沈默도 의사표시로 해석될 수 있다. 특히 民 §532는 계약체결의 원활을 위하여 意思實現에 의한 계약성립에 관한 규정을 두어 "請約者의 의사표시나 慣習에 의하여 承諾의 통지가 필요하지 아니한 경우에는 계약은 承諾의 의사표시로 인정되는 사실이 있는 때에 성립한다"고 규정하고 있다. 여기에서 承諾의 의사표시로 인정되는 사실이라 함은 당사자의 행동이나 태도 및 주변사정 등에 비추어 承

諾을 한 것으로 볼 수 있는 사실을 말하므로 그 내용에 있어 默示的 의사표시와 유사하다 할 것이나, 그와 같은 사실이 있음으로써 바로 계약이 성립하고 그 사실이 請約者에게 통지되거나 인식될 필요가 없다는 점에서 默示的 의사표시와 구별된다. 承諾의 의사표시로 인정되는 사실의 대표적인 예로서는 주문된 급부의 이행준비에 착수하는 행위와 제공된 급부를 사용 또는 이용하는 행위가 들어진다. 그리고 承諾 또는 意思實現을 하는 사람이 반드시 請約者와 請約의 내용을 구체적으로 알아야 하는 것은 아니고 대금을 내는 조건으로 물품 또는 서비스가 제공되고 있다는 것을 아는 것만으로 請約에 대한 인식이 있다고 할 것이다. 이렇게 보면 承諾에 갈음하는 社會定型的 行爲라는 것은 모두 承諾의 默示的 의사표시 또는 意思實現으로 볼 수 있는 것이고, 그와 같은 계약체결에 법률행위에 관한 규정이 적용됨이 상당한 것으로 인정되는 한, 이론적으로 계약 이외에 별도의 계약관계 성립원인을 인정할 필요는 없는 것이다.

(나) 수요자가 제공된 급부를 이용함에 있어서 계약체결에 明示的으로 반대하거나 독자적인 조건을 내세운 경우가 문제이다. 이용자의 반대의사가 이용행위가 있은 후에 비로소 표명된 때에는 계약의 성립에 영향이 없다. 이용행위가 행해진 순간 請約者의 인식 여부와 관계 없이 계약이 성립하는 것이고(意思實現에 의한 계약성립), 일단 계약이 성립한 이상 일방적인 의사에 의하여 계약적 구속으로부터 벗어날 수는 없는 것이기 때문이다. 그러나 반대의사가 이용행위에 先行하여 또는 이용과 동시에 표명된 경우에는, 당사자의 의사를 중요시하는 전통적인 계약이론에 의하는 한, 계약의 성립을 인정하기가 어렵다. 쌍방의 의사표시가 그 내용에 있어서 일치하지 않는 때에는 계약은 성립하지 않는다는 것은 계약법상의 대원칙이다. “行動과 矛盾되는 異議(protestatio facto contraria)는 無效이다”라는 명제에 의하여 이와 같은 경우의 異議留保를 무시하고 계약의 성립을 인정할 것이라는 견해가 있으나,[26] 비록 信義誠實의 원칙에 의한다 하더라도 表意者의 명백한 의사와 저촉되는 의사표시를 인정할 수는 없다.[27]

그런데 이와 같은 경우에 구태여 변칙적인 계약관계 성립을 인정하여야만 하는가? 그렇지는 않다고 본다. 계약의 성립이 부정되더라도 不當利得이나 不

26) 李英俊, 總則, 133; 李銀榮, 債各, 104.
27) MünchKomm, Band 2, Vor §241 RdNr.58은 같은 취지.

法行爲 등에 의하여 규율될 수 있으며, 또 그렇게 규율하는 것이 거래의 실질에 비추어 부당할 것도 없다. 즉 위의 경우에 계약관계는 성립하지 않으므로 不當利得의 법리에 의하여 공급자는 수요자에 대하여 이용된 급부의 반환을 구할 수 있고, 그 급부 자체의 반환이 불능일 때에는 그 가액 상당 금액(대개의 경우 제공된 급부의 대금액이 될 것이다)의 지급을 구할 수 있는 것이다. 이 경우의 급부 이용자는 惡意의 受益者임이 분명하므로, 現存하는 이익이 아니라 받거나 향유한 이익 전부를 반환하여야 하며, 상대방에게 손해가 있으면 그 손해도 배상하여야 한다. 그리고 혹 不當利得으로 해결될 수 없는 부분은 不法行爲에 의하여 해결될 수 있다. 이처럼 위의 경우는 계약관계의 불성립을 정면으로 인정하더라도 非契約法的인 해결로 충분히 대처할 수 있으므로, 구태여 계약관계 성립을 擬制하기 위한 기교적 설명은 불필요하다고 하겠다.

이와 관련하여 급부의 盜取 문제가 있다. 事實的 契約關係論에 의하면 이용자가 대가 지급의 의사 없이 공급자 몰래 급부를 이용하는 경우(예컨대 無賃乘車)에도 일응 계약관계의 성립을 인정하고, 다만 그와 같은 계약관계는 社會秩序 違反으로서 無效가 된다고 설명한다. 전통적인 이론에 의하는 경우에는 盜取에 기한 계약의 성립은 있을 수 없으며, 그 법률관계는 不當利得 또는 不法行爲로 다루어지게 된다.

㈐ 급부 이용에 의한 계약의 성립에는 당사자 특히 이용자의 行爲能力을 필요로 하지 않는가? 無能力制度는 "개인의 의사에 의하여서만 의무를 부담한다"고 하는 私的 自治의 핵심을 이루는 것이므로, 함부로 이를 배제하여서는 아니된다. 그래서 社會定型的 行爲論을 주장하는 Larenz도 社會定型的 行爲를 하는 無能力者를 보호하기 위하여 그 행위를 함에 있어서 行爲能力을 요한다고 하고 있다.[28] 大量的인 사회적 급부의 이용이나 無人販賣施設의 이용이라 하여 無能力 제도의 예외를 인정할 필요는 없다고 본다. 이용자측의 無能力으로 인하여 계약이 失效되는 경우 공급자측에 어려움이 있는 것은 사실이겠으나, 이는 無能力者와 거래하는 상대방은 누구나 겪어야 하는 불이익으로서 無能力者 보호를 위하여 불가피한 것이다 실제에 있어서는 無能力者가 급부를 이용함에 있어서 法定代理人의 明示的·默示的 同意 또는 포괄적인 營業許諾을 받은 경우가 대부분일 것이므로, 문제로 되는 경우는 그다지 많지

28) Larenz, a.a.O., S. 475. 그 교과서의 종전 판에서는 社會定型的 行爲에는 行爲能力을 요하지 않는다고 하였으나, 제 3 판 이후 본문과 같이 견해를 바꾸었다.

않을 것이다. 그러나 法定代理人의 同意 없는 이용에 대하여 默示的 同意를 인정하기도 어렵고 法定代理人이 追認도 거절한다면, 일반 법리에 의하여 無能力者를 보호할 수밖에 없을 것이다.[29] 사회적 급부의 이용 가운데는 법률이 특별히 수요자의 行爲能力을 요하지 않는 것으로 규정하는 예도 있다(郵便 §10).

㈑ 위와 같은 급부를 이용하는 수요자에게 意思와 表示의 不一致가 있거나 錯誤가 있는 경우에는 어떤가? 默示的인 의사표시에는 물론 承諾에 갈음하는 意思實現 행위에도 법률행위에 관한 규정이 적용된다고 하는 것이 通說이고 또 타당하며,[30] 大量的인 사회적 급부, 無人販賣라 하여 달리 해석할 필요는 없다고 본다. 성질상 意思와 表示의 不一致는 거의 문제로 될 여지가 없으나, 錯誤의 문제는 더러 생길 수 있다. 예컨대 매매의 請約과 동시에 송부되어 온 물품을 자기가 전부터 소유하고 있던 것으로 잘못 알고 소비한 경우 또는 行先地를 잘못 알고 버스를 탑승한 경우 등이다. 많은 경우가 動機의 錯誤에 불과하고 그 動機가 상대방에게 표시될 기회는 거의 없을 것이므로(위의 전자의 예), 실제로 錯誤를 이유로 하여 取消되는 경우가 많지는 않을 것이다. 그러나 取消할 수 있는 錯誤의 요건을 모두 갖추고 있는 경우라면 그 급부 이용행위의 取消를 허용함이 당연하며, 공급자의 이익을 위하여 수요자의 이익을 양보시킬 이유는 없다. 위의 후자의 예에서 버스를 잘못 탄 승객은 탑승계약을 取消함으로써 요금지급 의무를 면할 수 있을 것이고,[31] 善意의 受益者로서 그에게 이익이 現存하는 범위 내에서 이익반환의무를 질 뿐이다(위의 예에서는 반환할 現存利益이 없는 것으로 보아야 할 것이다).

(4) 私　見

社會的 給付義務 있는 계약관계라 하여 事實的 契約關係를 인정할 필요는 없으며, 또한 承諾 또는 意思實現에 의한 계약 성립 외에 社會定型的 行爲라는 것을 따로 인정할 필요도 없다. 이와 같은 유형의 계약에 있어서 당사자 사이의 협상이나 의사연락이 배제되고 공급과 이용이라는 事實的 行爲만으로 계약이 성립하는 점에서 확실히 民法이 예상하고 있는 일반 계약체결의 형태

29) 註釋債權各則, 103은 본문에서와 같은 거래에 있어서 事實的 契約關係를 인정하는 데는 회의적인 입장을 취하면서도, 事實的 契約 이론과는 별도로 大量去來에 있어서는 法政策的인 고려에서 行爲能力을 요하지 않는 것으로 한다는 견해를 펴고 있으나, 심히 의문이다.

30) 郭潤直, 債各, 81; 李銀榮, 債各, 96.

31) 李英俊, 總則, 131은 이 경우도 動機의 錯誤로서 取消할 수 없을 것이라고 하나, 버스의 行先地에 대한 錯誤는 단순한 動機의 錯誤에 그치는 것은 아니라고 본다.

와는 다르고, 따라서 법적인 규율에 있어서도 특별할 고려가 필요한 것이지만, 그렇다고 하여 계약법의 근본이론에 중대한 수정을 가하면서까지 새로운 이론을 구성할 필요는 없는 것이다. 공급과 이용이라는 事實的 行爲에 각각 의사표시로서의 의미를 부여하여 그 의사 합치로서의 계약의 성립을 인정하는 것이 이론상 가능할 뿐만 아니라, 실제의 법률효과에 있어서도 事實的 契約關係를 인정하는 것보다 더 적절한 것으로 생각된다.

社會的 給付義務와 관련된 大量的인 거래를 事實的 契約關係에 의하여 설명하고자 하는 주장은, 그 거래의 조건이 되는 約款을 일종의 法規範으로 보아 당사자의 의사와 관계 없이 적용한다고 하는 입장과 맥락을 같이하는 것으로 보인다. Haupt에 의하여 事實的 契約關係論이 주창되고 學說·判例에 의한 지지를 받을 당시는, 約款의 본질에 관한 規範說이 學說·判例에 의하여 받아들여지고 있을 때이었다. 거래의 조건인 約款이 당사자 사이의 협상이나 합의를 거침이 없이 그대로 계약내용으로 통용되고, 나아가 約款뿐만 아니라 계약체결 자체가 의사표시의 교환 없이 事實的 行爲만으로 이루어지는 거래현실에 직면하여, 約款은 法規範의 일종으로서 당사자 사이에 구속력을 가지는 것으로 보고, 계약 자체는 급부와 이용이라는 사실만으로 성립하는 것으로 보자는 것이 事實的 契約關係論의 요점이다. 그러나 오늘날에 있어서는 私的 自治의 중요성이 더욱 고양되면서 約款이론에 있어서 契約說이 通說·判例로 되고 실정법으로 제정된 "約款의 規制에 관한 法律"도 約款이 통용되는 근거를 당사자 사이의 의사합치에 두고 있으므로,[32] 約款의 적용근거와 관련하여서도 事實的 契約關係論은 더 이상 유지되기가 어렵게 되었다. 約款이 계약내용으로 되기 위하여는 당사자 사이에 이 점에 관한 의사합치(編入에 관한 합의)가 필요한 것인데, 이에 관한 합의를 인정하기 위하여는 어떤 형태로든 계약체결에 관한 의사합치를 인정하지 않을 수 없을 것이다. 더욱이 위의 법률은 約款編入 합의의 방식에 관하여 원칙적으로 공급자에게 約款내용의 明示의무, 寫本 교부의무, 중요내용에 관한 설명의무 등을 부과하고 그 의무를 이행하지 않은 때에는 約款을 계약내용으로 주장할 수 없다고 규정하고 있으므로(約款 §3), 특별한 사정이 없는 한 공급과 이용이라는 事實的 行爲만으로는 約款을 계약내용으로 할 방법이 없다 할 것이다. 결국 事實的 契約關係論은 約款의 본질에 관한 契約說과는 병립할 수가 없는 이론이고, 따라서 우리의 실정법 체계에서는 받아

32) 後述 "約款의 規制에 관한 法律", 제 2 조 注解 참조.

들여지기가 어렵게 되었다 할 것이다.[33)]

5. 結　論

우리 民法은 私的 自治를 근본원리로 하고 계약의 자유를 선명하며, 의사 없이는 부담이 없다는 원리에 따라 계약에 의한 의무부담을 원칙으로 삼고 있다. 개인의 자유와 自己決定權을 최대한 보장하는 것이 民法의 정신이며, 이것은 人間의 尊嚴과 價値를 최고의 이상으로 하는 우리 憲法에 淵源을 두고 있다. 계약과 의사표시의 성립과 효력에 관한 民法의 규정들은 위와 같은 民法의 원리를 실현하기 위한 구체적이고 실천적인 방법으로 이해되어야 할 것이다.

그런데 위에서 본 事實的 契約關係論은 계약에 의한 의무부담이라는 원칙에 대한 중대한 예외를 인정하는 내용의 것이어서, 가볍게 받아들일 만한 것이 되지 못한다. 우리 民法이 계약에 의한 의무부담만을 인정하는 것은 아니고 여러 가지 법률의 규정에 의한 채무발생원인도 함께 규정하고 있지만, 그와 같은 의무는 私的 自治를 보완하거나 최소한 私的 自治와 조화되는 범위 안에서 엄격한 법률규정에 따라 부과되는 것이고, 법률의 간섭이 없는 영역에 있어서는 계약만이 의무부담의 근거가 될 수 있는 것이다. 그럼에도 당사자의 의사를 고려함이 없이 객관적 사실만으로 계약상의 의무부담을 인정하고, 거래의 원활이라는 공공의 이익을 위하여 無能力者나 表意者 보호를 위한 民法 규정의 적용을 양보한다고 하는 것은, 이념적으로 받아들이기 어려운 발상을 내포하고 있다 하겠다.

앞에서도 보았듯이 오늘날의 거래에 있어서는 民法이 예정하고 있는 고전적인 형태의 계약체결은 오히려 드물고, 民法이 예상하지 아니한 다양한 형태의 계약체결이 일상화되고 있다. 따라서 이들 계약을 적절하게 규율함에 있어서 民法의 규정이 불충분하고 때로는 부적절한 면이 있는 것도 사실이다. 그러나 그렇다고 하여 民法의 정신과 부합하지 않는 내용으로 새로운 제도를 이론구성한다는 것은 부적당하며 위험하기조차 하다. 법률해석에 관한 다양한 기법을 동원하여 民法의 관계규정의 해석으로써 적절한 규율방법을 찾아야 함이 원칙이며, 그것이 불가능한 경우에 한하여 民法의 관계규정 그리고 民法의 기본정신과 조화를 이루는 범위 내에서 "欠缺의 補充" 등을 할 수 있을 것이다. 그런데 事實的 契約關係가 주장되는 각종 계약형태에 있어서, 반드시 새로

33) 李銀榮, 債各, 105도 같은 취지를 주장하고 있다.

운 제도에 관한 이론구성이 필요한 것은 아니고 기존 법규정의 해석으로써 충분히 대처할 수 있음이 위에서 논증된 바와 같다. 결국 事實的 契約關係論은 새로운 계약현실에 대한 民法의 대처능력을 過小評價한 나머지, 民法의 해석으로써 충분히 대처할 수 있는 문제의 해결을 위하여 民法外的 제도의 도입을 시도한 것이라 할 것이다.

그러나 그렇다고 하여 事實的 契約關係論이 民法學을 위하여 기여한 바가 전혀 없다고 평가하여서는 아니될 것이다. 事實的 契約關係로서 주장된 각종 유형의 계약관계들은 확실히 民法이 상정하는 일반적인 계약관계와는 구별되는 징표를 포함하고 있으며, 따라서 어떤 형태이건 일반 계약이론의 變容을 필요로 하는 것들이다. 그리고 그것들은 외관상 당사자의 의사와 관계 없이 계약관계를 성립시킨다는 점에서 공통점을 가지는 것도 사실이다. 事實的 契約關係論 자체는 이념적으로, 또 方法論的으로 오류인 것으로 평가하지 않을 수 없으나, 그와 같은 논의를 통하여 전통적인 방식에 의하지 않은 각종 계약관계의 유형에 조명을 비추고 거기에 적절한 규율방법을 모색하는 轉機를 마련하였다는 것은 事實的 契約關係論이 民法學에 기여한 공로라고 하여도 좋을 것이다.

Ⅱ. 契約의 方式

1. 契約方式의 自由와 제한

契約自由의 원칙의 하나로서 契約方式의 自由가 일컬어지며, 이는 당사자 사이에서 합의가 성립하여 그 사실이 입증되기만 하면 그 方式이 어떻든 간에 그 효력이 승인되고 국가가 그 契約意思의 실현에 협력한다는 것을 말한다. 우리 民法을 비롯한 私法은 외국의 立法例[34)]에 비하여 契約성립에 方式의 준수를 요구하는 경우가 드물며, 이런 점에서 契約方式의 自由에 충실한 입법이라고 할 수 있다.

그러나 개별적인 契約과 관련하여 契約체결의 方式을 규정하는 예가 더러 있다. 要物契約이나 행정관청의 認可·허가를 받거나, 登錄·登記를 하도록 하는 契約도 方式의 제한이라고 할 수 있겠으나, 여기서는 주로 書面契約에 대

34) 契約의 方式에 관한 외국의 立法例에 관하여는 日注民(13), 107 이하 참조.

하여 보기로 한다.

반드시 書面에 의하여서만 契約을 체결하도록 하는 법규의 목적은 대체로 다음의 5가지로 생각할 수 있다. 첫째는 당사자로 하여금 법률효과를 熟考하게 하여 경솔하게 의무를 부담하는 것을 막기 위함이다(警告의 기능). 둘째는 契約의 성립과 합의의 내용을 분명히 하고 그 합의내용의 입증을 용이하게 하기 위함이다(立證의 기능). 셋째로 당사자 사이의 契約 성립을 제3자에게 알림으로써 거래의 안전을 보호하기 위함이다(公示의 기능). 넷째로 국가나 기관에서 소속 공무원 등에 의한 契約체결을 통제함으로써 기관의 이익을 보호하기 위함이다(統制의 기능). 마지막으로 행정기관이 당사자로부터 契約書를 제출받아 일정한 행정목적을 달성하기 위하여 方式을 요구하는 경우도 있다(行政規制의 기능). 어느 契約에 書面 작성을 요한다고 할 때 위의 목적 중 하나와 관련되는 경우도 있겠으나, 많은 경우에 복합적인 목적을 위하여 方式을 제한하게 된다.

단순한 契約書의 작성 외에 契約書에 檢印을 받거나 確定日字를 받는 것 등 부가의 方式을 요구하는 경우도 있다. 우리 나라에서는 아직 그 예를 찾아볼 수 없으나, 외국에서는 특정 契約에 대하여 公證人에 의한 證書(公正證書)의 작성 또는 公證人의 認證을 요구하는 예가 많다. 입법론적으로는 아주 중요한 契約에 대하여는 公正證書의 작성이나 公證人의 認證을 요하는 것으로 할 필요가 있다.[35)]

2. 方式(書面)을 요하는 契約

(1) 贈　　與

民法의 典型契約 중 書面에 관하여 규정하고 있는 유일한 契約이 贈與이다. 贈與는 無償·片務契約이어서 贈與者만이 급부의무를 부담하므로, 贈與者가 경솔하게 契約을 맺는 것을 경계하는 동시에 贈與者의 의사를 명확하게 하여 후일의 다툼을 없애기 위함이다. 그러나 書面에 의하지 않은 贈與를 無效로 하는 외국의 입법례[36)]와는 달리 民 §§555, 558은 書面에 의하지 않은 贈

35) 현재도 주식회사나 유한회사의 定款(商 §§292, 543 Ⅲ)이나 法人의 총회 회의록(公證人法 §66의 2)은 公證人의 認證을 받도록 되어 있다. 그리고 公正證書나 認證私署證書는 일반 계약서에 비하여 일층 高度의 증명력을 가짐은 물론, 일정한 내용의 公正證書는 債務名義로서 執行力까지 부여된다(民訴 §519; 公證人法 §56의 2).

36) 獨民 §581; 佛民 §931; 瑞民 §243. 英美法에서도 贈與는 捺印證書에 의할 것을 요한다.

與도 일단 有效로 하되 각 당사자가 이행을 완료하기 전까지는 이를 임의로 解止할 수 있는 것으로 하고 있다. 상세는 後述 제555조 注解 참조.

(2) 不動產所有權移轉契約

契約을 원인으로 所有權移轉登記를 신청함에는 일정한 사항이 기재된 契約書를 작성하여 관할 市長·郡守 등의 檢印을 받아야 한다(不登特措 §3 I). 따라서 不動產所有權移轉을 목적으로 하는 契約에는 반드시 契約書가 있어야 하며, 檢印契約書가 없으면 移轉登記를 할 수 없다. 당사자로 하여금 熟考하게 하기 위한 목적도 없지 않겠으나, 제1차적으로는 投機 목적의 不動產거래를 규제하기 위함이다. 그러나 書面 작성이 효력요건은 아니므로 구두의 契約도 유효하며, 이 경우 상대방이 契約書의 작성에 협력하지 않으면 訴를 제기하여 勝訴判決을 받고 그 判決에 檢印을 받음으로써 登記를 할 수 있다(同法 §3 II). 所有權移轉 외의 物權變動의 登記에도 登記原因을 증명하는 書面을 요하므로(不登 §40 I) 대개의 경우 契約書를 작성할 것이나, 登記原因을 증명하는 書面이 없는 경우에는 신청서의 부본을 제출함으로써 登記할 수 있으므로(不登 §45) 반드시 契約書의 작성을 요하는 것은 아니다.

(3) 住宅賃貸借契約

住居用 건물의 賃貸借는 登記가 없는 경우에도 賃借人이 주택의 引渡와 주민등록을 마친 때에는 제3자에 대하여 對抗力이 생기는바(住賃 §3 I), 이 경우 賃貸借契約書에 確定日字를 갖추게 되면 賃借人은 법원의 競賣절차 또는 國稅徵收法에 의한 公賣절차에서 保證金을 優先辨濟받을 수 있는 권리를 가지게 된다(同法 §4 I). 方式이 요구되는 것은 아니나, 契約書를 작성하여 確定日字를 받으면 대단히 유리한 입장에 서게 되므로 書面方式이 권장되고 있다고 할 수 있다.

(4) 割賦契約, 訪問販賣 등

割賦契約은 반드시 일정한 사항을 기재한 書面으로 체결하여야 하며, 매도인은 지체없이 그 契約書를 매수인에게 교부하여야 한다(割賦去來에 관한 法律 §4 I·III). 또 訪問販賣 및 多段階販賣의 경우에도 契約은 반드시 書面으로 체결하여야 한다(訪問販賣 등에 관한 法律 §§5, 6 및 §§12, 13). 상대방으로 하여금 契約체결 여부를 熟考하게 하고 특히 경제적으로 약한 상대방을 보호하기 위한 규정이므로, 契約書에 의하지 않고 체결한 契約은 無效로 보아야 할 것이다.

(5) 管轄合意, 仲裁契約 등

民事訴訟法상 管轄合意는 일정한 법률관계에 基因한 訴에 관하여 書面으로 하여야 한다(民訴 §26 Ⅱ). 不抗訴合意 및 不上告合意의 경우에도 같다(民訴 §§360 Ⅱ, 395). 한편 仲裁法상의 仲裁契約도 반드시 書面으로 함을 요한다(仲裁法 §2 Ⅱ). 不提訴合意의 경우에도 명문의 규정은 없으나 마찬가지인 것으로 해석한다. 당사자를 보호하고 절차를 확실하게 하기 위한 것이므로, 書面에 의하지 않은 合意는 無效인 것으로 보아야 한다.

(6) 豫算會計法상의 契約

국가공무원이 契約을 체결할 때에는 일정한 예외를 제외하고는 반드시 契約 사항을 明記한 契約書를 작성하여야 한다(豫算會計法 §78). 이 규정은 지방자치단체의 공무원에게도 準用된다(地方財政法 §63). 국가 및 지방자치단체의 재정손실을 보호하기 위한 규정으로서, 그 규정에 위반되는 契約은 無效이다.[37]

(7) 親族法상의 契約

婚姻(民 §812), 協議離婚(民 §836), 入養(民 §878) 罷養(民 §904) 등 親族法상의 契約은 書面에 의하여 戶籍法에 의한 申告를 함으로써 효력을 발생한다. 그 方式을 준수하지 않은 合意가 無效임은 물론이다. 夫婦財産의 約定도 약정서를 작성하여 登記하지 않으면 제3자에게 대항하지 못한다(民 §829 Ⅳ; 非訟 §70).

(8) 書面方式의 약정

당사자 사이의 약정에 의하여 일정한 사항의 合意는 반드시 書面에 의하여야 함을 정할 수 있다. 契約自由의 원칙에 비추어 당연하다. 이 경우 書面에 의하지 않은 合意 내지 契約의 효력에 대하여 당해 약정이 정하는 바에 따름은 물론이나, 특별한 정함이 없는 경우에는 그 合意 또는 契約은 효력이 생기지 않는 것으로 보아야 할 것이다. 다만 約款 조항 중 당해 約款의 내용과 다른 약정을 함에는 반드시 書面에 의하여야 한다는 조항(이른바 書面條項)은, 約款에 대한 個別約定優先의 원칙에 반하므로 無效로 본다.

(9) 豫　約

本契約에 대하여 方式의 준수가 규정되어 있는 경우에는 豫約에 대하여도 方式을 준수하여야 한다. 그렇지 않으면 方式을 회피하기 위한 방법으로 豫約이 이용될 수 있기 때문이다.[38]

---

37) 大判 89.4.25, 86다카2329(公 1989, 798); 大判 93.6.8, 92다49447(公 1993, 1999); 大判 93.11.9, 93다18990(公 1994, 71) 등.

38) 前註의 判例들 참조.

3. 契約書의 증명력

書面方式이 규정되어 있는 경우에 契約書가 작성되는 것은 당연하지만, 方式의 自由가 인정되는 契約에 있어서도 중요한 契約의 경우에는 契約書가 작성되는 것이 일반적이다. 많은 거래분야에 있어서는 미리 준비되어 不動文字로 인쇄된 契約書가 이용되기도 한다. 이를 書式契約이라고 하며, "約款의 규제에 관한 法律"상의 約款으로 취급된다.

契約체결에 있어 契約書의 작성이 거래관행으로 되어 있는 거래분야에 있어서는, 契約書를 작성하지 않았다는 것이 契約이 체결되지 않은 것으로 해석될 수 있다. 契約의 체결에 있어서는 당사자 사이의 商談과 흥정을 거쳐 最終合意를 도출하게 되는 것인데, 最終合意의 내용을 상호 확인하고 契約의 성립을 確證하기 위하여 契約書를 작성하는 것이므로, 契約書의 작성이 없다면 아직도 商談의 단계를 벗어나지 못한 것으로 해석될 여지가 있는 것이다. 또한 은행·보험·증권 등 금융기관이나 기타 大型 기업의 경우 당해 사업체의 內規상 반드시 일정한 양식의 契約書에 의하여 契約을 체결하도록 되어 있는 예가 적지 않은바, 이 경우 정규의 契約書에 의하지 않은 契約은 契約이 아직 성립하지 않았거나 契約체결 권한 없는 자에 의하여 契約이 체결된 것으로 해석될 가능성이 있다.

契約書는 그것이 필요적으로 작성된 것이든 임의로 작성된 것이든을 묻지 않고 그 完全性과 正當性이 推定된다. 따라서 契約書가 작성되면 특별한 사정이 없는 한 그와 같은 내용의 契約이 성립한 것으로 보아야 한다. 契約書 작성에 앞서 다른 내용의 흥정 또는 商談이 있었다고 하더라도 그것이 契約書의 내용과 명백하게 다른 때에는 契約체결 단계에서 修正된 것으로 보아야 할 것이다. 契約書의 내용이 실제의 합의내용과 다름을 주장하거나 契約書에 포함되지 않은 다른 합의가 있었음을 주장하는 당사자는 이를 입증할 책임을 부담하는바, 그와 같은 입증은 극히 제한적으로만 인정되어야 한다. 다만 契約書에 기재할 가치가 없을 정도로 미미한 사항에 관한 합의나 당해 契約과 독립된 별개의 사항에 관한 합의에 대하여는 契約書의 完全性 推定이 적용되지 않는다. 한편 契約書가 미리 준비되어 不動文字로 인쇄된 約款인 경우에는, 個別約定 우선의 원칙이 적용되므로 그 범위에서 契約書의 完全性, 正當性의 推定도 제한적으로 적용된다.[39]

---

39) 後述 "約款의 規制에 관한 法律", 제 4 조 注解 참조.

判例도 契約書와 같은 處分文書에 대하여 高度의 증명력을 부여하여 그 성립이 인정되는 이상 그 文書에 표시된 의사표시와 내용에 관하여 특별한 이유에 의한 합리적인 배척의 이유가 없는 한 실질적인 증거력을 인정하여야 한다고 하고 있다.[40)]

[孫 智 烈]

第1節 總　則

第1款 契約의 成立

前　論

차 례

A. 契約成立의 모습

契約은 대립하는 당사자간의 意思表示의 합치, 즉 合意에 의하여 성립하

40) 大判 84.1.31, 83다카1034(公 1984, 436)등 多數의 判例.

며, 합의는 보통 請約과 承諾으로 성립한다.[1] 그런데 請約과 承諾에 의한 계약의 성립이 반드시 두 사람 사이에서만 행하여지는 것은 아니다. 보통의 債務引受契約·組合契約 등과 같이 수인이 하나의 계약을 체결하는 경우도 적지 않다.

한편 당사자 사이에 엄밀한 의미의 合意는 없었으나 합의와 유사한 사실상의 의사의 합치가 있다고 여겨지는 경우에도 법은 계약의 성립을 인정한다. 즉 승낙의 통지가 없었으나 승낙의 의사표시로 인정되는 사실이 있는 때 계약의 성립을 인정하는데, 이를 가리켜 「意思實現에 의한 契約成立」이라고 한다(民 §532). 그리고 동일한 내용의 청약이 서로 교차된 경우에는 승낙에 준하는 의사의 합치가 있으므로 계약의 성립을 인정하는바, 이를 「交叉請約에 의한 契約成立」이라 한다(民 §533). 意思實現이나 交叉請約에 의한 계약성립의 경우들은 私的自治의 원칙을 확장하기 위함이지 그것을 배척하는 것은 아니다.[2] 이들에 관하여는 뒤에서 각각 자세히 설명하기로 한다.

B. 合意에 의한 契約成立

I. 請 約

1. 請約의 性質과 要件

請約(Antrag; Angebot; Offerte; offer)은 이에 대응하는 상대방의 承諾과 결합하여 일정한 내용의 契約을 성립시킬 것을 목적으로 하는 확정적인 意思表示이다.

(1) 請約은 受領을 요하는 일방적 意思表示이다.[3] 請約은 그 자체만으로

---

1) 이 때 능동적 의사표시를 請約이라고 하고, 그 의사표시에 합치하는 수동적 의사표시를 承諾이라고 한다. 청약과 승낙의 의사표시의 본질에 관해서 오늘날의 다수 견해는 양자의 본질적인 차이는 없다고 한다(意思表示合致說). 註釋債各(Ⅰ), 124 참조.

2) 李銀榮, 81-2.

3) 따라서 §§107 이하의 규정이 적용된다(金亨培, 113, 115, 119). 한편 林正平, 74-5은 "법률행위에 적용되는 여러 규정들은 원칙적으로 청약에는 적용될 수 없게 된다. 그러나 청약은 의사표시이므로 성질상 허용될 수 있는 법률행위에 관한 규정은 적용될 수 있을 것이다. 따라서 무능력, 착오, 사기·강박, 의사표시의 효력발생 등은 청약에 대하여도 적용된다"(하선은 필자)고 하는데, 「착오, 사기·강박, 의사표시의 효력발생」은 법률행위에 관한 것이 아니라 의사표시에 관한 규정이다.

계약을 성립시키지 않고, 承諾이라는 다른 의사표시와 결합하여 비로소 契約이라는 法律行爲를 성립시킨다.[4] 즉 그것은 法律事實이다.

(2) 請約은 장차 계약의 당사자가 될 특정인에 의해서 행하여져야 하지만, 청약자가 누구이냐가 명시적으로 표시되어야 하는 것은 아니다. 따라서 자동판매기의 설치도 유효한 청약이다.[5]

(3) 請約은 상대방 있는 의사표시이지만, 승낙과 합치하는 순간에 당사자들이 확정될 수 있으면 그것으로 충분하고, 따라서 그 상대방은 특정인이 아니더라도 상관없다.[6] 따라서 일정한 상태에 있는 다수인에 대한 것(가령 상대방을 공백으로 한 백지위임장의 교부) 또는 불특정다수인에 대한 것도 請約으로서 유효할 수 있다(가령 자동판매기의 설치, 버스의 정류소에서의 정차, 극장의 개관 등). 이러한 경우의 청약은 장래 계약의 당사자로 될 수 있는 자에 대해서만 효력을 갖는다.[7] 그리고 懸賞廣告(民 §675)에 의한 청약은 반드시 불특정다수인에 대한 광고의 방식에 의하여야 한다.

(4) 청약자는 상대방에 대하여 契約締結의 意思를 표시하여야 하지만, 그것은 반드시 명시적으로 행하여질 필요는 없고, 그러한 의사의 존재를 객관적으로 알 수 있으면 충분하다.[8] 그리고 성립시키려는 계약이 要式行爲인 경우에는 청약도 그러한 방식을 따라야 하지만, 그렇지 않은 경우에는 특정한 방식을 필요로 하지 않는다.[9] 특정상대방에게 구두·서신·전화·전보·텔렉스·팩시밀리 등의 수단에 의하여 청약을 표시할 수 있으며, 불특정다수인에 대한 광고, 상품진열, 자동판매기의 설치 등도—그 법적 성질에 관한 뒤에서의 일반적인 논의에도 불구하고 경우에 따라서—請約으로 될 수 있다. 상대방에게 상품견본이나 상품 자체를 보내는 방식으로 청약이 이루어지기도 한다. 그런데 주문하지 않은 상품을 보내는 청약방법(이른바「現實請約」, Realofferte)은 그의 保管義務·返還義務·賠償義務 등에 관하여 복잡한 법률문제를 야기한다.

(5) 請約은 그에 응하는 承諾만 있으면 곧 계약을 성립시킬 수 있는 確

4) Staudinger-Dilcher, §145 Rn. 1; Erman-W. Hefermehl, §145 Rn.1; Flume AT Ⅱ, §35 Ⅰ 1.

5) 郭潤直, 62; 註釋債各(Ⅰ), 124. 그러나 李銀榮, 83은 청약자는 승낙의 의사표시의 수령자이므로 원칙적으로 명시되어야 하지만, 자동판매기나 무인신문판매대의 경우에는 거래의 성질상 청약자를 알 필요가 없으므로 반드시 명시할 필요는 없고, 다만 이 경우에도 책임소재를 명확히 밝힐 것이 요구된다고 한다.

6) 郭潤直, 62. 同旨 金曾漢, 39; 金疇洙, 61; 金亨培, 120; 金基善, 43; 註釋債各(Ⅰ), 124.

7) 金基善, 43.

8) 李銀榮, 84. 同旨 金亨培, 120.

9) 李銀榮, 84; 金基善, 42; 註釋債各(Ⅰ), 124.

定的인 意思表示이어야 한다.[10] 즉 청약은 그에 대한 승낙에 의해서 곧바로 계약의 성립에 필요한 의사합치에 이를 수 있을 정도로 내용적으로 確定되어 있거나(bestimmt) 어쨌든 해석에 의해서 확정될 수 있어야(bestimmbar) 한다. 그러나 청약 자체에 계약성립에 필요한 모든 사항이 반드시 표시되어야 하는 것은 아니며, 계약교섭과정, 豫約, 請約의 誘引, 종래의 거래관계, 지방적 관습 기타 여러 사정을 고려한 意思表示의 解釋에 의하여 확정가능성이 밝혀지는 것으로 충분하다. 요컨대 청약자가 어떠한 계약을 체결하려고 하는지를 상대방이 알 수 있으면 청약이 된다. 계약의 내용이 될 일정한 사항(수량이나 금액 등)의 결정을 상대방 또는 제3자에게 맡기는 것도 상관없다.[11] 이러한 조작을 거치더라도 그 내용이 확실해지지 않는 경우는 請約의 誘引이 될 뿐이다.[12]

(6) 유효한 請約은 청약자의 입장에서 請約에 따라 契約을 締結하려는 意思의 표명을 요건으로 한다. 따라서 자기의 청약에 대한 승낙에 의해서 유효한, 자기를 구속하는 계약이 성립한다는 점이 청약자의 표명된 의사에 합치되어야 한다. 그렇지만 청약자의 의사가 撤回權의 排除라는 의미에서의 청약에의 구속을 향한 것이어야 할 필요는 없다.[13] 이처럼 請約은 승낙과 합해서 계약을 성립시키는 계약 자체의 구성부분이므로, 契約締結의 準備行爲와 구별되어야 한다. 가령 계약을 체결해도 좋다는 생각이 있다는 事實의 通知에 있어서는, 행위자가 상대방의 승낙의 의사표시만 있으면 무조건 계약을 성립시켜도 좋다는 정도의 확실한 의사를 표시하고 있는 것이 되지 못하기 때문에 請約과 구별된다.[14]

또한 請約은 타인을 꾀어서 자기에게 청약을 하게 하려는 행위, 이른바 「請約의 誘引」(invitatio ad offerendum; Einladung zur Offerte; invitation of offer)

---

10) 郭潤直, 62. 同旨 金基善, 43. 또한 大判 93.10.22, 93다32507(公 958, 3157): "…한국토지개발공사의 이주자택지 공급대상자에 대한 이주자택지 계약체결통보는 계약의 요소가 되는 내용을 명시하고 있어 구체적이기는 하나 공급대상자의 승낙에 의하여 계약이 바로 성립되는 확정적인 것이라고 볼 수 없으므로 이는 계약상 청약이 아니라고 볼 것이다."

11) 郭潤直, 64; 金疇洙, 66; 金基善, 44; 金曾漢, 39; 李銀榮, 83-4; Erman-W. Hefermehl, §145 Rn.2.

12) 李銀榮, 84.

13) Erman-W. Hefermehl, §145 Rn.3.

14) 郭潤直, 63; Erman-W. Hefermehl, §145 Rn.1; RGZ 170, 401. 가령 B가 A에게 갑 가옥을 팔 생각은 없는가, 만약 판다면 최저가격은 얼마로 하겠는가라고 문의한 데 대하여 A가 최저가격만을 회답하여 왔을 경우, B가 그 가격으로 사겠다고 말하였다고 할 때, 그것은 팔 경우의 최저가격을 제시한 데 지나지 않으므로, B와 매매계약을 성립시키려는 확정적인 의사표시가 없기 때문에, A·B 사이에는 계약은 성립하지 않는다(金疇洙, 65).

과 구별되어야 한다. 즉 請約의 誘引은 합의를 구성하는 의사표시가 되지 못하며,[15] 피유인자가 그에 대응하여 의사표시를 하더라도(그것이 請約에 해당한다) 계약은 성립하지 않으며, 다시 유인한 자가 承諾의 의사표시를 함으로써 비로소 계약은 성립한다. 양자의 구별은 거래 당시의 관행에 비추어 각 행위의 사회적 의미를 밝히는 意思解釋에 의하여야 한다. 즉 어떤 意思表示를 請約 또는 請約의 誘引 중 어느 것으로 볼 것이냐는 표의자의 승낙이 있으면 계약을 성립시키겠다는 確定的 拘束意思(Bindungswille)를 기준으로 하여 판단된다.[16] 따라서 청약으로서 의사표시하였더라도 확실한 거래조건을 제시하지 않은 경우(가령 단순히 주택을 팔겠다는 의사만을 표시하고, 대금을 확정하지 않은 경우)에는 請約의 誘引이다.[17] 다만 대량거래시대로 들어섬에 따라 종래 청약의 유인으로 해석되던 것이 청약이 되는 경우가 많아진다. 이와 같이 청약의 유인과 청약을 관념상·이론적으로 구별하는 것은 쉽지만, 실제로 개개의 구체적 사례에 있어서 양자를 구별하기가 어려운 수가 있다. 그렇다고 하여 어떤 절대적인 표준을 찾을 수는 없는 일이어서, 결국 개개의 행위가 가지는 사회적 의미를 밝힘으로써 결정하는 수밖에 없다. 양자를 구별하는 데 참고가 될 수 있는 것으로는 ① 특정인에 대한 것은 보통은 請約이고, 불특정인에 대한 것은 請約의 誘引인 수가 많다. 그리고 불특정인에 대한 경우에도 계약당사자가 될 상대방이 누구이든 그 개성을 묻지 않는 것일 때에는 청약이고, 개성을 중요시하여 상대방은 선택할 여지를 남겨 두고 있다고 볼 수 있는 경우에는 청약의 유인이다. ② 행위에 의하여 표시된 계약의 내용에 관하여, 아무런 유보를 하고 있지 않고 명시되어 있는 경우에는 청약이나, 그렇지 않은 경우에는 청약의 유인이다. 그 밖에 ③ 당사자 사이의 종래의 거래관계, ④ 지방적 관습 등을 고려해서 결정하는 수밖에 없을 것이다.[18]

구체적으로 請約인가 아니면 請約의 誘引인가가 문제되는 것으로는 구인광고, 주택의 임대광고, 물품판매광고, 상품목록의 배부, 정찰부 상품의 진열, 기차·기선 등의 시간표의 게시 등을 들 수 있다. 이들 중에서 구인광고, 주택의 임대광고, 상품목록의 배부, 기차·기선 등의 시간표의 게시 등은 請約의 誘引에 해당한다는 데 학설은 일치한다. 그러나 먼저 물품판매광고에 관해서

15) 그 법적 성질은 意思의 通知에 해당한다. 金曾漢, 38: 金疇洙, 66.
16) 金亨培, 121.
17) 李銀榮, 85; 金亨培, 119.
18) 郭潤直, 63; 金疇洙, 66; 金基善, 43; 林正平, 77. 결론에 있어서 同旨 註釋債各(Ⅰ), 125; 權龍雨, 68.

는 다툼이 있으나 이를 請約의 誘引으로 보아야 할 것이다.[19][20] 나아가 슈퍼마켓 기타의 셀프서비스의 점포에서 정찰부로 상품을 진열하는 경우에 관해서도 다툼이 있다. 즉 이를 보통 請約이라고 하는 입장[21]과 대체로 請約의 誘引에 해당한다는 입장[22]이 대립한다. 전자의 입장을 따른다면 손님이 계산대(카운터)에서 상품을 제시하는 때에 승낙이 있는 것으로 되는 반면(따라서 계산대에서 상품을 제시할 때까지는 계약은 성립하지 않고, 손님은 그 상품이 있던 곳에 가져다 놓을 수 있다), 후자의 입장을 따른다면 손님이 상품을 계산대에 제시하는 때에 청약이 있게 된다. 생각건대 셀프서비스를 위하여 상품을 준비하는 것은 아직 매도인의 청약은 아니며, 오히려 이는 고객에게 상품의 취사선택 그리고 그에 따라 그의 청약에 관한 결정을 쉽게 하려는 것이라고 할 것이며, 따라서 이러한 고객의 청약은 상품바구니를 계산대에 제시함으로써 행하여진다고 할 것이다.[23] 끝으로 자동판매기의 설치가 請約인지 請約의 誘引인지에 관해서도 의문이 있다. 이 때에는 그 안에 상품이 들어 있고 기계가 정상적으로 작동할 것을 조건으로,[24] 적정한 금액을 투입하는 모든 사람에 대한 청약이 있는 것으로 보는 것이 일반적이다.[25] 이 밖에 청약으로 보아야 하느냐 또는 청약의 유인으로 볼 것이냐에 관하여, 종래 논의되고 있는 것에 競賣와 入札이 있다. 이에 관하여는 뒤에서 따로 살펴보기로 한다.

---

19) 同旨 郭潤直, 63; 金曾漢 38; 金亨培, 121; 金基善, 43; 權龍雨, 68 등. 결론에 있어서 同旨 註釋債各(Ⅰ), 125. 이와는 달리 李銀榮, 84 주 1)과 林正平, 76 주 2)는 경우를 나누어서, 상품제조업자의 TV·신문 등을 통한 자기제품의 선전은 청약에 해당하지 않으나, 판매업자의 구체적 판매조건을 제시한 구입권유는 청약이라고 한다. 그러나 어느 경우든 상품의 유한성에 따른 제한된 급부가능성을 고려할 때 이를 청약의 유인으로 보는 것이 옳을 것이다.

20) 金亨培, 120-1: "광고나 상품의 진열은 계약을 체결할 受容的 意思가 있다는 것을 의미하는 데 지나지 않으며, 수신자가 청약을 해올 것을 촉구하는 것으로 해석된다."

21) 郭潤直, 64; 權龍雨, 67; 金曾漢, 38; 金疇洙, 66; 李太載, 60; 註釋債各(Ⅰ), 126. 瑞債 §7 Ⅲ은 가격을 표시한 상품의 진열은 청약으로 본다고 규정한다.

22) 李銀榮, 84 주 2); 林正平, 76 주 3); 金基善, 43; 林正平, 78. 영국의 판례(Pharmaceutical Society v. Boots[1953] 1 All ER 482)도 셀프서비스점포에서 상품에 정가를 붙여서 선반에 진열해 놓는 것이 청약의 유인이고, 고객이 원하는 것을 집어서 바구니에 넣는 것이 청약이며, 카운터에서 대금을 지급하게 되는데, 이 때에 점포주인은 승낙의 자유가 있다고 한다.

23) Staudinger-Dilcher, §145 Rn.4; Palandt-Heinrichs, §145 Anm.4; Erman-W. Hefermehl, §145 Rn.10. 反對 MünchKomm/Kramer, §145 Rn.8.

24) 만일 상품이 비어 있으면 동전을 넣어도 계약은 성립하지 않는다. 또한 자동판매기가 작동하지 않을 때에도 계약은 불성립으로 보아야 한다(따라서 설치자에게는 손해배상책임이 없다).

25) 郭潤直, 64; 李銀榮, 84 주 3); 金亨培, 120, 121; 林正平, 76 주 4); Enneccerus-Nipperdey, AT, §161 Ⅰ 1 b; Staudinger-Dilcher, §145 Rn.6; MünchKomm/Kramer, §145 Rn.7; Flume, AT Ⅱ, §35 Ⅰ 1; Medicus, AT, Rn.362. 反對 Erman-W. Hefermehl, §145 Rn.5.

그런데 청약의 유인을 한 자에게 承諾義務가 있는지에 대하여 "법률은 청약의 유인에 구속력을 인정하지 않으나 개개의 사례에서 거래관행에 비추어 판단해야" 한다는 입장도 있으나,[26] 請約의 誘引은 그 개념상 법률상 아무런 구속을 받지 않는 행위이며, 피유인자가 의사표시를 하더라도 계약은 성립하지 않고, 다시 유인자가 승낙함으로써 비로소 성립하게 되므로, 청약의 유인을 한 자는 원칙적으로 상대방의 의사표시에 대하여 承諾 여부를 결정하는 自由를 가진다고 할 것이다.[27] 다만 예외적으로 청약의 유인만이 존재하는 경우에 청약에 대한 잘못된 승낙으로 표시된 타방의 긍정적인 대답이 유효한 계약체결을 결과지울 수도 있을 것이다. 즉 만일 답신서의 수령자가 상대방의 錯誤를 인식하고서도 適時에 통지하지 않았다면, 경우에 따라서는 그의 沈默이 信義則에 의해서 침묵에 의한 승낙으로 간주될 수 있다.[28]

2. 請約의 效力

(1) 請約의 效力發生時期

(가) 請約도 하나의 意思表示이므로, 그 효력발생시기는 의사표시의 효력발생시기에 관한 일반원칙에 의하여 결정된다. 따라서 원칙적으로 到達에 의하여 효력을 발생한다(民 §111 I).[29] 다만 불특정인에 대한 청약은 불특정인이 了知할 수 있는 상태[30]가 성립한 때에 도달이 있다고 하여야 한다. 이러한 到達主義는 만약 그 意思表示가 어떤 사정으로 인하여 延着되는 경우에 그 연착시부터 효력이 발생하고, 不到達로 그친 경우에는 효력이 발생하지 아니하게 되는 것이므로 결국 도달의 불확실성의 위험을 그 의사표시를 한 자에게 부담시키는 것을 의미한다.[31]

(나) 請約의 意思表示를 發信한 후 그것이 상대방에게 到達하기 전에 또는 청약의 도달 후 승낙의 의사표시를 발신하기 전에 청약자가 死亡하거나 行爲能力을 상실하면 어떻게 되는가? 또 청약자가 아니라 그 상대방이 사망하거

26) 李銀榮, 84 주 4).
27) 金曾漢, 38. 同旨 金基善, 43; 林正平, 77.
28) Erman-W. Hefermehl, §145 Rn. 11.
29) 舊民 §97 I은 격지자에 대하여 규정하였을 뿐 대화자에 대하여 규정하지 않아 논의가 있었으나, 현행민법은 격지자란 용어를 삭제함으로써 격지자와 대화자를 구별함이 없이 到達主義가 적용된다.
30) 가령 자동판매기의 설치. 이 밖에 광고의 게재(郭潤直, 64) 또는 구인광고를 게재된 신문이 일반인에게 배달되었을 때(金基善, 44)를 들기도 하지만, 이들을 일반적으로 청약의 유인이라고 보는 태도와 모순된다고 할 것이다.
31) 註釋債各(I), 128.

나 행위능력을 상실한 경우에는 어떻게 되는가?

(a) 청약의 의사표시를 발신한 후 그것이 상대방에게 도달하기 전에, 청약자가 사망하거나 행위능력을 상실하더라도 청약의 효력에는 영향이 없다(民 §111 Ⅱ). 다만 청약자가 반대의 의사를 표시한 때에는 청약은 효력을 잃거나 또는 무능력자의 청약으로서 취소할 수 있게 된다.[32] 주의할 것은 당사자의 인격 내지 개성이 중요시되는 계약(委任·組合·雇傭 등. 民 §§690, 717 참조)에 있어서는, 청약자가 사망하여도 그의 상속인이 청약자의 지위를 승계하지는 않으므로, 청약은 그 효력을 잃는다고 새겨야 한다는 점이다.[33]

(b) 청약의 발신 후 그 도달 전에 청약의 상대방이 行爲能力을 상실하면, 이른바 受領能力의 문제가 되고,[34] 사망한 때에는 청약의 내용이 그 청약을 수령한 상대방의 상속인이 그 지위를 승계할 성질의 것이냐 아니냐에 따라서 청약의 효력이 결정된다.

(c) 청약의 의사표시가 도달한 후 상대방(피청약자)이 승낙의 의사표시를 발신하기 전에(승낙의 발신을 하면 계약이 성립하므로, 그 후에는 청약은 독립의 존재를 잃는다) 청약자가 사망하거나 행위능력을 상실한 경우에도 청약의 효력에는 영향이 없다. 그러나 이 경우에도 청약자가 그 점에 관하여 특별의 의사를 표시한 때에는, 그 의사에 따라야 한다. 다만 사망한 경우에는 청약의 내용이 청약자의 상속인이 청약자로서의 지위를 승계하는 성질의 것이냐 어떠냐에 따라서 결정하여야 할 것이다. 가령 위임이나 조합과 같이 당사자의 사망으로 계약 그 자체가 종료하는 것(民 §§690, 717 참조)의 청약은 물론, 청약자의 개인적인 사용인을 고용하려는 계약과 같은 것은 청약자의 사망으로 효력을 잃는다고 해석하여야 할 것이다(즉 상대방이 승낙하여도 계약은 성립하지 않는다).[35]

(2) 請約의 拘束力(非撤回性)

제527조 注解 참조.

---

32) 金疇洙, 67; 林正平, 78; 註釋債各(Ⅰ), 128. 舊民 §525는, 청약자가 반대의 의사를 표시하거나 또는 상대방이 사망 혹은 능력상실의 사실을 안 경우에는 同 §97 Ⅲ(民 §111 Ⅲ)을 적용하지 않는다는 특칙을 두고 있었는데, 현행민법은 거래의 안전을 위하여 이 특칙을 없애 버렸다. 그러나 민법에 의하더라도 청약자가 특별한 의사를 표시한 때에는 그 의사에 따라야 할 것은 물론이므로, 결국 민법과 구민법 사이에 차이가 생기는 것은 상대방이 사망 또는 행위능력상실의 사실을 안 때 뿐이다(金曾漢·安二濬, 60; 金基善, 44).

33) 郭潤直, 65.

34) 청약은 효력을 잃는 것이 보통이다(林正平, 79). §112 참조. 그러나 여기서는 청약의 효력이 도달주의를 취하고 또 그 도달 후에도 상대방에게 승낙 여부의 자유가 있는 것이 원칙이므로 그 상대방이 독점사업이나 공익상의 이유로 승낙이 강제되는 예외적인 경우를 제외하고는 §112의 적용은 의미를 잃게 된다(註釋債各(Ⅰ), 129).

35) 金曾漢·安二濬, 60-1. 同旨 金疇洙, 67; 金基善, 44.

(3) 請約의 實質的 效力(承諾適格)

㈎ 請約이 到達하면 상대방은 그에 대하여 承諾함으로써 곧 契約을 成立시킬 수 있다. 따라서 청약은 그것에 대한 승낙만 있으면 바로 계약을 성립하게 하는 효력, 즉 승낙을 받을 수 있는 효력을 가지고 있다. 이 효력을, 拘束力에 대하여, 請約의 實質的 效力이라고 한다.36) 청약의 실질적 효력은 이를「承諾適格」또는「承諾能力」(Annahmefähigkeit)이라고도 부른다.37) 그런데 청약이 유효하게 행하여지지 않았거나 효력을 잃은 다음에는 승낙만으로써 계약을 성립시킬 수 없다. 즉 승낙은 청약이 효력을 발생한 때로부터 그것이 소멸할 때까지의 사이에 하여야만 계약을 성립시킬 수 있다. 따라서 承諾適格은 결국 請約의 存續期間이라는 결과가 된다.38)

㈏ 請約受領者의 地位

(a) 청약의 효력(承諾適格)은 청약자의 일방적 의사표시로 발생하는 것이므로, 청약의 수령자에게 어떤 구속을 주는 것은 아니다. 청약의 수령자는 승낙을 함으로써 계약을 성립시킬 수 있는 법률상의 지위 내지 권능을 가질 뿐이다. 이 법률상의 지위는 이를 하나의 권리로 볼 수도 있다. 그리고 청약수령자는 承諾이라는 일방적 의사표시로 法律關係를 발생케 할 수 있으므로, 청약수령자의 권리는 이른바 形成權으로서의 성질을 갖는다고 말할 수 있다.39)

(b) 청약수령자의 지위는 원칙적으로 讓渡可能하며, 相續可能하다고 할 것이다. 그렇지만 청약자에게 제3자(Dritte)를 계약상대방으로 강요하는 것이 청약상대방의 뜻에 좌우되어서는 안 된다는 점을 고려하여야 한다. 따라서 양도가능성 및 상속가능성의 문제는 모든 개별사안에서 의사표시의 해석에 의하여 주의깊게 검토되어야 한다.40) 그리고 청약자가 자기의 청약에 대한 청약상대방의 승낙을 유책적으로 좌절시켰다면, 그는 契約締結上의 過失에 기해서

---

36) 金曾漢, 41은 말하자면 임신에 있어서의 수태능력에 해당한다고 하면서, 이를 請約의 本體的 效力이라고 한다.

37) 金亨培, 123-4: "청약의 구속력이 청약의 철회를 기준으로 파악된 개념인 데 대해서, 청약의 승낙적격은 승낙에 의한 계약의 성립을 중심으로 파악된 개념이다."

38) 郭潤直, 68.

39) 郭潤直, 68; 黃迪仁, 66; RGZ 132, 6; Staudinger-Dilcher, §145 Rn.11; Enneccerus-Nipperdey, AT, §161 Ⅳ 1. 反對 李銀榮, 87-8: "청약수령자의 승낙이라는 의사표시만으로 곧 계약체결의 효과를 가져온다는 점에서 형성권과 매우 흡사한 작용을 한다. 그러나 승낙은 독립의 법률행위가 아니라 계약체결의 합의의 구성부분에 지나지 않으므로 승낙만을 청약과 별개로 따로 떼어서 보는 것은 옳지 않다"; Larenz, AT, §27 Ⅰ c. 다만 이 논의가 실질적인 의미를 가지는 것은 아니다(Erman-W. Hefermehl, §145 Rn.18).

40) Staudinger-Dilcher, §145 Rn.14; Larenz, AT, §27 Ⅰ c; Erman-W. Hefermehl, §145 Rn.18.

損害賠償義務를 진다. 그렇지만 표시의 도달이 방해된 경우에 손해배상의무에 대한 대안으로서 표시의 適時性(Rechtzeitigkeit)을 인정하는 것은 적절하지 않다.[41] 물론 도달의 장애가 도달의 의제를 결과지우는 것은 아니지만 표의자에게는 후발적으로 도달이 아직도 유효하게 하는 것으로 족하다. 즉 지체없이 통지된(nachgeholt) 표시가 적시에 도달된 것으로 간주되어야 한다.[42]

(c) 청약의 의사표시가 상대방에게 도달하면 承諾適格이 발생하지만, 청약수령자는 청약을 받았다는 사실로부터 아무런 법률상의 의무를 부담하지 않는다. 즉 청약수령자가 승낙을 하느냐 하지 않느냐는 원칙적으로 그의 자유이고(契約自由의 原則), 특별한 사정이 없는 한, 承諾義務를 부담하지는 않으며, 또 청약에 대하여 반드시 諾否의 회답을 하여야 하는 것도 아니다. 따라서 침묵을 승낙을 하지 않은 것으로 해석할 특별한 사정이 없으면, 청약자가 청약과 동시에 「회답(또는 승낙거절의 통지)이 없으면 승낙한 것으로 본다」는 문구를 덧붙이더라도 그것은 상대방을 구속하지 않는다.[43] 주문되지 않은 물건이 송부된 경우(Zusendung unbestellter Waren)에 상대방의 침묵은 원칙적으로, 청약자가 반송기간을 정하고 그 기간 내에 반송하지 않으면 상품이 승낙된 것으로 간주하겠다고 언급한 경우에도, 송부에 담긴 매도청약에 대한 승낙을 의미하지 않는다.[44] 따라서 이러한 경우에 청약수령자가 회답을 하지 않고 방치해 두더라도 특별한 사정이 없는 한 승낙이 생기지 않는다. 더구나 후자의 경우에 물건을 수령하여 보존하고 반환하여야 할 의무는 없다.[45] 다만 그 물품을 수령하여 점유하게 된 때에는 「自己財産과 同一한 注意」로 보관할 책임이 있다고 새길 것이다(民 §695의 유추).[46] 그러나 예약이나 특별한 관습에 의하여 승낙의 의무를 지는 경우, 공익상의 이유에서 법률상 승낙이 강제되는 경우(가령 民 §285 Ⅱ; 公證人法 §4; 醫療法 §16; 電氣事業法 §16; 都市가스事業法 §19 등) 또는 상거래상의 요청에 의하여 諾否通知義務가 부과되는 경우[47]가 있다.[48]

---

41) Flume, AT Ⅱ, §14 3 e; Erman-W. Hefermehl, §145 Rn. 18.

42) Erman-W. Hefermehl, §145 Rn. 18. 또한 Soergel-Hefermehl, §130 Rn. 27, 24 참조.

43) 郭潤直, 68; 金曾漢, 48; 金疇洙, 73; 權龍雨, 79; 金基善, 45; 註釋債各(Ⅰ), 135.

44) RGRK-Krüger-Nieland, §146 Anm. 3; Erman-W. Hefermehl, §147 Rn. 4.

45) 金疇洙, 73.

46) 金曾漢·安二濬, 68. 同旨 金亨培, 125-26; 金疇洙, 73; 註釋債各(Ⅰ), 135. 반면 「事務管理」에 의하여, 보관비용의 상환을 구할 수 있다.

47) 상사계약에 있어서는 지체없이 낙부통지를 발송해야 하고, 이를 해태한 때에는 승낙한 것으로 본다(商 §53). 그리고 청약을 거절한 때에도 그 물건을 청약자의 비용으로 보관해야 할 의무가 있다(商 §60).

48) 金曾漢, 43. 同旨 金亨培, 125; 權龍雨, 72.

(다) 承諾適格의 消滅　제528조, 제529조 注解 참조.

3. 請約의 效力의 消滅

(1) 청약의 수령자가 청약자에 대하여 승낙하지 않는다는 뜻을 적극적으로 표시한 때, 즉 청약을 拒絶(Ablehnung)한 때에는,[49] 비록 그 거절이 승낙기간 내에 있었다고 하더라도, 그 청약이 承諾適格을 잃게 된다(獨民 §146 참조).[50] 청약의 수령자가 청약에 대하여 조건을 붙이거나 청약에 변경을 가하여(바꾸어 말해서 청약의 내용을 변경하여) 승낙한 때에는 청약의 거절과 동시에 새로운 청약을 한 것으로 본다(民 §534). 따라서 원 청약은 소멸한다. 그 밖에 승낙기간의 경과(民 §§528, 529) 또는 청약의 철회에 의해서도 청약의 효력이 소멸된다.

(2) 消滅된 請約은 법적으로 더 이상 존재하지 않으며, 따라서 그 청약은 더 이상 승낙될 수 없다. 그럼에도 불구하고 그에 대하여 표시된 승낙은 새로운 청약으로 간주된다(民 §534 참조).

Ⅱ. 承　諾

1. 承諾의 性質과 要件

承諾(Annahme; Akzept; acceptance)은 청약의 상대방이 請約에 응하여 契約을 성립시킬 목적으로 청약자에 대하여 행하는 意思表示이다.[51]

(1) 承諾은 특정의 청약에 대하여 행하여지는 것이다. 따라서 청약의 경우와는 달리, 불특정다수인에 대한 승낙은 있을 수 없다.[52] 즉 승낙은 특정의 청약자에 대하여, 청약의 상대방이 계약을 성립시킬 의사를 가지고 행하여야 한다(主觀的 合致). 청약상대방이 공동으로 계약당사자가 되어야 하는 다수인에 대한 청약은 공동으로 승낙되어야 하며, 만일 청약상대방의 일부가 거절한다면, 원칙적으로 승낙의 효력은 소멸한다. 다만 승낙자가 누구이냐를 표시할 필요는 없다.[53] 청약이 특정인에 대하여 한 때에는 그 특정인이, 특정의 관계·

49) 청약의 거절의 법적 성질에 관하여 이를 의사의 통지로 보는 견해(가령 金基善, 45)도 있으나, 청약수령자의 효과의사에 따라 청약의 효력이 소멸된다고 할 것이므로, 이를 受領을 요하는 일방적인 意思表示라고 할 것이다.

50) 郭潤直, 69.

51) 의사표시로서의 승낙에 관해서는 청약에 관한 논의가 그대로 적용된다.

52) 郭潤直, 70; 金疇洙, 61; 金基善, 48.

53) 金曾漢·安二濬, 64.

상태에 있는 불특정인에 대하여 한 때에는 그 관계·상태에 속하는 자가, 일반 불특정인에게 한 때에는 청약을 안 사람이 각각 승낙을 할 지위에 있다. 그리고 懸賞廣告에 관해서는 民 §677의 특칙이 있다.

(2) **變更을 加한 承諾**

제534조 注解 참조.

(3) **延着된 承諾**

제530조 注解 참조.

(4) 承諾의 방식 내지 방법은 원칙적으로 자유이고, 특별한 제한은 없다.[54] 그러나 당사자 사이의 예약 기타 특약으로 승낙의 방법(가령 전화 또는 Telex)이 정하여져 있는 때 또는 청약자에 의하여 승낙의 방법이 지정되어 있는 때에는 그 방법에 의하여야 한다.[55] 그리고 승낙의 방법에 관하여 거래상 특별한 관습이 있는 때에는, 청약자의 반대가 없는 한, 그에 따라야 할 것이다.

(5) 承諾은 청약에 대하여 동의를 준다는 내심의 결의에 그치지 않고, 청약자에게 표시되어야 한다. 이 표시는 언어·문자에 의하여 명시적으로 행하여지는 것이 보통이나, 묵시적으로 하여도 좋다. 가령 승낙이 있을 때에 성립하게 될 계약의 이행행위를 하는 것은 일반적으로 默示의 承諾이 된다.[56] 일정한 행위가 상대방의 관점에서 승낙으로 간주되는지 여부는 意思表示解釋의 문제이다. 그러나 請約에 대하여 아무런 적극적 행위를 하지 않고서 沈默만을 지키고 있는 경우에는, 비록 청약에 대하여 동의를 하려는 내심의 결의가 있었다고 하여도, 원칙적으로 승낙이 되지 않는다.[57] 다만 당사자 사이에 사전의 양해가 있거나 동종의 거래가 계속되고 있는 경우(商 §53) 또는 승낙하지 않을 때에만 통지 또는 일정한 적극적 행위를 하는 것이 거래상의 실정이라고 하는 것과 같은 특별한 사정이 있는 경우[58]에는 침묵도 승낙이 될 수 있다. 이러한 信賴保護(Vertrauensschutz)는 침묵이 청약자의 관점에서 신의칙에 따라 승낙

54) 郭潤直, 71; 金曾漢, 43.

55) 그러나 청약자가 지정한 방법이 단순한 희망에 지나지 않을 때(희망조건)에는, 그에 따르지 않아도 상관없다.

56) 가령 물품의 구입청약에 응하여 주문된 물품을 송부한다든가 또는 청약과 동시에 보내온 물품의 대금을 지급하는 등은 묵시의 승낙이 된다. 또한 A가 B에게 금전의 대여를 부탁하였는데, B가 아무런 부언 없이 그 금액을 송부하여 왔을 때에는 이에 의하여 묵시적으로 승낙한 것으로 보아, 金錢消費貸借契約이 성립한다.

57) 郭潤直, 71; 金曾漢, 48("침묵은 특별한 사정이 없는 한 승낙을 하지 않은 것(거절)으로 해석된다"); 金亨培, 125; 李銀榮, 88; 金疇洙, 72; 林正平, 86. 同旨 Erman-W. Hefermehl, §147 Rn.3.

58) RGZ 84, 325; Soergel-Hefermehl, vor §116 Rn.36.

으로 보여지게 하는 특별한 사정이 있는 경우에 비로소 청약자에 대해서 정당화된다. 결정적인 것은 청약자가 신의칙에 따라 명시적인 거절을 기대할 수 있었는지 여부이다.[59] 그러한 사정이 존재하는지 여부는 개별사례의 상황의 평가에 기해서만 확정될 수 있다.[60]

2. 承諾의 效力發生時期

제531조 注解 참조.

Ⅲ. 契約의 成立要件으로서의 合意

1. 意　義

(1) 私的自治의 원칙은 사인 사이의 법률관계가 당사자의 자발적인 의사에 의한 법적 구속행위(法律行爲)에 의해서 생길 것을 요구하므로, 契約이란 법적 구속도 당사자의 합의에 의해서 생김을 원칙으로 한다.[61] 따라서 계약은 원칙적으로 계약당사자 사이의 합의에 의해서 체결된다. 여기서 合意(Konsens)라 함은 일정한 사법적 법률효과의 발생을 목적으로 하는 쌍방의 대립하는 당사자 사이의 意思表示의 合致[62]를 말한다. 그리고 合意가 법률행위로서의 유효요건을 갖추어야 함은 물론이다.[63] 그리고 契約이란 합의 등으로 인한 계약체결의 결과 발생하는 쌍방당사자 사이의 包括的 法律關係를 가리킨다.

(2) 合意가 성립하기 위해서는 客觀的 合致와 主觀的 合致가 있어야 한다. 이는 모든 계약의 성립에 공통해서 요구되는 최소한의 요건이다. 諾成契約은 이 요건만 갖추면 계약이 성립하지만, 이른바 要物契約에 있어서는 그 밖에 일방당사자가 일정급부를 하여야 한다는 특별성립요건을 필요로 한다.[64]

59) BGH NJW 55, 1794; 72, 820.
60) Erman-W. Hefermehl, §147 Rn. 3.
61) 李銀榮, 80-1. 同旨 林正平, 70.
62) 李銀榮, 89 주 5)는 "합치는 청약과 승낙이 내용상 일치하는 사실을 가리키며, 합의는 그러한 합치로 계약이 성립하게 되는 법률행위를 말한다"고 하는 반면, 金亨培, 112은 "당사자들에 의한 의사표시의 합치 자체가 계약"이라고 한다. 논리적으로는 후자의 태도가 타당한 것으로 생각된다.
63) 이에 관해서는 우선 李銀榮, 81; 林正平, 70-1 참조.
64) 金基善, 39: "계약에 따라서는 합의 외에 그 계약에 한하여서 필요로 하는 요건이 있다. 가령 현상광고와 같은 요물계약에 있어서는 지정행위의 완료를 덧붙였다."

(가) 客觀的 合致

(a) 수개의 의사표시가 내용적으로 일치하는 것이 客觀的 合致이다.[65] 그런데 다수설에 의하면, 내용적으로 일치한다는 것은 당사자의 主觀的인 意識過程에까지 파고 들어가서 관찰할 것을 요구하는 것은 아니고, 외부에 나타나고 있는 표시행위로부터 추단해서 그렇게 인정되어야 한다는 것을 말하며,[66] 따라서 의사표시가 내용적으로 합치 내지 일치한다는 것은 각 표시행위에 사용된 문자나 언어가 형식적으로 꼭같다는 것을 가리키는 것은 아니며, 표시행위에 관하여 사회적으로 주어지는 의미(表示價值)가, 그리고 그로부터 추단되는 의사표시의 내용이 실질적으로 일치하는 것을 가리킨다고 한다. 가령 A가 그의 일제 시계를 5만원에 팔겠다는 의사표시에 대하여, B가 그 시계를 5만원에 사겠다는 의사표시를 하였다면, 이들 의사표시는 ── 양 당사자에 있어서의 경제적·사회적인 의미는 다르지만 ── 객관적으로 보면 특정한 시계의 소유권과 5만원을 교환하겠다는 완전히 일치하는 내용의 것이라고 한다.[67] 그러나 承諾과 請約은 각각 意思表示이므로 그 의미는 의사표시의 해석에 의해서 명확히 밝혀지는데, 意思表示의 解釋은 일차적으로 당사자들의 實際的 意思를 문제삼아야 하며, 당사자 쌍방의 실제적 의사가 일치하지 않는 경우에는 어느 것이 정당한가에 따라 法律行爲의 效力이 판단되어야 할 것이고,[68] 해석에 의해서 밝혀진 두 개(請約과 承諾)의 의사표시의 내용이 일치하는 경우에만 합의가 성립한다고 새겨야 할 것이다. 특히 이른바 falsa demonstratio non nocet의 법칙[69]에 따라, 意思表示에 대한 당사자들의 實際的 意思가 일

65) 李銀榮, 89-90은 "승낙은 청약에서 제안된 거래조건을 모두 수락함을 내용으로 하여야 한다. 이렇게 청약의 제안과 승낙의 수락이 내용면에서 서로 일치하는 것을 합치라고" 한다.

66) 가령 金曾漢, 37: "합의가 성립하느냐 어떠냐는 표의자의 내심의 효과의사와는 관계없이 어디까지나 표시행위의 객관적인 의미에 의하여 판단된다. 그리고 성립한 합의의 내용과 표의자의 내심의 효과의사의 차이는 착오의 문제가 될 뿐이다."

67) 다만 가령 B가 일제가 아니라 미제 시계를 사겠다는 의사표시를 하였다면, 양 당사자의 의사표시의 내용은 합치하지 않으며, 그 계약은 성립하지 못한다.

68) 同旨 엄동섭, 법률행위의 해석에 관한 연구(1992년 서울대 박사논문), 특히 224 이하. 그러나 우리 나라의 다수설은 법률행위의 해석의 차원에서는 표의자의 실제적 의사를 고려할 필요가 없으며, 그 표시행위의 객관적 의미를 탐구하는 해석작업을 통해 드러난 이른바 '표시상의 효과의사'가 표의자의 실제적 의사와 일치하지 않는 경우에 비로소 표의자의 실제적 의사가 고려된다고 한다. 많은 것들 중에서 특히 郭潤直, 民法總則, 386 이하 참조.

69) 이에 관해서는 우선 엄동섭(前註), 152 이하 참조. 李銀榮, 90 주 1)은 佛民 §§1156, 1163, 瑞債 §18 I 및 미국계약법 리스테이트먼트(수정판, 1975) §297도 같은 취지라고 한다.

치하는 경우에는 그러한 실제적 의사와 상이한 표시(즉 誤表示)가 아니라 당사자들의 진정한 내심의 의사에 따라 그 의사표시를 해석하여 계약을 성립시켜야 할 것이다.[70] 따라서 대립하는 意思表示의 合致라고 하는 것은——표시상대방이 표의자의 內心의 效果意思를 정확하게 理解(또는 사후에 諒解)하였거나 그렇지 못하였다고 하더라도 정확하게 이해할 수 있었다면——일차적으로 內心의 效果意思(이 때에는 외부적·객관적인 표시가 문제되지 않는다)가,——내심의 효과의사가 올바르게 표시되지 못하였고 그에 대하여 표의자에게 表示過失이 있다면—— 이차적으로 意思表示의 客觀的인 意味가 서로 합치한다는 것을 의미하며,[71] 만일 이렇게 합치한 것과 표의자들의 내심의 의사가 일치하지 않는다면, 그들 의사표시는 흠이 있는 것이 되어 無效로 되거나 取消할 수 있게 된다.[72]

(b) 계약이 성립하려면 의사표시의 내용이 객관적으로 일치하여야 한다고 할 때 그 합치는 어떠한 점에 관하여 있어야 하는가?

먼저 계약유형 또는 매매대금[73]과 같은 계약의 客觀的으로 本質的인 要素(essentialia negotii)[74]에 속하는 점에 관하여 당사자들이 합의하지 않았다면, 원칙적으로 계약이 성립되지 않는다(이설 없음). 이 점은 이미 계약의 개념으로부터 도출된다: "論理的 不合意"(logischer Dissens).[75] 다만 契約自由의 原則에 따라 가령 매매대금과 같은 본질적 요소도 미정일 수 있는데, 이 점이 당사자들에 의해서 의욕된 계약적 구속과 모순되지는 않는다. 본질적 요소에 관한 합의가 사후의 약정에 유보될 수 있으며, 사후의 약정이 이루어지지 않는다면, 補充的 契約解釋에 의해서 또는 법률규정에 따라 흠결이 보충되어야 한다.[76] 그러나 그렇게 하기 위해서는 당사자들의 의사에 따르면 완전한 계약이 이미 체결된 것으로서 효력을 가져야 한다. 이러한 결과는 당사자들이 어떤 점에

70) 同旨 李銀榮, 92("객관적인 표시상의 불합치가 있음에도 불구하고 당사자의 진의는 일치하는 경우(잘못된 표시에 의한 불일치)에는 합의가 있는 것으로 본다."); 金亨培, 116("두 개의 의사표시가 표시 내지 표현상으로는 일치하지 않으나, 내용상으로는 일치하는 경우에는 불합의가 있다고 볼 수 없다." 그런데 당사자의 주관적인 의식과정에까지 파고 들어가서 관찰할 필요가 없다는 다수설도 이 원칙을 수용하고 있다. 가령 郭潤直(註 68), 386-7; 金曾漢·金學東, 民法總則, 285; 李英俊, 民法總則, 258 등.

71) 다수설은 당사자의 내심의 효과의사를 탐구하는 과정을 거치지 않고 해석을 통하여 곧바로 객관적으로 그 내용이 확정되는 의사표시들이 서로 합치한다는 것이라고 한다.

72) 池元林, 法律行爲의 效力根據에 관한 硏究(1993년 서울대 박사논문), 특히 103 이하 참조.

73) RG 124, 83.

74) 이것과 그 밖에 naturalia negotii 및 accidentalia negotii에 관해서는 우선 池元林(註 72), 9면 참조.

75) Erman-W. Hefermehl, §154 Rn.2 참조.

76) Staudinger-Dilcher, §154 Rn.4.

관하여 합의하였고 그에 관한 실행에 들어갔다는 점으로부터만 도출될 수 있는 것은 아니다. 개별규정이 당사자들에 의해서 발효되었다고 해서 완전한 계약이 성립되었다고 추정되지는 않으며(獨民 §154 참조), 특히 부분약정에 대한 추정은 존재하지 않는다. 그러나 명시적인 합의에 기하여 또는 상황으로부터 추단적으로 拘束意思가 발생한다면, 계약의 성립을 인정할 수 있을 것이다. 어떤 자들이 이른바 締約強制에 의하여 불가피하게 서로 어떤 상품의 공급자와 수요자로서 지속적인 관계를 맺어야만 한다면, 그들은 그 관계를 매매계약적인 관계로 생각할 것이고, 이러한 경우에는 예외적으로 미정인 점(가령 매매대금)에 관한 합의가 없더라도 쌍방 거래당사자의 의사에 따라 적어도 그 밖의 점에 있어서는 계약이 성립된다.[77] 계약의 실행이 시작되었거나 종결되었다면 이는 구속의사의 입증에 유리한 사실이다.[78] 흠결이 있는 계약의 의식적인 실행에 의하여 계약당사자들은 계약의 "原則的인 有效"를 표명한다.[79] 이상의 방법에 의해서도 계약의 본질적 요소에 관한 합의를 도출할 수 없는 경우에는 계약이 성립하지 못한다(契約의 不成立).[80]

나아가 합의가 흠결된 부분이 주관적으로만 중요한 것인 때(가령 이행의 시기·장소·방법 등)에도 원칙적으로 계약이 성립되지 않는다(獨民 §154 I : "의심스러우면"(im Zweifel)).[81] 이에 관해서는 당사자 일방만의 의사에 의하더라도 합의가 이루어졌어야 하는 점이 문제된다는 것으로 족하다. 물론 어떤 점에 관하여 합의하려는 일방당사자의 내심의 의사만으로는 부족하며, 이러한 의사는 명시적으로 또는 추단적 행위에 의하여 타방당사자에게 표시되어야 한다. 이 때에만 의식적인, 즉 당사자 쌍방에게 의식된 合意의 欠缺이 존재한다. 이러한 경우에는 원칙적으로 미결인 점의 객관적 비본질성 때문에 계약체결이 받아들여져서는 안 되며 흠결이 법률규정에 의하여 보충되어서도 안 된다. 그렇지만 당사자들이 어떤 점에 관한 미결상태에도 불구하고 의식적으로 구속되려고 하는 때에는 그렇지 않다. 가령 당사자들이 쌍무적인 급부의 청산에 관한 豫約(Vorvertrag)에서 아직도 모든 점에서 합의하지 않고 장차 체결될 主契約에 유보하

77) BGHZ 41, 271, 275.

78) BGH NJW 83, 1727, 1777ff.; MünchKomm/Kramer, §154 Rn. 8; Flume, AT II, §34 6e.

79) BGH a. a. O.; Erman-W. Hefermehl, §154 Rn. 6.

80) 계약의 불성립과 무효는 개념상 별개의 것임에도 불구하고, 李銀榮, 90은 양자가 실제로 명확히 구별되지 않음을 이유로, "불성립과 무효를… 형식적 기준에 의하여 논리적으로 구별할 것이 아니라, 다른 행위로의 전환이 가능하거나 그 흠이 치유가능하면 양자를 구별말고 새로운 법률행위로서 인정하여야 한다"고 한다.

81) 權龍雨, 65은 특이하게도 이를 주관적 합치의 내용으로 새긴다.

였다고 하여, 이 점이 사람들이 이미 합의하였던 점에 관한 계약적인 구속을 배제하여야 하는 것은 아니다.[82] 특히 몇몇의 주관적으로 본질적인 요소가 미정이라고 하더라도 당사자들이 이를 인식한 채 계약에 의하여 구속되려고 하는 때에는 계약의 성립을 인정하여야 할 것이다.[83] 그런데 당사자가 거론하여 흥정하여야 할 사항을 청약 또는 승낙할 때에 실수로 빠뜨린 경우, 외부적으로는 거론된 모든 사항에 대하여 합치가 있더라도 당사자의 진의에 있어서는 不合意가 존재할 수 있다. 이 경우 표시된 사항만의 합치로 계약은 성립하는가 아니면 당사자의 의사를 존중하여 계약성립을 부정할 것인가? 이 점에 관하여 우리 민법은 침묵하지만, 獨民 §155는 누락된 부분에 관한 결정이 없더라도 계약이 체결되었으리라고 인정되는 경우에만 합의가 효력을 발생한다고 규정한다. §137의 類推에 의하여 우리 민법상 같은 결론에 도달할 수 있을 것이다.[84] 이상의 이른바「중요한 점」이외의 점에 관하여는 반드시 합의가 있어야 하는 것은 아니다. 거론되지 않은 부분이나 합의에 이르지 못한 경미한 부분은 결국 契約의 解釋에 의하여 이를 보충하게 된다.[85] 이와 관련하여 당사자의 의사표시에 나타나 있는 사항에 관하여 일치하고 있어야 하느냐에 관하여 다툼이 있다. 이에 관하여 일반적으로 청약에서 제안된 사항은, 그것이 조잡·간략하든 또는 정밀·상세하든, 승낙으로 그대로 받아들여져야 계약은 성립하고, 그대로 받아들여지지 않으면 계약은 성립하지 않는다고 한다.[86] 그러나 경미한 부분의 不合意가 있을 때에는 합치된 내용만으로 계약이 성립한다고 해석하여야 할 것이다.[87] 한편 청약에서 제안되지 않았지만 승낙에서 새로운 사항을 제안한 경우에도, 원칙적으로 조건을 붙인 승낙으로서 새로운 청약으로 볼 것이지만(民 §534), 그 새로운 조건이 계약의 본질적 구성부분이 아니며, 승낙자가 그 조건의 수락 여부와 관계 없이 계약을 체결할 의사가 있다면

82) Erman-W. Hefermehl, §154 Rn. 2.
83) Erman-W. Hefermehl, §154 Rn. 6.
84) 反對 李銀榮, 91: "계약은 두 계약당사자 사이의 채권채무관계의 발생을 내용으로 하는 것이므로 양 당사자 사이의 진정한 합의가 없는 경우에는 계약성립을 부정하는 편이 타당하다고 생각된다."
85) 同旨 郭潤直, 60; 李銀榮, 90. 瑞債 §2는 유보된 부수사항은 법관이 행위의 성질에 따라 결정하여야 한다고 규정한다.
86) 가령 郭潤直, 60.
87) 同旨 金亨培, 116. 한편 李銀榮, 90은 "합치는 표시된 모든 사항에 관하여 있어야 한다. 청약에서 제안된 사항은 아무리 사소한 부분이라도 승낙에서 모두 수락되지 않으면 합치는 생기지 않는다"고 하면서도, 同, 91은 "다만 그 부분이 계약관계에서 사소한 역할밖에는 하지 않으므로 그 부분의 불합의가 있음에도 당사자가 계약을 체결하였으리라고 인정되는 경우에는 계약은 합치된 내용만으로 성립한다"고 한다.

그것을 승낙으로 보아 계약은 성립된다고 할 것이다.[88)]

(c) 계약이 체결되었다고 주장하는 자는 계약의 본질적 요소에 관해서뿐만 아니라 주관적으로 본질적인 부수적 요소(accidentalia negotii)에 관해서도 합의가 있었음을 증명하여야 한다. 만일 상대방이, 자기는 합의의 목적이 되지 않은 일정한 사항을 계약의 대상로서 표시하였다고 주장한다면, 계약의 성립을 주장하는 자는 합의가 이 점에도 관련된다든지 아니면 상대방에게는 이 점에 본질적이었던 것이 아니라 오히려 그에 의해서 포기되었다는 점을 입증하여야 한다.[89)] 그리고 본질적 요소에 관한 합의에 의하여 계약이 유효하게 성립된다는 점은 추정되지 않는다.[90)]

(d) 이상의 원칙은 단일한 總括契約(einheitlicher Gesamtvertrag)이 체결되어야 하는 때에도 적용된다. 이 때에는 당사자들이 가령 賃貸借임을 나타내는 어떤 계약요소에 관하여 단지 합의하는 것만으로는 계약성립을 인정하기에 충분하지 않다. 그러나 組合契約이 수정되어야 하는지 여부 및 가령 증자 및 장래의 이익배분 등 얼마나 많은 점이 수정되어야 하는지에 관하여 조합원들이 교섭하였을 때에는 사정이 다르다. 이 경우에는, 일방계약당사자만이 의식적으로 복수의 계약요소의 공동귀속성(Zusammengehörigkeit)을 의욕하지 않았던 한, 어떤 점에 관한 합의의 흠결로부터 그 밖의 점에 관한 합의의 비구속성이 당연히 추론될 수 있는 것은 아니다.[91)]

(나) 主觀的 合致 당사자의 의사표시가 상대방의 의사표시와 결합해서 계약을 성립시키려는 의의를 가지는 때에 主觀的 合致가 있게 된다. 바꾸어 말하면 주관적 합치는 당사자의 의사표시가 서로 상대방에 대한 것이어서, 상대방이 누구이냐에 관하여 잘못이 없는 것을 말한다. 가령 A의 B에 대한 청약에 대하여 C가 승낙을 하더라도 계약은 성립하지 않는다. 그러나 A의 청약이 B라는 특정인에게 중점이 있지 않고 상품에 중점이 있음이 명백한 경우에는, 같은 상품을 다루는 C가 승낙함으로써 주관적 합치가 성립하는 수도 있다.[92)]

---

88) 同旨 李銀榮, 90.

89) MünchKomm/Kramer, §154 Rn. 11; Erman-W. Hefermehl, §154 Rn. 3.

90) RGRK-Krüger-Nieland, §154 Anm. 6; Erman-W. Hefermehl, §154 Rn. 6.

91) MünchKomm/Kramer, Rn. 8; Erman-W. Hefermehl, §154 Rn. 4.

92) 郭潤直, 60. 同旨 金疇洙, 60. 大判 95. 8. 22, 94다59042(公 1001, 3239): "금융기관에 대한 기명식 예금에 있어서는 금융기관이 누구를 예금주로 믿었는가에 관계 없이 예금을 실질적으로 지배하고 있는 자로서 자기의 출연에 의하여 자기의 예금으로 한다는 의사를 가지고 스스로 또는 사자, 대리인을 통하여 예금계약을 한 자를 예금주로 보아야 한다."

(3) 契約書의 作成과 契約成立

가령 不動產의 賣買契約 등에 있어서 계약서를 작성하는 것이 하나의 관행으로 되어 있는 것처럼, 계약에 있어서 계약서를 작성하는 수가 많다. 이때에 계약서의 작성은 계약의 성립요건인가? 법률의 규정에 의하여 계약서의 작성으로 비로소 계약이 성립하는 경우가 있다. 가령 국가가 競爭入札의 방법으로 계약을 체결하는 경우, 계약서의 작성이 있을 때에 계약이 성립하는 것으로 해석된다(豫算會計法 §78 참조). 그러나 우리 민법은 당사자의 합의만으로 성립하는 諾成契約을 원칙으로 하고 합의에는 아무런 방식도 요구되지 않으므로, 그러한 명문의 규정이 없는 경우에는, 계약서의 작성은 계약의 성립 그 자체의 요건이 아니며, 원칙적으로 그것은 계약의 성립을 증명하는 증거일 뿐이다.[93)]

한편 거래의 실제에 있어서 계약의 대강에 관하여 합의를 하고, 뒷날 계약의 세부적 내용을 포함하는 계약서를 작성하는 것으로 약속하는 경우가 있다. 이러한 경우의 계약의 성립은 문제이나, 결국 그것은 意思表示의 解釋問題로 될 것이다. 즉 그 계약서의 작성이 있을 때까지는 효과를 발생시키지 않겠다는 의사가 있는 것으로 새길 수 있는 경우에는, 계약서의 작성이 없는 한, 계약이 성립하지 않는다.[94)] 그러나 계약서의 작성이 계약을 확인하기 위한 것에 지나지 않는 것으로 새겨질 경우에는, 합의에 의하여 계약은 이미 성립하고 있다고 하여야 할 것이다. 후자로 해석할 경우가 많을 것이다.[95)]

2. 不合意와 錯誤

(1) 不 合 意

위와 같이 계약의 성립에는 합의가 필요하므로, 만일 두 개 이상의 意思表示가 그 내용에 있어서 전면적으로 또는 부분적으로 일치하지 않는다면, 계약은 성립하지 않는다. 이러한 意思表示의 不合致 또는 不一致가 不合意

93) 郭潤直, 59; 李銀榮, 94. 한편 소비자보호를 위하여 할부거래에 관한 법률(이하 割賦去來法이라 한다) §4와 방문판매 등에 관한 법률(이하 訪問販賣法이라 한다) §§5, 6는 서면에 의한 계약체결 및 계약서의 교부를 의무화하고 있으며, 이러한 의무를 위반한 경우에는 과태료(割賦去來法 §14 ④) 또는 벌금(訪問販賣法 §29)에 처해지지만, 계약 자체의 사법상 효력에는 영향이 없다고 할 것이다(郭潤直, 291).

94) 이 경우 사전의 구두청약·구두승낙은 실은 청약·승낙이 아니고, 다만 계약체결의 준비·교섭단계에 해당할 뿐이다.

95) 郭潤直, 59. 그러나 獨民 §154 Ⅱ은 증서작성의 약정이 있는 경우에 계약은 증서작성 시에 성립하는 것으로 추정한다.

(Dissens)이다.[96)]

(2) 意識的 不合意와 無意識的 不合意

不合意에는 의식적인 것과 무의식적인 것이 있다. 意識的 不合意는 당사자가 자각해서 의식적으로 불일치를 초래하는 경우에 인정되며, 청약에 대하여 조건을 붙이거나 또는 기타의 변경을 가하여 승낙을 하는 경우를 말한다. 나아가 당사자들 사이에 계약의 모든 항목에 관하여 합의를 하기로 되어 있음에도 불구하고 아직 합의가 이루어지지 않은 항목이 있는 경우에도 계약은 성립하지 않는다.[97)] 이 경우에 모든 항목에 관하여 합의가 이루어졌음을 주장하는 자가 입증책임을 부담하여야 한다.[98)]

한편 無意識的 不合意 또는 「숨은 不合意」(versteckter Dissens)는 당사자가 합의의 완성, 따라서 계약의 성립을 믿고 있음에도 불구하고, 실제로 어떤 점에서 불합의가 있는 경우에 인정되는 것이며, 그 불합의는 자각되지 않은 잠재적인 것이다. 이러한 불합의는 청약을 받은 자가 청약의 의미를 오해하여 그 청약과 일치하지 않는 승낙을 한 경우, 청약자가 상대방의 침묵을 승낙으로 오해하거나 내용변경 또는 조건부의 수락을 무조건 승낙으로 오해한 경우 또는 애매한 뜻을 가지는 점에 관하여 당사자가 그 뜻을 명백히 함이 없이 의사표시를 한 경우[99)]에 일어난다.[100)] 가령 포도주생산업자인 A와 B가 각각 1리터의 포도주 단가를 물어보고 가격에 대하여 합의를 하였으나, 각자가 상대

96) 金亨培, 117-18은 "두 개의 의사표시가 객관적으로 오해할 소지 없이 명백하게 합치된 때에는 불합의가 존재할 수 없다. 이 경우에 설령 당사자의 일방이 착오 있는 의사표시를 했다 하더라도 계약은 성립한다. 왜냐하면 의사표시의 의미는 그 수령자인 상대방의 지위(Empfängershorizont)에서 객관적으로 파악되는 것이기 때문이다"라고 한다. 그러나 청약과 승낙에 의한 합의에 있어서 상대방의 지평이 서로 상위할 수 있으며, 표시수령자가 표시에 덧붙였던 의미가 정당하지 않을 수 있기 때문에 그와 같이 일의적으로 논할 것은 아니라고 생각된다. 이에 관해서는 우선 池元林(註 72), 109면 참조.

97) E. Wolf, AT, S. 396; 金亨培, 116.

98) Hübner, AT, Rn. 547; 金亨培, 116. 그러나 일반적인 경우에는 아직 계약의 모든 항목에 관하여 합의가 이루어지지 않았음에도 불구하고 이미 구속적인 합의가 존재한다고 주장하는 자가 그에 관한 입증책임을 진다(Staudinger-Dilcher, §154 Rn. 10; Erman-W. Hefermehl, §154 Rn. 6).

99) 그러나 청약이나 승낙의 의사표시가 객관적으로 다의적이어서 모든 사정을 고려하더라도 그 의미가 명확해지지 않는 경우에 한정되고, 용어의 다의성에도 불구하고 당사자의 진의가 어느 한 의미로 일치한 경우에는 계약은 그 합치된 내용으로 성립한다. 同旨 李銀榮, 91-2.

100) 李銀榮, 92은 "승낙의 의사표시가 청약자에게 도달하지 않았음에도 승낙자는 그를 알지 못하고 계약이 성립했다고 믿는 경우에도 의식되지 않은 불합의가 존재"한다고 한다. 그러나 승낙의 의사표시는 기간 내에 청약자에게 "到達"하지 않으면 청약은 효력을 잃어 계약은 성립할 수 없으므로, 이 경우에는 도대체 불합의의 문제가 생기지 않는다고 할 것이다.

방이 매수할 의사를 가지고 있는 것으로 잘못 판단하고 있었을 경우에 매매계약은 무의식적 불합의로 인하여 성립하지 않는다.[101]

그런데 숨은 不合意가 있는 경우에 그럼에도 불구하고 청약자는 합의가 성립하였다고 믿고 계약의 이행준비를 하는 등 계약성립을 전제로 한 행위를 하게 된다. 그러므로 계약이 성립했다고 믿고 있었는데, 상대방의 과실로 숨은 불합의가 생겨 계약이 성립하지 못하고 그로 말미암아 손해를 입은 자는 그 배상을 청구할 수 있는가 하는 문제가 발생한다. 이에 관해서는 계약을 체결하려는 자는 의사표시가 모든 점에서 일치하지 않느냐를 주의하여야 하며, 계약의 성립을 오신함으로써 받은 손해는 스스로 부담하여야 하기 때문에, 상대방에게 詐欺와 같은 違法行爲가 없는 한, 損害賠償請求權은 성립하지 않는다고 하여야 한다는 견해[102]와 무의식적 불합의에 있어서 계약내용에 대한 오해가 가령 불명확한 표현을 사용한 당사자 일방의 과실에 의한 것인 때에는 이로 인하여 발생한 손해를 배상해야 할 것이고, 양 당사자에게 과실이 있는 때에는 過失相計에 관한 §396가 유추적용되며, 이 경우에 손해배상청구에 대해서는 §535의 규정을 유추적용할 수 있고, 따라서 배상범위는 信賴利益에 한정되는 것으로 해석하는 입장[103]이 대립한다. 不合意에 따른 당사자 사이의 이해조절이라는 관점에서 후자가 타당하다고 생각된다.

(3) 無意識的 不合意와 錯誤

無意識的 不合意는 대립하는 두 개의 의사표시 사이에 틈이 생겨 어긋나는 경우에 인정되는 것이므로, 하나의 의사표시의 성립과정에 있어서 의사와 표시 사이에 불일치가 있는 경우인 이른바 「錯誤」와는 다르며 개념상 구별된다(이설 없음). 즉 착오는 청약과 승낙의 의사표시가 일치하지만, 청약 또는 승낙의 어느 한 의사표시 내에서 표의자의 효과의사와 표시내용이 일치하지 않는 경우를 가리킨다. 반면 不合意는 일단 표시된 청약과 승낙의 두 의사표시가 서로 내용이 일치하지 않는 경우를 가리킨다. 그런데 착오가 있는 경우에는, 착오에 의한 의사표시도 일단 유효하므로 이 경우 청약과 승낙은 모두 유효하고 내용도 합치되므로 계약은 성립하지만, 표의자의 중대한 과실에 기하지 않고 法律行爲의 內容의 重要部分에 錯誤가 있었던 때에만 取消할 수 있으며(民 §109 I),

101) RGZ 104, 265ff.
102) 가령 郭潤直, 61; Flume, AT Ⅱ, §34, 5; MünchKomm/Kramer, §155 Rn. 13.
103) 金亨培, 117; Erman-W. Hefermehl, §155 Rn. 10; Hübner, AT, Rn. 549; Medicus, AT, Rn. 439.

청약 또는 승낙이 취소되면 계약은 소급적으로 무효가 된다(民 §141). 반면 무의식적 불합의가 있게 되면, 그것이 아무리 경미한 점에 관한 것이라고, 그 입증만 있으면 계약은 처음부터 성립하지 않았던 것이 된다.[104] 그러나 특히 의식되지 않은 불합의는 착오와 혼동되기 쉽다.[105]

Ⅳ. 契約의 競爭締結

1. 意 義

계약의 내용에 관하여 다수인으로 하여금 서로 경쟁하게 하여 그 중에서 가장 유리한 조건을 제시한 자를 골라, 이 자를 상대방으로 하는 계약을 체결하는 것이 이른바 契約의 競爭締結(Versteigerung)이다. 그리고 이 경쟁체결에는 두 가지의 모습이 있다. 하나는 각 경쟁자가 다른 경쟁자의 표시한 내용을 알 수 있는 경우이다. 이 경우에는 일단 일정한 내용을 표시한 자이더라도, 다른 경쟁자가 표시한 내용을 보고, 다시 그보다 더 유리한 내용(즉 경쟁체결에 붙인다고 표시한 자에게 유리한 내용)을 표시할 기회를 갖는다. 「競賣」가 이에 속한다. 다른 하나는 경쟁자가 서로 다른 경쟁자의 표시하는 내용을 알 수 없는 경우이며, 「入札」이라고 불리는 것이 이에 속한다.[106]

이 경쟁체결은 賣買·賃貸借·都給 등과 같은 보통의 계약을 맺음에 있어서, 반대급부의 액을 될 수 있는대로 크게 하거나 적게 하기 위하여 취하는 특수한 방법에 지나지 않으며, 그것은 결국 청약과 승낙에 의한 특수한 계약체결의 방법인 것이다. 여기서 문제되는 것은 경쟁체결에 붙인다는 표시(보통 광고에 의한다)

104) 郭潤直, 61. 同旨 金疇洙, 61; 李太載, 55; 金基善, 39; 金曾漢·安二濬, 57: "요컨대 청약과 승낙의 양 의사표시를 객관적으로 해석하여 그 내용에 相異가 있으면, 그것이 법률행위의 내용의 중요부분에 관한 것이 아니라도—당사자가 그 점을 확정적인 내용으로 한 것이 아니고, 단지 희망조건으로 한 경우는 별 문제이지만, 그렇지 않는 한—합의는 성립하지 않는다."

105) 金基善, 39; 李銀榮, 92 주 4): "실례로서 어느 가게에 '1kg에 1,000원'이라고 써붙인 귤을 갑이 1관에 1,000원인 것으로 오해하고 '1,000원어치만 달라'고 요구한 경우, 착오에 의한 합치가 있다고 볼 것인가, 의식되지 않은 불합의가 있다고 볼 것인가는 애매하다. 그러나 이 경우 갑이 표시한 부분에서는 불합의가 나타나지 않더라도 계약의 중요부분(가격)에 관한 진정한 합치가 없으므로 계약은 성립되지 않는다고 해석된다. 그러나 '1kg에 1,000원'이라는 뜻은 제대로 이해한 을이 1kg만 사려고 했는데 그만 '10kg 달라'고 잘못 이야기한 경우는 을의 승낙은 착오에 의한 의사표시가 된다."

106) 李銀榮, 85 주 1): "통상 경매는 특정시간·특정장소에서 거래를 원하는 다수당사자와 즉시에 거래조건을 흥정하여 체결하는 경우를 말하며, 입찰은 입찰공고를 한 후 다수인의 제안을 서면으로 받은(入札) 후에 낙찰인을 심사·결정하는 경우를 말한다."

가 이른바 請約이냐 아니면 請約의 誘引에 지나지 않느냐에 있다. 즉 경쟁체결의 방법을 취하는 때에는, 우선 이 방법으로 계약을 체결한다는 것을 일반 공중, 즉 불특정의 또는 한정된 다수인에게 표시하고, 이어서 이에 응하는 경쟁자 쪽의 표시가 있고, 끝으로 경락이 있게 된다. 그런데 이 방법에 의한 계약의 성립시기는, 경쟁자 쪽에서 표시를 한 때이인가 아니면 경락시인가가 문제된다. 그것은 경쟁체결에 붙인다는 표시를 청약으로 보느냐 청약의 유인으로 보느냐에 따라서 결론이 달라진다. 이에 관한 일반적 규준은 없으므로, 결국 개개의 경우에 구체적인 사정에 따라서 결정하는 수밖에 없다. 경우를 나누어서 보기로 한다.

2. 私競賣

일반적으로 競賣라고 하면 국가기관이 법률에 의하여 행하는 경매와 사인 사이에서 행하여지는 경매가 있다. 전자의 경매는 民事訴訟法에 의하여 규율된다(民訴 §§601 이하, 724 이하 참조). 여기서 문제삼는 것은 후자, 즉 사인 사이에서 행하여지는 경매이다. 그리고 이 사경매에는 값을 올려가는 경매와 값을 내려가는 경매가 있으며, 양자 사이에는 차이가 있다.

(1) 값을 올려가는 경매에는 다시 두 경우가 있다.

㈎ 하나는 경매에 붙이겠다고 나선 자(경매자)가 스스로 일정한 가격을 제시하지 않고, 경매에 응한 자들로부터의 고가의 매수표시(매매의 경우)를 기다리는 경우이다(가령 물건을 보이면서 "얼마에 사겠소?"라고 묻고, "백원에 산다"는 표시가 있더라도 "더 비싸게 살 사람은 없는가?"라고 권유한다). 이 경우에는 경매에 응한 자의 일정한 가격의 표시가 「請約」이고, 경매인의 경매에 붙인다는 표시는 이른바 「請約의 誘引」에 지나지 않는다. 따라서 경매자는 최고가격의 표시에 대하여서도 승낙하느냐 않느냐의 자유를 가진다.[107] 그리고 계약의 성립시기는 경매인 또는 입찰공고인이 경쟁자들에 의하여 제시된 조건 중에서 가장 유리한 것을 택하여 체결한다는 의사표시를 한 때가 된다.

㈏ 다른 하나는 경매자가 우선 최저가격을 표시하여 그보다 고가로 사겠다는 표시를 기다리는 경우이다. 이 경우에는 최저가격을 제시함으로써 그 가격 이상이면 판다는 확정적 의사를 표시하였다고 보아야 하므로, 경매에 붙인다는 표시가 「請約」이고, 최고가격의 제시가 「承諾」이 된다(즉 상대방의 가격제시는 그보다 고가로 사겠다는

107) 郭潤直, 76; 金曾漢, 46; 金疇洙, 76; 李銀榮, 85. 反對 註釋債各(Ⅰ), 126: "경매는 원매자 중에서 가장 높은 가격으로 매수하려는 자와 계약을 성립시키기로 하는 것이 일반적이다. 따라서 그런 경우에는 그 경매통고를 청약으로, 경락을 승낙으로 볼 것이다."

(표시가 없는 것을 조건으로 하여 승낙의 효력이 생긴다고 보아야 할 것이다).[108]

(2) 값을 내려가는 경매는 경매자가 스스로 일정한 가격을 제시하고(가령 물건을 보이면서 "천원에 안 사는가?"라고 말한다), 경매에 응한 자 가운데에 이를 수락하는 자가 없으면, 차차로 싼 가격을 제시하여("900원은 어떤가?" "800원에?" "700원은?" … 등의 식으로) 수락자를 구하는 것이다. 이 경우에는 경매자는 일정한 가격을 제시함으로써 그 가격이면 판다는 확정적인 의사를 표시하고 있으므로, 그것이 「請約」이고, 수락이 「承諾」이다(따라서 "너무 싸서 못판다"고 하지는 못한다).[109]

3. 入 札

(1) 입찰에 붙이는 자가 입찰을 붙인다는 표시(入札公告)를 하고 이 표시에 따라 경쟁자가 입찰을 한 후 입찰에 붙인 자가 개찰을 하여 낙찰을 결정하는 과정을 밟게 된다(그 밖에 계약서가 작성되는 경우가 많다). 입찰의 경우 개인의 조건내용을 알 수가 없으며, 조건의 제출은 문서로 하는 것이 보통이다. 이러한 입찰에 관해서는 입찰에 붙인다는 표시의 성질을 청약 또는 청약의 유인의 어느 쪽으로도 새길 수 있어서 문제이다. 어느 쪽으로 새기느냐에 따라서 생기는 중요한 차이는, 가장 좋은 조건으로 입찰한 자와 반드시 계약을 체결하여야 하는지 여부에 있다. 특히 그 자가 도저히 계약을 이행할 수 없는 자이거나 또는 상식을 벗어난 싼 대가로 입찰한 경우에, 그것을 배제할 수 있느냐의 점에서 차이가 생긴다. 청약설에 의하면 반드시 체결하여야 하고, 체결을 배제하지 못한다는 결과가 되어 문제이다.

입찰에 붙인다는 표시는 원칙적으로 請約의 誘引에 지나지 않는다. 따라서 경쟁자의 입찰이 청약이고 낙찰을 결정함으로써 승낙하는 것이 되고, 계약도 그 때에 성립한다.[110] 이 시점에서 계약은 성립하고, 계약서의 작성은 계약성립의 증거에 지나지 않는다. 그러므로 입찰에 붙인 자는 입찰자 가운데 가장 유리한 입찰(즉 최고가격 또는 최저가격)에 대해서도 諾否의 자유를 갖는다. 뿐만 아니라 입찰자의 자력·신용 등 여러 사정을 고려해서 누구에게 낙찰하느냐를 결정할 여지를 남기고, 반드시 가장 유리한 입찰에 대하여 승낙을 주어야 할 구속을

108) 郭潤直, 76. 同旨 金亨培, 139.

109) 郭潤直, 76. 同旨 金亨培, 139.

110) 郭潤直, 77. 同旨 金曾漢, 46; 權龍雨, 76; 金基善, 57. 大判 78. 4. 11, 78다317(要集民 I -2, 846): "원고에게 낙찰된 이 사건 炭灰처리공사에 있어서 피고의 입찰공고는 청약의 유인이며 원고의 입찰은 청약이고, 피고의 낙찰선고는 계약의 승낙에 해당하므로 원·피고 사이의 이 사건 탄회처리단가계약은 낙찰선고로 인하여 적법하게 성립된다."

받지 않는다. 물론 입찰에 붙인다는 표시의 내용을 어떻게 하느냐에 따라서는 위와 반대의 경우도 있을 수 있다. 특히 입찰에 붙인 자가 최고가격 또는 최저가격을 정하고 또한 기타의 계약조건을 구체적으로 표시하고 있는 때에는 입찰에 붙인다는 표시는 請約이 되는 경우도 있다. 이 때에는 입찰에 붙인 자가 개찰을 개시하는 때에 승낙의 효력이 생기며, 따라서 그 후의 입찰철회는 허용되지 않는다고 하여야 할 것이다.[111)]

(2) 국가가 국민과의 사이에서 매매·도급·임대차 등의 계약을 맺는 경우가 많으나, 이 때에는 원칙적으로 공고를 하여 경쟁에 붙여야 하고(豫算會計法 §76 참조), 그 경쟁방법은 특정의 경우를 제외하고는 입찰에 의하기로 되어 있다(同法 施行令 §79 참조). 이 경쟁입찰은 순수한 사법상의 계약체결방법이나, 기술한 일반입찰과는 상당히 다른 것이다. 즉 豫算會計法施行令에 의하면, 입찰공고에는 소정의 일정사항을 열거하여야 하고(同 §84), 입찰에 붙인 사항의 예정가격을 밀봉하여 미리 개찰장소에 두어야 한다(同 §76). 그리고 예정가격 이상의 최고입찰자(세입이 되는 경쟁입찰의 경우) 또는 예정가격의 100분의 85를 초과하는 최저입찰자(국고의 부담이 되는 경쟁입찰의 경우)가 있는 때에는 당연히 그 자가 낙찰자가 되어 계약은 성립한다(同 §§98, 99 참조). 따라서 이 경우에는 입찰공고가 청약이고 입찰은 승낙이라고 하여야 한다. 그러나 이 때에 성립하는 계약은, 낙찰자에게 본계약을 체결할 의무를 부담케 하는 예약의 성질을 갖는 것에 지나지 않는다. 왜냐하면 豫算會計法 §78에 의하면, 입찰의 경우에는 반드시 계약서를 작성하여야 하고, 계약서의 작성으로 계약이 확정된다고 규정하고 있기 때문이다.[112)]

---

111) 大判 77.2.22, 74다402(集 25-1, 85): "입찰공고안내에 '낙찰로부터 30일 이내에 계약을 체결한다'는 기재에 따라 낙찰 후에 계약을 체결한 것이라면 입찰계약은 입찰매매에 있어서의 일반의 경우처럼 입찰과 낙찰로서 계약이 성립하는 것이 아니고 입찰과 입찰과 낙찰행위가 있은 후에 더 나아가서 따로이 본계약을 체결한다는 취지로 인정될 수 있어 이 경우의 입찰과 낙찰은 계약의 예약이라고 아니 볼 수 없어서 공고내용은 청약이 아니라 청약의 유인에 지나지 않는다고 할 것이니 공고안내에 이 건 관광호텔을 취득함에는 등록세의 면책특권이 있다는 안내가 있더라도 본계약에서 문제가 되고 있지 않으면 그 사실이 계약의 내용을 이룬다고 할 수 없다."

112) 郭潤直, 78. 反對 金亨培, 141: "법령의 요건을 갖추어 낙찰자가 결정되고 청약과 승낙이 있음에도 불구하고 계약서가 작성되지 않았다는 이유로 예약만이 성립한다고 하는 견해는 법률행위의 실질에 부합하지 않는다. 다시 말하면 예약설은 너무 의제적이다. 따라서 입찰→낙찰→계약서 작성의 일련의 과정을 모두 성립요건으로 파악하는 것이 적절할 것이다."

C. 契約成立의 特殊形態

1. 意思實現에 의한 契約成立

제532조 注解 참조.

2. 交叉請約에 의한 契約成立

제533조 注解 참조.

3. 이른바 事實的 契約關係에 의한 契約成立에 관하여

특히 집단적 거래관계에 있어서 이른바 社會定型的 行爲(sozialtypisches Verhalten)로서의 일정한 행위가 있는 경우에 당사자들 사이의 의사표시에 관계 없이 계약의 성립은 인정하자는 것이 事實的 契約關係論(die Lehre von faktischen Vertragsverhältnissen)의 주장이다. 가령 일반시민에게 개방된 유료주차장을 점유하여 사용하는 행위 자체만으로——승낙의 의사표시 내지 효과의사의 유무에 관계 없이——계약이 성립한다는 것이 사실적 계약관계론의 내용이다.[113] 이러한 이론의 도입에 관해서 이를 이용하여 契約의 成立을 설명하는 것이 간명할 수 있으므로 이를 도입하자는 주장[114]과 도입 필요성에 관하여 신중히 검토해야 한다는 견해[115] 및 이를 도입할 필요성도 실익도 없으므로 배척하여야 한다는 견해[116]가 대립한다. 그러나 이른바 사회정형적 행위에 의한 계약성립의 문제는 묵시적 의사표시에 의해서도 훌륭히 해결될 수 있고, 따라서 사실적 계약관계가 인정되어서는 안 된다는 것이 이 이론의 발상지인 독일에서의 현재상황이다. 따라서 우리 나라에서도 이 이론은 포기되어야 한다.[117] 이 경우 종래 사실적 계약관계의 범례로 인정되던 교통기관의 이용행위, 수도·전기·가스의 사용행위, 사전의 계약체결 없는 사실적 취업의 묵인행

113) BGHZ 21, 319 참조.

114) 가령 崔鍾吉, "事實的 契約關係에 관한 약간의 考察"(서울대 法學 5-1·2), 40 이하; 權五乘, 民法의 爭點, 335 등.

115) 가령 郭潤直, 88.

116) 李好珽, 獨逸의 社會定型的 行爲論의 硏究(서울대 經濟論集 13-1·2; 별쇄본), 112 이하; 李英俊, 總則, 136; 李銀榮, 105.

117) 이에 관해서 자세한 것은 우선 池元林(註 72), 175-6 참조. 특히 사회정형적 행위론을 가장 정치하게 이론구성하였던 Larenz도 이 견해를 포기였다(Larenz, AT, S.v).

위 등은 묵시적 의사표시 내지 거래관행에 의하여 승낙의 통지를 필요로 하지 않는 의사실현행위로 새기면 충분할 것이다.[118] 따라서 반대급부(가령 주차료·승차료 등)를 지급해야 하는 행위(가령 주차행위·승차행위)를 하면 당사자 사이에 계약상의 권리·의무가 발생한다. 이 경우에 실현행위를 하는 자가 반대급부의 지급을 거부하겠다는 의사표시를 하였다면(가령 주차료를 내지 않겠다고 하면서 주차한 경우), 이는 자기의 행위(즉 급부이용행위)와 모순되는 異議(protestatio facto contraria)로 되며, 이 의사보다 우선하는 자기의 행위에 의하여 표시된 의사에 의하여 계약 자체가 성립한다고 할 것이다.[119]

[池 元 林]

第 527 條(契約의 請約의 拘束力)

契約의 請約은 이를 撤回하지 못한다.

1. 意 義

請約이 효력을 발생한 때(즉 상대방이 특정인인 때에는 도달한 때, 그리고 상대방이 불특정인인 때에는 이를 요지할 수 있는 상태가 된 때)에는,[1] 청약자가 이를 마음대로 철회하지 못한다. 이를 「請約의 拘束力」(bindende Kraft; Verbindlichkeit; Bindungswirkung)이라고 한다. 그런데 청약이 효력을 잃으면 이제는 그 철회의 문제는 일어날 여지가 없으므로, 본조의 의미는 청약이 아직 효력을 가지고 있는 동안은 철회하지 못한다는 것이다.[2]

입법례로는 獨民 §145와 瑞債 §3가 청약의 구속력을 인정한다.[3]

2. 認定根據

본래 請約은 法律行爲가 아니므로, 그 자체만으로는 아무런 효력이 없는 것이며, 따라서 자유로이 철회할 수 있는 것이라고 할 수 있다. 그러나 청약을

118) 同旨 金亨培, 137; 李銀榮, 104.
119) 李好珽(註 116), 83 이하 참조.
1) 청약이 상대방에게 도달하기 전 또는 불특정인에게 알려진 상태가 되기 전에는 아무런 효력이 없으므로 청약자는 언제든지 철회할 수 있다(金亨培, 121; 金曾漢, 40; 金疇洙, 68). 그러나 이 경우에는 철회의 의사표시는 청약의 의사표시의 도달 전에 또는 늦어도 그와 동시에 도달하여야 한다.
2) 金曾漢·安二濬, 61.
3) 金亨培, 121 주 3): "불란서민법(동 제174조)과 영미법에 있어서는 계약이 성립하기 전까지는 청약철회의 자유가 인정되고 있다. 청약철회의 자유는 계약자유의 원칙에 철저를 기한 것으로 설명되고 있다."

할 때에 청약자에게는 계약을 성립시키기 위하여 일정한 기간 그 청약을 계속시키겠다는 의사가 있는 것으로 추측할 수 있는 한편,[4] 청약을 수령한 상대방은 승낙함으로써 계약을 체결할 수 있는 기회를 가지게 되며, 청약을 믿고 그에 대한 승낙을 할 것인가를 고려하는 등 계약체결을 위한 준비를 하게 된다. 그런데 청약자가 청약을 마음대로 철회할 수 있다면, 신의를 바탕으로 하는 去來의 安全이나 契約制度의 社會的 信賴를 유지할 수 없고, 상대방에게 부당한 손해를 줄 염려가 있다. 즉 請約의 撤回는 청약수령자의 지위를 불안하게 함으로써 신뢰에 기초한 거래풍토를 위협하게 된다.[5] 민법이 청약에 구속력을 주는 것은 이 때문이다. 따라서 청약의 구속력은 청약자의 의사표시에 기인하여 당연히 생기는 효과가 아니고 법률이 특히 인정한 법정효과이다.[6] 다만 懸賞廣告에 관해서는 民 §679의 특칙이 있다.

3. 拘束力의 存續期間

제528조, 제529조 注解 참조.

4. 拘束力의 排除

請約의 撤回가 부당한 결과를 초래할 염려가 없는 경우에는 請約의 拘束力이 배제될 수 있다.[7] 이하에서 이를 살펴보기로 하자.

(1) 撤回의 自由를 留保한 때[8]

청약자가 언제 철회할는지도 모른다는 뜻을 미리 청약에 덧붙여서 표시해

4) 金疇洙, 68.
5) 李銀榮, 86; 林正平, 80. 同旨 金疇洙, 68.
6) 金疇洙, 68.
7) 大判 92.4.10, 91다43138(公 921, 1539): "근로자가 일방적으로 근로계약관계를 종료시키는 해약의 고지방법에 의하여 임의사직하는 경우가 아니라, 근로자가 사직원의 제출방법에 의하여 근로계약관계의 합의해지를 청약하고 이에 대하여 사용자가 승낙함으로써 당해 근로관계를 종료시키게 되는 경우에 있어서는, 근로자는 위 사직원의 제출에 따른 사용자의 승낙의사가 형성되어 확정적으로 근로계약 종료의 효과가 발생하기 전에는 그 사직의 의사표시를 자유로이 철회할 수 있다고 보아야 할 것이며, 다만 근로계약 종료의 효과발생 전이라고 하더라도 근로자의 사직의 의사표시는 철회하는 것이 사용자에게 불측의 손해를 주는 등 신의칙에 반한다고 인정되는 특별한 사정이 있는 경우에 한하여 그 철회가 허용되지 않는다고 해석함이 상당하다."
8) 법이 예외적으로 撤回를 인정하는 경우도 있다. 즉 무능력자에 대한 선의의 청약은 추인이 있기까지 이를 철회할 수 있고(§16), 제3자와 채무자간의 계약에 의한 債務引受에 있어서 채무자의 승낙이 있기까지는 그 청약을 변경하거나 철회할 수 있다(§456). 또 懸賞廣告의 방법에 의한 청약에 있어서는 그 지정행위의 완료기간이 정해져 있지 않은 경우에 아직 행위완료자가 있기 전이면 그 청약광고와 동일한 방법 등에 의하여 그 청약을 철회할 수 있다(§679).

둔 경우에는, 청약은 처음부터 拘束力이 없다.[9] 그 경우에 청약은 처음부터 구속력이 없다. 나아가 늦어도 청약 그 자체와 동시에 상대방에게 도달하는 한, 撤回權의 留保가 청약표시가 행하여진 후에라도 마찬가지이다.[10] 그리고 이러한 철회권의 유보는 私的 自治의 原則에 반하지 않는다.[11] 그러나 철회권의 유보를 통하여 청약자가 청약의 구속성을 전적으로(schlechthin) 배제하려고 한다면, 즉 모든 경우에 자기의 종국적인 결정을 여전히 유보한다면, 실제로 請約의 誘引만이 존재하게 된다는 점에 주의하여야 한다. 철회권유보라는 의미에서의 구속력의 배제를 입증하는 것은 예외를 원용하는 자의 몫이다. 그렇지만 청약의 유인만이 존재한다는 점이 주장된다면, 입증책임은 승낙능력있는 청약이 있었음을 주장하는 자에게 돌아간다.[12]

(2) 不特定人에 대한 請約

불특정인에 대한 청약에 대해서는 일반적으로 구속력이 없다고 보아야 한다는 입장[13]과, "청약의 구속력제도의 취지에 비추어 볼 때 신뢰에 기초한 거래풍토의 보호를 위해서 반드시 인정되어야 한다"는 견해[14]가 대립한다. 그러나 가령 대개의 신문 등에서의 일반적인 청약 등과 마찬가지로, 불특정다수인에 대한 청약은 契約的인 拘束意思(Wille zu vertraglicher Bindung)가 흠결되었기 때문에 단지 청약의 유인에 지나지 않는 경우가 많지만, 상황에 따라서는 진정한 청약으로 될 수도 있다.[15] 개별사례에서 표시상대방의 동의에 의하여 "請約者"를 즉시 의무지우는 것이 표시의 의미인가 하는 것이 중요하다. 상인에 의한 상품 및 급부의 청약에 있어서는 이미 제한된 급부가능성을 고려하여 이 점이 원칙적으로 부인되어야 할 것이다.[16] 가령 고용계약에 있어서 통상적인 것처럼 만일 잠재적인 계약상대방의 개별적 인격(individuelle Persönlichkeit)이 청약자에 대하여 유의미하다면, 통상 청약의 유인만이 존재한다.[17]

---

9) 郭潤直, 66; 金曾漢, 40; 李銀榮, 86; 金疇洙, 68; 金亨培, 122; 註釋債各(Ⅰ), 130. 獨民 §145 단서는 청약자가 구속력을 배제할 수 있다고 규정한다. 영국법에서는 청약에 구속력을 인정하지 않고 상대방의 승낙 전에는 언제든지 철회할 수 있다. Cheshire-Fifoot, Law of Contract, 10. ed., p. 26.

10) RG JW 11, 643.

11) Hübner, AT, Rn. 539; Medicus, AT, Rn. 366.

12) Staudinger-Dilcher, §145 Rn. 23; Palandt-Heinrichs, §145 Anm. 2b; Erman-W. Hefermehl, §145 Rn. 17.

13) 郭潤直, 66; 金疇洙, 68.

14) 李銀榮, 87 주 1). 同旨 黃迪仁, 64; 林正平, 80.

15) RGRK-Krüger-Nieland, §145 Anm. 2.

16) Flume, AT Ⅱ, §35 Ⅰ 1; Medicus, AT, Rn. 359.

17) Erman-W. Hefermehl, §145 Rn. 4.

(3) 承諾期間을 정하지 않은 對話者間의 請約

民 §529는 격지자와 대화자[18]를 구별하지 않는다.[19] 따라서 동조는 양자에 모두 적용이 있다고 보아야 하겠으나, 대화자 사이에서의 청약에 관하여는, 특별한 사정이 없는 한, 특히 구속력을 인정할 필요가 없으므로, 동조는 격지자에 대한 청약의 구속력에 관한 것으로 보아야 한다. 왜냐하면 대화자 사이에서는 승낙은 청약에 응하여 그 자리에서 행하여져야 하는 상황이 있게 되는 것이 보통이고, 따라서 청약의 효력은 대화가 계속되는 동안만 존재한다고 보아도 무방하기 때문이다. 대화자 사이의 청약에 구속력을 인정할 실제상의 필요가 없다는 것도 이 때문이다. 그러나 청약자가 낙부의 대답은 후일에 하여도 좋다고 한 경우에는, 그 표시에 기하여「相當한 期間」동안은 철회하지 못한다고 보아야 한다. 즉 이 때에는 §529의 적용이 있게 된다.[20] 그러나 使者를 통해서 전한 경우에는, 그 사자가 상대방의 승낙의 의사표시를 수령할 권한이 부여되어 있지 않는 한, 청약자는 상당한 기간 동안 청약을 철회하지 못한다고 해석하여야 한다.[21]

(4) Cooling-off Period制度

㈎ 최근의 계약이론은 소비자가 상인의 적극적인 권유에 의하여 또는 외상이라는 유혹에 의하여 충동적으로 계약을 체결한 경우에는 소비자는 자신의 체약의사(청약이나 승낙)를 일정기간 내에 철회할 수 있다고 한다.[22] 소비자가 냉각기를 갖고 그러한 거래가 꼭 필요한가, 자신의 형편에 맞는가, 거래조건이 적정한가 등을 숙고해 본 후 자신에게 아무런 불이익 없이 계약을 처음부터 없었던 것으로 하는 것이 각국에서 입법을 통하여 제도화되었다(Cooling-off제

18) 의사표시가 즉시 상대방에게 도달할 수 있는 경우에 그 의사표시는 대화자 사이에서 이루어진 것이 되며, 그렇지 않은 경우가 격지자 사이에서 이루어진 것이 된다. 따라서 거리상으로 떨어져 있더라도 전화, 컴퓨터통신 또는 이와 유사한 교신방법으로 대화를 할 수 있는 경우이면 대화자 사이라고 해석된다(金亨培, 118).

19) 舊民 §524 참조. 특히 獨民 §147 I, 瑞債 §4 I 및 EAG §8 2문은 대화자간의 청약의 구속력을 부인한다. 또한 상행위에 있어서는 대화자 사이의 계약의 청약은 상대방이 즉시 승낙하지 않으면 승낙적격을 잃는다(商 §51).

20) 郭潤直, 67; 金疇洙, 69; 金曾漢, 40. 同旨 註釋債各(Ⅰ), 133. 反對 李銀榮, 86-7: "대화자 사이의 계약체결에서는 일방당사자의 청약에 대하여 상대방이 곧 승낙·거절·유예기간요청 등의 의사를 표시(명시 또는 묵시로)하였다고 보아야 한다. 유예기간요청의 경우에는 청약자의 반대의 의사표시가 없는 한 청약은 계속 구속력을 갖는다고 새기는 것이 타당하다. 그러므로 대화자 사이의 청약에 민법 제527조의 예외를 인정할 필요는 없으며, 당사자의 의사표시의 해석에 의해서 타당한 결과를 유도할 수 있다고 생각한다."; 金亨培, 124.

21) 郭潤直, 67; 林正平, 82.

22) Atiyah, The Rise and Fall of Freedom of Contract, 1979, p. 754.

도). 우리 나라에서도 소비자보호를 위하여 割賦去來法 §5 및 訪問販賣法 §7 에서 일정한 요건하에 매수인 또는 구매자가 청약의 구속력에 대하여 예외를 인정하여 정당한 이유가 없더라도 청약을 철회할 수 있도록 하고 있다. Cooling-off 제도에 의한 청약의 철회는 계약이 성립한 후에도 인정될 수 있다.[23] 이 제도는 경솔하게 매수 또는 구매를 결정한 소비자로 하여금 신중을 기할 수 있는 再考의 기간을 부여하기 위한 것이다. 이와 같이 청약을 철회하거나 계약을 소멸시킬 수 있는 소비자의 권리를 cooling-off權이라고 한다.

(나) 法的 性質　　cooling-off權은 계약이 성립하기 전에 청약을 철회할 수 있는 권리일 뿐만 아니라, 이미 성립한 계약을 해소시키는 권리이기 때문에 그 법적 성질을 일원적으로 설명하기는 어렵다. 다만 이 권리는 소비자보호라는 관점에서 契約自由 내지 私的自治에 개입하는 성질을 가진 것임에 틀림없다.[24] cooling-off權은 법률의 규정 이외에도 약관에 정해져 있는 경우도 있다.

(다) 行　使　　소비자(매수인 또는 구매자)는 계약서를 교부받은 날 또는 계약서를 교부받지 않은 경우에는 목적물을 인도받거나 용역을 제공받은 날로부터 7일 이내에 서면에 의하여 계약에 관한 청약을 철회할 수 있다(割賦去來法 §5 I 本文; 訪問販賣法 §7 I). 청약의 철회는 서면을 발송한 날에 그 효력을 발생하는 것으로 보며(割賦去來法 §5 Ⅲ; 訪問販賣法 §7 Ⅲ), 계약서의 교부 및 시기, 목적물의 인도 및 시기, 용역의 제공사실 및 시기에 관해서는 매도인 또는 판매자가 이를 입증하여야 한다(割賦去來法 §5 Ⅳ; 訪問販賣法 §7 Ⅱ).

그러나 소비자에게 책임 있는 사유로 목적물이 멸실 또는 훼손된 경우라든가 사용 또는 일부소비에 의하여 그 가치가 현저히 감소될 우려가 있는 등의 경우에 대해서는 소비자는 청약을 철회할 수 없다(割賦去來法 §5 Ⅳ; 訪問販賣法 §7 Ⅱ).

(라) 效　果　　소비자가 청약을 철회한 경우에는 인도받은 목적물과 용역을 반환해야 하고, 매도인 또는 방문판매자는 그 대금 또는 대가를 반환하여야 한다. 반환으로 인한 비용은 매도인 또는 방문판매자가 부담하고, 매도인은 위약금 또는 손해배상을 청구할 수 있다(割賦去來法 §6 I·Ⅱ; 訪問販賣法 §8 I·Ⅲ). 기타 매도인 또는 방문판매자의 손해배상청구와 관련해서 청구금액의 제한에 관해서는 법률의 규정이 있다(割賦去來法 §9; 訪問販賣法 §9 참조).

(5) 事情變更

청약 후에 청약의 기초가 된 사정이 현저히 달라진 경우에는 事情變更의

23) 엄밀한 의미에서 계약이 성립한 후에는 請約의 撤回라는 용어는 사용될 수 없으며, 계약이 解消라는 말을 쓰는 것이 더 정확할 것이다(金亨培, 122.).

24) 金亨培, 123.

原則에 따라 撤回를 허용해야 한다. 즉 청약내용과 관련된 사정이 예기치 못하게, 상대방의 이익을 고려하더라도 더 이상 청약자에게 구속을 기대할 수 없을 정도로 본질적으로 변경되었다면, 지체없이 행사되어야 하는 철회권이 허용되어야 한다.[25] 그 요건으로는 기초사정의 현저한 변화, 청약자의 예견불가능, 구속력 존속의 객관적 부당성이 요구된다. 그러나 청약자가 사정변경 후 지체없이 청약을 철회하지 않은 경우나 청약자가 사정변경의 위험을 스스로 인수한 경우에는 철회할 수 없다.[26]

(6) 書面에 의하지 아니한 贈與의 경우에도 각 당사자가 이를 해제할 수 있다(民 §555). 그런데 이 해제는 이미 이행한 부분에 대하여는 영향을 미치지 아니하기 때문에(民 §558), 그 법적 성질은 청약의 구속력의 배제와 유사하다.

[池 元 林]

第528條(承諾期間을 定한 契約의 請約)

① 承諾의 期間을 定한 契約의 請約은 請約者가 그 期間內에 承諾의 通知를 받지 못한 때에는 그 效力을 잃는다.

② 承諾의 通知가 前項의 期間後에 到達한 境遇에 普通 그 期間內에 到達할 수 있는 發送인 때에는 請約者는 遲滯없이 相對方에게 그 延着의 通知를 하여야 한다. 그러나 그 到達前에 遲延의 通知를 發送한 때에는 그러하지 아니하다.

③ 請約者가 前項의 通知를 하지 아니한 때에는 承諾의 通知는 延着되지 아니한 것으로 본다.

Ⅰ. 承諾期間의 設定

承諾期間(Frist für Annahme)은 청약자가 자유로이 정할 수 있으며, 請約과 동시에 정할 수도 있지만 기간을 정하지 않은 청약을 하고 후에 기간을 정

25) Flume, AT Ⅱ, §35 Ⅰ, 3 d; Larenz, AT, §27 Ⅰ c; Erman-W. Hefermehl, §145 Rn.15.
26) 李銀榮, 87; 黃迪仁, 67; 林正平, 81.

하여도 좋다.[1] 그런데 임의의 승낙기간이 법정기간(民 §529 참조)보다 짧다면, 기간설정은 늦어도 請約과 동시에 청약상대방에게 도달하여야 하고, 만일 그렇지 않다면 그 효력이 없다. 반면 임의의 승낙기간이 법정기간보다 길다면, 청약의 도달 후에라도 여전히, 보다 정확하게는 법정기간이 경과할 때까지 청약상대방에게 표시될 수 있다. 기간연장이 법정의 기간이 경과한 후에 비로소 도달하였다면, 임의의 승낙기간을 가지는 새로운 청약이 존재한다고 할 것이다.[2] 나아가 청약자가 승낙기간을 자유로이 정할 수 있는 이상, 일단 승낙기간을 정하여 청약한 후에도 그 기간 내에 다시 期間延長의 通知를 하는 것은 무방하다고 할 것이다. 그러나 優秀懸賞廣告의 경우에 일정기간 내에 응모한 작품 중에서 최우수작품에 대하여 일정한 보수를 지급키로 청약한 경우에는 이미 상당수의 응모작품이 도달하여 있는 때에 관하여 의문점이 생기나 이에 관한 관례를 참작하여 판단하여야 할 것이고(§678 Ⅰ·Ⅲ 참조), 계약의 경쟁체결에 있어서도 마찬가지이다.[3]

承諾期間을 얼마로 정하느냐는 청약자의 자유이지만, 거래의 모든 사정을 고려할 때 청약수령자가 도저히 승낙의 통지를 기한 안에 도달시킬 수 없을 정도로 짧은 기간을 정한 때에는 문제가 있다. 승낙의 기간을 정하지 아니한 청약을 하면, 상당한 기간 내에는 철회할 수 없다는 拘束力이 생기므로(民 §529 참조), 그 이전에 승낙의 기간이 만료하게 될 만큼 짧은 기간을 정하여서는 안 된다.[4] 청약자는 언제든지 승낙기간을 연장할 수 있으며, 이것이 추단적으로 행하여질 수 있다.[5] 특히 약관에 의하여 상당하지 않게 짧은 승낙기간을 정하는 경우에는 그것이 신의칙에 어긋나지 않는가 심사되어야 한다.[6]

Ⅱ. 承諾期間을 정한 請約의 效力

1. 請約의 拘束力

승낙기간을 정하여 청약을 한 경우에 청약자는, 격지자에 대한 것이든 대

1) 金曾漢, 41; 金疇洙, 68.
2) Erman-W. Hefermehl, §148 Rn. 5.
3) 註釋債各(Ⅰ), 131.
4) 金曾漢·安二濬, 62; 註釋債各(Ⅰ), 131.
5) Erman-W. Hefermehl, §148 Rn. 1.
6) 李銀榮, 89 주 1); MünchKomm/Kramer, §148 Rn. 3.

화자에 대한 것이든지를 막론하고,[7] 그 기간 내에는 철회하지 못한다. 승낙기간이 지나가면 청약은 그 효력(承諾適格)을 잃게 되므로, 철회의 문제도 생기지 않는다(本條 I).

2. 承諾適格

승낙기간이 정하여져 있는 청약에 대하여는, 그 기간 내에 한하여 승낙할 수 있다. 승낙기간이 지나가면 承諾適格을 잃게 된다. 그리고 승낙은 승낙기간 내에 도달하여야 한다(本條 I). 따라서 보통의 경우에는 승낙의 통지가 기간 내에 도달할 수 있도록 발송된 것이었더라도 특별한 사정 때문에 사실상 기간이 지나간 후에 청약자에게 도달하였다면, 계약은 성립하지 못한다.[8]

Ⅲ. 承諾期間을 정한 경우의 延着承諾

1. 승낙기간이 경과한 후에 승낙의 의사표시가 도달하더라도 계약은 성립하지 않는다. 그러나 承諾의 延着이 非通常的인 傳達(unregelmäßige Beförderung)에 기인하는 때, 본조 Ⅱ·Ⅲ은 이 원칙에 대한 예외를 규정하고 있다. 즉 이러한 경우에 승낙의 통지를 발송한 자는 그 통지가 승낙기간 내에 청약자에게 도달하여 계약이 성립하였다고 믿고, 계약상의 채무의 이행을 준비하거나(물건의 인도준비 또는 대금지급준비, 일의 착수준비 등) 또는 다른 계약체결을 단념하는 등 채권자로서의 기대를 가지고 행동하는 것이 보통이므로, 계약이 불성립으로 끝났기 때문에 예측할 수 없는 손해를 입을 염려가 있게 된다. 여기서 민법은, 보통의 경우라면 승낙기간 내에 청약자에게 도달할 수 있도록 발송된 승낙통지가 도중에 어떤 사고로 인하여 실제로는 승낙기간이 지난 후에 도달한 때에는(가령 우체국에서 편지에 찍은 소인 등으로 이와 같은 사정을 알 수 있는) 청약자는 지체없이 상대방에 대하여 延着의 通知(anzeigen)를 하여야 한다고 규정함으로써, 승낙의 통지를 발송한 자를 보호하고 있다(본조 Ⅱ 본문).[9] 만일 청약자가 이 承諾延着의 通知를 하지 않은 때에는, 승낙의 통지가 연착

7) 金基善, 47.

8) 따라서 승낙의 통지가 승낙기간 후에 도달한 때에는 계약은 성립하지 않는다. 大判 94. 8. 12, 92다23537(公 976, 2278) 참조.

9) 그러나 본조 Ⅱ 본문은 연착을 알지 못한 승낙자를 보호하는 규정이므로(金基善, 46), 승낙기간 내에 승낙의 통지가 없었다는 뜻을 승낙의 통지가 도달하기 전에 이미 발송하고 있으면 또다시 연착통지를 할 필요가 없다(同 단서).

하지 않은 것으로 보게 되므로(본조 Ⅲ),[10] 계약은 법률상 유효하게 성립한 것이 된다. 이는 결국 청약자에게 信義則에 기초하여 延着通知義務(Anzeigeobliegenheit)[11]를 부과하는 것이다.[12]

2. 청약자는 다음의 요건하에 延着通知責務를 부담한다.

(1) 延着된 承諾表示가 適時에 송부된 것이어야 한다. 그 표시가 거래에 있어서 통상적인 전달수단에 맡겨지고, 그 결과 통상 승낙의 적시의 도달이 기대될 수 있었다는 것이 이에 속한다. 반면 가령 승낙자가 승낙서를 아는 사람에게 주었는데, 그가 수일이 지난 후에야 비로소 편지를 보냈다면, 본조 Ⅱ·Ⅲ은 적용될 수 없다.[13] 이 경우에는 거래에 있어서 통상적인 송부가 없다. 그리고 이미 승낙의 송부가 지체되었다면, 본조가 적용 내지 유추적용되지 않는다.[14]

(2) 청약자는 가령 우편소인이나 전보의 발신일로부터 연착이 오로지 비통상적인 전달 탓이라는 점을 인식하였어야 한다.

3. 인식가능하게 適時에 送付된 承諾表示의 遲滯된 到達은 다음의 2가지 방향으로 풀릴 수 있는 유동적인 상태(Schwebezustand)를 발생시킨다.

(1) 청약자가 승낙자에게 유책적으로 지체함이 없이 연착을 통지하였다면, 청약은 소멸하고, 연착된 승낙은 새로운 청약(neuer Antrag)으로 간주된다(民 §530). 이 때 연착통지를 지체없이 송부(Absendung)하는 것으로 족하며, 그 不到達은 상관없다. 연착통지는 일방적인, 그러나 수령을 요하지 않는 의사의 통지이다. 청약자는 법적 의미에서 통지할 의무를 지지 않는다. 단지 법적 불이익을 피하기 위해서 행하여야 하는 자신의 이익의 요청이 문제될 뿐이다.[15]

(2) 청약자가 연착통지의 송부를 하지 않거나(unterläßt) 이를 지체한다면(verzögert), 본조 Ⅲ에 따라 승낙은 지체되지 않은 것으로 간주된다. 이 경

10) 金亨培, 127: "민법은 청약자가 연착의 통지를 하지 않은 때에는 승낙의 통지가 연착되지 않은 것으로 '본다'고 규정함으로써 승낙자의 기대와 이익을 보호하고 있다."

11) 그러나 통지 자체를 강제하거나 손해배상을 청구할 수 없으므로 채무가 되지 못하고, 그 의무를 해태하면 불이익을 받는 데 불과하므로 본래의 의미의 의무는 아니고, 승낙자가 입게 될 손해를 방지해 줄 책무에 불과하다. Hübner, AT, Rn. 543; MünchKomm/Kramer, § 149 Rn. 3; Fried, Contract as Promise(1990), p. 51 참조.

12) 李銀榮, 89; Erman-W. Hefermehl, § 149 Rn. 1.

13) Staudinger-Dilcher, § 149 Rn. 4; Erman-W. Hefermehl, § 149 Rn. 2.

14) Soergel-Wolf, § 149 Rn. 1; Erman-W. Hefermehl, § 149 Rn. 2.

15) Staudinger-Dilcher, § 149 Rn. 11; Erman-W. Hefermehl, § 149 Rn. 3.

우에 계약은 승낙이 청약자에게 도달한 때에 성립한 것으로서 효력을 가지며,[16] 승낙표시가 정상적으로 전달되었더라면 도달하였을 시점으로 소급되지는 않는다.

4. 다툼이 있는 경우에는 계약으로부터 권리를 도출하려는 승낙자가, 자기는 승낙표시를 적시에 발하였으며 청약자가 이를 알았어야 한다는 점을 입증하여야 하고, 이에 대하여 청약자는 자기가 연착통지를 적시에 발하였음을 입증하여야 한다.[17]

5. 承諾期間을 정하지 아니한 請約에 대해서도 본조 Ⅱ·Ⅲ을 準用할 것인지?

승낙기간을 정하지 아니한 경우에는 본조 Ⅱ·Ⅲ에 해당하는 규정이 없다. 즉 청약자가 지체없이 연착의 통지를 하지 아니하면 연착되지 아니한 것으로 본다는 명문규정이 없다. 그러나 그와 같은 경우에도 특히 승낙기간을 정한 경우와 정하지 아니한 경우를 구별하여야 할 이유가 없으므로 상당기간이 경과한 후에 우연히 연착한 경우에 있어서는 본조 Ⅱ·Ⅲ이 유추적용되어야 한다고 본다. 따라서 그 경우에도 청약자가 지체없이 상대방에게 연착의 통지를 하지 아니하면 연착되지 아니한 것으로 보게 된다. 다만 그 도달 전에 이미 연착의 통지를 발송한 때에는 그러하지 아니하다.[18]

[池 元 林]

16) RGZ 105, 255; Soergel-Wolf, §149 Rn. 12; Erman-W. Hefermehl, §149 Rn. 4.
17) RGZ 53, 62; RGRK-Krüger-Nieland, §149 Rn. 4; Staudinger-Dilcher, §149 Rn. 13. 反對 Staudinger-Coing, §149 Rn. 6: 그에 의하면 통지가 적시에 발송되지 않았음을 승낙자가 입증하여야 한다고 한다.
18) 同旨 註釋債各(Ⅰ), 134.

第 529 條(承諾期間을 定하지 아니한 契約의 請約)

承諾의 期間을 定하지 아니한 契約의 請約은 請約者가 相當한 期間內에 承諾의 通知를 받지 못한 때에는 그 效力을 잃는다.

Ⅰ. 承諾期間을 정하지 아니한 請約의 效力

1. 請約의 拘束力

승낙기간을 정하지 않고서 행한 청약은, 청약자가 상당한 기간 내에 승낙의 통지를 받지 못한 경우에, 그 효력을 잃는다. 따라서「相當한 期間」동안은 철회하지 못하며, 상당한 기간이 지나가면 그 청약은 효력을 잃으므로 새삼스럽게 청약의 철회를 하지 않더라도 이미 청약이 철회된 것과 다름없게 된다.[1)]

2. 承諾適格

승낙기간을 정하지 않은 청약은, 청약자가 승낙의 통지를 받는 데 상당한 기간이 지난 때에는 그 承諾適格을 상실한다.[2)] 그러나 대화자 사이에서 승낙기간을 정함이 없이 청약이 행하여지는 경우에는, 특별한 사정이 없는 한, 대화관계의 종료로 청약은 승낙적격을 잃게 된다. 한편 상당기간 경과 후에 도달한 승낙은 계약을 성립시키는 효력이 없으나 청약자가 이를 새 청약으로 보아 승낙을 하면 계약이 성립된다(民 §530).

Ⅱ.「相當한 期間」

본조에서「相當한 期間」이라 함은 피청약자의 고려와 통신에 요하는 기

1) 상당한 기간이 경과한 후에 상대방이 승낙한 경우에 청약자가 원하면 이것을 새로운 청약으로 볼 수 있을 뿐이다(§530).

2) 郭潤直, 69. 同旨 金亨培, 127. 그런데 註釋債各(Ⅰ), 132은 본조를 청약의 구속력의 문제로 파악한다. 그러나 "구민법 제524조는 '승낙의 기간을 정하지 아니하고 격지자에게 한 청약은 청약자가 승낙의 통지를 받음에 상당한 기간 이를 취소할 수 없다'고 규정하고 있었다. 따라서 이 규정은 상당한 기간이 지난 후에도 청약자가 승낙의 통지를 받지 못하면 청약은 구속력만을 상실한다는 것을 명문화하고 있다. 그러나 현행 규정은 '청약은 그 효력을 잃는다'고 정하고 있으므로 승낙적격을 상실하는 것이라고 해석하는 것이 옳다"(金亨培, 127 주 4)).

간, 즉 청약이 상대방에 도달하는 데 필요한 기간, 청약수령자가 그 청약에 대한 諾否를 결정하는 데 필요하다고 생각되는 기간, 회사나 조합 등에 있어서는 결의하기 위한 기간, 승낙의 통지가 청약자에게 도달하는 데 필요한 기간 등을 포함하는 것이며, 그것이 「相當」하냐 아니냐는 구체적인 각 경우의 청약과 승낙의 방법, 계약내용의 중요도, 거래상의 관행 등 여러 사정을 고려해서 객관적으로 결정되어야 한다.[3] 그리고 청약자가 실제로 승낙의 도달을 여전히 기대하였는지 여부는 문제되지 않는다.[4] 그런데 대답의 도달이 기대될 수 있는 시점을 산출하기 위해서 언제나 규범적 상황이라는 의미에서의 通常的 狀況(regelmäßige Umstände)이 기초로 되어야 하는 것은 아니다. 관계의 특수한 형성도 또한 관계의 단지 일시적인 형성도 그것들이 일반적으로(질병·파업) 또는 개별적으로 대답의 도달을 지체시킬 수 있고 청약자가 그 사실을 알았거나 고려하였어야 하는 때(가령 휴가기간 동안의 상대방의 부재 또는 보다 오랜 검사와 같이)에는 그것들도 고려되어야 한다.[5] 그 때에는 이러한 사정들에 기초하여 청약자가 "通常", 즉 합리적으로 판단한다면 얼마나 오랫동안 대답의 도달을 고려할 수 있느냐 하는 것이 판단되어야 한다. 가령 전시에 송부된 대답이 불운한 사고에 의하여 전쟁종지 후 수년이 지난 후에야 비로소 도달된 경우에는 더 이상 통상적이지 않다.[6]

Ⅲ. 隔地者와 對話者 사이의 區別

대화자간의 청약에 있어서는 그 청약의 내용에 따라 판단될 문제이나, 일반적으로 대화관계의 종료로써 청약이 그 효력을 잃는다. 즉 승낙적격기간은

3) 특히 대화자 사이의 청약인가(李銀榮, 89: "우리 민법은 대화자간의 승낙기간에 대하여 특별규정을 두지 않았으므로 일반원칙에 따라 해석하여야 할 것이다"), 격지자에 대한 청약인가도 상당한 기간의 판단에 고려되어야 한다.

4) Erman-W. Hefermehl, §147 Rn. 17.

5) RGZ 142, 402.

6) Erman-W. Hefermehl, §147 Rn. 17. 同旨 金疇洙, 69: "특히 장시간을 필요로 하는 특별한 사정이 있는 경우에 청약자가 이를 알고 있을 때에는 그에 의하여 판단된다. 가령 전보로 청약을 하면서 회답을 기다린다고 한 경우에는 승낙에 대해서도 전보로 하여야 할 필요가 있다고 보아, 다른 경우보다 기간을 짧게 보아야 할 것이다. 그러나 청약의 내용이 복잡하고 중요한 것이기 때문에 상세한 심사와 숙고가 필요할 때에는 그 기간은 보통의 경우보다 길어져야 할 것이다. 그리고 승낙하는 데 법정대리인의 동의가 필요하다든가 법정대리인이 친족회의 동의를 필요로 하는 경우 또는 총회의 결의가 필요한 때에는 그러한 것이 고려되어야 할 것이다. 그러나 상대방이 여행중이라든가 병환중이라든가 하는 일신상의 사정은 청약자가 그러한 사정을 알고 있을 때에만 참작된다."

그 대화가 계속되는 중이라고 할 것이다. 그러나 앞에서 본 바와 같이 대화자간에 있어서의 청약은 특별한 사정이 없는 한 청약자가 어떤 청약을 하였다가 철회하여도 그로 인해서 상대방이 불측의 손해를 입을 우려가 없기 때문에 그 경우에까지 청약의 구속력을 인정할 이유가 없다고 할 것이다.

[池 元 林]

第 530 條(延着된 承諾의 效力)

前 2 條의 境遇에 延着된 承諾은 請約者가 이를 새 請約으로 볼 수 있다.

1. 承諾은 請約이 효력을 가지는 기간 내에, 즉 청약의 承諾適格의 존속중에 하여야 하며,[1] 승낙의 존속기간(승낙기간 또는 상당한 기간)이 경과한 후에 도달된 승낙(「遲滯된 承諾」, verspätete Annahme)은 승낙으로서 효력이 없고, 따라서 그에 의하여 계약은 성립하지 않는 것이 원칙이다. 다만 청약자는 본조에 따라 연착된 승낙을 새 청약으로 보아, 그에 대한 승낙을 함으로써 계약을 성립시킬 수 있다. 즉 연착된 승낙은 그것 자체가 승낙의 효력을 가질 수는 없으나, 해석상 청약으로서의 효력은 보유할 수 있다. 이 때 원 청약의 상대방은 §527에 따라 새로운 청약에 구속된다. 그리고 연착된 승낙의 수령자가 이에 대하여 승낙의 의사표시를 하면 계약은 성립된다.[2]

여기서 延着된 承諾이라 함은 청약이 그 실질적 효력을 잃은 후에 청약자에게 도달한 승낙만을 지칭하므로 §528의 규정에 의해서 청약자에 대하여 承諾延着의 通知義務를 발생시키는 것과 같은 연착된 승낙은 본조의 연착된 승낙에 포함되지 않는 것으로 해석된다.[3] 즉 본조의 승낙의 연착은 그 발신지연으로 인한 것이며, 우발적인 사고로 인한 이례적인 연착을 말하는 것은 아니다.

---

1) 다만 승낙의 통지를 요하지 아니하는 거래상의 특별한 관습이 있거나, 지상권자 또는 지산권설정자, 전세권자 또는 전세권설정자, 임차인 또는 전차인의 지상물 내지 부속물 매수청구(§§283 Ⅱ, 285 Ⅱ, 316, 643, 644 Ⅱ) 등에는 승낙의 통지를 요하지 아니한다. 註釋債各(Ⅱ), 136.

2) 金亨培, 128.

3) 金基善, 49; 註釋債各(Ⅰ), 141.

2. 연착된 승낙이 당연히 새 청약으로 되는 것이 아니고 청약자가 새 청약으로 볼 수 있는 형성권을 취득하는 데 불과하다. 이 권리의 행사기간에 관하여는 규정된 바가 없으나 일반거래상의 편의와 연착된 승낙을 이용하려고 하는 본조의 입법취지에 비추어 보아 청약자는 상당한 기간 동안 이 권리를 행사할 수 있다고 할 것이다.[4] 그리고 원 청약자가 연착된 승낙에 대해서 답하지 않는다면, 그의 심경변화의 가능성을 시사하는 상황이 존재하지 않는 한, 그의 침묵은 신의칙에 따라 승낙(Annahme)으로 평가되어야 한다.[5] 이러한 결과는, 실질적으로 새로운 청약이 아니라 단지 형식적으로 새로운 청약이 문제되기 때문에 정당화된다. 이 때 계약은 새로운 청약자가 거절의 대답을 기대할 수 있었을 시점에 성립된 것으로 효력을 가진다. 유효한 청약이 존재하고 승낙이 적시에 발송되었지만 연착되었다면, §528 Ⅱ·Ⅲ에 따라 청약자는 통지의무를 지며, 이를 해태하면 승낙은 지체되지 않은 것으로 간주된다.[6]

3. 연착된 청약을 새 청약으로 볼 수 있게 한 본조의 입법취지는 주로 청약자의 이익을 위한 것이며, 또 승낙기간은 청약자가 자유로이 정할 수 있다는 점을 감안한다면 延着된 承諾이라 하더라도 청약자가 유효한 승낙으로 받아들여 계약을 성립시키고자 하는 경우에 이를 배제할 이유가 없다고 할 것이다. 비록 승낙이 연착되었다고 하더라도 청약자와 승낙자가 공히 계약의 성립을 원하고 있는 경우에까지 본조를 이유로 연착된 승낙의 무효를 고집하고 다만 그 승낙을 새로운 청약으로 받아들여 다시 이에 대한 승낙을 하지 아니하면 계약이 성립되지 아니한다고 해석할 이유는 없다.[7]

[池 元 林]

---

4) 金基善, 50.
5) RGZ 103, 11, 13; Staudinger-Dilcher, §150 Rn.4; Erman-W. Hefermehl, §150 Rn.1; Flume, AT Ⅱ, §35 Ⅱ 2; Larenz, AT, §27 Ⅱ 1.
6) Erman-W. Hefermehl, §150 Rn.1.
7) 註釋債各(Ⅰ), 141-2. 실제로 EAG §9 Ⅰ은 국제매매계약의 체결에 관하여 청약에 대한 연착된 승낙은 새로운 청약으로서 효력을 가지는 것이 아니라, 청약자가 승낙자에게 짧은 기간 내에 구두로 또는 통지의 발송에 의해서 알렸을 때에는 청약자가 그를 적시의 것으로 간주할 수 있다고 규정한다. 이 때 계약은 통지의 도달시에 성립된다(Soergel-Wolf, §150 Rn.5).

第 531 條(隔地者間의 契約成立時期)

隔地者間의 契約은 承諾의 通知를 發送한 때에 成立한다.

Ⅰ. 總 說

承諾은 請約과 합치함으로써 계약을 성립케 하는 효력을 가지고 있다. 그리고 승낙은 청약에 응하여 그보다 뒤에 행하여지는 것이므로, 승낙에 의하여 계약은 성립하게 된다. 결국 承諾의 效力發生時期는 계약의 성립시기의 문제로 돌아간다.

그런데 본조는 「격지자간의」 계약성립시기에 관해서만 규정하고 있으며, 대화자 사이의 계약의 성립시기에 관하여는 특별한 규정이 없다. 대화자 간의 계약에서는 승낙의 의사표시가 곧 청약자에게 도달하여 계약이 성립하므로 승낙의 효력발생시기, 즉 계약의 성립시기가 별로 문제될 것이 없기 때문이다.[1] 그러나 이론적으로는 도달주의의 일반원칙에 따라 승낙의 의사표시는 도달한 때에 효력을 발생하고, 계약도 그 때에 성립·발효한다고 해석하여야 한다.

Ⅱ. 隔地者間의 契約成立時期: 承諾의 效力發生時期

1. 민법은 의사표시의 효력발생시기에 관하여 이른바 到達主義를 취하고 있으나(民 §111 Ⅱ), 격지자 사이의 계약의 성립에 관하여 본조는, 도달주의에 대한 예외로서, 發信主義를 취하고 있다.[2] 이는 계약의 성립을 바라는 당사자 사이에 있어서는, 되도록 빨리 계약을 성립시키는 것이 거래계의 요구에 부합하고 또한 당사자에게 어떤 불이익을 주지도 않는다는 데서 인정한 예외라고 할 수 있다. 그러나 民 §528 Ⅰ과 §529에서는 다시 본조의 발신주의를 제한하고 있다. 즉 승낙기간을 정한 계약의 청약은 청약자가 그 기간 내에 승낙의 통지를

1) 金基善, 50; 李銀榮, 93-4.

2) 瑞債 §10 Ⅰ이 발신주의를 취하며, 청약자의 철회에 관한 시한을 승낙의 의사표시를 발한 때까지로 본 영국의 Adams v. LindseⅡ 1 B.&Ald.681, 106 Eng. Rep. 250(K.B. 1818)에서 비롯된 이른바 "mailbox rule"은 미국법에서 일반적으로 승인되었다(E. Allan Farnsworth, Contracts, 1982, pp.166-7). 반면 독일법은 도달주의에 의한다.

받지 않으면(바꾸어 말하면 승낙통지가 승낙 기간 내에 「도달」하지 않으면) 효력을 잃고(民 §528 I), 승낙기간을 정하지 않은 계약의 청약은 청약자가 상당한 기간 내에 승낙통지를 받지 않으면(즉 상당한 기간 내에 승낙통지가 「도달」하지 않으면) 역시 효력을 잃는다(民 §529). 그 결과 본조에 의하면, 청약의 수령자가 승낙의 통지를 발송하면 그것으로써 계약은 이미 유효하게 성립하고, 비록 承諾通知가 청약자에게 到達하지 않더라도 계약의 성립에는 영향이 없게 된다. 그러나 民 §528 I과 §529에 의하면, 승낙의 통지가 기간 내에 청약자에게 도달하지 않으면 청약은 효력을 잃고, 계약은 성립할 수 없게 된다. 여기서 계약의 성립시기에 관하여 발신주의를 규정하는 본조와 승낙의 효력발생시기에 관하여 동조에 대한 제한인 民 §528 I 및 §529를 어떻게 통일적으로 조화 있게 해석하느냐가 문제된다.[3] 왜냐하면 승낙의 통지가 상대방(청약자)에게 전혀 도달하지 않거나 기간 후에 도달한 때에 계약의 효력발생 여부와 그 시점이 문제될 수 있기 때문이다.[4]

2. 이 문제를 둘러싸고 종래 학설은 복잡하게 갈라져 있었다. 크게 나누어서 민법의 到達主義原則(民 §111 I)을 중시하는 설과 계약에 관한 發信主義의 特則(본조)을 중시하는 설이 있으며, 후설은 다시 여러 갈래로 나누어진다. 아래에서 이를 살펴보기로 하자.[5]

(1) 到達主義를 중시하는 說

承諾도 하나의 意思表示이므로, 의사표시의 효력발생시기에 관한 일반원칙(民 §111 I)에 의하여 到達한 때에 효력이 생긴다는 견해이다. 즉 본조는 계약의 성립시기를 정한 것이고 승낙의 효력발생시기를 정한 규정은 아니며, 따라서 승낙은 그 의사표시가 청약자에게 도달한 때에 효력을 발생하게 되지만, 그 효력이 승낙통지를 발송한 때에 소급하여 청약과 결합해서 계약을 성립케 한다고 해석한다. 요컨대 계약은 承諾을 發信한 때에 成立하나, 승낙

3) 金亨培, 129: "오늘날 통신수단의 발달로 격지자 사이의 계약은 크게 감소되었기 때문에, 이에 대한 문제성은 상대적으로 축소되었다."

4) 金亨培, 130.

5) 아래에서 살펴보는 견해 외에 金基善, 51-2 및 註釋債各(I), 138-9은 승낙은 그 통지를 발송한 때에 곧 효력을 발생하나 그 효력은 확정적이 아니고 후일 그 통지의 도달을 기다려서 확정된다는 설(不確定效力說), 승낙은 원칙으로서 발송에 의해서 확정적으로 효력이 발생하나 예외로 승낙기간이 정해져 있는 경우는 도달을 필요로 한다는 설 및 승낙은 원칙으로서 발송에 의하여 확정적으로 효력이 발생하며 계약도 성립하나 승낙기간이 정해져 있는 경우만은 예외로 승낙의 도달을 계약성립의 조건으로 했으므로 승낙은 그 발송에 의해서 미필적으로 효력이 발생할 뿐 그 도달에 의하여 비로소 계약이 성립하나 그 효과는 승낙발송시에 소급한다는 설(未必條件說) 등을 소개하고 있다.

의 효력은(따라서 계약의 효력도) 승낙이 도달한 때에 발생한다고 해석하는 것이다.[6] 이 견해에 의하면 계약성립시기와 승낙의 효력발생시기가 달라지게 된다.

(2) **發信主義를 중시하는 설**

본조는 격지자간의 계약은 승낙통지를 발송한 때에 성립한다고 규정한다. 따라서 격지자에 대한 승낙은, 청약자에게 도달하는 것을 기다리지 않고서, 그 발신으로 이미 효력을 발생하는 것으로 해석하여야 한다는 설이다. 바꾸어 말하면, 본조는 법문상 「契約의 成立時期」에 관하여 發信主義의 예외를 인정한 것이나, 계약은 승낙이 효력을 발생하는 때에 성립하므로, 결국 「承諾의 效力發生時期」에 관하여 발신주의라는 예외를 규정한 것으로 해석하여야 한다는 것이다. 이 설이 현재의 통설이다.

그런데 민법은 한편으로는 본조에서 위와 같이 승낙의 통지를 발송한 때에 계약이 성립한다고 규정하고 있으나, 다른 한편으로는 民 §528 Ⅰ과 §529에서 각각 「承諾期間內」 또는 「相當한 期間內」에 청약자가 승낙의 통지를 받지 못하면(바꾸어 말하면 승낙의 통지가 「到達」하지 않으면), 비록 승낙의 발신이 있었더라도, 계약은 불성립으로 끝남을 규정하고 있다. 이들 두 규정의 관계를 모순없이 어떻게 설명할 것이냐가 문제된다. 이 문제에 관하여는 두 견해가 대립하고 있다.

㈎ 종래의 압도적 다수설[7]은, 본조는 계약의 성립시기를 발송시로 앞당겼을 뿐이지 승낙이 도달될 필요 없다는 것을 규정한 것은 아니기 때문에, 계약은 승낙의 발송만 행하여지면 승낙이 청약자에게 승낙기간 내에 到達되지 않은 것을 解除條件으로 하여 발송시에 성립된다고 새긴다(이른바 解除條件說). 이 견해에 따르면 승낙의 통지가 전혀 도달하지 않거나 기간 내에 도달되지 않으면 계약은 소급해서 성립하지 않은 것이 되지만, 승낙의 통지가 기간 내에 또는 상당한 기간 내에(民 §529의 경우) 도달하면 계약은 발신시부터 유효하게 성립한 것이 되며, 따라서 계약에 기한 채권·채무는 발송시부터 발생한다.

㈏ 이에 대하여 최근 유력한 반대설이 제기되고 있다.[8] 이 견해에 따

---

6) 註釋債各(Ⅰ), 140-41; 金基善, 舊著, 45 이하.

7) 郭潤直, 74; 權龍雨, 74; 金曾漢, 44; 金顯泰, 34; 金疇洙, 74; 黃迪仁, 78; 李銀榮, 93 등. 그 밖에 승낙의 不到達은 승낙의 효력에는 영향을 주지 않으나, 청약의 효력이 소멸하므로, 계약은 결국 성립하지 않는다는 설(請約失效說: 崔栻, 47-8)도 있는데, 승낙의 발송만으로 계약이 확정적으로 성립하게 되면 그 이후부터는 청약은 청약으로서의 독자적 존재를 잃었는데도 불구하고 새삼 승낙의 不到達로서 청약의 효력을 소멸하게 함은 이론상 부당하다는 비난을 면하지 못한다(金基善, 51; 郭潤直, 74).

8) 金亨培, 132-34. 결론에 있어서 同旨 李太載, 69: "민법의 해석론으로서도 승낙의 효

르면, 승낙의 통지를 발신한 때에 채권·채무가 발생한다고 하면 승낙의 통지가 청약자에게 도달하기도 전에 승낙 여부를 알지 못하는 청약자에게 채권·채무가 발생하는 것이 되어 부당하기 때문에, 본조를 계약의 효력, 즉 채권·채무의 발생을 정한 규정으로 새길 수 없다고 한다. 즉 계약상의 채권·채무가 완전한 효력을 발생하려면 승낙의 의사표시가 청약자에게 도달하여야 하며, 따라서 본조는 §528 Ⅰ 및 §529와의 관계에서 승낙의 통지가 기간 내에(기간이 정해진 경우에는 그 기간 내에, 기간이 정해져 있지 않은 경우에는 상당한 기간 내에) 청약자에게 到達할 것을 停止條件으로 승낙의 통지가 발송한 때에 소급해서 유효한 계약이 성립한다고 해석하여야 한다고 한다(이른바 停止條件說).

(3) 실제상의 차이

위에서 본 여러 설 가운데의 어느 설을 취하느냐에 따라 실제에 있어서 어떠한 차이가 생길까? 두 가지 점에서 차이가 있게 된다.

㈎ 첫째, 승낙이 우편사고 같은 이유로 청약자에게 도달하지 않은 경우(承諾不到達)의 불이익을 누가 부담하느냐? 어느 설을 취하든 언제나 승낙자가 부담하게 되는 것은 마찬가지이만, 立證責任의 소재에는 차이가 생긴다. 즉 到達主義를 중시하는 설 및 發信主義를 중시하는 설 중에서 停止條件說에 의하면, 승낙자 쪽에서 도달하였음을(발신한 사실은 물론이고) 입증하지 못하면, 계약의 성립을 주장하지 못하게 된다.[9] 한편 발신주의를 중시하는 설 중에서 解除條件說에 의하면, 계약의 성립을 주장하는 승낙자는, 자기가 승낙의 통지를 발송한 사실을 입증하는 것으로 충분하며, 그것이 청약자에게 도달한 사실까지 입증할 필요는 없다. 이에 대하여 청약자가 계약의 불성립을 주장하려면 승낙의 통지를 승낙기간 내에 받지 못하였음을 입증하여야 한다.[10]

㈏ 둘째, 승낙자는 승낙을 發信한 후 그 到達 전에 이를 撤回할 수 있는가? 도달주의를 중시하는 설에 의하면 청약의 경우와 마찬가지로 그 철회가 허용된다고 할 것이나, 발신주의를 중시하는 설 중에서 해제조건설에 의하

력발생시기와 계약의 성립시기가 따로 규정되어 있음은 솔직히 인정하고 승낙의 효력은 그 통지가 청약자에게 도달하면 그 발송시에 소급하여 발생함으로써 계약을 성립시키는 것으로 해석하는 것이 가장 합리적이며 타당하다고 생각한다. 따라서 승낙의 도달을 法定停止條件으로 본다."

9) 金亨培, 133.

10) 郭潤直, 74. 同旨 金曾漢, 45: "불이익의 분배를 되도록 공평하게 한다는 견지에서 不到達의 입증책임은 청약자에게 있다고 새겨야 할 것이다." 이에 대하여 李銀榮, 93 주 2)는 §531는 단지 계약성립시기에 관하여 규정할 뿐이므로 그 밖의 문제는 입증책임이나 의사표시에 관한 일반원칙에 따라 해석하여야 한다고 한다.

면 할 수 없게 된다(발신으로 이미 계약은 성립되었기 때문이다).[11]

(4) 評 價

(가) 먼저 到達主義를 중시하는 설은 법문의 해석에 무리가 없고 또한 모순도 없으나, 본조가 계약의 성립에 관하여 특히 發信主義를 취한 취지(계약의 성립을 될 수 있는 대로 간편하고도 신속하게 하려고 한 점)를 전혀 고려하지 않는 것이어서 찬성할 수 없다. 결국 발신주의를 중시하는 설이 타당하다.

(나) 그러나 발신주의를 중시하는 설에도 두 설이 있으며, 停止條件說은 解除條件說에 대하여 다음과 같이 비판한다: "이 설에 의하면 제528조 제1항 및 제529조와 제531조 사이에서 발생하는 형식적 모순은 일단 극복된 것처럼 보인다. 그러나 이 설에 의하더라도 승낙자의 발신에 의하여 곧 계약이 유효하게 성립하여 계약상의 권리·의무(가령 매매의 경우: 재산권이전청구권·대금지급청구권 등)가 발생하므로 그 때부터 당사자(청약자와 승낙자)는 이에 구속된다는 의미로 해석될 수는 없다. 왜냐하면 승낙의 통지가 청약자에게 도달하기 전에 완전한 채권·채무가 발생하여 청약자를 구속한다는 것은 있을 수 없기 때문이다(법률행위의 상대방인 수령자에게 도달하지 않은 의사표시가 효력을 발생한다는 것은 불가능하다). 따라서 제531조의 규정은 계약의 성립에 의하여 채권관계의 효력이 완성(Perfektion)되는 시점에 관한 규정이라고 볼 수 없다."[12]

(다) 계약의 성립에 관하여 발신주의를 취한 것은 원래 격지자 사이의 청약의 의사표시를 철회할 수 없는 시점을 확정하기 위한 것이었다.[13] 그러나 우리 민법은 §527(청약의 철회불가능의 시점을 승낙자에게 도달한 때로 규정하고 있다)의 규정을 두고 있으므로 본조를 청약의 철회에 관한 규정으로 이해할 수는 없다. 따라서 본조의 해석에 있어서 반드시 그 연혁적 배경을 염두에 두어야 하는 것은 아니다.[14] 오히려 우리 민법의 테두리 안에서 그 취지가 합리적으로 해석되어야 할 것이다. 그렇다면 다수설과 마찬가지로 승낙은 不到達을 해제조건으로 하여 발신으로 효력이 발생한다고 새길 것이다.

물론 이렇게 본다면 정지조건설이 주장하는 바와 같이 승낙의 통지가 도달하기 전에 완전한 채권·채무가 발생한다는 모순은 있다. 그러나 이 점은 청약자가 그러한 채권·채무의 발생을 의욕하고 있기 때문에 그다지 큰 문제로

11) 郭潤直, 74. 한편 정지조건설에 의하면 논리적으로 이를 철회할 수 있다고 할 것이지만, 그에 대한 태도표명은 없다.
12) 金亨培, 131.
13) mailbox rule에 관한 前註 2) 및 金亨培, 131-32 참조.
14) 反對 金亨培, 132.

보여지지는 않는다.[15)]

[池 元 林]

第532條(意思實現에 의한 契約成立)

請約者의 意思表示나 慣習에 依하여 承諾의 通知가 必要하지 아니한 境遇에는 契約은 承諾의 意思表示로 認定되는 事實이 있는 때에 成立한다.

1. 意 義

(1) 意思實現(Willensbestätigung)에 의한 계약성립에 관한 본조는 청약자를 보호하고, 계약의 성립에 관한 당사자 사이의 다툼을 피하기 위한 규정이다. 여기서 「意思實現」이라 함은, 가령 매도청약과 함께 송부된 책에 수령자가 자기의 장서인을 찍거나 그 책을 뜯어서 여러 부분으로 나누거나 줄을 그어가면서 읽는 행위와 같이, 승낙의 "意思表示" 중에서 通知(Kundgabe)라는 요소가 결여된 경우를 말한다. 즉 의사실현은 의사표시처럼 일정한 효과의사를 외부로 표시할 목적으로 행하여진 것으로 볼 수는 없지만, 그러나 그것으로부터 일정한 효과의사를 추단할 수 있는 행위를 가리킨다. 물론 계약체결을 결과지우기 위해서 모든 청약은 승낙을 필요로 하며, 이 원칙은 예외 없이 적용되지만, 본조는 이 원칙을 승낙에 대해서, 그것이 일정한 경우에 청약자에 대하여 표시되어야 할 필요가 없다는 한도에서 제한한다. 물론 이 때에도 계약체결을 위해서 승낙은 필요하다. 따라서 본조는 행위거래의 완화를 위하여 승낙표시의 도달이라는 요건에 대한 예외만을 규정한다.[1)]

---

15) 정지조건설에서도 "계약상의 의무는 이행을 위한 적극적 의무와 계약의 목적실현에 반하는 행위를 하지 않을 소극적 의무로 구성된다. 승낙자는 승낙의 통지를 발신한 때부터 계약의 목적실현에 반하는 행위를 해서는 안 된다. 가령 승낙자가 매도인인 경우에 승낙의 통지가 발신한 때부터 목적물에 대한 선관주의의무를 부담해야 한다. 승낙자가 그의 귀책사유로 인하여 목적물인도가 불가능하게 된 경우에는 불이행책임(제390조)을 면할 수 없다고 해석된다. 승낙의 통지가 청약자에게 도달하기 전이라도 계약상의 소극적 의무를 부담하는 것은 신의칙상(제2조) 합당하기 때문이다. 마찬가지로 청약자도 청약이 승낙적격을 가지는 한, 계약상의 소극적 의무를 부담한다고 생각된다. 그러나 이와 같은 소극적 의무는 제531조를 그 근거로 하여 인정되는 것은 아니다"(金亨培, 133-4)라고 하여, 비록 그 발생근거가 다르다고는 하나, 계약성립 이전의 의무발생을 인정한다.

1) Erman-W. Hefermehl, §151 Rn.1.

(2) 意思實現도, 비록 청약자에 대한 표시를 요구하지는 않지만, 추단적 행위에 의한 표시에 포함된다.[2] 견해에 따라서는 의사실현을 표시행위에 해당하지 않는다고 하여, 의사표시로부터 제외한다.[3] 그런데 물론 의사실현에는 타인에 대한 通知(Kundgabe)가 없다는 점에서 일견 의사표시와 차이를 보이기는 한다.[4] 그러나 意思實現도 自己決定에 의한 法律關係의 創造的인 形成行爲(Akt schöpferischer Gestaltung von Rechtsverhältnissen in Selbstbestimmung)라는 점에서 다른 의사표시와 공통된다.[5] 그리고 의사의 통지는 의사표시의 본질적인 표지가 아니다. 통지의 수단이 아니고 효과의사의 실현에 지나지 않는 단순한 의사실현도 진정한 의사표시이며,[6] 그 중에서도 특히 추단적 행위에 의한 의사표시, 즉 묵시적 의사표시이다.[7] 다만 의사실현이 의사표시에 포함되기는 하지만, 그것은 보통의 의사표시와 달리 통지라는 목적이 없기 때문에 그 점과 관련하여──특히 解釋과 錯誤를 이유로 한 取消 등에서── 특별취급을 받는다.[8]

(3) 의사실현에 의한 계약체결의 제도는 계약당사자의 자발적 의사에 의하여만 계약상의 채무가 생기도록 하는 私的自治의 原則에 어긋나는 것이 아니다. 오히려 명백한 의사표시가 없는 경우에도 일정행위로부터 당사자의 효

2) Soergel/Hefermehl, Rz. 29 vor § 116; MünchKomm/Kramer, Rz. 25 vor § 116; Flume, AT Ⅱ, § 5, 6; Lange-Köhler, AT, S. 246.

3) 가령 Larenz, AT, § 18 Ⅰ. 그의 이러한 견해는 Manigk가 意思實現을 Willensgeschäft라 하여 意思表示로부터 엄격하게 구별한 데에 연유한다(MünchKomm/Kramer, Rz. 25 vor § 116).

4) Larenz, AT, § 18 Ⅰ; Soergel/Hefermehl, Rz. 29 vor § 116; MünchKomm/Kramer, Rz. 25 vor § 116.

5) Flume, AT Ⅱ, § 5, 6; MünchKomm/Kramer, Rz. 25 vor § 116.

6) Soergel/Hefermehl, Rz. 29 vor § 116.

7) 그러나 우리 다수설은 의사실현을 묵시적 의사표시와 구별한다. 가령 郭潤直, 79-80("효과의사를 외부에 표시하는 것이, 보통의 의사표시에 있어서와 같이 효과의사의 구체화라고 할 수 있는 표시행위에 의하는 것이 아니고, 그 자체가 표시행위라고는 할 수 없는 행위에 의하여 효과의사의 존재를 추단할 수 있는 경우에 의사실현이 있게 되는 것이다. 그러므로 이 의사실현에는 승낙의 의사를 표시하는 통지는 없으나, 승낙의 의사가 있음을 추단할 만한 행위가 있기 때문에 계약이 성립한다는 의미에서 의사실현에 의한 계약의 성립이 인정되는 것이다"); 金疇洙, 62; 金曾漢, 48("이러한 행위에는 승낙을 하는 효과의사가 따르고, 또 그것을 추단시킬 만한 가치(표시가치)를 가지고 있으므로, 그 한에 있어서는 승낙의 의사표시의 요건을 갖추고 있다. 다만 청약자에게 통지되는 것이 아닌 점에서 승낙의 의사표시와 다를 뿐이다. 따라서 가령 청약에 응하여 주문품을 송부하는 행위는 승낙의 의사표시 자체이고 여기에 말하는 의사실현은 아니다"; 李銀榮, 95은 "승낙의 의사표시를 묵시적으로 한 경우와 의사실현은 개념상 서로 다르지만 실제에는 의사실현과 묵시적 승낙의 구별이 곤란한 경우가 많다"; 李太載, 71; 註釋債各(I), 143, 144 등 참조.

8) MünchKomm/Kramer, Rz. 25 vor § 116; Soergel/Hefermehl, Rz. 29 vor § 116; Flume, AT Ⅱ, § 5, 6; Lange-Köhler, AT, S. 246.

과의사를 추단함으로써 私的 自治를 확장하는 제도이다. 이 점에서 당사자의 효과의사를 문제삼지 않고 단지 일정행위로부터 바로 계약체결을 인정하는 事實的 契約關係論과 구별된다. 의사실현에 의한 계약체결의 인정은 거래행위를 간이·명확하게 하는 작용을 하며 청약자의 이익을 보호한다.[9]

2. 契約成立의 要件

(1) 어떤 경우에 그러한 의사실현, 즉 「承諾의 意思表示로 認定되는 事實」에 의하여 계약이 성립하는가? 본조는 다음의 두 경우를 들고 있다.

㈎ 첫째, 請約者의 意思表示에 의하여 承諾의 通知를 필요로 하지 않는 경우이다. 그러한 청약자의 의사표시가 반드시 명시적이어야 하는 것은 아니며, 묵시적이더라도 무방하다.[10] 가령 계약의 즉시이행을 요구하거나,[11] 가격이 매우 유동적인 상품이 至急으로 주문되거나[12] 또는 매도인이 청약에 의해서 동시에 상품을 송부한 때[13]에는, 보통 묵시적으로 그러한 의사가 있었음을 인정할 수 있을 것이다.[14] 그 밖에도 거래상의 관행을 참작해서 이를 인정할 수 있을 것이다.[15] 그 표시의 시기는 반드시 청약과 동시에 할 필요도 없다. 청약 이전에 하거나 청약 이후에 하거나를 상관하지 않는다.[16]

㈏ 둘째로, 慣習[17]에 의하여 승낙의 통지를 필요로 하지 않는 경우이다. 즉 청약자의 특별한 의사표시가 없더라도 거래상 일반적으로 승낙의 통지를 필요로 하지 않는 관습이 있으면, 그러한 관습이 있다는 사실만으로써 의사실현에 의한 계약의 성립이 인정된다. 가령 호텔방을 예약하거나 물품을 주문하는 경우에 호텔방의 호실을 정해 놓거나 물품을 발송하는 때에 계약이 성립한다. 이러한 관습은 의료에 관한 계약, 여행중의 숙박계약 등과 같이 계약

9) 李銀榮, 94-5; 林正平, 95; 金亨培, 134-5. 同旨 權龍雨, 78.
10) 郭潤直, 80; 李銀榮, 95; 金疇洙, 62; 金曾漢, 48; 金顯泰, 35-6.
11) RGZ 84, 320.
12) RGZ 102, 372.
13) RGZ 64, 145; Staudinger-Dilcher, §151 Rn. 4.
14) 郭潤直, 80; 金疇洙, 62.
15) 당사자간에 일정한 계속적 거래관계가 있었을 경우에는 일반적으로 청약에 대한 승낙의 통지를 필요로 하지 않는다고 해석되는 경우가 많다. 가령 미리 서점과 신간서적을 모두 송부해 주도록 약속한 다음 그 중에서 적당한 것만을 구입하도록 정해져 있을 때에는 송부되어 온 책을 읽거나 그 책에 이름을 적어 넣음으로써 그때 그때 승낙의 통지를 하지 않더라도 그 책에 대한 매매계약은 성립한다. 金疇洙, 62-3; 金亨培, 135.
16) 金基善, 55.
17) 金亨培, 135은 "여기서 관습이라 함은 거래관행으로 넓게 해석하는 것이 좋을 것이" 라고 한다. 그러나 거래관행은 §106에 따라 위 ㈎의 의사표시의 해석의 기준에 포함되는 것으로 보아야 할 것이다.

의 성질상 긴급을 요하는 경우에 있는 수가 많다. 그리고 관습이 청약자의 소재지의 것과 상대방의 소재지의 것이 다른 경우에는 전자에 따라야 한다.[18]

위의 두 가지 사항은 실제로는 명백히 구별되지 않고 관습은 청약자의 의사표시의 해석을 위한 기초가 된다.[19] 한편 의사실현에 의한 계약성립이 인정되는 경우로서 본조는 청약자의 의사표시와 관습만을 들고 있으나, 이를 한정적인 것으로 볼 것인가 아니면 예시적인 것으로 해석할 것인가 하는 의문이 생긴다. 그러나 본조의 입법취지는 당사자의 이익과 거래의 신속을 보호하려는 것이므로 그 취지에 어긋나지 않는 한 예시적인 열거로 해석하는 것이 옳다고 할 것이다.[20]

(2) 위의 요건을 충족하였더라도 청약수령자의 단순한 沈默, 즉 청약에 대하여 적극적인 행위를 하지 않는 것만으로는, 특히 일정한 적극적 행위를 하는 것이 거래의 실정으로 되어 있는 경우를 제외하고는, 계약이 성립하지 못한다.[21] 즉 승낙의 의사표시로 인정되는 사실, 즉 意思實現이 있어야 하고, 이것이 외부적으로 인식될 수 있어야 한다.[22] 따라서 순전히 내심의 과정에 머물고 있는 승낙의사도 마찬가지이다. 그러한 행위가 있었는지 여부는 개별사례의 사정의 평가에 달려 있다. 승낙이 수령을 요하지 않기 때문에, 무관한 제 3 자가 청약수령자의 행동에서 그의 진정한 승낙의사의 표현을 인정하는지 여부에 좌우된다.[23] 원칙적으로 청약상대방이 가령 주문된 물건을 송부하거나, 매매대금을 지급하거나,[24] 위임사무를 처리하기 시작하는 등 청약에 상응하는 급부를 전부 또는 일부만이라도 행하거나 아니면 가령 병마개를 뽑거나 책을 절개하거나 메모를 하는 등 시험을 위해서만 송부된 것이 아닌 물건을 소유자처럼 처분하거나 사용하는 경우에 승낙은 인정되어야 한다. 즉 일반적으로 이들 행위는 계약의 성립을 전제로 하여 행하여진다고 할 수 있으므로, 승낙의 의사표시로 인정되는 사실이 된다.[25] 나아가 승낙은 단순한 의도가 아니라 승낙의사 그 자체를 표명하는 한 제3자에 대한 표시로 행하여질 수 있

18) 金曾漢, 47; 金基善, 55; 金疇洙, 63.
19) 李銀榮, 95; 林正平, 95.
20) 同旨 註釋債各(Ⅰ), 144.
21) 다만 상인이 늘 거래관계에 있는 자로부터 그 영업부류에 속한 계약의 청약을 받은 때에는 침묵도 승낙으로 간주된다(商 §53).
22) 李銀榮, 95; 金亨培, 135; BGHZ 74, 352, 356; RGZ 84, 320, 323.
23) 同旨 金曾漢, 47; 金疇洙, 63.
24) RGZ 129, 113.
25) 郭潤直, 80; 金亨培, 136.

다.[26] 그런데 이러한 사실행위는 반드시 행위자가 승낙의 의도나 의식을 갖고 행한 것이어야 하는가? 이는 의사실현의 인정에 承諾意思라는 주관적 요건을 갖추어야 하는가의 문제이다. 원칙적으로 승낙의사를 요하지만, 그 의사는 반드시 행위자에 의해서 명백히 인식될 필요는 없으며 잠재적인 것으로 충분하다고 해석된다. 가령 수령자가 이미 체결된 별도의 매매에 기한 급부가 문제된다고 전제할 수 있었다든지, 슈퍼마켓에서 미끄러져서 반사적으로 옆의 물건을 손에 집은 경우와 같이 아무런 효과의사도 없는 외양만에 의해서는 계약은 성립하지 않는다.[27] 단순한 준비행위도 이미 승낙의사의 충분한 실행을 표현할 수 있다. 그렇지만 상품주문에 있어서는 일반적으로 선택이 아니라 송부가 비로소 승낙으로 평가되어야 한다.[28] 의사실현은 승낙의 의사표시를 전제로 하므로 그 승낙의사에 하자가 있는 경우에는 취소권의 발생 등 그에 상응하는 효과가 생긴다.[29] 추단된 승낙의사는 통상의 승낙의사처럼 청약자에게 도달될 것을 요하지 않는다.

청약자가 이러한 사실을 알았느냐 알지 못했느냐 하는 것은 문제되지 않는다.[30] 그러므로 일정한 사실이 있고 난 이후에 상대방이 청약을 거절한다고 하더라도 소용이 없고 또 청약자는 청약을 철회하지 못한다.[31] 이러한 점에서 본조는 승낙자에게 유리하다. 그러나 의사실현과 함께 계약이 성립하기 때문에 그 시점부터 승낙자는 승낙을 철회할 수 없다고 해석해야 한다. 이 점은 승낙자에게 불리하지만 당연한 결과이다.[32]

---

26) Staudinger-Dilcher, §151 Rn. 17.

27) 李銀榮, 96. 同旨 金亨培, 136-7: "그러나 청약자가 입은 손해에 대해서는 불법행위책임(제750조), 부당이득의 반환책임(제741조) 또는 점유자의 회복자에 대한 책임(제202조 이하)을 기초로 수령자가 손해를 배상하여야 한다." 反對 郭潤直, 81: "가령 매매의 청약과 동시에 송부된 물건을 자기가 종래 가지고 있었던 물건으로 알고 소비하거나 사용하기 시작한 경우에, 객관적으로 승낙의 의사표시로 인정되는 사실이 있다고 할 수 있으나, 행위자에게는 계약성립에 관한 의식 내지 효과의사가 전혀 없다. …생각건대 의사표시에 있어서도 우리는 외부에 나타나는 표시행위를 통해서 행위자의 의사를 추단할 뿐이고, 주관적 의식과정에까지 파고 들어가서 내심적 효과의사를 탐구하는 것은 아니다. 의사실현에 있어서 행위자의 의사를 추단하는 것도 꼭 같다. 다만 다른 점이 있다면, 그것은 그러한 추론을 하는 자료가 의사표시에 있어서는 효과의사를 외부에 표시하기 위하여 행하여지는 행위임에 반하여, 의사실현에 있어서는 그러한 표시행위 이외의 다른 어떤 행위라는 점이다. 그러므로 위에 든 예에 있어서도 계약은 이른바 의사실현에 의하여 성립한다고 할 수 있다."

28) Erman-W. Hefermehl, §151 Rn. 5.

29) 郭潤直, 81; 李銀榮, 96. 가령 청약과 동시에 송부된 물건을 자기의 물건인 것으로 알고 소비한 경우에 착오가 문제된다.

30) 郭潤直, 80; 李銀榮, 96; 金疇洙, 63; 金亨培, 136; 林正平, 96; 金基善, 56.

31) 金基善, 56.

32) 金亨培, 136.

(3) 意思實現은 승낙기간이 정해져 있는 청약에 있어서는 그 기간 안에 있어야 하고, 승낙기간이 정해져 있지 아니한 청약에 있어서는 상당기간 안에 의사실현이 있어야 한다.[33)]

(4) 意思實現의 사실에 의해서 계약이 체결되었음을 주장하는 자는 그 사실이 승낙의사에 기초한 것이라는 점을 입증하여야 한다. 그러나 객관적으로 승낙의사가 추단될 수 있는 경우에는 반대로 계약체결을 부정하는 자가 승낙을 인식하지 못한 무의식적 행위였음을 입증하여야 한다.[34)]

3. 契約의 成立時期

의사실현으로 계약이 성립하는 것은 의사실현의 사실이 발생한 때이며, 청약자가 그 사실을 안 때가 아니다.

[池 元 林]

第 533 條(交叉請約)

當事者間에 同一한 內容의 請約이 相互交叉된 境遇에는 兩 請約이 相對方에게 到達한 때에 契約이 成立한다.

1. 意 義

(1) 概 念

당사자들이 동일한 내용을 가진 계약의 청약을 서로 행한 경우를 「交叉請約」(Kreuzofferte) 또는 請約의 交叉라고 한다. 바꾸어 말하면 각 당사자가 우연히 서로 교차해서 청약을 하였는데, 그 청약의 내용이 완전히 일치하고 있는 경우가 교차청약이다. 가령 A가 B에게 사진기를 5만원에 팔겠다는 청약을 한 데 대하여, A의 청약이 B에게 도달하기 전에 B가 A에게 그 사진기를 5만원에 사겠다고 청약한 경우가 그것이다.

---

33) 同旨 權龍雨, 80. 나아가 金亨培, 136은 獨民 §151 2문에 따라 청약의 내용이나 청약의사의 상황에 비추어 일정한 기간 후에는 청약의 승낙적격의 소멸을 인정하여야 하고, 따라서 그 후에 의사실현이 있더라도 계약은 성립되지 않는다는 제한해석이 필요하다고 한다.

34) 李銀榮, 96; Soergel-Lange, §151 Rn. 26; MünchKomm/Kramer, §151 Rn. 57.

(2) 認定根據

계약의 성립은 청약과 승낙이라는 본질적으로 다른 의사표시의 합치에 의하는 것이라는 생각을 고집한다면, 교차청약에 의한 계약의 성립은 인정할 수 없을 것이다. 원래 승낙은 특정한 청약에 대하여 행하여져야 하는 것이므로, 교차청약에 있어서는 뒤에 행하여진 청약을 먼저 행한 청약에 대한 승낙으로 볼 수 없기 때문이다. 그러나 계약의 성립은 서로 대립하는 당사자의 두 개의 의사표시의 합치에 의하는 것이라는 견해를 취한다면, 교차청약의 경우에도 두 개의 의사표시는 객관적으로 합치할 뿐만 아니라 주관적으로도 합치하고 있다.[1] 즉 契約의 본질적 요소인 合意가 있는 것이다. 합의가 있는 이상, 비록 두 개의 의사표시가 청약과 승낙의 관계에 있지는 않더라도, 계약의 성립을 인정할 수 있고, 또한 이를 인정해서 특별히 부당할 것은 없다. 오히려 실제적 면에서 본다면 교차청약에 의한 계약의 성립을 인정하는 것이 거래의 신속이라는 거래계의 수요를 충족하고 또한 당사자의 의사에도 부합하여 타당하다 할 것이다.[2] 이러한 이유에서 이에 관한 명문규정을 두지 않았던 구민법하에서도 학설은 이를 인정하는 것이 통설이었는데, 현행민법은 이러한 종래의 학설을 받아들여 본조에서 명문으로 교차청약에 의한 계약의 성립을 인정하고 있다.

2. 契約의 成立要件[3]

민법은 교차청약에 의한 계약의 성립요건으로서 당사자 간에 동일한 내용의 청약이 상호교차되었을 것을 요한다. 따라서 첫째, 두 개의 유효한 청약의 의사표시가 상호 교환해서 행하여져야 하고, 둘째, 두 개의 청약이 내용상 합치하여야 한다.

이상의 요건에 세부사항에 관하여는 교차청약의 성질에 어긋나지 않는 한 합의에서 설명한 사항들이 그대로 해당한다.

---

1) 郭潤直, 78; 金亨培, 138; 金疇洙, 62; 林正平, 93. 특히 金曾漢·安二濬, 57: "주관적 합치는 상대방의 특정의 의사표시와 결합하려는 경우(승낙은 이것에 해당한다)뿐만 아니라 다만 상대방과 계약을 체결하고자 의욕할 뿐인 경우에도 존재한다(교차청약에 의하여 계약이 성립하는 것은 이 까닭)."

2) 李銀榮, 96-7: "교차청약에 의하여 양 당사자의 체약의사는 이미 표현되었으므로 따로 어느 일방당사자의 승낙을 기다림이 없이 교차청약의 존재만으로 계약을 성립시키는 것이 당사자의 진정한 의사에 합치하고 거래의 신속에도 기여하게 된다."

3) 林正平, 94; 李銀榮, 97.

3. 契約의 成立時期

교차청약에 있어서는 일방 당사자의 청약에 대하여 타방이 승낙을 하였다는 관계에 있지 않으므로, §527 이하의 규정, 특히 §531를 적용할 수 없게 된다. 결국 의사표시의 효력발생시기에 관한 도달주의의 원칙(民 §111 I)에 의하여 결정하여야 할 것이다. 본조도 이러한 견지에서 "양 청약이 상대방에게 도달한 때에 계약이 성립한다"고 규정하고 있다. 따라서 두 청약이 동시에 도달하지 않을 경우에는 후에 상대방에게 도달한 청약이 도달하는 때에 계약은 성립한다고 보아야 한다. 동시표시(simultaneous declaration)도 교차청약과 조금도 다름이 없이 계약을 성립시킨다.[4]

[池 元 林]

第 534 條(變更을 加한 承諾)

承諾者가 請約에 對하여 條件을 붙이거나 變更을 加하여 承諾한 때에는 그 請約의 拒絶과 同時에 새로 承諾한 것으로 본다.

1. 承諾은 내용적으로 請約에 대한 무제한적인 同意(uneingeschränkte Zustimmung)이어야 한다.[1] 즉 승낙은, 그것이 청약과 내용적으로 일치하는 경우에만 계약체결을 결과짓는다(客觀的 合致).[2] 객관적으로 합치하지 않는 승낙, 즉 위약금약관, 해제권의 유보 등 청약에 조건을 붙이거나 또는 대금의 감액을 요구하는 등 청약의 내용을 변경해서 하는 응낙은 객관적 합치를 이루지 못하기 때문에 승낙이 될 수 없고,[3] 다만 본조에 따라 원 청약에 대한 拒絶

4) 金基善, 54.

1) Erman-W. Hefermehl, §150 Rn. 2.

2) 金基善, 48: "승낙과 청약의 내용이 일치하느냐의 판단은 신의칙에 의하여서 하여야 한다. 그러므로 승낙이 수량에 있어서 청약의 내용과 다른 경우에도 계약이 성립하는 수가 있다."

3) 조건을 붙였는지 또는 변경을 가하였는지 여부는 계약의 본질적 구성부분에 관한 것인가 아닌가에 따라서 결정되어야 할 것이다. 同旨 金基善, 48; 金亨培, 129: "특히 문제가 되는 것은 원래의 청약에 붙여진 조건이나 변경의 내용이 실질적으로 청약의 동일성에 영향을 주지 않을 정도로 중요한 것이 아닐 경우도 이 조항을 적용할 것인가 하는 점이다. 어떤 조건이나 변경이 가해졌으나 그러한 조건이나 변경이 원래의 청약과 내용상

로,[4] 그리고 내용이 충분히 확정될 수 있는 때에는 거절자의 새로운 請約(neuer Antrag)으로 간주된다. 따라서 원래의 청약자가 이를 승낙하면 계약은 성립한다. 이 경우에도 기간을 정해서 새로운 청약(변경을 가한 승낙)을 하면 §528가, 기간을 정하지 않은 때에는 §529가 적용된다.[5] 본조는 동산에 관한 국제매매계약의 체결에 관한 EAG 제7조 제1항의 규정과 일치한다. 수정된 청약에 대한 沈默은 承諾을 의미하지 않지만, 추단적 행위에 의해서 새로운 반대청약의 승낙에, 그것도 최초의 청약과 본질적으로 다른지 여부와 무관하게, 도달할 수는 있을 것이다.

2. 추신이 붙은 모든 승낙이 제한된 승낙으로 파악되어서는 안 된다. 물론 무제한적으로 승낙될 수 있지만, 성립된 계약을 확장하거나 제한하는 부가적인 청약과 함께 승낙될 수도 있다.[6] 무제한적 승낙이 존재하느냐 아니면 제한된 승낙이 존재하느냐 하는 것은 개별사례의 해석에 달려 있다. "서면을 보내겠다"거나 "상세한 것은 서면으로"라는 추신은 승낙자가 아직도 變更을 유보한다는 것을 나타낸다. 통상 승낙의 고지만이 존재한다. 그 경우에는 청약이 거절되었는지 아니면 승낙되었는지가 서면의 내용에 달려 있다.[7] 만일 전보로 "확실하게 위임한다――서면을 보내겠다"고 했다면 사정은 다르다. 이 경우 서면은 체결된 계약에 관한 수정희망을 포함할 수 있을 뿐이다. 承諾期間의 延長要請은 아직 청약변경이 아니다. 만일 청약의 명백한 흠결, 가령 오타가 정리되었다면 변경된 승낙이 아니라, 오히려 일치가 존재한다.[8]

3. 청약의 양적 일부에 관하여서만 승낙을 하면 어떻게 되는가? 청약자의 의사표시에 의해서 또는 청약의 성질에 따라 分割承諾을 할 수 있는 경우에는 승낙자의 일부승낙은 유효하지만,[9] 분할승낙을 허용하지 않는 때에는 본

합치하느냐 하는 것은 일반적인 법률행위의 해석(신의칙에 따른)의 문제라고 생각된다. 이 경우에 행하여지는 법률행위의 해석은 상대방(원래의 청약자)의 시각(Empfänger-horizont)에서 이루어져야 하고, 승낙자가 이를 의식했느냐는 중요시되지 않는다."

4) 본조에 의한 거절은 종국적이며, 승낙기간 내의 사후의 승낙은 효력이 없다(Erman-W. Hefermehl, §150 Rn. 2).

5) 金亨培, 129. 同旨 註釋債各(Ⅰ), 146.

6) RG JW 31, 1181.

7) RGZ 105, 8.

8) Soergel-Wolf, §150 Rn. 10; Erman-W. Hefermehl, §150 Rn. 3.

9) 金基善, 48.

조가 적용된다. 그러나 통상의 상품거래에 있어서는, 전부가 아니면 거래할 의사가 없다는 등의 특별한 사정이 없는 한, 분할승낙이 일반적으로 허용된다고 새겨야 하며, 그 승낙의 범위 내에서 계약의 성립을 인정하여야 한다.[10]

이와는 달리 청약내용을 확장하여 승낙의 의사표시를 한 때에는 거래관행에 따라 원 청약에 대한 승낙과 확장된 부분에 대한 새로운 청약이 있는 것으로 해석할 수도 있을 것이다.[11] 또한 단순히 청약의 내용에 대한 협상으로서 조건이나 변경을 가하여 문의하는 경우에는 새로운 청약이라기보다 승낙 여부를 확정하기 위한 준비과정으로 보아야 할 경우도 있다. 가령 10만원의 정가가 붙은 상품을 매수할 마음이 있으면서 9만원에 팔지 않겠느냐고 문의하는 경우에 그러하다.[12]

4. 승낙의 확장 또는 제한은 명백하게 인식가능하여야(eindeutig erkennbar) 한다. 수령자가 신의칙에 따라 승낙표시를 무제한적인 것으로 이해할 수 있었던 때에는 승낙에 조건이 붙은 경우에도 본조는 적용될 수 없다. 청약자의 계약의사와 다른 서식을 단순히 첨부하는 것만으로는 부족하다. 새로운 청약으로서 청약수령자의 표시는 최초의 청약자의 단순한 동의에 의해서 승낙될 수 있을 정도로 확정되어야 한다. "당신이 제시한 가격은 나에게 지나치게 높다"라는 표시는 확정되지 않았다.[13] 승낙자가 자기의 거래약관을 매우 조심스럽게 원용하는 것은 청약자인 사업자(Besteller)가 분명하고 명백하게 자기 자신의 거래약관을 기초로 하고 처음부터 다른 약관은 자기의 서면에 의한 확인을 받아야 한다고 표시하였다면, 새로운 청약을 의미하지 않는다. 승낙자가 똑같이 자기의 거래약관을 분명하게 강조하였다면 그러하지 아니하다.[14]

5. 民 §530의 경우와는 달리 실질적으로 변경된 승낙에 대한 청약자의 沈默(Schweigen)은 원칙적으로 同意로, 따라서 새로운 청약에 대한 승낙으로 간주되지 않는다. 승낙이 청약과 본질적으로 다르지 않는 경우에만 청약자의 침묵은 信義則에 따라 변경을 가하여 승낙한 자에 의해서 승낙으로 평가될 수 있다.[15]

10) 郭潤直, 70; 林正平, 85; 金疇洙, 71; 權龍雨, 71-2.
11) 金亨培, 128 주 1); 金基善, 48-9; 註釋債各(I), 146.
12) 註釋債各(I), 147.
13) Staudinger-Dilcher, §150 Rn. 10.
14) Erman-W. Hefermehl, §150 Rn. 5.
15) Erman-W. Hefermehl, §150 Rn. 6.

6. 승낙자가 자기의 승낙표시에 자기의 去來約款을 인용하는 경우에도 새로운 청약이 문제된다.[16] 그런데 특히 당사자 쌍방이 서로 각자의 서로 다른 약관(unterschiedliche AGB)을 원용하는 경우에, 가령 매수인은 자신의 구매약관에 따라서 주문하고 매도인은 자기의 매도약관에 따라서 급부하는 경우에 충돌이 발생한다.[17] 이 문제에 관하여 독일에서는 獨民 §150 Ⅱ을 엄격하게 적용함으로써 상대방의 약관이 아니라 자기의 약관만이 계약에 적용된다고 먼저 표시한 당사자의 조건이 적용된다는 견해가 종래 일반적으로 받아들여졌다. 그러나 최근 각 당사자는 각자의 약관의 유효를 시사하였기 때문에, 약관들은 서로 모순되는 한도에서 계약의 구성부분으로 되지 못하고, 실제로 어느 약관이 적용되어야 할지에 관해서 당사자 쌍방의 의견이 일치하지 않았음에도 불구하고 그에 관한 합의를 의제하는 것은 실질적으로 부당하다는 견해가 유력하다. 이 견해에 의하면, 당사자들이 그 본질적 내용(「核心」, Kern)에 관하여 의견이 일치한다면, 확실히 당사자들이 그 이행에 가치를 부여하는 계약 그 자체는 성립되며, 어느 약관이 적용되느냐 하는 문제의 결정이 계약의 구성부분 그 자체에 해당하지 않는다는 점을 그들이 암시하였다면, 信義則에 따라서 당자사들은 계약의 불성립을 원용할 수 없다고 한다.[18] 그리고 임의규정과 다르거나 그것을 보충하는, 쌍방의 약관에서 일치하는 내용에 의해서 행하여지고 따라서 당사자 쌍방에 의해서 의욕된 규율이 적용되어야 한다는 것이 당사자들의 의사에 합치할 수 있으며,[19] 이 점은 당사자 일방의 약관에 대해서도, 그것이 상대방에게 유리한 규율을 담고 있는 한도에서 적용될 수 있을 것이라고 한다.[20] 당사자 일방의 약관에 가령 소유권유보조항과 같이 타방의 약관에는 그에 상응하는 것이 없는 규정을 담고 있더라도, 개별사례에서 타방의 추단적인 양해를 추론할 수 있는 사정이 존재할 수 있다.[21] 연장되거나 확장되지 않은 단순한 소유권유보의 관행이 이에 대한 징표일 수 있다.[22] 자기의 약관과 모순되는 매도인의 매도약관은 비록 그에 대하여 이의되지 않더라도 적

16) BGHZ 18, 215.
17) 영미법에서는 이 문제가 이른바 「約款의 衝突」(the battle of the forms)로서 다루어진다. 그에 관해서는 우선 Michael H. Whincup, Contract Law and Practice, 2nd ed., 1992, Kluwer, pp. 35-8 참조.
18) BGHZ 61, 282, 289; MünchKomm/Kramer, §150 Rn. 7.
19) BGH NJW 85, 1838, 1839; Ulmer-Brandner-Hensen, AGBG, §2 Rn. 101; Wolf-Horn-Lindacher, AGBG, §2 Rn. 77.
20) Flume, AT Ⅱ, §38, 3.
21) BGH NJW 85, 1838, 1839.
22) Ulmer-Brandner-Hensen, AGBG, §2 Rn.104.

용되지 않는다는 매수인의 매수약관에 포함된 거절조항은 매도약관에 포함된 연장되거나 확장된 소유권유보의 유효성을 배제한다.[23] 한편 국제매매계약의 체결에 적용되는 EAG 제7조 제2항의 규정에 의하면 청약과의 상위함이 본질적인 것인 때에만 새로운 청약으로 간주된다.

[池 元 林]

第 535 條(契約締結上의 過失)

① 目的이 不能한 契約을 締結할 때에 그 不能을 알았거나 알 수 있었을 者는 相對方이 그 契約의 有效를 믿었음으로 因하여 받은 損害를 賠償하여야 한다. 그러나 그 賠償額은 契約이 有效함으로 因하여 생길 利益額을 넘지 못한다.

② 前項의 規定은 相對方이 그 不能을 알았거나 알 수 있었을 境遇에는 適用하지 아니한다.

차 례

Ⅰ. 「契約締結上의 過失」責任構造의 二分化

民 §535는 表題語로서 「契約締結上의 過失」을 상정하고 있으면서, 原始的 不能인 給付를 내용으로 하는 契約에 의해 損害를 입은 者에 대한 損害賠

23) BGH NJW 85, 1838, 1839f.; 82, 1749, 1751.

償을 규정하고 있다. 判例[1]는 「契約締結上의 過失」制度를 規定的 의미에 한정시켜 엄격히 적용하고 있는 데 반해, 學說[2]은 그 規定的 의미를 넘어 상당히 포괄적인 事案을 「契約締結上의 過失」制度 아래에 포섭시키고 있다. 이 때 學說이 인정하는 「契約締結上의 過失」이란 "契約締結을 위한 준비단계 또는 契約의 成立過程에서 당사자의 一方이 그에게 責任 있는 事由로 相對方에게 損害를 준 때에 부담해야 할 賠償責任"[3]이라고 보는 것이 一般的이다.

學說이 이처럼 「契約締結上의 過失」의 범위를 民 §535의 規定的 의미를 넘어서 넓게 잡고 있는 것은 주로 獨逸法의 영향을 받은 것으로 보인다. 즉 獨逸法에서 形成되어 온 「契約締結上의 過失」理論을 우리 學說이 繼受하고 있다는 것이다. 그러면서 우리 學說은 繼受한 獨逸法上의 「契約締結上의 過失」을 우리 民 §535에 포섭시켜서, 적용범위에 있어서는 民 §535의 규정적 의미를 넘어서 인정하고 있고 法的 效果에 있어서는 民 §535의 규정적 의미에 한정시켜 論하는 것이 一般的이다.[4] 따라서 繼受된 獨逸法의 「契約締結上의 過失」의 法的 根據는 民 §535에서 구하여지며, 거기서 규정된 原始的 不能의 경우는 「넓은 의미의 契約締結上의 過失」의 하나의 類型으로 다루어져서 「契約締結上의 過失」制度는 一元的으로 論하여지고 있다. 그러나 정작 母法인 獨逸法에서는 「契約締結上의 過失」制度가 二元的으로 다루어지고 있다. 즉 規定的으로 마련해 놓은 獨民 §§122, 179, 307, 309 등은 歷史的인 의미에서 「契約締結上의 過失」의 一部로 여겨지기는 하지만, 그 의미는 그 規定的 의미에 한정해서 언급되고 論하여진다. 반면에 一般的으로 「契約締結上의 過失」이라고 하면 위의 規定들 이외에서 1900年 獨逸民法 시행 이후에 判例에 의하여 形成·發展되어 온 制度를 의미하고 있다. 前者를 「規定上의 契約締結上의 過失」, 後者를 「一般的인 契約締結上의 過失」로 부를 수 있을 것이다.[5][6] 獨逸法에서 兩者는 적용될 事案 자체가 다를 뿐만 아니라 法的 效果마저 전혀 다

1) 大判 68. 4. 30, 68다247(總 3-2(A), 385); 大判 71. 6. 22, 71다792(總 3-2(A), 385); 大判 72. 5. 9, 72다384(總 3-2(A), 386); 大判 74. 6. 11, 73다1975(總 3-2(A), 386-3); 大判 75. 2. 10, 74다584(總 3-2(A), 386-6); 大判 78. 2. 14, 77다2088(總 3-2(A), 386-11).

2) 郭潤直, 81; 金曾漢, 49; 金基善, 39; 金疇洙, 77; 金顯泰, 13; 金錫宇, 64; 黃迪仁, 91; 李銀榮, 105.

3) 예컨대 郭潤直, 81; 金曾漢, 49; 黃迪仁, 91.

4) 예컨대 郭潤直, 87; 金曾漢, 52; 金基善, 41; 金顯泰, 41; 金錫宇, 67. 이에 반해 法的 效果에 있어서 차이를 두는 견해로는 李英俊, "契約締結上의 過失責任의 法的 性質에 관한 硏究", 玄勝鍾기념논문집, 322; 註釋債各(Ⅰ), 213.

5) 崔興燮, "原始的 不能論과 民法 第535條", 財産法硏究 9-1, 99.

6) 「一般的인 契約締結上의 過失」을 우리 법에서는 「規定外의 契約締結上의 過失」로 부를 수도 있을 것이다.

르게 形成되어 있다. 예컨대「規定上의 契約締結上의 過失」은 信賴利益의 賠償을 전제로 하며 그 한도는 履行利益에 의해 제한되고 있으며 相對方의 過失이 존재하는 경우에 當事者의 責任은 成立하지 않는다. 이에 반해「一般的인 契約締結上의 過失」은 履行利益의 賠償도 허용되며 損害賠償의 範圍에 제한이 가하여지지도 않으며 또한 過失相計의 적용을 인정하고 있다. 즉 法的 效果에 있어서는 後者는 前者의 規定을 適用하거나 類推適用하는 것이 아니라, 損害賠償制度의 一般原則인 獨民 §249(原狀回復에 한 損害賠償의)와 §254(過失相計)가 적용되는 獨自的인 制度인 것이다.

獨逸法의 이러한 二元的 構造와 달리, 우리의「契約締結上의 過失」制度가 一元的으로 다루어지는 데에는 그럴 만한 이유가 없는 것은 아니다. 즉 立法者는 民 §535와「契約締結上의 過失」을 同一視했고,[7] 學說 역시 獨逸法이「契約締結上의 過失」制度의 二元的 構造를 인식하지 못한 채 獨逸에서 발전되어 온「一般的인 契約締結上의 過失」을 그대로 民 §535에 접목시켜 왔기 때문이다. 그러나 이로 인해 우리 법의 一元論은 몇 가지 문제점을 낳게 된다. 첫째, 獨逸의「一般的인 契約締結上의 過失」에서 當事者利益에 적합하도록 形成되어 온 法的 效果가 우리의「契約締結上의 過失」에서는 民 §535의 엄격한 規定的 效果에 가려져 그 正當한 의미가 死藏되고 있다. 둘째, 民 §535의 規定的 意味에 대한 올바른 이해가 방해되고 있다는 점이다. 이러한 문제점을 회피기 위해서, 더 나아가 우리의 學說과 判例가「契約締結上의 過失」의 적용범위를 달리 파악하고 있기 때문에도「規定上의 契約締結上의 過失」과「一般的인 契約締結上의 過失」을 구별해서 다루어야 할 것이다. 이러한 의미에서 이하에서는「契約締結上의 過失」을 二元的으로 다루기로 한다.[8]

Ⅱ. 規定上의 契約締結上의 過失

1. 立法者意思

우리의 立法者는 民 §535는 獨民 §307을 繼受했다고 밝히고 있으며, 우

7) 民事法硏究會 편, 民法案意見書, 160(1957). 이 책 속에서 民 §535에 대해 기술한 玄勝鍾 교수의 견해가 그 규정에 관한 우리 法의 立法者 意思로 알려져 있다. 예컨대 李銀榮, 108 註 4); 梁彰洙, 民法硏究 Ⅰ, 82 참조.

8) 분명하지는 않으나 우리 法에서「契約締結上의 過失」을 二元的으로 보고 있다고 보여지는 견해가 없는 것은 아니다. 예컨대 李英俊(註 4), 291.

리 民法이 獨民 §306의「目的이 不能한 契約은 無效」라는 내용을 규정하고 있지는 않지만 그것을 民 §535의 전제로 삼고 있음도 밝히고 있다.[9] 결국 우리 민법은 獨民 §306을 默示的으로, 獨民 §307을 明示的으로 繼受하고 있다고 볼 수 있다. 그러나 原始的 不能給付를 目的으로 하는 契約에서 발생되는 損害賠償문제에 관한 獨逸民法規定들을 검토해 볼 때 우리 立法者는 이 문제를 너무 단순하게 생각했던 것으로 보여진다. 첫째는「契約締結上의 過失」과 民 §535를 同一視하여「契約締結上의 過失」의 적용범위를 民 §535에 한정시켰다는 점이 그렇고, 둘째는 獨民 §307는 繼受하면서 이 규정의 전제가 되는「原始的 不能給付를 내용으로 하는 契約은 無效」라는 獨民 §306는 당연한 것으로 생각하여 우리 민법 속에 규정하지 않았던 점이 그렇고,[10] 셋째는 獨民 §307 I 만 繼受함으로써 獨民 §307 II 와 §309에서와 같이 獨民 §307이 準用되는 경우에 대한 언급이 없으며 또 原始的 不能이면서도 獨民 §307의 적용을 制限하고 있는 獨民 §308에 대하여서도 언급이 없어서 논란의 여지를 만들어주고 있다는 점에서 그렇다. 어쨌든 民 §535에 대한 우리의 立法者意思가 獨民 §§306와 307 I 을 繼受한 것은 확실하므로 民 §535를 정확히 이해하고 타당하게 解釋하기 위해서도 그 규정들에 대한 獨逸立法者의 意思를 추적해 볼 필요가 있다고 본다.[11]

우선 兩規定은 原始的 不能이며 동시에 客觀的 不能[12][13]인 경우에만 그 적용이 있다고 한다. 따라서 原始的·主觀的 不能에는 적용되지 않는다. 특히 獨民 §306은 켈수스의 命題인 "impossibilium nulla est obligatio"(不可能한 것에 대하여는 債務가 없다)에서 연원되었다고 한다. 즉 給付가 客觀的으로 不能

9) 民法案意見書(註 7), 162.

10) 나중에 다시 언급되겠지만「目的이 不能한 契約이 無效」라는 것은 論理的으로 필연적인 것은 아니다.

11) 이하의 獨逸立法者의 意思에 관해서는 Soergel/Wolf, §306 Rdnr. 1(S. 1165) 참조.

12) 獨逸法에서 客觀的 不能이란 어느 누구에 의해서도 給付가 不能한 경우이고, 主觀的 不能이란 債務者에 의해서는 給付가 不能이지만 제 3 자는 給付가 가능한 경우라고 양자를 구분하는 것이 多數의 견해이다. 반면에 主觀的 不能을 그 不能이 債務者 자신의 一身上의 사정에 기하는 경우로 보고 그 이외의 것을 客觀的 不能으로 보는 少數說도 있다[두 가지의 學說對立에 대해서는 Erman/Battes, Vor §§275-292 Rdnr. 28(S. 668) 참조]. 少數說이 갖는 장점은 一身專屬的 給付의 不能을 主觀的 不能으로 볼 수 있다는 데에 있다. 예컨대 獨逸法에서 原始的·主觀的 不能인 경우는 契約이 有效이어서 履行利益의 賠償이 가능하고, 더구나 判例와 學說의 一部는 이것을 保證責任으로 보기 때문에 一身專屬的 給付가 原始的 不能인 경우에 主觀的 不能으로 분류되면 客觀的 不能으로 분류되는 것보다 債權者에게 상당히 有利해진다.

13) 우리 法에서는 客觀的 不能과 主觀的 不能을 구별하지 않는다. 예컨대 郭潤直, 債總, 137. 反對 李英俊, 民總, 205.

인 경우에 그 給付는 누구에 의해서도 실현될 수 없으므로 債務者에게 給付義務를 부과할 수 없다는 것이다. 더구나 給付가 客觀的으로 不能인 경우에 그 不能을 認識·確認하는 것은 債務者뿐만 아니라 債權者에게도 똑같이 가능하다고 한다. 그렇기 때문에 債務者를 契約的 구속에 머물러 있도록 하는 것은 부당하며, 原始的·客觀的 不能에서 나오는 危險(Risiko)을 債務者에게만 부담시키는 것도 타당하지 않다는 것이다. 오히려 契約을 無效로 함으로써 그 危險을 兩當事者 모두에게 부과시키는 것이 타당하다는 것이다. 즉 債權者는 給付危險(Sachgefahr)을, 債務者는 對價危險(Preisgefahr)을 각자 부담해야 한다는 것이다. 이러한 이유에서 獨民 §307은 當事者 어느 一方에 즉시 信賴損害를 賠償시키는 것보다는 개개의 경우에 主觀的 요소인 過責(Verschulden)을 구체적으로 평가하여 때로는 債務者에게, 때로는 債權者에게 賠償義務를 부과할 수 있도록 하는 規定이라고 한다. 즉 獨民 §307은 兩當事者 모두에 대해 危險이 귀속될 수 있다(Risikozuweisung)는 생각에서 출발하고 있다는 것이다. 獨民 §307에서 債務者에게 履行利益이 아니고 信賴利益에 대한 賠償을 규정하고 있는 이유도 바로 거기에 있다고 한다. 履行利益을 賠償받지 못하는 위험은 債權者가 스스로 감수해야 한다는 것이다.

결국 獨逸立法者는 目的이 客觀的으로 不能한 契約은 어느 누구도 그 給付를 履行할 수 없기 때문에 무의미하다고 생각했고 따라서 履行할 수 없는 給付의 履行에 누구도 責任질 필요는 없다고 생각했던 것이다. 그것이 곧 契約의 無效라는 결과를 낳은 것이다. 그러나 이러한 결과에 의해 그 契約의 有效함을 信賴하고 있었던 相對方이 입을 수 있는 損害를 塡補시켜 주기 위해 극히 제한된 要件하에서 損害賠償을 허용해 주었던 것이다. 그래서 損害는 信賴損害에 한정되었고 履行利益을 넘을 수 없게끔 제한하였으며, 信賴保護를 받을 자격이 없는 過失 있는 相對方에게는 損害賠償請求權이 허용되지 않도록 하였던 것이다.

2. 民法 第535條에 대한 타당성 논의

우리의 民 §535에 해당되는 이러한 獨民 §§306, 307에 대하여 獨逸의 學說의 그 規定들의 內容的 타당성에 관해서 상당히 회의적이다. 오래 전부터 행해진[14] 이 규정들에 대한 비판은 「目的이 不能한 契約이 無效」라는 것은

14) 특히 Rabel, Die Unmöglichkeit der Leistung, FS für E. I. Bekker(1907)=Gesammelte

論理必然的인 것이 아니며 法政策的으로도 타당하지 못하다는 것이다. 立法者는 給付에 대한 履行만을 염두에 두고 이에 관한 規定을 設定한 잘못이 있다는 것이다. 그렇기 때문에 獨民 §307(=民 §535)에서 규정된 損害賠償이 信賴損害에 한정되어 있으나 오히려 履行利益의 損害를 賠償시키는 것이 타당하며, 相對方의 過失이 존재하는 경우에 그의 損害賠償請求를 허용하지 않는 것보다는 過失相計를 적용하는 것이 當事者利益에도 적합하다는 것이다. 이러한 비판은 獨逸에서는 상당히 넓게 인정받고 있으며,[15] 그렇기 때문에 學說과 判例[16]는 가능한 한 獨民 §306, 307의 적용범위를 제한시키고자 노력하고 있다. 그 방법으로 信義則에 기해 그 적용을 제한하든가, 給付可能에 대한 債務者의 明示的 또는 推斷的 保證義務의 引受를 인정함으로써 債權者에게 履行利益의 賠償을 허용해 주든가, 또는 瑕疵擔保責任規定을 확대적용시키고 있다.

그러나 우리 法에서 判例나 종래의 學說의 입장에서는 民 §535에 관해 그 타당성에 관한 의문이 거의 제기되지 않고 있다. 오히려 不能의 기준을 「社會觀念」에서 파악하여 民 §535에 原始的·客觀的 不能의 경우뿐만 아니라 原始的·主觀的 不能의 경우까지 포함시켜 이해하는[17] 등 그 적용범위를 확대하는 경향이 보인다. 이에 대하여 최근 民 §535의 타당성에 대하여 의문을 제기하는 견해가 나타나고 있다.[18] 이 견해에 따르면[19] 民 §535의 전제로 삼는 「目的이 不能한 契約은 無效」라는 命題는 論理必然的인 것이 아니며 立法政策的으로도 타당하지 않고 오히려 獨逸立法者의 잘못된 관념 때문에 생긴 것이라고 한다. 예컨대 擔保責任規定 속에 존재하는 他人物件의 賣買(民 §569) 및 原始的 一部不能이 契約의 目的을 달성할 수 없는 경우(民 §§580 I, 581 I, 575 I)에도 역시 契約의 有效를 전제로 하고 있으며 그래서 履行利益의 賠償을 허용하지 않느냐는 것이며, 後發的·客觀的 不能의 경우에도 어느 누구에 의해서도 給付의 실현이 不可能한 경우인데 契約은 有效하며 履行利益의 賠償이 인정되지 않느냐는 것

Aufsätze, S. 1.

15) Larenz, SchuR Ⅰ, §8 Ⅰ(S. 99f.); Esser/Schmidt, SchuR Ⅰ, §22 Ⅲ(S. 308); Medicus, SchuR Ⅰ, S. 173; Emmerich, Das Recht der Leistungsstörungen, 3. Aufl. 1991, S. 17; Münchkomm/Söllner, §306 Rdnr. 3(S. 826); Soergel/Wolf, §306 Rdnr. 24(S. 1171); Staudinger/Löwisch, §306. Rdnr. 2(S. 245); Palandt/Heinrichs, §306 1) a)(S. 370).

16) RGZ 137, 84; BGHZ 93, 145; BGH NJW 1983, 2873.

17) 通說·判例이다. 예컨대 郭潤直, 債總, 137; 大判 74. 5. 28, 73다1133(總 3-1(A), 46-77).

18) 梁彰洙, "原始的 不能論 1-1", 法學 27-2·3, 126; 李英俊, 民總, 200; 崔興燮(註 5), 99.

19) 崔興燮(註 5), 109.

이다. 더구나 契約締結을 前後하여 不能時點이 달라지는 것은 종종 「우연」에 의해 發生하는데 그러한 「우연」에 의해 法的 效果의 차이를 둔다는 것은 부당하다는 것이다. 특히 이 조항에 대한 獨逸立法者의 意思는 給付의 訴만 염두에 두고 있었지 金錢的 履行의 訴는 생각하지 않고 있었다는 것이다. 原始的·客觀的 不能인 경우에 給付의 실현이 不可能한 것은 사실이지만, 그 점에 過失이 있는 當事者에게 金錢的 賠償을 통해 給付實現과 동일한 경제적 결과를 가져오도록 하는 것이 보다 타당하지 않겠느냐는 것이다. 그렇기 때문에 民 §535에서 損害를 信賴利益의 賠償에 한정시키는 것이 옳지 않으며, 더구나 民 §535 Ⅱ의 입장보다는 兩當事者에게 過失이 존재한다면 過失相計를 인정하는 것이 보다 타당하다는 것이다. 그 이유는 債務者의 故意 또는 重過失로 原始的 給付不能에 의해 契約無效가 초래되었는 데도 債權者의 輕過失이 있었다고 債權者에게 損害賠償請求權을 인정하지 않는 것은 너무나 부당하다는 것이다. 결국 이 견해는 原始的·客觀的 不能의 경우에도 後發的 不能의 경우와 마찬가지로 다루어져서 契約의 有效를 인정하고 履行利益의 賠償을 허용하여 過失相計의 적용을 인정하는 것이 當事者利益에 적합하다고 한다. 그래서 적어도 解釋論上으로는 民 §535의 적용영역을 제한시키도록 노력해야 한다고 주장한다.

3. 適用範圍

(1) 成立要件

民 §535의 成立要件으로 다음 사항이 거론되는 것이 一般的이다.[20] 첫째, 外見上 契約締結行爲가 있었을 것. 둘째, 契約이 目的不能으로 無效일 것. 셋째, 契約의 無效로 말미암아 相對方이 損害를 입었을 것. 넷째, 締約行爲時 一方 當事者의 惡意 또는 過失이 있었을 것. 그러나 締結된 契約의 성질상 注意義務의 정도가 낮추어져 있는 경우에, 예컨대 贈與契約(民 §559)이나 無償任置(民 §695)의 경우에 책임질 當事者의 注意義務도 그에 따라 낮추어진다. 當事者의 過失에 대한 立證責任에 대하여 學說上 當事者의 過失이 推定된다는 견해가 보인다. 契約에 의해 자기가 부담할 給付에 관한 不能은 그 給付義務者의 支配領域에 속하기 때문이라고 한다.[21] 다섯째, 締約行爲時 相對方은 善意·無過失이어야 한다. 相對方의 過失에 대한 立證責任은 그것을 주장하는 當事者가 진다.

20) 李銀榮, 109-11. 그 외에 郭潤直, 89; 金曾漢, 50; 金基善, 41; 金疇洙, 79-80 등도 같은 의미로 해석된다.

21) 李銀榮, 110.

(2) **具體的인 적용범위**

㈎ 民 §535의 적용범위에 관하여, 通說[22]은 締結된 契約의 내용의 全部 또는 一部가 原始的으로 不能이기 때문에 그 契約이 全部 또는 一部無效인 경우라고 한다. 다만 賣買 기타 有償契約의 一部가 不能인 경우에는 賣渡人의 擔保責任에 관한 規定에 의하여 責任이 생기므로(民 §§574, 580), 그 때에는 民 §535가 적용될 여지가 없다고 한다. 이러한 通說과 달리 有償契約 이외에서 一部不能이 發生한 경우에 一部不能이 全部無效를 가져온 때에만 民 §535가 적용된다는 견해가 있다.[23] 생각건대 一部無效의 경우에도 民 §535를 적용시키는 通說의 입장은 獨民 §307 Ⅱ을 수용하고 있는 것으로 보인다. 그러나 그러한 明文規定이 없는 우리 法에서 民 §535를 확대적용할 필요는 없다고 본다. 民 §535는 給付不能을 전제로 삼는 규정이며 또한 그 규정의 부당성 때문에 적용범위를 제한적으로 해석해야 하기 때문이다.

民 §535는 原始的·客觀的 不能에만 적용되는가 아니면 原始的 不能이기만 하면 되는가? 여기에 대해서는 學說이 對立하고 있다. 通說과 判例는 不能개념에 대해 客觀的 不能과 主觀的 不能을 구별하지 않고 단지 「社會觀念」에 따라 不能·可能을 구분하므로 民 §535의 경우에도 原始的 不能이기만 하면 된다는 입장이다.[24] 이 때 客觀的 不能뿐만 아니라 主觀的 不能도 포함되는 것으로 보인다.[25] 이에 반해 民 §535의 적용범위는 原始的·客觀的 不能에 한정되고 原始的·主觀的 不能은 적용되지 않는다는 少數의 견해가 있다.[26] 原始的·主觀的 不能인 他人物件의 賣買가 民 §569에 의해 有效하고 賣渡人이 目的物을 引渡하지 못하는 경우에는 擔保責任을 지게 되며 이 擔保責任의 本質이 債務不履行이기 때문에 契約의 無效를 전제로 하는 民 §535에 原始的·主觀的 不能은 포함되지 않는다는 것이다. 생각건대 명백히 獨逸立法者는 原始的·客觀的 不能에 한정시켜서 그것을 전제로 民 §535의 法的 效果를 규정했으며, 오늘날 獨逸에서는 民 §535의 부당성이 널리 인정되어 原始的·客觀

22) 郭潤直, 89; 金曾漢, 50; 金基善, 42; 金疇洙, 82; 李太載, 74; 金顯泰, 17.
23) 李銀榮, 109.
24) 金基善, 42; 金疇洙, 81; 李太載, 74; 金曾漢, 50. 이에 반해 郭潤直, 89; 金錫宇, 69; 金顯泰, 17에서는 原始的·客觀的 不能을 요구하고 있으나, 이 때의 客觀的 不能의 의미는 主觀的 不能의 반대개념으로서가 아니라 단순히 「社會觀念上의 不能」 또는 「原始的 不能」을 강조하는 의미로 사용되고 있다고 여겨진다. 立法者意思로 인정되고 있는 玄勝鍾 교수의 입장도 마찬가지인 것으로 보여진다(民法案意見書(註 7), 161).
25) 예컨대 郭潤直, 債總, 138 참조.
26) 李銀榮, 109.

的 不能이라는 적용범위마저 제한적으로 解釋·適用되고 있고, 우리 법상 原始的·主觀的 不能에 의한 契約을 有效로 인정하고 信賴利益이 아닌 履行利益의 賠償을 허용하는[27] 民 §569의 例가 존재하므로 解釋論上 少數의 견해에 찬동한다.

契約이 強行法規에 위반하여 無效인 경우에도 民 §535는 적용되는가? 獨民 §309를 근거로 이를 긍정하는 견해가 있다.[28] 생각건대 強行法規에 위반된 契約에는 두 가지 종류가 있다. 하나는 契約締結 그 자체가 強行法規에 의해 禁止되어 있는 경우이고, 다른 하나는 契約의 履行이 禁止되어 있는 경우이다. 民 §535의 문제는 後者의 경우에 한정될 것이다.[29][30] 비록 그렇다고 하더라도 두 가지 경우 모두 「強行法規에 違反된 契約은 無效」라는 法理에 의해 해결하면 될 것이지 民 §535의 부당성이 지적되고 있는 오늘날, 規定에도 없는 근거를 확대하여 民 §535를 적용시킬 필요는 없다고 본다.

(나) 우리 法에서 民 §535에 관한 學說上의 論難과 행하여진 判例는 의외로 적다. 이에 반해 獨逸法에서는 이에 관한 學說과 判例가 상당히 집적되어 있으므로 民 §535의 具體的 적용범위를 이해하는 데에 참고가 될 것으로 생각되어 소개하기로 한다.

앞에서 언급했듯이 獨逸法에서 獨民 §§306, 307의 적용범위는 상당히 제한되어 있다. 먼저 原始的·客觀的 不能인 경우에 한해 적용된다. 따라서 原始的·主觀的 不能의 경우는 적용되지 않는다. 또한 계속적 不能(dauernde Unmöglichkeit)의 경우에 한해 적용되기 때문에 一時的 不能(vorübergehende Unmöglichkeit)은 적용되지 않는다. 다만 一時的 不能이더라도 그로 인해 契約目的이 위태롭게 되는 경우에는 계속적 不能과 동일시된다. 目的이 原始的·客觀的 不能일지라도 그 不能이 제거될 수 있거나, 給付가 가능하게 되는 경우를 위해 契約이 締結된 것이라면 그 契約은 有效하다(獨民 §307 I). 그러나 契約締結時에 雙方이 현재의 一時的인 不能事由가 履行期까지는 제거될 수 있다고 믿고 契約을 締結하였으나 이러한 생각이 후에 잘못된 것이라고 판명된 경우에는 獨民 §308에 의해 契約은 有效하지만 雙方錯誤가 인정되어서 行爲基礎論(Wegfall

27) 大判(全) 67. 5. 18, 66다2618(全集 民 I, 223).
28) 李銀榮, 109.
29) Erman/Battes, §306 Rdnr. 12(S. 761).
30) 이 경우에 獨逸法에서는 일반적으로 獨民 §134에 의해서도 無效이고 동시에 獨民 §306에 의해서도 無效라고 한다.

der Geschäftsgrundlage)에 의해 해결되어 契約內容이 수정될 뿐이다.[31] 또한 獨民 §§306, 307은 원칙적으로 債權契約에 한해 적용되므로 物權契約에는 그 적용이 없다. 한편으로 法律上의 特別規定이 있으면 그 적용이 배척된다. 예컨대 賣買(獨民 §§459, 463), 賃貸借(獨民 §§537, 538), 都給(獨民 §§634, 645) 등에 존재하는 瑕疵擔保責任規定이 우선적으로 적용된다.

도저히 使用不可能한 目的物에 대해 賃貸借契約이 締結된 경우에, 종전의 判例는 그 目的物을 引渡한 경우에는 擔保責任규정이 적용되고 引渡하기 前이라면 原始的·客觀的 不能으로 인정하고 있었으나 최근 判例가 바뀌어[32] 目的物을 引渡하기 전이더라도 擔保責任規定이 적용된다고 한다. 결국 擔保責任規定이 확대적용되고 獨民 §§306, 307의 적용이 제한된 것이다. 또한 學說과 判例[33]는 獨民 §§306, 307의 적용을 배제하기 위해 넓은 범위에서 給付可能에 대한 債務者의 明示的 또는 推斷的 保證義務의 引受를 긍정하고 있다. 學說은 客觀的 不能의 원인이 오로지 債務者의 危險領域에 존재하고 그래서 債權者가 債務者의 약속에 대한 有效性을 특별히 信賴하지 않을 수 없었다면 債務者의 給付可能에 대한 推斷的 保證을 인정한다.[34] 어느 當事者가 給付可能性에 대해 의문을 품었음에도 불구하고 契約을 締結하는 경우에도 推斷的 保證引受가 긍정된다.[35] 또한 信義誠實의 原則(獨民 §242)에 따라 獨民 §§306, 307의 적용이 제한될 수도 있다. 예컨대 給付가 合意된 대로는 실현이 不可能하지만 그 給付에 대신하여 다른 給付를 행하는 것이 信義則上 타당할 수 있다면 그 給付는 不能이 아닌 것으로 여겨진다.[36]

一身專屬的 給付를 目的으로 하는 契約을 締結하였으나 그 給付가 契約締結時 이미 現實不能인 경우에 獨逸判例는 原始的·客觀的 不能을 인정한다.[37] 그러나 學說은 의견이 갈라져서 原始的·主觀的 不能으로 보거나,[38] 또는 原始的·主觀的 不能의 法的 效果를 援用하는 견해[39]도 있다. 그 이유는 獨逸法에서 原始的·主觀的 不能의 경우는 契約이 有效하고 保證責任에 의한 履行利

31) BGHZ 47, 52=NJW 1667, 721.
32) BGH NJW 1985, 1025.
33) 특히 BGH 1983, 2873에서는 獨民 §§306, 307의 적용을 배제하려는 모습이 역력하다.
34) Soergel/Wolf, §306 Rdnr. 24(S. 1171).
35) Emmerich(註 14), S. 31f.
36) BGHZ 38, 149.
37) 獨逸判例에 대해서는 Emmerich(註 14), S. 34 註 7) 참조. 同旨 李銀榮, 109.
38) Staudinger/Löwisch, §306 Rdnr. 11(S. 247); Emmerich(註 14), 33.
39) Larenz, SchuR Ⅰ, 8 Ⅱ(S. 103).

益의 損害賠償이 허용되는데 一身專屬的 給付가 不能된 경우에는 그러한 결과가 타당하다고 보기 때문이다.

契約이 관청의 認·許可(Genehmigung)를 필요로 하는 경우에 獨逸法은 두가지 종류로 나누어 이것을 다루고 있다. 하나는 義務負擔行爲에 認·許可가 필요한 경우이고, 또 하나는 그 履行行爲에 認·許可가 필요한 경우이다. 前者의 경우에 認可 없이 契約이 締結되었다면 그 契約은 流動的 無效(Schwebende Unwirksamkeit)이고 후에 종국적으로 認可가 거절된 경우에는 확정적으로 無效가 되기 때문에 給付不能이 적용될 여지가 없다고 한다.[40] 다만 契約締結後에는 當事者들에게 認可를 얻기 위해 협력해야 할 義務가 발생하는데 이 義務에 違反한 경우에는 「一般的인 契約締結上의 過失」責任이 성립한다고 한다.[41] 이에 반해 後者인 경우에는 그 認可 없이 契約이 締結되었다 하더라도 契約은 有效이고 후에 認可를 얻지 못한 경우에는 後發的 不能이 될 뿐이라고 한다. 다른 例로서 一方當事者가 勞動許可(Arbeitserlaubnis) 없이 雇傭契約을 締結한 경우에는 客觀的 不能이 아니라 主觀的 不能으로 다루어지며 더구나 원칙적으로 原始的 不能이 아니라 後發的 不能이 된다고 한다.[42]

4. 法的 效果

(1) 目的이 原始的·主觀的으로 不能인 契約은 無效이다. 契約締結時 債務者가 그 不能事由를 알고 있었든 모르고 있었든 관계 없이 原則的으로 無效이다. 그러나 이것은 絶對的인 것(즉 強行規範)이 아니다. 따라서 當事者가 그러한 契約도 有效라고 合意할 수도 있다. 이처럼 一方 當事者가 給付의 可能性에 대한 保證義務를 引受하였다고 인정된다면 비록 後에 그 給付가 原始的·客觀的 不能임이 밝혀졌다고 해도 契約은 無效가 아니라 有效이며, 債權者는 保證(Garantie)의 履行, 즉 履行利益의 損害賠償을 요구할 수 있다.

(2) 損害賠償은 履行利益의 損害가 아니라 信賴利益의 損害에 한정되며 그 損害額이 履行利益의 損害額을 넘지 못한다(民 § 535 I). 여기서 信賴利益의 損害란 目的物의 조사비용, 代金支拂을 위해 借用한 돈의 利子, 제 3 자로부터의 유리한 請約을 거절하였음으로 말미암아 생긴 損害 등을 말한다. 또한 債務者가 契約締結時 不能을 알았거나 過失로 몰랐다고 해도 相對方이 그 不能을 알

40) 우리 判例 역시 마찬가지이다. 大判(全) 91.12.24, 90다12243(月報 259, 81).
41) Emmerich(註 14), S.24f.
42) Staudinger/Löwisch, §306 Rdnr. 24(S.250).

수 있었을 경우에는 相對方의 損害賠償請求權이 인정되지 않는다(民 §535 II). 그러나 그러한 債務者가 不法行爲에 基한 損害賠償責任을 지는 것은 별개이다.

(3) 時效는 契約上의 時效가 적용되는가 아니면 不法行爲上의 時效가 적용되는가? 이 문제는 民 §535의 本質이 무엇이냐에 따라 결정될 것이다. 우리 法에서 契約責任 또는 契約類似責任[43]으로 보는 것이 通說이므로 時效는 原則的으로 10년(民 §162 I)이고 特別規定에 의해 契約上의 短期消滅時效가 적용될 것이다.

(4) 民 §535는 다른 類似한 경우에 類推適用된다는 것이 通說이지만, 그 부당성 때문에 目的이 不能한 契約에 한해서만 적용될 뿐 이 이외의 경우에는 그 적용이 없어야 한다.

Ⅲ. 一般的인 契約締結上의 過失

1. 獨逸法

(1) 머리글

獨逸民法은 給付障碍의 유형으로 不能과 遲滯만 규정하고 있다. 民法시행 직후부터 給付障碍法의 협소성이 인식되자 判例와 學說은 새로운 유형의 給付障碍를 形成시켜 나갔다. 그것이 契約締結上의 過失, 積極的 債權侵害, 行爲基礎論 등이다. 이러한 여러 가지 유형의 給付障碍 중에서 특히 契約締結上의 過失은 오늘날 實務上으로 가장 중요한 給付障碍類型으로 등장하고 있다.

그러나 「契約締結上의 過失은 무엇인가?」라는 물음에 오늘날의 독일학자들은 그 대답을 회피하거나 포기하는 경향이 있다. 이 制度에는 너무나도 다양한 事案들이 「契約締結上의 過失」이라는 이름 아래 모여 있기 때문에, 그리고 이 制度의 적용범위가 아직도 流動的이며 확대되어 가는 중이기 때문에 한마디로 그 概念을 定義하기가 어렵다는 것이다. 다만 몇 가지 점에 대해서는 견해의 일치가 보인다. 예컨대 「契約締結上의 過失」責任이 성립하기 위해서는 契約締結과 모종의 관련을 가지면서 契約締結以前段階에서의 義務違反이 있어야 한다는 점, 企圖된 契約의 종류가 어떤 것이든 상관없다는 점, 契約의 成立

43) 本質的으로는 契約責任이 아니지만 法的 效果에 있어서는 契約責任上의 效果를 적용한다는 의미에서 契約類似責任이다.

유무에 관계 없이 성립한다는 점, 契約上의 利益뿐만 아니라 不法行爲法上의 保護法益인 身體侵害 등도 이 制度의 保護法益에 포함된다는 점, 契約當事者 이외의 제3자도 保護範圍에 들어가기도 하고 반대로 義務負擔者로서 인정될 수도 있다는 점, 契約責任上의 法律效果(예컨대 履行補助者, 立證, 時效문제에서)를 적용시킨다는 점, 損害賠償문제는 獨民 §249 등 損害賠償法의 一般原則에 의해 해결된다는 점, 이 制度는 法定債權債務關係(gesetzliche Schuldverhältnisse)로 이해되고 있다는 점 등이다. 반면에 여전히 논란의 대상이 되고 있는 어려운 점은, 어느 時點부터 責任은 成立하는가, 責任의 內容 및 그 확정기준은 무엇인가, 責任根據 내지 效力根據는 무엇인가, 어느 범위까지 이 制度의 보호범위에 들어가는가, 제3자는 어느 범위까지 責任을 지는가, 過失이 이 制度의 成立要件인가, 다른 制度와의 관계는 어떻게 해결할 것인가 등이다.

요컨대 獨逸法의 「契約締結上의 過失」制度는 내용상으로 방대하고 유동적이다. 이러한 外國의 法制度를 이해하는 우리의 方法은 두 가지가 있을 수 있다. 하나는 그의 歷史的 展開過程을 추적하는 것이다. 獨逸法의 「契約締結上의 過失」制度가 시간과 더불어 적용범위의 끝없는 확대과정을 거쳐왔기 때문에 그러한 考察方法이 우리에게 더욱더 필요하다. 또 하나는 다양한 事案들을 類型化시켜 개개 유형에서의 特性을 파악하는 方法이다. 「契約締結上의 過失」이라는 이름 아래 잡다한 事案들이 무분별하게 一般條項式으로 포함되어 왔기 때문에 獨逸學者들 사이에서도 이러한 類型的 考察의 필요성은 인정되어 있다. 따라서 아래에서는 위의 두 가지 方法에 입각하여 獨逸의 「契約締結上의 過失」制度를 살펴보고자 한다.

(2) 歷史的 發展過程

(가) 「契約締結上의 過失」制度는 예링(Rudolf von Jhering)에 의해 처음 「발견」되었다고 일컬어진다. 1861년에 간행된 이에 관한 그의 著書의 原題는 「契約締結上의 過失, 즉 無效인 또는 完全하지 못한 契約들에서의 損害賠償」[44] 이었다. 그가 다룬 문제는 우선 表意者 또는 傳達機關의 錯誤에 의한 意思表示로 이루어진 契約문제였다. 그의 問題提起는 다음과 같이 시작된다.[45] 表意者 또는 傳達機關의 表示上의 錯誤에 의해 契約當事者의 內心的 意思와 다른

44) v. Jhering, "Culpa in contrahendo oder Schadensersatz bei nichtigen oder nicht zur Perfection gelangten Verträgen," Jherings Jahrbücher für die Dogmatik des heutigen römischen und deutschen Rechts. Bd. 4(1861).

45) v. Jhering(註 44), S. 2f.

내용으로 物品구입의 請約이 이루어졌고 그에 대해 相對方이 承諾으로서 物品을 發送했다고 하자. 이 때 請約者가 자기의 錯誤를 이유로 또는 請約內容과 다르다는 이유로 物品의 受領을 거절하여 돌려보낸 경우에 당시의 法理論에 따르면 그 契約은 無效 또는 不成立이 된다. 그러면 承諾者에게 발생한 物品의 포장비와 발송비는 누가 부담해야 하는가? 당시의 獨逸普通法에 따르면 契約은 無效가 되었기 때문에 契約의 訴는 제기될 수 없었다. 契約 이외에서는 惡意의 訴(actio de dolo)와 아퀼리우스法의 訴(actio legis Aquiliae)가 존재하지만 前者에서는 惡意가, 後者에서는 物的 侵害가 訴의 成立要件이었기 때문에 위의 例에서는 어떠한 訴도 제기될 수 없었다. 따라서 物品發送에 따르는 損害를 결국 發送者인 承諾者가 부담해야 하는데, 이것은 他人의 잘못에 의해 발생된 損害를 잘못 없는 者가 부담하는 결과가 되므로 부당하다는 것이다. 이러한 결과의 不公正과 억울함을 극복하기 위해서 그는 「契約締結上의 過失」理論을 전개하였던 것이다.

이처럼 예링이 그의 著書에서 다루었던 「契約締結上의 過失」制度는, 契約은 有效하게 成立하지 않았지만 兩當事者의 意思表示가 존재함으로써 外觀的으로는 契約締結이 존재한다고 보여질 수 있는 경우에 한정되어 있었다. 그렇기 때문에 그의 著書의 副題가 「無效인 또는 완전하지 못한 契約」이었던 것이다. 이 때문에 그는 우선 無效의 效果를 규명해야 할 필요가 있었다. 그것이 곧 "契約의 締結은 두 가지 效果를 낳는다. 첫째는 履行義務를 낳고, 둘째로 이 履行義務가 어떠한 法的 障碍要因에 의해 사라지는 경우에도 역시 損害賠償義務를 낳는다. 契約의 無效라는 표현은 로마法 및 오늘날의 用語觀念上 첫번째 效果가 없다는 것을 의미하지 두 번째 效果까지 부정하지는 않는다"[46]는 것이었다.

이러한 결론을 뒷받침하기 위해 그는 로마法의 原典을 뒤적인다. 그 결과, 「去來能力이 없는 物件의 賣買」와 「존재하지 않는 相續財產의 賣買」에 관한 規定들 속에서 契約無效의 결과로 부여되는 損害賠償의 訴를 찾아낸다. 이러한 로마法상의 몇 안 되는 「準據點」들을 근거로 그는 모든 債權債務關係에 적용되는 一般論을 도출해 낸다. 즉 "契約을 締結하는 者는 契約을 締結함으로써 契約外的인 消極的인 義務가 아니라 契約上의 積極的 義務를 지게 된다. 따라서 그는 契約을 締結할 때 이미 필요한 注意를 기울일 義務가 있다"[47]는

46) v. Jhering(註 44), S. 29.
47) v. Jhering(註 44), S. 41f.

것이다. 이어 자기의 理論을 다음과 같이 요약한다. "契約上의 誠實요구는 成立된 契約關係뿐만 아니라 成立될 契約關係에도 적용된다. 따라서 前者의 경우와 마찬가지로 後者의 경우에도 契約上의 損害賠償의 訴가 가능하다"[48]라고 하였다.

예링은 자기의 理論에서 過失(culpa)은 반드시 전제되는 것으로 여기고 있었다. 그에게 있어서 過失은 損害賠償義務를 法的으로 정당화시키기 위해 필요한 要素였기 때문이다. 契約理論의 一部로서 다루어지는 그의 「契約締結上의 過失」理論이 契約責任이 전제로 하는 過失을 요구하지 않는다면 말이 안되었던 것이다. 더구나 로마법상의 몇 가지 準據點을 넘어서 契約無效時의 損害賠償義務를 一般化시키기 위해서도 過失은 連結點으로서 필요했던 것이다.

그러나 예링의 이 過失概念 속에 그의 理論的 약점이 놓여 있었다. 우선 그는 損害賠償의 訴를 부여할 필요가 있었던 경우에, 過失을 찾아냈던 것이 아니라 過失을 「부과」하고자 했다. 예컨대 請約의 受領者가 承諾의 意思表示를 發送하였으나 아직 到達하기 前에 그 請約이 撤回되었을 경우에 예링은 이 請約의 撤回를 過失이라고 불렀다. 이유는 단순히 外樣으로 契約締結이 되었기 때문이라는 것이다. 使者나 우편기관에 의해 잘못된 意思表示가 전달된 경우에도 예링은 發送者의 過失을 다음과 같은 이유로 긍정했다. 즉 "發送者는 그의 意思表示가 잘못 전달될 위험을 야기했다. 이 때 그는 그 위험에 責任이 있다고 왜 얘기할 수 없는가. 그는 절대적으로 확실한 傳達手段과 경험상 신빙성 없는 傳達手段 중에서 어느 하나를 선택할 수 있었다. 그러나 그는 後者를 선택했고 그럼으로써 契約相對方을 위태롭게 했다. 이것이 過失 아닌가"[49]라고 하였다. 같은 이유로 예링은 請約者가 意思表示를 發送한 후에 死亡함으로써 契約이 성립하지 못한 경우에도 사망한 請約者의 過失을 인정하였다.[50] 물론 예링도 그러한 論理들이 무리라는 것을 모르지는 않았다. 그러나 被害者에게 損害賠償의 訴가 허용되지 않는 것은 그의 法感情이 허락하지 않기 때문에 자기 理論의 論理를 희생시키더라도 損害賠償의 訴를 부여하는 편이 더 낫다고 주장한다.[51]

예링에게 있어서 相對方을 오류에 빠뜨린 것, 확실한 傳達手段을 택하지

48) v. Jhering(註 44), S. 52.
49) v. Jhering(註 44), S. 111.
50) v. Jhering(註 44), S. 93.
51) v. Jhering(註 44), S. 92.

않은 것, 심지어 死亡이라는 事實도 過失로 파악되었다면 이것은 분명 진정한 過失概念은 아닌 것이다. 더구나 그가 「契約締結上의 過失」에서의 過失을 일반적으로 "賣渡人이 契約의 有效性에 대한 전제들을 마련해 줄 수 없음에도 불구하고 契約을 締結했으며 契約의 그러한 잘못된 外觀 때문에 相對方을 오류에 빠지게 했다"[52]는 데에서 구하고 있다면 이 過失은 분명 契約上의 給付約束을 違反함으로써 나오는 過失과도 아무 관계가 없는 것이다. 사실 契約締結上의 「過失」은 단순히 bona fides에서 연원되는 抽象的 概念에 불과함에도 불구하고, 그는 「契約上의 過失」과 「契約締結上의 過失」의 契約理論이라는 同一한 틀 속에서 같이 취급하고자 했던 것이다. 그러한 의도의 또 하나의 例는 損害賠償의 종류에서 나타난다. 예컨대 그는 「契約締結上의 過失」에 의해 塡補되는 損害는 契約締結의 外的 事實이 전혀 존재하지 않았더라면 契約當事者가 가졌을 「契約을 締結하지 않았을 利益」으로 보았던 것이다. 이것을 그는 契約上의 「積極的 契約利益」에 대립되는 「消極的 契約利益」으로 부름으로써 損害賠償문제 역시 契約上의 損害賠償과 연결시켰던 것이다.

결국 예링은 자기 理論의 적용범위를 「效力은 없지만 存在하는 契約締結」에 한정시키고 이것을 契約責任에 연결시켰던 것이다. 그는 契約外的 영역에서 惡意의 訴와 아퀼리우스法의 訴의 사이에 존재하는 不法行爲法의 欠缺을 느꼈고 이것을 극복하기 위해 契約의 訴를 이용하고자 했던 것이다. 그러나 無效인 契約의 문제를 有效인 契約을 전제로 하는 契約의 訴로 해결하기 위해서는 兩者間의 연관성을 찾고 그것을 강조하지 않을 수 없었다. 바로 거기에 예링理論의 약점이 있었고 동시에 이후에 「契約締結上의 過失」理論이 확대될 가능성도 도사리고 있었다.

(나) 1900년부터 시행된 獨逸民法典에는 예링의 著書 속에서 다루어졌던 문제들은 거의 모두 立法化되었다. 물론 그가 주장했던 「契約締結上의 過失」理論 대로 받아들여진 것은 아니었지만 결과적으로 상당히 일치해 있었다. 예컨대 請約의 拘束力이 인정되었고(獨民 §145), 請約의 意思表示 후에 請約者가 死亡하였다 해도 그 意思表示는 有效하며(獨民 §§130 II, 153), 심지어 예링理論의 약점이었던 過失概念의 무리한 확대가 立法者에 의해 순화되어 無過失責任으로 바뀌기도 하였다(獨民 §122). 그러나 立法者들은 「契約締結上의 過失」制度가 一般化된 형태로 法律上 규정되는 것은 인정하지 않았다. 다만 立法化된 「契約締結上의 過

52) v. Jhering(註 44), S. 41.

失」規定들이 성격상 不法行爲上의 義務違反문제인가 아니면 法律行爲上의 義務違反문제인가에 관해서는 이후의 學問的 論議에 일임했던 것이다.[53]

그러나 獨逸民法典 속에 규정된「契約締結上의 過失」制度는 두 가지 측면에서 예링理論의 의미를 넘어서는 중요한 확대가능성을 남겨 놓았다.[54] 첫째, 獨逸民法制定理由書들에서 過失은 契約締結以前段階에 놓여 있었지만 契約은 有效하게 성립된 경우까지「契約締結上의 過失」로 불려졌다. 본래 예링은 이러한 문제를 有效하게 성립된 契約 자체에서 責任을 물을 수 있다고 보았기 때문에 그의 관심 밖에 있었으며 그래서 자기理論의 적용대상에서 제외시키고 있었던 것이다. 둘째, 契約締結上의 過失責任의 法理論構成문제에 있어서 立法者는 차후의 學問的 論議에 맡기고 있었지만 이미 그에 관련된 事案들을 民法典 속에 규정해 놓음으로써「契約締結上의 過失」이 法定債權債務關係(gesetzliches Schuldverhältnis)인 것을 예고하고 있었다. 그 결과 民法典 속에 규정되어 있지 않은 문제들까지「契約締結上의 過失」制度 속에 포함시킬 수 있는 여지를 만들어 놓은 것이다. 그것이 곧 身體侵害 등의 契約外的 法益이 이 制度의 保護領域으로 들어오게 되고, 또 契約과 직접 관계 없는 문제들까지 이 制度에 포섭되는 결과를 가져오게 한 것이다.

㈐ 獨逸民法典 시행 후 근 10여년간 獨逸帝國大法院(Reichsgericht)은「契約締結上의 過失」制度를 民法典에 규정된 경우에만 엄격하게 적용했다. 그 외의 경우는 獨逸不法行爲法의 構成要件이 충족될 때에만 그 責任을 인정했다. 그러나 獨逸의 不法行爲法은 純粹財産損害의 塡補가 불가능하다는 점과 獨民 §831에서 使用者의 免責可能性이 존재한다는 점에서 곧 그 不充分性이 드러나게 되었다. 이에 대한「실제적 必要性」을 충족시키기 위해 獨逸帝國大法院은 여러 가지의 시도를 감행하기 시작하였다.

우선「有效하게 成立된 契約」에서 契約締結以前에 행해진 過失에 대한 責任을 묻는 方法을 취하였다. 1912년의 判決[55]이 그 효시였다. 이 事案에서 原告는 被告로부터 어떤 商品(Luisinlicht)에 대한 독일지역의 독점적 販賣權을 讓渡받았고 營業을 위해 數個의 營業所를 설치하였다. 그러나 他會社의 特許權 때문에 原告의 영업활동은 중단되어야 했다. 他會社가 그 商品에 대해 特

53) Motive Ⅰ, S. 195와 Ⅱ, S. 179.

54) Medicus, Zur Entdeckungsgeschichte der culpa in contrahendo, Festagabe für Max Kaser, 1986, S. 176f.

55) RG JW 1912, 743(소위 Luisinlicht 사건이라고 불려진다).

許權을 가지고 있다는 사실을 被告는 原告에게 알려주지 않았던 것이다. 이에 原告는 쓸모없게 된 營業所의 설치비용에 대한 損害賠償을 請求하는 訴訟을 제기하였다. 獨逸帝國大法院은 다음과 같은 이유로 이 請求를 許容하였다: "이 事案은 無效인 契約과 관계되어 債權關係를 근거하는 過失, 즉「契約締結上의 過失」의 문제는 아니다. 오히려 有效한 契約을 締結할 때의 過失에 관한 문제이다. 물론 有效한 契約締結時의 過失에 관한 法律規定은 없다. 그러나 契約의 交涉과 締結은 하나의 통일체를 이루기 때문에 契約交涉時의 義務(說明義務)를 契約上의 義務에 귀속시켜도 문제될 것이 없다. 兩者를 달리 취급해야 할 이유는 없는 것이다. 信義誠實의 요구와 성실한 去來의 필요성 때문에 契約當事者에게 相對方이 意思를 決定하는 데에 중요한 사실을 알려줄 義務를 인정할 수 있다."

위 判決은 본래 레온하르트(Leonhard)의 目的契約理論(Zielvertragstheorie)[56]에 입각한 것이었다. 그의 견해에 의하면, 契約前의 注意義務는 契約上의 履行義務와 마찬가지로 有效하게 締結된 契約에서만 근거되어진다. 예링이「有效하게 성립되지 못한 契約締結上의 過失」문제만 다루었고 이 문제는 이미 獨逸民法典에서 해결되었지만,「有效하게 성립한 契約締結上의 過失」문제는 예링이 다루지 않은 것으로써 자기의 理論은 이 문제를 다룬 것이라고 레온하르트는 주장하였다. 그래서 예링이 有效하게 성립되지 못한 契約에서의「契約締結上의 過失」을 culpa in contrahendo라고 불렀다면, 자기의 理論은 예링과 전혀 다른「契約締結上의 過失」이므로 Verschulden beim Vertragsschlusse라고 달리 불러야 한다고 하였다.

위의 判決 이후, 有效한 契約 속에서 契約締結以前의 過失문제에 대한 해결책을 찾는 방식은 근 10여년 동안 계속된다. 그러나 위의 判決과 마찬가지로 目的契約理論의 영향하에 있었던 判決이면서도 한 단계 더 진전된 判例가 1918년[57]에 행하여졌다. 본래 1912년의 判決은 有效한 契約을 전제로 삼는 判決이었지만 레온하르트의 견해와 마찬가지로 契約無效時의 契約締結上의「過

56) Leonhard, Verschulden beim Vertragsschlusse, 1910.

57) RGZ 95, 58. 이 判決의 事案은 다음과 같다. 地下에 工作物을 설치하는 작업을 맡은 原告會社는 都給人인 被告의 잘못된 정보 때문에 공사비를 낮게 책정하여 被告와 契約을 체결하였다. 공사중에 被告가 알려준 정보가 잘못되었음이 드러났고, 이 공사를 끝마치는 데에 부가적인 공사비가 들게 되었다. 原告는 意思表示의 取消를 주장할 수도 있었으나(獨逸帝國大法院이 그것을 인정했다), 取消權을 행사하지 않고 부가된 공사비용에 대한 損害賠償을 請求하였고 獨逸帝國大法院은 이를 허용하였다. 흥미로운 것은 獨逸帝國大法院은 이 문제해결을 위해 먼저 不法行爲조항(獨民 §§826, 823을 검토하고 이에 의해서는 原告에게 損害賠償請求權이 인정되지 않으므로「契約締結上의 過失」에 의한 契約上의 損害賠償請求밖에는 原告를 도와줄 방법이 없음을 고백하고 있다는 점이다.

失」과 有效한 契約時의 契約締結上의 「過失」을 달리 취급하고 있었다. 그러나 1918년의 判決에서 獨逸帝國大法院은 兩者를 결합시킴으로써 「契約締結上의 過失」制度를 한 단계 더 확대하는 결과를 가져왔다. 즉 「有效한 契約締結上의 過失」문제도 「契約締結上의 過失」制度에 포함시킨 것이다. 그러나 獨逸帝國大法院은 兩者를 결합시키면서, 종래 「無效인 契約締結上의 過失」에서 인정되었던 損害賠償의 범위에 관해 다시 생각해 보지 않을 수 없었다. 즉 종래의 「契約締結上의 過失」의 損害賠償範圍에 관한 法的 根據는 獨民 §§179, 307 등이었으나 이 규정들은 契約이 有效한 경우의 「契約締結上의 過失」의 경우에는 타당하지 않다고 인정되었던 것이다. 이 때부터 「契約締結上의 過失」責任에 적용되는 損害賠償문제는 그 法的 根據로 獨民 §249의 損害賠償法의 一般原則이 援用되게 되었다.

1922년의 判決[58]은 1918년의 判決보다 한 발자국 더 앞으로 나아가면서 「契約締結上의 過失」制度에 있어서 하나의 획을 긋는 判決이었다. 지금까지 본 1912년 1918년의 判決은 레온하르트의 目的契約理論의 영향하에서 有效한 契約을 전제로 하여 인정되었던 해결방식이었다. 그러므로 契約이 有效하게 성립되지 못한 경우에 적용될 수 없었음은 당연했다. 그러나 契約이 有效하게 성립하지도 않았고 民法典에 규정된 「契約締結上의 過失」에도 해당되지 않으며 더구나 不法行爲法의 적용이 不可能한 事案에 대해 어떻게 被害者의 구제책을 마련해 줄 것인가가 獨逸帝國大法院의 고민이었다. 그러기 위해서 유일한 方法은 「契約締結上의 過失」制度에서 契約의 有效한 成立을 要件으로 삼지 않으면서 이 制度의 적용범위를 확대하는 것이었다. 이것을 감행한 것이 바로 1922년의 判決이었던 것이다. 물론 契約의 有效한 成立을 전제로 하지 않으면서도 法律이 규정하지 않은 영역에서 契約上의 責任을 인정했던 判決이 없었던 것은 아니다. 예컨대 일찍이 1911년 저 유명한 리놀윰양탄자事件(Linoleumteppich-fall)[59]에서 獨逸帝國大法院은 契約이 성립하지 못했음에도 불구하고 契約上의 法律效果를 부여하는 "契約準備的 法律關係"를 인정했었다. 그러나 이 判決에서의 對象은 契約上의 利益문제가 아니라 不法行爲法上 인정되던 身體侵害의 문제였으며, 이러한 문제가 아직은 「契約締結上의 過失」制度의 일부로 인정되어 있지 않았다.[60]

58) RGZ 104, 265(소위 Weinsteinsäure 사건이라고 불려진다).
59) RGZ 78, 239. 이에 관하여는 後述 Ⅲ. 1. (3) (가) 참조.
60) 더구나 "契約準備的 法律關係"는 法律行爲로 擬制되고 있었다(RGZ 78, 240).

결국 1922년의 判決에 가서야 獨逸帝國大法院은 「契約締結上의 過失」을 契約의 有效한 成立과는 관계 없는 獨自的인 制度로 명확히 인식하게 되었다. 이 判決의 事案은 不合意(Dissens)에 관한 것이었다. 兩當事者는 전보로 賣買契約을 締結하였다. 兩者는 모두 팔기를 원하는 사람들이었으나 전보의 내용이 불분명하여 그것이 사겠다는 意思表示로도 팔겠다는 意思表示로도 해석될 수 있었다. 결국 承諾의 意思表示를 받은 者가 目的物을 보냈으나 相對方이 그 受領을 거절하였고 그 결과 불가피하게 그 物件을 싼값으로 처분할 수밖에 없게 되었다. 이에 대해 損害賠償請求訴訟이 제기되자 獨逸帝國大法院은 다음과 같은 이유로 그 請求를 허용하였다.[61] "契約締結上의 過失制度가 契約이 성립되었을 때 인정된다는 것은 一般化되어 있다. 契約이 성립하지 않은 경우에도 法律은 많은 경우 消極的 契約利益(소위 信賴損害)에 대한 賠償을 허용하고 있다. 예컨대 §§122, 179, 307, 309가 그것이다. 이 原則들이 다른 類似한 경우에도 확대적용될 수 있느냐에 대해서는 논란이 있지만 判例와 學說은 그 확대적용을 이미 행하여왔다"[62]고 하였다. 결국 契約成立의 有·無에 관계 없이 契約締結前段階에서 過失 즉 義務違反이 존재한다면 그것은 「契約締結上의 過失」責任을 인정할 수 있다는 얘기가 된다. 이 判決을 통해 獨逸帝國大法院은 예링이 주장했던 전통적인 「契約締結上의 過失」理論으로부터 결정적으로 벗어나기 시작한 것이다.

1924년의 判決[63]은 「契約締結上의 過失」制度上으로 또 한번 확대의 길을 보여준 判決이었다. 이 判決 이전까지는 「契約締結上의 過失」責任의 적용대상은 契約上의 利益에 관한 說明義務違反의 문제였었다. 그러나 이 判決에서는 不法行爲法上의 法益侵害가 그 대상이었다. 事案은 다음과 같다. 화약의 잔여분이 묻혀져 있던 마분지들을 被告는 철도로 운송케 하였다. 이 때 운송요금은 그 物件의 危險性이 고려되지 않은 價格으로 책정되었다. 불행하게도 운송물은 운송중에 불에 점화되어 철도차량을 燒失시키고 말았다. 獨逸帝國大法院은 철도청이 제기한 차량에 대한 損害賠償의 訴를 被告가 운송물을 적절히 설명하지 않았다는 이유로 인정하였다. 여기서 損害의 對象은 燒失된 차량이었기 때문에 不法行爲法上의 物的 侵害에 관한 보호문제였다. 물론 獨逸帝國大

61) 이 判決의 실질적인 문제는 過失相計를 인정할 것이냐는 것이었다. 獨逸帝國大法院은 「契約締結上의 過失」에서 그것을 긍정하였다.

62) RGZ 104, 265(267).

63) RGZ 108, 408.

法院은 그것을 說明義務違反으로 이해하고 있으나, 여기서의 說明義務는 종래의 說明義務와 전혀 다른 성격을 지닌 것이었다. 어떻든 이런 종류의 문제에 대하여 종래의 判例는 전혀 「契約締結上의 過失」문제로 다루고 있지 않았다. 앞에서 잠깐 언급한 리놀윰양탄자사건[64]도 不法行爲法上의 保護法益의 문제이기는 하였지만 獨逸帝國大法院은 그것을 「契約締結上의 過失」문제로 다루고 있지는 않았다. 그러나 1924년 判決에서 獨逸帝國大法院이 처음으로 不法行爲法上의 保護法益도 「契約締結上의 過失」責任의 하나로서 다루어질 수 있음을 인정하게 된 것이다.[65] 그럼으로써 이 判決 이후 不法行爲法上의 保護法益을 위해 構成되었던 「契約準備的 法律關係」理論[66]는 사라지게 된다.

「契約締結上의 過失」의 이러한 적용범위의 확장은 理論的으로 다음 두 가지 事實이 존재했었기 때문에 가능하였다.[67] 첫째는 獨逸帝國大法院이 契約義務와 구별되는 「前契約上의 一般的인 注意義務」(allgemeine vorvertragliche Sorgfaltspflicht)를 넓게 인정했기 때문이고, 둘째는 損害의 종류를 消極的 契約利益에서 「信賴損害」로 바꾸어 인식함으로써 가능했던 것이다. 그러나 이러한 두 가지 사실은 더욱더 「契約締結上의 過失」의 적용범위를 넓힐 수 있는 概念도구로 이용되게 된다.

1922년 判決에서 契約의 有效한 成立을 요건으로 하지 않는 「契約締結上의 過失」이 인정된 후, 그것이 獨自的인 영역을 구축해 가는 것을 필연이었다. 이미 1923년에 Heinrich Stoll은 그 때까지 행해진 判例와 學說에 대한 검토를 통해 「契約締結上의 過失」을 독자적인 「契約交涉의 法律關係」로 파악하고 있었고,[68] 獨逸帝國大法院 역시 결과적으로는 이에 동의하고 있었다.[69] 즉

64) RGZ 78, 239.

65) 물론 이 判決에서 獨逸帝國大法院이 이것을 명확히 인식하고 있었느냐는 분명치 않다. 다만 그 후의 判決에서 不法行爲法上의 保護法益을 契約締結上의 過失責任의 하나의 유형으로 인정하고 있는 判決이 눈에 띈다. 예컨대 RGZ 151, 357(359)가 그것이다.

66) 이에 대해서는 後述 Ⅲ.1.(3)(가) 참조.

67) Bohrer, Die Haftung des Dispositionsgaranten, 1980, S. 114.

68) Stoll, LZ 1923, S. 532. 여기서 그는 우선 레온하르트의 目的契約理論을 다음과 같이 비판한다. "相對方에 대한 특별한 法的 義務는 契約締結前에 존재하든가 아니면 契約締結을 함으로써 비로소 발생한다. 前者라면 契約締結이 없더라도 그 義務는 존재할 것이고, 後者라면 契約締結을 함으로써 비로소 그 義務는 효력이 있게 될 것이다." 그렇기 때문에 有效한 契約이 契約締結前의 過失에 영향을 미친다(Vorwirkung)고 주장하는 目的契約理論은 타당하지 않다는 것이다. 오히려 契約交涉段階에 이미 독자적인 法的 義務가 존재한다고 주장한다. 그것은 請約 또는 契約交涉으로의 誘引이라는 「一面的 法律行爲」(einseitiges Rechtsgeschäft)에 의해 契約이 체결되기 前인 契約交涉중에도 여러 가지의 注意義務·說明義務·報告義務 등이 생긴다고 주장한다.

69) 1926년의 判決인 RGZ 114, 155에서는 "契約交涉 자체를 통해 근거되어지는 法律關

「契約交渉을 開始」(Eintritt der Vertragsverhandlung)함으로써 「契約交渉의 法律關係」가 성립한다는 것이었다. 그렇다면 「契約交渉을 開始」한다는 단순한 사실에서 어느 경우에나 「契約締結上의 過失」責任을 물을 수 있다는 것인가? 그렇지 않다는 것이 獨逸帝國大法院의 대답이었다. 獨逸帝國大法院은 이에 대해 「契約類似的 信頼關係」(vertragsähnliches Vertrauensverhältnis)를 責任根據로 내세웠던 것이다. 즉 "契約의 체결이 이루어지지 않았다 하더라도 단순한 契約交渉 그 자체만으로 當事者간에 契約類似的 信頼關係를 낳으며 이러한 관계는 當事者간에 去來에 필요한 注意를 해야 할 義務를 지운다"[70]는 것이다. 물론 契約類似的 信頼關係가 어떤 이유로 法的 義務를 낳을 수 있는가에 대해서는 獨逸帝國大法院의 해명이 없다. 그러나 1928년 이후 獨逸帝國大法院은 「契約締結上의 過失」에 대해 위의 原則을 지속적으로 표명해 나갔다.[71]

(라) 제2차대전 이후의 獨逸聯邦大法院(Bundesgerichtshof) 역시 戰前의 입장을 그대로 이어 나갔고, 1952년 判決[72]에서는 「契約締結上의 過失」責任을 다음과 같이 설명한다. 즉 "契約締結上의 過失責任은 現行 實定法을 보충하기 위해 형성된 法定債權債務關係(gesetzliches Schuldverhältnis)에서 나온 責任이며 그러한 法定債權債務關係는 契約交渉을 받아들임으로써 생기고 去來相對方에 대해 去來上의 注意義務를 부과시킨다"[73]는 것이다. 「契約締結上의 過失」責任이 當事者의 意思와 관계 없이 성립하기 때문에 「法定」債權債務關係이고, 獨逸의 「民法施行規則法」(Einführungsgesetz zum Bürgerlichen Gesetzbuch) §2에서 法律(Gesetz)의 의미를 判例를 포함하는 모든 規範(jede Norm)으로 이해하고 있기 때문에 判例에 의해 形成된 「契約締結上의 過失」을 「法定」債權債務關係(gesetzliches Schuldverhältnis)로 근거지울 수 있었던 것이다. 이 判決 이후 「契約締結上의 過失」責任을 法定債權債務關係로 파악하는 것이 확고한 判例의 태도이며 學說도 이에 따르고 있다.

1961년의 判決[74]은 또 다른 면에서 우리의 주목을 끈다. 이 事件은 1911년 判決 및 1924년 判決과 마찬가지로 不法行爲法上의 保護法益의 身體侵害에

係"라는 표현을 쓰고 있다.

70) RGZ 120, 249(251).

71) RGZ 120, 249(251); RGZ 159, 33(54); RGZ 162, 129(156).

72) BGHZ 6, 330. 이 判決에서는 公契約의 契約締結上의 過失責任을 다루고 있다.

73) BGHZ 6, 330(333).

74) BGH NJW 1961, 31(소위 바나나껍질사건이라고 불리워진다). 자세히는 後述 Ⅲ.1.(3)(가) 참조.

관한 문제였다. 이런 종류의 法益에 관한 보호가 契約責任의 法律效果를 적용하는 「契約締結上의 過失」에 의해 이루어진다는 사실을 獨逸帝國大法院은 明示的으로 밝힌 적이 없었다. 1924년 判決에서도 獨逸帝國大法院은 不法行爲法上의 保護法益을 직접 언급하는 대신에 說明義務違反으로 문제를 해결하고 있었다. 그러나 1961년의 判決은 다음과 같이 法的 根據를 부여하면서 身體侵害의 문제를 「契約締結上의 過失」制度로 해결할 있다고 인정했다. 즉 "契約締結의 目的을 가지고 상점의 支配領域에 들어서는 고객은 이미 그 순간부터 그의 個人的 安全에 대한 契約上의 保護請求權을 갖는다"[75]고 하였다. 이 判決을 통해 「契約締結上의 過失」에 대해 변화된 두 가지 새로운 사실을 주목해야 한다. 첫째, 예링이 「契約締結上의 過失」에 관한 論文을 발표한 지 100년 만에 不法行爲法上의 保護法益문제가 「契約締結上의 過失」制度에 포섭되는 것을 最高法院이 明示的으로 인정하였다는 점과, 둘째는 지금까지 最高法院이 「契約締結上의 過失」責任의 責任根據로 제시하였던 「契約交涉」이라는 標識가 「契約締結上의 過失」의 모든 경우에 적용될 수 있는 一般的인 標識는 아니라는 것을 알려주기 시작했다는 점이다.[76]

그러나 앞에 든 1952년 判決과 1961년 判決에 공통적으로 해당되는 문제점들이 제기된다. 前者의 判決에서는 「法定債權債務關係」를 인정하고 있는데, 문제는 「契約締結上의 過失」責任을 「法定債權債務關係」로 근거지우는 內容이 무엇이냐는 것이다. 民法上 事務管理·不當利得·不法行爲에 의해 발생하는 債權債務關係도 역시 法定關係인데 이들과의 差異, 특히 不法行爲에서 발생하는 債權債務關係와 「契約締結上의 過失」에서 발생하는 그것과의 차이가 무엇이냐는 것이다. 그 차이를 해명해 주지 못하는 한, 「法定債權債務關係」로 인정받는 「契約締結上의 過失」의 독자적 責任性이 긍정될 수 없는 것이다. 또 後者의 判決에서 「契約締結上의 過失」의 責任根據가 더 이상 「契約交涉」으로 인정될 수 없다면 그에 대치될 수 있는 「契約締結上의 過失」의 一般的이며 타당한 責任根據는 무엇이냐는 것이다. 이에 대한 해명이 주어지지 않는다면 그것은 獨逸法이 가장 두려워하는 「무한한 責任확대의 가능성」(uferlose Haftung)이라는 위험에 스스로 몸을 내맡기는 것이나 다름없게 된다.

75) BGH NJW 62, 32.

76) 사실 身體侵害 등의 保護法益의 경우에 「契約締結上의 過失」을 적용시킬 수 있는 가능성은 「契約交涉을 開示」함으로부터가 아니라 「契約交涉을 목적으로 相對方의 支配領域에 들어가는」 데서부터 시작된다. 따라서 後者가 前者보다 시간적으로 앞서서 시작된다.

이러한 責任根據를 오늘날 獨逸法에서는 「信賴」개념에서 찾는 것이 일반적 경향이며 그 이론적 근거는 Ballerstedt[77]에 의해 주어졌다고 알려져 있다. 그는 「요청된 信賴를 부여했다」(Gewährung in Anspruch genommen Vertrauens)라는 점에서 契約以前에 존재하는 當事者간의 義務負擔關係를 설명한다. 一方當事者는 他方當事者에게 信賴를 일으키는 外觀을 보여 주었고 이에 응답하여 그 他方當事者는 相對方의 信賴야기적 行態에 맞추어 信賴를 했다는 것이다.[78]

信賴理論의 내용은 주장하는 학자에 따라 理論構成이 다르다. 그러나 判例·學說이 공통적으로 긍정하고 있는 점은 「契約締結上의 過失」에서 「信賴」라는 요소의 중요성이다. 물론 이 때의 「信賴」는 「一般的인 信賴」가 아니라 막연하기는 하지만 「特別한 信賴」로 이해되고 있다. 判例는 「契約締結上의 過失」의 責任根據로서 「特別한 信賴」개념을 일찍부터 援用해 왔다. 그것은 「契約締結上의 過失」의 여러 類型 중에서 주로 「契約交涉의 결렬」과 「第3者責任」 유형[79]에서 이용되어 왔다. 특히 「第3者責任」의 發展과정은 「信賴」개념의 확대과정이라고 하여도 과언이 아닐 정도로 이 類型에서 「信賴」는 본질적인 요소가 된다. 예컨대 「第3者責任」에 관한 1971년의 判決[80]에서 獨逸聯邦大法院은 「契約締結上의 過失」의 責任根據로 종래의 「契約交涉」개념에서 「特別한 信賴요구」로 옮겨갔음을 보여 준다. 결국 1973년의 判決[81]에서는 獨逸聯邦大法院이 다음과 같이 明示的으로 「契約締結上의 過失」에서 信賴思想을 인정한다. 즉 “契約締結上의 過失에서 나온 請求權은 契約交涉을 目的으로 타인의

---

77) Ballerstedt, Zur Haftung für clupa in contrahendo bei Geschäftsabschluß durch Stellvertreter, AcP 151(1950/1951), S. 501. 그러나 이미 일찍부터 Heinrich Stoll(Die Lehre von der Leistungsstörungen, 1936)과 Dölle(Aussergesetzliche Schuldpflichten, ZStW 103, 1943) 등에 의하여 信賴의 중요성이 강조되어 왔었다.

78) 그러나 Ballerstedt는 債權法上의 法律行爲는 意思表示를 통해서만 이루어지는 것이 아니라 「信賴의 부여」를 통해서도 이루어진다고 주장하여, 「信賴의 부여」에 의해 발생하는 法律關係를 일종의 法律行爲로 이해하고 있다. 이에 반해 Ballerstedt의 信賴理論을 받아들여 더욱 세련되게 확대시킨 Canaris(예컨대 JZ 1965, 475)는 「信賴의 부여」가 일종의 法律行爲를 낳는다는 데에는 반대한다. 오히려 Canaris의 信賴理論은 法律行爲와는 완전히 구별되는 「제3의 영역」(Schutzgesetze-Verkehrspflichten-Schutzpflichten, Festschrift für Karl Larenz, 1983, S. 27 ff.)에 관한 것이다. 그는 契約締結以前뿐만 아니라 契約締結後에도 적용되는 「통일적인 保護關係」(einheitliches Schutzverhältnis)를 설정하고 이것을 法律行爲關係 및 不法行爲와는 다른 제3의 영역으로 독립시킨다. 그리고는 이 제3영역의 타당성 근거를 「信賴부여」라는 개념으로 정당화시키고 있다. Canaris에게 있어서 「契約締結上의 過失」은 바로 그러한 「통일적인 保護關係」의 하나의 유형에 불과하다.

79) 이 類型들에 대해서는 後述 Ⅲ. 1. (3)(나)와 (마).

80) BGHZ 56, 81.

81) BGHZ 60, 221.

세력영역에 들어가는 者의 特別한 信賴에 의해 정당화된다. 따라서 그 請求權은 信賴保護의 필요성에 입각해 있다. 그 損害賠償請求權의 근거는 결국 깨어진 信賴이다"[82]라는 것이다.

더구나 1978년[83] 이후에 「第 3 者責任」의 일종으로 인정되는 「案內書責任」(Prospekthaftung)에 관하여 행해진 일련의 判決들 속에서는 종래의 「個人的 또는 主觀的 信賴」가 「客觀的 또는 典型化된 信賴」개념으로 바뀌면서 責任根據로서의 信賴개념은 더욱 추상화된다. 判例가 信賴개념을 그렇게 추상화시키지 않을 수 없었던 이유는 「契約締結上의 過失」責任의 적용범위를 종래보다 더 넓게 인정하지 않을 수 없었던 데에 기인한다. 어쨌든 이렇게 「契約締結上의 過失」의 責任根據로 내세워지는 信賴개념이 一般化되자 그러한 信賴와 法의 一般原則으로서의 信賴는 구별될 수 없는 것이므로 契約責任과 구별되는 「契約締結上의 過失」責任은 결국 不法行爲責任과 본질적으로 다른 바가 없는 制度가 아닌가, 지금까지 「契約締結上의 過失」責任을 不法行爲責任과 구별하는 데에서 「契約締結上의 過失」의 責任根據를 찾았고 그럼으로써 契約的 法律效果를 부여하는 것이 정당화되었는데 兩者가 본질적으로 같은 것이라면 「契約締結上의 過失」의 法的 效果도 契約에서 구할 것이 아니라 오히려 不法行爲法이 갖는 法律效果의 不充分性을 지적하고 그것을 개선시키려고 노력하는 것이 더 옳은 것이 아니냐는 비판이 거세게 나오게 되었다. 그러나 그러한 비판을 옳다고 긍정한다 하여도 「契約締結上의 過失」制度를 대체할 수 있는 不法行爲法上의 法的 根據가 존재하지 않는 獨逸法에서 위의 비판은 少數의 견해[84]로 존재할 뿐이다.

(마) 이렇게 하여 獨逸法에서 「契約締結上의 過失」의 적용범위는 끝없이 확대되어 왔고, 그 결과 오늘날 방대한 범위의 영역에서 잡다한 종류의 문제들이 「契約締結上의 過失」로서 다루어지고 있는 것이다. 물론 거기에는 두 가지 이유가 있다. 첫째는 20C에 들어와서 사회적 복지국가의 실현을 위한 국가적 노력은 民事責任의 측면에서도 되도록이면 被害者를 구제해 주고자 노력하는 方向으로 나아갔다는 점과, 두 번째는 "自由主義의 사생아"로 불려지는 19C적 정신의 집약물인 獨逸民法이 그러한 사회적 변화에 부응할 수 없게 되고 그럼으로써 獨逸民法이 지닌 個個 規定들에서 그 不充分性이 드러나자 그

82) BGHZ 60, 221(223f.); BGHZ 71, 386(393)은 이것을 그대로 인용하고 있다.
83) BGH WM 1978, 611.
84) 예컨대 v. Bar, Vertragliche Schadensersatzpflichten ohne Vertrag?, JuS 1982, 643ff.

결함을 메우기 위한 도구로, 契約締結前段階에서 契約締結과 관련된 過失에 의해 損害를 입었다는 공통점만 보이면 「契約締結上의 過失」責任이 援用되었다는 점이다. 그래서 「契約締結上의 過失」은 "契約과 不法에서 생긴 責任을 발전시키고 보충하기 위해 여러 면에서 인용되는 一般條項"[85] 또는 "순전히 재판관의 衡平判決을 가능케 해주는 多目的 도구"[86]라고도 평가되고 있다. 더구나 오늘날 獨逸法에서 「契約締結上의 過失」은 獨民 §242를 法的 根據로 하여 慣習法化된 制度로 인정하는 경향을 보이고 있다.[87] 이러한 상황에서 立法者 역시 1976년 "一般去來約款法"(Gesetz zur Regelung des Rechts der Allgemeinen Geschäftsbedingungen)을 制定할 때 「契約締結上의 過失」은 法制度로서 實存하고 있는 것으로 상정하고 있을 정도이다.[88] 그래서 최근에 와서 「契約締結上의 過失」의 存在 및 그 法的 性格 등에 관한 논란은 獨逸에서 별로 눈에 띄지 않으며, 그 대신 契約以前段階에서 인정되는 義務의 內容 또는 종류의 문제와 損害賠償문제에 관심을 기울이고 있는 경향이 보인다.

(3) 類型的 考察

獨逸帝國大法院은 明示的으로 「실제적 필요성」 때문이라고 밝히면서, 또한 獨逸帝國大法院은 좀더 세련된 「法定債權債務關係」 개념을 사용하면서 「契約締結上의 過失」責任의 적용범위를 끝없이 확대시켜 왔다. 契約締結과 관련되면서 契約締結以前段階에 잘못된 行態의 문제가 생기는 곳이면 어느 곳이나 「契約締結上의 過失」이 나타나 자기의 영역임을 선언해 왔다. 그 결과 「契約締結上의 過失」이라는 이름 밑에 잡다한 事案들이 뒤섞여 그 制度의 진면목을 알아볼 수 없게끔 만들고 있으며 法理論構成에 어려움을 부여하고 있는 것이다. 때문에 오늘날의 獨逸의 「契約締結上의 過失」을 정확히 이해하고 문제점을 밝혀주기 위해서는 세분된 類型化가 필요하다. 그러한 類型으로서 獨逸學者들은[89] 흔히 契約外的 法益과 契約關聯的 法益으로 우선 兩分하고, 後者를 다시 契約交涉이 결렬된 경우(契約交涉의 결렬), 外見上 契約締結의 모습은 보였지만 여러 가지 障碍事由로 契約이 有效하게 成立하지 못한 경우(效力 없

---

85) Stoll, Tatbestände und Funktionen der Haftung für culpa in contrahendo, FS für v. Caemmerer, 1978, S. 435f.

86) Gottwald, Die Haftung für culpa in contrahendo, JuS 1982, 877.

87) Fikentscher, SchuR, §20 Ⅱ 2, S. 69; Larenz, SchuR Ⅰ, §9 Ⅰ a), S. 106 u. 109.

88) AGBG §11 Nr. 7 참조.

89) 예컨대 Medicus, Verschulden bei Vertragsverhandlungen, Gutachten und Vorschläge zur Überarbeitung des Schuldrechts Ⅰ, 1981, S. 487ff.

는 契約締結), 契約은 有效하게 체결되었지만 그것은 契約締結前의 當事者一方의 잘못된 行態에 기인한 것이고 만약 그러한 잘못된 行態가 없었더라면 契約을 체결하지 않았을 것이거나 또는 체결된 契約과 同一한 내용으로 체결하지 않았을 경우(有效한 契約)로 나눈다. 또한 그 외에도 「第3者責任」의 문제가 존재한다. 이것은 「有效한 契約」에 속하는 類型이지만 責任負擔者의 人的 範圍가 이 유형을 통해 확대되어 가는 모습을 보여 주고 있기 때문에 독립한 類型으로 다루는 것이 그 특수성과 문제점을 이해하는 데 도움이 된다. 따라서 이하에서는 「契約外的 法益」, 「契約交涉의 결렬」, 「효력 없는 契約締結」, 「有效한 契約」, 「第3者責任」의 5가지 類型에 대해 기술하고자 한다.

(가) 契約外的 法益

(a) 契約外的 法益의 侵害란 身體侵害, 건강侵害, 物的 侵害 등을 의미한다. 종래 獨逸法에서는 契約과 不法의 二分法的 思考下에서 각각 고유의 保護領域이 존재한다고 생각하였었다. 歷史的으로 契約法에서는 契約上의 財産損害만 塡補가 가능하였으며 不法行爲法에서는 身體侵害·物的 侵害 등에서 생긴 損害 이외에 契約的 利益인 財産損害는 塡補가 불가능하였다. 그러나 오늘날 이러한 구분은 어느 정도 완화되어 契約을 통해서도 身體侵害 등에서 발생하는 損害의 塡補가 가능하다고 인정되며(예컨대 積極的 債權侵害), 不法行爲法에서도 純粹財産損害의 塡補가 가능하다고 한다(예컨대 獨民 §§ 823 II, 824, 826). 그러나 「過失」에 의해 發生하는 純粹財産損害문제를 一般的으로 해결해 줄 獨逸不法行爲法上의 法的 根據는 아직 존재하지 않는다. 그래서 獨逸法에서 「過失上의 純粹財産損害」문제는 여전히 契約法의 고유영역으로 인정받고 있다. 이러한 이유로 「契約締結上의 過失」의 적용범위를 契約外的 法益과 契約關聯的 法益으로 나누게 된 것이다. 결국 前者는 전통적으로 不法行爲法上의 保護法益으로 인정되어 있던 것이고, 後者는 契約法의 保護法益으로 인정되어 있던 것을 의미한다.

이러한 관점에서 볼 때, 契約關聯的 法益侵害와 달리 契約外的 法益侵害 유형은 「契約締結上의 過失」의 發生史的 측면에서 보나, 그것이 契約責任의 法律效果를 적용한다는 측면에서 보나 특이하게 취급되지 않을 수 없었다. 1911년의 리놀윰양탄자判決,[90] 1961년의 바나나껍질判決,[91] 1976년의 채소잎判決[92]로 이어지는 契約外的 法益侵害에 관한 判決들은 하나하나가 모두 당

90) RGZ 78, 239.
91) BGH NJW 1962, 31.
92) BGHZ 66, 51.

시의 「契約締結上의 過失」責任의 입장에서 볼 때, 하나의 이변을 기록하는 判決들이었으며 그 파격적 이탈 때문에 法學者들이 「契約締結上의 過失」責任의 法理論構成에 상당히 애를 먹었던 判決들이기도 하였다.

먼저 1911년의 리놀윰양탄자事件[93]에서 原告는 被告商店의 점원에게 원하는 양탄자를 가리키며 꺼내서 보여달라고 하였다. 지목된 양탄자를 속에서 빼내기 위해 점원은 다른 양탄자를 옆에다 세워 놓았다가 그것이 넘어지면서 原告를 다치게 하였다. 결국 契約은 체결되지 못한 상태에서 原告는 損害賠償을 請求하였다. 이 사건에서 獨逸帝國大法院은 契約類似的 성격의 「契約準備的 法律關係」(den Kauf vorbereitendes Rechtsverhältnis)를 인정했고, 여기서 「他人의 건강과 所有權에 대한 注意義務」를 이끌어 내었다. 이러한 理論的 조작은 사실 점원의 過失에 대해 使用者인 상점측이 責任을 지게끔 만들기 위해서였다. 즉 契約이 체결되지 않았으므로 원칙적으로 契約責任에서 적용되는 獨民 §278(=民 §391)는 적용될 수 없었다. 남아 있는 方法은 不法行爲法上의 獨民 §831(=民 §756)의 적용인데, 이 사건에서 이 規定을 적용하면 使用者가 免責되지 않을 수 없었다. 이것을 피하기 위하여 獨逸帝國大法院은 위와 같은 理論構成을 통해 獨民 §278을 적용함으로써 原告에 대한 使用者의 직접적인 責任을 인정하게 되었고, 이 때 積極的 債權侵害에 의해 건강가 所有權侵害가 契約上으로 보호받은 앞선 判決들이 根據로서 援用되었던 것이다. 물론 이 判決 당시 이 유형의 문제가 「契約締結上의 過失」의 一部라고는 아직 인식되어 있지 않았었다.

獨逸帝國大法院의 이러한 입장을 獨逸聯邦大法院은 그대로 이어받아 확대해 나갔다. 1961년 바나나껍질事件[94]에서 물건을 사러 온 原告는 被告 백화점 통로에 놓여져 있던 바나나껍질에 미끌어져서 크게 다치게 되었다. 原告의 損害賠償請求權을 「契約締結上의 過失」責任에 의해 허용한 獨逸聯邦大法院의 判決에서, 使用者의 免責可能性을 인정하는 不法行爲法의 부당성도 지적되었지만 더욱 중요한 문제는 立法責任의 문제였다. 즉 이 事案에서 不法行爲責任을 인정하게 되면 立證原則上 被害者를 위해서는 外觀證明(Anscheinsbeweis)까지만 허용될 수 있는데 이에 의해서는 被告측의 過失이 인정되기가 어렵다는 것이다. 被告측의 過失이 인정되기 위해서는 立證責任의 轉換이 필요한데, 이 判

93) RGZ 78, 239.
94) BGH NJW 1962, 31.

決에서 그것을 위한 根據로 獨逸聯邦大法院은 積極的 債權侵害에서 債務者의 危險 및 組織領域內에 過失이 존재할 때 인정하던 立證責任의 轉換이「契約締結上의 過失」에도 적용된다고 함으로써 被害者를 구제해 주었던 것이다. 이 判決의 결과적 타당성은 일반적으로 인정되었지만 이 判決을 계기로「契約締結上의 過失」의 적용범위는 時間的으로 확대되게 되었다. 즉 지금까지「契約締結上의 過失」責任의 成立時點이「契約交涉의 開始」였었던 데에서「契約交涉을 위한 當事者영역으로의 진입」으로 앞당겨진 것이다.

더 나아가 1976년의 채소잎事件[95]은「契約締結上의 過失」責任의 보호대상에 대한 人的 범위를 확대한 사건으로 유명하다. 이 사건에서 14세인 原告는 어머니를 따라 슈퍼마켓에 와서 어머니가 계산대에서 줄을 서 있는 동안 계산대 근처에 놓여 있는 채소잎에 미끌어져서 다치게 되었다. 이 事案의 法律的인 주요쟁점은 時效문제였다. 즉 立法行爲責任을 인정하게 되면 時效가 완성되어 被害者는 損害賠償을 받을 수 없었던 것이다. 이에 獨逸聯邦大法院은 原審이 인정한「契約締結上의 過失」責任을 긍정하면서 그 根據로 判例에 의해 形成되어 온「第3者保護效力을 가진 契約」(der Bertrag mit Schutzwirkung zugunsten Dritter)制度를「契約締結上의 過失」制度에 접목시켰던 것이다. 獨逸聯邦大法院은 먼저「契約締結上의 過失」責任의 전제가「社會的 接觸」(sozialer Kontakt)[96]이 아니라「去來的 接觸」(geschäftlicher Kontakt)[97]임을 언급하고 그래서 購買意圖를 갖고 있지 않은 14세 原告는「契約締結上의 過失」에 의한 직접적인 損害賠償請求權이 허용되지 않는다고 설명한다. 그러나 契約當事者는 아니지만 契約의 實質的인 受惠者가 契約履行時에 입은 身體侵害 등에 대해 判例는 受惠者인 第3者의 직접적인 損害賠償請求權을「第3者保護效力을 가진 契約」을 통하여 인정해 왔었는데, 이 事案의 내용상「第3者保護效力을 가진 契約」과 같으므로 이 制度에 기해 14세 原告의 직접적인 損害賠償請求權이 인정되고, 또 사건이 契約締結前에 발생했으므로「契約締結上의 過失」에 해당하는 것이어서「第3者保護效力을 가진 契約締結上의 過失」이 되므로 時效期間은「契約締結上의 過失」責任에 일반적으로 적용되는 30년(獨民 §195)이 된다고 하였다. 이러한 理論構成에 입각하여 西獨聯邦大法院은 原告의 損害賠償請

95) BGHZ 66, 51.

96) Dölle, Aussergesetzliche Schuldpflichten, ZStW 103(1943), S. 73.

97) Larenz, Culpa in contrahendo, Verkehrssicherungspflicht und "sozialer Kontakt," MDR 1954, S. 518; Larenz, SchuR Ⅰ, §9, S. 105.

求權을 허용해 주었던 것이다.

(b) 지금까지가 身體侵害에 관한 것이었다면 이번에 다룰 所有權侵害의 문제도 「契約外的 法益」類型에 속한다. 이 경우에도, 비록 契約締結前이라 하여도 一方의 交涉當事者에 의해 引渡된 物件에 대한 注意義務를 他方이 지게 되며 그 義務의 違反은 契約責任의 原則에 따라 責任을 지게 된다. 예컨대 修理契約을 체결하기 前에 미리 정비소에 맡겨둔 자동차가 정비소의 過失에 의해 손상을 당했다면 「契約締結上의 過失」에 의해 損害賠償請求가 가능하다.[98] 자동차를 사기 위해 試運轉을 하던 중에 試運轉者의 過失로 자동차가 손상을 입은 경우에도 「契約締結上의 過失」에 의해 損害賠償責任을 진다.[99] 또한 賃貸人이 될 者가 賃借人이 될 者에게 賃貸借契約을 체결하기 前에 건물에 入住하는 것을 허용하였을 때에도 豫想賃貸人은 豫想賃借人의 所有物에 대해 「契約締結上의 過失」에 의한 注意義務를 진다.[100]

(c) 결국 예링과 立法者의 意思를 넘어 「契約締結上의 過失」責任의 적용범위가 확대되기 시작한 것은 「契約外的 法益」의 類型에서였고, 또한 바로 그 類型에서 유명세를 치른 判決들에 의해 時間的·人的으로도 그 적용범위가 크게 확대되어 왔음을 보았다. 이 유형에서 그러한 확대의 근본적인 이유는 不法行爲責任의 法的 效果보다 被害者에게 유리한 契約責任의 法律效果를 적용시키고자 하는 데 있었다. 예컨대 補助者責任문제에서 獨民 §831보다는 獨民 §278을, 時效문제에서 獨民 §852보다는 獨民 §195를, 立證문제에서는 獨民 §282를 적용시키고자 했던 것이다.

그러나 최근 이러한 判例의 입장에 대한 의문과 비판이 상당히 광범위하게 제기되고 있다.[101] 예컨대 補助者責任에 관한 獨民 §831는 오늘날의 사회적 필요에 부응하지 못하는 부적절한 규정이며 그렇기 때문에 獨逸法에서 이미 判例를 통해 인정된 組織過失(Organisationsverschulden)과 監督義務(Aufsichtspflicht) 등에 의해 상당히 넓은 범위에서 그 부당성이 완화되어 있다는 것이다. 그래서 1961년의 바나나껍질事件 이후에는 補助者責任문제 때문에 「契約締結上의 過失」을 이용하게 되는 「契約外的 法益」類型은 나타나지 않고 있다고 한다.[102] 立證문제에서도 이미 契約關係나 前契約關係에서뿐만 아니라 不

98) BGH NJW 1977, 376.
99) BGH NJW 1968, 1472; BGH NJW 1972, 1363.
100) BGH LM Nr. 39 zu §278.
101) 예컨대 Medicus(註 89), S. 639.
102) v. Bar(註 84), S. 639.

法行爲法分野에서도 危險領域說에 의해 立證責任의 轉換이 인정되고 있기 때문에[103] 굳이 獨民 §282를 적용하고자 노력할 필요가 없다는 것이다. 時效문제에 있어서도 契約以前段階에서 발생하는 法益侵害문제에 不法行爲上의 法益侵害보다 더 긴 時效期間을 부여할 특별한 이유가 없으며 不法行爲法上의 時效期間(獨民 §852)이 결코 부당한 것이 아니고 더구나 立法論上 契約이냐 不法行爲냐에 관계 없이 공통적으로 적용될 時效條項이 제안되고 있다는 것이다. 바로 이러한 根據에서, 본질적으로는 不法行爲法의 문제인 것을 契約的 포장을 씌워 해결하여 온「契約外的 法益」유형에 대한 判例의 태도는, 결과는 인정할 수 있어도 理論的 根據는 옳지 않다고 하거나 아니면 적어도 不法行爲責任의 法律效果가 오늘날의 사회적 필요에 적합하게끔 改正된다면「契約外的 法益」유형은 不法行爲法으로 환원될 것이라는 견해가 넓게 퍼져 있다.[104]

더구나「契約外的 法益」유형은 실제적으로 實務上으로 나타난 예가 아주 드물며 그렇기 때문에「契約締結上의 過失」制度에서 차지하는 의미도 별로 크지 못하다는 사실이, 이에 관한 判決들의 파격성과 유명세 때문에 종종 잊혀지고 있다.

(나) 契約交涉의 결렬

(a) 이 類型은 제2차대전 이전의 獨逸帝國大法院에 의해서도「契約締結上의 過失」責任의 일종으로 인정되었었다.[105] 그러나「契約締結上의 過失」의 하나의 類型으로서 특히 문제가 된 것은 제2차대전 이후부터였다. 比較法的으로 볼 때 獨逸法은 請約에 拘束力이 인정되고(獨民 §145), 本契約에 앞서 契約의 일종으로서 豫約(Vorvertrag)이 인정되기 때문에 이 類型의 중요성과 의미가 다른 나라에 있어서보다 크지 않은 것은 사실이다.

아직 契約은 체결되어 있지 않고 契約交涉중에 있는 경우에 兩當事者는 責任질 필요 없이 언제든지 契約交涉을 중단하고 契約締結을 포기할 수 있다. 즉 누구나 契約締結을 할 것인가 말 것인가는 자유롭게 결정할 수 있는 것이 原則이고, 이 때의 契約交涉費用에 대해서는 각 當事者가 그 위험을 부담한다. 그러나 獨逸判例는 예외적인 경우에 契約의 履行은 요구할 수 없지만 契約交涉이 결렬된 데서 생기는 損害에 대해 賠償責任을 인정해 왔다. 그렇다면 契約交涉을 중단할 自由와 契約交涉을 중단함으로써 부담하는 損害賠償責任을

103) BGHZ 67, 383에서 이러한 사실을 밝히고 있다.
104) 예컨대 Medicus(註 89), 494.
105) RGZ 132, 26; 143, 219; 151, 357.

구분하는 基準은 무엇인가? 獨逸判例는 크게 다음 두 가지 基準을 제시해 오고 있다. 먼저 제시된 기준은 「契約交涉者가 그의 行態를 통해 契約은 확실히(mit Sicherheit) 체결될 것이라는 信賴를 有責的으로 일으켰고 그럼으로써 契約締結을 예상하지 않았더라면 지불하지 않았을 쓸모없는 비용을 야기시켰다」는 것이었다.[106] 두 번째로 제시된 基準은 「契約이 확실히 체결될 것이라는 信賴를 불러일으킨 후에 當事者 一方이 뚜렷한 이유 없이(ohne triftigen Grund) 契約交涉을 결렬시켰다」는 것이었다.

두 번째 基準은 1969년의 判決[107]에서 행해진 것이었다. 이 事案에서 原告會社는 被告인 合名會社(OHG)와 1956년부터 여러 차례 被告會社의 共同社員이 되고자 기도했으나 실패했고 被告會社에 재정적 보조금까지 주어가면서 加入을 시도했으나 다른 社員은 모두 同意했지만 S라는 社員의 유일한 반대로 번번이 加入이 좌절되었었다. 1959년에도 原告는 지금까지의 交涉결과에 입각하여 加入契約의 초안을 보냈으나 또 한번 S의 반대로 加入이 좌절되었다. 그러나 1959년 연말에 S가 어떤 사정으로 이 會社의 社員자격을 잃게 되자 原告는 다시 한번 종전에 다른 社員들이 모두 同意했던 조건으로 契約締結을 희망했으나, 이번에는 전번에 同意했던 社員들이 原告에게 보다 불리해진 새로운 契約條件을 들고 나왔기 때문에 契約交涉은 결렬되고, 여기서 생긴 損害賠償을 原告가 被告에게 請求하는 소송을 제기하였다. 獨逸聯邦大法院은 다음과 같은 이유로 原告勝訴判決을 내렸다: "原告와 被告가 체결된 契約內容에 대해 전적으로 또는 本質的인 점에서 合意를 보았다면 交涉相對方인 被告는 여기에 法的으로 구속되어 있지 않다 하더라도 他方當事者인 原告가 그 내용을 가진 契約의 成立을 信賴해도 좋은 것으로, 그리고 信賴한 것으로 행동했다면 被告는 原告에게 損害賠償責任이 있다. 이 때 被告가 契約締結을 뚜렷한 이유 없이 거부함으로써 他方交涉者에게 불러일으켜진 信賴를 깨뜨렸다면 그것은 錯誤로 인한 意思表示의 取消와 유사하다. 따라서 獨民 §122와 마찬가지로 契約上의 拘束을 信賴한 者가 그러한 信賴를 야기한 者에게 그 信賴로 인하여 發生된 경제적 손실을 賠償해야 한다"[108]고 하였다. 결국 이 判決의 중요성은 「契約交涉의 결렬」類型에서 交涉을 결렬시키는 者가 責任지게 되는 하나의 基準을 제시했다는 점 외에도, 지금까지 「契約締結上의 過失」에서는 責任負擔者

106) BGH LM zu §276(Fa) BGB Nr. 11; BAG JZ 1964, 324; BGHZ 71, 386(396).
107) BGH LM zu §276(Fa) BGB Nr. 28=WM 1969, 595.
108) BGH WM 1969, 595(597).

의 過失이 要件으로 요구되었지만 이 判決에서는 過失을 要件으로 하고 있지 않다는 점에 있다. 이러한 입장은 오늘날까지 獨逸判例의 일부로서 인정되어 오고 있으며[109] 過失을 요구하는 입장과 더불어 判例의 二元化현상이 존재한다.[110][111]

(b) 이 類型에서 損害賠償의 문제는 信賴損害를 賠償하는 것이 原則으로 되어 있다. 즉 獨民 §249에 의해「契約締結에 대한 信賴가 존재하지 않았더라면 있었을 상태」를 被害者에게 회복시켜 주어야 한다. 이 때 契約締結을 信賴하여서 들인 비용이 최소한의 信賴損害에 해당한다. 그 외에도 契約이 체결되리라 信賴하여 第3者와의 契約을 무산시킴으로써 받은 損害도 信賴損害에 포함된다.

그러나 信賴損害를 賠償하는 경우에도 獨民 §§122 Ⅰ, 179 Ⅱ, 307 Ⅰ과는 달리 履行利益에 의해 제한받지 않는다. 1974년의 獨逸聯邦勞動法院(Bundesarbeitsgericht)의 判決[112]은 이 사실을 분명히 밝히고 있다. 즉 "본 사건에서도 역시 契約締結上의 過失責任에서 信賴損害의 賠償이 履行利益에 한정되어 있을 필요가 없다는 一般原則에서 벗어날 이유가 없다. 獨民 §§122, 179, 307, 309와 달리, 原告가 被告의 권유에 의해 옛 직장을 그만둠으로써 損害를 입었을 때는 兩當事者 사이에 契約이 아직 체결되지 않고 있었다. 때문에 損害의 範圍가 積極的 契約利益에 한정될 필요는 없다. 原告에게 생긴 損害를 算定할 때 아직 체결되지도 않은 契約으로 거슬러 올라가 損害의 높이를 제한하는 것은 不可能하다"고 하였다.

더구나 獨逸聯邦大法院은 獨民 §249에 근거하여「義務違反이 존재하지 않았더라면 契約이 체결되었을 것」이라고 인정된 경우에는 직접 履行利益의 賠償도 허용하였다. 예컨대 同一業種의 두 會社(A와 B)가 공사입찰에 응하기 위해 접촉을 갖고 협력하여 共同請約案을 제출하였으나 被告會社(B)에게만 落札이 되었다. 다만 都給會社는 落札者인 被告會社에게 그의 責任下에 다른 회사와 공동으로 공사할 수 있음을 허락하였다. 原告會社(A)는 B에게 落札工事

109) 예컨대 獨逸聯邦大法院의 최근 判決(BGH ZIP 1989, 514(517)에서도 "被告가 契約締結을 확실한 것으로 주장했다면 이 때 過失의 존재 여부는 중요하지 않다"고 한다.

110) 예컨대 첫번째 基準의 경우에는 보통 過失을 요구하고 있다.

111) 그러나 學說은 過失을 要件으로서 요구한다. 예컨대 Medicus(註 89), S. 508f.; Stoll(註 85), S. 449; Nirk, Culpa in contrahendo, FS für Philipp Möhring, 1975, S. 81. 다만 Larenz는 이 判決의 입장을 옹호하고 있다(Bemerkungen zur Haftung für "culpa in contrahendo," FS für Kurt Ballerstedt, 1975, S. 415ff.).

112) BAG DB 1974, 2060.

의 절반을 자기가 맡아야 한다고 주장하였다. 그러나 B는 그 이하 비율로 A가 참여할 것을 요구하였고, 결국 A·B 사이에 契約交涉은 결렬되었다. 이에 A는 B에게 落札工事費의 절반에 대한(즉 履行利益) 損害賠償을 請求하였고, 獨逸聯邦大法院[113]은 被告의 잘못된 行態가 없었더라면 A·B에게 共同으로 落札되었을 것이라면 A의 損害賠償請求는 허용될 수 있다고 인정하였다.

그러나 「뚜렷한 이유 없는 契約交涉의 결렬」의 경우에만은 信賴利益의 賠償만 허용된다고 獨逸聯邦大法院은 강조하고 있다. 이유는 "契約締結意思가 없는 者에게 契約締結의 自由를 박탈하거나 또는 계속 交涉하여 契約을 체결하도록 하는 결과를 가져오도록 하는 것은 타당하지 않으며 또한 그 相對方에게도 信賴利益의 賠償만 허용되는 것이 타당하다"는 것이다.[114]

㈐ 效力 없는 契約締結

(a) 이 類型은 앞의 「契約交涉의 결렬」과는 달리, 契約은 체결되었지만 모종의 障碍事由에 기하여 契約의 效力이 발생하지 않았거나 또는 外見上 契約締結은 있는 듯이 보였지만 사실상은 契約이 成立하지 못한 경우를 나타낸다. 이 類型은 본래 예링의 理論에 상응하던 것이었다. 이미 언급하였듯이 獨逸民法은 여러 곳에 이에 관한 規定들을 만들어 놓고 있다. 예컨대 獨民 §§122, 149, 179, 307, 309, 663(獨商 §362와 결부시켜) 등이다. 물론 이 규정들 속에서 하나의 統一的인 思想을 類推해 내기는 어렵다. 獨民 §§122, 179는 無過失責任규정이고 나머지는 過失責任규정이다. 獨民 §179 Ⅰ은 履行 또는 不履行에 의한 損害賠償을 규정해 놓았고 獨民 §149 역시 契約責任이다. 그러나 나머지 조항들은 信賴利益에 대한 賠償만 규정해 놓고 있다. 이 信賴利益을 獨民 §122, 179 Ⅱ, 307, 309에서는 履行利益에 한정시키고 있으며 獨民 §663는 그러한 제한을 모른다. 또 獨民 §§122, 179 Ⅱ, 307, 309에서는 被害者가 契約效力의 장애요인을 알았거나 알 수 있었을 때에는 그의 損害賠償請求權이 허용되지 않는다. 즉 獨民 §254의 過失相計규정이 적용되지 않는다.

그러나 判例는 이러한 規定들을 넘어 그 외의 경우에 적용될 一般的인 原則을 形成해 왔다. 그것은 "效力 없는 契約時 그러한 無效의 원인에 責任이 있는 者는 契約締結上의 過失에 의해 損害賠償義務가 있다"[115]는 것이다. 그

113) BGH BB 1974, 1039.
114) BGH WM 1981, 788.
115) 예컨대 BGHZ 99, 101(106).

러한 例로서, 方式欠缺로 契約이 無效가 된 경우,[116] 本人의 追認 없는 無權代理行爲(즉 契約締結)로 契約이 無效로 되고 그렇게 된 이유가 交涉補助者를 사용한 本人이 交涉補助者의 選任·監督 또는 代理權表示에 不注意했다는 데에 있었던 경우,[117][118] 強行法規[119] 또는 公序良俗의 違反[120]으로 契約이 無效로 된 경우, 請約과 承諾이 合致하지 않은 숨은 不合意(versteckter Dissens)의 경우,[121] 적용된 一般去來約款이 無效로 된 경우[122]에 그 無效에 責任이 있는 者에게 그를 믿고 行爲함으로써 발생된 相對方의 損害를 배상케 하고 있다.

이 類型에서 최근 가장 문제로 되고 있는 것은 方式欠缺로 인해 契約이 無效로 되는 경우이다. 獨民 §§125, 313에 의하면 公證을 받지 않은 不動産讓渡契約은 無效가 된다. 그러나 判例[123]는 이에 대하여 두 가지 例外를 인정하고 있다. 첫째는 當事者 一方이 故意(Arglist)로 方式欠缺을 相對方에게 알려주지 않아서 相對方은 契約의 有效한 成立을 믿고 있었지만 나중에 故意를 가진 當事者가 獨民 §§125, 313을 援用하여 契約의 無效를 주장하는 경우에 判例는 獨民 §242를 根據로 그 契約의 有效를 인정하고 있다. 둘째는 方式欠缺에 대하여 過失로 相對方에게 알려 주지 않은 경우에 過失을 저지른 當事者가 契約無效를 주장하는 경우에, 만약 契約無效라는 결과가 「不當함(hart)을 넘어서 도저히 참을 수 없는(schlechthin untragbar)」 상황일 때에 判例는 역시 方式欠缺로 인한 無效의 援用을 거부하고 있다.

그러나 이 이외에도 判例는 被害者를 위한 또 하나의 돌파구를 「契約締結上의 過失」制度에서 찾고 있다.[124] 예컨대 過失로 方式欠缺을 알리지 못한 者는 相對方에게 獨民 §§125, 313을 援用하여 契約의 無效를 주장할 수는 있지만 契約의 成立을 信賴함으로써 損害를 입은 相對方에게 「契約締結上의 過失」에 의한 責任을 인정하고 있다. 물론 이것은 要件上 위에서 언급한 두 번째 例外 이외의 경우에 해당되며, 效果에 있어서도 履行請求權이 아니라 損害賠

116) BGH NJW 1965, 814.
117) BGHZ 6, 330(333).
118) 이러한 例는 獨逸法에서 判例·學說에 의해 인정받고 있는 表見代理(Anscheinsvollmacht)와 거의 구별되지 않는다. 다만 表見代理와의 차이는, 補助者가 契約締結權은 없었지만 契約交涉權은 있었어야 한다. 表見代理에는 이러한 要件이 필요하지 않다.
119) OLG Düsseldorf BB 1975, 201.
120) BGHZ 99, 101(107).
121) RGZ 107, 265(267f.).
122) BGH WM 1984, 986.
123) BGHZ 48, 396.
124) BGH NJW 1965, 812.

償請求權만 相對方에게 주어진다. 그 외에도 判例[125]는 兩當事者가 모두 有效한 契約을 위해서는 公證이 필요함을 알고 있었고 當事者 一方이 契約締結時 차후 公證해 줄 것을 약속했지만 나중에 가서 獨民 §313을 援用하여 契約不成立을 주장하는 경우에도 「뚜렷한 이유 없이 契約交涉을 결렬시킨 경우」로 보아 「契約締結上의 過失」에 의한 損害賠償請求權을 인정하고 있다. 물론 이것은 「契約交涉의 결렬」類型에 해당될 것이다.

(b) 이 類型에서 獨逸判例는 方式欠缺로 인한 契約의 無效인 경우에는 信賴利益의 賠償뿐만 아니라 履行利益의 賠償도 인정하고 있다.[126] 즉 被害者가 方式필요성을 알았다면 契約을 체결하지 않았으리라고 여겨지는 경우에는 信賴利益을, 方式필요성을 설명받고 契約을 체결하였으리라고 여겨지는 경우에는 履行利益의 賠償을 부여하고 있다. 물론 이 때의 法的 根據는 獨民 §249가 된다. 이러한 方式欠缺의 경우 이외에 다른 이유로 契約의 效力이 상실된 경우에 判例는 信賴損害에 대한 賠償만 허용하는 것이 一般的이다.[127]

㈃ 有效한 契約

(a) 이 類型의 責任根據는 보통 「說明義務의 違反」에서 구해진다. 즉 契約締結 또는 契約履行에 중대한 의미를 지니는 사정을 相對方에게 잘못 알려 주었거나(作爲) 또는 알려 주지 않은 경우(不作爲)에 「契約締結上의 過失」 責任이 인정된다고 한다. 前者의 例로는 도로 밑에 導管工事를 하기 위해 市와 건설회사가 契約을 체결하였으나 市가 도로상태에 대한 부정확한 정보를 알려줌으로써 건설회사가 예상한 工事費用을 초과하여 지출한 경우,[128] 債權者와 保證人 간의 保證契約을 체결할 때 債權者가 保證人에게 잘못된 정보를 부여함으로써 保證債務의 法的 性格 및 保證人의 危險範圍 등에 대해 잘못된 관념을 불러일으킨 경우,[129] 신형톱기계를 구입하고자 하는 者가 그 기계가 현재의 공장에 적절하게 설치될 수 있을는지를 賣渡人에게 문의했는데 賣渡人이 공장을 측량하고는 可能하다고 하여서 기계를 구입하였으나 막상 그 기계가 너무 커서 설치할 수 없었던 경우[130] 등을 들 수 있다. 後者의 例로는 雇傭契約을 체결할 때 使用者가 일반적으로 인정되는 雇傭期間의 以前에 使用者

125) BGH NJW 1975, 43.
126) BGH NJW 1965, 812(814).
127) 그러나 OLG Hamm MDR 1969, 306에서는 履行利益의 賠償이 허용되었다.
128) RGZ 95, 58
129) BGH NJW 1968, 968; BGH DB 1974, 2200.
130) BGH NJW 1962, 1196.

의 사정 때문에 일찍 雇傭契約을 解止할 수도 있으리라는 것을 알려 주지 않은 경우,[131] 거꾸로 雇傭契約締結時 被用者가 자기의 나쁜 건강상태를 알리지 않은 경우,[132] 금융기관이 개입된 割賦販賣에서 그 금융기관이 消費貸借의 借主인 買受人에게 구입할 물건의 瑕疵 등은 消費貸借에 영향을 미치지 않음을 설명해 주지 않은 경우,[133] 企業賣買時 企業의 판매실적에 따라 契約決定에 영향을 미치게 되는 데도 賣渡人이 판매실적을 알려 주지 않은 경우[134] 등을 들 수 있다.

잘못된 정보를 부여한 경우에는 義務違反의 모습을 발견해 내기가 어렵지 않다. 그러나 정보를 부여하지 않은 경우에는 義務違反의 모습을 인정하기가 쉽지 않다. 이유는 義務違反을 인정하기 위해서는 정보를 부여할 義務(作爲義務)가 먼저 인정되어야 하는데, 어떤 경우에 어느 범위에서 정보를 부여할 義務가 발생하는가를 일률적으로 말하기 어렵기 때문이다. 결국 說明義務의 인정을 위해서는 종합적인 상황이 고려되어야 할 것이다. 예컨대 契約의 類型, 交涉期間, 交涉의 強度, 交涉者의 인식정도 등에 따라 달라질 것이다.[135] 契約締結前의 交涉期間이 길면 길수록 說明義務 역시 포괄적이며 광범위할 것이고, 의도하고자 하는 法律關係가 포괄적이면 포괄적일수록 說明義務 역시 광범위하게 인정될 것이다. 반면에 投機行爲時에는 說明義務가 거의 인정되지 않을 것이다. 또한 專門家인 當事者는 非專門家인 相對方에게 넓은 說明義務를 지게 될 것이다.

(b) 獨逸法에서 이 類型의 문제점은, 有效하게 成立된 契約이 契約締結前에 어느 一方의 說明義務違反으로 他方이 불리한 내용의 契約이 체결되었다고 인정되는 경우에 넓게 「契約締結上의 過失」責任이 인정되기 때문에, 기존의 다른 法制度와의 競合문제에 놓여 있다. 예컨대 履行障碍, 擔保責任, 錯誤·詐欺·強迫에 의한 意思表示와의 관계 등이 문제로 된다.

먼저 「契約締結上의 過失」責任은 「過失」에 의한 說明義務違反뿐만 아니라 「故意」에 의한 說明義務違反의 경우에도 인정된다. 後者의 경우에 獨民 §123의 詐欺·強迫에 의한 意思表示의 取消와 競合될 수 있다. 이 때 「契約締

131) BGA BB 1977, 246.
132) BGH NJW 1964, 1197.
133) BGHZ 33, 293; BGHZ 47, 207; BGH NJW 1979, 2092.
134) BGH NJW 1970, 655.
135) Soergel/Wiedemann, Vor §275 Rdnr. 153(S. 623).

結上의 過失」과 獨民 §123은 選擇的으로 행사가 가능하다. 그러나 보다 중요한 것은 「過失」에 의한 說明義務違反의 문제이다. 行해질 給付에 대한 說明義務가 過失로 違反되었다면 여기서 두 가지 결과가 推論될 수 있다. 하나는 그로 인해 契約의 履行에 결함이 생겼다고 볼 수 있다. 이유는 給付가 설명된 바에 상응하지 않기 때문이다. 또 하나는 說明義務違反으로 契約締結에 결함이 생겼다고 볼 수 있다. 이유는 不正確한 說明이 契約締結과 因果關係에 놓여 있기 때문이다. 前者의 입장을 택한다면 說明義務違反이 給付障碍와 擔保責任문제로 될 것이며, 後者의 입장을 택한다면 「契約締結上의 過失」문제가 될 것이다. 獨逸判例와 學說은 前者의 입장을 택하고 있다.[136] 그 결과 兩者의 競合문제가 발생하는 경우에 判例와 多數의 學說은 瑕疵擔保責任규정에 우선권을 부여하고 있다.[137] 그에 반해 「契約締結上의 過失」이 적용될 수 있는 여지는 瑕疵結果損害(Mangelfolgeschäden)가 발생한 경우와 잘못된 정보가 契約對象의 性狀이나 特性에 관계되지 않아서 瑕疵擔保責任이 적용될 수 없는 경우에 여전히 남아 있게 된다.[138]

또 한가지의 獨逸法의 特性은 獨民 §122에서는 錯誤에 의한 意思表示를 取消하는 者가 相對方에게 행하는 損害賠償責任만 규정하고 있을 뿐, 相對方이 表意者에게 錯誤를 야기시켜서 하게 한 意思表示에 대하여 表意者가 取消를 한 경우에 表意者가 입은 損害의 賠償문제를 규정하고 있지 않다. 물론 相對方의 錯誤를 야기한 것이 故意에 의해 이루어졌다면 獨民 §123의 詐欺에 의한 意思表示로 되고 不法行爲法上의 損害賠償請求가 허용되겠지만 故意가 아니고 過失에 의해 錯誤를 야기시킨 경우에는 損害賠償責任에 관한 규정이 존재하지 않는다. 이 때 獨逸法에서는 契約이 有效하게 成立하게 되므로[139] 契約以前에 존재하는 相對方의 有責性이 논하여지고 그 有責性 때문에 成立된 契約을 그대로 履行하도록 요구하는 것이 信義則에 어긋난다고 평가되는 경우에 「契約締結上의 過失」責任이 인정되어 이 類型에 속하게 된다는 것이 判例의 입장이다.[140] 그러나 이 때의 문제는 故意를 要件으로 하는 獨民 §123에 의한 取消의 除斥期間은 獨民 §124에 의해 1年으로 규정되어 있는 데 반해,

136) Medicus(註 89), S. 538.
137) 反對 Emmerich(註 15), S. 53ff.
138) 이에 반해 錯誤 등에 의한 意思表示의 取消규정들과 「契約締結上의 過失」과는 判例와 學說이 그 競合을 인정하고 있다(Gernhuber, Das Schuldverhältnis, 1989, S. 198 참조).
139) 또는 錯誤에 의한 取消를 주장하지 않을 수도 있다.
140) BGH NJW 1979, 1983.

過失에 의한 경우에는 「契約締結上의 過失」責任이 적용되어 獨民 §249에 의해 原狀回復이 인정되기 때문에 取消와 동일한 效果를 가져오면서도 消滅時效期間이 「契約締結上의 過失」責任의 30年의 적용을 받게 되어서, 兩者의 法適用에 論理的 모순이 생긴다는 것이다. 물론 判例는 獨民 §123의 경우와 「契約締結上의 過失」의 경우를 구분하여 前者는 取消의 效果가 物權的 效力을 가지는 데 반해, 後者의 경우에 原狀回復에 의하여 契約을 없었던 것으로 만드는 效果는 債權的 效力밖에 없다고 하며, 또한 前者는 損害의 發生과 관계 없이 表意者의 意思決定의 自由를 보호해 주기 위한 규정인 데 반해, 後者의 경우에는 損害의 發生을 전제로 하며 損害의 塡補가 主目的이라는 차이가 있다고 한다. 그럼에도 불구하고 過失에 의해 錯誤를 야기시킨 경우에 「契約締結上의 過失」責任을 적용하여 30년의 時效期間을 인정하는 것은 獨民 §124를 형해화시킬 우려가 있다는 비판이 높다.141)

(c) 他人의 부정확한 정보를 信賴하여 契約을 체결한 者는 獨民 §249에 의해 그 정보를 信賴하지 않았다면 존재했었을 상태로 회복되어야 한다. 따라서 說明義務의 違反이 존재하지 않았더라면 契約이 체결되지 않았을 경우에는 그러한 상태로 회복되어야 하므로 被害者는 契約上의 拘束으로부터 벗어나게 된다.142) 즉 履行을 아직 하지 않고 있다면 履行을 거절할 수 있고, 이미 履行이 이루어졌다면 不當利得制度에 의해 돌려받게 된다. 즉 이 경우에는 「契約締結上의 過失」을 통하여 意思表示의 取消 내지는 契約의 解除와 동일한 결과에 도달하게 된다. 더 나아가 不當利得返還後에도 여전히 被害者에게 契約을 信賴하여 쓰여진 費用이라는 損害가 남아 있는 경우에는 「契約締結上의 過失」에 의해 賠償을 請求할 수 있다.

그러나 說明義務違反이 존재하지 않았더라면 契約이 다른 내용으로, 즉 被害者에게 보다 有利한 내용으로 체결되었을 경우에는 契約은 그대로 유지되면서 減額하는 方法이 존재한다.143) 여기서 損害賠償은 현실적으로 지불된 金額과 說明義務違反이 존재하지 않았더라면 이루어졌을 契約內容에 상응하는

141) Medicus(註 89), S. 542; ders., Die Lösung vom unerwünschten Schuldvertrag, JuS 1988, S. 4; Reinicke, Das Verhältnis der Ausschlußfrist des §124 zu der Verjährung von Vertragsaufhebungsansprüchen aus Delikt und c. i. c., JA 1982, S. 5ff.; Soergel/Wiedemann, Vor §275 Rdnr. 35와 123.

142) RGZ 79, 194; BGH NJW 1962, 1197; BGH NJW 1969, 1625; BGH NJW 1974, 849; BGH NJW 1979, 1983; BGH NJW 1984, 2814.

143) BGHZ 69, 53; BGH NJW 1980, 2408; BGH NJW 1981, 1035; BGH NJW 1981, 2050; BGH NJW 1987, 2511; BGH NJW 1989, 1793.

金額과의 差額이 된다. 이 때 獨逸聯邦大法院은 說明義務違反이 없었더라도 兩當事者는 契約을 맺었으리라는 事實과 被害者에게 보다 적절한 내용으로 체결하였으리라는 事實에 대한 立證을 被害者에게 요구하지 않고 推定하고 있다.144) 더구나 說明義務違反者의 그러한 違反 없이도 그렇게 완화된 내용으로 契約을 체결하였을 것이냐도 중요하지 않다. 마치 당연히 그러한 내용으로 契約을 체결하였을 것이라는듯이 判例에 의해 다루어진다.145) 이 때 差額을 요구하는 損害賠償은 信賴利益의 賠償을 의미하지만 이것은 履行利益의 한도로 제한받지 않는다.146) 그러나 損害를 입은 者는 본래의 정보가 존재하였을 경우보다 더 유리한 입장에 있게 되어서는 안 된다. 따라서 잘못된 정보가 옳은 것이었음을 전제로 한 損害賠償은 허용될 수 없다. 그러나 본래의 정보가 존재하였을 경우에 被害者가 경제적으로 보다 유리한 다른 去來를 하였을 경우에는 損害賠償의 金額上 履行利益과 동일하거나 그 이상일 수도 있다.147)

(마) 第3者責任148)

(a) 이 類型은 有效한 契約締結이 이루어진 경우에 인정된다. 따라서 「有效한 契約」의 일종으로 다루어질 수 있는 것이지만 契約當事者가 아니라 補助者의 個人的 責任문제라는 점에서 特殊性이 존재한다. 즉 이 類型은 有效하게 成立된 契約에서 契約交涉 또는 契約締結에 관여하였던 제3자의 有責的 行態 때문에 相對方 當事者가 損害를 입은 경우의 문제이다. 여기서 제3자는 締結된 契約에 관한 代理人으로, 단순한 補助者로, 심지어 단순한 관련자로도 나타날 수 있다.

獨逸法에서 代理人이나 交涉補助者의 잘못된 行爲에 대하여 本人 또는 使用者가 責任을 진다(獨民 §278). 代理人이나 交涉補助者의 契約相對方에 대한 個人的 責任은 不法行爲法에 의해 해결될 수밖에 없다. 그러나 이러한 문제에 대해 獨逸不法行爲法이 적용될 수 있는 法的 根據는 獨民 §826가 존재하지만 이 규정은 行爲者의 故意를 要件으로 하고 있다. 따라서 代理人이나 交涉補助者의 「過失」로 契約相對方에게 損害를 부여한 경우에 本人 또는 使用者 외에 交涉補助者에게는 責任을 물을 수 없다는 결과가 된다. 그러나 獨逸判例는 이러한

144) BGHZ 61, 118(121); BGHZ 64, 46(51); BGHZ 72, 92(106).
145) BGHZ 69, 53(58).
146) Soergel/Wiedemann, Vor §275 Rdnr. 198.
147) BGH NJW 1968, 1136; BGH NJW 1988, 2234(2237).
148) 崔興燮, "獨逸法의 契約締結上의 過失에서 하나의 類型으로 인정되고 있는 제3자責任", 仁荷大 社會科學硏究所 論文集 제12집(1994. 12).

결과가 상황에 따라서는(예컨대 使用者 또는 本人의 破産) 타당하지 못하다고 느꼈다. 그래서 判例는 例外的으로, 契約에 관여한 代理人·交涉補助者 등 제3자의 個人的인 責任을 當事者와 함께 혹은 獨自的으로 「契約締結上의 過失」을 통하여 인정하여 왔다. 그 人的 對象은 代理人, 交涉補助者를 넘어서 소위 管理人(Sachwalter), 仲介人을 지나 심지어 會社의 設立者, 運營者, 經營陣 또는 변호사나 회계사와 같은 전문가에게까지 확대되어 가고 있다. 그래서 오늘날 「契約締結上의 過失」의 責任根據로 제시되는 信賴責任(Vertrauenshaftung), 職業責任(Berufshaftung), 情報責任(Auskunftshaftung), 他人財産의 保護를 위한 去來義務(Verkehrspflichten zum Schutz fremden Vermögens) 등은 모두 「第3者責任」類型을 대상으로 삼아 이 類型의 적용범위의 부당한 확대를 방지하며 그에 대한 적절한 責任根據를 제시해 주기 위한 노력의 일환으로 이루어지고 있는 것이다. 예컨대 「契約締結上의 過失」制度의 責任根據로서 오늘날 상당히 넓게 인정받고 있는 Ballerstedt의 「要請받은 信賴의 부여」도 이 유형에 대한 연구와 검토 속에서 얻어진 소산이었던 것이다.

(b) 代理人의 個人的 責任을 인정하면서 시작된 이 類型에 대한 獨逸帝國大法院의 입장[149]을 獨逸聯邦大法院은 그대로 이어받아 그 適用範圍를 확대해 나갔다. 그러면서 獨逸聯邦大法院은 제3자가 「契約締結上의 過失」에 의해 個人的 責任을 지는 基準을 크게 보아 두 가지로 요약하여 제시하고 있다. 첫째가 契約締結에 관여한 제3자가 "그 契約締結에 經濟的으로 특별히 이해관계를 가지고 있어서 그 去來에서 個人的인 利益을 얻고자 하는 경우"[150]에 제3자의 契約締結前의 有責的 行爲로 契約相對方이 契約을 체결하여서 損害를 입었다면 그 契約相對方에게 제3자는 직접적인 責任을 진다는 것이다. 두 번째는 제3자가 "특별히 個人的인 信賴를 요구했고 그럼으로써 契約交涉에 영향을 미쳤을 경우"[151]에 個人的인 責任을 진다고 한다. 이 두 가지 基準은 각각 제3자의 個人的인 責任을 인정하는 기준이 되지만 두 가지 基準이 함께 인정되는 事例도 드물지 않다.

첫번째 기준은 오늘날 代理人을 넘어서 有限會社의 代表社員(Gesellschafter/Gesellschaftsführer)의 個人的 責任을 인정하는 데 이용되고 있다.[152] 그러

149) RGZ 120, 249.
150) BGHZ 14, 313(318).
151) BGH LM §276(Fa) BGB Nr. 4; BGHZ 56, 81.
152) BGH ZIP 1986, 26.

나 오늘날 보다 중요한 것은 두 번째 基準이다. 이에 입각하여 처음에는 代理人[153]에서 다음에는 代理人이 아니더라도 契約締結에 직접적으로 관여하였던 者(예컨대 管理人 또는 仲介人)[154]가, 더 나아가 심지어 契約締結에 간접적으로 관여되었던 者까지도 「契約締結上의 過失」에 의한 第3者責任이 인정되고 있다. 그러한 例의 극단적인 경우가 바로 「案內書責任」(Prospekthaftung) 문제이다. 70年代에 시작된 이 責任類型은 주식시장에서 자금을 끌어들이기 위해 자기 會社의 사업내용 및 경제적인 건실성을 알리기 위한 案內書를 株式投資家들에게 배부하는데 이 案內書 속의 잘못된 정보를 믿고 投資한 投資家들이 그 會社가 곧 破産하여 損害를 입는 경우의 責任문제이다. 이 「案內書責任」에서 責任을 지는 제3자의 범위도 시간이 흐름에 따라 확대되어 갔다. 예컨대 제3자로서 등장하는 有限·合資會社(GmbH u. Kommanditgesellschaft)에서 시작되어,[155] 그 會社의 代表社員을 거쳐,[156] 會社의 設立者·經營陣[157] 그리고 案內書에서 이 會社의 건실성을 확인하여 준 변호사·회계사에게까지[158] 「契約締結上의 過失」에 의한 직접적인 責任을 인정하고 있다. 그 결과 "特別한 個人的 信賴"가 본래 第3者責任의 根據로 제시되었던 것이 점차 그 범위가 넓어지고 制限이 완화되면서 個人的 信賴에서 "典型化된 信賴"[159] 내지는 "客觀的 信賴"로 責任根據가 옮겨가고 그럼으로써 심지어 "信賴 없는 信賴責任"[160]이라는 學說의 비판을 받게 되었음은 앞에서[161] 이미 언급하였다. 더구나 이러한 비판은 「案內書責任」에서 이루어지는 時效의 二分化현상과 그에 따른 「契約締結上의 過失」責任의 二分化현상을 바라보면서 거세어질 수밖에 없었다. 즉 본래 「案內書責任」문제에 「契約締結上의 過失」責任이 적용되면 時效에 있어서도 원칙적으로 30년(獨民 §195)이 적용될 것이지만, 株式投資에 관한 特別法들(예컨대 KAGG, AuslInvG 등)에 규정된 「案內書의 잘못된 정보를 안 날로부터 6개월, 投資合資會社의 가입으로부터 3년」의 時效가 類推適用되는 것이 타당하다는 判例가 나오게 됨으로써 이러한 短期時效가 적용되는 「案內書責任」과 30年 時效가 적용되는 「案內

153) BGH LM §276(Fa) BGB Nr. 4.
154) BGHZ 63, 382.
155) BGH WM 1978, 611.
156) BGHZ 71, 284.
157) BGHZ 72, 382.
158) BGHZ 77, 172.
159) BGHZ 74, 103(109).
160) v. Bar, Vertrauenshaftung ohne Vertrauen, ZGR 1983, S. 476ff.
161) 前述 Ⅲ. 1. (2)(라).

書責任」으로 나누어졌던 것이다.[162] 물론 判例는 兩者의 적용영역을 구분하여 前者의 경우는 "典型化된 信賴"를 받는 사람(예컨대 會社의 設立者·運營者·經營陣)에게 적용되고, 後者는 "個人的 信賴"를 받는 사람(예컨대 投資案內人·投資仲介人)에게 적용된다고 한다. 그러나 어쨌든 분명한 것은 「契約締結上의 過失」責任이라는 하나의 制度 아래 서로 다른 法律效果를 적용해야 하는 事案들이 分化的으로 존재한다는 사실이다. 그러한 사실은 분명히 「契約締結上의 過失」을 하나의 獨自的인 責任領域으로 이해하는 데 의문을 제기하지 않을 수 없게 만든다. 그래서 최근 독일에서도 案內書責任문제는 「계약체결상의 過失」에서 분리되어 독자적인 책임영역으로 발전해 가는 경향이 있다고 얘기되고 있다.

2. 우리 法

(1) 머 리 글

判例와 달리 우리 學說은 오늘날 「一般的인 契約締結上의 過失」制度를 대부분 인정하고 있다. 이 때 그 내용은 獨逸의 判例와 學說에 따르고 있는 것이 一般的이다. 다만 獨逸法과 우리 法의 차이는, 우리 法에서 學說은 民 §535를 「一般的인 契約締結上의 過失」의 母體로 생각하고 있는 데 반해, 獨逸法에서는 民 §535에 해당하는 獨民 §307과 「一般的인 契約締結上의 過失」은 엄격하게 구별되어 다루어지고 있다는 점이며, 또한 「一般的 契約締結上의 過失」이 獨逸法에서는 判例에 의해 形成된 것을 學說이 뒷받침해 주고 있는 制度인 데 반해, 우리 法에서 判例는 아직 그것을 인정하고 있지 않으며 學說上으로만 긍정되고 있다는 점이다. 그러나 이러한 측면들을 제외하면 내용상으로 볼 때 獨逸法과 우리 法의 「一般的인 契約締結上의 過失」은 극히 類似하게 다루어지고 있다. 물론 우리 法의 特殊性에 기인한 차이도 존재한다. 예컨대 「契約締結上의 過失」에 관한 규정상의 根據로 民 §535만 존재한다는 점, 債務不履行法 不法行爲法에 一般條項이 존재한다는 점 등이다. 따라서 이러한 類似性과 特殊性이 혼합되어 「契約締結上의 過失」에 대한 우리 學說上의 論難이 적지 않다. 예컨대 「契約締結上의 過失」의 法的 性質의 문제와 그와 관련된 責任根據의 論難, 適用範圍에 관한 論難 등이 그것이다. 다음에서는 이러한 두 가지 측면에서의 學說對立을 기술하고 損害賠償의 종류와 범위에 관하여 언급하고자 한다. 이 때 주의할 것은 우리 學說이 「契約締結上의 過失」에 대하여 벌이는

162) BGHZ 83, 222.

論議는 民 §535를 중심으로 하고 있다는 점이다. 따라서 法的 性質, 責任根據, 適用範圍, 法的 效果 등에 관한 論議는 원칙적으로 民 §535를 포함하여 이루어진다. 그러나 民 §535를 "原始的 不能의 效果의 한 例外規定일 뿐 契約締結上의 過失責任의 構成要件을 신설한 것이 아니며 契約締結上의 過失을 인정할 것인가의 여부의 문제는 여전히 學說·判例에 一任된 문제"[163]라고 생각하여 兩者를 구별하는 견해도 존재한다.

(2) 法的 性質

(가) 이에 대해서는 크게 세 가지의 견해가 대립한다. 즉 契約責任으로 보는 견해, 不法行爲責任으로 보는 견해, 契約責任도 不法行爲責任도 아닌 제3의 責任으로 보는 견해가 있다.

먼저 契約責任을 주장하는 根據는 다음과 같다.[164] 즉 오늘날의 契約理論에 있어서 契約上의 義務는 主된 履行義務(給付義務)가 그 전부는 아니며, 그 밖에도 信義則上의 여러 義務를 포함한다. 이러한 義務는 契約의 成立過程에서 이미 존재한다고 할 수 있고, 契約締結上의 過失責任은 바로 이러한 信義則上의 附隨的 義務에 違反한 데 대한 責任이므로 이를 契約責任으로 구성할 수 있다고 한다.[165] 이에 대한 批判[166]으로는, 契約締結前段階에서의 접촉관계는 事實行爲이지 法律行爲는 아니므로 事實行爲에서 契約責任을 인정하게 되는 이 견해는 우리 私法體系에 정면으로 反하고, 또한 契約締結단계에 있어서의 行爲義務는 접촉관계에서 발생하는 相對方의 信賴를 보호하기 위한 특별한 行爲義務인 데 반해, 契約成立後단계에 있어서의 行爲義務는 給付義務의 外延으로서의 성질을 가지므로 兩者는 본질적으로 다른 것이라고 한다. 더구나 契約責任說은 모두 信義則을 강조하는데 信義則에서 義務의 成立은 가능하지만 그 義務의 性質을 契約責任으로 만드는 기능까지 갖고 있는 것은 아니며 또한 不法行爲法上의 義務에서도 信義則이 적용되므로 信義誠實의 原則이 契約責任을 인정하는 根據로서는 불충분하다고 한다. 생각건대 이러한 비판은 원칙적으로 타당하다고 여겨진다. 사실 有效한 契約成立을 전제로 하여 부여되는 契約責任을 契約이 無效·取消된 경우와 契約交涉이 좌절된 경우에까지

163) 李英俊(註 4), 291.
164) 郭潤直, 83; 金曾漢, 49; 金錫宇, 65.
165) 이 외에도 履行補助者, 立證, 時效 등의 契約責任上의 被害者에게 유리한 法律效果를 적용시키기 위한 실제적 필요성 때문에 契約責任을 주장하는 견해도 보인다(예컨대 金顯泰, 14-5; 金錫宇, 65). 이에 대한 비판으로는 後述 Ⅲ.2.(2)(나) 참조.
166) 李英俊(註 4), 317-18.

적용시킨다는 것은 論理的으로뿐만 아니라 실제적으로도 잘못이다. 契約責任 내지 法律行爲責任은 當事者의 意慾에 法律效果를 부여하는 것인데, 當事者의 원하는 意圖가 法律的으로 인정받지 못하는 경우에 어떻게 意慾된 法律效果를 부여해 줄 수 있겠는가. 「意慾되지 않은 경우」에 「意慾된 責任」을 묻는다는 것은 民法上의 法律行爲理論을 전면적으로 부정하는 결과가 될 것이다.

다음으로 「契約締結上의 過失」을 不法行爲責任으로 인정하는 종래의 견해[167]는──그것이 비록 民 §535에 한정시켜 언급된 것이기는 하지만── 다음과 같은 論據를 댄다. 즉 "契約締結에 있어서는 특히 注意를 하여 無效인 契約에 의하여 相對方에 不慮의 損失을 주지 않도록 하는 것은 누구에게나 요구되는 信義則上의 注意義務이다라고 하지 않으면 안 될 것이다. 이 注意義務에 違反하여 過失에 의하여 契約을 締結하여 相對方에게 違法的 損害를 준 者는 一種의 不法行爲責任을 지는 것으로, 그 損害를 賠償하지 않으면 안 된다"는 것이다. 이에 반해 최근에 등장한 不法行爲論者들[168]은 論議의 對象을 民 §535보다 넓은 「一般的인 契約締結上의 過失」로 잡고 있으며 주장근거도 보다 具體的이다. 즉[169] 「一般的인 契約締結上의 過失」은 獨逸民法에 특유한 債務不履行體系와 不法行爲體系의 협소성에 기인한 不完全性 때문에 발전해 온 것인데, 우리 民法은 獨逸民法과 달리 債務不履行法과 不法行爲法에 포괄적인 一般條項(民 §§390, 750)을 두고 있기 때문에 그에 의해 충분히 해결할 수 있다고 한다. 이 때 獨逸法에서 논의되는 契約이 有效하게 成立한 경우는 民 §390에 의해, 나머지의 경우, 즉 契約外的 法益, 契約交涉의 결렬, 契約의 無效·取消의 경우는 모두 不法行爲一般條項인 民 §750에 의해 해결할 수 있다고 한다. 결국 우리 民法上 논의되는 「一般的인 契約締結上의 過失」문제는 原則的으로 不法行爲責任에 속하게 된다는 것이다. 이러한 不法行爲責任說에 대한 批判으로, 「契約締結上의 過失」문제에서 다루어지는 當事者들 관계는 「他人」 이상의 관계인 데 반해 不法行爲에서는 순수한 他人關係를 전제로 한다는 점, 「契約締結上의 過失」制度가 契約締結前段階에 있어서 立證責任이나 履行補助者의 責任에 관한 契約責任의 原理를 準用하려는 理論인데 그 制度를 不法行爲責任으

167) 崔栻, 52.

168) 梁彰洙, 民法硏究 Ⅰ, 381; 金俊鎬, "독일의 契約締結上의 過失制度의 우리 民法學에의 受容要否", 金洪奎기념논문집 Ⅱ, 281-82; 崔興燮, "契約以前段階에서의 責任과 民法 535조의 의미", 裵慶淑기념논문집, 555.

169) 이하는 주로 崔興燮, 前註에 의거하여 설명한다.

로 이해한다면 이러한 實益을 얻을 수 없다는 점, 그리고 不法行爲法上의 保護法益은 保有利益(Erhaltungsinteresse)에 한정되는데 「契約締結上의 過失」의 경우에는 信賴利益 또는 履行利益도 존재하므로 이러한 경우를 설명할 수 없다는 점이 지적된다.[170)]

이러한 批判論據들의 타당성을 인정하는 사람들은 마지막으로 「契約締結上의 過失」을 契約責任도 不法行爲責任도 아닌 第3의 獨自的인 責任領域으로 理論構成하게 된다. 이러한 입장은 獨逸의 判例와 通說의 입장이기도 한데, 우리 學說은 조금 더 복잡한 듯하다. 예컨대 複合的 또는 選擇的으로, 法定責任을 인정하는 견해,[171)] 衡平責任을 인정하는 견해,[172)] 信賴責任을 인정하는 견해[173)]로 나누어진다.

먼저 李英俊 변호사는 獨逸의 判例와 學說에 따라서 우리의 「契約締結上의 過失」責任을 "契約締結前段階에 있어서의 協議行爲나 去來關聯關係의 開始 또는 法律行爲를 目的으로 하는 社會的 接觸에 基한 行爲義務(忠實義務·保護義務)違反의 效果이며 그 責任의 法的 性質은 契約責任도 不法行爲責任도 아닌 民 §§539, 559 I 但書, 634의 類推適用에 基한 獨自의 法定責任"[174)]으로 본다. 그가 말하는 法定責任에서 「法」의 의미는 獨逸法에서와 마찬가지로 法律(Gesetz)이 아니라 法規範(Rechtsnorm)으로 그는 이해하고 있다.[175)] 특히 그는 民 §535를 「契約締結上의 過失」의 規定으로 보지 않고 原始的 不能의 效果를 나타내는 例外規定으로 보고 있기 때문에 더욱 그러하다. 그렇다면 그의 法定責任이란 곧 「法規範에 의해서 정해진 責任」을 의미하는데 그 法規範이 우리 法에서 과연 무엇이냐가 해명되어야 한다. 獨逸法에서 「一般的인 契約締結上의 過失」이 法定責任으로 이해될 수 있는 이유는 기본적으로 그 制度가 判例에 의해 形成되어 온 制度였기 때문에 가능하였던 것이다.[176)] 그러나 우리 法의 입장에서 民 §535를 넘어서 인정되는 「一般的인 契約締結上의 過失」制度

170) 李英俊(註 4), 319.
171) 李英俊(註 4), 321; 金亨培, "우리 民法과 外國法의 影響", 한국法學의 回顧와 展望, 226.
172) 註釋債各(Ⅰ), 170; 李英俊(註 4), 321.
173) 李銀榮, 107. 李銀榮 교수는 債權各論 改訂版(1992年)에서 「契約締結上의 過失」責任의 本質에 대한 견해를 不法行爲責任에 제3의 責任으로 바꾸고 있다.
174) 李英俊(註 4), 321.
175) 이에 반해 李銀榮 교수(債各, 108)와 全河銀 판사(註釋債各(Ⅰ), 170)는 民 §535만을 法定責任으로 보고 있다. 이 때 法定責任의 「法」의 의미는 「法律」(Gesetz)일 것이다.
176) 이에 대해서는 前述 Ⅲ.1.(2)(라) 참조.

를 判例는 인정한 적이 없었고 學說만 긍정하고 있을 뿐이다. 그렇다면 결국 그가 말하는 法定責任의 「法」의 의미인 「法規範」은 學說에 의해서도 창설이 가능하다고 보아야 하는데 그것은 실제적으로 不可能하다. 물론 그는 民 §§535, 559 Ⅰ 但書, 634의 類推適用 속에서 「契約締結上의 過失」의 法規範的 의미를 찾고 있는지도 모른다. 그러나 民 §§559 Ⅰ 但書와 634는 그가 말하듯이 「契約成立後段階」에 있어서의 忠實義務를 明文으로 인정하고 있는 것이라면, 어떻게 契約成立前段階에 있어서의 責任문제를 契約成立後段階에 있어서의 法的 根據에서 類推適用할 수 있는가? 그것은 그가 契約責任說에서 비판했듯이, 契約成立前段階에서의 行爲義務와 契約成立後段階에서의 行爲義務가 본질적으로 다르다는 얘기와 모순되지 않는가? 이러한 얘기가 옳다면 남는 것은 民 §535의 類推適用可能性뿐이다. 그러나 이 條項의 類推適用도 그에게는 어려운 문제를 남겨준다. 먼저 그는 民 §535와 「契約締結上의 過失」을 구별하고 있다는 점에서 後者에 前者를 類推適用하기가 껄끄럼할 것이고, 설혹 그 문제는 접어둔다 하더라도 그에게 있어서 民 §535의 類推適用의 범위는 "契約締結前段階에 있어서의 行爲義務違反이 損害賠償義務를 성립시킨다"[177]는 의미에 한정되어 있다는 데에서도 그렇다. 原始的 不能의 경우에 발생하는 損害賠償문제를 규정한 民 §535가 위의 의미처럼 「광범하고 모호하게」 이해될 수 있느냐도 문제이지만, 설사 그것을 인정한다 하더라도, 그렇다면 보다 많은 數의 規定들을 가지고 있으며 「契約締結前段階에 있어서의 行爲義務違反이 損害賠償義務를 성립」시키는 擔保責任규정들이 보다 먼저 「契約締結上의 過失」에 類推適用되지 못할 이유가 없으며 더 나아가 民 §750도 「契約締結上의 過失」에 類推適用되지 못할 하등의 이유가 없다. 결국 그가 제시한 民法上 規定의 類推適用마저 타당하지 않다면 그가 주장하는 第3의 責任領域으로서의 法定責任은 「契約締結上의 過失」의 獨自的인 존립을 인정하여 줄 責任根據로 성립될 수 없다는 결과가 된다.

사실 法定責任이라는 의미를 가지고는 우리 法뿐만 아니라 獨逸法에서도 「契約締結上의 過失」의 독자적인 責任根據를 설명해 주지 못한다. 기껏해야 그 의미는 「契約締結上의 過失」이 契約責任 또는 法律行爲責任이 아니라는 것만 消極的으로 나타낼 줄 뿐이다. 全河銀 판사는 이런 점을 옳게 지적하고 있다.[178]

177) 李英俊(註 4), 322.
178) 註釋債各(Ⅰ), 170 註 143).

그러나 그녀가 法定責任에 대신하여 제시하고 있는 "契約類似의 衡平責任"[179] 도 法定責任에 못지않은 문제점을 보여 준다. 먼저 「契約締結上의 過失」을 衡平責任으로 보는 이유는 責任을 인정하는 이유가 衡平 내지 公平에 적합하기 때문이라고 보기 때문일 것이다. 그렇다면 어느 경우에 衡平 또는 公平에 부합하여 「契約締結上의 過失」責任을 인정할 것인가? 여기에 대해서 衡平責任은 아무것도 제시해 주는 바가 없다. 결국 그 基準은 재판관의 恣意的 판단에 맡겨지게 된다. 그것은 곧 法學의 임무를 포기하는 것이 될 것이다. 더구나 契約違反時에 契約責任을 인정하는 것도, 不法行爲時에 不法行爲責任을 인정하는 것도 衡平과 公平에 부합하기 때문이 아닌가. 그렇다면 契約責任도 不法行爲責任도 아니라는 衡平責任이 前2者와 구별되는 점이 무엇이냐는 것이다. 흔히 獨逸法에서도 衡平判決 또는 衡平責任이라는 用語가 「契約締結上의 過失」責任에 붙여지고 있는 것은 사실이다. 그러나 그렇게 使用할 때의 衡平責任의 의미는 긍정적인 의미가 아니라 너무나 막연하고 모호하다는 부정적인 의미로 쓰이고 있는 것이다. 따라서 契約責任도 不法行爲責任도 아니며 法律上 존재하지도 않는 第3의 責任領域의 責任根據를 衡平責任으로 본다면, 그것은 모든 것을 설명해 주기 때문에 아무것도 설명해 주는 바가 없는 것이 되므로 獨自的인 責任根據로서는 적합하지 않다.

이러한 점에서 볼 때, 李銀榮 교수가 第3의 責任領域으로서의 「契約締結上의 過失」의 責任根據로 제시하고 있는 信賴責任은 위의 견해들보다 한 걸음 앞선 견해라고 볼 수 있다. 더구나 그녀는 「契約締結上의 過失」責任의 적용범위를 조심스럽게 民 §535와 錯誤에 의한 意思表示의 取消의 경우, 즉 契約이 無效·取消된 경우에 한정시킨다. 그럼에도 불구하고 이렇게 制限된 「契約締結上의 過失」이 왜 信賴責任이어야 하는지, 獨自的인 責任領域으로서의 信賴責任이 契約責任과 不法行爲責任과는 어떻게 어느 면에서 구별되는지, 信賴責任의 理論은 어떻게 構成되는지 등에 관해서는 언급이 없다. 아마도 그녀는 「契約成立에 대한 信賴를 相對方에게 일으켰으나 契約은 無效·取消가 되었다」는 데에서 信賴責任을 구하고 있는 듯하다. 그러나 그녀는 契約交涉이 진행되어 相對方에게 契約成立에 대한 信賴를 일으킨 者가 이유 없이 契約交涉을 결렬시킨 경우에, 즉 契約交涉段階에서의 損害賠償문제는 不法行爲責任(民 §750)에

179) 註釋債各(Ⅰ), 170. 李英俊 변호사도 「契約締結上의 過失」이 결과적으로 衡平責任의 성격을 갖는다고 본다(李英俊(註 4), 321).

의해 해결할 수 있다고 하는데,[180] 왜 이 경우에도 「契約成立에 대한 信賴責任」이 인정될 수 없는가? 또한 契約交涉段階에서의 損害賠償문제가 不法行爲責任에 의해 해결될 수 있다면, 契約의 無效·取消된 경우에도 不法行爲責任으로 해결되지 못할 이유가 없지 않은가? 왜 이 경우에만은 기존의 民法體系가 알지 못하는 제3의 信賴責任을 인정해야만 하는가? 우리 法에서 꼭 그렇게 구성해야 할 實益이 존재하는가? 그녀의 입장에서는 그 實益을 錯誤取消의 경우에 民 §535를 확대적용시키는 데에 두고 있는 듯하다. 그러나 錯誤取消의 경우에 損害賠償責任을 인정하기 위하여 기존의 責任體系를 이용해도 무리가 없는 方法은 없는 것인가? 즉 제3의 獨自的인 信賴責任이 우리 法에서 과연 필요불가결한 존재인가? 具體的으로 信賴責任은 무엇이며 그 法的 效果는 어떻게 구성될 것인가? 또한 「信賴」라는 要素가 과연 民法上 존재하지 않는 제3의 獨自的인 責任根據로서 이용될 수 있는 타당한 槪念인가? 信賴의 범위는 어디까지인가? 다른 責任制度와의 구분기준은 어디서 구해야 할 것인가 등등의 문제에 대하여 심각한 검토가 선행되어야 할 것이다. 그러한 검토 없이 「信賴」가 존재한다고 여겨지는 곳에 제3의 責任領域으로서의 信賴責任을 인정하는 것은 기존의 責任體系를 부정하거나 혼란에 빠뜨릴 위험이 높다.

(나) 다음으로 「契約締結上의 過失」에 관한 契約責任論者뿐만 아니라 第3의 獨自的인 責任論者들이 예외 없이 그들의 責任理論을 정당화시켜 줄 法的根據로 제시하고 있는 民 §535의 類推適用문제를 검토해 보기로 한다. 우리 學說에서 「契約締結上의 過失」은 규정적 의미를 넘어 넓은 범위에서 인정되고 있고 넓은 범위의 責任을 인정해 주기 위해 民 §535의 類推適用이 援用되고 있는데, 契約外的 法益문제는 民 §535의 類推適用이 사실상 불가능하다.[181] 또한 有效하게 契約이 성립된 경우뿐만 아니라 契約交涉이 좌절된 경우도 民 §535를 類推適用하기에는 너무나 그 성격이 다르다. 그래서 李銀榮 교수는 類推適用의 가능성을 契約의 無效·取消의 경우로 한정하고 있는지도 모른다. 그러나 이 경우에도 문제는 심각하다. 그것은 民 §535는 이미 앞에서 언급하였듯이 法政策으로 타당하지 못한 규정이라는 점이다. 그렇기 때문에 그 적용을 가능한 한 제한시키고 다른 事案에의 확대적용을 엄격하게 막고 있는 것이 獨

180) 李銀榮, 107.

181) 물론 李英俊 변호사처럼 民 §535를 「契約締結上의 過失」責任의 一般條項式으로 이해하면 가능하겠지만, 그러한 解釋은 法律에 反한(contra legem) 解釋으로 허용될 수 없다. 이에 대한 비판으로는 前述 Ⅲ.2.(2)(가) 참조.

逸의 判例·通說의 입장인 데 반해 왜 우리의 學說은 부당하다는 民 §535의 확대적용을 꾀함으로써 法의 理念인 正義를 오히려 파괴하려고 노력하느냐는 것이다. 結果의 타당성을 얻기 위해서 論理的 부당성을 감수할 수밖에 없다는 것이 獨逸法에서 「契約締結上의 過失」의 인정사유인데, 왜 우리의 學說은 결과의 부당성을 얻어 가면서까지 論理的 부당성을 감수하고 있느냐는 것이다. 물론 거기에는 이유가 없는 것이 아니다. 예컨대 우리 法에서는 「一般的인 契約締結上의 過失」이 學說上으로만 인정되어 있기 때문에 그에 대한 法的 根據가 절대적으로 필요한데, 그 가능성을 民 §535 이외에서는 찾을 수 없다고 보기 때문이다. 그러나 과연 그러한 方法이 없는 것일까?

여기서 「契約締結上의 過失」에 대한 不法行爲責任說을 재검토해 볼 필요가 있다. 먼저 不法行爲責任說에 관한 批判論據들의 타당성을 검토해 보기로 한다. 일반적으로 不法行爲法은 「他人關係」를 전제로 하며 保護法益은 「保有利益」에 한정되어 있다고 한다.[182] 따라서 事前에 접촉관계가 존재하며 保有利益뿐만 아니라 信賴利益·履行利益을 賠償의 대상으로 하는 「契約締結上의 過失」에는 不法行爲法이 적용될 수 없다고 한다. 그러나 不法行爲法을 그렇게 해석하는 태도는 獨逸法에서는 타당할지 몰라도 우리 法에서는 타당하지 않다. 獨逸不法行爲法의 基本構造는 獨民 §§823 Ⅰ, 823 Ⅱ, 826에 의해 이루어져 있다. 이들은 로마법의 영향을 받은 列擧體系에 입각해 있다. 그들은 전통적으로 不法行爲法은 「他人關係」임을 전제로 하고 있었다. 즉 契約法은 이미 안면 있는 當事者간의 접촉관계(履行)인 데 반해, 不法行爲法은 지금까지 전혀 안면이 없었던 他人 간의 접촉(法益侵害)을 규율하고 있다는 것이다. 그렇기 때문에 「契約締結上의 過失」문제는 이미 當事者들간에 접촉관계가 존재하면서 발생하는 損害賠償문제이니까 순수한 他人關係를 전제로 하는 不法行爲法으로 규율하는 것은 부당하다는 것이다. 따라서 「契約締結上의 過失」責任의 法律效果도 不法行爲責任의 法律效果를 적용하는 것은 부당하며 오히려 契約責任上의 法律效果를 적용하는 것이 타당하다는 것이다. 결국 締約補助者의 過失에 대해서 使用者가 責任을 지며, 立證은 債權者가 아니라 債務者가 해야 하며, 時效도 不法行爲法上의 3年이 아니라 一般債權의 原則的인 時效期間인 30年이 적용되어야 한다는 것이다. 이처럼 「契約締結上의 過失」責任의 法的 效果를 契約責任上의 法的 效果에 일치시키기 위해 「契約締結上의 過失」을 不法行

182) 예컨대 李英俊(註 4), 319.

爲責任과 구별시킬 필요성에서 원용되는 「他人關係」는 歷史的인 의미를 제외한다면 오늘날 獨逸不法行爲法에서조차 타당하지 않다. 예컨대 積極的 債權侵害에서 보호되는 生命·건강 등의 侵害가, 請求權競合을 인정하는 獨逸法에서 동시에 不法行爲法에 의해서도 損害賠償請求權이 허용된다면 어떻게 不法行爲法이 「순수한 他人」관계를 전제로 하고 있다고 볼 수 있는가? 설사 獨逸不法行爲法이 갖는 歷史的인 의미를 오늘도 그대로 인정하여 「他人관계」를 긍정한다 하여도, 獨逸法과 달리 不法行爲 一般條項인 民 §750를 지니고 있는 우리法에서 우리 不法行爲法도 他人관계를 전제로 하고 있다는 주장은 民 §750의 歷史的·現實的인 의미를 잊고 있는 주장인 것이다. 또한 不法行爲法이 保有利益만을 보호할 수 있지 契約關聯的 利益인 履行利益·信賴利益을 보호할 수 없다는 주장도 마찬가지이다. 獨逸不法行爲法上 獨民 §823 I 은 絶對權侵害를 전제로 하고, 獨民 §823 II 는 保護法規違反이 존재해야 하며, 獨民 §826은 故意를 成立要件으로 두고 있다. 따라서 過失에 의한 契約關聯的 利益의 보호는 원칙적으로 獨逸不法行爲法의 영역 밖에 놓여 있는 것이 사실이다(그러나 故意에 의해 발생하는 契約關聯的 利益은 獨民 §826에 의해 보호된다). 그렇기 때문에 契約關聯的 利益에 관한 「契約締結上의 過失」責任의 문제를 전통적으로 「契約締結上의 過失」의 "정당한 적용영역"[183]으로 보아 왔던 것이다. 그러나 이러한 獨逸法과 달리 그러한 制限을 알고 있지 못하는 不法行爲法上의 一般條項인 民 §750을 우리 法은 지니고 있다. 民 §750에서 우리 法은 獨逸法과 달리 「契約締結上의 過失」責任의 契約關聯的 利益영역에 대한 法的 根據를 보유하고 있는 것이며, 우리의 문제는 獨逸法에서처럼 法的 根據가 없다는 것이 아니라, 존재하는 法的 根據를 어떻게 활용할 것이냐에 달려 있는 것이다.

不法行爲責任說에 대한 또 하나의 批判論據는, 實用的인 측면에서 契約法上의 有利한 法律效果를 準用코자 하는 것이 「契約締結上의 過失」制度의 인정 이유인데 不法行爲責任說에 의하면 法的 效果는 不法行爲法上의 不利한 法律效果를 被害者에게 부여하게 되지 않느냐 하는 점이다.[184] 사실 獨逸法에서 「契約締結上의 過失」을 判例가 인정하여 발전시켜 왔던 커다란 이유 중의 하나는 분명히 契約責任의 有利한 法律效果를 被害者에게 부여해 주기 위해서였음을 부정할 수 없고 그에 대해서 앞에서도 이미 언급하였다. 그러나 獨逸의

183) v. Caemmerer, Wandlungen des Deliktsrechts, Hundert Jahre Deutsches Rechtsleben, FS für Deutscher Juristentag, Bd. 2, S. 57.
184) 金顯泰, 14-5; 李英俊(註 4), 319.

學說은「契約締結上의 過失」의 이러한 기능적 역할이 오늘날에도 그대로 타당한 것이냐에 심각한 의문을 제기하고 있음도 언급하였다.[185] 거기서 제기된 의문과 비판이 우리 法에서도 타당하다고 여겨지므로 그에 대해 더 이상 再論하지 않을 것이다. 다만 우리 法과 관련하여 생기는 몇 가지 의문을 첨가하고자 한다. 먼저 우리 法에서「契約締結上의 過失」문제에 契約責任上의 有利한 法律效果를 부여해야 할 필요성이 과연 존재하느냐 하는 점이다. 예컨대 獨逸法과 달리 民 §756에서 使用者의 免責可能性을 判例가 인정하는 例는 없다고 한다.[186] 債權의 一般的인 時效期間은 獨逸과 달리 우리 法에서는 10년으로 상당히 완화되어 있다. 立證문제도 契約責任에서는 債務者가 立證責任을 지고 不法行爲責任에서는 債權者가 진다는 圖式的 분류가 과연 타당한지가 검토되어야 한다. 또 契約履行을 전제로 하여 契約責任에 부여된 有利한 法律效果를 왜 履行과는 관계 없이 단순한 信義則違反에 基하는「契約締結上의 過失」責任에 적용해야 하느냐는 것도 의문이다. 더구나 우리 不法行爲法에서「過失」에 의한 純粹財產損害의 塡補가 가능하다고 인정한다면, 獨逸不法行爲法에서는 그러한 損害의 塡補가 불가능하여 불가피하게「契約締結上의 過失」責任을 독자적으로 인정하지 않을 수 없다는 중요한 論據가 우리 法에서는 타당하지 않게 된다.

결국 이렇게 우리 不法行爲法에 대한 學說의 認識이 그릇된 전제에서 출발하고 있고, 不法行爲責任의 法的 效果가 우리 法에서는 커다란 문제점을 낳고 있지 않거나 있다 하더라도 不法行爲法 자체의 문제라고 한다면, 우리 法에서「一般的인 契約締結上의 過失」制度의 獨自性을 강조하기 前에 먼저 우리의 不法行爲法에 대한 재검토가 이루어져야 할 것으로 본다.

(3) 適用範圍

우리 學說은「一般的인 契約締結上의 過失」責任의 적용범위에 대해 견해가 심하게 대립하고 있다. 오늘날 民 §535의 原始的 不能의 경우만을「契約締結上의 過失」로 보고 있는 견해[187]도 존재하지만 일반적인 견해는 民 §535를 넘어서 그 적용범위를 넓게 잡고 있다. 이 경우에 學說은 獨逸法에서와 類似하게 그 적용대상을 類型化시키고 있다. 예컨대 準備段階에 있어서의「契約締結上의 過失」, 契約이 無效·取消된 경우의「契約締結上의 過失」, 契約이 有效

185) 前述 Ⅲ.1.(3)(가)(c).
186) 李銀榮, 636.
187) 李太載, 74.

한 경우의 「契約締結上의 過失」로 三分하고 첫째 類型에 「契約外的 法益」의 문제를 함께 다루는 것이 多數의 견해[188]이지만, 적용범위에 관한 論難을 설명해 주는 도구개념으로서의 類型化를 위해서는 「契約外的 法益」의 문제를 분리시켜 다루는 것이 옳을 것이다.

우선 「契約締結上의 過失」을 不法行爲責任으로 보는 견해에 따른 「契約締結上의 過失」문제는 원칙적으로 不法行爲法에 의하고 契約이 有效한 경우에만은 債務不履行에 의해 해결될 수 있다고 보기 때문에 그들에게는 우리 法에서 「契約締結上의 過失」制度를 별도로 인정할 실익이 없게 된다. 그러나 「契約締結上의 過失」을 契約責任으로 이해하는 사람들은 契約外的 法益, 準備段階, 契約이 無效·取消된 경우, 契約이 有效하게 성립한 경우 등 네 가지 모두를 긍정하고 있다. 이에 반해 「契約締結上의 過失」을 제3의 責任영역으로 파악하는 사람들은 대부분[189] 「契約外的 法益」의 문제는 「契約締結上의 過失」이 아니라 不法行爲責任의 영역으로 보고[190] 나머지 3가지의 경우는 「契約締結上의 過失」의 정당한 영역으로 인정하고 있다. 그러나 「契約外的 法益」까지도 「契約締結上의 過失」의 영역으로 인정하는 견해도 있고,[191] 契約이 無效·取消된 경우에만 「契約締結上의 過失」로 보는 견해도 있다.[192]

各 類型의 具體的 내용에 있어서 논란이 심한 것은 특히 契約이 無效·取消된 경우이다. 이 類型에서 논의되는 문제는 規定上 존재하는 原始的 不能의 경우를 제외하고는 숨은 不合意, 錯誤取消, 無能力의 경우, 強行法規違反의 경우, 관청의 認·許可 및 그와 유사한 경우, 方式欠缺의 경우 등이다. 이 類型에서 民法이 규정한 原始的 不能의 경우만 인정하고 그 이외의 경우는 「契約締結上의 過失」의 保護範圍에 넣지 않는 견해,[193] 錯誤取消·強行法規違反은 인정하는 견해,[194] 錯誤取消·無能力의 경우를 인정하는 견해,[195] 숨은 不合意·強行法規違反을 인정하는 견해,[196] 숨은 不合意·強行法規違反·관청의 認許可

188) 예컨대 郭潤直, 84-90.
189) 註釋債各(Ⅰ), 231; 金亨培, "民法 第391條와 第756條를 比較·檢討함", 民法學研究, 415; 孔淳鎭, "保護義務違反에 基한 契約締結上의 過失責任", 財產法研究 7-1, 140.
190) 이유는 우리의 不法行爲法이 一般條項을 지니고 있기 때문이라고 한다.
191) 李英俊(註 4), 321.
192) 李銀榮, 105-12.
193) 金基善, 41; 金疇洙, 79; 梁彰洙(註 168), 391.
194) 李銀榮, 108-12.
195) 郭潤直, 88; 金錫宇, 68.
196) 李英俊(註 4), 320.

의 경우를 인정하는 견해,[197] 錯誤取消·無能力의 경우·強行法規違反·方式欠缺의 경우를 인정하는 견해[198] 등 다양하다. 생각건대 規範의 保護目的이 相對方에게 損害賠償請求權을 부여하는 것을 부정한다고 解釋되거나(예컨대 無能力의 경우) 기존의 다른 法制度에 의한 被害者구제방법이 타당한 경우 외에는 被害者에게 損害賠償請求權을 넓게 인정해 주는 것이 옳다고 본다. 「契約締結上의 過失」의 문제란 기본적으로 그것이 契約責任이냐 不法行爲責任이냐의 문제를 넘어서 現代의 복지국가 또는 社會的 法治國家의 이념을 실현시켜 주는 民法上의 수단으로 機能해 왔기 때문에 그렇다.

獨逸法과 비교해 볼 때, 우리의 「契約締結上의 過失」에서 「契約交涉이 결렬된 경우」와 「第3者責任」의 경우는 전혀 구체적인 언급이 보이지 않는다. 前者의 경우에, 契約交涉중 相對方에게 契約이 확실히 成立되리라는 信賴를 부여함으로써 契約費用을 들이게 하였으나 나중에 이유 없이 契約締結을 거부하였다고 損害賠償責任을 인정하는 것은 契約締結의 自由와 저촉되는 것이 사실이다. 더구나 契約交涉중의 그러한 行爲가 豫約(Vorvertrag) 또는 條件附 法律行爲로 인정되지 못할 경우에는 더욱 그럴 것이다. 그러나 行爲의 自由와 信義則違反이 衡量을 통해 後者쪽에 훨씬 무게가 기울어진다면 損害賠償請求權을 인정하여도 되지 않을까? 또한 第3者責任의 경우는 獨逸法에서 무엇보다도 不法行爲法上 過失에 의해 야기된 純粹財産損害의 塡補가 不可能하기 때문에 인정된 類型이기 때문에 그러한 난점이 제거되어 있는 우리의 不法行爲一般條項(民 §750)에 의해 해결이 가능하므로 「契約締結上의 過失」責任의 영역에 포함시키지 않아도 될 것이다. 물론 이 경우에 Medicus가 지적하듯이[199] 民 §135, 保證契約, 債務引受, 損害擔保(Garantie), 情報責任(Auskunftshaftung) 등의 가능성을 먼저 검토해 보는 것이 필요할 것이다. 그러나 무엇보다 중요한 것은 위의 두 가지 경우 모두, 行爲의 自由와 責任부여 사이의 경계기준이 무엇이냐는 것이다. 즉 義務의 內容에 대한 탐구가 어렵기는 하지만 행해져야 한다는 점이다.

(4) 損害賠償

이에 대해 「契約締結上의 過失」을 不法行爲責任으로 보는 견해를 제외하고는 대부분은 「一般的인 契約締結上의 過失」責任의 경우에 民 §535를 類推

197) 註釋債各(Ⅰ), 182와 190.
198) 金顯泰, 17-8.
199) Medicus(註 89), 544.

適用하여야 한다고 주장하므로 損害賠償에 관한 論議도 民 §535에 규정된 效果를 적용하는 것으로 만족하고 있다. 그러나 信賴損害 외에 履行利益의 損害賠償도 허용된다는 견해도 있으며,[200] 全河銀 판사는 좀더 具體的으로 個別類型에 따라 信賴損害뿐만 아니라 履行利益의 損害賠償을 허용하고 있으며 過失相計의 적용도 一般的으로 긍정하고 있다.[201] 생각건대 「一般的인 契約締結上의 過失」은 「規定上의 契約締結上의 過失」과는 달리 損害賠償法의 一般原則이 적용되는 것이 타당하며 따라서 대부분은 信賴損害의 賠償이 허용되겠지만 履行利益의 損害도 상황에 따라 賠償이 가능할 것이다. 예컨대 契約締結前의 義務違反이 존재하지 않았더라면 契約이 締結되었을 경우가 그것이다. 또한 過失相計의 적용을 부정할 이유도 없다.

損害賠償문제에 있어서 우리 法에서 가장 문제가 되는 것은 契約이 有效하게 성립된 경우일 것이다. 契約의 존재를 긍정하는 경우에 損害賠償의 方法으로 減額의 방법도 인정되겠지만, 문제는 契約의 존재를 부정해야 하는 경우이다. 예컨대 履行拒絶이 그러한 경우인데 이 類型에서 被害者를 구제하기 위하여는 그러한 수단을 인정하는 것이 필요하다. 그러나 우리 法에서의 문제는 어떠한 法的 根據를 거쳐서 履行拒絶이 가능할 수 있느냐 하는 것이다. 獨逸法에서 履行拒絶이 가능해지는 이유는 損害賠償이 그 곳에서는 原狀回復主義(獨民 §249)에 입각하고 있기 때문에 損害賠償의 方法으로서 履行拒絶이 인정될 수 있지만 우리 法의 損害賠償은 金錢賠償主義(民 §394)를 원칙으로 하므로 損害賠償이라는 方法을 통해 有效하게 成立된 契約의 履行을 거절할 수 있다고 인정하기가 쉽지 않다. 오히려 우리 法에서는 契約解除의 方法을 먼저 인정하여야 履行拒絶이 가능해지는데 「契約締結上의 過失」責任을 인정한다 하더라도 어떠한 法的 根據로 「契約締結上의 過失」의 경우에 契約解題權이 발생한다고 인정할 수 있느냐는 것이 문제이다. 바로 이러한 이유에서도 契約이 有效하게 成立된 경우는 우리 法에서 契約責任의 일종으로 이해할 필요가 있지 않은가 생각한다.

200) 李英俊(註 4), 322; 徐敏, "債權法의 改正方向", 民判硏 Ⅶ, 331.
201) 註釋債各(Ⅰ), 181과 191과 213. 孔淳鎭, "附隨義務違反으로 인한 不利한 내용의 契約締結", 財産法硏究 8-1, 109-11도 같은 견해이다.

Ⅳ. 立 法 論

1. 獨 逸

(1) 「規定上의 契約締結上의 過失」인 民 §535에 상응하는 獨民 §§306, 307 등에 관한 獨逸의 立法論으로서, 1981년의 債權法改正意見書에서 給付障碍法을 기술한 Huber의 견해는 다음과 같다.[202] 즉 原始的 給付不能에 관한 獨民 §306 이하의 規定들은 立法政策的으로 타당하지 않으며, 後發的 不能과 原始的 不能을 구별하여 각각에 별개의 法律效果를 부여하는 것도 옳지 않다고 한다. 따라서 原始的 給付不能에 관한 규정들은 삭제되어야 하며, 原始的 不能은 後發的 不能과 동일하게 취급하여 契約을 有效로 하고 履行利益의 賠償을 허용함으로써 債務不履行體系에 편입시켜야 한다고 한다. 債權法改正意見書에서 「一般的인 契約締結上의 過失」을 기술한 Medicus도 原始的 給付不能에 관한 Huber의 견해에 원칙적으로 찬동한다.[203] 그러나 그는 原始的·客觀的 不能의 경우에도 "事實的인 이유에서 전적으로 불가능하고 전혀 생각할 수 없는" 給付를 目的으로 하는 契約은 履行利益을 확정할 수 없기 때문에 오히려 契約을 無效로 하고 信賴利益의 賠償을 인정할 필요가 있다고 한다. 이러한 경우를 위해 그는 극히 制限된 범위에서 原始的·客觀的 不能給付를 目的으로 하는 契約을 無效로 선언하는 規定을 둘 필요가 있다고 한다. 물론 Huber도 原始的·客觀的 不能의 경우에 例外的으로 契約의 無效를 인정할 필요성을 부정하지는 않는다. 그러나 그러한 문제는 농담表示, 公序良俗違反 등을 통해 無效로 인정하여 해결할 수 있을 것이라고 한다.

1992년에 나온 債權法改正意見書최종보고서에 의하면 改正委員會는 Huber의 견해를 채택하고 있다.[204]

(2) 1981년의 債權法改正意見書에서 「一般的인 契約締結上의 過失」을 집필한 Medicus는 그에 관한 一般規定을 立法化하는 데에 반대한다.[205] 一般規定을 두는 것만으로는 그것을 둘러싼 具體的인 문제해결에는 아무런 도움이

202) Huber, Leistungsstörungen, Gutachten und Vorschläge zur Überarbeitung des Schuldrechts Ⅰ, S. 813ff.

203) Medicus(註 89), S. 510f.

204) Bundesminister der Justiz(Hrsg.), Abschlußbericht der Kommission zur Überarbeitung des Schuldrechts, S. 32.

205) Medicus(註 89), S. 486.

되지 않으며 오히려 衡平判決의 위험성을 부채질할 우려가 있기 때문이라고 한다. 이미 「契約締結上의 過失」을 승인하는 점에서는 判例·學說이 일치하는 이상 새삼스럽게 一般規定의 형태로 明文化할 필요는 없다고 한다. 그 대신 그는 이미 언급한 各 類型에 따라 필요하다면 개별적인 事項을 立法化하고자 한다.

우선 「契約外的 法益」의 경우에는 去來義務(Verkehrspflicht)를 확대함으로써 발전되어 온 不法行爲法으로 규율이 가능하고 불충분한 점은 不法行爲法을 改正함으로써 해결될 수 있으므로 「契約締結上의 過失」의 例로서 立法化할 필요는 없다고 한다.[206] 「契約交涉의 결렬」의 경우에도 그는 立法化의 필요성을 느끼지 않는다.[207] 이유는 이 類型에서 이루어진 判例의 모습은, 일부는 請約의 拘束力(獨民 §145). 豫約(Vorvertrag), 條件附 契約 등의 해석을 통해 해결될 수 있는 문제였고, 일부는 衡平에 따라 그때 그때 내려진 判決들이라 一般化하기에는 적합치 않기 때문이라고 한다. 이에 반해 「效力이 없는 契約締結」의 경우에는 方式欠缺의 경우와 그 외의 문제에 대해 個別的인 規定의 필요성을 주장한다.[208] 「有效한 契約」이 성립된 경우에는 조금 특이하다.[209] 이 경우에 Medicus는 消費者保護를 위해 特別法들 속에 존재하는 撤回權(Widerrufsrecht)을 民法規定 속에 편입시켜 이 類型에서 立法化시키고 있으며, 더불어 이 類型에 대한 기존의 判例·學說의 입장을 條文化하고자 한다. 마지막으로 「第3者責任」의 경우에는 立法化의 필요성이 없다고 한다.[210] 이유는 제3자의 自己責任을 一般化시켜 立法化해 놓으면 다른 法解決方法, 예컨대 不法行爲責任·無權代理人의 責任·保證·債務引受·損害擔保·情報責任 등과의 구분이 불분명해지기 때문이라고 한다. 필요하다면 不法行爲法에 職業責任(Berufshaftung)을 인정하는 규정을 둠으로써 해결이 가능하리라고 한다.

그러나 그의 이러한 주장들은 1992년의 債權法改正意見書최종보고서에 의하면[211] 改正委員會에 의해 받아들여지지 않았고, 오히려 判例에 의해 발전되어 온 기존의 「契約締結上의 過失」을 모두 인정하는 原則的인 선언을 규정화하기로 하였다. 그 외의 개별적인 內容과 발전가능성에 대해서는 여전히 判

206) Medicus(註 89), S. 494.
207) Medicus(註 89), S. 503.
208) Medicus(註 89), S. 518f.
209) Medicus(註 89), S. 522ff.
210) Medicus(註 89), S. 544f.
211) Bundesminister der Justiz(註 204), S. 142ff.

例와 學說에 맡기고 있다. 이러한 결론에 이르게 된 이유는, 우선「契約締結上의 過失」責任의 모습이 너무나 다양하고 광범위하여 모든 사항을 일일이 규정할 수는 없으며, 이미 慣習法으로 되었다고 인정되는 기존의 判例의 입장을 부정하기도 어려우며, 個別類型에 따른 규정方法도 構成要件을 미리 확정시키는 결과가 되어 바람직하지 못하다는 것이었다.

2. 우리 나라

(1) 우리 나라에서 民 §535의 內容的 타당성에 관해서는 별로 논의가 없다. 그러나 최근 民 §535의 내용은 立法政策的으로 타당하지 않다는 견해가 눈에 띈다.[212] 생각건대 法解釋을 規定의 文言的 意味를 밝히는 데 사용하는 것으로 만족하지 말고 그 規定을 적용함으로써 얻어지는 具體的 타당성의 결과에도 눈을 돌려 規定의 文言的 意味를 재검토해 보는 자세가 필요하다고 본다.

(2) 「規定上의 契約締結上의 過失」을 포함하는「넓은 의미의 契約締結上의 過失」에 관한 立法論으로는 우선 徐敏 교수의 주장이 눈에 띈다. 그는 民 §535를 "契約締結과 밀접한 行爲로 인하여 損害가 발생한 때에는 行爲者는 그 損害를 賠償할 義務가 있다. 그러나 過失 없음을 立證한 때에는 그러하지 아니하다"[213]로 改正할 것을 주장한다. 즉「契約締結上의 過失」에 관한 독일判例의 입장을 긍정하면서 이에 관한 一般條項을 우리 法에 두자는 것이다.

이에 반해 우리 法의 필요에 따라 個別類型을 立法化하자는 주장도 있다. 예컨대 契約交涉의 좌절, 契約無效, 契約有效時의 證明義務違反 등 3가지 경우를 規定化하자고 한다.[214]

그 외에도 개별적인 立法論으로서 특히 錯誤取消者의 損害賠償責任을 民 §109에 이어 立法化하자는 견해가 있다.[215]

그러나「契約締結上의 過失」을 不法行爲責任으로 보는 견해에 의하면 不法行爲 一般條項(民 §750)과 債務不履行 一般條項(民 §390)으로 해결이 가능하므로 立法論은 불필요해질 것이며, 중요한 것은 一般條項의 具體化작업일 것이다.

212) 前述 註 17) 참조.
213) 徐敏(註 200), 331.
214) 註釋債各(Ⅰ), 245; 孔淳鎭, 契約締結上의 過失責任의 類型的 硏究(1991년 부산대 博士學位論文), 153-54. 趙鍾炫, 契約締結上의 過失責任에 관한 硏究(1979년 조선대 博士學位論文), 103도 내용에는 조금 차이가 있으나 기본적인 입장은 마찬가지라고 보여진다.
215) 郭潤直, "民法總則의 改正方向", 民判硏 Ⅶ, 283; 宋德洙, 錯誤論, 238.

V. 綜合的 考察

獨逸法에서 「規定上의 契約締結上의 過失」로 인정되는 獨民 §§122, 179, 307 등에서는 특히 原始的 不能에 관한 規定은 그 타당성이 일찍부터 의문시 되어 왔고 給付障碍體系에 편입시킬 것이 주장되어 왔다. 이 규정의 삭제를 주장하는 立法論은 法의 보수성 때문에 그 실현가능성이 많은 것은 아니나, 獨逸法은 이미 解釋論을 통하여, 예컨대 保證義務의 引受, 信義誠實의 原則 적용, 瑕疵擔保責任의 확대적용에 의하여 原始的 不能에 관한 獨民 §306 이하의 규정에 대한 적용범위를 극히 제한시켜 왔다.

「規定上의 契約締結上의 過失」을 넘어서 인정되는 獨逸의 「一般的인 契約締結上의 過失」은 기본적으로 社會의 構造的 變化에 따라 발생하는 被害者의 보호에 대한 실제적 필요성과 이에 부응하지 못하는 法律規定의 불충분성·미비성이 복합적으로 작용하여 발전되어 온 制度이다. 그것은 주로 獨逸判例가 만들어 낸 작품이었으며 기존의 「規定上의 契約締結上의 過失」에 대한 法律效果의 差別化를 통하여 形成되어 왔다. 그러나 契約締結과 밀접한 관계만 있으면 쉽게 이 制度에 편입시켜 옴으로써 너무나 잡다한 利益과 事案이 뒤섞이게 되었고 衡平判決의 위험성에 빠지게 되었다는 비판을 받고 있다. 이러한 문제는 동시에 責任의 歸屬領域에 대한 논란을 불러 오게 되었다. 不法行爲法의 不充分性에 의해 촉발된 「契約締結上의 過失」의 확대과정은 不法行爲責任을 부정하고 기존의 「規定上의 契約締結上의 過失」을 類推하여 契約責任 내지는 法律行爲責任으로 理論構成하는 것은 자연스러운 것처럼 보였다. 그러나 곧 契約責任과의 차이점들이 드러남으로써 「契約締結上의 過失」은 契約責任도 不法行爲責任도 아닌 第3의 責任領域으로 獨自化되어 갔다. 더불어서 「規定上의 契約締結上의 過失」의 類推適用에서 그 타당성을 구하던 理論들도 判例와 學說에서 사라져 갔다. 그러나 제3의 獨自的인 責任理論은 기존의 民法體系가 알지 못하던 것이며, 獨逸法의 特殊性에 기인하여 실제적 필요성을 위하여 形成된 모호한 責任論理라는 점에서 理論的으로는 심각한 의문이 제기된다. 그럼에도 불구하고 「一般的인 契約締結上의 過失」은 「재판관에 의하여 形成된 慣習法」으로서 실제적으로 獨逸法에서 인정받고 있다.

獨逸法에서 「契約締結上의 過失」에 대한 발전과정과 현황은 우리에게 시사하는 바가 크다. 먼저 「規定上의 契約締結上의 過失」인 民 §535에 대한 진지한 검토가 필요할 것이다. 「一般的인 契約締結上의 過失」에 대해서는 學說만 무성할 뿐, 判例는 인정하고 있지 않다. 따라서 「一般的인 契約締結上의 過失」에 대한 우리 法의 1차적인 문제는 契約締結과 관련해서 발생하는 被害者의 보호필요성에 대한 決定이 선행되어야 한다는 점이다. 그 다음에 法律的인 문제가 개입될 것이다. 그러나 주의할 것은 被害者保護라는 用語가 가져다 주는 感情的 盲目 때문에 招來될지도 모를 이 制度의 비대화현상이다. 이것을 막기 위해 우리는 먼저 기존의 民法規定과 制度와 體系가 지니고 있는 의미를 진지하게 검토해 보아야 할 것이다. 예컨대 請約의 拘束力, 豫約, 條件附契約, 결함 있는 意思表示의 문제, 瑕疵擔保責任, 債務不履行體系 등과 이들과 관련해서 생기는 請求權競合의 문제들이 그것이다. 더구나 이에 못지않게 중요한 것은 우리의 不法行爲法에 대한 검토이다. 그 이유는 독일에서 「一般的인 契約締結上의 過失」制度의 發展은 獨逸不法行爲法의 不充分性에서 출발했다는 사실 때문이다. 더불어서 各 責任體系에 있어서의 法的 效果의 문제, 예컨대 時效, 立證, 補助者責任문제 등에 대한 적극적인 검토도 분명히 필요하다. 그렇다면 결국 「契約締結上의 過失」의 문제는 民法全般에 대한 문제점을 점검함으로써만 그 解決이 가능하다는 얘기가 된다. 그래서 그만큼 「契約締結上의 過失」문제에 대한 접근이 쉽지만은 않은 것이다. 그러나 우리 法에서 「一般的인 契約締結上의 過失」의 가장 큰 문제는 "現實에 뿌리를 두지 못하는 理論은 공허하다"는 사실에 기인한다.

[崔 興 燮]

後　論[約款의 規制에 관한 法律]

차 례

Ⅰ. 約款의 사회적 작용과 폐해

1. 約款과 約款契約

원래 契約은 둘 이상의 당사자의 의사표시의 합치에 의하여 성립하는 법률행위로서, 그 내용은 당사자 사이의 흥정과 협상에 의하여 정하여지는 것이 원칙이다. 그러나 오늘날 많은 거래분야 특히 은행·보험·운송·전기 및 가스의 공급 등 국민생활에 중요한 의미를 가지는 거래분야에 있어서 위와 같은 原型的 契約은 오히려 예외에 속하고, 대다수의 거래는 일방(事業者)이 미리 조문화한 去來條件(約款)을 상대방(顧客)에게 제안하고 상대방은 단순히 이에 따르는 모습으로 이루어지고 있다. 이와 같이 새로운 형태의 契約에서 사용되는 미리 마련된 거래조건을 約款이라 하고, 約款을 이용한 契約을 約款契約이라 한다.

約款의 이용을 기업의 합리화 요청에 따른 契約締結의 특수방식으로만 이해한다면, 約款은 하나의 경제현상 내지 사회현상에 지나지 않을 수도 있다. 그러나 量的인 면에서 約款契約이 경제거래의 한 구석에서만 행해지는 것이 아니라 오히려 契約의 주종을 이루게 되었고, 한편으로 約款契約을 둘러싸고 개별적 합의만을 염두에 둔 기존의 契約法만으로는 해결하기 어려운 법적 문제가 많이 일어나게 되면서, 約款은 법률적으로도 대단히 중요한 의미를 지니게 되었다.

2. 約款의 사회적 작용

(1) 기업경영의 합리화

자본주의의 발달에 따라 기업은 대형화하고 대형화된 기업은 일상적으로 대중 顧客과 사이에 대량거래를 하게 된다. 이러한 대량거래를 법적으로 보면 事業者가 多數 顧客을 상대로 계속적·반복적으로 같은 종류의 契約을 체결하는 것이다. 그런데 각 契約締結時마다 事業者와 顧客이 일일히 협상하고 결정하여야 한다면, 기업의 사무처리는 대단히 번거로우며 실제상 불가능하다고 하여도 과언이 아니다. 여기에 契約締結에 소요되는 시간·노력·경비를 절감하고 대량거래를 법률적으로 뒷받침하기 위하여 고안된 제도가 約款이다.

한편 事業者는 대량거래를 상세하고도 통일적인 계약조건에 따라 규율함으로써 기업의 법률관계를 명확히 하고 거래위험을 미리 산출하여 대비할 수 있다. 이 점에서도 約款은 기업경영의 합리화에 이바지한다.

(2) 법적 규율의 보완

경제의 발전으로 종래에 없었던 새로운 契約형태가 계속적으로 생겨나는데, 實定法 질서는 이런 변화에 신속·적절하게 대처할 수 있을 만큼 유연하지가 못하다. 따라서 미처 법률의 규율을 받지 못하는 契約 분야가 있게 되는데, 그 공백을 메워주는 역할을 約款이 담당한다. 또 민법상의 典型契約이나 다른 법률에 의하여 규율되는 契約에 있어서도, 實定法의 규정은 실제 거래에서 발생하는 다양한 형태의 契約을 규율하기에 力不足이다. 계속하여 새로운 상품이 개발되는 은행거래·보험거래·증권거래 등은 전적으로 約款에 의존하고 있는 실정이며, 그 밖에도 오늘날 유행되는 주택분양계약·여행계약·신용카드계약 등도 주로 約款에 의하여 규율되고 있다.

(3) 국제거래의 원활화

국제적인 거래가 활발해지면서 각국 공통의 거래규범이 필요하게 되었고, 이에 따라 국제적인 統一約款이 다수 등장하게 되었다. 오늘날 일반화되어 있는 국제간의 무역거래·금융거래·운송거래 등은 주로 約款에 의하여 뒷받침되고 있다. 約款에 의하지 않은 국제계약은 거의 생각하기 어려울 정도이다.

3. 約款의 弊害

이상과 같은 이유로 約款은 오늘날 경제거래에 있어서 없어서는 안 될 존재로 되고 있으나, 約款의 이용에는 긍정적 측면 외에 부정적 측면도 있다. 즉 거래조건을 일방적으로 결정할 기회를 갖게 된 事業者는 기업 특유의 利潤追求 정신을 발휘하여 자신의 법적 이익을 최대한으로 끌어올리는데 이 기회를 이용하게 된 것이다. 이리하여 事業者의 契約上의 책임은 배제되거나 또는 최소한으로 경감되며(이른바 免責條項), 반면에 顧客의 부담은 최대한으로 가중된다. 분쟁발생시의 해결방법마저도 事業者에게 유리하도록 정하여진다. 그런데도 경제적으로 약자일 뿐만 아니라 知的으로도 열세를 면할 수 없는 顧客은 事業者가 제시하는 조건에 따를 수밖에 없다. 특히 사회생활상 불가결한 물품 또는 서비스를 제공하는 契約의 경우에는, 顧客은 사실상 約款의 수용을 강제당하는 입장에 놓인다. 여기에서는 契約自由는 명목에 불과하며 사실상은 심각한 契約不自由가 도사리고 있는 것이다.

Ⅱ. 約款에 대한 법적 규제

約款의 逆機能이 이처럼 심각하게 된 단계에 이르러서는 約款에 대한 법적 규제가 불가피하다. 실질적인 契約自由를 회복하기 위하여 형식적인 契約自由에 대한 제한이 필요하게 된 것이다.

約款에 대한 법적 규제로서 가장 보편적인 것이 법원에 의한 司法的 규제이다. 事業者와 顧客 사이에 約款을 둘러싼 구체적인 법률분쟁이 생기면 그 사건은 법원에 의한 판단을 받게 되는데, 그 과정에서 법원이 約款이 契約內容으로 되었는지 여부와 約款의 公正 여부를 심사하게 되는 것이다. 우리 나라에서도 約款規制法의 제정 전부터 법원이 約款 규제에 정력적으로 나서고 있었다.[1] 그러나 司法에 의한 규제는 구체적 사건에 대한 개별적·사후적인 규제일 수밖에 없으며, 또 별도의 특별법이 없는 상황에서는 그 규제가 예외적·소극적일 수밖에 없다는 한계를 지닌다.

1) 約款規制法 시행 이전의 법원에 의한 約款 규제에 관하여 孫智烈, "約款에 관한 判例의 動向", 民判硏 X, 424 이하 참조.

約款에 대하여는 감독관청이 約款을 사전에 認可하거나 행정지도의 방법으로 적정성을 유지하게 하는 등 행정적인 규제도 행하여진다. 우리 나라에서도 보험·운송·전기 가스공급 등 국민생활상 중요한 거래분야에 約款의 認可를 규정하고 있다. 約款에 대한 행정적 규제는 사전적·일반적으로 행하여지는 점에서 司法的 규제보다 더 효과적일 수 있다. 그러나 감독관청은 約款규제에 대한 법적 전문성을 결여하고 있을 뿐 아니라, 대체로 기업에 대한 규제보다는 기업 육성의 측면에 관심을 가지는 것이 상례이므로, 約款의 濫用으로부터 顧客을 보호하는 일을 감독관청에 기대하기는 어려운 것이 사실이다.

이리하여 각국은 1970년대 이후 約款을 규제하기 위한 特別立法을 하기에 나섰다. 독일의 約款法과 영국의 不公正契約條項法이 대표적인 예이다.[2] 우리 나라도 1986. 12. 18 "約款의 規制에 관한 法律"("約款規制法"으로 略稱)을 제정하여 1987. 7. 1부터 시행하고 있다. 이 입법을 통하여 법원의 約款 통제를 위한 실체법상의 근거와 절차법상의 특칙이 규정되는 한편, 행정적인 규제도 더욱 강화되고 실효화되었다. 約款에 관한 特別立法을 통하여 約款에 대한 규제는 임시적·예외적인 법적 규율이 아니라, 항구적·일반적인 법적 규율로 된 것이다.

Ⅲ. 約款規制法의 立法經過

1970년대 이래 判例와 學說에 의하여 約款에 대한 규제의 필요성이 강조되었으나, 일반 契約法理를 바탕으로 하는 約款규제는 한계가 있을 수밖에 없었다. 1980년대에 이르러 법학자·법조계·소비자단체들에 의하여 約款규제를 위한 입법이 주장되기 시작하였다. 특히 1977년 독일에서의 約款法의 제정이 이와 같은 입법 논의를 촉진시켰다.

1985. 11. 28 經濟企劃院은 約款規制法의 제정을 위한 조사연구사업을 "소비자문제를 연구하는 시민의 모임"에 의뢰하였고, 그 모임에서는 民法 및 商法 교수 등 7명을 約款法制定 硏究委員으로 위촉하여 1985. 12월부터 1986. 6일까지 연구하게 한 결과 約款規制法 試案을 마련하였다.[3] 試案의 준비에 있

2) 세계 각국의 約款立法에 관하여는 李銀榮, 約款規制法(1994)(이하 "李銀榮"이라고만 한다), 13 이하에 상세히 소개되어 있다.
3) "소비자 문제를 연구하는 시민의 모임", 約款規制의 立法(1986).

어서 개별법에서의 규제가 아닌 約款규제에 관한 포괄적 規制法을 만들기로 하였으며, 約款의 추상적 심사에 관하여 독일식의 司法規制 방식이 아닌 行政規制 방식을 채택하였다. 그 試案을 토대로 다시 학계·법조계·업계의 의견을 수렴하여 법률草案이 기초되었고, 經濟企劃院은 그 草案에 의거하여 입법작업에 착수하였다. 黨政協議의 과정에서 與黨인 民主正義黨의 發議에 의한 의원입법으로 하기로 하여 黨 주도로 정부 각부처와 각계의 의견을 다시 들어 최종 법률안을 만들고, 그 법률안이 정기국회에 제출되어 1986. 12. 18 本會議를 통과하고 같은 달 31. 법률 제3922호로 공포되었다(1987. 7. 1 시행). 법률의 시행과 동시에 대통령령 제12197호로 시행령도 제정 시행되었다.

한편 법률 제정 후 6년 만인 1992. 12. 8 約款規制法은 대폭적으로 개정되었다(법률 제4515호, 1993. 3. 1. 시행). 約款에 관한 실체법의 규정에는 변동이 없었으나, 約款에 대한 事前的·行政的 심사의 주무관청이 經濟企劃院에서 公正去來委員會로 변경되었고, 이에 따라 종전의 經濟企劃院長官 자문기구이던 約款審査委員會에 의한 심사도 公正去來委員會에 의한 직접적인 심사로 代置되었다. 종전에는 不當約款에 대하여 是正勸告만을 할 수 있었으나, 개정법률에 의하면 강행성이 있는 是正命令도 할 수 있게 되었으며(違反時의 罰則도 규정), 標準約款에 대한 심사제도도 도입되었다.

Ⅳ. 約款規制法의 槪觀

約款規制法은 제1장 總則(§§1 내지 5), 제2장 不公正約款條項(§§6 내지 16), 제3장 約款의 規制(§§17 내지 23), 제5장 補則(§§30 내지 31조의 2)), 제6장 罰則(§§32 내지 34)의 5個章 32個條로 되어 있다(제4장은 約款審査委員會에 관한 규정이었는데, 1992년 개정시에 삭제됨).

제1장과 제2장은 實體法에 관한 규정으로서, 제1장에서는 約款의 定義, 明示 說明義務, 解釋原則 등을 규정하고, 제2장에서는 約款에 대한 內容統制를 규정한다. 제3장, 제5장(§30 제외), 제6장은 公正去來委員會에 의한 約款 감독 및 규제에 관한 규정으로서 約款審査의 대상, 방법, 절차, 강제방법 등을 규정한다. 제5장 중 §30은 約款規制法의 적용범위를 규정하고 있다. 그리고 附則 §1은 시행일을, §§2, 3은 경과조치를 각각 규정한다.

V. 約款規制法의 性格

1. 私法的 성격——民法, 商法에 대한 특별법

제1장과 제2장은 私法의 영역에 속한다. 約款의 定義와 契約의 내용으로 되기 위한 요건(明示 說明義務)은 契約성립에 관한 특칙이고, 約款解釋 원칙은 契約解釋에 관한 특칙이며, 約款에 대한 內容統制는 契約의 효력요건에 대한 특칙이다. 契約의 성립에 관한 民法이나 商法의 규정이 이 법률에 의하여 變容되고, 民法이나 商法의 규정에 의하여 유효한 것으로 인정될 約款條項이 이 법률의 적용에 의하여 무효로 된다. 民法·商法상의 任意規定이 約款契約에 관한 한 強行規定으로 된다. 따라서 이 법률은 民法·商法의 契約 관련조항에 대한 특별법이라 할 수 있다.

이 법률은 約款契約의 당사자가 누구인가에 관계 없이 모든 거래의 約款에 적용된다. 이런 점에서 經濟規制法이라기보다는 私法의 영역에 속한다. 외국에서는 約款규제와 관련하여 消費者거래를 위한 約款에만 특별법을 적용할 것인가, 商人 사이의 거래에도 이를 적용할 것인가를 둘러싼 논의가 있으나,[4] 우리 約款規制法은 消費者 거래와 商人 거래를 구분함이 없이 두루 적용대상으로 하고 있다. 다만 商法 제3편(會社法), 勤勞基準法 기타 대통령령이 정하는 非營利事業의 분야에 속하는 契約에 관한 約款만은 적용대상에서 제외된다(約款 §30 I).

이 법률은 約款규제에 관한 일반법이다. 모든 約款에 적용되는 통칙만을 규정하며, 개별 約款에 대한 규제는 정하지 않는다. 특정한 거래분야의 約款에 관하여 다른 법률에서 특별히 규정하는 경우가 있으며(割賦去來에 관한 法律, 訪問販賣 등에 관한 法律 등), 그 約款에 대하여도 원칙적으로 이 법률이 적용되나, 다만 그 법률 등의 특별규정은 이 법률에 우선한다(§30 II).

2. 行政法的 성격

이 법률의 후반 즉 §17 이하는 行政法의 영역에 속한다. 公正去來委員會가 約款거래에 관한 전반적인 감독권을 가지고, 不公正約款條項을 심사하여 是正命令 또는 是正勸告 등을 발하고(約款 §§17 내지 19, §§21 내지 23), 標準約款에 대한 심사를

4) 독일에서의 논의에 관하여 張敬煥, 約款規制法 一般條項에 관한 研究(서울대박사학위논문), 19-24 참조.

하기도 한다(§19의 2). 事業者가 明示 說明義務를 위반하는 경우에는 이를 적발하여 過怠料를 부과하기도 한다(§34 Ⅱ). 公正去來委員會는 是正命令 또는 是正勸告를 위하여 필요한 사항을 조사할 권한도 가진다(§20). 한편 約款의 무효에 관한 §§6 내지 14의 규정은 公正去來委員會의 約款 심사에 있어서는 물론 다른 행정관청이 約款認可를 하거나 다른 심사기구가 다른 법률에 의하여 約款심사를 하는 경우에도 그 심사의 기준이 된다(§31). 公正去來委員會는 이 법 위반행위에 대한 過怠料 부과권을 가진다(§34).

行政法으로서의 約款規制法은 「獨占規制 및 公正去來에 관한 法律」과 유사한 성격을 가지며, 소위 經濟法의 영역에 속한다. 건전한 거래질서를 확립함으로써 消費者를 보호하고 국민생활의 균형있는 향상을 도모한다는 점에서는 법의 궁극적 목적을 같이하며(約款 §1; 獨占 §1), 다만 獨占規制法은 事業者의 市場支配的 地位의 濫用과 과도한 經濟力의 集中을 막기 위하여 市場構造를 규제하거나 不當한 共同行爲와 不公正한 去來行爲 등 市場行態를 규제하는 반면, 約款規制法은 거래의 조건이 되는 約款조항과 관련하여 事業者가 그 거래상의 地位를 濫用, 不公正한 約款을 작성 통용하는 것을 방지하고 不公正한 내용의 約款을 규제하는 점에, 즉 規制對象에 차이가 있다. 兩法의 규제는, 감독 내지 규제의 기관을 같이하고, 규제의 방법이나 절차에 있어서도 공통되는 것이 많다. 公正去來委員會의 조직·운영 등에 관한 규정은 獨占規制法에 포함되어 있으며, 約款規制法에 의한 公正去來委員會의 활동에도 獨占規制法의 관계규정이 準用된다(§30의 2).

3. 強行法規

約款規制法은 強行法規이므로, 契約 당사자간에 이 법률의 적용을 받지 않기로 합의하였다 하여도 그 합의는 효력이 없다. 約款의 明示 說明義務를 면제하거나 約款解釋 원칙을 달리 정하는 합의는, 비록 個別約定에 의하더라도 효력이 없다. 約款조항의 무효에 관한 §§6 내지 14는, 원래 民·商法상 任意規定에 속하는 사항이나 顧客 보호의 필요상 約款으로써 그런 내용을 정하는 것을 무효로 한 것이므로(約款거래에 한하여 強行規定임), 個別約定에 의하여 동일한 내용을 합의하는 경우에는 무효로 되지 않는다. 그러나 비록 個別約定이라 하더라도 約款規制法의 규정을 포괄적으로 배제하는 합의 또는 구체적 내용을 합의함이 없이 "約款規制法 제 몇 조는 적용하지 않는다"는 식의 적용배제 합의는 무효라고 할 것이다. 約款規制法에 의하여 무효인 내용을 個別約定의 방법으로 합의하는 경우에, 事業者측에서 우월한 지위를 濫用하여 부당한 압력을 가하여 합의를 강요한 것으로 인정되는 때에는, 反社會秩序行爲 또는 不公正行爲로서 무효가 될 수도 있다.

Ⅵ. 이른바 例文解釋

1. 例文解釋의 의의

約款規制法이 시행되기 전에도 判例와 學說은 부당한 約款에 대한 규제를 해 오고 있었다. 당시에 不公正 또는 부당한 約款條項의 효력을 부정하여 顧客을 보호하기 위하여 사용하던 이론이 이른바 例文解釋이다. 즉 約款이나 書式契約에 포함된 부당한 조항은 비록 당사자 사이에 합의가 성립된 듯한 외양을 갖추고 있더라도, 실제로는 하나의 例文에 불과할 뿐 당사자간 합의된 바가 없어 당사자를 구속할 힘이 없다고 하는 것이다. 約款規制法이 시행된 후에도 不當한 約款조항을 例文이라고 부르는 判例가 더러 보인다.

例文解釋은 約款규제에 관한 法理가 발달하기 전에 일본과 우리 나라의 判例가 창출해 낸 독창적인 解釋技法이다.[5] 그러나 이 해석방법은 방법론상 많은 문제점이 있다.

2. 判例상의 例文解釋

判例는 일찍부터 例文解釋이 법률행위의 해석원리로서 적용됨을 전제로 한 판시를 보여 주었다. 大判 70. 9. 22, 70다1611(集 18-3, 79)은, "근저당권설정계약서의 용지가 피고은행이 일반거래자들로부터 근저당권을 취득하기 위하여 미리 부동문자로 인쇄하여 두었던 것이고 원고는 본건 근저당권계약체결 당시 그 계약서의 위 조항의 기재내용을 자세히 조사하여 본 일이 없었던 것이었다 한들 그 사실들만으로써는 처분문서인 위 계약서의 가장 중요한 내용에 속하는 그 조항을 예문에 지나지 않는 것이었다거나 원고와는 아무런 합의도 없이 피고은행이 자의로 기입한 것이었다고는 할 수 없다"고 판시하였고, 大判 70. 12. 29, 70다2494(總覽 3-1 A, 349-4)도 철도사고 피해자가 합의금을 지급받으면서 제출한

5) 일본 判例상의 例文解釋에 관하여 註釋債權各則 1, 78 참조.

각서 중 민사상의 손해배상을 하지 않겠다고 기재된 부분이 소위 例文에 불과한 것이라고 단정할 수 없다고 판시하였다.

그 후 大判 79.11.27, 79다1141(公 625, 23)은 부동산매매계약서 중 "면적이나 대금총액에 착오가 있을 때는 등기부상의 면적과 평당가격으로 재정산한다"는 조항에 관하여, 不動文字로 인쇄된 例文에 지나지 않아 원·피고간의 진정한 합의내용이라고 볼 수 없다고 한 원심의 판단은 충분히 납득이 된다고 하여 例文解釋을 긍정하였고, 大判 84.6.12, 83다카2159(公 734, 29)은 은행에 대한 물상보증의 목적이 신규대출을 담보하기 위한 것일 뿐 기존의 채무를 담보하기 위한 것은 아니라고 인정되는 사안에 있어서, 근저당권설정계약서 중 피담보채무란의 「현재 부담하고 있는 채무」라는 기재는 부동문자로서 인쇄된 例文에 불과하다고 판시하였다.

約款規制法이 시행된 후의 判例 중에도 例文解釋을 원용하는 것이 있다. 예컨대 大判 90.7.10, 89다카12152(公 1990, 1684)은 은행의 근저당권설정계약서 중 포괄근저당 조항을 不動文字로 인쇄된 約款의 例文에 불과하다고 하여 구속력을 배제하고 있고, 大判 92.2.11, 91다21954(公 1992, 989)는 부동산매매를 하는 당사자들의 계약목적과 무관함에도 삭제되지 않고 남아 있는 自動解約 조항에 관하여 "위 기재는 당사자 사이에서 진정하게 이루어진 합의의 내용으로서 구속력이 있는 기재라고는 볼 수 없고 단순한 예문조항으로서 무효라고 하여야 할 것이다"라고 판시하였다.

3. 비　판

例文解釋이 約款의 弊害에 주목하고 約款의 濫用으로부터 顧客을 보호하기 위하여 고안되었다는 점에서는 지지를 받을 만하다. 그러나 이론의 면에서 볼 때 例文解釋이라는 것은 모호하고 허술하기가 이를 데 없다. 契約內容으로 編入되지 않은 約款조항, 個別約定과 다른 約款조항, 內容上 부당하여 無效인 約款조항에 대하여 구별함이 없이 「例文」이라는 용어가 쓰이고 있다. 결국 例文解釋이라는 것은 約款 이용에 수반하는 부당한 결과를 막기 위한 彌縫的인 도구개념에 불과하며, 하나의 법이론이라고 하기에는 너무나 非體系的이고 허점이 많은 것이다.

約款규제에 관한 정교한 법이론이 개발되고 더구나 特別立法까지 이루어진 이상 例文解釋은 그 소임을 다하였다고 할 것이다. 約款規制法의 개개 규정에 의한 규제 외에 例文解釋은 더 이상 필요하지 않다. 일부 判例가 아직도 입법 이전의 방법론을 답습하여 例文 운운하는 것은 止揚되어야 할 것이다.

[孫 智 烈]

第1章 總 則

第 1 條(目的)

이 法은 事業者가 그 去來上의 地位를 濫用하여 불공정한 내용의 約款을 작성, 통용하는 것을 방지하고 불공정한 내용의 約款을 規制하여 건전한 去來秩序를 확립함으로써 消費者를 보호하고 國民生活의 균형 있는 향상을 도모함을 目的으로 한다.

이 法의 제1차적 목적은 불공정한 約款의 작성, 통용을 방지하는 것과 불공정한 約款을 규제하는 것이다. 前者를 위하여 私法的인 규정을 두고, 後者를 위하여 行政法的인 규정을 둔다. 約款에 대한 법적 규제의 필요성과 私法的 성격, 行政法的 성격에 관하여는 각각 前論 참조.

이 法은 궁극적으로는 건전한 거래질서의 확립과 消費者 보호를 목적으로 한다. 불공정한 約款의 통용은 거래 상대방이 된 국민(顧客) 개인의 이익을 해할 뿐 아니라, 그 거래의 大量性·不特定性으로 말미암아 국민경제 및 국민생활 전반에 나쁜 영향을 미치므로, 국가가 적극적으로 約款규제에 나서는 것이다.

이 法이 消費者보호를 法의 목적으로 내세우고 있는 점은 주목을 요한다. 消費者保護法에 의하여 국가는 事業者의 불공정한 거래조건이나 방법으로 인하여 消費者가 부당한 피해를 입지 아니하도록 필요한 시책을 수립·실시할 의무를 지며(同法 §10 I), 특히 約款에 의한 거래에 대하여 법률의 제정 등 消費者보호를 위하여 필요한 시책을 강구할 의무를 지는바(同法 §10 III), 이 법의 제정은 그 의무의 이행으로 볼 수 있다. 그런데 이 法 제정과정에서는 이 法의 적용대상을 消費者契約에 한정하지 않고 商人간의 契約을 포함한 契約 전반을 적용대상으로 하였다(前述 前論 注解 V. 1 참조). 그렇다고 하더라도 이 法의 해석·적용에 있어서는 경제적으로 劣弱한 지위에 있는 消費者를 보호하는 것이 이 法의 중요한 목적임을 항상 염두에 두어야 할 것이다. 특히 約款 내용의 統制에 있어서 相當性 등을 평가함에 있어서 顧客이 최종 消費者인 경우에는 다른 경우에 비하여 더 엄격한 기준을 적용하여야 한다.

[孫 智 烈]

第 2 條(定義)

① 이 法에서 "約款"이라 함은 그 名稱이나 形態 또는 범위를 불문하고 契約의 一方當事者가 多數의 相對方과 契約을 체결하기 위하여 일정한 形式에 의하여 미리 마련한 契約의 내용이 되는 것을 말한다.

② 이 法에서 "事業者"라 함은 契約의 一方當事者로서 他方當事者에게 約款을 契約의 내용으로 할 것을 提案하는 者를 말한다.

③ 이 法에서 "顧客"이라 함은 契約의 一方當事者로서 事業者로부터 約款을 契約의 내용으로 할 것을 提案받은 者를 말한다.

차　례

I. 約款의 意義(第1項)

約款規制法은 그 적용대상으로서의 約款의 定義를 분명히 하고 있다. 이 규정의 요건에 해당하는 것만이 約款이며, 이에 해당하지 않는 것은 비록 約款과 비슷한 작용을 하고 있더라도 約款이 아니다. 約款의 요건을 나누어 설명하면, ① 일방 당사자가 일정한 형식에 의하여 미리 마련한, ② 多數의 契約 체결을 위한, ③ 契約의 내용이 되는 것이다.

1. 일방 당사자(事業者)가 일정한 형식에 의하여 미리 마련한 것이다

契約은 당사자 쌍방이 합의하여 그 내용을 결정하는 것을 전제로 하고 있으나, 約款은 일방 당사자가 자신의 의사만으로 契約체결에 앞서 미리 마련하는 것이다. 따라서 쌍방 당사자가 합의하여 작성한 것이라면, 비록 그것이 約款이라는 명칭을 사용하거나 인쇄된 것이어서 約款과 유사한 형태를 가진다 하더라도, 일반 契約일 뿐 約款은 아니다. 그러나 事業者가 직접 작성하여야 하는 것은 아니며, 契約書式集을 이용하거나 다른 업체의 約款을 빌어 쓰더라도 約款으로 될 수 있다. 事業者團體에서 標準約款을 제정하여 사용하는 경우도 있다(예컨대 金融團協定이나 標準建設都給約款 등). 당사자 쌍방이 契約내용에 대하여 흥정하거나 합의함이 없이 契約체결에 즈음하여 일정한 書式 또는 標準去來條項을 契約내용으로 하기로 하는 경우에는, 書式 또는 標準去來條項의 상태에서는 約款이라 할 수 없으나, 契約체결에 이용하기로 하는 때부터 約款의 성격을 가지게 된다(예컨대 부동산매매계약에 있어서 중개업자가 제시하는 인쇄된 계약서를 이용하는 경우).

일정한 형식에 의하여야 하므로, 口頭에 의한 約款은 있을 수 없고, 어떤 형태이든 문자나 이에 준하는 것에 의하여 관념이 표시되어야 한다. 사업장이나 영업소 등에서 방송 등의 방법으로 거래조건을 알렸다 하더라도, 이를 約款이라고 할 수는 없다. 事業者만이 해득할 수 있는 메모 같은 것은 約款이 될 수 없고, 최소한 상대방이 자세히 검토하면 이해할 수 있을 정도의 외관을 갖추어야 한다. 다만 어떤 형식을 갖추어야 한다는 식의 요건은 없다.

2. 多數의 契約체결을 위한 것이다

하나의 또는 少數의 특정 契約을 위하여 작성된 것은, 일방 당사자에 의하여 마련된 것이라도 約款으로 되지 않는다. 事業者 일방의 의사에 의하여 작성되고 상대방은 이에 附從하였을 뿐이라도, 상대방이 한정된 少數라면 約款이라 할 수 없다. 多數는 반드시 不特定일 필요는 없으므로, 연립주택의 입주자 10명 정도에게 提案되는 분양계약서라도 約款에 해당한다. 얼마만큼이 多數인가는 획일적으로 정할 수는 없고 거래의 성질에 따라 결정되어야 할 것이다. 현실적으로 多數의 契約체결에 이용되었을 필요는 없고 작성의 목적이 多數 契約을 위한 것이라면 족하며, 따라서 그런 목적으로 작성된 이상 최초의 상대방에 대하여 이용된 것도 約款이 될 수 있음은 물론이고, 抽象的 統制의 경우에는 아직 이용되지 않은 約款 草案도 심사의 대상이 될 수 있다.

3. 契約의 내용이 되는 것이다

당사자간 합의에 근거하여 契約내용으로 되는 것이므로, 거래의 조건을 정하는 것이라도 그것이 법규로서 규정된 것이라면 約款은 아니다. 約款조항 중에 법규의 내용을 그대로 옮겨 적은 것도 법규이지 約款은 아니다. 共同海損에 관한 York Antwerf규칙, CIF賣買에 관한 Warsaw-Oxford규칙, 船荷證券에 관한 Harter규칙 등과 같은 통일규칙도, 그 규칙에 의한다는 조항이 約款으로 될지언정, 그 규칙 자체는 約款이 아니다. "契約"의 내용이 되는 것이므로, 단독행위의 내용을 정하는 것이나 定款 등 합동행위의 내용을 정하는 것은 約款에서 제외된다.

4. 명칭이나 형태 또는 범위를 불문한다

거래계에 있어서 約款은 約款, 規程, 去來條件, 契約書, 約定書 등 다양한 명칭으로 불리운다. 約款인가 아닌가는 명칭이나 외관에 의하여 결정되는 것이 아니고, 그 거래조건의 실질에 의하여 결정된다. 형태를 불문하므로, 契約書와 별도의 문건을 이루는 것도 있고, 契約書 자체가 約款조항을 포함하는 것도 있다. 後者를 書式契約이라 한다. 不動文字로 인쇄되는 것이 보통이나, 손으로 쓴 것이라도 約款이 될 수 있다. 반드시 통일된 문서의 형태를 갖출 필요도 없으며, 입장권이나 승차권 등의 裏面에 기재되거나, 영업소에 게시되는 約款조항도 있을 수 있다. 분량의 多寡를 불문하고, 반드시 조문화될 필요도 없다. 契約내용의 전부를 규정하는 約款도 있고, 契約 중 특별사항(예컨대 免責條項)만을 규정하는 約款도 있다.

5. 約款과 個別約定

이상의 요건을 갖춘 것이라도, 契約당사자 사이에 個別的으로 흥정된 사항은 約款으로 되지 않는다.[1] 約款에 포함된 사항이라도 契約체결에 즈음하여 당사자 사이에서 그 사항에 대한 구체적 합의가 성립하였다면, 그 사항은 더 이상 約款이 아니며 이른바 "個別約定" 또는 "個別的 合意"로 된다.

쌍방의 적극적인 의사표시의 합치가 있어야 하는 것은 아니며, 일방이 約款조항의 내용을 個別的·구체적으로 설명하고 타방이 이를 양해하였다면 흥정이 있은 것으로 된다. 흥정의 결과가 約款조항의 變改로 나타날 필요도 없다.[2] 事業者의 설명과 상대방의 肯認만으로 個別約定이 성립한다면 事業者가 說明義務(約款 §3 Ⅱ)를 이행한 경우에는 대부분 個別約定으로 되어 모순이라는 지적이 있으나,[3] 원래 의사표시는 주위의 사정에 의하여 推斷될 수도 있는 것이므로(默示的 의사표시), 契約條件에 대한 설명과 이해의 정도에 비추어 합의의 단계에 이른 것으로 推斷될 수 있다면 個別約定의 성립을 인정하지 않을 수 없다. 다만 이 경우 個別約定의 인정에는 신중을 기하여야 할 것이다. 요컨대 의사표시의 해석 문제이다.

6. 立證責任

어떤 거래조건이 約款이라는 사실은 이를 주장하는 자, 즉 상대방(顧客) 측에서 입증하여야 한다. 그러나 거래조건이 조문의 형식을 취하고 인쇄되어 있는 등 約款의 외관을 갖추고 있는 경우에는, 事業者가 그 외관에도 불구하고 約款이 아님을 입증할 필요가 있다. 約款조항이 당사자 사이의 흥정에 의하여 個別約定으로 되었다는 사실은 이를 주장하는 事業者 측에서 입증하여야 함이 물론이다.

---

1) 독일 約款法 §1 Ⅱ는 이를 明文으로 규정하고 있으나, 우리 約款規制法은 당연하다고 하여 따로 규정을 두지 않았다.

2) 독일의 判例이나(BGH NJW 1979, 367), 반대설도 있다.

3) 李銀榮, 89.

Ⅱ. 約款의 본질

1. 規範說과 契約說

約款의 본질에 관하여는 이를 法規範으로 보는 規範說과 契約의 일종으로 보는 契約說의 대립이 있다. 그리고 원칙적으로 契約의 일종이지만 일정한 경우의 約款은 規範의 성격을 가진다고 하는 制限的 契約說과, 約款의 법적 성격은 契約이지만 그것이 거래계에서 수행하는 規範 유사의 성격으로 인하여 순수한 의미의 契約은 아니고 '規範的 요소가 가미된 契約'이라고 하는 折衷說 등 중간적 견해도 있다.

規範說에서는 約款은 독자적·自生的인 효력을 가지는 法規範으로서 당사자의 의사와 관계 없이 契約내용을 규율하게 된다고 본다. 約款이 실거래에서 마치 法規範과 같이 통용되고 있음을 그대로 받아들여, 約款에 規範的 효력을 부여하는 것이다. 規範으로 보는 근거로는 거래에 관여하는 집단 내에서의 自治法規라고 보는 自治法說[4]과, 約款의 내용이 거래관여자의 법적 확신에 의하여 慣習法으로 되어 있다고 보는 商慣習法說[5]이 있다. 독일에 있어서 제2차 대전 전 국가권력이 초강대하여 국민생활 전반에 걸쳐 법적 통제가 행하여지던 시대에 規範說이 유행하였으며, 당시의 判例에 의하여 인정되고 戰後의 判例에 의하여도 한때 답습되었으나, 자유경제가 회복되고 자유민주적 법사상이 지배하면서 그 세력을 잃게 되었다.[6]

한편 契約說에서는, 約款은 契約의 文例에 불과하며, 그 자체로써 효력을 가지는 것이 아니라, 당사자 사이의 編入 합의에 의하여 契約의 내용이 된다고 한다. 約款契約도 당사자의 의사합치에 의한 契約의 성질을 가지는 것이되,

4) 立法 前 鄭熙喆, 商法學原論(上), 47; 崔基元, 商法學概論, 494 등 商法學者들의 견해이나, 이들이 법제정 후에도 같은 입장을 유지하는지는 의문이다.

5) 현재 국내에서 이 說을 취하는 학자는 없다.

6) 規範說에 대하여는 다음과 같은 비판이 가해진다. 規範說은 우선 立法權이 국가에 의하여 독점되고 있는 국가제도하에서 私人에 불과한 기업이 어떤 근거로 法規範을 만들어 낼 수 있는가를 설명하지 못한다. 회사나 社團法人의 定款의 경우는 국가가 단체의 自治法規의 필요성을 인정하고 법률로써 단체에 대하여 일정한 절차에 따라 自治法規를 제정할 권한을 부여하고 있으나, 約款의 경우에는 그러한 權限委任을 찾아볼 수 없는 것이다. 約款 중에는 법률상 約款작성이 의무화되어 있고 그 約款은 감독관청의 認可를 받도록 되어 있는 것이 있으나, 이것을 가리켜 規範制定權이 부여된 것이라고 할 수는 없다. 그리고 約款의 내용에 대하여 법적 확신이 형성되어 있다고 하여 慣習法을 주장하는 것도 지나친 擬制이거나 극히 일부의 約款에 대하여만 해당되는 것이라고 아니할 수 없다.

約款의 특성으로 인하여 특수한 法理를 적용받음에 불과하다고 보는 것이다. 約款規制法 시행 전의 通說이며,[7] 判例이었다. 일본과 독일 등 외국의 判例도 契約說의 입장이다. 契約說 가운데도 約款의 契約編入에 관한 상대방의 동의를 어떻게 보는가를 중심으로, 約款을 일반 契約과 동일하게 파악하여 約款 전부에 대하여 당사자의 합의가 있는 것으로 보는 法律行爲 이론, 전통적인 法律行爲 이론을 바탕으로 하면서도 당사자가 契約 당시 約款의 내용을 알지 못하였다고 하더라도 일응 이에 의할 의사로써 契約한 것으로 추정한다고 하는 意思推定 이론, 독점적 필수적 색채를 띠는 영리조직이 契約 내용에 대하여 不動의 조항을 일방적으로 설정하고 상대방인 공중이 이를 포괄적으로 승인(附合)함으로써 성립하는 특수한 契約으로 보는 附合契約 이론 등이 있다.[8]

2. 約款規制法의 입장: 契約說

約款規制法은 約款의 定義에 있어서 約款은 '契約의 내용이 되는 것'이라고 하고(§2 Ⅰ), 約款을 契約 내용으로 하기 위한 당사자 사이의 '提案'을 규정하며(§2 Ⅱ·Ⅲ), 約款의 明示, 說明義務를 규정하는 등으로(§3), 約款이 당사자의 의사에 근거하여 契約내용으로 됨을 분명히 하였다. 즉 종래의 判例·通說을 따라 契約說의 입장을 채택한 것이다.[9] 다만 위에서 본 여러 이론중 어느 하나를 따른 것으로 볼 필요는 없고, 법률이 독자적인 관점에서 契約으로서의 約款을 규정하고 있는 것으로 보면 좋다.

그러나 約款規制法이 契約說의 입장에 서 있다고 하여, 約款契約을 일반 契約과 전혀 같은 것으로 보는 것이 아님은 물론이다. 約款은, ① 쌍방의 합의에 의한 것이 아니라 일방에 의하여 미리 마련된 것이라는 점, ② 多數의 거래에 통일적으로 사용되기 위하여 마련된 것이라는 점, ③ 대체로 그 내용이 尨大·복잡하고 抽象的인 조문의 형식을 취하고 있다는 점 등에서 일반 契約과는 다른 특성을 가지고 있다. 그리고 이와 같은 특성 때문에 約款規制法은 約款에 대하여 일반 契約과는 다른 여러 가지 특칙을 규정하고 있는 것이다.

7) 註釋債權各則 1, 60; 徐燉珏, 商法講義(上), 58; 孫珠瓚, 改正商法(上), 80 등.

8) 契約說의 각 이론의 상세는 註釋債權各則 1, 58 이하 참조.

9) 約款規制法 시행 이후의 判例 중 契約說의 입장을 분명히 한 것으로는 大判 92.7.28, 91다5624(公 1992, 2536)가 있다: "은행거래약관도 다른 일반거래약관과 마찬가지로 그 본질은 계약의 초안 즉 예문에 불과하므로 그것이 계약당사자에 대하여 구속력을 가지려면 계약당사자 사이에서 계약내용에 포함시키기로 하는 합의가 있어야 한다." 大判 89.11.14, 88다카29177(公 1990, 29)은 認可約款인 보통보험약관에 대하여도 같은 취지를 판시하였다.

約款은 원칙적으로 契約의 模型과 같은 것이지만, 예외적으로 법률이 기업에 대하여 約款작성의무를 부과하고 감독관청에 의한 認可 및 變更命令의 권한을 규정하고 있는 때에는 법률이 기업에 대하여 법규제정을 授權한 것으로 보고 법률상의 授權으로 約款의 구속력을 인정한다는 견해가 있다(制限的 契約說).[10] 그러나 約款規制法은 이와 같은 認可約款에 대하여 다른 約款과 다른 특별한 취급을 하지 않으므로, 이 견해는 實定法的 근거가 없는 것이라고 아니할 수 없다.[11)12)]

또 約款은 기본적으로 契約의 성질을 가지지만 그것이 거래계에서 수행하는 規範과 유사한 기능으로 인하여 '規範的 요소가 가미된 契約'으로 변형되었다고 보는 견해도 있다(折衷說).[13] 위에서 본 約款의 특성을 강조하는 것이나, 規範과 유사한 기능을 한다고 하여 規範으로 되는 것은 아니므로, 구태여 契約說을 수정할 필요까지는 없다고 본다.

3. 관청의 認可를 받지 않은 約款의 효력

법률상 감독관청의 認可를 받도록 되어 있는 約款을 그런 認可 없이 시행한 경우의 효력은 어떤가? 原始約款의 경우 무단사용은 사실상 드물겠으나, 변경의 경우에는 미처 認可를 받지 않은 채로 契約체결에 이용하는 예가 왕왕 있을 수 있다. 위의 制限的 契約說에 의하면 認可 없는 變更約款은 法規範的

10) 郭潤直, 債各, 36-7.

11) 約款 §18은 관청 認可約款에 대하여도 約款 §§6 내지 14가 적용됨을 규정하고 있고, 約款 §31은 행정관청이 約款을 認可함에 있어서 約款 §§6 내지 14가 심사기준으로 됨을 규정하고 있다.

12) 大判 89.4.25, 87다카2792(公 1989, 805)는 韓電의 電氣供給規程에 관하여, "전기사업법은 다수의 일반수요자에게 생활에 필수적인 전기를 공급하는 공익사업인 전기사업의 합리적 운용과 사용자의 이익보호를 위하여 계약자유의 원칙을 배제하여 일반 전기사업자와 일반수요자와의 공급계약에 대하여 당사자가 개별적으로 계약조건을 협정하는 것을 금지하고 오로지 공급규정의 정함에 따르도록 하여 특히 전기요금에 관하여는 공공요금의 공정하고 합리적인 결정이라는 입장에서 엄격한 절차를 요구하고 있으므로 이러한 공급규정은 일반전기사업자와 그의 공급구역 내의 현재 및 장래의 불특정다수의 수요자 사이에 이루어지는 모든 전기공급계약에 대하여 적용되는 보통계약약관으로서의 성질을 가지고 있으므로, 위 공급규정의 개정이 전기사업법 소정의 절차를 거쳐 인가를 받고 공표의무를 마친 것이라면 공급규정의 개정에 따른 새 요금 요율을 내용으로 하는 계약내용의 변경이 있다 할 것이고, 그 밖에 다수의 개별수요자와 위 변경된 공급규정을 내용으로 하는 새로운 계약을 일일이 체결하여야 하거나 승낙을 받아야 비로소 구속력이 생기는 것이라고 할 수는 없다"고 판시하여 본문에서의 制限的 契約說과 유사한 입장을 취하였으나, 보통보험약관에 관하여 계약설의 입장을 분명히 한 주 9)의 大判 89.11.14, 88다카29177 등과 관련하여 살펴보면 그 판시가 電氣供給規程 외의 認可約款 일반에 대하여 통용될 수 있는 것인지는 의문이 있다.

13) 李銀榮, 104.

성격을 가질 수 없는 것으로 되나(따라서 종전 約款이 효력을 존속한다), 契約說에 의하는 경우에는 행정관청의 認可를 받지 않았다고 하여 行政法上의 制裁는 별론으로 하고 私法上 효력이 부인되는 것은 아니므로, 約款의 契約編入에 관한 요건이 갖추어진 이상 그 約款도 유효하게 契約의 내용으로 된다.

Ⅲ. 事業者와 顧客(第2項·第3項)

본조는 상대방에게 約款을 契約의 내용으로 할 것을 提案하는 者를 「事業者」, 事業者로부터 約款을 契約의 내용으로 할 것을 提案받는 者를 「顧客」으로 부르고 있다.

事業者는 約款을 능동적으로 提案하는 者이다. 자신이 約款을 작성한 경우가 많을 것이나, 事業者團體가 만든 標準約款을 사용하거나 남의 約款을 빌어 사용하더라도 契約내용으로 할 것을 능동적으로 提案하면 事業者에 해당한다. 獨占 §2 I i은 특정 업종의 사업을 하는 者만을 事業者로 정의하나, 본조에는 그런 제한이 없다. 반드시 商人일 필요도 없다. 현실적으로 提案하지 않았더라도 提案을 준비하고 있는 자도 事業者로 보아야 한다(行政的 규제와 관련하여).

顧客은 約款을 수동적으로 提案받는 상대방이다. 반드시 消費者일 필요는 없으며, 商人도 顧客이 될 수 있다. 提案을 받은 이상 契約체결 전이라도 顧客으로 본다.

때로는 누가 事業者이고 누가 顧客인지 애매한 경우도 있다. 예컨대 중개인이 제공하는 契約書에 의하여 契約을 체결한 경우, 다른 사람들의 契約書를 복사하여 사용하거나 契約체결에 즈음하여 契約文例集에서 文例를 선택한 경우 등이다. 이 경우에는 事業者와 顧客의 지위를 전제로 하는 규정(§3의 明示 說明義務, 行政的 규제에 관한 조항 등)은 적용되지 않을 것이나, 그 거래의 조건이 約款임에는 틀림없으므로 約款의 해석이나 內容統制에 관한 규정은 적용되어야 한다.

본조에서의 「提案」은 約款의 契約編入 요건과 관련하여 중요한 법적 의미를 가진다. 상세는 明示 說明義務와 관련하여 後述 제3조 注解 Ⅱ. 1 및 2에서 설명한다.

[孫 智 烈]

第 3 條(約款의 明示, 說明義務)

① 事業者는 契約締結에 있어서 顧客에게 約款의 내용을 契約의 종류에 따라 일반적으로 예상되는 방법으로 명시하고, 顧客이 요구할 때에는 당해 約款의 寫本을 顧客에게 교부하여 이를 알 수 있도록 하여야 한다. 다만, 다른 法律의 規定에 의하여 行政官廳의 認可를 받은 約款으로서 去來의 신속을 위하여 필요하다고 인정되어 大統領令이 정하는 約款에 대하여는 그러하지 아니하다.

② 事業者는 約款에 정하여져 있는 중요한 내용을 顧客이 이해할 수 있도록 설명하여야 한다. 다만, 契約의 성질상 설명이 현저하게 곤란한 경우에는 그러하지 아니하다.

③ 事業者가 第 1 項 및 第 2 項의 規定에 위반하여 契約을 체결한 때에는 당해 約款을 契約의 내용으로 主張할 수 없다.

차 례

Ⅰ. 序 論

1. 約款의 契約編入

契約은 당사자 사이의 의사표시의 합치 즉 請約과 承諾의 합치에 의하여 성립한다. 民法은 契約의 주된 내용에 관한 합의와 附隨的 사항에 관한 합의를 구별하지 아니하므로, 원칙적으로 附隨的 契約條件에 관한 합의에도 일반 契約에 관한 규정이 그대로 적용된다.

그러나 約款에 의하여 契約條件이 정하여지는 경우에는 사정이 다르다. 約款의 개개 조항에 대하여는 처음부터 구체적·개별적 합의가 존재하지 않는 것이므로, 여기에 대하여 일반 契約에서와 같은 정도의 의사합치를 요구할 수는 없다. 이리하여 한때는 約款을 法規範의 일종으로 보아 당사자의 의사와 무관하게 契約내용으로 된다고 하는 주장도 있었으나, 오늘날에는 約款의 통용근거를 契約的 합의에 구하는 데에 거의 異論이 없으며 約款規制法도 이 입장을 취하고 있다.[1]

따라서 約款이 契約 내용으로 되기 위하여는 당사자 사이에서 編入에 관한 합의가 있어야 한다. 다만 그 編入 합의는 일반적인 契約的 합의와는 달리 約款을 전체로서 契約 내용에 編入시킨다는 내용의 포괄적인 합의이다. 그리고 당사자 사이의 협상과 흥정 없이 일방의 設定과 타방의 受容에 의하여 契約으로 통용된다고 하는 約款의 특수성에 따라, 約款編入에 관한 합의도 일반 契約的 합의와는 다른 특별취급을 받게 된다.

約款의 有用性과 約款契約의 有效性을 인정하지 않을 수 없는 거래현실에 비추어 約款編入 합의의 성립요건은 이를 대폭 완화하지 않을 수 없다. 그러나 한편 約款에 의하여 불이익을 입는 顧客의 입장을 고려한다면 事業者의 일방의사에 의한 約款의 契約編入에는 어떤 제약을 가하지 않을 수 없다. 顧客으로서는 자신이 의욕하지 않았을 뿐만 아니라 내용도 잘 알지 못하는 契約條件에 구속됨으로 인하여 심각한 불이익을 입게 되기 때문이다. 물론 이와 같은 불이익·불합리는 約款의 解釋과 內容統制 등을 통하여 시정되기도 하겠지만, 約款의 編入과정에 있어서도 顧客을 보호하기 위한 조치가 곁들여져야 할 것이다.

2. 종전 判例와의 비교

約款規制法이 제정되기 전의 判例를 보면, 이른바 規範說을 명백히 배척하고 契約說의 입장을 따르면서, 編入 합의는 明示的 합의뿐만 아니라 默示的 합의로도 가능하다고 하고 또 約款의 編入에 관한 합의가 있는 이상 契約者가 그 約款의 내용을 알지 못하는 경우에도 원칙적으로 編入 합의는 유효하다고 하였다. 그리고 編入 합의 외에 約款의 開示나 說明 등을 부가적인 요건으로

---

1) 前述 제2조 注解 Ⅱ 참조.

제시하지는 않았다.[2)]

이에 비하여 본조는 約款을 이용하는 事業者에게 約款내용의 明示義務와 重要內容 說明義務를 부과하고 있다. 그런데 事業者는 위와 같은 義務만을 이행함으로써 상대방의 동의 여부와 관계 없이 約款을 契約내용으로 할 수 있는 것인가, 아니면 위와 같은 義務는 당사자 사이의 編入 합의의 존재를 전제로 하는 부가적인 義務인가? 만일 前者라면 본조는 종전 判例上의 編入 요건을 완화한 것이 되고, 後者라면 編入 요건을 오히려 강화한 것이 된다. 이 문제는 뒤의 Ⅱ 이하에서 詳論하기로 한다.

3. 독일 約款法과의 비교

독일 約款法은, ① 事業者가 契約締結에 즈음하여 顧客에 대하여 明示的으로 約款에 대하여 指示하고, ② 期待可能한 방법으로 그 내용을 認知할 수 있는 可能性을 제공하고, ③ 顧客이 그 효력에 동의한 경우에 한하여 約款이 契約 내용으로 되는 것으로 규정한다(§2 I). 종전의 判例가 明示的 합의 외에 默示的 합의 내지 去來慣行에 의하여도 契約 編入을 인정하고, 나아가 顧客이 約款에 의하여 契約이 締結됨을 알았거나 알 수 있었을 때에도 約款의 契約 編入을 인정하였음(이른바 '認識當爲'의 公式)에 비하여, 約款法은 約款 編入의 요건을 강화한 것이다.[3)]

본조는 事業者의 明示的인 約款 指示와 顧客의 동의를 적극적인 요건으로 하지 않는 점에서 독일 約款法보다 契約 編入의 요건을 완화한 것이나, 事業者에 대하여 단순한 認知可能性의 제공이 아니라 구체적인 內容 明示義務(寫本交付義務)와 重要內容 說明義務를 부과함으로써 결과적으로 編入의 요건을 더 엄격하게 한 것이다.

Ⅱ. 約款編入 합의

1. 編入 합의의 要否

約款 §2 Ⅱ·Ⅲ의 事業者와 顧客의 定義(② '事業者'라 함은 契約의 一方 當事

2) 孫智烈, "約款에 관한 判例의 動向", 民判硏 X, 415 이하 참조.
3) 독일의 約款法 및 종전 判例에 대하여는 李銀榮, 114 이하 및 孫智烈, "서독의 一般去來約款法", 재판자료 제 6 집, 296 이하 참조.

者로서 他方 當事者에게 約款을 契約의 내용으로 할 것을 提案하는 者를 말한다, ③ '顧客'이라 함은 契約의 一方 當事者로서 事業者으로부터 約款을 契約의 내용으로 할 것을 提案받은 者를 말한다)와 본조를 근거로 하여, 約款은 당사자 사이의 합의를 요함이 없이 事業者에 의한 提案만 있으면 契約의 내용으로 됨을 원칙으로 하되, 다만 事業者가 明示, 說明義務를 이행하지 않는 때에는 顧客의 抗辯에 의하여 契約내용으로 되는 것이 沮止될 수 있을 뿐이라고 하는 견해가 유력하게 주장되고 있다. 즉 ① 事業者가 約款 明示, 說明義務를 이행하지 않더라도 顧客측에서 約款에 의한 契約締結을 원하는 경우가 있다는 점, ② 約款 중에 顧客에게 유리한 조항이 있는 경우 顧客을 보호하는 것이 바람직하다는 점, ③ 約款契約이 거래계에서 담당하는 사회적 기능을 고려할 때 編入 요건의 강화로 約款의 編入을 무더기로 부인하면 거래질서를 해칠 우려가 있다는 점, ④ 그리고 約款규제의 重點이 約款의 明示에서 불공정조항의 무효로 옮겨가고 있으므로 구태여 編入 요건을 엄격하게 할 필요가 없다는 점 등을 고려할 때 위와 같이 해석함이 상당하다는 것이다.[4)]

그러나 다음의 이유에서 위와 같은 編入合意 不要論에는 찬성할 수 없다.

(1) 먼저 위의 견해는 約款의 통용근거를 契約的 합의에서 구하는 契約說의 기본입장에 반하는 것이다. 위의 견해를 취하는 학자 중에는 約款의 본질을 '規範的 요소가 가미된 契約'으로 보아 規範說도 아니고 契約說도 아닌 折衷說을 주장하는 분도 있으나,[5)] 約款에 規範 유사의 성격이 있어 특별한 규율을 필요로 함은 사실이라고 하더라도, 그 본질은 어디까지나 契約임이 오랜 기간의 논쟁을 거쳐 충분히 논증된 것이고 約款規制法도 그런 이해를 기초로 하여 입법된 것이므로, 위의 折衷說은 받아들이기 어렵다. 私的 自治의 원칙은 우리 民法의 기본원리이므로 계약관계가 法律에 의하여 직접 규율되는 예외적인 경우를 제외하고는 당사자의 의사에 의하지 아니하는 의무 부담을 인정할 수는 없는 것이고, 따라서 아무리 約款이라고 하더라도 顧客의 의사에 기하지 아니하고는 契約내용으로 될 수 없는 것이다. 編入合意 不要論은 私的 自治의 원칙에 정면으로 위배된다.

(2) 編入合意 不要論은 約款規制法의 입법취지에 비추어도 받아들이기 어렵다. 約款規制法은 §1 목적에서도 알 수 있듯이 事業者의 約款 濫用을 규

4) 李銀榮, 114; 李相理·權大祐, 約款規制에 관한 法律 解說, 37; 柳時東, 約款의 司法的 規制에 관한 硏究(영남대박사학위논문), 155.
5) 李銀榮, 104.

제하고 消費者 및 일반 국민을 보호하기 위하여 제정된 법률이다. 그런데 이 법률이 종전 判例에서 인정되어 왔던 約款編入의 요건을 완화하여 事業者 일방 의사에 의한 約款 통용을 인정한다고 해석하는 것은 입법목적을 몰각한 해석이라 할 것이다.

(3) 위의 해석론은 約款規制法의 명문규정에도 반한다. 본조만 보면 事業者에 의한 約款의 明示, 說明 외에 따로 編入 합의를 요하지 않는 것이라고 해석할 수 있을는지 모른다. 그러나 §2가 事業者를 「約款을 提案하는 者」, 顧客을 「約款을 提案받은 者」라고 규정하는 것은, 바로 約款에 관하여 事業者와 顧客 사이에 「提案하고 提案받는 관계」가 존재하여야 함을 말하는 것이다. 「提案하고 提案받는 관계」가 있기까지는 契約案은 그야말로 草案 내지 文例에 불과한 것이고, 그것이 顧客에게 提案됨으로써 비로소 約款으로서의 법적 의미를 가지게 된다. 위의 해석론에서는 '提案'을 事業者의 事實行爲 내지 일방적 행위로 보는 듯하나, 約款의 提案은 契約案의 提案이므로 법률효과를 목적으로 하는 의사표시로 보지 않을 수 없고, 顧客의 입장에서 「提案을 받는다」고 하는 것도 단순히 提案을 수령하는 것이 아니라 提案을 접수하여 承諾 내지 諒解한다는 의미로 해석하여야 할 것이다. 위의 해석론에 의할 경우 事業者가 約款을 提案하였으나 顧客이 이를 거절한 경우에도 顧客은 일단 「提案을 받은」 것이므로 約款이 契約 내용으로 되고, 事業者가 約款內容을 明示하고 重要內容을 說明하기만 하면 顧客로서는 아무런 抗辯을 할 수 없는 것으로 되는데,[6] 이와 같은 결과가 부당함은 두말할 필요도 없다.

(4) 위의 해석론에 의하더라도, 事業者에 의한 提案 자체가 없었다면 顧客이 일방적으로 事業者의 約款案 중 자기에게 유리한 내용을 契約 내용으로 援用할 수 없다. 그리고 事業者가 約款을 提案하고 顧客이 이를 諒解하였다면, 비록 事業者가 明示, 說明義務를 이행하지 않았더라도, 顧客측에서 約款내용을 주장할 수 있음은 본조의 규정에 비추어 명백하다. 문제는 事業者가 約款을 提案하였으나 顧客이 이를 受容하지 아니한 경우이다. 이 경우에도 顧客이 約款 중 유리한 조항을 援用할 수 있게 한다면 顧客에게 이익이 될 것임은 물론이나, 이와 같은 해석은 顧客에게 지나치게 유리하고 事業者에게는 너무 불리하여 오히려 信義則에 반한다 할 것이다.

(5) 約款이 거래계에서 담당하는 사회적 기능에 비추어 約款編入 요건의

6) 실제로 李銀榮, 121은 그런 결과를 肯認하고 있다.

강화는 거래질서를 해칠 우려가 있다고 하는 논의는 約款規制法의 입법취지를 크게 오해한 데서 나온 것이다. 約款規制法은 約款을 이용하는 事業者를 돕기 위한 것이 아니라, 事業者의 횡포로부터 顧客을 보호하기 위한 것이다. 물론 현대의 경제거래에 있어서 約款의 有用性을 부정할 수 없으므로 約款의 契約編入에 대하여 일반 契約과는 다른 특별 취급을 하는 것이나, 그렇다고 하여 顧客이 承諾 내지 同意를 하지 아니한 約款까지 契約내용으로 된다는 것은 顧客으로서는 참을 수 없는 결과가 된다.

(6) 約款규제의 重點이 불공정조항의 무효로 옮겨가고 있다는 것은 올바른 지적이라 할 수 있다. 그러나 그렇다고 하여 당사자의 의사에 의함이 없이 約款의 契約編入을 인정하여도 좋다는 논의가 성립하는 것은 아니다. 提案되고 承認되지 아니한 사항은 契約의 文例에 불과하므로 불공정 여부 심사 자체가 불필요한 것이다.

이상의 논의에 근거하여 본조의 해석론으로서도, 종전 判例과 마찬가지로, 約款이 契約 내용으로 되기 위하여는 당사자 사이에 編入에 관한 합의가 있어야 하는 것으로 본다.[7] 約款 §2에 「提案하고 提案받는 관계」로 표현하였으나, 이는 결국 約款의 契約編入에 관한 請約과 承諾(諒解)으로 보지 않을 수 없다. 그리고 본조는 §2의 요건에 부가하여 事業者의 約款 明示 및 說明義務를 규정한 것이다. 결국 본조는 종전의 判例에 비하여 約款編入의 요건을 완화한 것이 아니라 오히려 강화한 것이다.

2. 編入 합의의 요건

(1) 事業者가 約款을 契約의 내용으로 할 것을 提案하여야 한다(約款 §2 Ⅱ, 約款編入의 請約).

본조의 明示, 說明義務가 約款의 내용에 관한 것임에 비하여 여기서의 提案은 約款 자체에 관한 것이다. 따라서 提案에 있어서는 編入되는 約款을 특정할 수 있을 정도로 표시하기만 하면 되고, 그 구체적 내용을 說明할 필요는 없다. 提案은 明示的인 留保가 있는 경우를 제외하고는 約款 전부에 대하여 포괄적으로 행해진다.

提案은 口頭로 하건 文書로 하건 무방하다. 書式契約에 있어서는 契約書

7) 約款規制法 시행 후의 大判 89.11.14, 88다카29177(公 1990, 29)과 大判 92.7.28, 91다5624(公 1992, 2536)는 각각 보험약관과 은행약관에 관하여, 約款이 구속력을 가지기 위하여는 「계약당사자 사이에서 계약내용에 포함시키기로 하는 합의가 있어야 함」을 분명히 하고 있다.

의 작성 외에 별도의 提案을 요하지 않는다. 約款이 별도의 文書로 되어 있는 경우 契約書 또는 契約締結에 즈음하여 授受되는 文書(통장·입장권·주차권·승차권 등)에 어느 約款에 의한다는 기재가 있거나 約款의 要約이 기재되어 있으면, 그로써 提案이 있는 것으로 본다. 文書 또는 口頭에 의한 提案 자체가 불가능하거나 심히 곤란한 경우에는(예컨대 自動販賣機에 의한 契約, 無人施設 또는 多衆用 施設의 利用契約 등), 契約 장소 또는 시설 주변의 눈에 띄는 揭示로써 提案이 있는 것으로 본다.

提案은 明示的이어야 하는가? 독일 約款法은 約款에 대한 「明白한 指示」를 요건으로 하고 있으나 우리 約款規制法에는 그런 규정이 없으므로, 반드시 明示的일 필요는 없고 黙示的인 提案도 무방하다. 約款의 이용이 확고한 거래관행으로 되어 있어 顧客이 約款의 통용을 예상한 것으로 기대할 수 있는 상황이라면, 별도의 提案 행위가 없었더라도 約款이 提案된 것으로 볼 수 있다. 그러나 顧客이 주의를 기울였다면 約款의 적용을 「알 수 있었을」 것이라는 정도로는(즉 過失로 알 수 없었다는 사정만으로는) 事業者에 의하여 約款이 提案된 것으로 인정하여서는 안 될 것이다.

事業者에 의한 적극적인 提案을 요하는 경우에 그 提案은 平均的인 注意力을 가진 사람이라면 인식할 수 있을 정도로 표현되어야 하며, 授受되는 文書의 구석 또는 裏面에 숨겨져 기재되어 있거나 알 수 없는 用語(외국어, 지나치게 어려운 專門用語)로 提案되는 경우 등에는 提案 사실을 인정할 수 없다.

提案은 契約締結前에 또는 契約締結과 同時에 행해져야 한다. 約款에 대한 언급 없이 契約이 締結된 後에 사후적으로 約款을 提案하여도(예컨대 이행과 동시에 송부하는 文書상의 기재), 提案으로서의 효력을 인정할 수 없다. 그러나 契約締結에 근접한 시점에서 提案이 이루어져서 顧客이 約款編入을 원하지 않는 경우 契約의 無效를 선언하고 原狀回復을 요구할 수 있었던 상황이라면, 유효한 提案이 있었던 것으로 보아도 좋을 것이다.

顧客측에서 먼저 契約의 請約을 하였는데 事業者가 承諾을 하면서 契約條件으로서 約款을 提案하는 경우에는, 顧客의 請約이 約款의 적용을 전제로 한 것으로 해석되지 않는 한, 民 §534에 의한 새로운 請約으로 보아야 한다. 顧客이 事業者가 提案한 約款을 받아들이면 約款附契約이 성립할 것이고, 顧客이 이를 거절하면 契約 자체가 성립하지 않는다.

(2) 顧客이 事業者의 提案을 받아들여야 한다(約款 §2 Ⅲ, 約款編入의 承諾).

위 條項은 顧客에 관하여 「提案받은」이라고 규정하고 있으나, 그 의미는

「提案을 받아들인」으로 이해하여야 함이 위에서 본 바와 같다. 明示的으로 承諾하는 것을 요하는 것은 아니고 默示的인 承諾이라도 무방하며, 나아가 적극적으로 承諾한 것이 아니라 상대방의 提案에 반대하지 않고 諒解한 정도만으로도 이를 받아들인 것으로 보아야 할 것이다. 顧客이 承諾한 이상 그 約款 내용을 자세히 살펴보지 아니하거나 約款 내용을 알지 못하더라도 契約編入 합의가 인정된다.[8] 통상의 경우 沈默은 請約에 대한 거절로 해석되나, 約款의 提案에 대하여 상당한 기간 내에 異議를 제기하지 않은 경우에는 그 提案을 諒解한 것으로 본다.

(3) 契約의 쌍방 사이에 約款을 提案하고 承諾하였으나 編入 대상인 約款이 서로 다른 경우도 있다. 商人과 소비자인 顧客 사이에는 그런 경우가 드물겠으나, 商人 상호간에 있어서는 흔히 있을 수 있다(예컨대 買受人은 買受約款에 의할 것을 전제로 請約하였는데, 賣渡人은 賣渡約款에 의할 것을 전제로 承諾한 경우). 당사자 사이에서 의사의 합치가 없었으므로 어느 쪽의 約款도 契約의 내용으로 되지 않고 約款이 없는 契約으로 성립하되, 契約목적을 달할 수 없거나 일방에게 부당하게 불리한 때에는 契約 전부가 성립하지 않는 것으로 해석한다(約款 §16).

(4) 約款의 契約編入에 관한 합의는 그 자체가 독립한 契約은 아니지만, 당사자 사이의 의사 합치에 의하여 법률효과를 발생시킨다는 점에서 일종의 附隨的인 契約으로 볼 수 있다. 따라서 約款規制法의 규정 또는 그 해석에 의하여 인정되는 특례를 제외하고는, 約款編入 합의에도 民法의 契約에 관한 규정이 적용된다.

3. 編入 합의 不成立의 효과

(1) 事業者에 의한 約款의 提案 없이 契約이 성립한 때에는, 約款은 그 契約의 내용으로 되지 아니하고, 約款의 編入이 없는 契約이 유효하게 성립한다. 約款내용이 중요한 이해관계에 관한 것이고 事業者 자신에게 約款 不編入의 결과에 중대한 過失이 없었다면, 事業者는 경우에 따라 錯誤를 이유로 契約을 取消할 수 있을 것이다. 처음부터 約款이 契約 내용으로 되지 아니한 것이므로, 約款編入을 전제로 契約을 체결하였으나 約款이 契約 내용으로 될 수 없게 된 경우에 관한 約款 §16는 적용될 여지가 없다. 事業者는 물론 顧客도

---

8) 大判 89.11.14, 88다카29177(前註); 大判 92.7.27, 91다5624(前註); 大判 93.3.9, 92다38928(公 1993, 1147).

約款조항을 契約내용으로 援用할 수 없다.

(2) 事業者는 約款을 提案하였으나 顧客이 約款의 編入을 명백하게 거절한 경우에는 일반적으로 契約의 성립에 이르지 못할 것이다. 어떤 사유로 契約이 유효하게 성립하였다면(예컨대 顧客은 約款編入을 거절하였으나 事業者측에서 顧客이 承諾한 것으로 오해하고 契約締結에 나아간 경우 등), 그 契約은 約款編入이 없는 契約으로 보아야 할 것이다. 이 경우의 法律關係는 위 (1)에서와 같다.

(3) 일단 約款編入 합의가 성립하고 이를 전제로 契約이 성립하였으나, 후에 이르러 約款編入 합의가 無效로 되거나 取消되는 경우도 있을 수 있다. 이 경우는 約款의 전부 또는 일부 조항이 後發的으로 契約 내용이 되지 않거나 無效로 된 경우와 유사하므로, 約款 §16를 類推適用하여 원칙적으로 約款이 編入되지 않은 契約으로 有效하게 존속하되 約款 없이는 契約의 목적 달성이 불가능하거나 일방 당사자에게 부당하게 불리한 때에는 契約 전부를 무효로 함이 상당하다.

Ⅲ. 約款內容 明示 및 寫本交付義務(第1項)

1. 約款內容 明示義務

(1) 事業者는 契約締結에 있어서 顧客에게 約款의 내용을 明示하여야 한다.

당사자 사이에 約款編入 합의가 성립하면 비록 顧客이 約款의 내용을 알지 못하더라도 約款은 契約 내용으로 됨이 前述과 같다. 그러나 아무리 約款契約이라고 하더라도 顧客의 입장에서 내용을 전혀 알 수 없는 約款조항에 구속된다고 하는 것은 심히 불공평하다. 따라서 約款規制法은 事業者에 대하여 約款내용을 顧客에게 명백하게 제시하여 알릴 義務를 부과한 것이다. 종전의 判例는 事業者에게 約款編入 합의 외에 約款 내용을 告知할 義務를 부과하지는 않았다. 본조는 이 義務를 규정함으로써 顧客의 보호를 한층 두텁게 한 것이다.[9]

9) 大判 89. 11. 14, 88다카29177(註 7)은 約款編入 합의와 明示, 說明義務간의 관계를 시사하고 있다. "보험계약자가 보통보험약관을 계약내용에 포함시킨 보험계약서를 스스로 작성한 이상 그 약관의 내용이 일반적으로 예상되는 방법으로 명시되어 있지 않다든가 또는 중요한 내용이어서 특히 보험업자의 설명을 요하는 것이 아닌 한 보험계약자가 위 약관내용을 자세히 살펴보지 아니하거나 보험업자의 설명을 듣지 아니하여 알지 못한다는 이유로 약관의 구속력에서 벗어날 수 없다고 할 것이다."

이 義務는 約款이 契約에 編入된 것을 전제로 하여 顧客에게 約款내용을 알릴 義務이며, 約款이 적용된다는 사실 및 적용될 約款을 明示할 義務는 아니다. 이 義務를 이행한다 하여 約款의 契約編入이 이루어지는 것은 아니다. 約款의 契約編入을 위하여는 編入에 관한 합의가 있어야 하며, 事業者의 일방적인 指示만으로 約款을 契約에 編入시킬 수 없음은 위 Ⅱ에서 본 바와 같다.

우리 約款規制法은 독일 約款法과는 달리 約款 자체를 명백하게 指示할 義務를 규정하지는 아니하므로, 당사자 사이의 約款編入 합의는 明示的으로 뿐만 아니라 默示的으로도 성립할 수 있음은 위 Ⅱ.2에서 說明한 바와 같다. 그러나 約款內容의 提示 내지 開示만은 명백한 방법으로 행해져야 한다. 그리고 約款의 明示는 '구체적이고 상세한' 것이어야 한다.[10)]

다만 事業者로서는 約款내용의 明示를 통하여 顧客에게 約款의 내용을 알 수 있는 可能性 즉 認知可能性을 제공하면 충분한 것이고, 顧客으로 하여금 현실적으로 約款내용을 알도록 하여야 하는 것은 아니다.

約款內容 明示義務는 契約의 附隨的 義務에 속하므로, 그 위반의 효과는 約款의 不適用에 그칠 뿐 별도의 債務不履行 또는 契約解除 사유로 되지는 않는다.

(2) 約款의 明示는 契約의 종류에 따라 일반적으로 예상되는 방법으로 행해져야 한다.

당사자들이 상면하여 契約書를 작성하거나 口頭로 契約을 締結하는 경우에는 별도로 인쇄된 約款을 交付하는 방법에 의한다. 契約締結時에 交付되는 文書(통장·입장권·통행권 등)에 約款을 인쇄하는 방법도 있을 것이다. 書式契約의 경우에는 契約書 자체가 約款이므로, 契約書의 交付 외에 별도의 約款 明示는 요하지 않는다. 간단한 約款 조항이라면 口頭로 約款내용을 告知할 수도 있겠으나, 입증상의 곤란이 따를 것이다.

隔地者 사이의 거래나 전화, 팩스 등에 의한 契約締結의 경우에는, 우편 또는 팩스 등으로 約款을 송부하는 방법에 의한다. 당해 約款이 종전 거래시에 顧客에게 交付되어 顧客이 이를 소지하거나 그 내용을 熟知하고 있는 경우에는, 그 취지를 告知하는 것만으로 約款의 明示에 갈음할 수 있다. 그러나 광고에 約款 내용을 기재하였다는 사실만으로 約款 明示義務를 다하였다고 할 수는 없다. 事業者의 영업소에서 契約이 締結되는 경우에는, 그 영업소 내에 約款을

10) 大判 92. 3. 10, 91다31833(公 1992, 1284).

비치하여 顧客이 집어갈 수 있게 하거나 눈에 잘 띄는 장소에 알기 쉽게 揭示하는 방법으로 約款을 明示할 수 있다. 無人施設이나 自動販賣機의 경우에도 그 시설의 주변에 알아보기 쉽도록 約款조항을 揭示하는 방법에 의할 것이다.

交付 또는 揭示되는 約款은 平均人이라면 누구나 쉽게 이해할 수 있는 방법으로 표현되어야 한다. 외국어로 작성된 約款에는 특별한 사정이 없는 한 번역문의 첨부를 요한다. 지나치게 어려운 專門用語에는 해설을 붙여 顧客으로 하여금 이해할 수 있게 하여야 한다. 顧客이 도저히 이해할 수 없는 約款의 제시는 明示義務 위반으로 될 수 있다. 아주 작은 활자로 인쇄되어 있거나 눈에 잘 띄지 않는 곳에 기재되어 있는 경우에는 일반적으로 예상되는 방법으로 明示되었다고 할 수 없다.[11)]

(3) 約款내용의 明示는 契約締結前에 또는 契約締結과 동시에 행해짐이 원칙이다. 隔地者 사이의 거래이거나 그 밖에 契約締結 현장에서 明示되기 어려운 사정이 있는 때에는 事後에 제시될 수밖에 없겠으나, 이 경우에도 約款明示는 契約締結後 지체없이 행해져야만 한다. 遲延된 約款明示는 明示義務 위반으로 될 수 있다.

2. 寫本交付義務

事業者의 約款內容 明示義務에는 일반적으로 寫本交付義務는 포함되지 않는다. 그러나 顧客의 요구가 있을 때에는 事業者는 당해 約款의 寫本을 顧客에게 交付하여 이를 알 수 있도록 하여야 한다. 顧客의 이익을 최대한 보호하기 위한 제도이다.

顧客은 契約締結時뿐만 아니라 契約關係가 존속하는 동안에는 언제든지 約款 寫本의 交付를 요구할 수 있다. 寫本作成 비용은 원칙적으로 事業者가 부담하여야 한다. 한번 寫本이 交付된 이상 분실 등을 이유로 한 再交付 요구에 응할 義務는 없다.

3. 例　外

다른 법률의 규정에 의하여 행정관청의 認可를 받은 約款으로서 거래의 신속을 위하여 필요하다고 인정되어 대통령령이 정하는 約款에 대하여는 約款內容 明示義務가 면제된다. 거래의 성질상 顧客에게 일일이 約款내용을 告知

11) 大判 90. 4. 27, 89다카24070(公 1990, 1141).

하는 것이 불가능 내지 심히 곤란한 한편 행정관청의 認可를 받은 결과 約款內容이 확정되어 있고 그 공정성도 어느 정도 담보되고 있는 경우에, 事業者의 부담을 덜어주어 거래의 신속을 도모하고자 함이다.

約款令 §2는 約款內容 明示義務가 면제되는 約款으로 ① 여객운송업, ② 통신업, ③ 전기·가스 및 수도사업의 約款을 열거하고 있다. 그러나 이들 업종의 約款이라 하더라도 事業者는 영업소에 約款을 비치하여야 하며, 顧客의 요청이 있는 때에는 당해 約款의 寫本을 顧客에게 交付하여 이를 알 수 있도록 하여야 한다(令 §2 但書). 결국 約款內容 明示義務가 다소 완화되어 있을 뿐 寫本交付義務는 그대로 유지되고 있다. 여객운송업의 約款 중에는 行政法規에 의하여 영업소에의 揭示義務가 따로 규정되어 있는 例도 있다.[12] 그리고 위의 업종의 約款에 대하여도 明示義務가 면제될 뿐 후술 重要內容 說明義務는 면제되지 않고 있음을 주의하여야 한다.

4. 義務違反의 효과

事業者가 約款內容 明示義務 및 寫本交付義務에 위반하여 契約을 締結한 때에는 당해 約款을 契約의 내용으로 주장할 수 없다(제3항). 事業者가 顧客에게 認知의 可能性을 부여하지 않은 경우에는 그 約款의 구속력을 인정할 수 없다는 취지이다. 그런데 明示義務의 違反에 대하여 위와 같은 불이익을 입히는 것은 이해할 수 있으나, 約款내용을 明示하였으나 寫本만을 交付하지 않은 경우에까지 約款의 구속력을 주장할 수 없다고 하는 것은 事業者에게 지나치게 가혹한 것으로 여겨진다. 寫本交付義務만의 위반에 대하여는 본조 3항의 적용은 없는 것으로 해석함이 타당할 것이다.

당사자 사이의 約款編入 합의로써 이미 約款은 契約의 내용으로 된 것이므로, 事業者가 約款內容 明示義務를 違反하였다 하여 約款이 契約 내용 아닌 것으로 되는 것은 아니다. 다만 義務를 위반한 事業者는 그 위반의 대상으로 된 約款의 효력을 주장할 수 없을 뿐이다. 約款의 일부는 제시하였으나 일부를 제시하지 않은 경우라면, 約款 전부의 효력을 배제할 것까지는 없고, 제시되지 않은 約款 조항의 주장만을 不許하는 것으로 해석할 것이다. 事業者가 約款의 전부 또는 일부 조항의 효력을 주장하지 못하는 경우에 契約은 나머지 부분만으로 有效하게 존속한다. 다만 有效한 부분만으로는 契約의 목적달성이

---

12) 自動車運輸事業法 §10; 鐵道法 §7; 海運業法 §11 등.

불가능하거나 事業者에게 부당하게 불리한 때에는 당해 契約 전부를 無效로 한다(§16).

顧客측에서 編入 합의에 의하여 契約에 編入된 約款 조항의 효력을 주장할 수 있음은 물론이다. 顧客으로서는 約款의 효력을 승인할 수도 있고, 거부할 수도 있는 지위에 놓인다. 그러나 승인 또는 거부는 約款 전부에 대하여 일률적으로 하여야 하며, 자기에게 유리한 부분만을 원용하고 불리한 부분은 거부하는 것은 허용되지 않는다. 그리고 일단 義務違反에 대한 추궁을 포기하고 約款의 효력을 승인하면 이로써 約款은 확정적으로 契約 내용으로 되고, 다시금 그 승인을 취소하고 約款의 효력을 부정하는 것은 허용될 수 없다.

約款內容 明示 및 寫本交付에 대한 立證責任은 事業者가 부담한다. 특정 顧客에 대하여 明示하였음을 직접적으로 증명하는 것은 사실상 곤란한 점을 감안하여 事業者가 일반적으로 모든 顧客에 대하여 明示하였다는 사실을 개략적으로 증명하는 것으로 충분하다는 주장이 있으나,[13] 찬성하기 어렵다. 約款內容 明示義務는 공정거래를 위한 추상적인 義務가 아니라 직접적으로 기업의 상대방인 顧客을 보호하기 위한 것이므로, 明示義務의 이행 여부는 개개 顧客에 대한 관계에서 판단되어야 한다. 事業者측에서 明示義務의 중요성을 깨닫고 입증의 필요성에 대처한다면, 明示의 입증이 그다지 어려울 것도 없을 것이다.

明示義務 違反에 대하여는 그 밖에 500만원 이하 過怠料의 부과가 규정되어 있다(§34 II).

Ⅳ. 重要內容 說明義務(第2項)

1. 說明義務

事業者는 約款에 정하여져 있는 重要한 내용을 顧客이 이해할 수 있도록 說明하여야 한다. 顧客에게 約款내용이 明示되어도 顧客은 시간적 제약 때문에 내용을 잘 읽지 않는 경우가 많고, 또 막상 읽더라도 約款의 의미를 제대로 이해하지 못하는 경우가 많다. 이리하여 본조는 事業者에 대하여 約款 明示義務 외에 約款의 重要한 내용을 說明할 義務를 지우고 있다. 종전 判例상 인정되지 않던 義務를 새로이 규정한 것이다.

13) 李銀榮, 119.

說明은 顧客에 대하여 직접 口頭로 행해지는 것이 원칙이나, 특별히 중요한 조항을 一目瞭然하게 정리하여 文書化하고 署名捺印을 받음으로써 說明에 갈음할 수도 있다. 口頭 說明의 경우에도 입증을 위하여는 說明畢의 확인서를 받아둘 필요가 있다. 說明의 정도는 구체적이고 상세한 것이어야 하나,[14] 그 조항의 법적 의미와 효과까지 소상하게 說明하여야 하는 것은 아니다. 일방적인 說明이 있으면 되고, 당해 조항에 대한 顧客의 구체적·개별적 동의를 얻을 필요까지는 없다.[15]

2. 重要內容

約款의 모든 내용을 說明하여야 하는 것은 아니고, 約款 중의 重要한 내용만을 說明하면 된다. 約款 중에 重要한 내용이 없다면 說明義務도 발생하지 않는다. 무엇이 重要한 것인가는 해석에 의하여 결정될 수밖에 없다. 顧客의 이해관계에 중대한 영향을 미치는 사항으로서 社會通念上 그 사항의 知·不知가 契約締結 여부에 영향을 줄 수 있는 사항을 重要內容이라고 할 수 있다. 일반적으로 給付의 變更, 契約解除 事由, 事業者의 免責, 顧客의 責任加重, 不提訴合意 등에 관한 사항 등을 重要한 내용이라고 할 수 있으나, 이러한 사항이라도 당해 거래에 있어서 '일반적이고 공통된' 것이어서 顧客이 충분히 예상할 수 있었던 것이라면 說明을 요하는 重要事項이 아니라고 할 것이다.[16]

判例가 事業者의 說明을 要하는 重要事項이라고 한 例를 보면, 자동차보험에 있어서 새로이 바뀐 보험상품의 내용 및 요율체계라든가 보험청약서상 기재사항의 변동사항(새로 도입된 主運轉者 제도에 관한 것임),[17] 根抵當權設定契約書에 포함된 連帶保證 조항,[18] 書面에 의한 양도통지와 보험증권상 승인배서를 보험계약 승계의 요건으로 한 조항,[19] 오토바이 운전자를 재해보험가입대상에서 제외하는 조항[20] 등이다.

한편 자동차보험에 있어서의 산재보험 수혜자 면책조항,[21] 유상운송행위

14) 註 10의 判例.
15) 說明된 조항에 대하여 顧客이 구체적·개별적으로 동의를 하였다면 그 부분은 約款이 아닌 個別的 約定으로 될 것이다.
16) 大判 90.4.27, 89다카24070(公 1990, 1141); 大判 92.5.22, 91다36642(公 1992, 1961).
17) 大判 92.3.10, 91다31833(公 1992, 1284).
18) 大判 94.9.30, 94다13107(公 1994, 2846).
19) 大判 94.10.14, 94다17970(公 1994, 2979).
20) 大判 95.8.11, 94다52492(公 1995, 3121).
21) 大判 90.4.27, 89다카24070(公 1990, 1141).

면책조항,[22] 사실혼 배우자가 피해자일 경우의 면책조항,[23] 은행거래에 있어서의 赤色去來處 지정에 관한 조항,[24] 화재보험에 있어서의 폭발면책조항,[25] 한전 전기공급규정 중 긴급사유로 인한 전기공급 중지시의 고의 또는 중대한 과실 외의 경우(경과실)에 대한 면책조항[26] 등은 說明의 대상인 重要한 내용에 포함되지 않는다.

3. 例　　外

契約의 성질상 說明이 현저하게 곤란한 경우에는 事業者의 說明義務는 면제된다. 어떤 경우가 여기에 해당되는가는 契約의 내용과 체결과정 등을 고려하여 구체적·개별적으로 결정될 수밖에 없다. 우선 無人施設이나 自動販賣機에 의한 거래 등이 여기에 해당한다. 그리고 다수의 顧客이 모여들어 집단적·계속적으로 거래가 이루어지는 은행·백화점·운송 등의 경우에도 사실상 說明이 어려울 것이다. 그러나 기업 내부의 사정으로 說明이 곤란하다는 이유로(예컨대 인원 부족, 신속한 契約締結 등) 說明義務의 면제가 인정되어서는 안 된다. 例外를 너무 넓게 인정하여서는 說明義務를 규정한 법률의 취지가 몰각되고 말 것이다.

4. 義務違反의 효과

說明義務 違反의 효과는 明示義務 違反의 효과와 전적으로 같다(제3항). 다만 明示義務의 경우에는 約款 전부가 明示 대상이 되므로 위반시 約款 전부의 효력이 문제로 되는 것이 원칙이나, 說明義務의 대상은 개개 조항(約款 중 重要한 조항)이므로 위반의 경우에도 당해 조항의 효력만이 문제로 된다.

Ⅴ. 餘　　論

約款規制法은 顧客 보호의 관점에서 約款이 契約에 編入되기 위한 요건을 비교적 엄격하게 규정하였다. 編入 합의의 성립에 대하여는 별다른 규제를 하지 않고 있으나, 事業者에 대하여 約款內容 明示義務와 重要內容 說明義務를

22) 大判 92. 5. 22, 91다36642(公 1992, 1962).
23) 大判 94. 10. 25, 93다39942(公 1994, 3076).
24) 大判 92. 3. 31, 92다2554(公 1992, 1423).
25) 大判 93. 4. 13, 92다45261, 45278(公 1993, 1385).
26) 大判 95. 12. 12, 95다11344(公 1996, 358).

지움으로써 상대방인 顧客이 본인도 모르는 사이에 커다란 불이익을 입는 것을 예방하고 있다. 물론 約款의 해석이나 不公正 約款에 대한 內容統制에 의하여 부당 約款의 효력을 배제시키는 방법도 있겠으나, 본인의 의사에 의함이 없이 契約的 拘束에 복종할 수 없다는 원칙에 비추어 約款編入의 요건을 강화한 約款規制法의 취지는 최대한 살려나가야 할 것이다. 事業者의 부담이 너무 크다는 비판도 있을 수 있겠으나, 자신의 이익을 위하여 約款을 이용하는 事業者로서는 顧客을 위하여 그만한 배려는 하여야 마땅하다.

[孫 智 烈]

第 4 條(個別約定의 우선)

約款에서 정하고 있는 사항에 관하여 事業者와 顧客이 約款의 내용과 다르게 合意한 사항이 있을 때에는 당해 合意事項은 約款에 우선한다.

차 례

Ⅰ. 個別約定 우선의 원칙

契約의 개개 사항은 모두 당사자 사이의 합의의 산물이므로, 각개의 사항 사이에 優劣이 있을 수 없으며, 契約 전부를 총체적으로 고찰하여 당사자가 기도하는 의사를 합리적으로 결정하면 된다. 합의된 부분과 부분 사이에 충돌이 있는 경우, 契約解釋의 방법에 따라 각 부분간의 조화점을 찾게 된다.

그러나 約款의 경우에는 사정이 다르다. 契約의 체결에 있어서 몇몇 중요한 사항에 대하여 당사자 사이에 구체적으로 합의를 하고, 나머지 사항에 대하여는 일괄하여 約款에 따르도록 함이 보통이다. 約款을 契約에 編入시키는 과정에서 約款조항과 다른 個別約定을 하는 경우도 있다. 이리하여 하나의 契約 가운데 個別約定과 約款의 두 부분이 존재하게 되며, 그 사이에 충돌이 있는 경우가 드물지 않게 생긴다.

이와 같은 경우에는 언제나 個別約定이 約款에 우선한다. 契約효력의 근거는 당사자의 의사에 있는 것이므로, 具體的·個別的인 합의가 抽象的·一般的인 합의에 우선함이 당연하다 할 것이다. 約款을 一般規範으로, 個別約定을 特別規範으로 파악하여 規範의 競合에 관한 원칙에 따라 個別約定이 우선한다고 하는 견해가 있으나,[1] 約款의 본질을 契約으로 보는 입장에서는 받아들이기 어렵다.

이른바 處分文書에 있어서는 그 문서의 진정성립이 인정되는 이상 그 문서에 표시된 의사표시와 내용에 특별한 사유가 없는 한 절대적인 實質的 證據能力이 있는 것으로 되어 있다.[2] 約款으로 된 계약문서도 處分文書라 하여 이와 상반되는 個別約定을 인정하지 않으려 하는 일련의 判例가 있다.[3] 處分文書의 證明力은 그 문서가 개별적 합의에 의하여 작성된 것임을 전제로 하는 것이고, 約款인 處分文書의 경우에는 개별적 합의와는 證明力의 정도를 달리할 수밖에 없는 것이므로, 이 경우 處分文書의 證明力을 지나치게 강조하는 것은 約款의 특수성을 외면하는 결과로 된다.

Ⅱ. 個別約定과 約款의 相衝

1. 相衝의 존재

約款契約의 경우 約款의 존재와 내용은 비교적 분명하다. 따라서 個別約定과 約款의 相衝 여부는 約款 내용과 다른 個別約定의 존재가 인정되는가 여부에 따라 결정된다. 約款 내용과 다른 합의 즉 個別約定의 존재는 이를 주장하는 자가 입증하여야 한다.

個別約定은 서면으로 작성될 필요는 없고, 구두 합의로써도 충분하다. 그리고 明示的인 합의뿐만 아니라 默示的인 합의 또는 契約 전후의 사정에 의하

1) 李相理·權大祐, 約款의 規制에 관한 法律 解說, 47.
2) 李時潤, 民事訴訟法, 607.
3) 대표적인 것으로 大判 82. 7. 27, 81다카1117(公 1982, 813); 大判 82. 12. 14, 82다카(公 1983, 276). 입법 후의 것으로는 大判 94. 9. 30, 94다20242(公 1994, 2852) 등.

여 推斷되는 합의도 個別約定이 될 수 있다. 契約체결에 있어서 事業者 또는 그 使用者가 約款내용과 다른 설명을 한 경우에는 그 설명내용이 個別約定으로 된다.[4] 契約체결을 통하여 달성하고자 하는 당사자의 목적이나 契約체결에 즈음하여 당사자 사이에 양해된 사항과 부합하지 않는 約款조항이 있는 경우에도, 約款내용과 다른 個別約定을 인정하여야 할 것이다.[5] 約款의 내용이 당해 契約과 다른 종류의 契約을 위한 것인 경우에, 그 約款은 個別約定과 相衝되는 것으로 된다(예컨대 중고자동차 매매에 대하여 신품자동차 賣買約款을 사용한 경우). 約款 중에 그 約款과 다른 約定을 함에 있어서는 書面合意를 요한다는 조항(書面條項)이 있더라도, 書面에 의하지 않은 個別約定이 인정되어야 한다. 書面條項 자체가 個別約定 우선의 원칙에 반하는 것이기 때문이다.[6] 契約체결 과정에서 約款조항과 다른 個別約定을 하는 경우에 반드시 約款조항의 기재를 수정하거나 삭제하여야만 個別約定이 인정되는 것은 아니다.[7]

2. 相衝의 시기

契約체결의 당초부터 個別約定과 約款 사이에 相衝이 있는 경우가 대부분이겠으나, 사후에 契約의 변경 또는 보충으로 約款과 다른 약정이 이루어진 경우에도 個別約定이 우선한다. 특히 契約의 이행과정에서 約款이 정하는 내용과 다른 이행이 행해지고 상대방이 이를 양해한 경우에도 個別約定이 인정되어야 할 것이다.

3. 顧客의 有·不利

個別約定의 내용이 約款에 비하여 顧客에게 유리한지 불리한지를 묻지 아니한다. 비록 顧客에게 불리한 내용이라도, 당사자가 개별적으로 합의를 한 사항에 대하여는 約款에 대한 우선적 효력을 인정하지 않을 수 없다. 이와 같은 個別合意가 경우에 따라 불공정한 법률행위가 될 수 있음은 물론이나, 이와 관

---

4) 大判 85. 11. 26, 84다카2543(公 1986, 108); 大判 89. 3. 28, 88다4645(公 1989, 672); 大判 91. 9. 10, 91다20432(公 1991, 2527).

5) 李銀榮, 133. 後述(Ⅳ) 包括根抵當 조항과 다른 내용의 個別約定을 인정한 判例들이 이 類型에 속하며, 그 밖에 大判 89. 8. 8, 89다카5628(公 1989, 1359)도 成業公社가 은행을 대리하여 부동산을 매도함에 사용하는 부동산매매계약서 중 해제시의 買受人의 必要費·有益費 포기조항에 관하여 契約체결의 경위와 비용이 지출된 경위에 비추어 위 포기조항은 당해 契約에 적용될 수 없다고 판시하였다.

6) 李銀榮, 129.

7) 前述 제 2 조 注解 Ⅰ.5 참조.

련된 판단에 있어서 事業者가 顧客에게 그로 인하여 다른 顧客보다 나쁜 위치에 놓이게 된다는 사실을 충분히 설명하였는가, 그리고 個別約定時에 합의내용에 관하여 명백한 표현을 사용하였는가가 엄격하게 심사되어야 할 것이라고 하는 견해는,[8] 事業者에 대하여 過重한 의무를 지우는 것으로서 찬동할 수 없다.

Ⅲ. 個別約定의 우선

約款과 다른 내용의 個別約定이 있는 경우에는, 約款은 契約내용으로서의 효력을 가지지 못하고, 個別約定만이 契約關係를 규율하게 된다. 그러나 이와 같은 約款도 契約의 구성부분으로는 되나 다만 해석상 個別約定에 우선당할 뿐이라는 점에서, 契約에의 編入 자체가 부정되는 경우와는 차이가 있다. 따라서 직접 효력을 주장할 수 없는 約款조항이라도, 다른 約款조항 또는 個別約定의 해석에 참고자료로 이용될 수는 있다. 그리고 約款조항 자체가 무효로 되는 것이 아니라 個別約定과 충돌되는 범위에서 기능을 발휘하지 못할 뿐이므로, 個別約定이 다른 사유로 無效로 되든가 뒤에 이르러 約款과 相衝하지 않는 내용으로 변경되는 경우에는, 約款조항이 契約내용으로 부활하게 된다.

個別約定의 우선 원칙이 적용되는 경우에 있어서는, 당해 約款조항에 관한 한 約款에 대한 客觀的·統一的 解釋의 원칙이 더 이상 적용될 수 없다. 거래당사자 사이의 統一的 解釋이 高度로 요청되는 보험계약의 경우에도, 約款과 다른 個別約定이 인정되는 이상 個別約定의 우선을 인정하지 않을 수 없다.[9]

Ⅳ. 包括根抵當 조항과 個別約定[10]

判例上 約款과 個別約定간의 관계가 가장 두드러지게 문제로 된 것은 이른바 包括根抵當 조항에 관하여서이다. 은행에서 사용하는 표준 근저당권설정

8) 李銀榮, 130; 李相理 등(註 1), 47.

9) 註 4)의 대법원判例들은 보험회사의 외무사원이 顧客에게 約款의 내용(보험급부)에 관하여 잘못된 설명을 한 경우에 個別約定의 존재를 인정하였다. 그러나 梁承圭, "普通保險約款의 拘束力", 民判硏 Ⅸ, 203 이하는 保險約款에 대하여는 個別約定 우선의 원칙이 적용되지 않는다고 한다.

10) 包括根抵當조항과 個別約定에 관한 判例의 흐름에 관하여 孫智烈, "包括根抵當 條項과 個別約定", 李會昌紀念論文集, 549 이하 참조.

계약서에는 거의 예외없이 채무자의 현재 또는 장래의 모든 채무를 피담보채무로 규정하고 있는데, 실제 근저당권을 설정하는 당사자들의 의사는 특정채무만을 피담보채무로 하고자 하는 경우가 적지 않다. 인쇄된 계약서의 내용을 제대로 읽지 않고 서명날인한 채무자가 나중에야 위 조항을 발견하고 은행에 대하여 이의를 제기하게 된다. 判例는 비록 包括根抵當 조항이 있는 계약서에 의하여 근저당권을 설정하였더라도 "당해 대출금채무와 기존채무의 각 성립경위 및 각 채무액과 그 근저당권의 채권최고액과의 관계 등 기타 여러 사정에 비추어 인쇄된 계약문언대로 피담보채무의 범위를 해석하면 오히려 금융기관 등의 일반대출관례에 어긋난다고 보여지고 당사자의 의사는 당해 대출금채무만을 그 근저당권의 피담보채무로 약정한 취지라고 해석하는 것이 합리적인 때에는" 包括根抵當 조항의 구속력은 배제된다고 하고 있다.[11)]

그러나 判例 중에는 구체적 사안에서 包括根抵當 조항과 다른 個別約定의 존재를 인정하지 않고 包括根抵當權이 성립한 것으로 본 것이 있는가 하면,[12)] 包括根抵當 조항과 다른 個別約定의 존재를 인정하여 저당권의 피담보채무를 특정채무에 한정한 것도 있다.[13)] 궁극적으로는 사실인정의 문제이나, 현재까지의 判例를 통하여 解釋基準을 찾아본다면 物上保證人가 아닌가, 담보제공의 계기가 된 대출이 어떤 類型의 것인가, 대출 당시 추가대출이 예상되고 있었는가 아닌가, 채무액과 근저당권의 채권최고액 그리고 부동산 평가액과의 관계는 어떤가, 채무자가 담보를 제공하게 된 동기는 무엇인가, 채무자가 商人인가 非商人인가 등이 일응의 기준이 된다고 할 수 있다. 그러나 대법원判例는 유사한 사안에 대하여 어떤 판결에서는 個別約定을 인정하고 어떤 판결에서는 個別約定을 부정하고 있어서 아직까지는 判例에 일관성이 없는 것으로 볼 수밖에 없다.[14)]

---

11) 대표적인 것으로서 大判 90. 7. 10, 89다카12152(公 1990, 1684). 前註의 논문은 이 判決에 대한 해설이다.

12) 법 시행 前의 것으로서 大判 70. 9. 22, 70다1611(集 18-3, 79); 大判 82. 7. 27, 81다카1117(公 1982, 813); 大判 82. 12. 14, 82다카413(公 1983, 276); 大判 87. 4. 28, 86다카1760(公 1987, 1461) 등이 있고, 법 시행 後의 것으로서 大判 90. 11. 27(公 1991, 202); 大判 91. 4. 23(公 1991, 1461); 大判 94. 9. 30, 94다20242(公 1994, 2852) 등이 있다.

13) 법 시행 前의 것으로서 大判 70. 7. 21, 70다760(未公刊); 大判 84. 6. 12, 83다카2159(公 1984, 1271); 大判 86. 11. 11, 86다카1152(公 1987, 18); 大判 87. 5. 26, 85다카1046(公 1987, 1046) 등이 있고, 법 시행 後의 것으로서 前述 大判 90. 7. 10(주 5) 외에 大判 90. 6. 26, 89다카26195(公 1990, 1568); 大判 92. 11. 27, 92다40785(公 1993, 265); 大判 94. 11. 25, 94다8969(公 1995, 83) 등이 있다.

14) 孫智烈(註 10), 563.

包括根保證 조항에 관하여서도 判例는 그 約款조항과 다른 내용의 個別約定의 우선을 인정하며,[15] 包括根抵當 조항의 경우에 비하여 個別約定의 인정에 관대한 것처럼 보인다.[16]

[孫　智　烈]

第 5 條(約款의 解釋)

① 約款은 信義誠實의 원칙에 따라 公正하게 解釋되어야 하며 顧客에 따라 다르게 解釋되어서는 아니된다.

② 約款의 뜻이 명백하지 아니한 경우에는 顧客에게 유리하게 解釋되어야 한다.

차　례

Ⅰ. 約款 解釋의 원칙

約款規制法은 約款의 본질을 契約의 일종으로 보므로, 約款의 해석도 契約 해석의 방법에 의함을 원칙으로 한다. 契約 해석의 표준으로서 ① 당사자의 目的, ② 慣習, ③ 任意法規, ④ 信義誠實의 원칙 등을 들고 있는데,[1] 이와 같은 표준은 約款의 해석에도 적용된다. 그런데 約款은 일반 契約과는 달리 당사자 사이의 흥정과 구체적 합의가 배제되어 있으며, 또 기능상으로 구체적·

15) 대표적인 것으로 大判 91. 7. 23, 91다12776(公 1991, 2228).
16) 包括根保證 조항과 個別約定에 관한 判例의 흐름에 관하여 孫智烈(註 10), 562 참조.
1) 郭潤直, 總則, 388 이하.

個別的 당사자 사이의 契約이 아니라 不特定의 多數당사자를 상대방으로 하는 契約을 위한 것이므로, 그 해석에 있어서도 일반 契約의 해석과는 다른 독특한 원리가 적용된다. 約款 §4에서 규정하는 個別約定 우선의 원칙과 본조에서 규정하는 信義誠實의 원칙, 客觀的 解釋의 원칙, 統一的 解釋의 원칙, 作成者不利益의 원칙(不明白 원칙) 등이 그것이다.

約款에 대하여 法規 해석의 원칙 또는 法規 유사의 해석 원칙이 적용되어야 한다는 주장이 있으나,[2)] 契約說의 입장에서는 受容하기 어려운 주장이다. 約款의 성립과정과 기능이 法規에 유사한 면이 있고 따라서 約款 해석에 적용되는 원칙이 法規 해석의 방법과 유사한 점이 있는 것은 사실이나, 이는 어디까지나 約款의 특수성에 기인하는 契約 해석 원칙의 變容일 뿐이며, 法規 해석 원칙의 借用은 아니다. 法規의 해석에 있어서는 개개 시민의 이해가능성을 고려하지 않으나 約款의 해석에 있어서는 상대방의 이해가능성이 고려의 대상이 되는 점, 法規의 해석에 있어서는 類推解釋, 目的論的 解釋 등에 의하여 欠缺의 보충이 인정되나 約款의 해석에 있어서는 欠缺의 보충이 인정될 수 없는 점, 法規의 해석에 있어서는 법의 목적인 正義의 이념이 최대의 지도원리로 되나 約款의 해석에 있어서는 이와 같은 이념이 존재하지 않는 점 등에서, 兩者의 차이를 찾아볼 수 있다.[3)]

오늘날 많은 분야의 중요한 거래(예컨대 은행거래·보험거래·운송거래 등)에서 거래조건의 대부분이 約款에 의하여 규정되고 있다. 어떤 類型의 新種 거래에 있어서는 任意法規의 결여로 인하여 당사자가 明示的으로 합의한 사항 외에는 전적으로 約款 조항에 의거하는 경우도 드물지 않다. 이리하여 재판실무상 約款 해석의 문제가 자주 등장하며, 法規 해석 이상의 중요성을 차지하고 있다. 約款의 해석은 구체적·個別的 사건에서의 당사자 의사의 확정이 아니라, 多數의 거래를 규율하는 統一的 거래조건의 의미를 확정함으로써 사실상 規範 創出 유사의 기능을 하는 것이다.

---

2) 裵鐵世·姜渭斗, 商法講義 1, 48. 일본에서의 다수설이다(米谷隆三, 約款法の理論, 557 이하 등).
3) 李銀榮, 146.

Ⅱ. 信義誠實의 원칙

1. 信義誠實

民 §2는 民法의 최고원리로서 信義誠實의 원칙을 규정한다. 信義誠實이 契約 해석의 원리가 된다는 명문의 규정은 없으나, 契約의 해석에 있어서 信義則이 중요한 해석원리가 됨에는 異論이 없다. 본조는 約款의 해석에 있어서 信義誠實의 원칙에 따라야 할 것임을 규정하고 있다. 당연한 규정이지만, 約款 해석에 있어서 信義則이 특별히 중요한 역할을 하여야 함을 강조한 것으로 이해할 수 있을 것이다.

信義誠實이라 함은 사회공동생활의 일원으로서 상대방의 信賴를 헛되이 하지 않도록 誠意를 가지고 행동하는 것을 말한다. 원래 信義니 誠實이니 하는 것은 사람의 행위나 태도에 대한 倫理的·道德的 평가를 나타내는 말인데, 법원칙으로서의 信義誠實의 원칙은 그러한 倫理的·道德的 평가를 法的 價値判斷의 한 내용으로서 도입한 것이다.[4] 約款은 거래당사자 사이의 흥정과 합의 없이 일방 당사자만에 의하여 작성되어 契約에 編入되는 것이므로, 約款을 만들어 契約조건으로 삼는 事業者는 자신의 이익을 추구할 뿐만 아니라 상대방 顧客의 이익도 함께 고려하여야 할 의무를 부담하며, 그 의무는 일반 거래당사자에 비하여 일층 高度의 倫理的·道德的 수준에서 결정된다. 이리하여 信義誠實의 원칙은 約款의 해석원리로서 중요한 역할을 함과 동시에, 約款의 內容統制를 위한 기준으로서도 결정적인 역할을 하게 된다(後述 注解 제6조 참조). 信義誠實의 원칙은 독자적인 해석원리가 될 뿐만 아니라, 다른 해석원리를 위한 이론적 기초가 되기도 하며, 따라서 約款 해석을 위한 다른 원리들은 信義誠實의 派生的 원리라고 볼 수 있다.

信義誠實을 적용함에 있어서 約款은 경제적 強者인 事業者에 의하여 일방적으로 작성된 것이라는 점을 언제나 염두에 두어야 할 것이다. 일반 契約에 있어서는 쌍방 당사자의 對等을 전제로 하므로 쌍방에 대하여 동등한 수준의

4) 大判 92. 5. 22, 91다36642(公 1992, 1961)은 約款의 해석과 관련하여, "신의성실의 원칙이란 당사자는 상대방의 이익을 고려하여 형평에 어긋나거나 신의를 저버리는 내용 또는 방법으로 권리를 행사하거나 의무를 이행하여서는 안 된다는 추상적 규범을 말하는 것이고 이를 구체적인 법률관계에 적용함에 있어서는 상대방의 이익의 내용, 행사하거나 이행하려는 권리 또는 의무와 상대방 이익과의 상관관계 및 상대방의 신뢰의 타당성등 모든 구체적인 사정을 고려하여 그 적용여부를 결정하여야 한다"고 판시하였다.

倫理的·道德的 행동을 요구하는 것이나, 約款에 있어서는 事業者측에 더 높은 수준의 信義와 誠實을 요구하게 되며, 그렇게 하여야만 실질적인 公正과 衡平이 실현될 수 있다. 그러나 信義誠實을 지나치게 강조한 나머지 이를 濫用하여서는 아니됨은 물론이다. 信義誠實의 濫用은 法律과 道德의 혼동을 가져오고 法官의 過度한 재량으로 인하여 法的 安定性을 저해할 우려가 있다.

2. 信義則에 따른 해석

법률행위의 해석에 있어서 우선 당사자가 기도하는 目的, 慣習, 任意法規 등이 표준이 되고 그러한 표준에 의하여 법률행위의 의미를 확정할 수 없는 경우에 信義則에 따르게 되는 것인데, 約款의 해석에 있어서도 마찬가지라고 하여야 할 것이다. 다만 전단계의 해석기준의 적용에 있어서도 특히 信義誠實에 의한 公正의 원리가 강력히 요청되고 있음을 유념하여야 한다. 예컨대 일반 契約에 있어서는 당사자가 기도하는 目的은 절대적인 표준이 되는 것이지만, 約款에 있어서 작성자인 事業者가 約款조항으로써 기도하는 目的에 그와 같은 절대적인 가치를 줄 수는 없으며, 信義誠實에 비추어 합리적이고 公正하다고 인정되는 범위 내에서 그 目的을 해석의 기준으로 삼을 수 있을 것이다.

約款은 文字에 의하여 기재되어 있으므로 文字의 常用的인 의미가 해석의 출발점이 되겠지만, 文字의 의미에만 매달리다 보면 約款의 전체적 의미를 놓치게 되는 경우도 있다. 約款 전체의 文脈에서 각 조항의 의미를 파악하는 것이 필요할 것이며, 때로는 서로 충돌되는 듯이 보이는 조항들에 대하여 해석을 통하여 調和를 찾아주어야 할 것이다.[5)]

3. 公正한 해석

約款의 해석에 있어서는 事業者와 顧客 쌍방 당사자 그룹의 정당한 이익이 고려되어야 한다. 約款의 해석은 事業者의 이익이나 顧客의 이익 중 어느

5) 大判 90.5.25, 89다카8290(公 1990, 1356)은 "약관의 용어풀이란도 본문과 결합하여 전체로서 약관의 내용을 구성하고 용어풀이에 의하여 결과적으로 보험자의 책임범위가 커지거나 작아지게 되는 경우도 있기는 하나 용어풀이는 어디까지나 본문에서 사용된 용어 중 그 의미가 불명확한 것을 명확하게 한다든지 그 풀이에 혼란이 없도록 하는 데 그쳐야 할 것이고 용어풀이라는 이름으로 본문의 의미를 임의로 제한하거나 본문과 모순되는 내용을 규정할 수는 없는 것이다"라고 하고, 따라서 본문에서는 법률상의 손해배상액이 확정판결에 의하여 인정된 손해배상액을 의미하는 것처럼 규정하고서 용어풀이란에서 식물인간 등의 경우에 법률상의 손해배상액을 제한된 범위 내에서만 인정한다는 취지로 규정하는 것은 효력이 없다고 판시하였다.

한쪽에 기울어져서는 안 되며, 兩者의 이익이 衡平을 이루어야 한다. 특히 事業者가 그의 우월한 지위를 이용하여 자신의 이익을 極大化하고자 하는 예가 많으므로, 이에 대비하여 「保護할 價値 있는 顧客의 이익」과 「顧客의 정당한 기대」에 우선적 고려가 베풀어져야 한다.

4. 約款 해석과 公共利益

約款은 대중을 상대로 한 대량거래에 이용되는 것이므로, 그 해석에 있어서는 직접적인 당사자들의 이해관계 외에 公共利益도 고려되어야 한다. 특히 국민의 생존과 관계되는 물자나 서비스의 공급에 관한 約款의 해석에 있어서는 公共의 利益을 최우선적으로 고려하여야 할 것이다. 約款 중 어떤 조항, 예컨대 免責條項과 같은 것은 동일한 형태로 여러 종류의 約款에 삽입되어 있는 예가 있는데, 이와 같은 조항의 해석은 개개 거래분야에 대하여뿐만 아니라 국민의 법생활 전반에 대하여 영향을 미치는 것이므로, 公共의 利益을 해석의 원리로 삼지 않을 수 없다.

Ⅲ. 客觀的 解釋의 원칙

1. 客觀的 解釋

約款은 구체적 契約을 상정하여 작성되는 것이 아니라 同種의 多數 契約을 위하여 미리 준비되는 것이고, 쌍방의 합의에 의하여서가 아니라 일방에 의한 提案과 타방에 의한 容認에 의하여 契約내용으로 되는 것이므로, 그 해석에 있어서도 개개 당사자가 아니라 거래에 참여하는 일반적 平均人의 이해능력과 언어관행을 기준으로 해석하여야 한다. 또한 구체적·개별적 당사자의 이해관계가 아니라 그 거래에 典型的으로 관여하는 集團의 總體的 이해관계를 고려의 대상으로 하여야 한다. 당사자의 의사와 이해관계를 제1의 기준으로 삼는 일반 契約의 해석과는 다르다. 이와 같은 客觀的 해석의 원칙은 約款規制法상 明示되어 있지는 않으나, 信義誠實 원칙의 派生으로서 당연한 해석원리로 받아들여지고 있다.

大判 95. 5. 26, 94다36704(公 1995, 2249)는 保險約款의 해석은 일반 법률행위와는 달리 개개 契約당사자가 기도한 목적이나 의사를 기준으로 하지 않고 平均的

顧客의 이해가능성을 기준으로 하되 보험단체 전체의 이해관계를 고려하여 객관적·획일적으로 해석하여야 한다고 전제한 다음, 비록 보험가입자의 의사는 夫妾관계의 配偶者를 보험대상인 가족에 포함시키고자 하는 것이었다 하더라도 家族運轉者 限定運轉 特別約款 소정의 配偶者에 夫妾관계의 일방에서 본 타방은 포함될 수 없다고 판시하였다.

2. 顧客의 이해능력

約款의 해석에 있어서는 그 去來圈에 있어서의 平均的 顧客의 이해능력을 기준으로 한다. 특정 顧客의 교육수준이 통상인보다 높다거나 낮다거나, 또는 어느 분야에 대하여 전문지식을 가졌다거나 하는 개별적 사정을 고려할 것이 아니다. 顧客이 文盲이거나 외국인이어서 約款을 이해할 능력이 없었다고 하는 사정도 約款 해석에 영향을 미치지 않는다.

어느 거래에 참여하는 顧客의 범위가 사회적으로 구분되어질 수 있는 階層 또는 集團에 한정되어 있으며 그 階層 내지 集團의 이해능력이 一般人과 현저히 다른 경우에는, 여기서의 平均的 顧客은 그 階層 내지 集團 내에서의 平均人을 의미하게 됨은 당연하다. 따라서 동일한 約款이라도 지역에 따라, 職業群에 따라, 그리고 거래종목에 따라, 顧客層의 이해능력에 차이가 있게 되면 그 해석도 달라질 수 있음을 인정하여야 한다.[6)]

3. 約款의 용어

約款에서 사용되는 용어는 일반적으로 이해되는 日常用語의 의미로 해석되어야 한다. 지역과 顧客層에 따라 언어관행이 다른 때에는 각각의 언어관행에 의하여야 한다. 그러나 어느 특정 顧客의 특수한 언어이해를 고려할 것이 아님은 물론이다.

어느 단어의 일반적 의미와 전문용어로서의 의미가 다른 때에는 일반적 의미에 따라야 한다. 그러나 일반용어가 아닌 전문용어는 그 전문적 개념에 따라 해석될 수밖에 없다. 법률 전문용어의 경우도 마찬가지로 취급할 것이다. 다만 約款의 어느 조항이 법률규정을 그대로 인용하고 있는 경우라면, 그 조항의 의미는 법률규정의 일반적인 해석에 따라야 할 것이다.

6) 李銀榮, 149.

4. 統一的 解釋의 원칙

客觀的 解釋의 결과로, 어느 事業者 또는 事業者群이 이용하는 동일한 約款은 顧客이 누구인가에 관계 없이 동일한 내용으로 해석되어야 한다. 즉 顧客에 따라 다르게 해석되어서는 아니된다. 본조는 제1항 후단에서 이 원칙을 明定하고 있다. 이해능력과 이해관계를 달리하는 去來集團에서 사용되는 경우에는 去來集團에 따라 해석이 달라질 수 있으나, 이 경우에도 당해 去來集團 내에서는 統一的인 해석이 이루어져야 한다. 그리고 統一的 해석의 요청에 비추어, 去來集團의 相異를 인정함에 있어서는 신중을 기하여야 할 것이다.

統一的 해석은 約款 자체의 해석에 관한 것이고, 당사자 사이에 約款과 다른 個別約定이 있는 경우에는 個別約定이 우선하는 결과 각 거래별로 법률관계가 달라질 수 있다. 보험계약에 있어서는 大數의 원리에 의하여 보험료와 보험급부 사이에 균형이 유지되고 있는 것이어서 統一的 해석이 거래의 본질을 이루는 것이고, 따라서 約款내용과 相衝되는 個別約定을 인정할 수 없다고 하는 주장이 있으나, 아무리 보험관계라고 하더라도 私的 自治의 원리에 비추어 個別約定의 우선을 인정하지 않을 수 없다.[7]

Ⅳ. 不明白 원칙

1. 不明白 원칙(作成者 不利益의 원칙)

約款의 뜻이 명백하지 아니하여 둘 이상의 해석이 가능한 경우에는, 顧客에게 유리하게 즉 事業者에게 불리하게 해석되어야 한다(제2항). '의심스러울 때는 作成者에게 不利益으로'(in dubio contra stipulatorom)라는 해석원칙은 約款에 특유한 것이 아니고 契約 일반에 적용되는 것이나, 내용의 전부가 事業者 일방에 의하여 작성되는 約款에 있어서 특히 중요한 의미를 가진다. 이러한 해석의 결과 約款을 작성하는 事業者는 約款조항을 명백하게 즉 오해의 여지가 없도록 표현하여야 하며, 그렇지 못한 경우의 不利益은 事業者가 부담하는 것으로 된다.

그러나 不明白 원칙이 적용되는 것은 어디까지나 객관적이고 公正한 해석

7) 前述 제4조 註 9) 참조.

의 결과 둘 이상의 해석이 가능한 경우에 한하는 것이지, 조항 자체의 의미가 명백한 경우에는 법원이 임의로 顧客에게 유리하게 契約내용을 修正하지 못한다(예외적으로 행해지는 修正解釋에 관하여 後述 3 참조). 조항의 의미에 관하여 당사자 사이에 다툼이 있더라도 객관적 해석을 통하여 그 의미를 확정할 수 있을 때에는 이 원칙이 적용될 여지가 없다. 이런 점에서 不明白 원칙은 보충적인 해석수단이라고 할 수 있다. 한편 이 원칙은 비록 多義的일망정 約款조항의 해석 자체는 가능함을 전제로 하는 것이며, 約款조항의 내용이 지나치게 모호하여 그 의미를 확정할 수 없는 경우에는 이 원칙을 적용할 여지 없이 무효로 보아야 할 것이다.

大判 86. 1. 28, 85다카1626(公 1986, 415)는 신용카드이용약관 중 가입회원의 월간카드이용한도액은 정하여져 있으나 보증인의 책임한도는 명시되어 있지 않은 경우에 보증인은 위 이용한도액의 범위 내에서만 보증책임을 지는 것으로 하여 顧客에게 유리한 해석을 하였고, 大判 93. 8. 27, 92다23339(公 1993, 2613)는 約款은 信義誠實의 원칙에 따라 공정하게 해석하고 約款의 뜻이 명백하지 아니한 경우에는 顧客에게 유리하게 해석하여야 한다고 전제한 다음 用役警備契約約款上 契約상대방 외의 제3자가 受惠者인지의 여부가 문면상 불분명하지만 약정취지에 비추어 일정 범위의 제3자는 이에 포함되어야 하는 것으로 해석하였다. 그러나 大判 94. 10. 25, 93다39942(公 1994, 3076)는 自動車綜保約款상 免責대상이 되는 被保險者의 「配偶者」는 반드시 법률상의 配偶者만을 의미하는 것이 아니라 事實婚 관계의 配偶者도 포함하는 것이라고 해석하고 그와 같은 해석이 顧客에게 불리하다고 볼 수도 없다고 하여 본조의 적용을 배제하였다.[8)]

2. 縮小解釋의 원칙

法律(任意法規)이 인정하고 있는 顧客의 권리를 제한하는 규정은 엄격하게 좁게 해석하여야 한다. 이 원칙은 특히 顧客에게 불리한 免責條項, 瑕疵擔保責任 制限條項, 保險給付 免責條項 등의 적용범위를 縮小함으로써 顧客을 보호하는데 큰 역할을 한다. 免責條項의 경우 이를 일반적인 免責으로 해석하거나 免責의 사유를 約款의 문언에서 명백하게 규정한 사유 외에 확장하여서는 아니된다는 의미에서 擴張解釋 禁止의 원칙이라고 부르기도 한다. 縮小解釋의 원칙은 約款規制法이 따로 규정하지는 않고 있으나, 작성자인 事業者에게

8) 다만 本文 判例의 결론이 타당한지는 의심스럽다. 不明白 원칙 또는 縮小解釋의 원칙을 적용하여 事實婚 配偶者는 免責대상인 配偶者에서 제외하는 것이 상당하지 않을까 한다.

불리한 해석을 따른다는 점에서 이 원칙은 不明白 원칙의 派生이라고 볼 수 있다.

判例에 나타난 縮小解釋을 例示하면 다음과 같다.

① 大判 91. 5. 14, 91다6634(公 1991, 1637): 自動車綜保約款 중 免責事由로 되어 있는 「피보험자의 피용자로서 근로기준법에 의한 재해보상을 받을 수 있는 사람」을 좁게 해석하여 勤勞基準法上의 업무상 재해라고 할지라도 産災補償保險法에 의하여 補償을 받을 수 없는 경우는 免責대상에서 제외.[9]

② 大判 91. 11. 26, 91다18682(公 1992, 281): 自動車綜保約款 중 免責事由의 하나인 「騷擾」를 엄격하게 해석하여, 프로야구 경기장에서 응원팀이 역전패한 것에 불만을 품은 관중들이 선수들의 버스를 가로막고 돌과 빈병 등을 던지는 소동 중의 교통사고는 「騷擾」에 해당하지 않는다고 판시.

③ 大判 93. 6. 29, 93다1480(公 1993, 2130): 自動車綜保約款 중 자동차 양도시 보험자의 免責에 관한 규정은 양도인이 자동차에 대한 운행지배를 상실하고 양수인이 사실상의 운행지배를 취득하는 경우만을 의미하는 것이므로, 記名被保險者가 등록명의만을 변경하고 실제로는 그 자동차를 계속 보유하며 운행지배를 하면서 직접 그 자동차를 운전하다가 사고를 일으킨 경우는 免責대상에서 제외된다고 판시.

④ 大判 94. 11. 22, 93다55975(公 1995, 60): 火災保險普通約款 중 「地震…騷擾 기타 이들과 유사한 사태」를 보험자의 免責事由로 한 규정은 엄격하게 해석하여야 할 것이므로, 대학생들이 범민족대회에의 참가를 봉쇄하려는 경찰의 저지선을 뚫기 위하여 화염병을 투척하는 등의 사태는 한 지방의 평화 내지 평온을 해할 정도의 騷擾 기타 유사한 상태에 해당하는 것으로 보기 어렵다고 판시.

⑤ 大判 95. 5. 12, 94다54726(公 1995, 2110): 학생들 중 이용료를 내는 특정된 인원만이 승차하여 일정한 시간에 일정한 경로를 주행하는 통학버스(스쿨버스)의 운행은 業務用自動車綜保約款 중 免責事由인 「피보험자동차를 요금이나 대가를 목적으로 계속적 또는 반복적으로 사용하는 경우」 즉 有償運送의 범주에 들어가지 않는다고 판시.

---

9) 同旨 大判 92. 8. 18, 91다38297(公 1992, 2740); 大判 93. 6. 8, 93다5192(公 1993, 2004); 大判 93. 11. 9, 93다23107(公 1994, 76); 大判 94. 1. 11, 93다5376(公 1994, 679); 大判 94. 3. 11, 93다58622(公 1994, 1190); 大判 94. 6. 24, 94다4554(公 1994, 2069) 등.

3. 숨은 內容統制의 문제

約款의 객관적 의미가 명백한 경우라도 그 約款의 내용이 부당한 때에는 일부러 客觀的 의미와는 다른 해석을 함으로써 그 不當性을 시정할 수 있는가? 예컨대 免責條項 등의 해석에 있어서 明示的인 규정내용 이상으로 縮小解釋을 함으로써 免責의 폭을 좁히는 것과 같다. 約款의 의미 자체는 문언상 명백하나 해석에 의하여 이를 修正한다는 점에서 不明白 원칙이나 縮小解釋의 원칙과는 다르다. 객관적 의미대로 해석하는 경우 무효사유에 해당함에도 이와 같이 約款의 의미를 의도적으로 修正하여 有效로 하는 것은 이른바 效力維持的 縮小解釋이 된다(後述 注解 제16조 Ⅲ 참조). 그러나 무효사유에는 해당하지 않으나 事業者의 이익에 치우쳐 부당한 것으로 여겨지는 조항을 公正한 내용이 되게끔 修正解釋하는 경우도 있을 수 있다. 이를 公開된 內容統制(§§6 내지 14)에 대비하여 숨은 內容統制라 한다.

約款에 대한 公開된 內容統制의 입법이 이루어지기 전에 각국의 법원은 約款 統制를 위하여 이와 같은 방법을 자주 사용하였다. 정면으로 무효선언하기에는 법적 근거가 없고 그대로 해석하자니 심히 不公正한 결론을 내릴 수밖에 없는 상황에서, 법원은 이와 같은 變則的 방법에 의존할 수밖에 없었던 것이다. 그러나 이와 같은 법원에 의한 실질적 契約修正은 私的 영역에 대한 국가권력의 過度한 간섭이라는 비난을 받을 우려 외에 法的 安定性을 해할 위험도 지닌다. 반면으로는 법원이 公開된 內容統制 대신 해석에 의한 統制를 選好함으로써 不公正한 約款조항을 무효로 한 입법의 취지를 저버리고 결과적으로 顧客 보호에 불충실해질 염려도 있다. 內容統制를 위한 입법이 이루어져 법원이 강력한 무기를 가지게 된 이상 約款 조항의 有·無效를 엄격하게 심사하여, 무효에 해당하는 조항은 정면에서 무효를 선언하고, 무효에 해당하지 않는 조항은 객관적 의미대로 해석하여 효력을 존속시켜야 할 것이다.[10)]

[孫 智 烈]

10) 同旨 李銀榮, 198; 張敬煥, 約款規制法 一般條項에 관한 硏究(서울대박사학위논문), 28.

第2章　不公正約款條項

第6條(一般原則)

① 信義誠實의 원칙에 반하여 공정을 잃은 約款條項은 無效이다.

② 約款에 다음 各號의 1에 해당되는 내용을 정하고 있는 경우에는 당해 約款條項은 공정을 잃은 것으로 推定된다.

1. 顧客에 대하여 부당하게 불리한 條項
2. 顧客이 契約의 去來形態 등 諸般事情에 비추어 예상하기 어려운 條項
3. 契約의 目的을 달성할 수 없을 정도로 契約에 따르는 本質的 權利를 제한하는 條項

차　례

I. 序 論

1. 約款에 대한 內容統制

約款도 契約 내용이므로 契約에 대한 일반적인 內容統制를 받음은 물론이다. 이런 統制로는 強行法規 違反, 善良한 風俗 기타 社會秩序 違反(民§103), 不公正行爲(民§104), 信義則 違反(民§2) 등이 있으며, 그 밖에 특별법에 의한 統制도 있다.

그런데 約款에 대하여는 일반 契約에 비하여 더 엄격한 內容統制가 행하여지지 않으면 안 된다. 契約自由의 원칙이 법률관계의 형성을 당사자들의 自治에 맡기는 것은 각자 자신의 이익을 추구하는 당사자 사이의 협상을 통하여 얻어지는 합의야말로 법이 추구하는 正義의 이념에 가장 적합하리라는 기대 위에 서 있는 것인데, 約款契約에 있어서는 일방에 의한 설정과 提案이 있을 뿐 당사자 사이의 협상은 결여되는 것이어서 위와 같은 正當性의 보장은 애초부터 기대할 수 없기 때문이다. 실제로 約款을 준비하는 事業者들은 그 기회를 최대한 이용하여 자기에게 유리하고 상대방(顧客)에게 불리한 조항들을 約款에 삽입해 넣고 있다. 事業者의 約款 濫用으로부터 顧客을 보호하기 위하여 법률은 여러 가지 방법을 동원하고 있으나, 부당한 約款에 대한 內容統制는 가장 강력하고 효과적인 규제방법이다.

約款規制法이 제정 시행되기 전에도 判例는 學說의 지지하에 例文解釋[1] 이나 信義則의 적용 등에 의하여 約款에 대한 특별한 內容統制를 해왔다.[2] 그러나 實定法上 명문의 근거 없이 해석론에 의하여 행해지는 內容統制는 한계가 있는 것이어서, 법원도 조심스럽게 소극적으로 內容統制를 할 수밖에 없었다. 그런데 約款規制法의 제정으로 사정이 달라졌다. 約款 §6 즉 본조의 一般條項 및 §§7 내지 14의 個別的 禁止目錄으로 법원은 約款에 대한 內容統制를 할 수 있는 강력한 법적 무기를 갖게 되었다. 또한 公正去來委員會에 의한 抽象的인 約款심사도 행하여지고 있다. 이미 約款조항을 無效로 선언하는 다수의 判例와 公正去來委員會의 의결이 나오고 있으며, 앞으로 約款에 대한 內容統制는 더욱 활발해질 것으로 예상된다.

約款에 대한 內容統制와는 별도로 約款상의 권리의 행사에 대한 信義誠實

1) 前述 前論 注解 VI 참조.
2) 約款規制法 시행 前의 約款에 대한 內容統制에 관하여는 孫智烈, "約款에 관한 判例의 動向", 民判硏 IX, 424-29 참조.

의 원칙에 의거한 統制(行使統制)도 행하여진다. 約款의 내용 자체는 公正性을 잃은 것으로 평가할 수 없더라도 約款에 의하여 설정된 권리의 행사가 信義誠實에 반하는 경우에 그 권리행사는 허용되지 않음이 당연하다. 이와 같은 行使統制는 約款에 특유한 것은 아니고 권리행사 일반에 과해지는 統制이다.

2. 內容統制와 다른 규제와의 관계

(1) 內容統制와 約款의 契約編入과의 관계

約款이 효력을 발생하기 위하여는 우선 이를 契約내용으로 編入하는 합의가 있어야 한다. 또한 事業者가 約款내용에 대한 明示, 說明義務를 이행하지 않으면, 그 約款은 契約의 내용이 되지 못한다(約款 §3). 契約에 編入되지 않은 約款은 당사자의 법률관계에 아무런 의미를 가지지 않으므로, 內容統制의 필요조차 없다.

(2) 內容統制와 個別約定과의 관계

約款조항에 우선하는 個別約定이 있는 경우에는 約款조항은 약정으로서의 효력을 가지지 않으므로, 그 約款조항의 내용을 심사할 필요가 없다. 그리고 約款에 우선하는 個別約定은 民法 등에 의한 一般統制를 받음은 물론이나, 約款規制法에 의한 內容統制의 대상은 되지 않는다. 約款에 포함된 내용이 당사자의 합의에 의하여 個別約定化한 경우에도 마찬가지이다.

(3) 內容統制와 約款의 해석과의 관계

內容統制를 위하여는 約款의 해석이 선행하여야 한다. 해석을 통하여 約款의 의미를 분명히 한 후에야 그 내용의 公正 여부를 심사할 수 있는 것이다. 約款 해석의 원칙에 따라 約款의 내용을 객관적·統一的으로 해석한 다음 그 約款조항이 일반적인 公正의 기준에 합당한지를 심사하는 것이며, 約款이 구체적 거래에 적용되는 경우에 개별당사자 사이에 衡平을 유지할 수 있는지를 심사하는 것은 아니다.

約款의 뜻이 명백하지 않은 경우의 不明白 원칙(作成者 不利益의 원칙), 顧客의 권리를 제한하는 조항에 대한 縮小解釋의 원칙 등에 의한 해석을 모두 거친 후에야 內容統制에 들어가게 된다. 해석의 과정에서 不當性이 해소될 수 있는 조항이라면, 해석을 통하여 바로잡는 것이 옳다. 約款의 뜻이 둘 이상으로 해석될 수 있는 경우에 顧客에게 유리하게 해석하면 有效하게 존속할 수 있고 顧客에게 불리하게 해석하면 본조 또는 §§7 내지 14에 의하여 無效가

되어야 한다면, 顧客에게 불리하게 해석하여 無效化하고 이를 任意法規로 보충하는 것이 顧客 보호를 위한 §5 Ⅱ의 취지에 맞는다는 견해가 있다.[3] 그러나 顧客에게 유리하게 해석하는 것이 約款解釋의 원칙이므로, 그 원칙에 따라 約款의 의미를 확정한 다음에 그 내용의 有·無效를 판정하여야 할 것이며, 約款조항을 無效로 하기 위하여 일부러 顧客에게 불리하게 해석할 필요까지는 없다. 다만 抽象的 심사에 있어서는 문제의 소지가 있는 조항을 그대로 두고 분쟁이 생길 때마다 顧客에게 유리하게 해석하는 것보다는 모호한 조항을 無效로 하여 거래계에서 추방함이 옳다고 본다.[4]

부당한 約款조항에 대하여 內容統制를 하는 대신 約款의 의미를 의도적으로 修正하여 그 효력을 존속하게 하는 이른바 숨은 內容統制(前述 注解 제5조 Ⅳ. 3)나 效力維持的 縮小解釋(後述 注解 제16조 Ⅲ)은 가급적 止揚되어야 할 것이다.

(4) 규제의 순서

이상과 같이 約款의 契約에의 編入, 約款의 해석, 約款에 대한 內容統制가 約款규제를 위한 이론상 순서이지만, 실제 재판과정에 있어서는 반드시 그 규제의 순서에 의할 필요는 없다. 가령 顧客측에서 事業者의 明示, 說明義務 위반과 約款내용의 부당을 함께 주장하는 경우에, 법원은 明示, 說明義務 위반 주장에 대한 판단을 생략하고 바로 約款내용에 대한 內容統制를 하여도 무방하다. 궁극적으로 約款조항이 당사자간 契約의 내용이 되지 않는다는 점에서는 효과가 같기 때문이다. 約款 §§7 내지 14의 內容統制와 본조의 內容統制의 관계에서도 마찬가지이다. 이론상 §§7 내지 14의 內容統制가 앞서야 하는 것이지만, 어느 約款조항이 본조에 의하여 無效임이 명백하다면, 구태여 §§7 내지 14의 禁止目錄 해당 여부를 따질 필요 없이 본조에 의한 無效를 선언하여도 무방하다.

3. 內容統制의 방식

約款에 대한 內容統制의 방식에는 一般條項에 의하여 無效로 하는 방식과 無效로 되는 조항을 個別的·具體的으로 열거하는 방식이 있다. 前者의 방식은 포괄적인 기준에 의거하므로 모든 約款조항을 대상으로 할 수 있고 또 모든 조항에 대하여 공통된 관점에서 公正性 심사를 할 수 있는 利點이 있는 반면

3) 張敬煥, 約款規制法 一般條項에 관한 硏究(서울대박사학위논문), 87.
4) 同旨 李銀榮, 198.

에, 기준이 抽象的이므로 심사하는 자의 재량의 폭이 넓어 法的 安定性을 해하고 事業者나 顧客의 입장에서 어느 約款의 有·無效를 사전에 예측하기 어렵다는 難點이 있다. 이에 비하여 後者의 방식은 無效조항을 구체적으로 열거하므로 어떤 조항이 無效로 되는지를 事業者나 顧客이 미리 알 수 있어 이에 대비하기가 쉽고 심사자의 恣意가 개입할 여지가 적은 利點이 있는 반면, 다양하고 可變的인 約款조항을 일일이 열거할 수가 없고 個別的 禁止目錄마다 심사의 기준이 들쑥날쑥하게 될 염려가 있다. 이리하여 約款規制法은 前者의 방식과 後者의 방식을 併行하여 규정하고 있다.

본조는 內容統制를 위한 일반원칙을 규정한다. 約款의 종류, 사용자의 人的 자격(商人, 非商人), 업종의 여하를 불문하고 모든 約款조항은 본조에 의한 심사를 받는다. 約款 §§7 내지 14의 적용이 배제되는 國際的 約款 등(§15)에도 본조는 적용된다. 한편 約款 §§7 내지 14는 具體的이고 個別的인 禁止條項의 목록을 열거하여 이에 위반한 約款조항은 그 자체로서 無效가 되도록 한다. 禁止目錄은 例示的인 것이며, 이에 해당하지 않는 조항은 본조의 一般條項에 의한 심사를 다시 받아야 한다. 禁止目錄에는 상당 여부에 관한 심사자의 評價可能性이 있는 것과 評價可能性 없이 절대적으로 금지되는 것이 있다. 본조와 §§7 내지 14의 관계의 상세는 後述 Ⅱ 참조.

4. 독일의 約款法과의 비교

우리 約款規制法은 독일의 約款法을 입법모델로 하여 제정되었다고 할 수 있다. 內容統制의 방식에 관하여 一般條項에 의한 統制와 禁止目錄에 의한 統制를 併行하는 것도 독일 約款法과 같다. 참고로 독일법은 §9에 다음과 같은 一般條項을 두고, §10에 評價可能性이 있는 相對的 禁止條項 8개를, §11에 評價可能性이 없는 絶對的 禁止條項 16개를 각각 열거하고 있다. 그런데 §§10, 11의 禁止目錄 중 상당수는 종래의 判例가 이미 無效를 선언한 조항을 判例 취지대로 또는 다소 수정하여 조문화한 것이고, 일부는 법제정과 동시에 새로이 금지가 선언된 것도 있다. 각항 사이에 橫的 연락이나 논리적 관계가 있는 것은 아니고 다만 사용의 頻度가 높고 不當性이 현저한 조항들을 집합해 놓은 것이다.

第 9 條(一般條項)

① 約款의 조항은 그것이 信義誠實의 요청에 反하여 不當하게 사용자의 契約상대방을 불리하게 하는 것일 때에는 無效이다.

② 다음의 경우에는 不當한 不利益이 있는 것으로 推定된다. 즉 조항이

1. 適用廻避된 법률규정의 本質的 根本理念과 조화되지 아니하거나, 또는
2. 契約의 성질에서 기인한 本質的 權利義務를 지나치게 제한하여 契約目的의 성취가 위태롭게 되는 때.

본조 Ⅰ은 독일 約款法 §9 Ⅰ에 대응한다. 信義誠實 위반을 요건으로 하는 점은 공통하고, 독일법이 「不當하게 상대방에 不利」라는 표현을 사용함에 비하여 본조는 「不公正」이라는 표현을 사용하고 있으나 그 의미는 거의 같은 것으로 해석된다(後述 Ⅲ.4 참조).

본조 Ⅱ은 Ⅰ에 의하여 不公正한 것으로 評價하기 위한 기준을 細分한 것으로서 독일법 §9 Ⅱ에 대응하며, Ⅱ i가 독일법 Ⅱ i와, Ⅱ iii가 독일법 Ⅱ ii와 상관된 규정이다. 표현의 상이에도 불구하고 그 보호의 목적과 法文의 의미는 거의 같은 것으로 해석된다(後述 Ⅳ 참조). 그런데 본조 Ⅱ ii는 이른바 意外條項에 관한 것으로서 우리 법은 이를 內容統制와 관련하여 不公正조항의 一類型으로 규정하고 있으나, 독일법은 約款의 契約編入과 관련하여 그와 같은 조항은 契約의 내용이 되지 않는 것으로 규정하고 있다.[5] 입법방식의 타당 여부에 관하여 贊反論이 있다(後述 Ⅳ.3 참조).

約款 §§7 내지 14가 禁止目錄을 열거하는 방식, 禁止目錄 중 評價可能性이 있는 것과 評價可能性이 없는 것이 공존하는 점 및 禁止目錄이 논리적 相關關係에 있지 않고 사용頻度가 높은 不公正조항들을 단순 열거한 것인 점 등은 독일 約款法에서와 같다. 그러나 독일법은 評價可能性이 있는 것과 없는 것을 나누어 각각 별개의 조문으로 하였음에 비하여 우리 법은 이를 섞어 놓은 점과 독일법에 비하여 우리 법이 評價可能性 있는 相對的 禁止條項이 많은 점 등은 兩法의 차이라고 할 것이다. 禁止目錄의 내용 중에는 독일법을 참고로 한 것도 있고, 우리 법에 특유한 것도 있으며, 독일법을 참고로 한 조항도 그 내용에 있어서는 상당한 차이를 보이고 있다. 이 점에 관한 상세는 각 조항의 해설에 미룬다.

---

5) 독일 約款法 第3條(意外條項): 約款의 조항 중 諸事情 특히 契約의 外觀上 形態에 비추어 매우 異例的이어서 사용자의 계약상대방이 이를 고려할 필요가 없는 것은 契約構成部分으로 되지 아니한다.

본조의 一般條項의 해석에 있어서는 독일의 判例·學說상 발달된 해석론이 상당한 도움을 줄 것이다. 一般條項의 규정내용이 독일법을 모방한 것이므로, 독일의 해석론을 떠나서 독자적인 해석을 시도한다는 것 자체가 불가능하다. 그러나 §§7 내지 14의 해석에 있어서는 독일의 관계조항의 해석론을 참고로 할 수는 있겠으나, 이를 무비판적으로 답습하는 것은 적절하지 않다.

Ⅱ. 本條와 第7條 내지 第14條

1. 第7條 내지 第14條의 概觀

約款 §§7 내지 14는 禁止目錄 즉 無效조항을 열거한다. 거래현실에서 빈번하게 발견되면서 不當性이 현저한 約款조항들을 無效로 규정하는 것이다. 따라서 그 禁止目錄은 例示的인 열거이며, 制限的인 열거는 아니다. 다루는 법률문제의 類型에 따라 免責條項(§7), 損害賠償額의 豫定(§8), 契約의 解除, 解止에 관한 조항(§9), 債務의 履行에 관한 조항(§10), 顧客의 權益保護에 관한 조항(§11), 意思表示의 擬制에 관한 조항(§12), 代理人의 責任加重에 관한 조항(§13), 訴提起의 禁止 등에 관한 조항(§14) 등의 8個條 21項目이 그것이다. 각 禁止目錄에 해당하는 約款조항은 그 자체로서 無效이다.

禁止目錄 중에는 價値判斷 즉 評價可能性 없이 객관적인 조항내용만으로 無效가 되는 絶對的 無效 조항과 相當性 여부에 대한 評價可能性이 있는 相對的 無效 조항이 있다. 約款 §§7 i, 9 i, 13의 3個 項目이 絶對的 無效 조항이고, 나머지 18個 項目은 相對的 無效 조항이다. 다만 그 評價可能性은「相當한 이유」,「不當하게」,「正當한 이유」,「相當한 기한」등 여러 가지 용어로 표현되고 있다.

2. 本條와 第7條 내지 第14條와의 관계

約款 §§7 내지 14의 禁止條項은 본조의 一般條項의 구체적 例示이므로, 約款의 심사에 있어서 본조에 앞서 적용된다. 約款 §§7 내지 14의 어느 項目에도 관련되지 않는 約款조항에 대하여는 막바로 본조에 의한 內容統制를 하게 된다. 따라서 본조는 §§7 내지 14에 대하여 補充性과 後順位性을 가진다. 그러나 본조에 의한 無效와 §§7 내지 14에 의한 無效는 그 법률효과에 있어

서 동일하므로, §§7 내지 14에의 해당 여부가 애매한 경우에 바로 본조의 一般條項에 의한 심사를 하더라도 무방하다.

約款 §§7 내지 14 중 評價可能性이 없는 項目에 해당하는 約款조항은 본조와 관계 없이 無效가 되지만, 評價可能性이 있는 項目과 관련하여 相當性 여부를 판단함에는 본조의 一般條項이 그 기준으로 된다. 즉 信義誠實과 公正性이 그 판단기준으로 되는 것이다.[6] 한편 본조의 해석에 있어서도 §§7 내지 14가 어떤 조항들을 無效로 하고 있는가를 참작하여야 할 것이다.

約款 §§7 내지 14에 의하여 無效로 된 約款조항에 대하여는 다시 一般條項을 적용할 여지가 없다. 約款 §§7 내지 14에 의한 심사 결과 無效가 아닌 것으로 판정된 경우에 다시 본조에 의한 심사를 하여야 하는가에 대하여는 논의의 여지가 있으나, 評價可能性 있는 禁止條項에 있어서는 個別 禁止條項의 해석 과정에서 이미 본조의 기준이 적용되었으므로 더 이상 본조를 적용할 필요가 없고, 評價可能性 없는 禁止條項에 대하여는 個別 禁止條項에 해당하지 않는 것으로 인정된 경우에도 다시 본조에 의한 심사를 받아야 한다는 견해에 찬동한다.[7]

Ⅲ. 一般條項(第1項)

1. 취　지

제1항은 約款의 內容統制를 위한 일반 원칙을 규정하고 있다. 約款規制法이 제정되기 前에 判例·學說은 부당 約款을 규제함에 있어서 反社會秩序行爲

6) 大判 91. 12. 24, 90다카23899(公 1992, 652)는 自動車保險約款의 無免許運轉免責條項을 約款 §7 ii·iii에 해당한다 하여 無效로 하면서 約款 §6 Ⅰ·Ⅱ를 아울러 들고 있고, 大判 94. 5. 10, 93다30082(公 1994, 1641)는 土開公의 土地分讓約款 중 損害賠償額 豫定조항을 約款 §8에 해당한다 하여 無效로 하면서 約款 §6을 아울러 들고 있으며, 大判 94. 12. 9, 93다43873(公 1995, 437)은 은행의 保證依賴 계약서 중 不提訴特約조항을 約款 §14에 해당한다 하여 無效라고 하면서 동시에 그 조항은 顧客에게 不當하게 不利하여 公正을 잃은 것으로 推定되고 信義誠實의 원칙에 반하여 約款 §6 Ⅰ·Ⅱ iii에 의하여도 無效라고 하고 있는바, 그 判決들의 취지는 約款 §6이 個別 禁止條項의 해석에 있어서 相當性의 판단기준이 됨을 보여 주는 것이라 할 것이다.

7) 同旨 李銀榮, 192(다만 評價可能性 있는 禁止條項이라도, 約款조항의 규정내용이 그 禁止條項에 해당하지 않는다는 이유로 禁止條項을 적용하지 않는 경우에는 다시 §6이 적용되어야 함은 물론이다). 張敬煥(주 3), 81-2는 評價可能性 있는 禁止條項의 경우에도 각 禁止條項에서의 評價 관점과 §6에서의 評價 관점이 다르므로 각 禁止條項의 심사를 거친 후에 다시 §6에 의한 심사를 받아야 한다는 입장이다.

(民 §103), 不公正行爲(民 §104), 信義誠實의 원칙(民 §2) 등을 동원하였다. 約款規制法은 約款에 특유한 內容統制를 규정하면서, 그 기준으로서 信義誠實의 원칙과 不公正性을 제시하고 있다.

본조 I은 법률이 허용하지 아니하는 부당約款의 일반적·抽象的 기준을 정한 것으로서 約款의 內容統制를 위한 根本規範이라고 할 수 있다. 한편 規範의 抽象的 기준을 정할 뿐 그 具體的 내용은 재판을 하는 法官의 재량에 맡겨져 있으므로, 이른바 一般條項이다. 法官은 사회생활상의 필요와 각 시대의 正義觀·倫理觀에 따라 彈力性과 永續性을 가지고 부단한 진화 속에서 「살아있는 法」을 찾아나가야 할 것이다.

I의 규정내용이 너무 抽象的이므로, 본조 II에서 不公正條項의 徵表 3가지를 例示하고 있다. 또 約款 §§7 내지 14의 具體的 禁止目錄도 어떤 내용의 約款조항이 본조의 一般條項에 의하여 無效로 되는가를 해석하는데 참고가 된다.

본조의 입법모델이 된 독일 約款法상의 內容統制에 관한 判例·學說이 본조 해석의 중요한 참고자료가 됨은 당연하다.

2. 적용대상

約款 §30에 의하여 約款規制法의 적용이 배제되는 約款을 제외하고는 원칙적으로 모든 約款조항이 본조의 적용대상이 된다. 그러나 約款에 대한 규제는 契約의 附隨的 조건을 정하는 사항의 相當 여부를 심사하는 것이지 契約의 주된 내용의 相當性·公正性을 심사하는 것은 아니므로, 契約의 주된 내용에 관한 것은 비록 約款에 기재되어 있다고 하더라도 본조에 의한 內容統制의 대상이 되지 않는다고 보아야 한다. 契約 상대방의 결정, 給付 자체에 대한 記述, 가격 합의 기타 대가관계의 결정 등은 市場經濟的 秩序하에서 당사자 스스로 이를 결정하여야 하며, 국가가 이에 간섭하는 것은 契約自由를 침해함과 동시에 市場秩序를 교란할 우려가 있기 때문이다. 독일 約款法 §8은 "第9條 내지 第11條는 法規定과 相違하거나 또는 이를 補充하는 規定을 내용으로 하는 約款조항에 한하여 적용된다"고 규정하여 이 점을 명시하고 있는데, 우리 約款規制法은 명문의 규정을 두지는 않았으나 約款 內容統制의 본질에 비추어 동일하게 해석하여야 할 것이다.[8]

8) 다만 約款 중 契約의 주된 내용에 관한 記述도 約款 §§2 내지 5의 적용을 받음은 물론이다.

任意法規를 그대로 옮겨 기재한 約款조항은 본조의 적용대상이 되지 않는다. 그 約款조항에 대한 심사는 바로 법률에 대한 內容統制가 되기 때문이다. 행정관청의 認可를 받은 約款도 본조의 심사대상이 된다. 행정관청의 認可時에 이미 본조 내지 §14를 기준으로 심사하므로(§31) 認可約款이 無效로 되는 경우는 그만큼 드물다 하겠으나, 어쨌든 認可를 받았다는 것이 約款심사를 벗어나는 사유는 되지 못한다.

3. 信義誠實의 원칙

信義誠實의 원칙, 즉 각자는 社會共同生活의 一員으로서 상대방의 信頼를 헛되이 하지 않도록 誠意를 가지고 행동하여야 한다는 원칙은, 오늘날 私法의 대원칙이며 우리 民法의 冒頭에 규정된 帝王規定이기도 하다(民 §2). 信義와 誠實은 원래 道德的·倫理的 評價를 나타내는 말이나, 법률이 이를 法的 價値判斷의 내용으로 도입한 것이다. 본조는 부당約款을 규정함에 있어서 信義誠實의 원칙을 원용한다. 信義誠實의 원칙은 부당한 約款조항이 無效로 되어야 하는 근거 즉 內容統制의 근거를 제공함과 동시에, 內容統制를 위한 實定法상의 심사기준이 되기도 한다.

본조의 信義誠實의 원칙은 民 §2의 그것과 본질적으로 동일한 내용의 것이다. 따라서 民 §2와 관련하여 발달된 해석론과 判例상의 評價基準 등은 본조의 해석원리로 그대로 적용될 수 있다. 따라서 約款規制法 제정 前에 信義則을 적용하여 約款내용을 규제한 判例들은 그대로 본조 해석을 위한 先例가 될 수 있다.

約款과 관련하여 信義誠實의 원칙은 事業者에 대하여 約款을 준비함에 있어서 상대방인 顧客의 이익을 침해하지 않도록 配慮할 의무를 부과한다. 約款은 원래라면 쌍방이 합의하여야 할 契約條件을 일방의 의사만으로 작성하는 것이므로, 그 作成者는 자신의 이익만이 아니라 상대방의 이익도 함께 고려할 信義則상의 의무를 지는 것이다. 상대방의 抽象的인 이익 외에 거래의 종류, 동기, 거래관행 등에 비추어 상대방의 어떤 기대가 契約의 기초를 이루는 경우에는, 約款을 작성하는 事業者는 그와 같은 상대방의 기대를 또한 존중하여야 한다. 이와 같은 의무에 위배되는 한 기업의 利潤追求 노력은 허용되지 않는다.[9)]

---

9) 大判(全) 91.12.24, 90다카23899(公 1992, 652)는 "약관의 내용통제 원리로 작용하는 신의성실의 원칙은 보험약관이 보험사업자에 의하여 일방적으로 작성되고 보험계약자로

事業者는 특히 任意法規에 나타난 利益衡平의 기준을 존중하여야 한다. 任意法規는 당사자 사이에 합의가 없는 契約條件을 보충할 목적으로 쌍방 이익이 균형을 이룰 수 있도록 만들어져 있는 것이므로, 正當한 이유 없이 그 任意法規의 내용보다 일방에 유리한 約款을 작성하는 것은 信義則에 반한다는 評價를 받게 된다.

한편 信義誠實의 원칙은 量的으로 顧客의 「些少하지 않은 不利益」을 전제로 한다는 데에 의미가 있다.[10] 아무리 事業者가 誠實하게 約款을 준비한다고 하더라도 쌍방의 이익 사이에 완벽한 균형을 이루게 할 수는 없다. 些少한 不利益은 顧客이 容認하여야 한다. 어떤 정도의 不利益이 些少한 것으로서 허용되고 어떤 것이 허용되지 않는가는 그 자체가 信義誠實의 원칙에 의하여 결정되어야 한다.

4. 不公正性

信義誠實의 원칙에 반하는 것 외에 約款조항을 無效로 하기 위한 또 하나의 요건은 「公正을 잃은 것」, 즉 不公正한 것이다. 不公正은 물론 事業者의 이익과 顧客의 이익 사이의 不公正을 말한다. 독일 約款法 §9 I 에서 「상대방에게 不當하게 不利」하다고 하는 것과 같은 의미이다. 顧客에게 不利한 不公正만을 의미하며, 事業者에게 不利한 不公正은 여기에서 고려할 필요가 없다.

본조의 不公正과 民 §104에서의 不公正은 근본적으로 같은 개념이라 할 것이나, 본조는 단순한 不公正을 규정함에 비하여 民 §104는 당사자의 窮迫, 輕率, 無經驗을 이용한 현저한 不公正을 규정하므로, 적용을 위한 척도에는 현저한 차이가 있다. 본조의 기준이 民 §104보다 훨씬 적용대상이 넓은 것임은 물론이다.

公正 여부의 판단은 事業者의 이익과 顧客의 이익을 비교·衡量함으로써 이루어진다. 이를 위하여는 事業者의 이익과 顧客의 이익을 확정하고 이를 評

서는 그 구체적 조항내용을 검토하거나 확인할 충분한 기회가 없이 보험계약을 체결하게 되는 계약작성의 과정에 비추어, 약관작성자는 계약상대방의 정당한 이익과 합리적인 기대 즉 보험의 손해전보에 대한 합리적인 신뢰에 반하지 않고 형평에 맞게끔 약관조항을 작성하여야 한다는 행위원칙을 가리키는 것이며, 보통거래약관의 작성이 아무리 사적 자치의 영역에 속하는 것이라고 하여도 위와 같은 행위원칙에 반하는 약관조항은 사적 자치의 한계를 벗어나는 것으로서 법원에 의한 내용통제 즉 수정해석의 대상이 되는 것은 지극히 당연하다"고 판시하였고, 大判 94.12.9, 93다43873(公 1995, 437)은 그 판시를 인용하였다.

10) 張敬煥(註 3), 93.

價한 다음 서로 較量하여야 한다. 約款에 의하여 事業者가 기업합리화, 비용절감, 위험이전 등의 이익을 얻는 것은 분명하므로, 事業者의 이익과 함께 顧客의 이익도 배려되고 있는가, 그리고 約款을 통한 事業者의 이익과 顧客의 이익이 균형을 유지하고 있는가가 문제의 關鍵이다.

한편으로 이익의 衡量을 위하여는 판단의 기준이 설정되어야 한다. 法에 內在하는 正義와 衡平의 관념, 경제적 측면에서의 等價性의 고려 등이 利益衡量의 기준이 될 것이나, 抽象的 기준에 의한 판단이 용이하지 않으므로, II에서 不公正한 約款조항을 例示하여 그 판단기준을 細分하고 있다.

5. 判 例

대법원判例 중 約款조항이 §§7, 8 또는 14 등 個別 禁止條項에 해당한다하여 無效라고 하면서 附加的으로 본조 위반을 설시한 것들은 있으나,[11] 본조만을 적용하여 約款조항의 無效를 선언한 예는 아직까지 보이지 않는다.

한편 判例는 신용카드會員規約 중 분실, 도난시 신고 전의 손해에 대한 賠償額 制限 내지 免責조항,[12] 自動車綜保約款 중 자동차 양도시의 保險不承繼 조항(保險承繼에 보험회사의 승인을 요함),[13] 自動車綜保約款 중 有償運送 행위에 대한 免責조항,[14] 우발적인 불의의 사고(재해)로 인한 사망시 일반 사망의 10배에 해당하는 보험금을 지급하도록 되어 있는 團體大型保障保險의 約款 중 질병 또는 체질적 요인이 있는 자로서 경미한 외인에 의하여 발병하거나 악화된 경우를 보험사고에서 제외한 조항[15] 등은 信義誠實의 원칙에 반하는 조항이 아니므로 無效가 아니라고 판시하였다.

IV. 不公正條項의 推定(第2項)

1. 취 지

제2항은 不公正조항으로 推定되는 3個의 約款조항 類型을 제시하고 있

11) 註 6)의 判例 참조.
12) 大判 91.4.23, 90다15129(公 1991, 1457).
13) 大判 91.8.9, 91다1158(公 1991, 2314); 大判 93.4.13, 92다8552(公 1993, 1371).
14) 大判 92.5.22, 91다36642(公 1992, 1961).
15) 大判 94.12.27, 93다29396(公 1995, 652).

다. 이와 같은 조항들은 不公正한 조항으로 '推定'될 뿐이므로, 事業者측에서 顧客에게 反對利益이 있음을 입증하는 등의 방법으로 특별한 근거를 제시하면, 不公正 推定을 배제할 수 있다. 事業者가 특별한 근거를 제시하는 경우에는 다시 Ⅰ에 의한 一般的인 不公正 심사를 하게 된다.

제2항의 각호는 不公正조항을 망라한 것은 아니고, 不公正 類型의 例示에 불과하다. 따라서 Ⅱ의 적용없이 바로 Ⅰ에 의하여 公正을 잃은 것으로 판정하는 것도 물론 가능하다. 그러나 約款내용의 不公正 여부의 심사에 있어서는 먼저 Ⅱ 각호에의 해당 여부를 심사한 후에 Ⅱ 각호에 해당하지 않는 조항에 한하여 Ⅰ에 의한 심사를 하는 것이 일반적인 순서라 할 것이다.

2. 不當하게 不利한 조항(第1號)

(1) 任意法規의 규율로부터의 離脫

제1호는 「顧客에 대하여 不當하게 不利한 조항」이라고만 하고 있는바, 그 法文의 用語的 의미는 Ⅰ에서의 「公正을 잃은 조항」과 다를 바 없다. 不公正 推定을 위한 細部 규정이 되기 위하여는 좀더 구체적인 판단기준이 제시되어야 할 것인데, i의 法文만으로는 그와 같은 기능을 담당하기 어렵다. 約款에 관한 利益衡量의 제1의 기준이 되는 것이 任意法規이므로, i는 「任意法規의 규율에 비하여 顧客에게 不當하게 不利한 조항」, 즉 「相當한 이유 없이 任意法規의 규율로부터 離脫한 조항」의 의미로 새겨야 할 것이다.[16][17]

(2) 任意法規의 규율

모든 任意法規가 公正性 심사의 기준이 되는 것은 아니다. 입법 前의 독일 判例에 의하면 任意法規 중에는 合目的性을 고려한 규정과 事物의 本性에서 나오는 正當性에 근거한 규정이 있는데, 후자의 任意法規와 다른 규율을 함에는 事業者측에서 「특별한 이유」를 제시할 수 있어야 한다고 하고 있었다.[18] 그 분류는 본호의 해석을 위하여도 有用하다. 任意法規로써 규율되지 않는 契約에 대하여는 관련 任意法規를 類推할 것이고, 類推할 법규도 없는 경우에는 契約의 성질에 따른 타당한 규율, 즉 法官이 거래관념의 고려하에

16) 同旨 李銀榮, 185; 張敬煥(주 3), 215.

17) 李銀榮, 184는 i의 규정은, 事業者와 顧客의 이익 사이의 利益衡量의 곤란을 피하기 위하여 顧客의 이익만을 문제삼아 顧客 이익에 대한 片面的 심사만으로 不公正性을 판단하게 하는 취지라고 설명하나, 쌍방의 이익을 比較衡量함이 없이 일방의 이익만의 검토로써 公正 여부를 심사하는 것은 무의미한 것이므로, 그 견해에 찬동할 수 없다.

18) BGHZ 41, 151; 54, 106; 60, 377; 63, 238.

발견한 假定的인 任意法規를 심사의 기준으로 삼아야 할 것이다.[19] 또 成文의 任意法規 외에 不文의 任意 法規範과 判例·學說에 의하여 발전되고 승인된 法原則도 利益衡量의 기준이 된다.

(3) **任意法規로부터의 離脫**

任意法規가 정하는 正義와 衡平의 기준으로부터 벗어나 그 법규에 의하여 상대방(顧客)에게 주어져 있는 권리와 보호를 상실하게 하는 때에 任意法規로부터의 離脫이 있게 된다. 任意法規가 정하는 것 이상으로 과도한 권한과 이익을 事業者가 보유하는 경우에도 任意法規로부터의 離脫이 인정된다. 그러나 約款이 任意法規와 다른 규율을 하더라도 그 約款 자체의 다른 규율에 의하여 당사자 사이의 衡平을 유지할 수 있다면, 법규로부터의 離脫이 있다고 할 수 없다. 예컨대 물건의 瑕疵로 인한 契約解除權이나 代金減額請求權을 瑕疵補修請求權으로 대체하는 約款조항과 같다.

(4) **離脫利益과 維持利益**

事業者는 任意法規에서 벗어나는 내용을 約款에 규정함으로써 얻고자 하는 이익이 있고(離脫利益), 반면 顧客은 任意法規에 의한 지위를 固守함으로써 얻는 이익이 있다(維持利益), 우선 事業者가 任意法規에서 離脫하는 約款조항을 작성함에는 그 離脫을 위한 相當한 이익(正當한 이유)이 존재하여야 하며, 그와 같은 이익이 없는 離脫은 그 자체로써 不公正한 것으로 評價된다.

한편 離脫利益과 維持利益 사이에는 균형이 존재하여야 한다. 비록 事業者에게 離脫利益이 있더라도 顧客에게 더 크고 본질적인 維持利益이 있는 때에는 離脫은 허용되지 않는다. 그리고 任意法規로부터의 離脫이 허용되는 경우라도 事業者는 그 離脫의 정도를 最小化함으로써 가급적 任意法規의 규율에 근접하도록 유지하여야 한다(最小離脫의 원칙).

(5) **比例의 원칙**

任意法規의 규율로부터의 離脫이 크면 클수록 그 約款조항의 不公正性의 의심이 커진다. 또 任意法規의 正義의 요청이 크면 클수록 작은 정도의 離脫만으로도 不公正性의 의심을 받게 된다. 따라서 離脫의 내용이 무거우면 무거울수록, 離脫의 폭이 크면 클수록, 그 離脫을 위한 이익이 중대한 것이거나 顧

---

19) 張敬煥(註 3), 110 이하와 215는 任意法規가 없는 경우에 契約의 성질에 따른 규율이 任意法規에 갈음하는 역할을 함을 인정하면서 그 법적 근거를 본조 Ⅱ iii에서 찾고 있으나, iii의 의미는 이와 다른 데에 있음이 後述과 같으므로, 契約의 성질에 따른 규율이 판단기준으로 되는 것 역시 그 근거를 Ⅱ i에서 찾아야 할 것이다.

客에게 주어지는 반대이익이 큰 것이어야 한다.

3. 意外條項(第2號)

顧客은 契約의 체결에 즈음하여 중요한 사항을 직접 個別的 합의에 의하여 약정하고 그 밖의 附隨的인 사항에 대하여는 事業者가 提案하는 約款에 맡기는바, 顧客으로서는 당해 契約의 종류, 목적, 거래형태 등에 따라서 約款으로 정하여지는 契約條件이 이러이러하리라고 예상 내지 기대를 하게 된다. 그런데 事業者는 때로는 約款 중에 당해 契約의 목적이나 거래형태와는 전혀 달라서 상대방이 예상하기 어려운 조항을 삽입해 넣는 수가 있다. 예컨대 代理店契約約款 중에 雇傭에 관한 조항이 들어가 있는 경우나 요리강습에 관한 契約約款 중에 요리기구 매매조항이 들어가 있는 경우 등과 같다. ii는 이와 같은 意外條項을 不公正조항으로 推定하여, 事業者가 相當한 이유를 제시하지 못하는 한 無效로 하고 있다.

독일 約款法 §3은 意外條項을 約款의 內容統制가 아닌 契約에의 編入要件으로 다루고 있다(前述 I·4 참조). 이와 관련하여 "約款조항이 意外性을 지니는가는 오로지 당해 契約의 外觀上 형태 및 그 밖의 여러 사정으로부터 抽出되는 顧客의 正當한 기대와 約款조항의 실제내용 사이에 분명한 不一致가 존재하느냐의 여부에 의해서만 결정되는 것이지 어떤 不公正性의 推定과 특별한 근거에 의한 推定의 번복이라는 과정을 통해서 결정될 성질의 것이 아니다"라고 하여, 間接的 統制에 속하는 意外條項 규정을 直接的 內容統制에 관한 본조에 둔 것은 부적절한 입법이라는 주장이 있다.[20] 그러나 意外條項은 約款의 提案이나 明示 說明義務 등과 관련된 것이 아니고 個別的 約款조항의 내용의 異例性에 관한 것이므로, 內容統制의 문제로 다루는 우리 約款規制法의 태도가 타당한 것으로 생각된다.[21]

본호의 해석상 契約을 체결하는 특정 顧客의 입장에서 意外性 여부를 판단할 것은 아니고, 거래에 참여하는 平均的 顧客의 입장에서 豫想可能 여부를 심사하여야 한다. 또 독일법에서처럼 外觀上 형태만에 의하여 意外性 여부를 가릴 것이 아니고, 일반적인 契約의 목적, 거래관행 등도 참작하여야 한다. 본호 해당 여부는 公正去來委員會에 의한 抽象的 심사의 대상이 될 수 있다.

20) 張敬煥(註 3), 207-8.
21) 同旨 李銀榮, 189.

大判 90. 5. 25, 89다카8290(公 1990, 1356)은 自動車綜保約款의 본문에서는 確定判決에 의하여 인정된 금액 전액을 보험금으로 지급할 것으로 규정하면서 용어풀이란에서 "식물인간 등의 경우에는 자동차종합보험 대인배상보험금지급기준에 의하여 산출한 금액을 법률상의 손해배상액으로 본다"고 규정한 것은 효력이 없다고 하고, 大判 94. 9. 30, 94다13107(公 1994, 2846)은 계약서 첫머리에 제목으로 '근저당권설정계약서'라고만 되어 있고 당사자 표시에도 '근저당권설정자'라고만 되어 있을 뿐 連帶保證에 관한 기재가 없는데 계약서 제14조에 설정자가 連帶保證 책임을 부담한다는 조항이 있고 계약서 말미의 서명 부분에 '근저당권설정자 겸 연대보증인'이라고 기재되어 있는 경우에 連帶保證 약정부분은 無效로 될 수 있다고 판시하였다. 두 判決 모두 직접 본호를 적용하지는 않았으나, 본호의 意外條項으로서 효력이 부인된 사례들로 보여진다.

4. 本質的 權利를 制限하는 조항(第3號)

본호에 해당하는 조항은 대부분 i 의 「顧客에 대하여 不當하게 不利한 조항」에도 해당하게 되어 兩號 사이에 뚜렷한 차이를 찾기 어렵다. 契約에 따르는 本質的 權利를 制限하는 조항으로서 任意法規의 규율에서 離脫하여 顧客에게 부당하게 不利한 조항이 아닌 것은 사실상 想定하기 어려울 것이다. 본호는 특별히 事業者가 자신의 本質的 의무를 廻避함으로써 顧客으로 하여금 契約목적을 달성할 수 없도록 하는 일련의 조항들을 규제하기 위하여 i 의 特則으로 규정한 것으로 이해된다.[22)23)]

本質的 權利는 그 契約類型에 특징적인 것으로서 契約의 핵심을 이루는 權利를 말한다. 이른바 基本債務에 대응하는 權利가 이에 해당하는 경우가 많을 것이나, 基本 債務가 아닌 附隨的 義務에 관한 것도 契約目的의 달성에 필수적인 것이라면 本質的 權利가 될 수 있다. 契約의 目的을 달성할 수 없다고 함은 그와 같은 約款조항에 의거하는 경우 契約 자체가 의미를 잃거나 전혀 다른 類型의 契約으로 되어 버리는 것을 말하며, 그 판단은 顧客의 입장에서

22) MünchKomm Bd.1, AGBG §9 Rd.15는 본호에 대응하는 독일 約款法 §9 Ⅱ ii는 그 내용상 §9 Ⅱ i에 포섭될 수도 있으나 事業者인 債務者의 基本債務 免脫을 허용하지 아니한 종전 연방법원 判例를 法典化하기 위하여 특별히 규정된 것으로 이해하고 있다.

23) 張敬煥(註 3), 110 이하 및 215는 당해 契約類型에 대하여 任意法規가 없는 경우에는 契約의 典型的인 규율이 任意法規의 역할을 한다고 하고 본호는 이와 같은 경우에 契約의 典型的인 규율로부터의 離脫에 관하여 규정한 것으로 설명하고 있으나, 立法經過 및 法文 내용에 비추어 그와 같은 해석은 적절하지 않다.

행하여져야 함은 물론이다.

船舶所有者와 船長이 船舶의 航海能力 부족에 대하여 책임지지 않기로 하는 約款조항, 油類業者가 난방용 기름을 공급하면서 注油 작업에 대한 감독책임을 지지 않겠다고 하는 約款조항, 신품의 家電製品을 판매하면서 아프터 서비스를 부담하지 않겠다는 約款조항, 英語 會話의 講習契約을 하면서 講習은 교재 제공으로 대체될 수 있다고 하는 約款조항 등이 이에 해당한다. 의사·변호사·은행·흥신소 등 顧客이 事業者에 대하여 각별한 信賴를 부여하는 契約에 있어서 事業者가 不注意한 의무이행에 대하여 책임지지 않겠다고 하는 조항도 顧客의 本質的 權利를 害하는 것으로 評價될 수 있다. 大判 92.6.23, 91다14987(公 1992, 2223)은 은행의 정기예금거래약관에 예금지급시 예금청구서에 날인된 인감과 암부호를 이미 계출한 것과 대조하여 틀림없다고 인정하고 취급한 경우에는 어떤 경우에도 유효한 취급으로 보기로 하는 特約이 있다 하더라도 이러한 特約이 은행측에서 통상의 주의를 다하지 못한 것으로 인정된 경우에까지 은행의 免責을 인정하는 근거가 될 수는 없다고 판시하였는바, 그 판시도 본호와 관련하여 이해하여야 할 것이다.

V. 內容統制에서 고려할 사항

1. 典型的 利益의 較量

約款의 內容統制에 있어서 事業者의 이익과 顧客의 이익을 衡量함에 있어서는, 顧客 개인의 個別的인 이익을 고려할 것이 아니라 당해 類型의 거래에 참여하는 顧客 集團의 平均的이고 典型的인 이익을 고려하여야 한다.[24] 法官은 事理分別力 있는 제3자의 입장에서 당해 類型의 거래에 참여하는 典型的인 顧客의 이익과 사정을 고려하여 約款상의 규율이 公正 타당한가를 심사한다. 個別的인 契約이나 개개 顧客에게 특유한 사정은 顧客을 위하여 유리한 것이든 불리한 것이든을 묻지 않고 고려의 대상에서 제외된다. 顧客의 특별한 이익 또는 손해에 관하여 당사자 사이에 個別約定이 성립한 경우에는 그 약정과 관련한 約款조항에 관한 한 內容統制의 대상이 되지 않으나, 이는 個別約定 우선의 원칙에 따르는 것이고 約款의 內容統制와는 차원을 달리한다.

24) 李銀榮, 185; 張敬煥(註 3), 123.

2. 契約內容 전부의 종합적 고려

約款에 대한 內容統制를 함에 있어서 문제가 되는 約款조항만을 따로 떼어서 公正 여부를 판단할 것이 아니고, 約款 전부 나아가 契約내용 전부를 종합적으로 고려하여 전체적 관점에서 約款조항의 公正性을 심사하여야 한다.[25] 독립하여서는 별 문제가 없어 보이는 조항이라도 다른 조항과 관련하여 고찰하면 顧客에게 심히 불이익한 것으로 판명되는 경우도 있고, 반대로 개별 조항만을 보면 不公正한 조항으로 보이나 顧客에게 부여되는 다른 이익을 고려하면 衡平이 유지되어 있는 경우도 있다. 때로는 事業者측에서 不公正 판단을 회피하기 위하여 규율내용을 독립된 約款조항에 교묘하게 분리해 놓는 예도 있다.

3. 價格主張

顧客에게 不利한 約款조항은 상품의 價格이 싸다는 이유만으로 正當化될 수 없다. 約款은 원칙적으로 價格條件과 관계 없이 信義誠實에 합당하게 公正하여야 한다. 약간의 價格引上을 감수하고 契約상의 이익을 顧客 전체에게 분배하는 것이 경제적으로 보다 의미있고 사회적으로 보다 正當하기 때문이다. 뿐만 아니라 價格은 전적으로 비용에 의하여서만 결정되는 것이 아니고 競爭狀態나 需要供給의 市場狀況에 의하여 영향을 받는 것이므로, 事業者의 價格主張의 타당성을 검증하는 것 자체가 쉽지 않다.

그러나 事業者의 責任制限에 따른 價格引下의 경제적 有用性을 전적으로 부인할 수 없으므로, 다음의 경우에는 例外的으로 價格主張이 허용된다. 첫째, 顧客에 대하여 불리한 조건(事業者의 責任免除 또는 制限)의 싼 價格과 유리한 조건(事業者의 완전한 責任)의 비싼 價格을 同時에 기재한 價格表가 제시되고 顧客이 그 중 싼 價格을 선택한 경우이다. 이 경우에도 事業者는 責任의 制限과 價格의 차이 사이에 계산상의 근거가 있음을 입증하여야 하며, 또 價格간에 급격한 차이를 둠으로써 어느 한 價格에 顧客의 注文이 몰리도록 조작하여서는 안된다. 둘째, 事業者가 거래상의 위험을 부담할 수 없고 責任保險도 부담할 수 없음이 顧客에게 명백하게 인식될 수 있을 정도로 廉價의 가격이 책정된 경우이다. 在庫整理 廉價大賣出이나 路上廉價散賣등이 이에 속한다. 그러나 백화점에서의 바겐세일과

25) 李銀榮, 190; 張敬煥(註 3), 126.

같은 경우에는 원칙적으로 여기서의 價格主張이 허용될 수 없다고 본다. 셋째, 集團的인 거래에서 責任制限이 價格引下의 요인이 됨이 公示되는 상태에서 싼 價格이 책정된 경우이다. 예컨대 駐車場警備契約이나 일정한 割引料金 運送契約에서의 免責 또는 責任制限約款 등이다. 다만 責任의 免除나 制限이 원천적으로 허용될 수 없는 경우에는,[26] 이와 같은 例外的인 價格主張도 허용될 수 없다.[27]

4. 付保可能性

事業者가 契約체결에 즈음하여 거래상의 위험을 자신이 부담하고 保險料를 價格에 산입하는 대신 顧客으로 하여금 스스로 保險에 들 기회를 제공하고 價格을 싸게 하였다는 주장을 내세워 免責 또는 責任制限을 正當化할 수 있는가? 이는 위의 價格主張과 유사한 문제이다.

價格主張에서와 마찬가지로 이와 같은 주장은 원칙적으로 免責 또는 責任制限을 正當化하지 못한다. 거래상의 위험에 대비하여 保險에 가입하는 것은 원칙적으로 事業者의 책임이다. 그러나 顧客에 의한 保險 가입이 관행으로 되어 있고 용이하게 保險에 가입할 수 있는 可能性이 제공되고 있는 경우나 價格表에 의하여 顧客에 의한 선택이 제시되고 있는 경우 등에는, 例外的으로 付保可能性의 주장이 허용된다. 다만 價格主張이 허용되지 않는 위의 경우[28] 및 事業者에 의한 責任保險 가입이 거래관행일 뿐 아니라 상대방에 의하여 기대되고 있는 경우 등에는, 이와 같은 주장이 事業者의 責任制限을 正當化할 수 없다.

5. 상대방의 人的 資格

約款規制法은 독일법과는 달리 상대방인 顧客이 商人인지 非商人인지에 따라 아무런 차등을 두지 않는다. 內容統制에 있어서도 원칙적으로 상대방의 人的 資格이 무엇인가에 따른 구별은 없다. 그러나 당해 거래에 典型的으로 참여하는 상대방이 商人인가 非商人(消費者)인가에 따라 利益衡量의 모습이 달라질 수 있다. 商人간의 거래에 있어서는 상대방을 보호할 필요성이 相對的

26) 예컨대 約款 §7 i에 해당하는 免責條項, 顧客의 本質的 權利를 制限하여 約款 §6 Ⅱ iii에 해당하는 조항 등.
27) 價格主張에 관하여 대체로 同旨 李銀榮, 189 및 張敬煥(註 3), 141 이하.
28) 註 26) 참조.

으로 덜하므로, 不公正 판단을 위한 기준도 엄격하여야 한다. 같은 商人이라도 小商人의 경우에는 대기업이 상대방인 경우에 비하여 더 큰 보호가 베풀어져야 한다. 한편 상대방이 일반 消費大衆인 경우에는 약간의 不利益만으로도 不公正 판단이 내려질 수 있다. 또한 거래의 목적물이 獨寡占 업체의 물건이거나 생활필수품인지의 여부도 고려되어야 한다. 특히 約款 §1이 不公正한 約款의 규제와 함께 消費者 보호를 법률의 목적으로 하고 있음을 유의하여야 할 것이다.

6. 제3자의 利益, 公共의 利益

內容統制에 있어서 원칙적으로는 契約당사자 集團의 이익만이 고려되며, 그 밖의 제3자나 公共의 이익 등은 고려의 대상이 되지 않는다. 그러나 보험이나 은행거래·에너지공급거래 등 집단적이고 국민경제적 중요성을 가지는 約款의 경우에는 당해 거래에 참여하는 集團 외의 經濟集團의 이익이나 국민의 사회생활상의 이익, 국민경제에 미치는 영향 등도 고려의 대상이 되지 않을 수 없다.[29]

7. 商慣習, 去來慣行

商慣習이나 去來慣行 등은 約款의 內容統制에 있어서 하나의 기준으로 고려될 수는 있으나, 결정적인 기준이 되지는 못한다. 商慣習이나 去來慣行이라도 信義誠實에 합치하며 公正性의 요구에 부합하는지 심사를 받아야 한다.[30] 다년간 慣行으로 채택되어 온 거래조건이라면 어느 정도 相當性을 公認받은 것으로 전제해도 좋겠으나, 많은 경우에 商慣習이나 去來慣行 자체가 事業者 또는 事業者 集團의 約款 사용에 의하여 형성된 것이어서 公正性의 심사를 받을 기회가 없었던 것임을 유의할 필요가 있다.

Ⅵ. 立證責任

約款조항이 信義誠實에 반하여 公正을 잃은 것이라는 사실은 어느 쪽에서

29) 同旨 張敬煥(註 3), 158.
30) 同旨 李銀榮, 186; 張敬煥(註 3), 155.

주장 입증하여야 하는가?[31] 원칙적으로 無效를 주장하는 顧客쪽에서 이를 주장 입증하여야 한다. 顧客은 문제의 約款조항이 §§7 내지 14의 어느 조항에 해당한다는 것을 주장하거나, 본조 I에 의하여 無效라는 것을 주장할 것이다. 본조 I의 요건 중 당해 約款조항이 公正을 잃은 것이라는 점에 대하여는 顧客은 본조 II의 3가지 類型 중 어느 하나에 해당함을 주장 입증함으로써 그 입증의 필요성을 상대방 즉 事業者에게 轉嫁할 수 있다. 그리고 不公正性에 대한 입증이 있는 경우에는 不公正한 約款조항의 작성은 일응 信義誠實에 위반된 것으로 推定하여, 이점에 관한 별도의 입증을 요하지 않는 것으로 보아도 좋을 것이다.

顧客이 約款조항의 不公正性을 입증하면, 이제는 그와 같은 不公正性에도 불구하고 그 約款조항의 작성이 信義誠實의 원칙에 위반되지 않는다는 사실 또는 그와 같은 約款조항은 외관상 不公正性에도 불구하고 反對利益이 제공되어 있거나 그 밖에 相當한 이유가 있어서 실질적으로 不公正한 조항이 아니라는 사실을 事業者쪽에서 입증하여야 한다. 경우에 따라서는 당해 約款조항이 無效로 판정되더라도 縮小解釋되는 일정 범위 내에서는 效力이 존속되어야 함을 주장할 수도 있다.

個別的 禁止條項 중 評價可能性이 없는 것에 대하여는, 당해 約款조항이 관계 禁止目錄에 해당된다는 사실이 객관적으로 입증되기만 하면 反證의 여지 없이 당해 조항은 無效로 된다. 評價可能性이 있는 것에 대하여는 顧客에 의하여 객관적 요건충족 사실이 입증되더라도 다시 相當性 여부에 대한 價値判斷이 있어야 하는데, 객관적 요건사실 외의 '相當한 이유가 있음', '不當하지 않음(相當性)' 등에 價値評價에 대한 사실의 立證責任은 事業者가 부담하는 것으로 해석한다. 法文으로만 보면 價値評價에 대한 사실도 顧客이 입증하여야 하는 것처럼 규정되어 있으나, 위에서 본 본조와 관련한 立證責任의 부담 그리고 內容統制의 본질과 쌍방 당사자의 利益衡平 등을 고려할 때 그 立證責任을 事業者에게 지우지 않을 수 없다.

---

31) 約款조항의 有·無效에 관한 판단은 법률판단으로서 법원의 職權調査事項에 속하는 것이므로, 소송에서 당사자의 주장 입증을 요하는 것은 아니고, 따라서 여기에서 立證責任이라는 용어도 엄밀한 의미에서 소송법상의 立證責任을 뜻하는 것은 아니다. 법원은 당사자의 주장에 구애받음이 없이 스스로 사실을 探知하고 職權으로 約款조항의 有·無效를 판정할 수 있다. 다만 有無效에 관한 쌍방의 주장과 입증이 충분하지 못한 경우에 어느 쪽이 불이익을 입게 되는가 하는 것을 立證責任의 문제로 다루기로 한다.

〈본조에 의한 無效조항의 예〉

① 證券 信用去來의 計座設定契約書 중 계좌설정보증금에서 발생한 果實을 증권회사에 귀속시키는 조항은 顧客에게 부당하게 不利하여 無效(약관심사위 의결 제90-8호).

② 한국전기통신공사의 公衆電話利用規程 중 카드 소유자의 귀책사유 아닌 카드 자체의 결함 또는 공중전화기의 고장에 의하여 공중전화카드 사용이 불가능한 경우에도 카드사용 잔액을 현금으로 환불하지 않는다는 내용의 約款 조항은 無效(약관심사위 의결 제89-6호).

③ 自動車貸與(렌트카)契約書 중 "대여인과 임차인의 점검이 끝난 후 자동차를 인도, 반환받았을 때에는 차체의 결함을 이유로 상대방에게 일체의 청구를 할 수 없다"는 조항은 顧客인 임차인에게 부당하게 不利하여 無效(약관심사위 의결 제88-8호).

④ 海外留學手續代行契約書 중 입학허가서를 취득하지 못할 경우 수속비용의 50% 해당액만을 還拂하도록 하고 있는 조항 및 일단 신청 후에는 수속비의 반환을 할 수 없도록 하고 있는 조항은 顧客에게 부당하게 不利하여 각 無效(약관심사위 의결 제90-6호).

⑤ 놀이施設利用約款 중 어떤 경우에도 입장료를 還拂받을 수 없도록 한 조항은 無效(약관심사위 의결 제90-3호).

⑥ 運轉學院敎習契約書 중 受講料不返還조항과 受講者의 과실로 교육시설 파손시 손해배상액을 학원측에서 일방적으로 정하도록 한 조항은 無效(약관심사위 의결 제93-2호).

⑦ 賃貸借契約書 중 조항의 해석상 異議가 있는 경우에 임대인이 해석하는 바에 따르도록 한 조항은 顧客에게 부당하게 不利하여 無效(공정거래위 의결 제93-209호).

[孫 智 烈]

第 7 條(免責條項의 금지)

契約當事者의 責任에 관하여 정하고 있는 約款의 내용 중 다음 各號의 1에 해당하는 내용을 정하고 있는 條項은 이를 無效로 한다.

1. 事業者, 履行補助者 또는 被用者의 故意 또는 중대한 過失로 인한 法律上의 責任을 排除하는 條項
2. 상당한 이유 없이 事業者의 損害賠償範圍를 제한하거나 事業者가 부담하여야 할 위험을 顧客에게 移轉시키는 條項
3. 상당한 이유 없이 事業者의 擔保責任을 排除 또는 제한하거나 그 擔保責任에 따르는 顧客의 權利行使의 요건을 加重하는 條項 또는 契約目的物에 관하여 見本이 제시되거나 品質, 性能 등에 관한 표시가 있는 경우 그 보장된 내용에 대한 責任을 排除 또는 제한하는 조항

차 례

Ⅰ. 취　지

事業者가 民法 기타 법률에 의하여 부담하게 되는 損害賠償 등의 責任을 免脫하거나 제한하고자 하는 조항, 즉 현재 또는 장래에 損害賠償 등 責任을 부담할 자가 법규상 責任의 발생원인과 범위에 비하여 유리한 법적 취급을 받을 것을 정한 約款조항을 免責條項이라 한다. 본조는 免責條項을 금지하는 규정이다.

免責條項은 事業者의 約款 중 가장 일찍부터, 그리고 가장 널리 이용되어 온 조항 중의 하나이다. 事業者는 이와 같은 조항을 통하여 자신의 위험을 顧客에게 돌림으로써 자신의 이익을 極大化하는 것이다. 契約自由의 원칙에 따라 免責의 약정도 強行法規나 社會秩序에 위반되지 않는 한 有效하게 성립할 수 있다. 그러나 免責條項이 約款에 포함되어 契約의 내용으로 되는 경우에는,

그로 인하여 계약관계의 等價性이 무너지고 顧客의 희생 위에 事業者의 이익만이 추구되는 것이어서, 이를 묵과할 수 없다. 본조는 이런 관점에서 免責條項 중 正義의 관념상 허용할 수 없는 類型의 것들을 無效로 하고 있다.

免責條項의 대상은 民法上 債務不履行責任(履行遲滯, 履行不能, 不完全履行), 不法行爲責任, 契約締結上의 過失責任, 擔保責任 등은 물론 특별법규상의 責任에 두루 미친다. 제1호는 責任 근거의 排除와 관련된 것이고, 제2호 前段은 責任 범위의 제한과 관련된 것이며, 제3호는 특히 擔保責任과 관련된 것이다. 제2호 後段은 위험의 분배와 관련된 것으로서 엄밀한 의미에서는 免責條項이라고 할 수 없으나, 契約상의 위험을 상대방에게 이전시킨다는 점에서 免責條項과 脈을 같이하므로 편의상 본조에 함께 규정되어 있다.

故意, 중대한 過失에 대한 免責條項에 관한 i는 絶對的 無效조항이고, 損害賠償 범위의 제한과 擔保責任의 排除 등에 관한 ii·iii는 상당한 이유가 없는 경우에 한하여 無效로 되는 相對的 無效조항이다.

Ⅱ. 故意 또는 중대한 過失로 인한 責任의 排除(第1號)

民法은 故意 또는 過失로 채무를 이행하지 않은 경우를 債務不履行으로 보아 채무자에게 責任을 지우고 있다(民 §390). 不法行爲의 성립에도 故意, 過失을 요한다(民 §750). 여기에서 過失이라 함은 일정한 계급·지위·직업에 있는 자에게 信義則上 내지 去來上 일반적으로 요구되는 정도의 注意(이른바 善良한 管理者의 注意)를 게을리하는 것을 말한다. 통상 過失이라고 할 때에는 다소간의 注意를 결한 경우 즉 輕過失을 말하나, 현저히 注意를 결한 경우를 重過失 또는 중대한 過失이라 하여 특별한 법률효과를 부여하기도 한다.

故意 또는 重過失에 대하여 免責을 정하는 約款조항은 絶對的으로 無效이다. 이와 같은 조항은 채무자의 責任을 전적으로 排除하는 한편 채권자에게 채무자의 잘못으로 인하여 생긴 결과에 대하여까지 모든 責任을 떠맡기는 것이어서 正義의 관념상 도저히 허용될 수 없기 때문이다.[1)]

1) 約款規制法이 제정되기 前의 大判(全) 83. 3. 22, 82다카1533(公 1983, 734)는 故意 또는 중대한 過失로 인한 재산권 침해에 대한 不法行爲 책임을 당사자 사이에서 사전에 면제하거나 제한하는 합의는 대체로 反社會秩序에 해당하여 無效로 볼 경우가 많다고 판시한 바 있다.

約款에 의하여 단순한 過失 즉 輕過失에 대한 免責을 정하는 것은 원칙적으로 허용되나, 輕過失에 대한 免責이라도 사정에 따라 信義則에 반하는 것으로 평가되는 경우에는 §6의 一般條項에 따라 無效로 될 수 있다.

事業者의 故意 또는 중대한 過失에 대한 免責이 금지될 뿐만 아니라 事業者의 履行補助者 또는 被用者의 故意나 중대한 過失에 대한 免責도 금지된다. 民 §391는 "債務者의 法定代理人이 債務者를 위하여 履行하거나 債務者가 他人을 使用하여 履行하는 경우에는 法定代理人 또는 被用者의 故意나 過失은 債務者의 故意나 過失로 본다"고 규정하고 있으며, 여기에서 法定代理人과 被用者를 통틀어 履行補助者라고 부른다. 다른 사람을 이용하여 이익을 얻는 채무자는 그로 인한 위험도 부담함이 信義則에 부합한다는 고려에 근거한 규정이다. 그 규정의 연장선상에서 본호는 履行補助者의 故意 또는 중대한 過失도 채무자 본인의 故意 또는 중대한 過失과 동일한 것으로 평가하여 그로 인한 채무자의 免責도 금지하는 것이다. 履行補助者에는 채무자의 손발과 같은 지위에서 채무이행을 도우는 狹義의 履行補助者 외에 독립하여 채무의 전부 또는 일부를 채무자에 갈음하여 이행하는 履行代行者도 포함된다. 본호의 履行補助者에는 被用者가 당연히 포함되므로, 履行補助者 외에 被用者를 다시 규정한 것은 불필요한 重複으로 보인다(본호의 被用者는 民 §391의 被用者를 말하며, 民 §756의 被用者를 말하는 것은 아니다).

法律上의 責任에는 民法이 규정하는 履行遲滯와 履行不能의 債務不履行責任 외에 積極的 債權侵害 내지 不完全履行의 責任, 그리고 契約締結上의 過失에 인한 責任도 포함된다. 契約上의 擔保責任에 대하여는 본조 iii가 따로 규정하므로, 본호가 적용될 여지가 없다. 본호는 원래 契約責任의 排除에 관한 約款조항을 대상으로 하는 것이나, 約款으로 事業者의 不法行爲責任을 排除하는 경우에 事業者의 不法行爲上의 故意, 重過失을 債務不履行上의 故意, 重過失과 달리 평가할 이유는 없는 것이므로, 不法行爲責任의 免責條項에도 본호가 類推適用되는 것으로 본다.[2] 따라서 不法行爲로 인한 使用者責任에 있어서의 被用者의 故意, 重過失에 대한 免責條項도 허용되지 않는다고 할 것이다.

2) 債務不履行責任에 관한 免責條項이 不法行爲責任에도 미치는가? 縮小解釋의 원칙상 원칙적으로는 債務不履行責任에 관한 免責條項은 不法行爲責任에 효력을 미칠 수 없다. 大判(全) 83. 3. 22, 82다카1533(前註)은 운송계약상의 免責特約은 당사자 사이에 명시적 또는 묵시적인 합의가 없는 한 不法行爲로 인한 損害賠償責任에는 영향을 미치지 않음을 인정하면서도, 船荷證券상의 免責約款에 있어서는 당사자 사이에 그 免責約款을 不法行爲責任에도 적용한다고 하는 숨은 합의가 있다고 보는 것이 타당하다고 하였다(다만 그 判決은 위 免責約款은 故意 또는 중대한 過失로 인하여 발생한 손해에 대하여는 적용이 없다고 하여, 결론에 있어 위 免責約款의 적용을 否定하였다).

본호는 法律上의 責任을 '排除'하는 조항에 관한 것이므로, 責任의 범위를 '제한'하는 조항에 대하여는 본호는 적용되지 않고 ii가 적용될 뿐이다. 즉 채무자 또는 履行補助者의 故意 또는 重過失로 인한 損害賠償 責任의 범위를 제한하는 約款조항은 본호에 의하여 絶對無效로 되지 않으며, ii에 의하여 상당한 이유가 없는 경우에 한하여 無效로 된다. 독일 約款法 §11 vii가 故意, 重過失의 경우 責任의 排除뿐만 아니라 責任의 제한도 絶對無效로 하고 있음과 다른 점이다.

故意 또는 重過失을 제외한 단순 輕過失에 대한 免責條項이 있는 경우에, 그 조항에 의하여 免責의 효과를 받고자 하는 채무자 즉 事業者측에서 그 過失이 故意 또는 重過失이 아닌 단순 過失임을 주장·입증하여야 한다. 不法行爲의 경우에는 加害者의 過失은 일반적으로 被害者가 입증하여야 하는 것이나, 그 過失이 免責에서 제외되는 중대한 過失 아닌 단순 過失이라는 점은 加害者측에서 입증하여야 한다.

約款조항에 重過失, 輕過失의 구분 없이 一般的으로 채무자의 免責을 규정한 경우에 어떻게 해석할 것인가? 이와 같은 조항은 당연히 故意 또는 重過失에 대한 免責도 포함하므로, 效力維持的 縮小解釋을 허용하지 않는 입장에서는 그 조항 전부가 無效로 되고, 따라서 輕過失에 대하여도 免責의 효력이 발생하지 않는 것으로 된다. 公正去來委員會에 의한 행정적 심사의 단계에서는 全部無效를 선언하지 않을 수 없겠으나, 법원에 의하여 개별적인 판단을 받는 단계에서는 채무자의 故意, 重過失이 인정되는 경우에 한하여 約款조항의 無效를 선언하고, 故意, 重過失이 인정되지 않는 경우 즉 단순한 輕過失만이 인정되는 경우에는 免責條項의 有效를 유지하는 쪽이 타당한 처리가 아닐까 한다. 大判 95. 12. 12, 95다11344(公 1996, 358)은 韓電의 電氣供給規程 중 전기공작물에 고장이 발생하거나 발생할 우려가 있는 때 부득이 전기의 공급을 중지하거나 그 사용을 제한할 수 있는데 이 경우 韓電은 需用家가 받은 손해에 대하여 그 賠償責任을 지지 않는다고 한 조항에 관하여, 그와 같은 免責約款이 한전의 故意, 중대한 過失로 인한 경우에까지 적용된다고 보는 경우에는 본호에 위반되어 無效라고 할 수밖에 없으나, 위 조항이 故意나 중대한 過失 외의 경우(輕過失의 경우)에 한하여 韓電의 免責을 정한 규정이라고 해석하는 한도 내에서는 有效하다고 하여 이른바 效力維持的 縮小解釋을 행하였다.

〈**無效조항의 例**〉

① 駐車場利用契約約款 중 주차장내 도난, 파손 등 제반사고에 대한 책임은 일체 지지 않는다고 하는 조항은, 事業者가 故意 또는 過失로 善良한 管理者의 의무를 다하지 않음으로써 발생한 손해에 대한 배상까지도 정당한 이유 없이 排除하고 있는 것이므로 본조 1호에 해당되어 無效(약관심사위 의결 제90-3호).

② 병원의 입원서약서 중 환자의 신상에 발생되는 모든 문제는 환자 본인들이 전적으로 책임을 지겠다는 조항은, 事業者의 法律上 責任을 排除하는 조항으로 본조 1호에 해당되어 無效(약관심사위 의결 제90-4호).

③ 運轉敎習契約書 중 "본인의 부주의로 입은 부상 또는 제삼자에 피해를 끼쳤을 경우 본인이 이행할 것을 동의하며 차량 및 비품을 파손시에는 귀학원에서 판정하는 바에 따라 수리비 일체를 변상하겠습니다"라는 조항은, 事業者에게 귀책사유가 있는 경우에도 受講者에게만 그 손해를 轉嫁할 수 있도록 규정하고 있어서 事業者, 履行補助者 또는 被用者의 故意 또는 중대한 過失로 인한 法律上의 責任을 排除하는 조항 및 상당한 이유 없이 事業者의 損害賠償 범위를 제한하거나 事業者가 부담하여야 할 위험을 顧客에게 이전시키는 조항으로 본조 1호 및 2호에 해당되어 無效(약관심사위 의결 제93-2호).

④ 고속버스회사의 託送手荷物運送約款 중 "도착한 날로부터 7일을 초과하여도 인수하지 않은 수하물은 파손, 분실 등에 대해 책임을 지지 않습니다"라는 조항은, 3개월내 인수하지 않을 때에 공매처분하여 비용공제 후 送荷人 또는 手荷物主에게 반환하도록 한 같은 約款 제40조와 10일 이내에 인도 청구하지 않을 때에 운송물 또는 그 처분대금을 供託할 수 있도록 한 商 제149조 제2항에 비추어 事業者 등의 故意 또는 중대한 過失로 인한 法律上의 責任을 排除하는 조항이므로 본조 1 호에 해당되어 無效(공정거래위 의결 제93-114호).

Ⅲ. 損害賠償 범위의 제한(第2號 前段)

상당한 이유 없이 事業者의 損害賠償 범위를 法律上의 규정에 未達하는 범위로 제한하는 約款조항은 無效이다. 民法은 채권자가 입은 통상의 손해와 채무자가 알거나 알 수 있었던 특별손해의 全額을 損害賠償의 범위로 정하고 있으므로(民 §393, 民 §763은 不法行爲의 경우에 이를 準用한다), 그에 未達하게 배상범위를 정하는 일체의 約款조항이 본호에 해당한다. 본호는 債務不履行뿐만 아니라 不法行爲로 인한 損害賠償責任에도 類推適用되는 것으로 본다. 擔保責任의 제한에 대하여는 iii가 적용된다.

責任을 제한하는 방법으로는 賠償의 最高額을 정하는 방법, 賠償最高額을 정하는 기준을 정하는 방법(예컨대 手荷物의 무게 킬로그램당 얼마라는 조항), 責任保險 금액을 賠償限度額으로 정하는 방법 등이 있다. 특정한 類型의 손해를 賠償責任에서 제외하는 것도 배상범위의 제한에 속한다 할 것이다(예컨대 人的 손해에 대하여는 책임을 지지 않는다는 조항). 그 밖에 事業者의 責任을 보충적인 것으로 규정하는 조항이나 除斥期間이나 時效 등 責任의 존속기간을 단축하는 조항 등도 責任 범위의 제한으로 본다.

損害賠償 범위를 제한하는 約款조항은 상당한 이유가 없는 경우에 한하여 無效로 된다. 상당한 이유의 有無는 契約의 목적, 거래관행, 배상액 제한의 내용, 배상범위를 제한하는 이유 등을 종합적으로 참작하여 결정한다. 事業者의 비용절감으로 原價引下의 요인이 된다는 등의 사유만으로는 상당한 이유가 있다고 할 수 없다. 事業者는 損害賠償額을 제한하지 않는 경우 價格을 높게 책정하지 않을 수 없음을 구체적인 자료에 의하여 입증하는 경우에 한하여 價格의 低廉을 상당한 이유로 주장할 수 있다. 事業者가 배상액 제한이 없으나 價格이 높은 給付와 배상액 제한이 있고 價格이 낮은 급부를 顧客에게 제시하여 선택하게 한 경우에는 배상액 제한에 상당한 이유가 있다고 할 것이다. 마찬가지로 顧客이 損害保險에 가입할 수 있었다는 사유만으로는 상당한 이유가 될 수 없으나, 事業者가 契約 현장에서 추가의 保險料를 지급하고 保險에 가입할 수 있는 가능성을 제공한 경우라면 배상액 제한에 상당한 이유가 있다고 할 수 있다.[3] 상당한 이유의 존재에 대한 立證責任은 事業者가 부담한다.

損害賠償 범위를 제한하는 조항이 無效로 되는 경우의 損害賠償은 民法의 일반원칙에 따른다.

〈無效조항의 예〉

① 프로야구경기장 입장권에 기재된 "운동장에서 연습 혹은 경기장 파울볼 기타에 의해 부상을 당할 때에는 주최측이 현장의 응급치료만 책임지고 그 뒤의 책임은 지지 않는다"는 조항은, 損害賠償의 범위를 한정하는 결과 顧客에게 부당하게 불리하게 될 우려가 있는 조항으로서 본조 2호에 해당되어 無效(약관심사위 의결 제88-9호).

② 아파트분양계약서 중 不可抗力的인 사유로 준공일이 지연될 경우에는 공급업자는 이를 수분양자에게 통보키로 하며 지체상금은 지급하지 아니하고 수분양자는 어떠한 이의도 제기하지 아니한다는 조항은, 상당한 이유 없이 損害賠償 범위를 제한하는 조항으로 본조 2호에 해당되어 無效(공정거래위 의결 제93-102호).

---

3) 價格主張 및 付保可能性에 의한 免責의 가능성에 관하여는 前述 제6조 注解 V. 3 및 4 참조.

Ⅳ. 위험의 移轉(第2號 後段)

상당한 이유 없이 事業者가 부담하여야 할 위험을 顧客에게 移轉하는 約款조항은 無效이다. 危險의 負擔은 債務不履行과 더불어 契約法의 중요한 영역을 이룬다. 채무자의 귀책사유에 인하여 給付障害가 생긴 경우를 債務不履行으로 다루고, 쌍방의 귀책사유 없이 給付障害가 생긴 경우를 危險負擔의 문제로 다루는 것이다. 民 §537은 "雙務契約의 당사자 一方의 債務가 당사자 雙方의 責任 없는 사유로 履行할 수 없게 된 때에는 債務者는 상대방의 履行을 請求하지 못한다"고 하여 債務者危險負擔主義를 규정하고 있다. 이 규정은 任意規定으로서 契約당사자는 이와 다른 약정을 할 수 있는 것이나, 危險負擔은 단순한 合目的的 필요에 의한 규정이 아니라 正義 관념에 근거하고 있는 규정이므로, 約款에 의하여 民法 규정과 달리 규정하는 것은 이를 正當化할 만한 이유가 있는 경우에 한하여 허용되는 것이다.

상당한 이유의 有無 판단에 대하여는 前述 損害賠償의 범위 제한에 준하여 생각하면 될 것이다.

大判(全) 91. 12. 24, 90다카23899(公1992, 652)는 自動車綜保約款 중 자동차의 운전자가 無免許운전을 하였을 때에 생긴 사고로 인한 손해를 보험회사의 보상하지 않는 손해로 규정하는 조항이 保險契約者나 被保險者의 지배 또는 관리가능성이 없는 無免許운전의 경우에까지 적용된다고 보는 경우에는 그 조항은 顧客에게 부당하게 불리하고 보험자가 부담하여야 할 擔保責任을 상당한 이유 없이 排除하는 것이어서 約款 §§6 Ⅰ·Ⅱ, 7 ii·iii의 각 규정에 비추어 無效라고 판시하고 있으나,[4] 보험회사의 보험금지급의무의 免責은 본호에서의 위험의 移轉이나 iii에서의 擔保責任의 排除와는 성질을 달리하는 것이므로 그 조항에 대하여 본조 ii·iii를 적용하는 것은 적당하지 않으며, 그 判決의 취지는 위 조항은 約款 §6의 一般條項에 의하여 無效이되 그 相當性의 판단에 있어서 본조의 관계규정의 法理를 참작한다는 것으로 이해하여야 할 것이다.[5] 한편

4) 다만 본문의 判決은 위 無免許運轉 免責條項은 위와 같은 無效의 경우를 제외하고 無免許運轉이 保險契約者나 被保險者의 지배 또는 관리가능한 상황에서 이루어진 경우에 한하여 적용되는 조항인 것으로 修正解釋(效力維持的 縮小解釋)을 하고 있다. 後述 제16조 注解 Ⅲ 참조.

5) 同旨 梁彰洙, "自動車保險約款의 無免許運轉免責條項에 대한 內容統制", 李會昌紀念論文集, 738-41.

判例는 같은 自動車綜保約款 중 피해자가 賠償責任 있는 被保險者의 被用者로서 勤勞基準法에 의한 災害補償을 받을 수 있는 사람인 경우를 보험회사의 免責事由로 정하는 조항,[6] 被保險者나 운전자의 配偶者 등이 사고로 손해를 입은 경우를 對人賠償保險에서 제외하고 있는 조항[7] 등은 본호에 해당하지 않는다는 이유로(즉 상당한 이유가 있다고 하여) 有效라고 판시하고 있으나, 역시 엄밀하게 말하면 본호의 규율대상은 아니고 §6의 一般條項에 의한 심사대상이라고 할 것이다.

〈無效조항의 예〉

① 自動車貸與(렌트카)契約書 중 i) 고장 발생시 수리기간 동안의 휴차 보상료 및 제반 수리비는 임차인이 부담한다는 조항, ii) 사고발생시 임대인의 자동차보험계약에 따라 처리하며 보험계약약관 이외의 제반사항은 임차인이 책임을 진다는 조항, iii) 자동차대여기간중 발생한 당해 자동차 및 제3자에 끼친 손해에 대하여는 임차인의 책임으로 한다는 조항은 事業者가 부담하여야 할 책임 및 위험을 顧客인 임차인에게 전가 또는 이전시킨 것으로 본조 2호에 위반되어 無效(약관심사위 의결 제88-8호).

② 車輛電話利用契約書 중 회사가 전화회선 고장 또는 통화정지 등으로 대화자와 통화 접속이 불가능할 때 시외전화를 청구한 자로부터 통화취소 수수료를 받을 수 있도록 한 조항은, 民法上의 債務者危險負擔主義의 法理에 벗어날 뿐만 아니라 상당한 이유 없이 事業者가 부담하여야 할 위험을 顧客에게 이전시키는 조항으로 본조 2호에 해당되어 無效(약관심사위 의결 제89-6호).

V. 擔保責任의 排除 또는 제한(第3號)

民法은 賣買에 관하여 매도인의 擔保責任을 규정하고(民 §§569 내지 584), 이를 有償契約에 準用하는데(민 §567), 擔保責任에 관한 규정은 원칙적으로 任意規定이며, 다만 매도인이 알고 告知하지 않은 사실 및 제3자에게 권리를 설정 또는 양도한 행위에 한하여 免責의 特約을 하지 못하는 것으로 되어 있다(民 §584). 그러나 擔保責任은 賣買 기타 有償契約의 等價性을 보장하는 중요한 규정이며 擔保責任의 排除 또는 제한은 契約 상대방에게 커다란 불이익을 주는 것이므로, 본호는 約款으로써 擔保責任을 排除 또는 제한하는 것은 상당한 이유가 있는

6) 大判 89. 11. 14, 88다카29177(公 1990, 29); 大判 90. 4. 27, 89다카24070(公 1990, 1141); 大判 90. 12. 11, 90다카26553(公 1991, 470) 등.

7) 大判 93. 9. 14, 93다10774(公 1993, 2763).

경우에 한하여 허용하고 있다.

擔保責任은 채무자의 귀책사유를 요하지 않는 法定責任이며, 그 효과로서 契約解除權·損害賠償請求權·代金減額請求權·完全物履行請求權 등이 규정되고 있다. 그런데 거래계에 있어서는 오래 전부터 널리 事業者의 필요에 의하여 擔保責任을 排除 또는 제한하는 約款조항이 盛行해 오고 있다. 擔保責任의 제한에는 請求權의 종류를 제한하는 조항(예컨대 補修請求權이나 完全物履行請求權만을 부여하는 경우), 請求의 방식을 제한하는 조항(예컨대 保證書에 의하여만 瑕疵補修에 응한다는 경우), 損害賠償의 범위를 제한하는 조항, 擔保責任의 존속기간을 단축하는 조항 등 여러 가지 형태가 있다. 顧客의 권리행사의 요건을 加重시키는 조항(예컨대 交換請求權을 행사하기 위하여는 몇 번 이상의 수리를 받아야 한다는 조항)도 상당한 이유가 없는 한 금지된다.

상당한 이유의 有無에 대하여는 前述 損害賠償의 범위 제한에 準한다. 擔保責任의 排除조항을 有效로 하기 위하여는 특별히 이를 正當化할 이유가 입증되어야 한다. 契約解除權·損害賠償請求權·代金減額請求權 등을 排除하고 補修請求權이나 完全物履行請求權만을 인정하는 조항은, 補修나 代替給付로 瑕疵가 완전히 제거되지 않을 경우에 顧客의 代金減額請求權 또는 契約解除權이 보장되는 경우에 한하여 상당한 이유가 있는 것으로 보아야 할 것이다. 이러한 보장이 없이는 擔保責任 자체가 무의미해질 가능성이 있기 때문이다. 補修에 드는 비용(인건비·재료비·운송비 등)을 顧客에게 轉嫁하는 조항도 원칙적으로 허용되지 않는다.

瑕疵擔保責任의 특수한 경우로서, 본호는 見本이 제시되거나 品質·性能 등에 관한 표시가 있는 경우 그 보장된 내용에 대한 責任을 排除 또는 제한하는 조항을 원칙적으로 금지한다. 給付의 내용에 관하여 顧客에게 특별한 信賴를 주고서 그 信賴를 배반하여 다른 給付를 하는 것은 信義則상 허용될 수 없다. 본호의 규정상 상당한 이유가 있는 경우에는 責任의 排除나 제한이 허용되는 것으로 되어 있으나, 이 경우에는 免責 또는 責任제한 조항의 有效는 극히 제한적으로만 인정되어야 할 것이다.

擔保責任의 排除 또는 제한에 관한 約款조항이 無效로 되는 경우에는, 民法上 擔保責任의 일반 규정에 따르게 된다.

〈無效조항의 예〉

① 自動車賣買契約書 중 매도인의 擔保責任을 瑕疵의 補修(保證修理)에 한정하

고 여러 번의 수리에도 불구하고 고장이 잦아 完全修理가 불가능하다고 판단되는 경우에도 完全物로의 交換請求나 契約解除權을 인정하지 않는 취지의 조항은 본조 3호에 해당하여 無效(약관심사위 의결 제88-4호).

② 商街分讓契約書 중 상가 면적(대지지분 포함)은 건축 또는 공부정리 과정에서 약간의 增減이 있을 수 있으며 이로 인한 분양가격의 精算 등을 요구하거나 異議를 제기하지 못한다는 조항은 본조 3호에 해당하여 無效(공정거래위 의결 제93-168호).

③ 住宅賃貸借契約書 중 임차인이 그 임대주택 및 내부 일체의 보수, 관리의 책임을 지도록 하는 것은 상당한 이유 없이 事業者의 擔保責任을 排除 또는 제한하는 조항으로서 본조 3호에 해당하여 無效(공정거래위 의결 제93-209호).

[孫 智 烈]

第8條(損害賠償額의 豫定)

顧客에 대하여 부당하게 過重한 遲延損害金 등의 損害賠償義務를 부담시키는 約款條項은 이를 無效로 한다.

차 례

Ⅰ. 취 지

원래 債務不履行으로 인한 損害賠償은 通常의 손해를 그 한도로 하고, 특별한 사정으로 인한 손해는 채무자가 그 사정을 알았거나 알 수 있었을 때에 한하여 賠償의 責任이 있다(民 §393). 그리고 金錢債務 不履行의 損害賠償額은 특별한 약정이 없으면 法定利率인 年 5푼에 의한다(民 §§397, 379). 그런데 金錢債務 이외의 債務不履行의 경우에 막상 損害額을 입증하는 것은 그리 쉽지 않다. 또 채권자로서는 債務不履行의 경우에 채무자가 賠償하여야 할 損害額을 미리 약정해 둠으로써 心理的 強制에 의하여 채무의 이행을 확보할 필요도 있다. 이리하여 당사자들은 債務不履行에 관한 損害賠償額을 미리 豫定하며, 民法은 그 약정의 효력을 인정한다(民 §398 Ⅰ). 이 경우 채권자는 債務不履行의 사실만 증명하면 손해의 발생 및 그 금액을 증명하지 않고서 바로 豫定된 損害賠償額을 청구할 수 있다.

그러나 이와 같은 賠償額 豫定을 무제한으로 허용하면, 지나치게 高額의 금액이 賠償額으로 豫定되어 당사자간 衡平에 반하게 될 수 있다. 특히 경제적으로 優位에 있는 채권자가 채무자에게 압박을 가하여 高額의 賠償額 약정을 얻어낼 수도 있다. 물론 民 §104의 不公正行爲가 되는 경우가 있겠으나, 不公正行爲에는 해당하지 않으나 豫定額 자체는 심히 부당한 경우도 있다. 이리하여 民 §398 Ⅱ는 "損害賠償의 豫定額이 부당히 過多한 경우에는 適當히 減額할 수 있다"고 규정하고 있다.[1]

그런데 이와 같은 損害賠償額의 豫定을 約款조항에 의하여 하는 경우에는, 채무자를 보호할 필요가 한층 크다. 경제적·사회적으로 劣位에 있는 채무자(顧客)는 내용이 어떤지를 검토해 볼 기회도 없이 채권자(事業者)가 제안하는 高額의 賠償額 豫定조항을 받아들일 수밖에 없기 때문이다. 본조는 부당하게 過重한 損害賠償義務를 부담시키는 約款조항을 無效로 하고 있다.

Ⅱ. 民法 第398條 第2項과의 관계

본조의 해석을 위하여는 본조와 民 §398 Ⅱ와의 관계를 분명히 해둘 필요가 있다. 본조의 "부당하게 過重"과 民 §398 Ⅱ의 "부당히 過多"는 표현이 다를 뿐 그 의미는 동일한 것으로 이해하여야 할 것이다. '過重'과 '過多'는 法

---

1) 損害賠償額 豫定 제도의 취지와 豫定額 減額의 기준에 관하여는 大判 93. 4. 23, 92다41719(公 1993, 1528)에 瞭然하게 정리되어 있으므로 이를 소개한다.

"민법 제398조가 규정하는 손해배상액의 예정은 채무불이행이 있을 경우 채무자가 지급하여야 할 손해배상액을 미리 정해 두는 것으로서, 그 목적은 손해의 발생사실과 손해액에 대한 입증의 곤란을 덜고 분쟁의 발생을 미리 방지하여 법률관계를 쉽게 해결할 뿐 아니라, 채무자에게 심리적 경고를 함으로써 채무의 이행을 확보하려는 것이고, 한편 그 제2항에 규정된 손해배상예정액의 감액제도는 국가가 계약당사자들 사이의 실질적 불평등을 제거하고 공정을 보장하기 위하여 계약의 내용에 간섭한다는 데에 그 취지가 있으므로, 이 규정에 따라 법원이 손해배상의 예정액을 부당히 과다하다 하여 감액하려면, 채권자와 채무자의 경제적 지위, 계약의 목적과 내용, 손해배상액을 예정한 경위(동기), 채무액에 대한 예정액의 비율, 예상 손해액의 크기, 그 당시의 거래관행과 경제상태 등을 두루 참작한 결과, 손해배상예정액의 지급이 경제적 약자의 지위에 있는 채무자에게 부당한 압박을 가하여 공정을 잃는 결과를 초래한다고 인정되는 경우라야 할 것이다."

기타 損害賠償額 豫定 및 이와 구별되는 違約罰제도에 관하여 崔秉祚, "違約金의 法的 性質", 民判硏 Ⅺ, 217; 李光範, "損害賠償豫定額의 減額", 民判硏 ⅩⅥ, 220; 孫智烈, "損害賠償額 豫定 約款條項에 대한 內容統制", 民判硏 ⅩⅧ, 1 등 참조.

律專門用語는 아니고 일반 常用語를 끌어다 쓴 것인데, 두 단어는 통상 같은 의미로 쓰인다. 뿐더러 約款規制法과 民法의 전후 문맥을 고려하더라도, 두 단어의 의미에 차이를 둘 만한 端緖를 찾기 힘들다.[2] 그렇다면 부당하게 過多한 損害賠償額의 豫定이 約款에 의하여 약정된 경우에도 民 §398 Ⅱ에 의하여 규제할 수 있을 것인데 구태여 본조를 따로 둔 이유는 무엇인가?

우선 民 §398 Ⅱ는 "損害賠償 豫定額의 過多"를 규제함에 비하여 본조는 "損害賠償義務의 過重"을 규제하는 점에서, 본조는 民 §398 Ⅱ와 달리 금액 過多 외의 다른 이유에 의하여 違約金 등의 약정이 過重한 것으로 인정되는 경우도 규제대상으로 하는 것으로 보아야 할 것이다. 예컨대 債務不履行과 무관한 懲罰的 금전 지급을 규정하는 조항, 채무자의 귀책사유 없는 경우에도 損害賠償義務를 발생케 하는 조항, 금전배상 외의 다른 배상방법을 정하는 조항,[3] 損害賠償 豫定額의 減額 가능성을 排除하는 조항 등이다.

다음으로 兩 法條項의 효과의 차이에 주목하여야 할 것이다. 民 §398 Ⅱ의 해석상, 아무리 過多한 損害賠償額의 豫定도 금액의 이유만으로 전부 無效로 되지는 않으며, 법원이 적당히 減額한 범위 내에서는 그 효력을 유지한다.[4] 그리고 損害賠償 豫定額에는 순수한 損害 豫想額 외에 履行確保를 위한 懲罰的 요소도 고려되는 것이므로, 損害賠償 豫定額을 적당하게 減額하더라도 그 適正額은 실제 損害額을 초과하게 된다(즉 실제 損害額+懲罰的 금액=適正額이 된다). 그런데 그 損害賠償額의 豫定이 約款에 의한 것이어서 본조가 적용되게 되면, 그 豫定額이 부당하게 過重한 것으로 인정되는 경우 그 豫定 자체가 전부 無效로 된다. 따라서 법원은 그 損害賠償 豫定額을 損害額 산정의 기초로 삼을 수 없으며, 채권자는 일반 원칙(民 §393)에 따라 損害額을 입증하여야 한다. 이 경우 賠償할 금액은 실제 발생한 損害額에 한정되며(즉 懲罰的 금액은 고려의 대상이 될 수 없다), 채권자가 손해를 입증하지 못하면 損害賠償을 받지 못하게 된다.

---

2) 李銀榮, 245도 본조의 '過重'과 民 §398 Ⅱ의 '過多'를 같은 의미로 보고, 양 법규정의 차이는 그 요건이 아니라 법률효과에 있는 것으로 보는 취지이다.

3) 民 §398 Ⅴ는 "당사자가 金錢이 아닌 것으로써 損害의 賠償에 충당할 것을 豫定한 경우에도 前4項의 규정을 準用한다"고 규정하고 있으나, 이는 그 豫定이 個別約定에 의한 경우에 관한 것이고, 금전 아닌 손해배상의 방법이 約款에 의하여 규정되고 그 내용이 채무자에게 부당하게 불리한 것으로 평가되는 때에는, 금액의 高低를 심사하기에 앞서 그 배상방법 자체에 의하여 본조의 적용대상이 될 수 있다.

4) 崔秉祚(註 1), 224; 李光範(註 1), 226. 독일에서의 해석론도 마찬가지이다. 다만 금액의 過多 외의 다른 이유로 無效로 되는 것은 별론으로 한다.

Ⅲ. 부당하게 過重한 損害賠償義務

約款조항의 대상이 되는 損害賠償義務에는 債務不履行에 따른 遲延損害金, 塡補賠償, 違約罰 및 不法行爲로 인한 損害賠償 기타 명목의 여하를 불문하고 일체의 損害賠償에 관한 豫定을 포함한다. 본조가 특히 遲延損害金을 例示한 것은 約款조항 중 이에 관한 것이 많기 때문이며, 그 밖에도 利子·延滯利子·延滯料·遲滯補償金 등 여러 가지 이름으로 불리운다. 金錢賠償 외의 損害賠償義務를 豫定하는 조항도 본조의 대상이 됨은 前述 Ⅱ의 주 3 참조.

「부당하게 過重」하다고 함은, 損害賠償義務의 이행이 경제적 약자의 지위에 있는 채무자(顧客)에게 부당한 압박을 가하여 公正을 잃는 결과를 초래한다고 인정되는 경우를 말하며, 그 판단에 있어서는 채권자와 채무자의 경제적 지위, 契約의 목적과 내용, 損害賠償額을 豫定한 경위(동기), 채무액에 대한 豫定額의 비율, 예상 損害額의 크기, 그 당시의 거래관행과 경제상태 등을 두루 참작하여야 한다.[5] 利子制限法의 제한을 넘는 내용의 約款조항은 그 초과 부분에 관한 한 당연히 無效이지만, 利子制限法 범위 내의 遲延損害金의 약정도 부당하게 過重한 것으로 판정될 수 있다. 大判 94. 5. 10, 93다30082(公 1994, 1641)는, 韓國土地開發公社의 用地分讓 추첨에 있어서 당첨자에게 契約의 체결을 강제하기 위한 수단으로 契約체결을 하지 않는 경우 공급가액의 10%에 상당하는 분양신청금을 일방적으로 公社에게 귀속시키는 約款조항은 顧客인 당첨자에게 부당하게 過重한 損害賠償義務를 부담시키는 것이라 하여 본조 위반으로 無效라고 판시하였다.[6][7]

〈無效조항의 예〉

① 自動車割賦賣買契約書 중 매도인의 계약위반시에는 계약금에 대한 시중은행 1년 미만 정기예금이자율에 의한 이자를 배상하도록 하면서 매수인의 계약

---

5) 民 §398 Ⅱ의 부당하게 過多한 損害賠償額 豫定에 관한 前述 大判 93. 4. 23, 92다41719(註 1) 참조.

6) 본문의 判決에 대한 評釋이 孫智烈(註 1)이다. 참고로 이 判決 후에 나온 大判 94. 10. 25, 94다18410(公 1994, 3087) 및 大判 96. 2. 27, 95다42393(公 1996, 1101)은, 같은 公社의 같은 約款조항에 관하여 본조를 적용함이 없이 民 §398 Ⅱ를 적용하여 損害賠償額을 減額한 原審의 판단을 지지하였다.

7) 民 §398 Ⅱ와 관련하여 判例上 부당하게 過多한 損害賠償 豫定으로 판단된 예에 관하여는 李光範(註 1) 참조.

위반시에는 계약금 전액을 몰취하도록 한 조항은 당사자간에 衡平을 잃고 顧客에게만 過重한 부담을 지우는 것이어서 본조 위반으로 無效(약관심사위 의결 제88-4호).

② 住宅分讓契約書 중 해약시 주택사업자는 계약금 외에 旣納入의 연체이자를 몰취하고 그 밖에 실제 발생한 손해액을 추가로 수분양자에게 부과할 수 있으며 수분양자가 旣納付한 중도금이나 잔금이 있을 경우 그 반환할 금액에서 위 손해액을 우선 공제하도록 되어 있는 조항은 본조 위반으로 無效(약관심사위 의결 제88-7호).

③ 自動車賃貸(렌트카)契約書 중 임차인이 해약을 원할 때에는 총대여요금의 30%를 지불하여야 하며 당일 해약시에는 50%를 지불하여야 한다는 조항은, 24시간 전 해약시에는 상호 해약금 부담이 없고 그 이후 해약시에는 해약 희망자가 상대방에게 10%의 해약금을 지불하도록 되어 있는 同種 業界의 다른 約款에 비하여 顧客에게 過重한 損害賠償義務를 부담시키는 것으로서 본조에 해당되어 無效(약관심사위 의결 제91-2호).

④ 商街分讓契約書 중 수분양자의 위약시 계약총액의 30% 해당 금액을 위약금으로 정한 조항은, 상가공급계약에 있어서 위약금은 총대금의 10% 정도로 약정하는 것이 일반적인 거래관행임에 비추어, 본조 위반으로 無效(공정거래위 의결 제93-73호).

⑤ 建築用地供給契約書 중 계약해제시 총매매대금의 30%에 해당하는 계약금이 공급자에게 귀속한다고 한 조항, 공급자가 상대방에게 반환하는 금액에는 이자를 붙이지 않는 조항, 계약금의 귀속은 추가 손해에 대한 배상의무를 면제하는 것이 아니라는 조항은 모두 본조 위반으로 無效(공정거래위 의결 제93-75호).

⑥ 아파트供給契約書 중 매도인에게 해제사유가 있거나 매수인이 일방적으로 해약할 때에는 공급대금의 10%와 해제 시점에서 기발생한 중도금 및 잔금에 대한 연체료를 위약금으로 매도인에게 귀속시키는 조항은 본조 위반으로 無效(공정거래위 의결 제93-101호).

⑦ 住宅賃貸借契約書 중 임차인이 납기일까지 임대료와 관리비 기타 비용을 납부하지 않을 경우에는 체납액에 대하여 10%에 해당하는 과태료를 가산 납부케 하며 과태료를 납부하지 않고 해당 월을 경과할 경우 매월 납부금액의 3%에 해당하는 과태료를 납부케 하는 조항(지연배상이 연 43%에 달함)은, 임대료 연체시 연체료는 금융기관에서 적용하는 연체금리 범위 안에서만 정할 수 있도록 한 賃貸住宅建設促進法 施行規則 제6조와 연 25%을 최고이율로 하는 利子制限法에 비추어, 본조 위반으로 無效(공정거래위 의결 제93-209호).

Ⅳ. 本條 위반의 효과

본조에 해당하는 約款조항은 처음부터 無效이다. 적당한 금액을 초과하는 부분만 無效로 되는 것이 아니라 당해 조항 전부가 無效이다. 따라서 법원은 그 約款조항을 損害賠償額 산정의 기초로 고려할 수 없으며, 채권자가 일반원칙(民 §§393, 379 등)에 따라 損害額을 입증하여야 한다. 無效인 約款조항에 의하여 이미 지급한 금액이 있으면, 실제 損害額을 공제한 나머지 금액을 반환하여야 한다.

본조 위반의 경우에 效力維持的 縮小解釋(後述 注解 제16조 Ⅲ 참조)이 허용될 수 있는가? 비록 約款상의 違約金이 過重한 것이어서 無效이더라도 相當性이 인정될 수 있는 범위에서는 效力을 維持시킴이 당사자의 의사나 信義誠實의 원칙에 맞는다는 견해가 있을 수 있다.[8] 그런데 이렇게 되면 본조 위반의 효과는 결과적으로 民 §398 Ⅱ의 적용과 다를 바 없는 것으로 된다. 「相當性이 인정되는 범위에서의 效力維持」와 「적당한 금액으로의 減額」은 결과에 있어 같을 수밖에 없기 때문이다. 경우에 따라 부당한 約款조항에 대한 效力維持的 縮小解釋이 제한적으로 허용될 수 있다고 하더라도, 본조와 관련하여서만은 效力維持的 縮小解釋이 허용되지 않는 것으로 봄이 옳을 것이다. 事業者가 자신의 이익을 極大化하기 위하여 턱없이 높은 금액을 約款상 違約金額으로 규정하는 것(법원이 적당하다고 인정하는 범위의 最大限까지 有效로 維持해 주리라는 기대하에)을 막기 위하여도, 效力維持的 縮小解釋이 허용되어서는 안 된다.

[孫 智 烈]

8) 梁彰洙, "自動車保險約款의 無免許運轉免責條項에 대한 內容統制", 李會昌紀念論文集, 753은 約款상 損害賠償豫定額이 過重한 경우에도 效力維持的 縮小解釋을 인정함이 상당하다고 보는 입장이다.

第9條(契約의 解除, 解止)

契約의 解除, 解止에 관하여 정하고 있는 約款의 내용 중 다음 各號의 1에 해당되는 내용을 정하고 있는 條項은 이를 無效로 한다.

1. 法律의 規定에 의한 顧客의 解除權 또는 解止權을 排除하거나 그 행사를 제한하는 條項
2. 事業者에게 法律에서 規定하고 있지 아니하는 解除權, 解止權을 부여하거나 法律의 規定에 의한 解除權, 解止權의 행사요건을 완화하여 顧客에 대하여 부당하게 불이익을 줄 우려가 있는 條項
3. 契約의 解除 또는 解止로 인한 顧客의 原狀回復義務를 상당한 이유 없이 過重하게 부담시키거나 原狀回復請求權을 부당하게 포기하도록 하는 條項
4. 契約의 解除, 解止로 인한 事業者의 原狀回復義務나 損害賠償義務를 부당하게 輕減하는 條項
5. 繼續的인 債權關係의 발생을 目的으로 하는 契約에서 그 存續期間을 부당하게 短期 또는 長期로 하거나 默示의 期間延長 또는 更新이 가능하도록 정하여 顧客에게 부당하게 불이익을 줄 우려가 있는 條項

차 례

Ⅰ. 취 지

民法은 債務不履行의 경우에 일반적으로 契約의 解除, 解止權을 규정하는 외에(民 §543 이하), 擔保責任의 효과로서의 契約解除權(民 §570 이하), 契約金 授受에 따르는 契約解除權(民 §565) 기타 각각의 契約類型에 관하여 다양한 解除, 解止事由를 규

정하고 있다. 또 각종 특별법에 의하여 契約의 解除, 解止事由가 규정되기도 한다. 그리고 契約의 解除나 解止가 있게 되면 契約의 쌍방은 原狀回復義務(解止의 경우 淸算義務)를 부담하며, 손해가 있는 경우 그 배상의무도 부담하여야 한다(民 §§548 내지 551).

이들 解除, 解止權에 관한 법률의 규정은 任意法規로서 당사자가 약정으로 이와 달리 정할 수 있는 것이지만, 그 규정 안에 契約의 等價性과 衡平을 고려한 正義 관념이 내포되어 있으므로, 본조는 상당한 이유 없이 그 규정을 逸脫하는 約款조항을 無效로 하는 것이다. 실제로 解除, 解止의 事由 및 효과와 관련하여 事業者에게 일방적으로 유리하고 顧客에게 불리한 約款조항은 각종의 約款에서 흔히 발견된다. i와 ii는 解除, 解止의 事由 및 행사방법에 관한 것이고, iii와 iv는 解除, 解止의 효과에 관한 것이며, v는 繼續的 債權關係의 存續期間에 관한 것으로서 解除, 解止와는 성질을 달리하는 것이나 契約의 存續이라는 점에서 解除, 解止와 상통하는 면이 있다 하여 함께 규정한 것이다.

Ⅱ. 顧客의 解除, 解止權의 排除, 制限(第1號)

법률이 顧客에게 부여하고 있는 解除權 또는 解止權을 排除하거나 그 행사요건 및 행사방법을 제한하는 約款조항은 無效이다. 이른바 絶對的 無效조항이므로, 그 排除나 제한에 상당한 이유가 있는지의 여부를 불문한다. 상대방의 귀책사유로 債務가 不履行되거나 기타 顧客의 입장에서 계약관계를 존속하지 못할 사유가 발생하였음에도 顧客을 계약관계에 묶어두는 것은 심히 부당하다는 고려에서 비롯된 것이다. 그러나 契約의 종류와 解除事由의 類型의 다양성을 고려한다면, 顧客의 解除權 행사를 제한하는 일체의 約款조항을 絶對的 無效로 하는 것은 立法論上 반성이 필요하다.

본호는 債務不履行에 따른 解除, 解止 외에 民法 기타의 법률이 정하는 모든 解除, 解止權을 대상으로 한다. 擔保責任에 따른 契約解除權도 형식상 본호의 적용대상이 되나, 이에 대하여는 §7 iii에 따로 규정이 있으므로 본호를 적용할 여지가 없다(따라서 본호에도 불구하고 상당한 이유가 있는 경우에는 解除權을 排除할 수 있다).

解除, 解止權을 정면으로 排除하는 조항 외에 法定의 解除, 解止의 事由를 축소하거나 법률이 정하지 않은 요건을 附加하는 조항 등도 無效이다. 解除,

解止權을 포기하는 조항, 事業者가 정당하다고 인정하는 경우에 한하여 解除, 解止할 수 있다고 하는 조항 등이 無效임은 물론이다. 民法上 履行의 催告 없이 解除할 수 있는 定期行爲(民 §545)의 경우에 催告를 요한다고 규정하는 것도 無效이다. 解除權 행사의 時限을 정하는 조항, 解除權의 존속기간을 제한하는 조항, 解除의 의사표시의 방식을 제한하는 조항 등도 無效이다.

〈無效조항의 예〉

① 住宅分譲約款 중 事業者는 顧客의 해약요구에 대하여 정당한 사유가 있다고 인정하는 경우에만 해약하게 할 수 있다는 조항은 본호에 해당되어 無效(약관심사위 의결 제88-7호).

② 自動車賃貸(렌트카)契約書 중 출발일시 24시간 전이 지나면 계약취소(해제)가 불가능하며 예약금의 환불도 불가능하다는 조항은 본호에 해당되어 無效(약관심사위 의결 제91-2호).

Ⅲ. 事業者의 解除, 解止權의 확대(第2號)

제1호와 반대되는 측면에서 事業者측의 解除, 解止權을 법률이 규정하는 이상으로 확대 또는 완화하는 조항도 無效이다. 다만 이 경우의 위반조항은 絶對的으로 無效로 되는 것이 아니고 顧客에 대하여 부당하게 불이익을 줄 우려가 있는 경우에 한하여 無效로 됨이 i와 다르다. 事業者에 의한 契約의 解除는 顧客에게 심각한 손실을 줄 염려가 있으므로, 부당한 불이익의 판단을 너무 엄격하게 하여서는 안 될 것이다.

顧客의 債務不履行이 없거나 債務不履行에 관하여 顧客에게 귀책사유가 없음에도 事業者의 필요에 의하여 解除할 수 있다고 하는 조항은 無效이다. 막연하게 顧客이 성실하게 契約을 이행하지 않는 때에 解除할 수 있다고 하거나, 顧客에 대하여 부당한 의무를 부과하고 그 의무위반시에 契約을 解除할 수 있다고 하는 등의 경우에도 마찬가지이다. 그러나 約款상 契約解除權 發生事由로 규정된 사항이 民法 규정이나 契約의 취지에 비추어 債務不履行의 事由에 해당하며 다만 그것을 구체적으로 열거한 것에 지나지 않는 때에는, 이를 有效한 것으로 보아야 한다. 事業者의 解除, 解止權의 존속기간을 부당하게 延長하는 조항도 無效이다.

顧客의 債務不履行이 있는 경우에 履行의 催告와 解除의 의사표시를 요함이 없이 자동적으로 契約이 解除되는 것으로 보는 조항, 즉 失權條項도 본호에 의하여 원칙적으로 無效로 된다.[1] 다만 많은 경우에 失權條項은 전체적으로 無效가 되는 것이 아니라 通常의 解除權 留保 조항 즉 당해 事由가 있으면 催告와 解除 의사표시를 거쳐 解除할 수 있다는 조항으로 해석된다. 失權條項도 상당한 이유가 있는 때에는 효력이 인정될 수 있음은 물론이다.

〈無效조항의 예〉

① 콘도미니엄分讓契約書 중 "사업자는 고객이 분양대금 중 중도금을 1회 30일 이상 연체할시에는 최고 등 절차 없이 일방적으로 해약한다"는 조항 및 "고객이 중도금 및 잔액 지불을 30일 이상 연체할 때에는 계약은 자동적으로 해약되고 고객은 계약금의 반환을 청구할 수 없으며, 사업자는 목적재산을 타인에게 양도할 수 있다"는 조항은 본호에 해당되어 無效(약관심사위 의결 제89-5호).

② 아파트分讓契約書 중 "수분양자가 계약서 각 조항 중 하나를 이행하지 않을 때," "사업자의 사정에 의하여 해약이 불가피한 때," "사업자가 정한 기간 내에 수분양자가 직접 그 주택에 입주하지 아니한 때"에 事業者가 일방적으로 해약할 수 있도록 한 조항은 본호에 해당되어 無效(약관심사위 의결 제88-7호).

③ 商街分讓契約書 중 "고객이 계약에 따른 권리의무를 사업자의 사전승인 없이 타인에게 양도하거나 담보로 제공하였을 때," "제1차 중도금을 납부기일 내에 납부하지 아니한 때," "분양대금을 납부기일로부터 1개월 이상 연체하였을 때," "기타 계약내용을 성실하게 이행하지 아니하였을 때"에 事業者는 이행의 최고 등 다른 법적 절차를 취함이 없이 임의적으로 해약할 수 있다고 한 조항은 본호에 해당되어 無效(공정거래위 의결 제93-73호).

④ 아파트賃貸契約書 중 "임대인이 지정한 입주기간이 경과한 후 1개월 이내에 본인이 직접 입주하지 아니할 때," "임대인의 임대주택관리에 있어 임차인이 공익성을 저해하는 행위를 할 때(선동행위 등)," "기타 주택관리에 관하여 임차인이 준수하여야 할 사항을 지키지 아니할 때"에 임대인은 이행의 최고 등 다른 절차를 취함이 없이 일방적으로 계약을 해지할 수 있다고 한 조항은, 賃貸住宅建設促進法 施行規則이 정하는 解止要件을 완화한 것이거나 同施行規則이 정하지 않은 포괄적이고 불분명한 解止要件을 정한 것으로서 본호에 해당되어 無效(공정거래위 의결 제93-209호).

1) 李銀榮, 273; 李相理·權大祐, 約款의 規制에 관한 法律 解說, 77.

Ⅳ. 原狀回復義務의 過重 부담 및 부당 輕減(第3號·第4號)

契約이 解除되면 당사자 쌍방은 契約의 구속력으로부터 벗어남과 동시에 이미 이행받은 것이 있으면 이를 상대방에게 반환하여 原狀으로 回復하여야 하며, 상대방에게 손해가 발생한 때에는 이를 賠償하여야 한다. 또 繼續的 契約이 解止된 때에는 당사자 쌍방은 계약관계를 淸算하여 原狀으로 回復하여야 한다. 原狀回復은 原物返還을 원칙으로 하되 原物返還이 불가능하거나 受領者에게 이익이 되지 않는 때에는 原物의 가치에 상응하는 價額返還을 한다. 반환할 물건에 必要費·有益費 등을 지출한 때에는 관계규정에 의하여 그 償還을 청구할 수 있다. 그리고 쌍방의 原狀回復義務는 同時履行關係에 있다.

법률이 규정하는 이상으로 부당하게 顧客의 原狀回復義務를 무겁게 하는 조항은 無效이며(3호), 顧客은 約款조항에 불구하고 법률이 정하는 범위 내에서만 原狀回復義務를 진다. 顧客에게 부당하게 過重한 損害賠償義務를 부과하는 조항에 대하여는 §8이 따로 규정하고 있으므로, iii호에서는 제외하였다. 原物返還 不能時 代替物의 반환을 강제하는 조항, 價額返還時의 價額 산정을 事業者가 일방적으로 정하기로 하는 조항, 부당한 必要費·有益費를 물리는 조항, 顧客의 原狀回復義務의 先履行을 규정하는 조항 등이 여기에 해당한다. iii 後段의 '原狀回復請求權을 부당하게 포기하도록 하는 조항'은 결국 事業者의 原狀回復義務를 輕減하는 것이므로, iv와 重複되는 규정이라 할 것이다.

事業者의 原狀回復義務나 損害賠償義務를 법률의 규정보다 부당하게 輕減하는 조항도 無效이며(4호), 역시 법률의 일반규정을 적용하게 된다. 事業者가 받은 代金의 전부 또는 일부(대금액의 몇 할)을 반환하지 않는다고 하는 조항, 顧客의 상품 사용에 대하여 부당하게 高額의 사용료 내지 損料를 물리는 조항, 대금반환에 부당하게 長期의 기한을 붙이는 조항, 顧客의 반환의무에 대하여는 이자 또는 사용료를 물리면서도 事業者의 반환의무에 대하여는 이자 또는 사용료를 물리지 않는 조항, 事業者가 반환할 價額 상당액을 事業者 일방적으로 결정할 수 있도록 하는 조항, 顧客의 費用償還請求權을 포기하도록 하는 조항, 事業者가 賠償하여야 할 損害賠償義務를 排除하거나 그 범위를 부당하게 제한하는 조항등이 여기에 해당한다. 損害賠償 범위의 제한에 대하여는 본호 외에 §7 ii도 적용될 수 있다.

〈無效조항의 예〉

① 家電製品割賦賣買契約書 중 契約이 解除된 경우 매도인은 이미 지불된 계약금 및 불입금 전액은 매수인이 부담하는 사용료 및 損料에 상당한 금액과 相計 처리하고 매수인의 의사와 관계 없이 매도된 물건을 회수할 수 있다고 하는 조항은, 顧客의 原狀回復義務는 부당하게 加重하고 事業者의 原狀回復義務는 부당하게 輕減한 것으로서 본조에 해당되어 無效(약관심사위 의결 제89-1호).

② 商街分讓契約書 중 계약해제시 매수인은 매도인에게 이미 지출한 필요비 및 유익비를 청구할 수 없다고 한 조항은 본조 3호에 해당되어 無效(공정거래위 의결 제93-168호).

③ 골프會員加入契約書 중 "입회금은 무이자로 회사에 10년간 거치하며 회원의 퇴회신청이 있을 경우에는 이사회의 승인을 얻어 반환한다. 단 천재지변 기타 불가항력의 사태가 발생할시는 이사회의 결의에 따라 일정기간 동안 반환을 정지할 수 있다"는 조항은 본조 3호, 4호에 해당되어 無效(공정거래위 의결 제93-86호).

④ 아파트分讓契約書 중 "해제의 경우 매도인은 기납부한 대금 중 위약금을 제외한 금액을 매수인에게 환부한다. 다만 해제사유와 직접 관련 없이 매수인이 기납부한 대금에 대한 이자 및 기납부한 연체료를 환불하지 아니한다"는 이자 및 연체료를 반환대상에서 제외함으로써 매도인의 原狀回復義務를 부당하게 輕減하는 조항으로서 본조 4호에 해당되어 無效(공정거래위 의결 제93-101호).

V. 繼續的 債權關係의 존속기간 등(第5號)

繼續的 債權關係를 발생시키는 繼續的 契約에 있어서 契約당사자는 약정에 의하여 존속기간을 자유로이 정할 수 있다. 존속기간의 약정이 없는 경우에 法定의 解止事由 또는 별도의 종료사유가 없는 한 계약관계가 존속함이 원칙이나, 상당한 이유가 있는 때에는 信義則상 당사자 일방에 의한 契約解止權이 인정되고 있다.[2)]

그런데 繼續的인 債權關係의 존속기간을 지나치게 長期로 정하는 경우에는 상대방을 부당하게 契約的 拘束에 묶어 두어 信義則에 의한 契約解止權을 排除하는 것과 유사한 효과를 낳게 되므로, 본호는 그와 같은 約款조항을 無效로 하고 있다. 마찬가지의 이유로 顧客에게 불이익한 방식으로 默示의 期間延長 또는 更新을 할 수 있도록 한 조항도 無效이다. 법률상 존속기간의 정함

2) 民法注解(1), 155 이하. 判例로는 繼續的 保證에 관한 것으로 大判 78. 3. 28, 77다2298(集 26-1, 237); 大判 86. 7. 9, 86다카792(公 1986, 1384); 大判 90. 2. 27, 89다카1381(公 1990, 756) 등이 있고, 그 밖의 것으로 大判 90. 6. 12, 89다카30075(公 1990, 1461)가 있다.

이 있는 경우에 그보다 長期의 존속기간을 정하거나 법률상의 期間延長 또는 更新의 요건을 완화하는 경우에는 상당한 이유가 있어야 한다. 長期의 존속기간이나 期間延長의 조항이 無效인 경우에 顧客은 그 조항에 불구하고 信義則에 의한 契約解止權을 행사할 수 있다. 존속기간을 어느 정도로 정하는 것이 부당하게 長期인가를 명시하지 않은 결과 운용상 彈力性은 있겠으나, 法的 安定性을 해하는 면이 있다. 독일의 約款法은 그 기간을 명시하여 2년 이상의 존속기간의 약정, 1年 이상 기간의 默示的 更新을 無效로 하고 있다(§11 xii).

한편 존속기간을 지나치게 短期로 하는 것도 顧客의 지위를 불안하게 하여 그 이익을 해하는 수가 있으므로, 이와 같은 조항도 無效로 된다. 이 경우 존속기간은 約款의 조항에 불구하고 契約의 목적을 달성하기에 필요하다고 인정되는 범위 내에서 延長된다고 해석하여야 할 것이다.

〈無效조항의 예〉

信用카드會員規約 중 "연대보증의 효력은 갱신시나 재발급 등의 사유로 카드가 교체된 경우에도 계속됩니다"라는 조항 및 "보증기간 만료시 연대보증인의 탈회신고가 없는 한 자동적으로 연대보증기간은 연장된다"는 조항은 본호에 해당되어 無效(약관심사위 의결 제87-3호).

〈無效가 아닌 조항의 예〉

事務室賃貸借約款 중 "임대차기간은 기간만료기일 2개월 전까지 어느 일방이 별도의 의사를 타방에 서면통고하지 않는 한 만료일 익일로부터 계속하여 12개월간 자동연장되는 것으로 한다"는 조항은, 顧客에게 불리할 수도 있지만 경제사정에 따라서는 임대인에게 불리한 상황이 생길 수도 있으므로, 본호에 해당되지 않으며 따라서 有效(공정거래위 93. 9. 16자 결정).

[孫 智 烈]

第 10 條(債務의 履行)

債務의 이행에 관하여 정하고 있는 約款의 내용 중 다음 各號의 1에 해당되는 내용을 정하고 있는 條項은 이를 無效로 한다.

1. 상당한 이유 없이 給付의 내용을 事業者가 일방적으로 결정하거나 변경할 수 있도록 權限을 부여하는 條項
2. 상당한 이유 없이 事業者가 이행하여야 할 給付를 일방적으로 중지할 수 있게 하거나 제3자로 하여금 代行할 수 있게 하는 條項

Ⅰ. 취　지

債權은 특정인으로 하여금 특정의 행위를 하게 할 수 있는 權利를 말하고, 債務는 이 債權에 대응하는 義務 즉 특정의 행위를 하여야 할 義務를 말한다. 그리고 債權·債務의 내용이 되는 특정의 행위를 給付라고 한다. 給付는 종류에 따라 作爲給付와 不作爲給付, 주는 給付와 하는 給付, 特定物 給付와 不特定物 給付, 一時的 給付와 繼續的 給付 및 回歸的 給付 등으로 나눌 수 있다. 給付의 제공이 곧 債務의 履行으로 된다.

給付는 契約의 핵심적 내용으로서 契約당사자 상호간의 흥정과 합의를 통하여 결정되어야 할 것이며, 당사자의 일방이 독단적으로 결정하거나 변경할 수는 없는 것이다. 그리고 契約 쌍방이 각각 부담하는 給付 사이에는 等價性이 유지되어야 한다. 事業者가 給付의 내용을 독단적으로 결정하거나 변경할 수 있다고 한다면, 契約의 等價性은 무너지고 상대방인 顧客은 부당하게 불이익을 입게 된다. 본조는 이와 같은 約款조항을 無效로 하고 있다. 다만 상당한 이유가 있는 경우의 有效를 인정하는 相對的 無效조항이다.

Ⅱ. 給付 결정권 및 給付 변경권(第1號)

給付의 내용을 事業者가 일방적으로 결정하거나 변경할 수 있도록 하는 約款조항은 상당한 이유가 없는 한 無效이다. 給付에는 事業者 자신이 제공하여야 할 給付와 顧客이 제공하여야 할 給付를 모두 포함한다.

契約의 주된 給付(目的物·價格 등)는 당사자 사이에 個別的으로 약정하고 그 밖의 附隨的인 사항만을 約款으로 정하는 것이 보통이다. 그런데 주된 給付 자체를 約款조항에 의하여 약정하는 경우도 더러 있을 수 있다(價格表는 그 典型的인 예이다). 이와 같은 경우에 約款이 事業者에 의하여 일방적으로 작성되고 제시되었다고 하더라도, 주된 給付를 정하는 내용은 事業者와 顧客 사이에서 約款이 아닌 個別約定으로 합의되었다고 할 것이고, 따라서 본호에서 말하는 '事業者가 給付를 일방적으로 결정'하는 경우에 해당하지 않는다.

契約체결에 있어서 給付의 구체적 내용을 個別約定이나 約款으로 정하지 않고 事業者가 후일 일방적으로 결정하여 스스로 이행하거나 상대방에게 이행을 요구할 수 있는 것으로 하는 約款조항이 본호의 적용대상이다. 給付는 債權 성립 당시에 확정되어 있을 필요는 없고 履行期까지 확정할 수 있을 만한 표준이 정하여져 있으면 되는 것이나, 이 경우에도 給付를 확정하는 권한을 事業者에게 一任하는 約款은 無效로 된다. 契約체결 당시 給付의 概要만을 정하고 事業者의 의사에 따라 給付 내용을 선택할 수 있게 한다거나 事業者가 이행한 물건이나 서비스가 債務 내용에 적합한 것인지의 여부를 事業者 스스로 결정할 수 있게 하는 約款 등도 마찬가지이다.

事業者가 일방적으로 자신의 給付 또는 顧客의 給付를 변경할 권한을 留保하는 約款조항도 無效이다. 目的物의 성질의 변경, 수량의 변경, 이행장소나 이행시기의 변경 등이 모두 이에 포함된다. 당사자 사이에 일시에 全給付를 행하기로 약정하였음에도 約款상 當事者의 事情에 따라 일부분씩 給付하여도 무방하다고 규정하는 조항도 여기에 해당된다. 약정된 내용과 다른 給付를 이행하거나 瑕疵 있는 이행을 하고서도 債務不履行 責任 또는 瑕疵擔保 責任을 免하기 위하여 이런 조항을 두게 된다.

어떤 경우에 상당한 이유가 있다고 할 것인가? 給付 변경권의 無效를 규정하는 독일 約款法 §10 iv가 ① 事業者의 이익만을 고려한 것일 것과, ② 顧客에게 豫見可能性이 없을 것을 無效의 요건으로 삼고 있음이 참고로 될 수 있을 것이다. 給付의 내용을 세세한 부분까지 모두 미리 약정할 수는 없는 것이며, 또 약정된 내용이라도 이행과정에서 부분적으로 변경하지 않을 수 없는 경우도 있다. 그때 그때 당사자 사이의 합의에 의하여 상호 협력하여야 할 것이나, 때로는 일방에 의한 결정을 인정하여야 할 필요도 있다. 債務의 본질과 관계 없는 부분적이고 지엽적인 사항에 대하여는 일방적인 결정 또는 변경권을 인정하여도 무방할 것이다. 은행의 예금거래 또는 대출거래에서 約定利率을 은행이 일방적으로 변경할 수 있도록 하는 조항은 상당한 이유가 있어 有效로 보아야 한다는 견해가 있다.[1)]

〈無效조항의 예〉

① 自動車賣買契約書 중 매수인은 계약체결 후 자동차 인수 전에 자동차설계변경, 원자재가격변동, 환율변동, 금리변동, 제세공과금의 변동, 사양변경 또는 기타 사유로 자동차가격의 변동(인상·인하)요인이 발생하였을 때에는 변동된 가격으로 자동차를 인수하여야 한다는 조항은 본호에 해당되어 無效(약관심사위 의결 제88-4호).

② 아파트分讓契約書 중 객관적이고 타당한 사유를 명시함이 없이 資材需給上이라는 모호한 사유를 들어 모델하우스 내에 설치된 제품을 동질의 타사제품으로 변경할 수 있다고 한 조항은 본호에 해당되어 無效(약관심사위 의결 제88-7호).

③ 住宅分讓契約書 중 "등기평수는 등기시 분양면적과 약간의 증감이 있을 수 있으며, 이 경우 분양가격은 변동이 없는 것으로 한다"는 조항 또는 "확정처분으로 인하여 발생되는 면적 증감 등 여하한 문제에 대해서도 매수인은 하등의 이의를 제기할 수 없다"는 조항은 본호에 해당되어 無效(약관심사위 의결 제88-7호).

④ 事務器機賣買契約書 중 事業者는 제반여건의 변동에 따라 維持補修料를 변경 시행하고자 하는 경우에는 顧客에게 변경시행하고자 하는 날로부터 1개월 전에 서면에 의하여 통지함을 조건으로 維持補修料를 개정할 수 있다는 조항은 본호에 해당되어 無效(약관심사위 의결 제90-9호).

⑤ 銀行貸出約款 중 "금융사정의 변동, 채권보전상의 필요 기타 상당한 이유가 있는 경우에는 은행은 본인에 대한 통지에 의하여 그 사용금액을 줄이거나 거래를 일시정지하거나 또는 이 약정을 해지할 수 있다"는 조항은 본호에 해당되어 無效(약관심사위 의결 제92-5호).

⑥ 오피스텔分讓契約書 중 "건물시공중 분양받은 점포 및 오피스텔의 위치와 호수의 변경을 있을 수 있으며, 매수인은 이에 대하여 이의를 제기할 수 없다"는 조항은 본호에 해당되어 無效(공정거래위 의결 제93-116호).

⑦ 商街分讓契約書 중 소유권의 이전 전에 매수인의 고의 과실로 인하여 목적물을 훼손하거나 기타 행위로 매도인에게 손해를 발생케 하였을 때에는 매수인은 매도인이 정하는 손해액을 즉시 배상하여야 한다는 조항은, 상당한 이유 없이 給付의 내용을 事業者가 일방적으로 결정할 수 있도록 권한을 부여하는 조항으로서 본호에 해당되어 無效(공정거래위 의결 제93-168호).

1) 李在性, "約款의 規制에 관한 法律案 小考", 現代經濟法學의 課題, 641.

Ⅲ. 履行中止 및 履行代行委託(第2號)

상당한 이유 없이 事業者가 이행하여야 할 給付를 일방적으로 중지할 수 있게 하는 조항은 無效이다. 事業者는 약정된 내용에 따라 이행할 의무가 있으며, 이를 하지 않을 때에는 債務不履行責任을 진다. 事業者가 不履行에 따른 責任을 부담함이 없이 給付를 중지할 수 있다면, 債務는 法的 拘束으로서의 의미를 상실하고 만다. 중지에는 永久的 중지와 一時的 중지를 모두 포함된다. 一時的 중지 권한을 부여함에는 상당한 이유가 있는 경우도 있겠으나, 事業者에게 債務不履行責任을 부담함이 없이 給付를 永久的으로 중지할 권한을 부여하는 約款조항은 絶對的으로 無效인 것으로 보아야 할 것이다.

事業者가 이행하여야 할 給付를 제3자로 하여금 代行할 수 있게 하는 約款조항도 상당한 이유가 없는 한 無效이다. 運送人은 사전 통고 없이도 運送人의 지위를 다른 사람으로 대체할 수 있다고 하는 運送約款조항이 그 예이다. 채무자는 이행 과정에서 자신의 책임하에 履行補助者를 사용할 수 있으므로, 履行補助者의 사용은 여기의 履行代行에 해당하지 않는다. 履行代行이라 함은 독립된 제3자에게 債務를 引受시키거나 이행을 引受시키는 것을 말한다. 이해관계 있는 제3자는 채무자의 의사에 반하여서도 이행할 수 있는 것이므로(民 §469에 의한 代位辨濟), 여기에서 금지되는 履行代行조항은 이해관계 없는 제3자에 대한 履行委託에 한한다. 독일 約款法 §11 iii은 매매계약, 고용계약 또는 도급계약에 있어서 事業者의 권리의무를 제3자에게 승계시키는 조항을 無效로 규정하면서, 다만 그 규정 중에 제3자가 지명되어 있거나 契約 상대방에게 契約을 解除할 권리가 留保된 때에는 예외로 하고 있다.

〈無效조항의 예〉

運轉教習契約書 중 면허시험에 합격하면 수강카드를 학원에 반환하겠다는 조항은, 상당한 이유 없이 事業者가 이행하여야 할 給付를 일방적으로 중지할 수 있게 하는 조항으로서 본호에 해당되어 無效(약관심사위 의결 제93-2호).

[孫 智 烈]

第 11 條(顧客의 權益保護)

顧客의 權益에 관하여 정하고 있는 約款의 내용 중 다음 各號의 1에 해당되는 내용을 정하고 있는 條項은 이를 無效로 한다.

1. 法律의 規定에 의한 顧客의 抗辯權, 相計權 등의 權利를 상당한 이유 없이 排除 또는 제한하는 條項
2. 顧客에게 부여된 期限의 이익을 상당한 이유 없이 剝奪하는 條項
3. 顧客이 第3者와 契約을 체결하는 것을 부당하게 제한하는 條項
4. 事業者가 業務上 알게 된 顧客의 秘密을 정당한 이유 없이 누설하는 것을 허용하는 條項

Ⅰ. 취　지

事業者는 約款을 통하여 자신의 지위와 권한을 강화함과 동시에 상대방인 顧客의 지위와 권한을 약화시킴으로써 자신의 이익을 極大化한다. 본조는 顧客의 契約상의 권리와 이익을 침해하고 약화시키는 내용의 約款조항에 관한 것이다. 본조에 열거된 4개의 約款 類型은 그 목적과 내용을 달리하는 것이나, 顧客의 權益과 관련된 것이라는 점에서 공통점이 있으므로 함께 규정하게 된 것이다. 본조의 4個 號는 모두 相對的 無效조항이다.

Ⅱ. 권리의 排除 또는 제한(第1號)

民法 기타 법률에 의하여 顧客에게 부여되고 있는 抗辯, 권리 등을 상당한 이유 없이 排除 또는 제한하는 約款조항은 無效이다. 이와 같은 권리들은 公平의 관점에서 顧客에게 부여되어 있는 것이므로, 個別約定으로라면 몰라도 約款으로 이 권리들을 排除, 제한할 수는 없는 것으로 한 것이다. 約款조항이 無效로 판단되는 경우, 법률의 규정에 따른 抗辯이나 권리 등이 되살아난다.

抗辯權이라 함은 請求權에 대하여 그 작용을 沮止할 수 있는 권리, 즉 일정한 사유에 기하여 債務의 이행을 거절할 수 있는 권리를 말한다. 私法上의 抗辯權을 말하며, 訴訟上의 抗辯은 본호와 관계가 없다. 同時履行의 抗辯權(民 §§536, 549), 保證人의 催告·檢索의 抗辯權(民 §437), 權利主張者가 있는 경우의 賣買代金支給拒絶權(民 §588) 등이 그 예이다. 특히 同時履行抗辯權은 公平의 원리에 근거한 것으로서 民法에 명문의 규정이 있는 경우 외에도 同時履行이 인정되어야 할 경우가 적지 않은데(無效와 取消의 효과로서의 쌍방의 原狀回復義務, 賃貸借目的物의 明渡와 保證金의 반환), 이런 경우의 同時履行을 排除 또는 제한하는 約款조항도 無效이다. 雙務契約이라도 당사자들의 약정에 의하여 일방 의무를 先履行으로 하는 예가 적지 않으므로, 당해 업종에서 先履行이 관행이고 객관적으로도 부당하지 않다고 판단되는 경우에는, 同時履行을 제한하는 데에 상당한 이유가 있는 것으로 보아야 할 것이다.

相計權은 債權者와 債務者가 同種의 債權·債務를 가지고 있는 경우에 각자가 일방적인 의사표시에 의하여 債權·債務를 對等額에서 소멸시키는 권리이다. 발생 여부 및 금액에 관하여 다툼이 있는 債權을 自動債權으로 하는 相計가 행해지면 기업의 계산사무에 지장을 주게 되므로 相計制限조항을 허용하여야 할 경우도 있겠으나, 적어도 다툼이 없는 債權 또는 旣判力이 발생한 債權을 自動債權으로 하는 相計를 제한하는 約款조항은 허용될 수 없을 것이다.

기타의 권리는 抗辯權·相計權 등에 準하여 公平의 원리에 의하여 부여되는 권리를 말하며, 留置權(民 §320), 選擇債務에서의 選擇權(民 §380), 必要費·有益費의 償還請求權(民 §203 등), 債務充當指定權(民 §476) 등이 그 예이다. 消滅時效의 주장은 엄밀한 의미에서 권리라고는 할 수 없으나, 여기에서의 권리에 포함시켜도 좋을 것이다. 消滅時效의 短縮이나 輕減은 당사자의 약정에 의하여 이를 할 수 있는 것이나(民 §184), 約款으로 事業者의 債務에 대하여 短期의 消滅時效를 정하는 것은 상당한 이유가 없는 한 허용되지 않는다.

大判 89. 8. 8, 89다카5628(公 1989, 1359)는 成業公社에서 사용하는 부동산 매매계약서 중 매수인이 목적부동산에 지출한 必要費와 有益費의 보상을 청구할 수 없다는 조항이 不動文字로 인쇄되어 있더라도 매수인이 매수 후 적법한 절차에 따라 증축하고 다액의 비용을 들여 수리하였으며 그 가액의 증가가 현존하고 경락인의 경락가액에는 이 증축부분이나 수리부분이 반영되지도 아니한 경우라면 계약 해지시 그와 같은 증축비용이나 유익비까지를 포기하는 합의가 포함되어 있다고 해석할 수는 없다고 판시하였다. 約款조항의 無效를 선언한 것은 아니고 約款과 相衡되는 個別約定을 인정함으로써 顧客을 구제한 것이나, 본호의 해석에 대하여도 참고가 된다.

〈無效조항의 예〉

① 市場店鋪賃貸借契約書 중 "임차인은 임대차기간의 종료 또는 해약시 그의 비용으로 설치된 일체의 시설에 대하여 임대인에게 비용상환청구나 권리주장을 하지 않기로 하며, 모든 시설은 임대인의 소유로 된다"는 조항은, 본호 위반으로 無效(약관심사위 의결 제88-1호).

② 商街賃貸借契約書 중 "보증금은 본 계약이 종결(해지 포함)되어 임대차건물이 임대인에게 하자 없이 인도된 후 임차인의 임대인에 대한 일체의 채무액 변제에 충당하고 그 잔액에 대하여 임대인은 임차인에게 임차물의 명도 1개월 후에 무이자로 지불한다"는 조항은, 顧客의 同時履行抗辯權을 제한하는 한편 임대인이 賃貸保證金의 반환을 1개월 지체한 데 대해 지연배상을 하지 않도록 정하여 顧客을 부당하게 불리하게 하므로 본호 및 제6조 제2항 1호에 해당하여 無效(공정거래위 의결 제94-74호).

③ 建物賃貸借契約書 중 "임대료 조정은 매년 10% 인상으로 한다"는 조항은 법률의 규정에 의한 임차인의 借賃減額請求權(民 §628)을 상당한 이유 없이 排除하는 조항으로서 본호에 해당되어 無效(공정거래위 의결 제93-167호).

④ 商街賃貸借契約書 중 "상가는 상가활성화를 위한 제반 준비 등 부득이한 사정에 의해 개점이 연기될 수 있으며 일정기간 연기에 대하여 요금 정산 등 일체의 이의를 제기하지 못한다"는 조항은, 막연히 부득이한 사정이라고만 표현하여 顧客에게 예상하지 못한 피해를 입힐 우려가 있음과 동시에 일정기간 개점을 연기한 것에 대하여 이의를 제기하지 못하게 하는 것은 점포를 사용하지 못한 기간에 대해 임대료 등의 지급거절권을 박탈하는 결과로 되어 본호에 의하여 無效(공정거래위 의결 제93-168호).

Ⅲ. 期限利益의 剝奪(第2號)

법률의 규정이나 당사자의 약정에 의하여 顧客에게 부여된 期限의 利益을 상당한 이유 없이 剝奪하는 約款조항은 無效이다. 顧客의 債務不履行이 있음에도 불구하고 事業者가 장래의 辨濟期까지 무작정 기다려야 한다는 것은 불합리하므로 期限利益喪失조항의 有效를 인정하여야 할 필요성도 적지 않으나, 단 1회의 사소한 금액의 延滯가 있는 것만으로 期限利益을 剝奪하는 것은 상당하다고 할 수 없다. 가장 문제가 되는 것은 割賦賣買에서인데, "割賦去來에 관한 法律" §10은 ① 割賦金을 다음 지급기일까지 연속하여 2回 이상 지급하지 아니하고 그 지급하지 아니한 금액이 割賦價格의 10분의 1을 초과하는 경우 및 ② 生業에 종사하기 위하여 외국에 移住하는 경우와 외국인과의 결혼 및 연고관계로 인하여 移住하는 경우에 한하여 期限利益을 상실하는 것으로 규정하였다(同法條와 다른 내용의 매수인에게 불리한 約款조항은 同法 §13에 의하여 無效로 된다). 금융기관의 대출거래에 있어서도 期限利益喪失조항이 일반화되어 있는데, 顧客의 신용을 의심할 만한 사유가 발생한 경우의 期限利益喪失은 그 상당성을 인정하지 않을 수 없으나, 금융기관의 편의만을 위한 期限利益喪失조항은 본호에 의하여 無效로 될 수 있을 것이다.

〈無效조항의 예〉
重裝備賣買契約書 중 "고객의 재산이 악화되었거나 악화될 우려가 있다고 인정되는 상당한 이유가 있는 경우"의 期限利益喪失을 정한 조항은, 그 사유가 포괄적이고 불분명하여 그 요건의 충족 여부의 판단이 오로지 사업자의 주관적 판단에 맡겨져 있어 부당하므로 無效(약관심사위 의결 제91-4호).

Ⅳ. 契約締結自由의 제한(第3號)

顧客이 제3자와 契約을 체결하는 것을 부당하게 제한하는 約款조항은 無效이다. 본호는 원래 契約上의 公平 원리와 관련된 것은 아니나, 個別約定 아닌 約款에 의하여 顧客의 경제적 활동을 過度하게 제한하는 것은 顧客의 自由를 침해하는 것이고 그 경제적 이익에도 반하므로 이를 無效로 한 것이다.

典型的인 예가 다른 업자와 거래를 하는 경우 損害賠償義務를 지우든가 契約解除權을 발생시키는 등의 조항이다. 競業을 하지 않는다는 것, 雇傭의 종료 후 일정 營業을 하여서는 안 된다는 것, 營業을 讓渡한 자가 일정기간 동안 같은 종류의 營業을 하지 않는다는 것등도 제3자와의 契約締結 금지를 내용으로 하므로, 본호에 포함시켜 생각할 수 있다. 契約당사자간의 신뢰관계와 營業秘密의 보장을 위하여 顧客의 營業 범위를 제한할 필요가 있음을 부인할 수 없으나, 적당한 범위에서 기간, 구역, 영업의 종류 등을 구체적으로 한정하여야 할 것이고, 포괄적이고 일반적인 契約締結의 제한은 허용될 수 없다. 거래의 관행과 契約 쌍방의 경제적 지위 등을 고려하여 相當性 有無를 결정하여야 할 것이다.

V. 秘密의 누설(第4號)

事業者가 거래로 인하여 알게 된 顧客의 비밀을 정당한 이유 없이 제3자에게 누설하는 것을 허용하는 約款조항은 無效이다. 역시 契約法의 原理에 의거한 규정은 아니고, 秘密 유지에 관한 契約外的 이익을 보호하기 위한 규정이다.

원래 타인의 개인적 비밀이나 재산 내지 영업상의 비밀을 본인의 허락 없이 제3자에게 누설하는 것은 不法行爲로 되거나 保護義務 위반으로서 債務不履行으로 된다. 그런데 約款에 의하여 事業者에게 비밀 제공에 관한 권리를 留保하는 경우가 있다. 특히 顧客의 債務不履行이 있을 경우에 이를 信用情報機關 등에 알릴 권리를 가지는 것은 다른 事業者로 하여금 顧客의 신용상태를 알게 하여 事業者 그룹 전체의 이익확보에 도움을 주게 된다. 信用調査의 필요가 있는만큼 제한된 범위에서 事業者 상호간 顧客의 신용에 관한 情報를 교환하는 것을 부당하다고 할 수는 없으나, 꼭 필요한 경우에 公認된 機關에 대하여 最小限의 情報를 제공하는 것만이 正當化될 수 있는 것이므로, 이와 같은 요건에 적합하지 않은 비밀누설 조항은 無效로 보아야 할 것이다.

〈無效조항의 예〉

百貨店信用카드契約 중 "회원이 본 규약을 위반하여 채무를 불이행하는 경우에는 백화점은 이 사실 등의 신용정보를 신용정보기관과 관련업계에 임의로 제공할 수 있읍니다"라는 조항은 고객의 정보를 유출함에 있어 충분한 요건을 제시하지 못하므로 無效(약관심사위 의결 제89-4호).

[孫 智 烈]

第 12 條(意思表示의 擬制)

意思表示에 관하여 정하고 있는 約款의 내용 중 다음 各號의 1에 해당되는 내용을 정하고 있는 條項은 이를 無效로 한다.

1. 일정한 作爲 또는 不作爲가 있을 때 顧客의 意思表示가 表明되거나 表明되지 아니한 것으로 보는 條項. 다만, 顧客에게 상당한 期限 내에 意思表示를 하지 아니하면 意思表示가 表明되거나 表明되지 아니한 것으로 본다는 뜻을 명확하게 따로 告知하거나 부득이한 사유로 그러한 告知를 할 수 없는 경우에는 그러하지 아니하다.
2. 顧客의 意思表示의 形式이나 요건에 대하여 부당하게 엄격한 제한을 가하는 條項
3. 顧客의 이익에 중대한 영향을 미치는 事業者의 意思表示가 상당한 이유 없이 顧客에게 도달된 것으로 보는 條項
4. 顧客의 이익에 중대한 영향을 미치는 事業者의 意思表示에 부당하게 長期의 期限 또는 不確定期限을 정하는 條項

I. 취 지

契約의 성립과 履行過程에 있어서 당사자의 意思表示에 따라 일정한 법률효과가 부여되는 것이 상례이다. 意思表示는 일정한 법률효과의 발생을 원하는 意思의 表示이므로, 외부로 나타나는 행위(表示行爲)를 필요로 한다. 외부로 나타난 행위를 통하여 사회적 經驗法則에 의하여 어떤 意思表示로서의 表示價値가 인정되면, 그 행위는 일정한 效果意思를 표시하는 것으로 다루어지는 것이다. 表示行爲는 보통 언어·문자 등에 의하여 明示的으로 행해지지만 기타의 擧動에 의하는 수도 있으며, 때로는 沈默이 일정한 의미의 意思表示로 해석되기도 한다(默示의 意思表示). 意思表示는 원칙적으로 방식을 요하지 않으며, 상대방에게 到達된 때에 효력을 발생하는 것으로 되어 있다.

意思表示의 방식이나 효력에 관한 법적 규율은 원칙적으로 任意規定에 속하므로, 契約당사자 사이의 합의에 의하여 통상의 규율과 다른 내용을 정할 수 있다. 그러나 約款에 의하여 意思表示의 擬制나 방식·제한 등을 정하는 것은 顧客의 실제의 의사에 의함이 없이 그에게 불이익한 효과를 감수하게 하는 것이므로, 본조는 그런 約款조항에 대한 統制를 규정하는 것이다. 본조의 各號는 모두 相對的 無效조항이다. i는 형식상 絶對的 無效조항처럼 보이지만, 부득이한 사유로 個別 告知를 할 수 없는 경우에는 事業者의 告知 없이도 조항의 有效를 인정하게 되는데 부득이한 사유의 有無는 價値評價를 내포하는 것이므로, 역시 相對的 無效조항이라 할 것이다.

Ⅱ. 意思表示의 擬制(第1號)

직접적으로 법률효과의 발생을 원하는 행위가 아니라도 일정한 擧動이 있는 경우에 意思表示가 表明된 것으로 擬制될 수가 있으며, 때로는 沈默에 의하여 意思表示가 擬制되기도 한다. 그러나 이와 같은 擬制는 법률의 규정이 있거나 거래관행이나 사회통념 등에 의하여 그런 擬制가 正當視되는 사정이 있는 경우 또는 당사자간 미리 그와 같은 擬制가 합의되어 있는 경우에 한한다. 그런데 이와 같은 합의는 個別約定에 의하여야 하며, 約款으로써 일정한 作爲 또는 不作爲가 있을 때 顧客의 意思表示가 表明된 것으로 보는 것은 無效이다. 반면 법률의 규정이나 사회통념 등에 의하여 意思表示의 表明으로 해석되어야 할 擧動이 있는데도 意思表示의 表明을 인정하지 않는 것도 顧客의 이익을 해할 수 있으므로, 본호는 그와 같은 내용의 約款조항도 無效로 하고 있다. 본호는 意思表示 외에 催告, 拒絶 등 意思의 通知나 각종 觀念의 通知에도 적용되는 것으로 본다.

引渡된 물건을 異議 없이 수령하고 즉시 異議를 제기하지 않는 경우에 事業者의 契約期間 延長이나 給付變更에 顧客이 同意한 것으로 본다거나 顧客이 瑕疵擔保請求權을 포기하는 것으로 보는 조항, 송부된 變更約款에 異議하지 않는 경우에 顧客이 同意한 것으로 보는 조항 등이 典型的인 예이다. 그러나 約款조항 없이도 일반적인 규율에 의하여 일정한 意思表示의 존재 또는 부존재가 擬制될 수 있는 경우라면, 그런 내용을 규정한 約款조항을 無效로 할 이유가 없다.

예외로 顧客에게 상당한 期限을 정하여 그 期限 내에 意思表示를 하지 아니하면 意思表示의 表明 또는 不表明이 擬制된다는 뜻을 명확하게 따로 告知하는 경우에는, 意思表示의 擬制에 관한 約款조항이 有效로 된다. 이와 같은 告知가 있음에도 顧客이 반대의 意思表示를 하지 않는다면, 意思表示의 擬制를 容認한 것으로 볼 수 있기 때문이다. 따라서 여기에서의 告知는 擬制의 필요가 있는 때에 별도로 하는 個別的 告知를 말하며, 約款의 해당 조항에 대한 事前的·포괄적인 설명은 이에 해당하지 않는다. 설정된 期限이 상당한지를 판단함에는, 顧客이 필요한 정보를 수집하고 意思表示의 여부를 결정함에 필요한 기간과 意思表示를 행하여 事業者에게 到達시킴에 요하는 기간을 고려하여야 한다. 그런데 거래의 성질상 그와 같은 告知가 불가능한 경우가 있으므로 (不特定의 多數를 상대로 하는 거래, 상대방의 연락처를 알 수 없거나 주소변동 등으로 연락이 되지 않는 경우 등), 부득이한 사유로 告知를 할 수 없는 경우에는 期限을 정한 告知 없이도 約款조항이 有效로 될 수 있는 것으로 하였다. 但書 後段의 예외를 적용함에 있어서는 告知의 가능 여부 외에 그 경우 意思表示를 擬制함이 상당한지의 여부를 심사하여야 할 것이다.

본호 但書는 事業者의 告知가 있으면 約款이 有效로 되고 그 告知가 없으면 約款이 無效로 된다는 式으로 규정되어 있으나, 그대로라면 約款의 有·無效를 事業者의 擧動에 맡기는 것이 되어 타당하지 않다. 意思表示 擬制조항 중 事業者의 告知義務를 전제로 하여 擬制를 규정하는 것이면 有效로 되고, 그렇지 않은 단순擬制조항이면 無效로 되는 것으로 보아야 할 것이다. 約款상 告知義務를 규정하고서도 事業者가 告知하지 않은 경우에는, 約款 자체의 해석상 意思表示의 擬制를 인정할 수 없다. 約款상 告知義務조항이 없는데 事業者가 個別的인 告知를 한 경우라면, 約款 자체는 無效이므로 約款조항에 의하여 意思表示가 擬制될 수는 없고, 일반원칙에 의하여 意思表示의 존부를 판단하여야 할 것이다. 다만 效力維持的 縮小解釋으로 約款의 有效를 인정할 수 있을 것인가의 문제는 남는다.

본호는 顧客의 意思表示에 대한 擬制만을 규정하므로, 事業者의 意思表示에 대한 擬制조항은 본호의 적용대상이 아니다. 事業者의 意思表示에 대한 擬制조항의 상당성 여부에 대하여는 §6에 의한 심사를 받게 될 것이다.

Ⅲ. 意思表示의 형식 등에 대한 제한(第2號)

顧客의 意思表示의 형식이나 요건에 대하여 부당하게 엄격한 제한을 加하는 約款조항은 無效이다. 여기에서 요건이라 함은 意思表示의 효력을 발생시키기 위한 실체법상의 요건을 말하는 것은 아니고, 意思表示의 형식과 관련된 요건을 말하는 것으로 본다. 意思表示의 到達에 관하여 법률이 정하는 외에 특별한 요건을 附加하는 경우도 여기에서의 요건에 해당한다. 본호는 意思表示만을 규정하고 있으나, 意思의 通知나 觀念의 通知 등에도 본호의 적용이 있다고 본다. 事業者의 意思表示의 형식이나 요건에 제한을 가하는 것은 顧客에게 불리하지 않으므로, 본호의 적용대상에서 제외된다.

원칙적으로 意思表示에는 특별한 방식을 요하지 않는다. 그러나 당사자로 하여금 신중하게 행위를 하게 하기 위하여 또는 법률관계를 명확하게 하기 위하여 일정한 방식이나 요건을 요구하는 경우도 있다. 법률의 규정에 의하여 방식이나 요건이 요구되기도 하고, 당사자 사이의 합의에 의하여 이를 정할 수도 있다. 約款에 의하여 意思表示의 방식이나 요건을 정하게 되면, 그 조항을 미처 알지 못하고 일반 방식에 따라 意思表示를 한 顧客에게 부당한 불이익을 줄 수 있으므로, 그와 같은 約款조항을 無效로 한 것이다. 예컨대 중요하지 않은 意思表示를 公證을 거쳐 하도록 하거나, 異議의 제기는 반드시 訴提起의 방법에 의하게 하거나, 意思表示는 특별한 부서 또는 특정인에 대하여서만 하도록 하거나, 意思表示의 시기에 대하여 특별한 제한을 가하는 조항 등이다.

意思表示의 형식이나 요건에 대하여 附加된 제한이 부당하게 엄격한 것이 아닌 때에는 그 約款조항은 無效로 되지 않는다. 일반적으로 取消·解除·履行請求 등 중요한 意思表示에 대하여 文書로 할 것을 요구하는 것은 부당하게 엄격한 것이 아닌 것으로 보아야 할 것이다. 事業者로서는 법률관계를 명확하게 하기 위하여 文書에 의한 意思表示를 요구할 충분한 이익이 있고, 그것이 顧客에게 큰 부담을 주는 것도 아니기 때문이다. 그러나 신용카드의 분실 통지와 같이 긴급을 요하고 구태여 文書에 의하지 않고 電話 등에 의하여도 事業者의 업무처리에 지장을 주지 않는 경우라면, 文書의 형식을 요하는 것이 부당한 제한이 될 수 있다. 결국 意思表示의 성격과 事業者, 顧客의 利益衡量에 따라 결정할 사항이다. 독일의 約款法은 顧客의 通知 또는 意思表示에 형식 또는 특별한 到達요건을 과하는 約款조항을 無效로 하면서도 書面條項에 대하여는 예외를 인정하고 있다(§11 vi).

〈無效조항의 예〉
病院의 豫約診療申請書 중 "부득이한 사정으로 예약을 취소 또는 변경해야 할 경우에는 예약진료 전일 16시까지 본신청서를 지참하고 당해 진료과에 오셔서 취소 또는 변경수속을 하기기 바랍니다"라는 조항은, 고객이 병원을 방문하지 않고 다른 방법으로 또는 예약 당일에 취소·변경하더라도 언제나 사업자에게 불이익이 발생한다고 보기 어려우므로, 본호에 해당되어 無效(약관심사위 의결 제90-4호).

Ⅳ. 意思表示의 到達(第3號)

顧客의 이익에 중대한 영향을 미치는 事業者의 意思表示가 법률이 정하는 요건을 갖추지 못한 경우에도 顧客에게 到達된 것으로 보는 約款조항은 無效이다. 顧客이 하는 意思表示의 到達요건을 완화하는 조항은 顧客에게 불리할 것이 없으므로 본호의 적용대상이 되지 않으며, 이를 강화하는 조항에 대하여는 ii가 적용된다. 民 §111 Ⅰ은 "상대방 있는 意思表示는 그 通知가 상대방에게 到達한 때로부터 그 효력이 생긴다"고 규정하여 到達主義를 택하고 있으며, 여기에서 到達이라 함은 상대방의 支配圈 내에 들어가 사회통념상 일반적으로 了知할 수 있는 상태가 생겼다고 인정되는 것으로 해석되고 있다. 이와 달리 事業者의 意思表示에 관하여 發信만으로 효력을 발생하게 한다거나 延着이나 不到達의 경우 통상 도착하여야 할 때에 顧客에게 도착한 것으로 擬制하는 조항 등은 無效이다.

그러나 事業者가 顧客에게 하는 각종의 通知나 意思表示에 대하여 事業者가 일일이 그 到達 사실을 입증하여야 한다는 것은 事業者에게 큰 부담이 아닐 수 없다. 따라서 본호는 顧客의 이익에 중대한 영향을 미치지 않는 意思表示에 대하여는 到達擬制조항의 有效를 인정하고 있다. 契約의 取消나 解除, 給付變更의 請約, 履行遲滯를 발생시키거나 時效中斷 사유가 되는 履行의 請求 등 顧客의 契約상 지위와 給付 내용에 본질적인 영향을 미치는 것은 중대한 意思表示로 볼 것이다. 이에 반하여 거래상황 등 각종 情報의 通知, 相計의 通知, 顧客의 요청사항에 대한 승인 등은 顧客의 이익에 중대한 영향을 미치는 것이라고 할 수 없다.

V. 意思表示의 期限(第4號)

顧客의 이익에 중대한 영향을 미치는 事業者의 意思表示에 부당하게 長期의 期限 또는 不確定期限을 정하는 조항은 無效이다. 이 경우 顧客이 事業者의 意思表示를 지나치게 오래 기다리게 되어 그 契約상의 지위가 不安定하게 되므로, 그 約款조항을 無效로 한 것이다. 事業者의 意思表示에 期限이 설정되는 경우의 대표적인 예는 顧客의 請約에 대한 承諾 또는 拒絶에 대하여서이다. 請約에 承諾期間이 정하여져 있지 않는 경우에 請約者는 상당한 기간 동안 그 請約에 拘束받는데(民 §529), 통상 그 承諾期間은 請約이 상대방에게 到達하는 데 필요한 기간, 상대방이 請約에 대한 諾否를 결정하는 데 필요한 기간, 承諾의 通知가 請約者에게 到達하는 데 필요한 기간을 고려하여 결정된다. 承諾期間을 부당하게 長期로 하거나 不確定期限으로 하는 조항은 無效이다. 독일 約款法 §10 i는 顧客의 請約에 대한 承諾이나 拒絶에 대하여 부당하게 長期이거나 不確定한 期限을 정하는 約款만을 無效로 한다.

顧客의 이익에 중대한 영향을 미치는 意思表示의 의미에 관하여는 前述 Ⅳ 참조.

[孫　智　烈]

第 13 條(代理人의 責任加重)

顧客의 代理人에 의하여 契約이 체결된 경우 顧客이 그 義務를 이행하지 아니하는 때에는 代理人에게 그 義務의 전부 또는 일부를 이행할 責任을 지우는 내용의 約款條項은 이를 無效로 한다.

代理人은 본인을 위하여 契約을 체결하는 것이므로, 契約의 법률효과는 본인과 상대방 사이에서 생길 뿐 代理人과 상대방 사이에는 아무런 권리의무가 발생하지 않는다. 본인이 契約을 이행하지 않더라도 본인 자신이 債務不履行責任을 질 뿐이고, 代理人은 아무런 契約상의 責任을 지지 않는다(경우에 따라 不法行爲責任을 지는 것은 별론으로 한다). 그런데 事業者는 자신의 이익을 위하여 約款 중에 契約書에 서명한 代理人도 본인과 함께 책임을 진다는 조항을 두는 예가 있다. 이와 같은 조항은 契約체결에 임하는 代理人의 의사 그리고 쌍방간에 양해된 사항에 반하여 代理人에게 예견하지 못한 契約責任을 지우는 것이므로 이를 無效로 하는 것이다. 상당한 이유의 유무를 묻지 않는 絶對的 無效조항이다.

代理人에는 任意代理人과 法定代理人을 모두 포함한다. 특히 未成年의 子女를 代理하는 父母나 夫婦의 일방을 代理하는 他方 配偶者의 경우가 문제되는 경우가 많다. 그러나 계약서 중에 代理人이 동시에 連帶債務者 또는 保證人이 됨을 명시한 경우에는 본조가 적용되지 않음은 물론이다. 그리고 契約체결에 즈음하여 事業者가 별도의 明示的인 意思表示에 의하여 이 조항을 熟知시켰다면 事業者와 代理人 사이에 代理人의 책임에 관한 個別約定이 성립하였다 할 것이므로, 역시 본조의 적용 여지가 없다.

無權代理人은 民 §135에 의하여 상대방에 대한 책임을 지게 되는바, 約款으로써 無權代理人에 대하여 同法條의 책임보다 더 무거운 책임을 지우는 것도 無效로 보아야 할 것이다.

[孫 智 烈]

第 14 條(訴提起의 금지 등)

顧客에 대하여 부당하게 불리한 訴提起의 禁止條項 또는 裁判管轄의 合意條項이나 상당한 이유 없이 顧客에게 立證責任을 부담시키는 約款條項은 이를 無效로 한다.

I. 취 지

事業者는 契約상의 권리의무, 契約의 이행과정 기타 契約에 附隨한 사항에 대하여 자신에게 유리한 내용을 約款에 포함시킬 뿐만 아니라, 顧客과 사이에 訴訟이 벌어질 경우에 대비하여 訴訟上 유리한 지위에 관한 사항도 約款

에 포함시키는 예가 많다. 당사자 사이의 분쟁은 결국 訴訟에 의하여 해결되므로, 訴訟上 어떤 지위에 놓이는가 하는 것은 당사자의 법적 지위에 중대한 영향을 미치게 된다. 본조는 訴訟과 관련하여 事業者에게 일방적으로 유리하고 顧客에게 부당하게 불리한 約款조항을 無效로 하고 있다. 不提訴合意조항, 管轄合意조항, 立證責任轉換조항 등을 들고 있으나, 본조에 열거되지 않은 조항이라도 부당한 조항(訴訟費用을 顧客에게 부담시키는 조항, 準據法조항, 證據契約조항 등)은 §6에 의하여 無效로 될 수 있다. 訴訟은 법률이 정하는 절차에 의하여 진행되고 당사자의 合意에 의한 절차의 변경은 원칙적으로 허용되지 않는 것이므로, 合意가 허용되지 않는 사항에 관한 約款조항은 그 자체로써 無效로 된다. 그러나 원칙적으로 당사자간 合意가 허용되는 범위 내에서는 訴訟上 合意에 따르는 경제적·사회적 이익도 있는 것이므로, 본조는 부당하게 불리하지 않고 상당한 이유가 있는 경우에는 訴訟上 合意에 관한 約款조항도 효력을 가질 수 있는 것으로 하고 있다.

〈無效조항의 예〉
住宅分讓契約書 중 "소송에 소요되는 일체의 비용은 고객의 부담으로 한다"라는 조항은, 소송비용은 원칙적으로 패소자가 부담하도록 한 민사소송법의 규정을 정면으로 회피하여 재판의 승소, 패소를 불문하고 고객에게 소송비용을 부담케 한다는 뜻을 정하여 고객으로 하여금 부당하게 소송을 포기하는 결과를 초래할 우려가 있으므로, 제6조 제1항에 해당되어 無效(약관심사위 의결 제88-7호).

Ⅱ. 不提訴 合意

契約당사자 사이에 그 契約으로 인한 債務의 履行을 訴로써 請求하지 않겠다고 하는 合意도, 그것이 不公正行爲 또는 反社會秩序行爲에 해당하지 않는 한, 有效하게 성립할 수 있다. 不提訴 合意에 반하여 제기된 訴의 제기는 訴의 이익이 없어 不適法 却下된다. 그러나 不提訴 合意는 顧客으로부터 권리구제수단을 원천적으로 빼앗는 것이므로 반드시 個別約定에 의하여야 하며, 約款에 의한 不提訴 合意는 無效이다. 부당하게 불리하지 않은 不提訴 合意조항은 有效한 것으로 규정하고 있으나, 그 예외를 인정함에는 극히 신중을 기하여야 할 것이다. 본조에서 訴提起라 함은 本案의 提訴는 물론이고 保全訴訟 등 強制執行에 있어서의 申請까지를 포함한 訴訟節次上의 일체의 申請行爲를 뜻한다.[1)]

1) 大判 94.12.9, 93다43873(公 1995, 439).

주 1의 大判 94. 12. 9, 93다43873은 은행에 대하여 保證書의 발급을 의뢰하는 支給保證約定書 중 "본인은 귀행의 보증채무 이행을 저지할 목적으로 가압류, 가처분신청을 포함한 일체의 이의를 제기하지 않겠으며, 어떠한 사유로도 귀행의 보증채무에 대하여 일체의 압류, 보전처분신청 및 본안소송을 제기하지 않겠음"이라는 조항에 대하여, "약관규제법상 약관의 내용통제원리로 작용하는 신의성실의 원칙은 당해 약관이 사업자에 의하여 일방적으로 작성되고 상대방인 고객으로서는 그 구체적 조항 내용을 검토하거나 확인할 충분한 기회가 없이 계약을 체결하게 되는 계약성립의 과정에 비추어 약관 작성자로서는 반드시 계약상대방의 정당한 이익과 합리적인 기대에 반하지 않고 형평에 맞게끔 약관조항을 작성하여야 한다는 행위원칙을 가리키는데, 이 사건 부제소 특약은 고객에 대하여 당해 거래상의 예상가능한 분쟁에 관한 소권을 일체 배제시킴으로써 일방적으로 불리하게 기능하게 되는 부당한 약관에 해당하는 것임이 분명한 이상, 이러한 내용의 약관은 일반 고객의 거래상의 정당한 이익과 합리적 기대를 고려함이 없이 오로지 사업자의 편의만을 위하여 작성된 것으로서 신의성실의 원칙에 반하여 공정을 잃은 것이라고 아니할 수 없다"고 하여 본조에 따라 無效임을 선언하였다.

不提訴 合意와 관련하여 仲裁條項도 문제로 된다. 仲裁라 함은 당사자가 일정한 권리관계에 관한 분쟁에 관하여 제3자인 仲裁人에게 그 해결을 맡겨 仲裁人의 判定에 복종할 것을 약정하고(仲裁契約) 그에 터잡아 행하여지는 절차이다. 仲裁契約의 당사자는 仲裁判定에 따라야 하고 訴의 제기는 금지되므로(仲裁法 §3), 仲裁契約은 일종의 不提訴 合意라고 할 수 있다. 仲裁契約은 書面에 의한 명시적인 합의를 요하는데(仲裁法 §2 ii), 約款인 契約書에 포함된 仲裁條項이 적법한 仲裁契約인가에 대하여는 否定說, 肯定說, 그리고 對等한 당사자간에 있어서는 仲裁約款의 효력을 肯定하여야 할 것이고 不對等한 당사자간에 있어서 衡平에 어긋난다고 판단될 경우에는 그 구속력을 否定할 수 있다고 하는 折衷說 등의 다툼이 있다. 仲裁는 單審이기 때문에 법원의 裁判에 비하여 신속하며 비용도 低廉하고 절차진행에 彈力性이 있고 전문가를 仲裁人으로 선정함으로써 실정에 맞는 분쟁해결을 할 수 있다는 등 長點이 있으나, 한편으로 당사자가 仲裁人을 선정하기 때문에 仲裁人이 中立性을 잃고 당사자의 이익 代辯人의 구실을 할 위험을 排除할 수 없을 뿐만 아니라 仲裁에 관한 식견이나 경험이 없는 顧客이 事業者에 비하여 劣惡한 지위에서 절차가 진행될 가능성이

있으며 일단 仲裁判定이 되면 不服을 할 수 없다는 점 등에서 顧客의 이익을 해할 우려가 많으므로, 個別約定이 아닌 約款조항에 의한 仲裁合意는 본조에 의하여 원칙적으로 無效인 것으로 봄이 상당하다.[2] 다만 본조의 적용이 배제되는 §15 소정의 '國際的으로 통용되는 約款' 중 仲裁條項의 효력은 인정된다.

Ⅲ. 裁判管轄의 合意

裁判管轄이란 裁判權을 행사하는 여러 법원 사이에서 어떤 법원이 어떤 사건을 담당처리할 것인가에 관하여 裁判權의 分掌關係를 정하여 놓은 것을 말한다. 原告의 입장에서는 어느 법원에 訴를 제기할 것인가의 문제이고, 被告의 입장에서는 어느 법원에서 訴提起를 당하여 應訴하여야 하는가의 문제이다. 管轄에는 職分管轄과 事物管轄, 土地管轄이 있어서 각각 법률에 따라 정해지지만, 專屬管轄의 경우를 제외하고는 당사자간의 합의에 따른 合意管轄도 허용되고 있다(民訴 §26). 그리고 管轄의 合意에는 특정한 법원에 대하여만 管轄權을 인정하고 그 밖의 法定管轄을 排除하는 專屬的 合意와 法定管轄 외의 다른 법원을 附加하는 附加的 合意가 있다.

事業者의 約款 중에 裁判管轄의 合意에 관한 조항이 들어 있는 예가 많다. 事業者로서는 자신에게 편리한 법원에 提訴하거나 應訴할 수 있어서 유리하지만, 顧客의 입장에서는 遠距離의 법원에 提訴하거나 應訴할 수밖에 없어서 대단히 불편 내지 불리하며 請求金額이 少額인 때에는 訴訟을 단념하여야 하는 실제상의 불이익까지 입는다. 따라서 본조는 顧客에게 부당하게 불리한 裁判管轄의 合意조항을 無效로 하고 있다. 約款상의 管轄合意가 專屬的 合意인 경우에는(대개는 事業者의 주소지 또는 영업지 소재 법원을 管轄법원으로 合意할 것이다), 특별한 사정이 없는 한 無效로 보아야 할 것이다. 附加的 合意에 대하여는 심히 부당한 경우가 아닌 한 그 효력을 인정하여도 좋을 것이다. 大決 77.11.19, 77마284(公 577, 10507)은 約款規制法 시행 전에 大韓住宅公社의 아파트分讓契約書 중 "본계약에 관한 소송은 대한주택공사가 지정하는 법원을 관할법원으로 한다"라는 조항에 관하여, 이는 "전국의 법원 중 대한주택공사가 선택하는 어느 법원에나 관할권을 인정한다는 내용의 합의라고 볼 수밖에 없어 관할법원을 특정할 수 있는 정도로 표시

2) 同旨 李銀榮, 357; 李相理·權大祐, 約款의 規制에 관한 法律 解說, 94.

한 것이라고 볼 수 없을 뿐 아니라 이와 같은 관할에 관한 합의는 피소자의 권리를 부당하게 침해하여 공평의 원칙에 어긋나는 결과가 되어 무효"라고 판시한 바 있는데, 본조의 적용에도 참고가 된다 하겠다.

「割賦去來에 관한 法律」§16과 「訪問販賣 등에 관한 法律」§25는 割賦契約 및 訪問販賣 또는 多段階販賣에 관한 契約에 관한 訴訟은 提訴 당시 顧客(매수인·구매자)의 주소 또는 거소를 管轄하는 지방법원의 專屬管轄로 하고 있다(단만, 주소 불명시는 예외로 함). 따라서 이들 契約에 관하여는 約款에 裁判管轄에 관한 合意를 규정하더라도 絶對無效로 된다.

〈無效조항의 예〉

① 콘도미니엄分讓契約書 중 "계약에 관하여 분쟁이 발생할시는 본사를 관할하는 지방법원을 관할법원으로 한다"라는 조항에 관하여, "민사소송법은 피고의 주소지 소재 관할법원에 관할권을 부여하는 것을 기본원칙으로 하고 있다. 위 조항의 관할합의가 다른 관할을 배제해 놓은 것이 아닌 한 부가적 관할의 합의한 것으로 해석한다 하더라도 고객이 사업자에 비하여 관할법원을 선택할 여지가 없고 사업자에게 유리하게 작용할 우려를 배제할 수 없으므로 고객에게 부당하게 불리한 부가적 합의관할이 포함되어 있다고 보아야 할 것이다. 또한 위 조항은 법률전문가가 아닌 고객으로 하여금 전속관할과 같이 지정된 법원에서만 소송할 수 있다는 취지로 이해될 여지가 많으므로 실제 부당한 결과를 초래할 수 있다"고 하여 본조에 따라 無效 선언(약관심사위 의결 제89-5호).

② 病院診療契約書 중 "본건에 관한 소송은 귀원의 소재지를 관할하는 법원을 전속적으로 제1심법원으로 하는 데에 동의합니다"라는 조항에 관하여, "재판관할에 관한 규정은 소송수행상의 편의를 고려하여 정한 것으로 소송담당자는 합의에 의하여 제1심 관할법원을 정할 수 있으나, 입원서약서상의 전속적 합의관할조항은 환자가 자기 주소지의 법원에서 소송할 수 있는 길이 사실상 차단되어 고객에 대하여 부당하게 불리하다"고 하여 본조에 따라 無效 선언(약관심사위 의결 제90-4호).

③ 事務器機賣買契約書 중 "이 계약과 관련된 모든 법적 분쟁은 사업자의 관할법원 또는 사업자가 지정하는 법원을 제1심법원으로 한다"라는 조항에 관하여, "모든 재판관할 합의가 반드시 부당하다고는 할 수 없으나 그러한 재판관할 합의의 유효성은 당사자 사이에 개별적이고 명백한 특약이 있는 경우에 한하고 사업자와 고객간의 거래에 이용되는 약관 속에 민사소송법상의 관할법원 규정보다 고객에게 불리한 관할법원 조항을 포함시키는 것은 경제적 약자인 고객에게는 응소상의 큰 불편을 초래할 우려가 있다. 또한 위 약관조항은 사업자에게 관할법원의 지정권을 부여하고 있어 고객에게 불리한 상황을 초래할 우려가 크다"는 이유로 본조에 따라 無效 선언(약관심사위 의결 제90-9호).

Ⅳ. 立證責任의 轉換

立證責任이란 訴訟上 어느 사실의 存否가 不明인 경우에 그 사실이 不存在한 것으로 취급되어 그 사실을 요건으로 하는 법률효과가 발행하지 않게 됨에 따라 어느 일방 당사자가 입는 불이익 또는 위험을 말한다. 通說과 判例는 이른바 法律要件分類說의 입장에서 각각의 경우에 적용할 法規의 해석과 公平의 原理 등에 의하여 立證責任의 分配를 정하고 있다. 眞僞不明의 경우에 立證責任의 여하에 따라 訴訟의 成敗가 결정되므로, 立證責任의 分配는 당사자의 이해관계에 甚大한 영향을 미친다. 事業者는 자신이 부담하여야 할 立證責任을 顧客에게 轉嫁시킴으로써 訴訟上 우월한 지위에 설 뿐만 아니라 결과적으로 자신의 實體法上 責任을 벗어나는 효과를 거둘 수 있다.

따라서 상당한 이유 없이 事業者가 부담하여야 할 立證責任을 顧客에게 부담시키는 約款조항은 無效이다. 立證責任에 관한 사항은 任意法規에 속하므로 당사자간의 合意로써 立證責任을 轉換시킬 수 있는 것이지만, 그 사항의 중요성을 감안하여 約款에 의한 立證責任의 轉換은 원칙적으로 허용하지 않는 것이다. 특히 事業者의 責任領域에 속하는 사항에 관한 立證責任을 顧客에게 轉嫁하는 約款조항은 허용될 수 없다. 債務不履行을 원인으로 하는 損害賠償訴訟에 있어서는 債務者가 자신의 過失 없음을 입증할 責任을 부담하는 것인데, 事業者의 約款 중 顧客이 損害賠償을 청구하기 위하여 事業者의 귀책사유를 입증하여야 한다는 취지로 규정한다면 이는 無效라 할 것이다. 또 不法行爲에 있어서 원래라면 被害者가 過失에 대한 立證責任을 부담하여야 하나 公害訴訟·醫療過失訴訟 등에 있어서는 公平의 原理에 의하여 被害者의 立證責任을 輕減시키고 있는바, 被害者인 顧客에 대하여 事業者의 過失에 대한 완전한 입증을 요구하는 約款조항도 無效로 된다. 約款 중 顧客에 대하여 어떤 사실을 확인하게 함으로써 그 사실에 대한 事業者의 立證責任을 免하는 조항도 無效이다. 본조의 규정상 상당한 이유가 있으면 立證責任을 전환시킬 수 있는 것으로 되어 있으나, 相當性의 인정에는 극히 신중을 요한다. 참고로 독일의 約款法 §11 xv는 立證責任 轉換 조항을 評價可能性 없는 絶對的 無效조항으로 하고 있다.

[孫 智 烈]

第 15 條(適用의 제한)

國際的으로 통용되는 約款 기타 특별한 사정이 있는 約款으로서 大統領令이 정하는 경우에는 第7條 내지 第14條의 規定의 適用을 條項別, 業種別로 제한할 수 있다.

約款 §§7 내지 14는 約款의 內容統制에 관한 具體的 禁止條項의 목록을 열거하고 있는바, 國際的으로 통용되는 約款 기타 특별한 사정이 있는 約款으로서 大統領令이 정하는 경우에는 그 목록의 적용이 條項別, 業種別로 제한된다.

위 禁止條項 목록을 國際的인 約款에 적용하지 않을 수 있게 한 것은, 위 목록은 주로 국내에서 사용되는 約款조항 중 不公正한 類型을 추출한 것으로서 國際去來의 約款에 적절하지 못한 점이 있을 뿐만 아니라 國際的으로 有效한 것으로 통용되는 約款을 國內法으로 無效로 하게 되면 불필요한 國際去來상의 분쟁을 일으킬 수 있기 때문이다. 현재 大統領令으로써 '국제적으로 통용되는 운송업'과 '국제적으로 통용되는 金融業 및 보험업'의 約款에 대하여 위 禁止條項 목록 전부의 적용이 제한되고 있다(約款令 §3 i·ii). 그런데 국제적인 운송업이나 금융업·보험업에서 사용되는 모든 約款에 대하여 본조에 의한 적용제한이 있는 것은 아니며, 그런 業種에서 국제적으로 多數에 의하여 통용되는 約款에 한하여 본조가 적용된다.[1]

한편 국내에서 사용되는 約款 중에서도 특별한 사정이 있는 경우 즉 어느 業種의 특수성이 강하여 일반적인 約款 규제와는 基本發想을 달리할 필요가 있는 경우[2]에는 大統領令이 정하는 바에 따라 위 禁止條項 목록의 적용이 제한될 수 있다. 현재 '수출보험법에 의한 수출보험'에서 사용하는 約款에 대하여 위 목록 전부의 적용제한이 인정되고 있다(위令 §3 iii).

위의 大統領令이 정하는 約款에 대하여는 §§7 내지 14는 적용되지 않지만, §6의 內容統制에 관한 一般條項은 적용된다.[3] 이에 대하여는 §6의 적용도 제한된다는 反對說이 있다.[4] 국제적으로 통용되는 約款에 대하여는 §6를 적용함에 있어서도 그 約款의 國際性을 충분히 고려하여야 할 것이다. 그러나

1) 大判 94.12.9, 93다43873(公 1995, 437).
2) 李銀榮, 360.
3) 同旨 李銀榮, 362; 李相理·權大祐, 約款의 規制에 관한 法律 解說, 98.
4) 孫珠瓚, "約款規制法의 制定과 問題點", 現代經濟法學의 課題, 630.

특별한 사정이 있는 국내 約款의 경우에는 거래의 특성을 고려하는 외에 특별히 배려할 필요는 없다. 그리고 이들 約款에 대한 §6에 의한 內容統制는 법원에 의한 심사에 한하고, §17의 2, §18에 의한 是正措置, §19에 의한 심사 등의 대상은 되지 않는 것으로 봄이 상당하다.[5)]

[孫　智　烈]

第 16 條(一部無效의 特則)

約款의 전부 또는 일부의 條項이 第3條 第3項의 規定에 의하여 契約의 내용이 되지 못하는 경우나 第6條 내지 第14條의 規定에 의하여 無效인 경우 契約은 나머지 부분만으로 有效하게 存續한다. 다만, 有效한 부분만으로는 契約의 目的達成이 불가능하거나 一方當事者에게 부당하게 불리한 때에는 당해 契約을 無效로 한다.

I. 취　지

民 §137 I 은 "法律行爲의 一部分이 無效인 때에는 그 全部를 無效로 한다. 그러나 그 無效部分이 없더라도 法律行爲를 하였을 것이라고 認定될 때에는 나머지 部分은 無效가 되지 아니한다"고 규정한다. 法律行爲의 일부가 無效로 되면 대개의 경우 당사자가 의욕한 법률효과와는 다른 效果를 낳게 되는데, 그와 같이 變形된 모습의 법률효과를 당사자에게 강제하는 것은 私的 自治의 원칙에 반하기 때문이다.

그러나 約款의 경우에는 사정이 다르다. 우선 約款의 내용은 契約의 附隨的 사항에 관련된 것이 대부분이므로, 그 전부 또는 일부의 無效가 契約 전체에 미치는 효과도 본질적이 아닌 경우가 많다. 특히 顧客의 입장에서 본다면 거래조건의 여하를 불문하고 경제적 優位에 있는 事業者로부터 給付를 제공받는 것 자체에 관심을 가지는 경우가 많으므로, 約款의 無效가 契約 전부의 無效로 되어 給付 中止의 결과를 초래한다면, 顧客의 이익을 위한 約款의 규제

5) 同旨 李相理 등(註 3), 98.

가 오히려 顧客에게 부담으로 될 수 있다. 事業者의 입장에서도 約款에 의하여 체결된 대량의 거래를 전부 無效로 하는 것보다는 契約 자체는 有效로 하는 것을 원하는 경우가 많을 것이다. 無效 부분을 제외한 나머지 부분만의 有效를 인정하는 것이 事業者에게 불리하게 작용함은 사실이나, 事業者는 그 約款을 작성하여 提案하는 자이므로 그 無效에 따른 불이익을 감수시킨다고 하여 부당할 것은 없다.

이리하여 본조는 一部無效의 特則을 규정하고 約款의 전부 또는 無效가 契約 내용으로 되지 않거나 無效인 경우에 원칙적으로 契約은 나머지 부분만으로 有效하게 존속하는 것으로 하였다. 다만 그와 같은 규율이 심히 부당한 결과로 될 때에는 예외적으로 契約 전부를 無效로 한다.

約款의 전부 또는 일부가 無效임에도 契約이 有效하게 존속하는 경우 그 約款으로 규율되고 있던 사항은 어떻게 규율될 것인가? 본조는 이 문제를 明示的으로 규정하지 않고 해석론에 맡기고 있다. 이와 관련하여 約款조항이 無效인 경우에 그 約款조항을 전적으로 排除하여야 하는가, 아니면 相當性이 인정되는 범위로 縮小하여 效力을 인정할 수 있는가 즉 效力維持的 縮小解釋이 허용되는가의 문제가 있다.

Ⅱ. 契約效力 존속의 원칙

約款의 전부 또는 일부가 事業者의 明示, 說明義務 위반으로 契約내용이 되지 못하거나 §§6 내지 14 위반으로 無效가 되는 경우에도, 契約은 나머지 부분만으로 有效하게 존속한다. 당사자의 실제 의사 또는 推定的 의사가 어떤가와 관계 없이 契約效力이 유지된다. 約款 중에 이와 달리 契約 전부가 無效로 된다고 규정하더라도 그 約款조항은 본조 위반으로 效力이 없다(強行規定的 성질). 그러나 個別約定으로 반대의 내용을 약정한다면 그 效力을 인정하지 않을 수 없다. 約款의 전부 또는 일부가 約款規制法 위반 이외의 사유로 無效로 되거나(強行法規 위반, 社會秩序 위반 등) 錯誤 등의 이유로 取消되는 경우에도, 본조가 적용된다.

Ⅲ. 約款 無效로 인한 欠缺의 보충—效力維持的 縮小解釋의 可否

約款의 전부 또는 일부가 契約 내용으로 되지 않거나 無效임에도 불구하고 契約 자체는 有效하게 존속하는 경우, 그 約款조항에 의하여 규율되던 사항에 관하여 任意法規가 있으면 그 任意法規가 적용된다.[1] 任意法規에 우선하는 事實인 慣習이 있다면 그에 의하여야 함이 民法의 원칙이나(民 §106), 많은 경우에 約款의 내용이 事實인 慣習으로 되어 있는 예가 많고 事實인 慣習이라는 것이 顧客보다는 事業者의 이익을 위하여 형성되는 것이 보통이므로, 事實인 慣習을 인정함에는 신중을 요한다. 任意法規도 없는 사항에 대하여는 당사자의 全體的 의사나 信義誠實(條理) 등에 의하여 補充的 契約 解釋을 행한다. 이 경우 有效하게 남아 있는 개개 約款조항 또는 約款 전체의 文脈도 당사자의 의사로서 고려될 수 있다.

約款 §§6 내지 14 위반으로 約款조항이 無效로 되는 경우에, 그 조항 전부의 無效를 선언하는 대신, 相當性의 범위를 초과하는 부분만을 無效 선언하고 상당하다고 인정되는 범위 내에서 效力을 維持시킬 수 있는가? 이른바 效力維持的 縮小解釋 내지 修正解釋[2]의 문제이다. 이것이 허용된다면 이 경우에는 契約의 欠缺을 인정할 필요 없이 縮小解釋에 의하여 無效인 約款조항을 보충할 수 있을 것이다.

법원이 效力維持的 縮小解釋을 인정하게 되면, 約款 작성자(事業者)로서는 約款의 無效를 걱정할 필요 없이 最大限 자신에게 유리한 約款조항을 규정하려 할 것이므로, 約款의 적정화를 도모하고자 하는 約款規制法의 입법취지가 몰각될 염려가 있으며, 또 顧客의 입장에서는 約款조항이 有效인가 無效인가에 대하여 명확한 情報를 얻을 수 없다는 이유로 이와 같은 變則的 해석을 否定하는 견해가 있다.[3] 多數說은 원칙적으로 效力維持的 縮小解釋을 否定하지만

1) 同旨 李銀榮, 367; 張敬煥, "約款規制法 一般條項에 관한 硏究"(서울대학교박사학위논문), 220. 독일 約款法 §6 Ⅱ는 契約不編入이나 無效로 된 부분에 대하여 任意法規가 적용됨을 明文으로 규정하고 있다.

2) 後述 大判 91.12.24가 修正解釋이라는 용어를 쓰고 있으나, 法官은 원칙적으로 契約조항의 소극적 無效를 선언할 수 있을 뿐 적극적으로 契約 내용을 修正할 권한을 가지는 것이 아니므로, 修正解釋이라는 용어는 적절하지 않은 것으로 보인다.

3) 李羲榮, "約款規制法 第8條, 第6條에 違背되는 約款의 效力", 法曹 1992-2, 187. 독일의 判例는 원칙적으로 效力維持的 縮小解釋을 인정하지 않고 있다. BGHZ 84, 109 등.

예외적인 사정이 있는 때에는 그와 같은 해석도 가능하다는 입장이다(制限的 肯定說).[4] 원칙적으로 이와 같은 解釋은 적절하지 않은 것이나, 개별 사건에서 約款조항의 無效事由가 인정되기는 하나 그 조항을 완전 無效로 하는 것은 거래의 실질에 맞지 않고 具體的 妥當性에 반하게 되는 경우가 없지 않으므로, 그 約款조항이 無效임이 누가 보더라도 명백한 경우가 아니라면, 例外的으로 效力維持的 縮小解釋을 용인하지 않을 수 없다. 다만 效力維持的 縮小解釋으로 인하여 顧客이 부당한 不利益을 입는 일이 없도록 신중을 기하여야 함은 물론이다. §17 이하에 의하여 公正去來委員會에서 約款심사(抽象的 심사)를 하는 과정에 있어서는 效力維持的 縮小解釋을 할 필요가 없으며, 無效로 판정되는 한 그 조항 전부의 削除, 修正을 命하거나 勸告하여야 할 것이다.[5)6)]

大判 91. 12. 24, 90다23899(公 1992, 652)는 自動車綜保約款 중 無免許運轉 免責條項에 관련하여, 그 免責條項이 約款規制法에 위반되어 無效이지만 그 내용 일부를 修正하여 無免許運轉이 保險契約者나 被保險者의 지배 또는 관리가능한 상황에서 이루어진 경우에 한하여 保險會社가 免責되는 것으로 해석하는 범위에서는 有效로 인정할 수 있다고 하여, 效力維持的 縮小解釋(修正解釋)을 인정하였다.[7] 大判 94. 5. 10, 93다30082(公 1994, 1641)는 約款 §8(損害賠償額의 豫定) 위반의 約款조항에 관하여 效力維持的 縮小解釋을 否定하였으나, 이 判例는 效力維持的

---

4) 張敬煥(註 1), 224 이하는 원칙적으로 效力維持的 縮小解釋이 허용되지 않는다고 하면서, 다만 "당해 約款조항의 상당한 내용의 한계에 관하여 學說이나 判例에서 다툼이 있다든가 당해 거래관행상 명확한 기준이 아직 확립되어 있지 않다든가 하는 특별한 사정이 있어서 約款 사용자의 눈에 約款조항의 우리 約款法과의 不一致가 뚜렷하게 드러나지 못하는 경우," 또는 "約款 사용자가 그것을 고려하는 것이 기대하기 어려울 정도로 극히 드물게 발생하는 예외적인 사정(예컨대 判例變更의 경우)이나 그것을 고려하여 約款조항의 文言을 작성할 때에는 顧客에게 이해되기 어려운 복잡한 내용의 조항으로 될 우려가 있는 예외적인 사정이 있는 경우"에는 縮小解釋도 가능하다고 한다. 李銀榮, 369도 效力維持的 縮小解釋을 원칙적으로 否定하면서, 約款조항의 규율내용을 分解할 수 있는 경우에는 縮小解釋을 인정함이 約款규제에 의한 契約 조항의 欠缺을 最小化하면서 법률관계를 명확하게 하는 방안이라고 한다. 梁彰洙, "自動車保險約款의 無免許運轉免責條項에 대한 內容統制", 李會昌紀念論文集, 743도 우리 約款規制法의 個別的 禁止條項은 독일에서와는 달리 대부분 評價可能性이 留保되어 있는 것들이어서 어떤 約款조항이 無效로 될 것인가를 事前에 분명하게 알기가 어렵고, 또 우리 재판실무상 이미 效力維持的 縮小解釋을 통하여 具體的 妥當性을 찾는 방식이 매우 익숙하다는 등의 사정을 들어, 效力維持的 縮小解釋을 肯定하고 있으며, 金東勳, "約款의 內容統制와 修正解釋", 人權과 正義 1995-3, 67 이하도 같은 입장이다.

5) 制限的 肯定說을 주장하는 學者들도 이 점에 대하여는 異論이 없다.

6) 독일에서도 처음에는 多數說이 判例에 동조하여 縮小解釋을 否定하였으나, 近時에는 개별 사건에서의 約款조항 심사에 관한 한 效力維持的 縮小解釋을 인정하는 것이 通說로 되어 있다. 독일에서의 學說·判例에 관하여 MünchKomm Bd. 1, AGBG §6 RdNr. 8-9 및 李銀榮, 369; 張敬煥(주 1), 224 이하 참조.

7) 梁彰洙(註 4) 및 金東勳(註 4)은 본문의 判決에 대한 해설이다.

縮小解釋을 전면적으로 否定한 것은 아니고 그 사건에서 문제된 約款의 특수성에 비추어 그 사건에 한하여 縮小解釋을 하지 않은 것으로 이해된다.[8] 그 후 大判 95. 12. 12, 95다11344(公 1996, 358)은 다시 電氣供給中止나 使用制限으로 인하여 需用家가 입은 손해에 대하여 事業者의 免責을 규정한 韓電 電氣供給規程에 관하여, 그 免責條項이 韓電의 故意 또는 중대한 過失로 인한 경우까지 적용된다고 보는 경우에는 約款 §7 i 에 위반되어 無效라고 하면서도 그 외의 경우, 즉 輕過失의 경우에만 免責되는 것으로 해석하는 한도 내에서는 有效하다고 판시함으로써 效力維持的 縮小解釋을 하였다.[9]

Ⅳ. 契約 全部無效의 예외

約款조항 無效時의 契約效力 維持의 원칙에 불구하고 다음의 경우에는 그 契約 전부를 無效로 한다.

첫째, 契約의 有效한 부분만으로는 契約의 目的達成이 불가능한 경우이다. 契約의 殘存 부분만으로는 契約의 경제적 목적이 당초에 의도하였던 것과는 판이하게 달라지는 경우를 말한다. 이 경우에까지 契約을 有效로 하는 것은 무의미하며, 당사자 일방 또는 쌍방에게 가혹하기 때문이다. 다만 契約目的達成의 가능 여부는 객관적 사정에 의하여 판단할 것이며, 주관적 의사에 의존할 것은 아니다.

둘째, 有效한 부분만으로는 일방 당사자에게 부당하게 불리한 경우이다. 約款조항의 無效로 顧客이 불리해지는 경우는 거의 상정할 수 없으므로, 여기서의 일방 당사자는 事業者를 말한다. 約款조항의 無效로 인하여 事業者가 당초에 예상하였던 것보다 현저하게 큰 비용을 부담한다든가 현저하게 큰 위험

8) 孫智烈, "損害賠償額 豫定 約款條項에 대한 內容統制", 民判硏 XⅧ, 18. 본문에서의 判例와는 달리 동일한 約款조항에 대하여 결과적으로 效力維持的 縮小解釋을 한 것과 같은 결론을 肯定한 判例도 있다. 前述 제 8 조 注解 주 9 참조.

9) 대법원은 約款規制法이 시행되기 前에도 約款에 대한 效力維持的 縮小解釋을 인정한 바 있다. 대표적인 것으로 신용카드의 분실, 도난으로 인한 모든 책임은 카드회원에게 귀속한다고 한 約款조항을 無效 선언하는 대신 회원이 분실, 도난 등의 사실을 은행에 통지한 후에 발생한 손해 또는 통지 전의 거래라 하더라도 가맹점이 카드 등의 확인을 게을리한 결과 발생한 손해에 대하여는 위 조항이 적용되지 않는 것으로 해석한 大判 86. 3. 11, 85다카1490(公 1986, 627); 大判 86. 10. 28, 85다카739(公 1986, 3108) 등이 있다. 그 밖에 법 시행 前의 效力維持的 縮小解釋를 한 判例에 관하여 孫智烈, "約款에 관한 判例의 動向", 民判硏 X, 424-26을 참조하고, 判例에 나타난 일반적인 效力維持的 縮小解釋의 실무관행에 관하여 梁彰洙(註 4), 744-51 참조.

을 떠안게 되어 쌍방 給付간의 等價關係가 도저히 유지될 수 없는 경우가 이에 해당한다. 그러나 事業者는 約款의 작성자로서 約款조항의 無效로 인한 위험은 어느 정도 예상하고 그로 인한 손해를 상당한 정도까지 감수하여야 하므로, 事業者에게 부당하게 불리하다는 판단은 엄격하게 행하여져야 할 것이다.

[孫 智 烈]

第3章 約款의 규제

前 論

I. 約款의 行政的 規制

부당한 約款을 규제하기 위한 포괄적 입법이 행해지기 전에는, 約款의 규제방법으로서 법원이 일반 契約法理 기타의 법규를 적용하여 約款을 규제하는 司法的 규제, 행정기관이 約款에 대한 認可나 行政指導 등을 통하여 규제하는 行政的 규제, 그리고 約款의 규제를 직접적 목적으로 하는 포괄적 또는 개별적 법률을 제정하는 立法的 규제 등이 논의되고 있었다. 그러나 1970年代 독일의 約款法과 영국의 不當契約條項法을 비롯하여 각국에서 約款규제를 위한 특별법들이 제정되고 우리 나라에서도 1987年 約款規制法이 제정 시행됨에 따라, 이제는 이와 같은 규제방법의 분류는 무의미하게 되었다. 다만 새로운 입법이 約款규제의 권한과 임무를 어느 기관에 맡기는가에 따라 司法的 규제의 모델과 行政的 규제의 모델로 구분할 수 있다.

외국의 입법이나 우리 나라의 約款規制法은 모두 부당한 約款에 대한 법원의 규제를 인정하고 있다. 그리고 법원에 의한 司法的 규제는, 국가가 유지하는 裁判제도에 의하여 法律專門家인 法官이 約款의 有·無效 그리고 이에 따른 당사자 사이의 권리의무관계를 有權的·최종적으로 판단하고 그 판단의 내용은 法的 強制力을 가지는 것이므로, 가장 기본적이고 실효성 있는 규제방법임에 틀림없다. 그러나 법원이 約款규제의 무기로 삼는 民事訴訟제도는 구체적으로 피해를 입은 당사자가 그의 구제를 법원에 청구함으로써 개시되고 그 구제의 결과도 원칙적으로 提訴한 당사자에 국한되도록 되어 있다. 한편 約款에 관한 분쟁은 비교적 少額인 경우가 많은 반면 訴訟 수행을 위하여는 전문적 지식과 많은 소송비용을 요하는 것이어서, 피해를 입은 消費者가 기업을 상대로 소송을 제기하는 것이 용이하지 않다. 그 결과 구체적 사건에서의 권리구제를 목적으로 하는 民事訴訟에 의한 규제만으로는 부당한 約款으로부터의 顧客 보호라는 사회경제적 요청에 부응할 수 없다는 문제점이 있다.

이에 따라 約款規制法은 각국의 예에 따라 법원에 의한 구체적 분쟁의 해결방법을 규정하는 외에(約款규제를 위한 實體法的 準則의 제정), 분쟁의 유무와 관계 없이 부당한 約款에 대한 事前的·抽象的 심사의 길을 열어놓고 있다. 그런데 約款에 대한 抽象的 심사도 원칙적으로 民事訴訟의 절차에 의하되 訴訟法상의 特則을 마련함으로써 법원에 의한 심사를 관철하는 立法例도 있다(司法的 규제의 모델).[1] 그러나 約款분쟁의 多數性, 少額性, 專門性 등 때문에 피해를 입은 消費者 개인의 提訴가 용이하지 않은 점, 법원에 의한 抽象的 심사를 위하여는 團體訴訟을 인정하고 특별법원을 설치하는 등 民事訴訟 전반에 대한 개혁이 전제되어야 하는 점, 법원에 의한 판단은 분쟁 대상이 된 約款을 사용하는 기업에 대하여만 拘束力을 가지고 동일 또는 유사한 約款을 사용하는 다른 기업에 대하여는 法的 效力을 가질 수 없는 점, 民事訴訟에 있어서는 辯論主義가 지배하고 또 實體的 眞實의 발견을 위하여 복잡한 절차를 따라야만 하는데 約款의 抽象的 심사를 위하여는 반드시 그와 같은 철저한 절차를 필요로 하지는 않는 점 등을 참작한다면, 법원에 의한 분쟁해결이 일상화되어 있지 않은 우리의 현실에서는 抽象的 심사의 임무를 법원에 맡기는 것이 적절하지 않은 면이 있다. 이리하여 約款規制法은 約款에 대한 抽象的 심사의 권한을 행정기관 즉 公正去來委員會에 부여하고 있다.

第3章(§§17 내지 23)은 公正去來委員會에 의한 行政的 규제에 관하여 규정하고 있다.

---

1) 예컨대 독일의 約款法이 이에 속한다. 독일의 約款法에 의하면 消費者保護團體나 同業者團體, 商工會議所 등은 無效인 約款을 사용하는 事業者 또는 事業者團體를 상대로 그 約款을 사용하지 않을 것을 법원에 訴求할 수 있으며, 법원은 구체적인 契約과 관계 없이 約款 자체의 有·無效를 심사하여 無效로 판정된 約款에 대하여는 사용금지를 명하게 된다. 절차는 원칙적으로 民事訴訟法에 의하나 提訴權者, 判決의 公告 및 聯邦카르텔廳에의 登錄, 無效宣言判決의 對世的 效力 등 特則이 인정되고 있다.

Ⅱ. 公正去來委員會

約款規制法은 제정 당시 約款규제의 권한을 經濟企劃院長官(現 財政經濟院長官의 前身)에게 부여하고 經濟企劃院長官의 자문기관으로서 約款審査委員會를 설치하여 約款심사의 기능을 담당하게 하였으나, 1992. 12. 8 법률개정(1993. 3. 1 부터 시행)에 따라 그 권한을 公正去來委員會에 이관하였다. 독립된 행정기관(行政委員會)으로서 約款심사뿐만 아니라 독점규제 및 공정거래 전반에 걸쳐 기업에 대한 광범위한 감독권을 가지는 公正去來委員會가 조사에서부터 판단까지를 전담하게 되었을 뿐만 아니라 감독 내지 심사권한의 내용도 많이 보강됨에 따라, 約款에 대한 行政的 심사의 실효성이 크게 提高되기에 이르렀다.

公正去來委員會는 「獨占規制및 公正去來에 관한 法律」 §35에 의하여 설치된 독립된 행정기관이다. 원래 經濟企劃院長官의 소속기관이었으나, 1995. 4. 1자로 國務總理 직속기관으로 격상되고, 委員長의 직급도 次官級에서 長官級으로 격상되었다.

公正去來委員會는 委員長 1인과 副委員長 1인을 포함한 7인의 委員으로 구성되며, 그 중 2인은 非常任委員으로 한다(獨占 §37 Ⅰ). 委員長은 長官級, 副委員長은 次官級, 常任委員은 1급 상당의 공무원이고, 委員은 독점규제 및 공정거래에 관하여 경험이 있는 2급 이상 공무원의 職에 있던 者, 判事, 檢事, 辯護士, 副敎授 이상의 職에 15년 이상 있던 者, 기업경영 및 消費者保護 활동에 15년 이상 종사한 者 중에서 大統領이 임명한다(獨占 §37 Ⅱ·Ⅲ). 委員의 임기는 3년이며 1차에 한하여 連任할 수 있고, 임기 동안 신분이 보장된다(獨占 §§39, 40). 會議는 在籍委員 過半數의 찬성으로 議決하며, 議決과정은 공개한다(獨占 §§42, 43).

公正去來委員會는 約款에 대한 심사를 담당하는 외에 고유의 업무로서 ① 市場支配的 地位의 濫用행위 규제에 관한 사항, ② 企業結合의 제한 및 經濟力 集中의 억제에 관한 사항, ③ 부당한 共同行爲 및 事業者團體의 競爭制限行爲 규제에 관한 사항, ④ 不公正去來行爲 및 再販賣價格 유지행위 규제에 관한 사항, ⑤ 부당한 國際契約의 체결제한에 관한 사항, ⑥ 競爭制限的인 법령 및 행정처분의 협의, 조정 등 競爭促進 정책에 관한 사항 등 독점규제 및 不公正去來行爲 규제에 관한 광범위한 사무를 전담한다(獨占 §36). 公正去來委員會는 각종의 부당한 행위를 한 기업에 대하여 관계규정에 의하여 是正措置를 명하고(獨占 §§5, 16, 21, 24, 27, 34 등), 課徵金을 부과할 수 있으며(獨占 §§6, 17, 22, 24의 2, 28 등), 법률위반 행위를 검찰에 告發할 수 있다(獨占 §71). 公正去來委員會는 職權으로 필요한 조사를 할 수 있고(獨占 §49 이하), 필요한 경우 관계 행정기관에 조사의뢰·자료 요청 등 협조를 구할 수 있으며, 是正措置의 이행을 확보하기 위한 협조의뢰도 할 수 있다(獨占 §64).

公正去來委員會의 처분에 대하여 不服이 있는 당사자는 異議申請을 거쳐 서울高等法院에 行政訴訟을 제기할 수 있다(獨占 §§53 내지 55).

Ⅲ. 行政的 규제의 概觀

公正去來委員會는 市場支配的 事業者를 비롯한 §17 所定의 事業者가 §§6 내지 14에 해당하는 不公正한 約款조항을 사용하는 경우에는 事業者에게 당해 約款조항의 削除·修正 등 是正措置를 명할 수 있다(§17의 2 Ⅰ). 事業者가 그 命令에 위반한 때에는 2年 이하의 懲役 또는 1億원 이하의 罰金에 處하여진다(§32).

事業者가 §17에 해당하지 않는 때에도 公正去來委員會는 事業者에게 不公正約款조항의 削除·修正 등 是正措置를 勸告할 수 있다(§17의 2 Ⅱ). 不當約款이 행정관청 작성 約款 또는 認可約款인 경우에는 事業者에게 是正命令 또는 是正勸告를 하는 대신 당해 행정관청에 그 사실을 통보하고 是正에 필요한 措置를 요청한다(§18 前段). 은행 등의 約款에 대하여는 事業者에게 직접 是正措置 또는 是正勸告를 할 수 있는 외에 銀行監督院에 사실 통보 및 是正措置의 勸告를 할 수도 있다(§18 後段). 委員會가 是正命令을 하거나 是正勸告를 함에 있어서 필요한 때에는 당해 事業者 외에 同種 營業을 하는 다른 事業者에게 같은 내용의 不公正約款조항을 사용하지 말 것을 勸告할 수 있다(§17의 2 Ⅲ).

是正命令, 是正勸告, 是正措置 요구 등은 公正去來委員會의 議決에 의하여 행하여진다. 公正去來委員會는 不公正한 約款 사용의 혐의가 있을 때에 職權으로 심사에 착수하는 것이나, 利害關係者·消費者團體·韓國消費者保護院·事業者團體는 約款의 심사를 公正去來委員會에 청구할 수 있고 이 경우 委員會는 심사를 개시하여야 한다(§19). 委員會가 職權 심사가 필요하다고 인정한 경우 및 關係者로부터의 심사청구가 있는 경우에는 필요한 조사를 할 수 있다(§20).

委員會는 事業者 및 事業者團體로부터 심사청구가 있는 경우에 標準約款의 내용이 公正한지 여부에 대한 심사를 할 수도 있다(§19의 2).

約款의 審議, 議決에 관하여 法과 施行令에서 정한 사항 외의 사항은 公正去來委員會가 정할 수 있다(約款令 §13). 이에 따라 1993. 3. 1 公正去來委員會 告示 제93-1호로 約款審査節次規程이 제정되었다.

行政的 규제의 절차를 圖式으로 나타내면 다음과 같다.

職權 / 關係者의 청구 → 調査 → 委員會決議
- (§17의 事業者) 是正命令 → 罰則
- (§17 외의 事業者) 是正勸告
- (行政廳 認可約款 등) 是正措置 要請, 勸告
- (第3의 事業者) 不使用勸告
- (事業者團體 등) 標準約款 當否審査

[孫 智 烈]

第 17 條(不公正約款條項의 사용금지)

事業者는 다음 各號의 1에 해당하는 경우에는 第6條 내지 第14條의 規定에 해당하는 不公正한 約款條項(이하 "不公正約款條項"이라 한다)을 契約의 내용으로 하여서는 아니된다.

1. 事業者가 獨占規制및公正去來에관한法律 第2條 第7號의 市場支配的 事業者인 경우

2. 事業者가 자기의 去來상의 地位를 부당하게 이용하여 契約을 체결하는 경우

3. 一般公衆에게 物品, 用役을 供給하는 契約으로서 契約締結의 긴급성, 신속성으로 인하여 顧客이 契約을 체결할 때에 約款條項의 내용을 변경하기 곤란한 경우

4. 事業者의 契約當事者로서의 優越的 地位가 현저하거나 顧客이 다른 事業者를 選擇할 범위가 제한되어 있어 約款을 契約의 내용으로 하는 것이 사실상 強制되는 경우

5. 契約의 性質 또는 목적상 契約의 取消, 解除 또는 解止가 불가능하거나 그로 인하여 顧客에게 현저한 財產상의 損害가 발생하는 경우

Ⅰ. 취　지

約款 §§6 내지 14에 해당하는 約款조항은 實體法上 無效이며, 事業者는 그 효력을 주장할 수 없다. 따라서 넓게 말할 때에는 모든 事業者가 그와 같은 不公正한 約款조항을 사용하지 말아야 할 의무가 있다고 할 수 있다. 그런데 約款規制法은 不當約款에 대하여 司法的 규제 외에 行政的 규제도 규정하며, 이에 따라 不當約款을 사용하는 事業者에 대하여 행정청이 是正을 命令하고 이에 응하지 않는 경우 行政的 制裁를 가함과 동시에 罰則을 부과하게 된다. 행정청의 이와 같은 간섭은 不當約款의 규제에 크게 기여할 것임은 사실이나, 반면에 私的 去來에 국가가 지나치게 개입하여 自由市場 기능을 沮害할 우려도 없지 않다. 이리하여 不當約款을 사용하지 않을 公法上의 義務를 지는 事業者는 顧客에 비하여 특히 優越한 지위에 있는 事業者로 한정하고 있는 것이다.

Ⅱ. 不公正約款의 不使用義務

본조의 事業者는 約款 §§6 내지 14에 해당하는 約款조항을 契約의 내용으로 하여서는 아니된다. 不公正約款을 實體法上 無效로 하더라도 여전히 자신의 이익을 위하여 不公正한 約款을 사용하는 事業者가 있을 것이며, 경제적·사회적 지위가 劣惡한 顧客으로서는 그와 같은 約款을 감수할 수밖에 없는 경우가 많을 것이므로, 일정 범위의 事業者에 대하여 不公正約款을 사용하지 말아야 할 公法上의 義務를 부과하고 違反者에 대하여 국가가 制裁를 가하도록 하는 것이다. 義務違反者에 대하여는 公正去來委員會가 約款조항의 削除·修正 등 是正措置를 명하고(§17의2 I), 事業者가 이에 不應하는 경우에는 刑事處罰을 하게 된다(§32). 行政的 규제에 있어서 約款이 §§6 내지 14에 해당하는지 여부는 제1차적으로 公正去來委員會가 심사하고, 事業者가 그 是正命令에 不服하여 行政訴訟을 제기하는 경우 또는 是正命令에 不應하는 事業者에게 刑事的 制裁를 가하는 경우에 해당 법원이 최종적으로 約款의 不公正 여부를 심사하게 된다.

Ⅲ. 義務負擔 事業者의 범위

不公正約款을 사용하지 말아야 할 公法上 義務를 지는 事業者는 본조의 各號에 정한 事業者에 한한다. 본조에 해당하지 않는 事業者에 대하여는 是正命令이 행해지더라도 違法한 처분으로 取消 대상이 되고, 이에 위반하더라도 刑事處罰의 대상이 되지 않는다. 그러나 i를 제외하고는 규정의 내용이 애매하고 적용범위가 불명확하여, 公正去來委員會가 이에 해당한다고 하여 是正命令을 하는 경우 事業者측에서 본조 所定의 事業者가 아님을 주장하는 것이 사실상 어렵게 되어 있다.[1)]

i 의 市場支配的 事業者는 市場을 주어진 조건으로 받아들이는 것이 아니라 市場의 行態나 성과에 영향을 미쳐 상품이나 용역의 가격이나 공급량 또는 기타의 거래조건을 좌우할 수 있는 지위에 있는 事業者를 말하는데, 獨占 §2 vii와 獨占令 §4는 그 범위를 특정하여 “최근 1년간의 국내총공급액이 300억원 이상인 동종 또는 유사한 상품이나 용역을 공급하는 사업자 중 ① 사업자의 시장점유율이 100분의 50 이상이거나, ② 3 이하의 사업자의 시장점유율이 100분의 75 이상(다만 시장점유율이 100분의 10 미만인 자를 제외)인 자”만을 市場支配的 事業者로 定義하고 있다.

ii 의 “去來상의 地位를 부당하게 이용하여 契約을 체결”한다고 함은 獨占 §23 Ⅰ iv에 대응하는 규정으로서, 자기의 거래상의 地位가 상대방에 비하여 우월함을 이용하여 거래상대방에게 불이익한 조건을 감수하도록 하는 행위를 말하며, 우월적 지위의 濫用이나 人事에 대한 부당한 간섭행위 등이 이에 해당된다.

iii는 특정 계층의 顧客이 아닌 一般公衆을 상대로 하는 契約으로서 契約체결의 긴급성·신속성으로 인하여 顧客이 約款내용을 변경하기 곤란한 경우이다. 顧客이 約款의 내용을 읽어볼 여유가 없거나 또는 그 내용의 부당함을 발견하더라도 그 변경을 요구할 시간적 여유가 없는 경우를 말한다. 운송계약이나 주차장계약 또는 병원의 수술동의서 중 免責約款 등이 이에 해당한다.

iv는 事業者의 契約당사자로서의 優越的 지위가 현저하거나 顧客의 事業者 선택범위가 제한되어 있어 約款의 사용이 사실상 강제되는 경우이다. 국민의 生存配慮의 관점에서 공급되는 이른바 社會的 給付와 관련된 約款을 말한

1) 李銀榮, 712.

다. 전기·수도·가스 등의 공급계약, 전화공급계약, 방송공급계약 등이 전형적인 예이다.

v호는 契約의 성질 또는 목적상 契約의 取消, 解除 또는 解止가 불가능하거나 取消, 解除하는 경우 顧客에게 현저한 재산상의 손해가 예상되는 경우이다. 顧客이 일정 시점에 給付를 받아야 하는 경우(여행계약, 예식장계약 등), 顧客이 契約체결에 앞서 많은 비용을 소요하는 경우, i에 해당하지 않더라도 사실상 獨占 또는 寡占이어서 다른 事業者를 선택하는 것이 쉽지 않은 경우 등이 이에 해당한다.

[孫　智　烈]

第 17 條의 2(是正措置)

① 公正去來委員會는 事業者가 第17條의 規定을 위반한 경우에는 事業者에게 당해 約款條項의 削除, 修正 등 是正에 필요한 措置를 명할 수 있다.

② 公正去來委員會는 事業者가 第17條 各號의 1에 해당하지 아니하는 경우에도 不公正約款條項을 契約의 내용으로 하는 때에는 건전한 去來秩序의 확립을 위하여 事業者에게 당해 約款條項의 削除, 修正 등 是正에 필요한 措置를 권고할 수 있다.

③ 公正去來委員會는 第1項 및 第2項의 規定에 의한 是正에 필요한 措置를 명하거나 권고함에 있어서 필요한 때에는 당해 事業者와 同種事業을 영위하는 다른 事業者에게 같은 내용의 不公正約款條項을 사용하지 말 것을 권고할 수 있다.

I. 취　　지

約款 §§6 내지 14에 위반된 約款조항 즉 不公正한 約款조항을 사용하는 事業者에 대하여 公正去來委員會는 是正命令 또는 是正勸告를 할 수 있다.

1993. 3. 1 개정 전에는 經濟企劃院長官에 의한 是正勸告만이 규정되었으나, 법률개정으로 是正命令權을 규정하여 約款규제를 강화하였다. §17 所定의 事業者에 대하여는 是正命令을 하고, 그 밖의 事業者에 대하여는 是正勸告를 한다.[1] 그리고 당해 절차의 당사자가 아닌 同種의 事業者에 대하여 필요에 따라 동일한 내용의 約款을 사용하지 말 것을 권고할 수 있다,

公正去來委員會는 職權으로 또는 §19에 의한 심사청구에 따라 事業者가 사용하는 約款조항의 公正 여부, 즉 그 約款조항이 §§6 내지 14에 해당되어 無效인지 여부를 심사한다. 구체적인 분쟁을 전제로 하지 않으므로, 具體的 統制가 아닌 抽象的 統制이다. 심사의 기준은 約款 §§6 내지 14이며, 기타의 사유를 근거로 하는 不公正 판단은 허용되지 않는다.[2] 公正去來委員會는 심사의 결과 단순히 約款의 有·無效를 판정하는 것에 그치지 않고, 約款이 無效로 판단되는 때에는 반드시 본조에 의한 是正命令 또는 是正勸告를 하여야 한다. 約款에 無效 사유가 없는 것으로 판단되는 때에는 별도의 판정이나 행정처분을 할 필요는 없고, 심사청구자가 있는 경우 결과를 통지하기만 하면 된다.

是正命令 또는 是正勸告는 당사자에게 公法的인 拘束力을 가질 뿐 私法上의 효력을 가지는 것은 아니므로, 그와 같은 措置가 있다고 하여 당해 約款조항이 막바로 無效로 되는 것은 아니다. 최종적인 판단은 법원에 留保되어 있다. 是正命令 또는 是正勸告만으로 顧客에게 私法上의 구제수단이 제공되는 것은 아니므로 구체적 구제를 위하여는 다시 民事訴訟을 제기하지 않을 수 없으나, 事業者로서는 公正去來委員會의 命令이나 勸告를 존중하여 이를 따르는 것이 대부분일 것이고 혹 是正에 응하지 않는 경우라도 법원이 公正去來委員會의 결정을 존중할 것이므로, 사실상으로는 私法上의 권리구제도 실현된다고 할 것이다.

---

1) 李銀榮, 716은 §17 所定의 事業者에 대하여도 是正命令을 발하는 것보다 是正勸告를 발하는 것이 적절하다고 판단하는 때에는 是正勸告를 할 수 있다고 하나, §17가 是正命令의 대상이 되는 事業者를 따로 규정하는 입법취지에 비추거나 §17의 규정내용이 抽象的이어서 是正命令이 적당하지 않다고 인정되는 경우라면 同條에 해당하지 않는 事業者로 해석될 가능성이 많은 점 등을 고려하면, §17 所定 事業者가 사용하는 約款이 부당하다고 판단되는 때에는 是正勸告 아닌 是正命令을 발하여야 하는 것으로 해석함이 상당하다.

2) 約款 §6는 內容統制의 一般條項을 규정하고 있으므로, 사실상으로는 부당한 約款으로서 同法條 위반이 되지 않는 事例는 거의 상정할 수 없다.

Ⅱ. 是正命令(第1項)

約款 §17 所定의 事業者가 不公正한 約款조항을 사용하는 경우에 公正去來委員會는 당해 約款조항의 사용금지나 削除·修正 등 是正에 필요한 措置를 명할 수 있다. 是正命令은 法的 拘束力을 수반하는 강력한 행정처분이므로, 顧客에 대한 事業者의 지위가 현저히 優越하거나 기타 특별한 필요가 있는 경우에 한하여 이를 허용하는 것이다. 이미 당해 約款조항을 사용하여 契約을 체결한 때에는, 契約상대방에 대하여 約款조항의 無效를 통지할 것을 명할 수도 있다. 이미 이행된 부분의 原狀回復을 명하는 것은 법률의 취지를 벗어나는 것으로 본다.

是正命令은 그 내용을 명시한 書面으로 하여야 한다(約款令 §4). 命令書에는 사용이 금지되는 約款조항을 명시하고 그 사유 중에 約款規制法 몇 條에 의하여 無效인지를 밝혀야 한다. 是正의 내용도 구체적으로 명시하여야 한다. 修正을 명하는 경우에는 종전의 約款조항을 다른 내용으로 修正할 것에 그칠 것이며, 修正할 내용까지 제시하는 것은 事業者의 영업상 자유를 지나치게 침해하는 것이 되어 허용되지 않는다. 다만 사용가능한 標準約款이나 허용되는 約款조항의 기준 등을 알려주는 것은 무방할 것이다.

是正命令을 받은 事業者는 그 命令을 이행할 公法上의 義務를 진다. 命令의 성질상 不履行의 경우에 強制履行을 시키는 措置는 적절하지 않으나, 법원이 公正去來委員會의 결정을 존중할 것이므로, 事業者는 당해 約款조항이 無效로 됨에 따른 경제적 불이익을 감수하여야 한다. 그리고 公正去來委員會는 이행확보를 위하여 필요한 때에는 관계 행정기관의 長에게 필요한 협조를 의뢰할 수 있다(獨占 §63 Ⅳ). 뿐만 아니라 公正去來委員會의 是正命令에 위반한 자는 2년 이하의 懲役 또는 1億원 이하의 罰金에 處하여진다.

Ⅲ. 是正勸告(第2項)

不公正한 約款조항을 사용하는 事業者가 §17의 어느 號에도 해당하지 않는 때에는, 是正命令을 할 수 없고 대신 是正勸告를 하게 된다. 여기에는 約款

조항의 不公正性 외에 건전한 거래질서의 확립을 위하여 필요하다고 하는 요건이 추가된다. 勸告의 내용은 是正命令에서와 마찬가지로 사용금지, 削除, 修正, 契約상대방에 대한 통지 등이다.

是正勸告도 내용을 명시한 書面으로 하여야 한다(約款令 §4). 是正勸告는 事業者에 대하여 그 勸告에 따를 것을 강제하는 法的 拘束力을 갖지 못하며, 단순한 行政指導에 불과하다. 그러나 강력한 권한을 가진 委員會의 是正勸告는 사실상 事業者를 강제하는 心理的 拘束力을 가질 것이다. 事業者가 不公正約款조항의 사용을 계속할 경우 그 無效에 따른 경제적 불이익을 감수하게 됨은 是正命令에서와 같다.

Ⅳ. 不使用勸告(第3項)

Ⅰ의 是正命令 또는 Ⅱ의 是正勸告는 반드시 심사청구에 의하여 하는 것은 아니고, 公正去來委員會가 職權으로 할 수도 있다. 따라서 委員會가 어느 事業者의 約款조항에 대하여 조사하는 과정에서 다른 事業者도 같은 내용의 約款조항을 사용하는 것을 발견하였다면, 그 事業者에 대하여도 是正命令 또는 是正勸告를 발할 수 있다. 그런데 다른 事業者가 같은 내용의 約款조항을 사용할 개연성이 농후하나 사용사실을 확인할 수 없는 경우, 또는 아직까지 사용하지 않고 있으나 장래에 사용할 가능성이 높은 경우에는 是正命令이나 是正勸告를 할 수는 없다. 이런 경우에 대비하여 Ⅲ은 당해 事業者와 同種 事業을 영위하는 다른 事業者에게 같은 내용의 不公正約款조항을 사용하지 말 것을 勸告할 수 있는 것으로 하였다. 당해 約款조항의 無效를 전제로 하므로, 委員會에 의한 約款심사의 일종이다.

不使用勸告도 내용을 명시한 書面으로 하여야 한다(約款令 §4). 따라서 특정의 同種 事業者를 대상으로 하며, 同種 事業을 영위하는 모든 事業者를 상대로 하는 式으로 勸告할 수는 없다. 法的 拘束力은 없으며, 사실상의 拘束力을 가질 뿐이다.

[孫 智 烈]

第 18 條(官廳認可約款 등)

① 公正去來委員會는 行政官廳이 작성한 約款 또는 다른 法律에 의하여 行政官廳의 認可를 받은 約款이 第6條 내지 第14條의 規定에 위반한 사실이 있다고 인정될 때에는 당해 行政官廳에 그 사실을 통보하고 그 是正에 필요한 措置를 요청할 수 있으며, 銀行法의 規定에 의한 금융기관의 約款이 第6條 내지 第14條의 規定에 위반한 사실이 있다고 인정될 때에는 韓國銀行法에 의한 銀行監督院에 그 사실을 통보하고 그 是正에 필요한 措置를 취하도록 권고할 수 있다.

② 第1項 前段의 規定에 의하여 行政官廳에 是正을 요청한 경우에 第17條의 2 第1項 및 第2項의 規定에 의한 是正命令 또는 是正勸告는 이를 하지 아니한다.

본조는 公正去來委員會의 事業者에 대한 직접적인 行政措置의 권한을 제한하는 규정이다. 다른 행정관청이 約款을 작성한 경우 또는 어느 業種의 사업에 대하여 감독권을 가진 행정관청이 約款에 대하여 認可를 한 경우, 公正去來委員會가 約款을 심사하게 되면 행정관청 사이의 권한충돌을 일으킬 우려가 있으므로, 約款의 적정화를 위한 措置를 해당 행정관청의 자율에 맡긴 것이다. 행정관청이 작성한 約款 또는 행정관청이 認可한 約款에 대하여도 約款 §§6 내지 14가 적용되고 公正去來委員會의 심사대상도 되는 것이나, 公正去來委員會는 다른 관청의 권한을 존중하는 뜻에서 직접 是正을 명하거나 勸告하는 대신 당해 기관에 대하여 그 사실을 통보하여 是正을 요청하는 것이다.

행정관청이 직접 約款을 작성하는 경우에는, 첫째 행정관청이 事業者의 지위에서 約款을 작성·사용하는 경우와, 둘째 행정관청이 私企業의 契約체결을 감독하기 위하여 契約내용을 규칙이나 지침 등으로 작성하여 주는 경우가 있다. 約款에 대한 행정관청의 認可는 개개의 법률에 규정되어 있다(保險業法 §7; 自動車運輸事業法 §9; 電氣事業法 §17; 都市가스事業法 §20 등). 이와 같은 約款은 작성 또는 認可 단계에서 §§6 내지 14를 심사의 기준으로 하므로(§31) 不公正한 조항을 포함하는 경우가 흔하지는 않을 것이나, 혹 公正去來委員會가 그런 조항을 발견하는 경우 委員會의 議決을 거쳐 당해 행정관청에 그 사실을 통보하고 是正措置를 요청하게 된다. 행정관청은 스스로의 판단에 따라 約款조항의 削除·修正 등 是正措置를 하거나, 事業者에 대한 감독권을 발동하여 認可取消, 修正命令 등의 措置를 취한다. 행정관청에 是正을 요청하는 경우에는 公正去來委員會가 따로 是正命令 또는 是正勸告는 하지 않는다.

은행 등 금융기관의 約款은 認可約款은 아니나, 금융기관에 대하여 銀行監督院이 포괄적인 감독권을 가지고 있으므로, 銀行監督院에 통보하여 是正措置를 취하도록 勸告할 수 있는 것으로 하였다. 銀行監督院은 감독권의 행사에 의하여 적절한 是正措置를 명할 수 있을 것이다. 다만 이 경우에는 公正去來委員會가 독자적으로 不公正한 約款조항을 사용하는 금융기관에 대하여 직접 是正命令 또는 是正권고를 발할 수도 있다.

본조의 규정에 의한 是正에 필요한 措置의 요청 또는 勸告도 公正去來委員會에 의한 約款심사의 일종이다. 그리고 그 요청 또는 勸告는 그 내용을 명시한 書面으로 하여야 한다(約款令 §5 I). 法的인 拘束力은 없으나, 그 요청 또는 勸告를 받은 행정관청이나 銀行監督院은 그 요청 또는 勸告를 받은 날로부터 60日 이내에 公正去來委員會에 書面으로 처리결과를 통보하여야 한다(約款令 §5 II).

[孫 智 烈]

第 19 條(約款의 審査請求 등)

約款條項과 관련하여 法律上의 이익이 있는 者, 消費者保護法에 의하여 登錄된 消費者團體, 韓國消費者保護院 및 事業者團體는 이 法 위반 여부에 관한 審査를 公正去來委員會에 請求할 수 있다.

I. 취 지

公正去來委員會는 約款의 심사를 함에 있어서 委員會가 職權으로 거래상황을 조사하여 是正措置 여부를 결정하는 것이 원칙이다. 그러나 본조는 利害關係人이나 消費者團體 등에게 約款심사청구의 권한을 줌으로써 不當한 約款

조항을 쉽게 발견하고 顧客 내지 消費者들의 불이익을 準司法的 절차에 의하여 구제하고자 한다. 한편 事業者측으로서도 約款의 公正 여부를 미리 알아볼 필요가 있으므로, 事業者團體에 대하여도 約款심사청구권을 인정하였다.

심사청구는 반드시 書面으로 하여야 하며(約款 §21), 被審人이 되는 事業者와 심사대상 約款조항을 특정하여야 한다(約款令 §7 I). 그러나 심사청구가 있다고 하여 항상 委員會가 심사를 개시하여야 하는 것은 아니다. 심사청구가 있으면 委員會는 우선 소속 공무원인 심사관으로 하여금 예비조사를 하여 법위반 사실이 있다고 인정되는 경우에는 심사보고서에 의거하여 委員會의 審議에 附議하나, 법위반 사실이 없는 것으로 인정되는 때에는 심사관이 무혐의 措置를 취한다(約款 §20; 約款審査節次規程 §§4, 9 내지 11).

委員會가 심사를 개시하지 않거나 위법사실이 없는 것으로 판단하는 경우에 심사청구인은 이에 대하여 異議申請 또는 不服하지 못한다. 公正去來委員會의 約款심사는 職權심사가 원칙이고, 당사자에 의한 심사청구는 職權發動의 의미만을 가지는 것이며, 심사절차가 엄격한 의미에서의 對審的 司法節次는 아니기 때문이다. 따라서 본조에서의 심사청구권이라는 것도 委員會의 행정처분을 청구할 수 있는 통상적 의미에서의 作爲請求權은 아니라 할 것이다. 심사를 거부당한 심사청구자는 民事訴訟 등에 의하여 권리를 구제받을 수밖에 없다. 다만 심사청구를 받은 委員會는 특별한 사정이 있는 경우를 제외하고는 60日 이내에 심사결과를 심사청구자에게 書面으로 통보할 義務를 진다(約款令 §7 II).

Ⅱ. 심사청구권자

約款조항과 관련하여 법률상의 이익이 있는 자라고 함은 顧客 및 그의 承繼人, 代理人, 保證人, 物上保證人 등을 말한다. 누구든지 법률상의 이익을 疎明하기만 하면 심사청구를 할 수 있다. 法文上 사실상의 이익만을 가지는 자는 제외되어 있으나, 職權심사가 원칙인 점을 고려한다면 법률상의 이익을 엄격하게 해석할 필요는 없을 것이다.

消費者保護法에 의하면 消費者保護 활동을 하고자 하는 消費者團體는 일정한 규모의 설비와 人力을 갖추어 財政經濟院에 등록하게 되어 있으며, 등록된 消費者團體에는 여러 가지 특권과 편의가 따르게 된다(同法 §§18 내지 20). 본조는 등록된 消費者團體에 한하여 約款심사청구권을 주고 있다. 同法은 또 消費者保護 시책의 효과적인 추진을 위하여 財政經濟院 산하에 獨立法人으로서 韓國消費者保護院을 설치하고 있는바(§26 이하), 韓國消費者保護院도 約款심사청구를 할 수 있다. 우리 民事訴訟法上 團體訴訟이 인정되지 않으므로, 少額의 피해를 입은 多數의 消費者가 집단으로 권리구제를 받기에 어려움을 겪고 있는데, 본조는 團體訴訟은 아니더라도 消費者團體 등이 消費者들을 대표한 심사청구를 할 수 있게 함으로써 집단적 권리구제의 길을 열어놓고 있다.

公正去來法은 事業者團體를 "그 형태 여하를 불문하고 2 이상의 사업자가 공동의 이익을 증진할 목적으로 조직한 결합체 또는 그 연합체"라고 定義하고(§2 iv), 事業者團體는 그 설립사항을 公正去來委員會에 신고하도록 하고 있는바(§25), 그 등록된 事業者團體도 約款심사청구를 할 수 있다. 事業者團體는 소속 事業者가 이용하는 約款조항의 심사를 청구할 수 있을 뿐만 아니라 소속 아닌 競爭 事業者가 이용하는 約款조항에 대하여도 심사청구를 할 수 있다.

Ⅲ. 심사청구의 대상

국내의 거래에서 이용되는 일체의 約款조항이 심사청구대상이 된다. 행정관청이 작성하였거나 행정관청의 認可를 받은 約款도 청구대상이 될 수 있으며, 事業者가 내국인인지 외국인인지도 묻지 않는다. 다만 約款規制法 자체가 적용되지 않는 분야의 約款(§30)은 심사청구대상이 될 수 없음은 물론이다.

이미 顧客에게 提案되어 契約의 내용으로 된 約款뿐만 아니라 事業者가 이용을 위하여 준비하고 있는 約款草案도 심사청구의 대상이 될 수 있다.[1] 즉 約款에 대한 事後심사뿐만 아니라 事前심사도 허용된다.

約款조항의 내용이 §§6 내지 14에 위반되는지 여부 외에 事業者가 §3의 約款의 明示, 說明義務를 이행하고 있는지 여부도 심사대상이 될 수 있다. 委員會의 심사결과 §3 위반사실이 인정되는 때에는 §34 Ⅱ·Ⅲ에 의하여 委員會의 議決로써 過怠料에 處한다.

---

1) 同旨 李銀榮, 726.

Ⅳ. 심사의 절차

심사청구가 있으면 우선 委員會 소속 공무원에 의한 예비조사가 실시되며, 委員會의 심사가 필요한 것으로 인정되는 경우에 한하여 委員會에 附議됨은 위에서 본바와 같다.

심사에 있어서는 被審人인 事業者에게 심사사실을 통지하고 심사청구자·被審人 등 당사자나 利害關係人으로 하여금 委員會에 출석하여 의견을 진술하고 자료를 제출할 권능을 인정하는 등 對審節次에 準하는 절차를 진행하게 되나(約款 §22), 訴訟에서와 같은 對審的 구조를 취하는 것은 아니고 원칙적으로는 職權으로 절차를 진행하고 사실을 조사하게 된다. 심사의 결과는 被審人과 심사청구자의 쌍방에게 書面으로 통지된다(規程 §§27, 28).

[孫　智　烈]

第 19 條의 2(標準約款의 審査請求)

① **事業者 및 事業者團體는 건전한 去來秩序를 확립하고 不公正한 내용의 約款이 통용되는 것을 방지하기 위하여 일정한 去來分野에서 標準이 되는 約款(이하 "標準約款"이라 한다)을 정할 수 있다.**

② **事業者 및 事業者團體는 公正去來委員會에 第1項의 標準約款의 내용이 이 法에 위반되는지 여부에 관한 審査를 請求할 수 있다.**

Ⅰ. 標準約款의 허용

事業者나 事業者團體가 談合하여 상품의 판매조건이나 용역의 제공조건, 대금 또는 대가의 지급조건 등을 정하는 것은 競爭制限行爲로서 원칙상 허용되지 않는다(獨占 §§19 Ⅰ ii, 26 Ⅰ i). 그러나 標準約款에 대한 公正性이 확보될 수만 있다면, 事業者나 事業者團體가 미리 標準約款을 마련하고 그에 따라서 거래를 하는 것이 事業者측에서 約款 준비를 위한 노력을 생략하고 約款의 無效化에 대한 우려를 拂拭할 수 있어 대단히 유리할 뿐만 아니라, 顧客을 위하여도 約款의 公正性을 신뢰할 수 있어 편리하다. 公正去來委員會로서도 約款에 대한 감독과 심사를 효율적으로 할 수 있는 利點이 있다. 이리하여 본조는 事業者나 事業者團體가 일정한 거래분야에서 標準이 되는 約款을 제정하는 것을 허용하고 있다. 입법기술상 '許容'으로 되었으나, 대량의 거래가 행해지는 분야에 있어서는 標準約款의 제정이 '勸奬'되고 있는 것으로 보아도 좋을 것이다. 다만 事業者團體가 標準約款을 정하는 경우 소속 事業者에 대하여 그 이용을 勸告할 수 있을 뿐 강제할 수는 없으며, 이용을 강제하는 경우 不公正去來行爲가 될 수 있다.

Ⅱ. 標準約款에 대한 심사

事業者 및 事業者團體가 標準約款을 정한 경우 또는 정하고자 하는 경우 法違反 여부에 대한 심사를 公正去來委員會에 청구할 수 있다. 실제에 있어서는 標準約款의 제정에 있어서는 사전에 委員會에 심사를 청구하여 正當性을 認准받는 것이 바람직할 것이다. 委員會의 심사 결과 위법사실이 인정되면, §17의 2의 규정에 따라 削除, 修正 등 是正을 명하거나 是正을 勸告하게 된다. 委員會는 標準約款에 대한 심사청구를 받은 경우 60일 이내에 심사결과를 신청인에게 통보하여야 한다(約款令 §5의 2 Ⅰ).

본조에는 심사청구권자가 事業者 및 事業者團體로만 되어 있으나, 消費者 또는 消費者團體도 §19에 의하여 標準約款에 대한 심사청구를 할 수 있다. 또 公正去來委員會가 職權으로 標準約款에 대한 심사를 할 수 있음은 물론이며, 오히려 委員會로서는 標準約款에 대하여는 지속적으로 감시·감독할 의무가 있다고 할 것이다. 委員會는 필요하다고 인정하는 경우에는 標準約款을 사용하고 있는 事業者 또는 事業者團體에 대하여 당해 約款의 운용상황을 제출하게 할 수 있다(約款令 §5의 2 Ⅱ).

[孫 智 烈]

第 20 條(調査)

公正去來委員會는 第17條의 2 第1項 및 第2項의 規定에 의한 是正을 위한 措置를 명하거나 권고하기 위하여 필요하다고 인정되는 경우 및 第19條의 規定에 의하여 請求를 받은 경우에는 約款이 이 法에 위반된 사실이 있는지 여부를 확인하기 위하여 필요한 調査를 할 수 있다.

公正去來委員會는 법위반 사실을 認知하거나 約款심사의 청구를 받은 때에는 소속 공무원(심사관)을 지정하여 필요한 조사를 시키고 사전심사를 하도록 하며, 심사관은 필요한 경우 본심사에 앞서 예비심사를 할 수 있다(規程 §4). 심사관 또는 조사공무원은 당사자 또는 利害關係人에게 출석을 요구할 수 있고, 진술조서를 작성하며, 事業者에 대하여 관련자료의 제출을 요구할 수 있다(規程 §§5 내지 7). 조사공무원은 그 권한을 표시하는 증표를 휴대하고 관계인에게 제시하여야 한다(約款令 §6). 본조에 의한 조사를 거부, 방해 또는 기피한 자는 5천만원 이하의 過怠料에 處한다(約款 §34 I).

심사관은 조사를 마친 후 법위반 사실이 있다고 인정하는 경우에는 심사보고서를 委員會에 제출하여 그 審議에 붙이고, 법위반 사실이 없는 경우에는 무혐의의 조치를 한다(規程 §§9, 10).

[孫 智 烈]

第 21 條(審査請求書의 提出)

第19條의 規定에 의한 審査請求는 公正去來委員會에 書面으로 제출하여야 한다.

約款심사청구는 반드시 書面으로 하여야 한다. 심사청구서에는 심사청구자의 성명 및 주소, 事業者의 성명 또는 상호 및 주소, 심사청구의 취지 및 이유 등을 기재하고 約款의 사본을 첨부하여야 한다(約款令 §7 I). 심사청구가 있으면 특별한 사유가 없는 한 청구일로부터 60일 이내에 심사결과를 심사청구자에게 書面 통보하여야 한다. 委員會의 議決이 있는 경우는 물론 심사관에 의하여 무협의 조치를 취하거나 議決 이외의 사유로 사건이 종결된 경우에도 그 사유를 통지하여야 한다(約款令 §7 Ⅱ; 規程 §28).

[孫 智 烈]

第 22 條(意見陳述)

① 公正去來委員會는 約款의 내용이 이 法에 위반되는지 여부에 대하여 審議하기 전에 당해 約款에 의하여 거래를 한 事業者 또는 利害關係人에 대하여 당해 約款이 審査對象이 되었다는 사실을 통지하여야 한다.

② 第1項의 規定에 의하여 통지를 받은 당사자 또는 利害關係人은 公正去來委員會의 會議에 출석하여 그 의견을 陳述하거나 필요한 資料를 제출할 수 있다.

③ 公正去來委員會는 審査對象이 된 約款이 다른 法律에 의하여 行政官廳의 認可를 받았거나 받아야 할 것인 때에는 審議에 앞서 그 行政官廳에 대하여 의견의 제출을 요구할 수 있다.

Ⅰ. 취 지

본조는 심사의 절차에 관한 규정이다. 職權에 의한 심사이든 청구에 의한 심사이든 約款의 심사는 원칙적으로 職權 절차진행과 職權 사실조사에 의하는 것이지만, 심사를 받는 事業者 등 利害關係人이나 관계 행정관청에 심사사실을 알리고 의견진술 및 자료제출 등 방어를 위한 기회를 줌으로써 결론의 적정성을 보장하고자 하는 것이 본조의 취지이다. 본조와 §30의 2에 정하는 외에 約款에 대한 審議, 議決 등에 필요한 사항은 公正去來委員會가 정하도록 되어 있는데(約款令 §13), 이에 의하여 제정된 것이 約款審査節次規程(1993. 3. 1 公正去來委員會 告示 제93-1호)이다. 約款의 심사는 書面審理主義를 원칙으로 하는 것이나, 위 規程에 의하면 委員會는 반드시 審議를 위한 會議를 개최하여 당사자나 利害關係人의 의견을 듣고 필요한 조사를 하도록 되어 있어 口述審理를 倂行하고 있다.

Ⅱ. 당사자 등에 대한 통지 및 출석

委員會는 會議 개최 5일 前까지 被審人에게 會議의 개최일시와 장소, 사건명을 기재한 書面과 함께 심사관이 작성한 심사보고서를 송부하여야 하며, 필요하다고 인정하는 경우에는 利害關係人에게 會議개최 통지서와 심사보고서를 송부할 수 있다(約款令 §8 Ⅰ; 規程 §13). 利害關係人이라 함은 직접 被審人으로 되어 있지는 않으나, 심사대상이 된 約款조항과 동일한 내용의 約款을 사용하고 있어서 約款조항에 대하여 無效 판정이 내려질 경우 委員會에 의하여 是正命令 또는 勸告의 대상이 될 우려가 있는 事業者를 가리킨다. 경우에 따라 심사청구자도 利害關係人이 될 수 있다. 會議 통지를 받은 당사자 또는 利害關係人은 委員會에 출석하여 의견을 진술하거나 필요한 자료를 제출할 수 있다. 認可約款의 경우 審議에 앞서 행정관청에 대하여 의견의 제출을 요구할 수 있는데, 그 의견제출 요구는 내용과 기한을 명시한 書面으로 하여야 한다(約款令 §8 Ⅲ). 그리고 委員會는 필요하다고 인정할 때에는 審議 결과에 대하여 利害關係가 있는 제3자 또는 관계 행정기관 및 공공단체에 그 사건의 審議에 참가할 것을 요구할 수 있다(規程 §18).

會議는 원칙적으로 심사관과 被審人의 출석(對審的 구조)으로 開議되나, 被審人이 정당한 이유 없이 출석하지 않는 경우에는 被審人 출석 없이 開議할 수 있다(規程 §16). 被審人은 辯護士 또는 관계인을 대리인으로 선임하여 대리출석하게 할 수 있다(規程 §17). 被審人에게는 會議에 출석할 권리가 있으나 출석할 의무가 있는 것은 아니므로, 會議에 출석하지 않는다고 하여 어떤 불이익이 과해지지는 않는다. 통지 또는 참가요구를 받은 利害關係人이나 행정기관 등은 임의로 會議에 참석하여 의견을 진술할 수 있다.

Ⅲ. 會議의 진행

委員會의 審議에 앞서 冒頭에 심사관이 심사보고서를 낭독하고, 이에 이어 被審人은 의견진술의 기회를 가진다(規程 §19). 사실조사는 職權으로 시행되며, 委員長 또는 委員은 사실인정 또는 법률적용에 관계되는 사항에 대하여 심사관, 被審人에게 질문하거나 입증을 촉구할 수 있고, 심사관이나 被審人은 의문 나는 사항에 관하여 상대방에게 직접 질문할 수도 있다(規程 §20).

委員會는 審議절차를 거친 후 위법사실을 인정하는 경우에는 是正命令·是正勸告·是正要請 등 필요한 措置 사항을 議決한다. 委員會가 위법사실이 없다고 인정하는 경우에는 이를 확인하는 議決을 한다. 議決書에는 사건 및 당사자의 표시와 主文, 이유 등을 기재한 다음 참석 委員이 기명·날인하며, 소수의견을 附記할 수 있다. 委員會는 議決日로부터 15일 이내에 議決 내용을 被審人에게 통지하여야 한다(規程 §§25 내지 27). 委員會는 議決 내용을 통지받은 被審人에게 그 처분에 대한 이행 결과를 보고하게 할 수 있다(規程 §29).

[孫 智 烈]

第23條(不公正約款條項의 公開)

公正去來委員會는 이 法에 위반된다고 審議, 議決한 約款條項의 目錄을 작성비치하고 필요한 때에는 이를 일반인에게 供覽하게 할 수 있다.

公正去來委員會가 約款에 대한 심사를 하는 것은 특정 顧客과 특정 事業者 사이의 법적 분쟁을 해결하고자 하는 것은 아니며, 約款조항의 公正 여부를 심사하고 不公正한 約款조항에 대하여 是正措置를 함으로써 消費者 일반을 보호하고 公正한 거래질서를 확보하고자 함이다. 따라서 본조는 不公正約款條項을 적절한 방법으로 顧客, 事業者 일반에게 공개함으로써 是正命令이나 勸告를 받은 事業者에 대하여 不當約款 是正의 心理的 강제를 加하고, 顧客으로 하여금 不公正한 約款조항으로부터 자신의 이익을 방어할 기회를 부여하며, 새로 約款을 작성하는 事業者에 대하여 約款 작성의 기준을 제시하고자 하는 것이다.

[孫 智 烈]

第 4 章　約款審査委員會

第24條 내지 第29條　削除(1992. 12. 8)

第 5 章　補　則

第 30 條(適用範圍)

① 이 法은 約款이 商法 第3編, 勤勞基準法 기타 大統領令이 정하는 非營利事業의 분야에 속하는 契約에 관한 것일 때에는 이를 適用하지 아니한다.

② 削除(92. 12. 8)

③ 특정한 去來分野의 約款에 대하여 다른 法律에 특별한 規定이 있는 경우에는 이 法의 規定에 우선한다.

Ⅰ. 취　지

이 法은 §2 Ⅰ 定義에 속하는 일체의 約款에 대하여 적용되는 것이 원칙이지만, 특수한 분야의 約款에 대하여는 立法政策上 이 法의 적용을 배제하고 다른 법률의 규제를 받거나 당사자의 私的 自治에 맡기도록 하였다. 이런 분야의 約款에 대하여는 公正性의 보장을 위하여 다른 법률이 개별적인 배려를 하고 있거나, 또는 거래의 성질상 이 法을 적용하는 것이 적절하지 않기 때문이다. §15에서 일정한 約款에 대하여 內容統制에 관한 §§7 내지 14의 적용을 排除하고 있으나, 본조의 約款에 대하여는 明示, 說明義務와 解釋에 관한 諸原則을 포함하여 이 法의 규정 전부의 적용이 排除된다. 다만 본조의 約款에 대하여도 이 法의 적용과 관계 없이 이 法의 일부규정이 적용되는 것과 마찬가지의 법률효과를 발생하는 경우는 있을 것이다(특히 約款解釋의 원칙, 民 §103 또는 民 §2의 규정에 의한 內容統制 등). 그리고 본조에 규정되지 않은 約款 중에서도 거래의 성질상 당연히 이 法의 적용이 排除되는 것이 있다(예컨대 親族相續法과 관련된 約款, 非營利法人의 설립·운영과 관련된 約款 등).

Ⅱ. 적용 排除되는 계약분야(第1項)

첫째로 商法 第3編 즉 會社法 분야의 約款이다. 會社의 설립(定款의 작성), 株式의 모집, 會社의 운영, 新株請約, 社債 모집 등에 관한 約款을 말한다. 이런 분야에 대하여는 約款의 公正性에 대하여 商法이 이미 충분한 배려를 하고 있을 뿐만 아니라 이 분야는 顧客과 會社간의 個人法的 관계라기보다는 團體法的 영역인 것이고 會社의 자율성이 강조되고 있으므로, 約款規制法에 의한 규제가 적절하지 않은 것이다. 그러나 會社法과 관계되더라도 개인적 거래의 성격이 강한 契約 예컨대 株式讓渡 거래에 사용되는 約款은, 會社法 분야의 約款에서 제외하여 이 法의 적용이 있는 것으로 보아야 할 것이다.

둘째로 勤勞基準法 분야의 約款이다. 사용자와 근로자 사이에 체결되는 勤勞契約과 就業規則, 團體協約 등을 말한다. 이 분야에 대하여는 勤勞基準法이나 기타 관계법규에 의하여 근로자 보호를 위한 배려가 행하여지고 있으며, 이에 위반한 약정은 그 자체로서 無效가 되도록 되어 있어서, 約款規制法에 의한 內容統制나 約款解釋 등이 적절하지 않다. 또 그 契約條件이나 就業規則, 團體協約의 적정 여부에 대하여는 勞動部 산하 각급기관의 감독을 받으므로, 公正去來委員會가 이에 간섭할 필요도 없다.

셋째로 大統領令이 정하는 非營利事業 분야이다. 그러나 현재 大統領令은 이 法의 적용이 排除되는 非營利事業에 대하여 규정하고 있지 않다.

Ⅲ. 특별규정이 있는 거래분야(第3項)

특정한 거래분야의 約款에 대하여 다른 법률에서 특별히 규정하고 있는 경우에 그 특별규정이 이 法에 우선하는 것은 特別法 優先의 원칙에 비추어 당연하다. 예컨대 「割賦去來에 관한 法律」, 「訪問販賣 등에 관한 法律」, 「信用카드業法」 등이다. 그러나 이러한 분야의 約款에 대하여는 이 法의 적용이 전적으로 排除되는 것은 아니며, 특별법의 규정이 없는 부분에 대하여는 이 法이 보충적으로 적용된다.

〔孫 智 烈〕

第 30 條의 2(獨占規制및公正去來에관한法律의 準用)

이 法에 의한 公正去來委員會의 審議, 議決에 관하여는 獨占規制및公正去來에관한法律 第42條 내지 第45條의 規定을, 이 法에 의한 公正去來委員會의 처분에 대한 異議申請, 訴의 제기 및 불복의 訴의 專屬管轄에 대하여는 同法 第53條 내지 第55條의 規定을 각각 準用한다.

前述 제 3 장 前論 注解 Ⅱ · Ⅲ 참조.

[孫 智 烈]

第 31 條(認可의 基準)

行政官廳이 다른 法律에 의하여 約款을 認可하거나 다른 法律에 의하여 특정한 去來分野에 대하여 設置된 審査機構에서 約款을 審査하는 경우에는 第6條 내지 第14條의 規定을 그 審査의 基準으로 하여야 한다.

행정관청이 法律의 규정에 의하여 約款을 認可하는 경우에 §§6 내지 14가 심사기준이 되어야 함은 당연하다. 행정관청으로서 不公正하고 無效로 되는 約款을 認可하여서는 안 될 것이기 때문이다. 認可約款도 公正去來委員會의 심사대상이 되며, 그 約款조항이 不公正한 것으로 판정되는 때에는 감독행정관청에 그 사실을 통보하여 是正을 요청하게 된다(§18 참조).

현재 公正去來委員會 외에 約款을 심사하는 기구는 설치되어 있지 않다. 그러나 保險契約·銀行契約·醫療契約 등과 관련하여 분쟁의 조정을 위한 기구들이 설치·운영되고 있는바, 이들 기관에서 約款의 有·無效를 심사할 필요가 있는 경우에 이 法 §§6 내지 14가 심사의 기준으로 되어야 할 것이다. 이 경우 이들 기관은 법원의 判例는 물론 公正去來委員會의 議決도 최대한 존중하여야 한다.

[孫 智 烈]

第31條의 2(諮問委員)

① 公正去來委員會는 이 法에 의한 約款審査業務를 수행하기 위하여 필요하다고 인정하는 때에는 諮問委員을 위촉할 수 있다.

② 第1項의 規定에 의한 諮問委員의 위촉 기타 필요한 사항은 大統領令으로 정한다.

본조에 따라 公正去來委員會는 학식과 경험이 풍부한 자를 諮問委員으로 위촉할 수 있으며, 諮問委員은 위원회의 요청을 받아 約款의 심사에 관하여 委員會의 會議에 출석하여 의견을 진술하거나 書面으로 의견을 제출할 수 있다(約款令 §13의 2).

[孫 智 烈]

第6章 罰 則

第32條(罰則)

第17條의 2 第1項의 規定에 의한 命令에 위반한 者는 2年 이하의 懲役 또는 1億원 이하의 罰金에 處한다.

본조의 罰則을 적용하기 위하여는 ① 事業者가 §17의 各號의 1에 해당할 것, ② 公正去來委員會가 그 事業者에 대하여 §17의 2 I 의 규정에 의한 是正命令을 議決하고 그 議決 내용을 적법하게 송달하였을 것, ③ 그 是正命令이 구체적이고 명확한 削除·修正 등 是正措置를 내용으로 할 것, ④ 是正命令의 절차가 적법하고 그 命令의 내용이 정당할 것, ⑤ 是正命令을 받은 후 是正을 위한 상당한 기간이 경과되었음에도 事業者가 그 是正命令을 이행하지 않았을 것, ⑥ 事業者가 是正命令을 이행하지 않음에 정당한 사유가 없을 것 등의 요건이 충족되어야 한다. 특히 是正命令의 절차와 내용의 적법 여부는 법원의 심사를 받으며, 그것이 約款規制法에 관한 잘못된 해석에 의거한 것으로 판단되는 경우에는 그 위반행위를 罰할 수 없다.

본조 위반의 罪에 대하여는 公正去來法 위반의 罪와는 달리 公訴提起에 獨占 §71에 의한 公正去來委員會의 告發을 요하지 않는다. 그러나 사실상 委員會의 告發 없이 公訴가 提起되는 경우는 거의 생각할 수 없을 것이다.

[孫　智　烈]

第 33 條(兩罰規定)

法人의 代表者나 法人 또는 개인의 代理人, 使用人 기타 從業員이 그 法人 또는 개인의 業務에 관하여 第32條의 위반행위를 한 때에는 行爲者를 罰하는 외에 그 法人 또는 개인에 대하여도 同條의 罰金刑을 科한다.

第 34 條(過怠料)

① 第20條의 規定에 의한 調査를 거부, 방해 또는 기피한 者는 5千萬원 이하의 過怠料에 處한다.

② 第 3 條 第 1 項 또는 第 2 項의 規定에 위반한 事業者에 대하여는 500萬원 이하의 過怠料에 處한다.

③ 第 1 項 및 第 2 項의 規定에 의한 過怠料는 大統領令이 정하는 바에 의하여 公正去來委員會가 賦課, 徵收한다.

④ 第 3 項의 規定에 의한 過怠料 處分에 불복이 있는 者는 그 처분의 告知를 받은 날부터 30日 이내에 公正去來委員會에 異議를 제기할 수 있다.

⑤ 第 3 項의 規定에 의하여 過怠料 처분을 받은 자가 第 4 項의 規定에 의하여 異議를 제기한 때에는 公正去來委員會는 지체없이 管轄法院에 그 사실을 통보하여야 하며, 그 통보를 받은 管轄法院은 非訟事件節次法에 의한 過怠

料의 裁判을 한다.

⑥ 第4項의 規定에 의한 기간 내에 異議를 제기하지 아니하고 過怠料를 납부하지 아니한 때에는 國稅滯納處分의 예에 의하여 이를 徵收한다.

附 則

第1條(施行日) 이 法은 1987年 7月 1日부터 施行한다.

第2條(經過措置) 이 法은 이 法 施行 후에 최초로 約款에 의하여 체결되는 契約分부터 適用된다.

第3條(繼續的 契約에 관한 經過措置) 繼續的인 債權關係의 발생을 目的으로 하는 契約에 관한 約款에 의하여 이 法 시행 후 이행될 分에 대하여는 이 法을 適用한다.

附 則(1992. 12. 8)

① **(施行日)** 이 法은 1993年 3月 1日부터 施行한다.

② **(經過措置)** 이 法 施行 당시 종전의 規定에 의한 經濟企劃院長官의 是正勸告 또는 經濟企劃院長官에게 요청한 審査請求는 이 法의 規定에 의한 公正去來委員會의 是正勸告 또는 公正去來委員會에 요청한 審査請求로 본다.

[孫 智 烈]

事項索引

民法注解〔XII〕—債權(5)

1997年 7月 10日 初版一刷發行
2009年 8月 10日 初版十二刷發行

編輯代表 郭 潤 直
發 行 人 安 鍾 萬
發 行 處 (株)博 英 社
110-102 서울特別市 鍾路區 平洞 13-31
電話 (733) 6771-3 (734) 3790 · 4790
FAX (02) 736-4818
登錄 1959. 3. 11. 제 300-1959-1 호(倫)
組 版 所 홍익 m&b

定 價 35,000 원

ISBN 978-89-7189-094-3
978-89-7189-089-9(세트)

http://www.pakyoungsa.co.kr